D1732205

Text, Autor und Wissen
in der 'historiografía indiana' der Frühen Neuzeit

Pluralisierung & Autorität

Herausgegeben vom
Sonderforschungsbereich 573
Ludwig-Maximilians-Universität München

Band 33

De Gruyter

Sebastian Greußlich

Text, Autor und Wissen in der 'historiografía indiana' der Frühen Neuzeit

Die *Décadas* von Antonio de Herrera y Tordesillas

De Gruyter

ISBN 978-3-11-028912-1
e-ISBN 978-3-11-029490-3
ISSN 2076-8281

Library of Congress Cataloging-in-Publication Data

A CIP catalog record for this book has been applied for at the Library of Congress.

Bibliografische Information der Deutschen Nationalbibliothek

Die Deutsche Nationalbibliothek verzeichnet diese Publikation in der
Deutschen Nationalbibliografie; detaillierte bibliografische Daten sind im Internet
über http://dnb.dnb.de abrufbar.

© 2012 Walter de Gruyter GmbH, Berlin/Boston

Druck: Hubert & Co. GmbH & Co. KG, Göttingen
∞ Gedruckt auf säurefreiem Papier

Printed in Germany

www.degruyter.com

Vorwort

Die vorliegende Arbeit stellt die leicht überarbeitete und gekürzte Fassung meiner Inaugural-Dissertation dar, die im Wintersemester 2010/2011 von der Fakultät für Sprach- und Literaturwissenschaften der Ludwig-Maximilians-Universität München angenommen wurde.

Mein besonderer Dank gilt meinem Doktorvater Prof. Wulf Oesterreicher. Er hat mir nicht nur entscheidende Anregungen bezüglich der Fragestellung dieser Arbeit vermittelt, sondern auch in zahlreichen Forschungs- und Lehrkooperationen institutionelle und intellektuelle Rahmenbedingungen geschaffen, die den erfolgreichen Abschluss der Projektes wesentlich erleichtert haben.

Zu großem Dank verpflichtet bin ich in diesem Sinne auch allen Verantwortlichen des Internationalen Doktorandenkollegs 'Textualität in der Vormoderne', an dem ich von Dezember 2006 bis März 2009 als Wissenschaftlicher Mitarbeiter und anschließend als assoziiertes Mitglied beteiligt war. Mit der Unterstützung des Elitenetzwerks Bayern konnte ich nicht nur umfangreiche Archivstudien durchführen, denen sich das empirische Fundament meiner Forschungen verdankt, sondern auch größere Teile der Arbeit fertig stellen. Den Verantwortlichen des Sonderforschungsbereichs 573 'Pluralisierung und Autorität in der Frühen Neuzeit' danke ich nicht nur sehr für die Aufnahme meiner Arbeit in ihre Publikationsreihe, sondern auch für ihr fortgesetztes Interesse an meiner Forschung und die wichtigen Hinweise, die ich aus der Arbeit unterschiedlicher Teilprojekte des SFB entnehmen konnte. Insbesondere zu nennen sind die Projekte B5 'Neue und Alte Welt – Wissenstraditionen in der Christianisierung Amerikas' (Wulf Oesterreicher), C15 'Pluralität und Autorisierung: Mehrsprachigkeit im Königreich Neapel (16. und 17. Jahrhundert)' (Thomas Krefeld/Wulf Oesterreicher), sowie A10 'Systematisierung und Flexibilisierung des Rechts. Die Rechtslehre der spanischen Spätscholastik im Spannungsfeld zwischen systematischem Anspruch und praktischer Wirksamkeit' (Norbert Brieskorn).

Zahlreiche Anregungen und wertvolle Orientierung im Hinblick auf eine angemessene Zuspitzung der zu behandelnden Fragestellung habe ich von meinen Zweit- und Drittgutachtern, Prof. Andreas Höfele und Prof.

Ulrich Detges, erhalten. Für ihre stete Gesprächsbereitschaft und die abschließende Begutachtung der Arbeit möchte ich ihnen herzlich danken.

Nicht zuletzt sind hier die zahlreichen Mitarbeiterinnen und Mitarbeiter der *Biblioteca Nacional de España* in Madrid, der *Real Biblioteca de San Lorenzo de El Escorial* und des *Archivo de Indias* in Sevilla zu nennen, die mir einen Weg durch den Dschungel ihrer Bestände gebahnt und so ganz entscheidend zum Gelingen der Arbeit an den empirischen Grundlagen beigetragen haben. Besonderen Dank schulde ich Sra. Esther González-Ibarra, die mir die Pforten der *Real Academia de la Historia* geöffnet hat.

Die Drucklegung der Arbeit schließlich ist durch die Auszeichnung mit dem Förderpreis der Münchner Universitätsgesellschaft e.V. großzügig unterstützt worden. Herzlichen Dank dafür.

Das Schwere entscheidend erleichtert hat mir das freundliche Interesse der Kolleginnen und Kollegen am Internationalen Doktorandenkolleg 'Textualität in der Vormoderne' ebenso wie am Institut für Romanische Philologie der LMU München. Stellvertretend für viele weitere seien hier Marcus Botschan (jetzt Erlangen), Teresa Gruber, Isabel Müller (jetzt Bochum), André Otto (jetzt Berlin) und Eva Stoll genannt. Hilfreiche Anregungen habe ich daneben insbesondere durch die intensiven Diskussionen im Rahmen des Linguistischen Oberseminars am Institut für Romanische Philologie erhalten.

Thomas Greußlich, Daniela Schieß und Michaela Rahn danke ich für aufmerksame Lektüre und umfassende kritische Rückmeldung zu formalen und stilistischen Fragen, Frau Eva-Maria Wilhelm und Frau Christina Hollerith für ihre freundlichen Auskünfte zu allen formalen Details und die zuverlässige Arbeit bei der Erstellung der Druckvorlage.

Mit großer Geduld haben meine Frau Klawdya und meine Töchter Fiona und Viktoria den Arbeitsprozess begleitet und dabei stets für die nötige Bodenhaftung gesorgt. Ihnen ist dieses Buch gewidmet.

Inhalt

1. Einleitung

Gegenstand dieser Arbeit ist eine historisch orientierte linguistische Text- und Diskursanalyse, die sowohl aufgrund ihrer methodologischen Ausrichtung als auch aufgrund des behandelten Korpus für die aktuelle Forschungsdiskussion nicht nur in der Romanischen Sprachwissenschaft unmittelbar relevant ist.

Das Spannungsfeld von Text, Autor und Wissen soll es in methodologischer Hinsicht erlauben, das Problem der Textualität von Geschichte aus unterschiedlichen Perspektiven so zu beleuchten, dass keine Verengung des Problemhorizonts entsteht, die in letzter Konsequenz auch die angemessene Beantwortung der genuin sprachwissenschaftlichen Fragestellungen unmöglich machen würde. Dieses Ziel soll erreicht werden, indem die Textualität der Geschichte in der ihr eigenen Historizität fassbar gemacht wird, was bedeutet, dass historiographische Texte in ihrem – ebenfalls historischen – Entstehungsprozess modelliert werden, um sprachliche Strukturen auf dieser Grundlage in ihrer kommunikativ-pragmatischen Funktionalität beobachtbar zu machen. Dabei ist ganz grundsätzlich dem Verhältnis der Texte zu ihren Verfassern einerseits und zu ihren Inhalten andererseits nachzugehen, oder mit anderen Worten: der Form sprachlicher Kodierung historischen Wissens. Dies impliziert weder eine stilkritische Bewertung der Texte noch eine ontologische Rekonstruktion der Geschichte, die hier also unterbleiben werden,[1] wohl aber die Rekonstruktion der je zeitgenössischen Geltungsansprüche historischen Wissens und ihrer formalen wie semantischen Voraussetzungen.

Das Problem der sprachlichen Verfasstheit historiographischer Quellen, das sich ebenso gut als die Textgebundenheit historischer Erkenntnis oder die Texthaftigkeit der Historie verstehen lässt, ist in allen Epochen der europäischen Geschichte Gegenstand der Reflexion gewesen. Lediglich seine Konzeptualisierung als epistemologisches Problem und die Infragestellung der Möglichkeit historischer Erkenntnis ist als Signatur der (Post-)

---

1   Vgl. zur Diskussion um die Wissenschaftlichkeit der modernen Geschichtsschreibung aber einführend etwa Jordan 2002 sowie aktuell die Beiträge in Budde / Freist / Günther-Arndt 2008 sowie Eichhorn / Küttler 2008.

Moderne zu verstehen.[2] Die metahistoriographisch bedeutsamen Entwicklung der modernen Wissenschaften und die historischen Erfahrungen des 20. Jahrhunderts wirken dabei zusammen.[3]

Die spezifisch postmoderne Problematisierung der medialen Bedingtheit historischer Erkenntnis und ihres Gegenstandes hat schließlich auch zu einer gewissen Erwartungshaltung der Historik gegenüber der Linguistik geführt, von der man sich Orientierung hinsichtlich des Verhältnisses von Sprache und historischer Erkenntnis erhofft hat; eine Erwartung, der – paradox, jedoch forschungsgeschichtlich nachvollziehbar – von der Textlinguistik in den siebziger Jahren nur bedingt entsprochen werden konnte. Hier soll nun keineswegs ein entschuldigender Rückzug auf das genuine Erkenntnisinteresse der Sprachwissenschaft vollzogen werden, jedoch wird zu erörtern sein, weshalb die Linguistik in den siebziger Jahren kaum brauchbare Instrumente zur Bearbeitung metahistorischer Probleme zur Verfügung gestellt hat, wo heute Berührungspunkte zwischen Sprach- und Geschichtswissenschaft auszumachen sind und inwiefern systematische Bezüge zwischen beiden Disziplinen bestehen. Die Beachtung des Zusammenhangs von Geschichtlichkeit und Sprache wird sich in mehrfacher Hinsicht als fruchtbar erweisen.

Die sprachwissenschaftliche Analyse eines Korpus von Texten der kastilischen 'Kolonialhistoriographie' des 16. und 17. Jahrhunderts, dessen Zusammensetzung im Folgenden kurz skizziert werden soll, ist in doppelter Hinsicht von Bedeutung: in erster Linie als Beitrag zur Erschließung von Texten für die Geschichte des Spanischen in der Frühen Neuzeit, wo eine Lücke geschlossen werden kann; daneben auch als Beitrag zu aktuellen interdisziplinären Debatten über die sprachliche Bedingtheit historischer Erkenntnis.

Im Zentrum steht die *Historia general de los hechos de los Castellanos en las islas i tierra-firme del mar oceano* – kurz auch als *Décadas* bezeichnet –, verfasst von *Antonio de Herrera y Tordesillas*, der in den Jahren 1596 bis 1621 die am *Consejo de Indias* angesiedelte Position des *Cronista Mayor de Indias* innehat; die acht Dekaden kommen zwischen 1601 und 1615 in Madrid zum Druck. Dieser umfangreiche und komplexe Text ist bisher nur in Einzelfällen Gegenstand philologischer – also sowohl linguistischer als

---

2   Vgl. Stellungnahmen zum so genannten *linguistic turn* wie etwa in Landwehr 2008; Maaß 2005, 9; Trabant 2005; aber auch empirische Studien wie Arias 2001, 15 ff.; Hernández Sánchez-Barba 1992, 623 ff. Eine ausführliche Problematisierung erfolgt in Kap. 2.

3   Vgl. auch Gumbrecht 2006.

auch literaturwissenschaftlicher – Publikationen gewesen. Die Mehrzahl der insgesamt nur wenigen einschlägigen Beiträge stammt von Historikern, die damit naturgemäß andere Interessen verbinden. Eine Monographie ist nicht darunter. Angesichts des grandiosen Scheiterns der Sprachwissenschaft an von ihr selbst formulierten, überzogenen Geltungsansprüchen einer *science pilote* für die Kulturwissenschaften, das in der jüngeren Vergangenheit offenbar geworden ist, kann eine platte Belehrung anderer Disziplinen keinesfalls das Ziel dieser Arbeit sein.[4] Die Bemühungen der Historiker um eine Klärung des Stellenwerts der *Décadas* als einer historischen Quelle, die bisher unter einer gewissen Beliebigkeit der vertretenen Meinungen gelitten haben, können gleichwohl gewinnen, wenn das dabei zugrunde liegende Problem als ein genuin sprachliches sichtbar gemacht wird und bei der Analyse ein dementsprechendes begriffliches und kategoriales Instrumentarium angelegt wird.

Die Auseinandersetzung mit dem Text zielt in einem ersten Schritt darauf ab, seinen historischen Ort zu bestimmen. Die Rekonstruktion der Produktions- und Rezeptionsbedingungen sowie der Textgestalt selbst werden dabei zwei konträre Tendenzen sichtbar machen: zum einen eine deutliche Kontinuität mittelalterlicher und antiker Traditionen, zum anderen das punktuelle Einbrechen administrativer Textproduktion aus dem Umfeld der tragenden Institutionen des sich formierenden spanischen Nationalstaates, das die *Décadas* an epistemische Standards neuzeitlicher Historiographie heranrückt, ohne dass deshalb von einer Modernität *ante litteram* die Rede sein kann.

Die Zusammensetzung des Korpus, das Gegenstand der Analyse werden soll, umfasst zwei Komponenten: Ins Auge gefasst werden diejenigen Abschnitte der *Décadas*, die den Ereignissen in den Vizekönigreichen Nueva España und Perú gewidmet sind, sowie diejenigen Parallelstellen aus den jeweils zugrunde gelegten 'Quellen',[5] die vom *Cronista Mayor* Antonio

---

4 Vgl. auch Kap. 2.
5 Die Bezeichnung 'Quelle' wird im Weiteren sowohl in ihrer Bedeutung als Dokument und empirische Grundlage der Geschichtswissenschaft im modernen Verständnis Verwendung finden als auch in Bezug auf jene Textvorlagen, von denen Antonio de Herrera bei der Redaktion seiner *Décadas* profitiert und bei denen von einem gänzlich anderen Status auszugehen ist (deshalb markiert als 'Quelle'). Der Grund für diese Entscheidung liegt im Gewicht der akademischen Tradition, der keinerlei begriffliche Alternative zu entnehmen sind. Die umfangreiche historisch-systematische Rekonstruktion in den folgenden Kapiteln wird die fundamentale epistemologische Differenz zwischen den Quellen vor-

de Herrera im Modus der Kompilation verarbeitet werden. Diese Konstellation spiegelt ein Spannungsverhältnis wider: Zum einen findet sich eine ganze Reihe von im weiteren Sinne narrativen Texten, die der Forschung seit langem wohlbekannt sind und deren kompilatorische Integration in die *Décadas* eine Praxis darstellt, von der auch die Historiographie des Mittelalters geprägt ist; daneben finden sich Texte, die nicht als narrativ zu verstehen sind, sondern vielmehr ein Produkt von administrativ gelenkten Bestrebungen der kastilischen Krone sind, zuverlässige Informationen über ihre Territorien zu gewinnen; schließlich treten Texte in Erscheinung, die ebenfalls aus dem Umfeld der 'Kolonialverwaltung' stammen, jedoch nicht in erster Linie ein Informationsbedürfnis befriedigen, sondern als eindeutig juristische Dokumente gelten müssen, die dazu dienen, im Einzelfall staatliche Kontrolle und Rechtssicherheit zu gewährleisten. Dabei spielen unterschiedliche Texttypen eine Rolle, deren Berücksichtigung mit der angesprochenen mittelalterlichen Praxis der Historiographie nicht mehr in Verbindung gebracht werden kann, die also auf eine neue Art der Fundierung historischen Wissens verweisen.[6] Im Spannungsfeld von Pluralisierung und Autorität erweist sich der historiographische Diskurs in Kastilien allgemein sowie innerhalb der *Crónica Mayor de Indias* im Besonderen als eine widerständige Größe, die über Verfahren der Immunisierung gegen Innovation verfügt, welche in zahlreichen anderen Wissensdomänen zu jener Zeit bereits nicht mehr greifen.

Für eine angemessene Explikation dieser Andeutungen sind im Folgenden zunächst die Problematisierung historischer Überlieferung in den Wissenschaften (Kap. 2.), sodann die zeitgenössischen institutionellen Rahmenbedingungen zu rekonstruieren und die unterschiedliche Typik der 'Quellen' systematisch zu erfassen (Kap. 3.). Die Konstitution von Text und Wissen in der *Crónica Mayor de Indias*, die mit Antonio de Herrera y Tordesillas einen ihrer (wenigen) prägenden Vertreter hervorgebracht hat, ist anschließend vor dem spezifischen Erkenntnishorizont frühneuzeitlicher kastilischer Historiographie zu erklären (Kap. 4. und 5.). Das genuin sprachwissenschaftliche Interesse richtet sich auf die Analyse des Verhältnisses der *Décadas* zu ihren 'Quellen', wobei insbesondere die sprachlichen Verfahren ihrer Verarbeitung einer systematischen Beschreibung zugänglich gemacht werden sollen (Kap. 6.).

---

moderner Historiographie und denen moderner Geschichtswissenschaft hinreichend deutlich machen.

6   Sie werden in Kap. 4.12. ausführlich besprochen.

2. Sprachwissenschaft, Geschichtswissenschaft und die Textualität der Geschichte

In der jüngeren Vergangenheit sind wiederholt Versuche unternommen worden, die Sprachlichkeit geschichtlicher Überlieferung systematisch zu fassen. Lange Zeit haben sie jedoch nicht zu den gewünschten Fortschritten geführt.

Das Problembewusstsein der Geschichtswissenschaft für die Mittelbarkeit des Zugriffs auf ihre Erkenntnisgegenstände, das im Prinzip bereits seit den epistemologischen Debatten, die im ausgehenden 19. Jahrhundert um den Status der Geisteswissenschaften geführt worden sind, vorhanden ist,[7] gewinnt in der jungen Bundesrepublik an Dringlichkeit und findet schließlich insbesondere in den *Beiträgen zur Historik*[8] während der siebziger und achtziger Jahre einen Niederschlag, der die weitere Diskussion, zumindest im deutschsprachigen Raum und bis zur Jahrtausendwende, prägen sollte. Mit Jörn Rüsen formuliert einer der profiliertesten Teilnehmer an dieser Debatte seinerzeit das nahe liegende und sachlich plausible Anliegen einer systematischen Kooperation mit der Sprachwissenschaft, und zwar zu dem Zweck der Erarbeitung einer Methodologie der Geschichtswissenschaft, die dem Aspekt der sprachlichen Konstitution historischer Quellen Rechnung trägt:

> Es liegt nahe, [...] nach den sprachlichen Formen der Geschichtsschreibung zu fragen und sie mit Hilfe des methodischen Instrumentariums der Textlinguistik zu analysieren. Dann würde die Sinnbildungsleistung der Geschichtsschreibung, als Weltaneignung durch Sprache verstanden, in der sprachlichen Artikulation von Geschichte konkret greifbar, und der Weg zu einer Analyse der mannigfaltigen Ausprägungen der Gattung 'Geschichtsschreibung' gewiesen.[9]

---

7   Vgl. dazu aus dem romanistischen Umfeld bereits Trabant 1990, Oesterreicher 2000a sowie Raible 2000, aktuell Wolf 2008 und 2012 sowie die Beiträge in Haßler (im Druck); Kalkhoff 2007 und 2010, 241 ff.; auch Gramatzki 2008; Selig 2008a.

8   Erschienen zwischen 1979 und 1990 in sechs Bänden.

9   Rüsen 1982, 30.

In einem wissenschaftsgeschichtlichen Rückblick erscheint dieser Versuch interdisziplinärer Kommunikation – so berechtigt er in der Sache ist – als naiv und zum Scheitern verurteilt; die Sprachwissenschaften sind am Ende der 1970er Jahre nach wie vor von formalen Paradigmen beherrscht und ihre damals aktuellen Fragestellungen und Debatten sind mit einem derartigen Anliegen der Geschichtswissenschaft nicht vereinbar. Dementsprechend wirken die Ergebnisse jener Verständigungsversuche, die seinerzeit unternommen worden sind, bisweilen unbeholfen und oft wenig aussagekräftig (vgl. Kap. 2.1.). Die Fragestellung dieser Arbeit ist nur deshalb sinnvoll zu bearbeiten, weil substanziell veränderte methodologische Perspektiven der Sprachwissenschaften die Problematisierung des Zusammenhangs von Sprache und Geschichte heute deutlich stärker begünstigen als vor einer Generation. Im Folgenden sollen zumindest die Umrisse der dafür maßgeblichen methodologischen Entwicklungen nachgezeichnet werden.

Bei ihrer Entstehung in den sechziger Jahren ist die Textlinguistik bekanntlich mit weit reichenden Erklärungsansprüchen angetreten, die im Kern darauf zielten, den Textbegriff mithilfe formaler Kriterienraster definitorisch zu fassen und anschließend die unterschiedlichen Manifestationen von Texten mit denselben Mitteln klassifikatorisch zu beschreiben.[10] Die klassische Fragestellung *Was ist ein Text?* hat sich in dieser fundamentalen Form jedoch als unbeantwortbar erwiesen und die anmaßenden, sprachtheoretisch unreflektierten Postulate der frühen Textlinguistik sind jüngst zu Recht ironisch kommentiert worden:

> Zur Erinnerung an diese 'glorreichen' Zeiten gebe ich nur zwei Zitate aus dem seinerzeit weit verbreiteten Lektürekolleg zur Textlinguistik aus dem Jahre 1974 wieder, die noch heute dem Leser den kalten Schweiß auf die Stirn treiben: 'Text ist die Gesamtmenge der in einer kommunikativen Interaktion auftretenden kommunikativen Signale'. Und wenn man – klar kontrafaktisch – schon einmal so weit gegangen ist, kann man die Textlinguistik natürlich auch gleich definieren als: '[...] die Wissenschaft, die zum Ziel hat, die Voraussetzungen und Bedingungen der menschlichen Kommunikation sowie deren Organisation zu beschreiben'. Es ist nicht verwunderlich, dass die Sprachwissenschaft insgesamt durch derartige Allmachtsphantasien viel Kredit verspielte, und eine so dimensionierte Textlinguistik nicht nur für die Literaturwissenschaft keinerlei Attraktivität besaß.[11]

---

10 Typische Arbeiten dieses Zuschnitts sind etwa die Klassiker Hartmann 1968 und Harweg 1968, die nach wie vor aktive Textgrammatik (vgl. Weinrich 2007), sowie Franke 1991. Auch die stark rezipierte Einführung Heinemann/Viehweger 1991 steht in dieser Tradition.

11 Oesterreicher 2009a, 95.

Gegenwärtig richten sich die Diskussionen stattdessen auf die Funktionalisierung konkreter Texte und Diskurse in ihrem jeweiligen historischen Kontext.[12] Die Entwicklung pragmatisch fundierter Modelle der Textanalyse hat seit den achtziger Jahren in einer Reihe von kanonisch gewordenen Beiträgen ihren Niederschlag gefunden. Einen ersten Schritt in diese Richtung stellt etwa die *Textsemantik* dar, die sich im Prinzip durch die Veranschlagung von formalen Kriterien zur Erfassung semantischer Eigenschaften von Texten auszeichnet,[13] was einen relativen Fortschritt im Verhältnis zur Diskussion der siebziger Jahre darstellt; einen nächsten maßgeblichen Schritt markiert sodann Brinker, der systematisch inhaltliche Aspekte von Texten berücksichtigt, die den formalen Eigenschaften zwar nachgeordnet, jedoch nicht untergeordnet sind.[14]

Die Tatsache, dass es gegenwärtig weit über die Romanistik hinaus zum Repertoire an Gemeinplätzen der Forschung gehört, sich auf ein radikal pragmatisches Modell der Textanalyse zu berufen und einen dementsprechend flexiblen Textbegriff zu veranschlagen,[15] verdankt sich unmittelbar dem durchschlagenden Erfolg der von Koch / Oesterreicher zu Beginn der neunziger Jahre vorangetriebenen Varietätenlinguistik sowie der für den anglophonen Raum eher relevanten, sachlich analogen, jedoch theoretisch anders fundierten und dementsprechend methodisch divergierenden Entwicklung unter dem Etikett *discourse analysis*.[16] Charakte-

---

12 Diese Verschiebung des Fragehorizonts geschieht um den Preis der Ausklammerung des Problems universeller Parameter von Textkonstitution; sie werden jedoch weiterhin bearbeitet, und zwar vor allem im Rahmen der seit den beginnenden achtziger Jahren zunächst in den USA und dann auch in Europa einsetzenden Forschungen zu Textproduktion und Textverstehen. Einschlägige Referenzen hierzu sind etwa Antos / Krings 1989; Beaugrande / Dressler 1984; Eigler u. a. 1990; Günther 1993; Jechle 1992; Wrobel 1995.

13 Vgl. Metzeltin / Jacksche 1983.

14 Sie dienen dabei aber nach wie vor dem Ziel einer Textklassifikation, verstanden als geschlossene Taxonomie. Vgl. dazu die kritischen Anmerkungen in Adamzik 2004, 100 ff.

15 Vgl. etwa Adamzik 2004, Eckkrammer / Hödl / Pöckl 1999, Frank / Meidl 2006, Warnke 2002, sowie – disziplingeschichtlich aufgefächert – Janich 2008. Vgl. in diesem Sinne auch die Darlegungen in Harweg 2001, 39 ff.
    Auffällig ist auch die Konjunktur des Konzeptes 'Texttypik', die sich in diesem Zusammenhang einstellt. Vgl. etwa Raible 1996; Tophinke 1999; Wilhelm 1996. Vgl. zur Bezeichnungsproblematik aktuell auch die Zusammenstellung in Felder 2009, 53 ff.

16 Die Dynamik der Varietätenlinguistik spiegelt sich in einer ganzen Reihe einschlägiger Sammelbände; vgl. etwa Aschenberg / Wilhelm 2003; Gil / Schmitt 2001; Hafner / Oesterreicher 2007; Schrott / Völker 2005; Vgl. aber Radtke 2006

ristisch für die Sprachwissenschaft ist, dass sie – anders als andere kulturwissenschaftliche Disziplinen, insbesondere die Geschichtswissenschaft – den Poststrukturalismus praktisch nicht rezipiert und mit der Pragmatik eine gänzlich andere Option der theoretisch-methodologischen Weiterentwicklung forciert, die einhergeht mit einer Tendenz zur Relativierung des Textbegriffs anstatt seiner Hypostasierung.[17] Verantwortlich für diese Entwicklung sind im Kern disziplinäre Gründe, da es ein Spezifikum der Sprachwissenschaft ist, dass sie in semiotischer Sicht stets an den sprachlichen Kode gebunden bleibt und ein Überspringen auf andere Domänen der Semiose grundsätzlich ausgeschlossen ist. Während die Debatten des anglophonen Raums hier nicht eingehender besprochen werden können, sind zur Varietätenlinguistik insbesondere aufgrund der aktuell zu beobachtenden Tendenzen der einschlägigen Forschung einige dringende Hinweise angebracht; so ist daran zu erinnern, dass sie in methodologischer Sicht den sprachtheoretischen Vorarbeiten Eugenio Coserius[18] und in erkenntnistheoretischer Sicht der Phänomenologie Husserls sowie deren Weiterentwicklung unter Alfred Schütz und Thomas Luckmann verpflichtet ist.[19] Dieser Hinweis erfolgt deshalb, weil die Varietätenlinguistik auf der forschungspraktischen Ebene gegenwärtig von dem Problem unreflektiert proliferierender Konstruktivismen mitbetroffen ist, das alle phänomenologisch orientierten Forschungsparadigmen – gleich welcher Disziplin sie angehören – in unterschiedlichem Ausmaß erfasst hat (vgl. Kap. 5.1.). Da auch die vorliegende Arbeit grundsätzlich varietätenlin-

---

zur allgemeinen Pragmatisierung der Sprachwissenschaft und den verschiedenen Paradigmen Historischer Pragmatik. Vgl. dazu ebenfalls Ridruejo 2002.

17 Insofern ist es ganz typisch, wenn die Operationalisierung des Textbegriffs in der sprachwissenschaftlichen Pragmatik folgendermaßen von postmoderner Theoriebildung abgegrenzt wird: „Der Textbegriff ist ins Oszillieren geraten. Nur in postmoderner Lesart wären die ikonographischen Programme bestimmter Bauteile der mittelalterlichen Kathedralen Texte, *in sprachwissenschaftlicher Perspektive sind sie es nicht* (meine Hervorhebung)" (Schmidt-Riese / Wimböck 2007, 25). Dahinter steht nicht Naivität, sondern eine disziplinäre Notwendigkeit. Vgl. auch Warnke 2007, 4 ff.
Die jüngst zu beobachtenden Tendenzen, den Foucault'schen Diskursbegriff für die Sprachwissenschaft zu erschließen, sind hingegen mit Risiken behaftet (vgl. etwa Warnke 2007, 7 ff.). Vgl. auch Kap. 5.1.

18 Vgl. insbesondere Coseriu 1973. Als wichtige textorientierte Vorarbeiten sind sodann Coseriu 1980, Raible 1980 sowie Schlieben-Lange 1983 zu nennen.

19 Dies gilt für weite Teile funktionalistisch orientierter Sprachtheorie und Methodologie und ist insofern keineswegs ein Spezifikum der Varietätenlinguistik. Vgl. für weiter gehende Erläuterungen zu diesem Problem Luckmann 1997.

guistisch orientiert ist, ist es in dieser Lage angebracht, sich zu Anlage und Reichweite der varietätenlinguistischen Methodologie insoweit zu erklären, als erforderlich, um destruktive Missverständnisse zu vermeiden. Die aus dem disziplingeschichtlichen Entwicklungsgang der Textlinguistik resultierende disziplinäre Binnengliederung stellt im Vergleich zu den Anfängen der textanalytisch arbeitenden Sprachwissenschaft in jedem Fall einen Fortschritt dar, insofern sie über eine systematische sprachtheoretische Fundierung verfügt, mit der die 'Welterklärungsansprüche' der traditionellen Textlinguistik nicht aufwarten können. Sie sollte unter keinen Umständen wieder aufgegeben werden, denn sie ermöglicht insbesondere die nachvollziehbare Zuordnung bestimmter textbezogener Fragestellungen zu den von Coseriu analytisch getrennten drei Ebenen der Manifestation von Sprache, die in ihrem Zusammenhang in folgendem – weithin bekannten – Schema wiedergegeben werden:

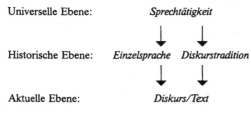

(nach Oesterreicher 2009a, 98)

Geht man nun davon aus, dass der Kernbereich einzelsprachlich orientierter Sprachwissenschaft auf der mittleren Ebene dieses Modells liegt, wo die historisch konkreten sprachlichen Techniken erfasst sind, die analytisch als syntopisch, synstratisch und synphasisch bestimmte Varietäten in Erscheinung treten und dabei im Rahmen der potenziell übereinzelsprachlich relevanten Diskurstraditionen pragmatisch mit den jeweiligen, ihrerseits historisch konkreten und gegebenenfalls einmaligen Kommunikationsbedürfnissen vermittelt werden, so bietet das Modell Hilfestellung in zweierlei Hinsicht: Es erlaubt sowohl die Unterscheidung einzelsprachbezogener von universellen sprachwissenschaftlichen Fragestellungen als auch die Unterscheidung sprachwissenschaftlich relevanter Fragestellungen von solchen, die nicht sprachwissenschaftlich relevant sind.[20] Wenn nun gegenwärtig das Schlüsselkonzept 'Diskurstraditionen' im Windschatten der Diskursanalyse insbesondere im iberoromanischen Raum zu unkontrollierter Proliferation neigt, dann ist dies erkauft durch das Vor-

---

20   Vgl. zur Historizität als sprachlichem Universale Oesterreicher 2001a.

dringen von grenzwertigen oder bereits jenseits der Grenze des linguistisch Relevanten liegenden Fragestellungen. Die systematische Relevanz der Rekonstruktion von Kontexten für die Methode der Varietätenlinguistik hat dieser Entwicklung gewiss Vorschub geleistet.[21] Zu kritisieren ist in diesem Zusammenhang jedoch nicht das Verfahren der Rekontextualisierung, sondern es ist vielmehr daran zu erinnern, dass es zu keinem Zeitpunkt Ziel der Varietätenlinguistik gewesen ist, traditionelle 'Welterklärungsansprüche' der Textlinguistik zu wiederholen, sondern im Gegenteil, die spezifische Aussagekraft konkreter sprachlicher Datensätze historisch adäquat bestimmbar zu machen. Der Bezug zu den sprachlichen Techniken als Gegenstand bleibt dabei immer erhalten;[22] wenn gegenwärtig Bestrebungen um sich greifen, die Diskurstraditionen aus ihrem sprachtheoretischen Rahmen zu lösen und als Durchgang zu disziplinär anders gelagerten Fragestellungen auszubeuten, so liegt dabei ein Missverständnis zugrunde.[23]

Im Anschluss an diese Klärungen stellt sich nun die Frage nach Art und Reichweite der Ergebnisse, die eine historisch-vergleichende Analyse des anvisierten Typs erbringen kann. Diese Frage stellt sich deshalb mit besonderer Dringlichkeit, weil kaum eine der zu diskutierenden Evidenzen für sich genommen neu sein wird, sondern vielmehr die große Mehrheit der identifizierten Phänomene in der hispanistischen Sprachwissenschaft bereits bekannt ist. Die Relevanz der hier behandelten Fragestellung und ihrer varietätenlinguistischen Perspektivierung ergibt sich in zweierlei Hinsicht: Zunächst besteht diese aufgrund der genauen historischen Kontextualisierung einer Diskurstradition, die bisher noch gar nicht in das Blickfeld der hispanistischen Sprachgeschichtsschreibung gerückt ist. Selbstverständlich ist sofort hinzuzufügen, dass wir uns mit der hermeneutischen Erschließung der Pragmatik einer Diskurstradition noch nicht im Kernbereich sprachwissenschaftlicher Gegenstände bewegen; wenn die Rekontextualisierung hier einen vergleichsweise breiten Raum einnimmt, so nicht etwa deshalb, weil sie den inhaltlichen Schwerpunkt der Arbeit bilden soll, sondern allein deshalb, weil es notwendig ist, den einschlägigen

---

21 Vgl. dazu etwa Oesterreicher 2001b und 2003a.

22 Aus dem hoch instruktiven Beitrag Wilhelm 2003 geht unter anderem klar hervor, dass die Rede von einer Kommunikationsgeschichte keineswegs die Verabschiedung sprachlicher Techniken zugunsten von Inhalten impliziert, sondern vielmehr die Techniken des Sprechens in ihrer historischen Kontingenz.

23 Es scheint sich dabei um ein in erster Linie iberoromanisches Phänomen zu handeln, das aber auf die iberoromanistische Forschung auch außerhalb der iberoromanischen Länder zurückwirkt.

Forschungsstand der Geschichtswissenschaft und der Rechtsgeschichte innerhalb der Sprachwissenschaft zu kommunizieren. Dies ist auch dort, wo historiographische Texte für linguistische Zwecke ausgebeutet werden, bisher kaum geschehen.[24] Das traditionelle Problem des Wahrheitsgehaltes historiographischer Texte steht dabei nicht zur Debatte, insofern Historiographie hier als ein Diskursuniversum *sui generis* konzeptualisiert wird, das eine Entscheidung zwischen Realität und Fiktion überflüssig macht (vgl. Kap. 2.1.).[25] Das Konzept der Diskursuniversen (vgl. Schlieben-Lange 1983) steht in derselben epistemologischen Tradition wie die Varietätenlinguistik und trägt an dieser Stelle zur Klärung eines Scheinproblems bei, das den Blick auf andere interessante Probleme bisher oftmals verstellt hat. Zur Statusbestimmung der identifizierten sprachlichen Phänomene sind diese Vorklärungen ebenso unabdingbar, da sie sich als sprachliche Techniken nicht selbst genügen, sondern der Bewältigung einer historisch hoch spezifischen kommunikativen Praxis dienen. Mit der Beschreibung dieser sprachlichen Techniken als Varietät, die diskursbezogen der Erfüllung eines spezifischen kommunikativen Zwecks dient, bewegen wir uns nun sehr wohl im Kernbereich sprachwissenschaftlicher Gegenstände. Das Neuartige an den solchermaßen perspektivierten sprachlichen Fakten ist, dass sie Einsichten zum Verlauf der Sprachgeschichte in einem spezifischen Diskurs bieten und damit auch Einsichten zum Status der dort aufgefundenen sprachlichen Phänomene, die entweder unterdrückt, tole-

---

24 Der häufig geäußerte Vorwurf mangelnder methodischer Kontrolle, der im Zusammenhang mit hermeneutischen Verfahren zum Standardrepertoire der Kritik gehört und auch die varietätenlinguistisch orientierte Sprachgeschichtsschreibung als *basso continuo* begleitet, findet seinen unmittelbaren Anlass denn auch häufig in der summarischen Art der Rekonstruktion von Kontexten und nicht in der Tatsache, dass diese rekonstruiert werden. Die hier gebotene, umfassende Rekonstruktion hingegen kann dem Vorwurf der Oberflächlichkeit und inadäquaten Rezeption der Forschung anderer Disziplinen entgehen. Dies ist jedenfalls ihr Anspruch.

25 Grundlegende Klärungen auch in Oesterreicher 2009b.
Die Konzeptualisierung der Historiographie als relativ selbständiges Diskursuniversum impliziert die Klärung der historisch kontingenten Voraussetzungen des adäquaten Verstehens von historiographischen Texten und mithin der Konstitution historischen Wissens, womit ein Anknüpfungspunkt an die Episteme nach Foucault gegeben ist. Dieser Umstand bezieht sich im hier zugrunde gelegten methodologischen Horizont jedoch ausschließlich auf das Teilverfahren der Rekontextualisierung kommunikativer Akte, nicht auf den Kernbereich linguistischer Fragestellungen. Die Nähe zu Foucault in diesem Bereich lässt daher keine Schlussfolgerungen hinsichtlich seiner Relevanz für den Kernbereich linguistischer Fragestellungen zu. Vgl. dazu aktuell Busse 2008.

riert oder aber selegiert und bisweilen sogar forciert werden können, woran sich ihr Verhältnis zur Norm und ihre relative Position im Diasystem des Kastilischen zeigt. Sofern diese bereits bekannt ist, sind hingegen Rückschlüsse auf den Status bestimmter Diskurse und der Texttypen, die dort jeweils angebunden sind, möglich.

Die dabei zugrunde liegende Konzeption von Sprachgeschichte geht erkennbar von der Voraussetzung aus, dass die unmittelbaren Kommunikationsanlässe als Orte der Kreativität und der zweckbezogenen Synchronisation sprachlicher Techniken in einem Text den Ausgangspunkt der deskriptiven Erfassung einzelsprachlicher Fakten bilden. Diese Sichtweise impliziert, dass klassische Grammatikalisierungstheorie, die sich bemüht, den Sprachwandel diskursunabhängig zu konzeptualisieren, nur flankierend berücksichtigt werden kann. Derartige, diskursunabhängige Generalisierungen sind selbstverständlich möglich und auf der universellen Ebene auch sinnvoll, sie berühren jedoch nicht den Kernbereich hispanistischer Sprachgeschichtsschreibung.[26]

Ebenso wie die Formalismen in der Sprachwissenschaft erschwert die Neigung der Geschichtswissenschaft zur strikten Trennung von Historischem und Systematischem, von Theorie und Empirie die Verständigung über das Problem der Sprachgebundenheit historischer Überlieferung.

Es existiert eine große Anzahl von Publikationen zu verschiedensten Sprach- und Kulturräumen, die die Wendung 'Geschichte der Geschichtsschreibung' im Titel führen.[27] Sie bieten üblicherweise einen enzyklopädischen Überblick über maßgebliche historiographische Texte in einer Sprache oder bezogen auf ein Gebiet, das seinerseits als kulturelle Einheit bestimmt wird (typischerweise Europa). Zu diesen Texten geben sie in klassischer 'Autor und Werk'-Manier Auskunft über Gattungsfragen und die Lebensumstände ihres Urhebers, soweit sich diese rekonstruieren lassen. Bei der Orientierung hinsichtlich bestehender Korpora und Überlieferungsverhältnisse sind sie oft außerordentlich hilfreich, jedoch nicht

---

26 Das Scheitern aller bisherigen Versuche, die Linguistik in eine Naturwissenschaft zu überführen, ist seinerseits ein Indiz für die Notwendigkeit dieser Ebenenunterscheidung. Neueste Entwicklungen in der Diskussion deuten denn auch darauf hin, dass sich die Positionen der Historischen Pragmatik im weiteren Sinne der Varietätenlinguistik und der Grammatikalisierungstheorie annähern. Vgl. etwa die Vorschläge in Company Company 2008a sowie auch die Kritik in Girón Alconchel 2008. Eine einschlägige Problematisierung auf empirischer Grundlage erfolgt bereits in Laca 1996.

27 Für den hispanophonen Raum klassisch Sánchez Alonso 1941–50; Fueter [2]1936; aus jüngerer Zeit Andrés-Gallego u. a. 1999; Sandoval Rodríguez 1999.

ausreichend für eine Historisierung der Historiographie, wie sie im Rahmen der oben vorgestellten Methodik zu fordern ist. Hierfür ist es nicht allein notwendig, die Texte in ihre historisch variablen Diskurszusammenhänge einzubetten, sondern sie sind außerdem in einem ebenfalls zu historisierenden epistemologischen Horizont zu verorten. Historisches Wissen als stets sprachlich vermitteltes Wissen besitzt in diesem Sinne eine Reihe spezifischer Eigenschaften. Diese bleiben in den Überblicksdarstellungen jedoch meist unbeachtet. Unser Interesse an den Verhältnissen im frühneuzeitlichen Kastilien macht eine Rekonstruktion, die über bloße Verweise auf existierende Literatur hinausgeht, insofern besonders dringlich, als ein Blick in die einschlägige Sekundärliteratur zur *historiografía indiana* zeigt, dass dort (mit Ausnahme jüngster Publikationen) historisch inadäquate Kategorien oft naiv zum Gegenstand zirkulärer Debatten gemacht werden.[28] Epistemologische Überlegungen werden einer Theorie der Geschichte überlassen,[29] die Betrachtung der Texte in den 'Geschichten der Geschichtsschreibung' wird oftmals auf ästhetisch-normative Aspekte reduziert.[30] Die hier zu leistende sprachgeschichtliche Aufarbeitung erfordert jedoch die Synchronisierung beider Perspektiven.

Ein pragmatisch fundierter Textbegriff, der Festlegungen auf autoritative Formen sprachlicher Kommunikation vermeidet, hat bezogen auf historiographische Korpora zwei besondere Vorzüge: Er gestattet zumindest prinzipiell die Berücksichtigung aller verfügbaren Texte einer Diskursdomäne; es findet keine theoriebedingte Abwahl vermeintlich unbrauchbarer oder missglückter Texte statt.[31] Darüber hinaus zwingt die systematische Berücksichtigung der Situationsgebundenheit von Kommunikation zu einer Statusbestimmung der jeweils untersuchten Texte, was

---

28 Insbesondere das Etikett des Plagiats, aber auch widersprüchliche Versuche stilistischer Qualifizierungen stiften eher Verwirrung, als dass sie zur Orientierung des Lesers beitrügen (vgl. Kap. 2.1.). Verschärft wird dieses Problem durch die weit verbreitete Praxis, Texteditionen des 19. Jahrhunderts neu aufzulegen, ohne sie grundlegend zu überarbeiten.

29 Vgl. Goertz 1995.

30 Für den deutschen Sprachraum ist bereits darauf hingewiesen worden, dass die bei weitem häufigsten Typen von Geschichten der Geschichtsschreibung die Porträts einzelner Historiker oder Überblicksdarstellungen zu den bedeutendsten historiographischen Werken bieten. Abhandlungen zur Historizität des Geschichtsdenkens erscheinen in einer einschlägigen Statistik dem gegenüber erst an sechster Stelle (vgl. Blanke 1993). Vgl. auch Wiersing 2007, 31. In der spanischen Geschichtsschreibung stellen sich die Verhältnisse allem Anschein nach ähnlich dar.

31 Dies bedeutet freilich nicht, dass nicht in Abhängigkeit von der jeweiligen Fragestellung eine Abwahl stattfinden kann und sogar muss.

für die Historiographie von besonderer Bedeutung ist, insofern sich hier eine Möglichkeit zeigt, die Signifikanz (sprachlicher) historischer Quellen und mithin die Reichweite der daraus zu gewinnenden historischen Erkenntnis systematisch zu klären[32] und umgekehrt die Neigung zur anachronistischen Interpretation von Quellen nach Maßgabe ideologischer Optionen wenigstens abzumildern. Eine Stellungnahme zu den Problemen, die sich aus der Textgebundenheit historischen Wissens für die Forschung ergeben, wird später ausführlich erfolgen.

Zunächst sind einige Hinweise zur Operationalisierung der Kategorien angebracht, die im Zusammenhang der Metareflexion auf den Status von Historiographie im Verlauf der Geschichte der Geschichtsschreibung Bedeutung erlangt haben und deshalb bei der hier anvisierten Rekonstruktion im Sinne einer Historisierung historiographischer Praxis zu berücksichtigen sind. Es handelt sich dabei um ein kleines Spektrum von im Zeitablauf beharrlich wiederkehrenden Kategorien, die es erlauben, weite Teile einer als Diskursuniversum konzipierten Historiographie als Phänomen der *longue durée* aufzufassen, insofern die Kategorien, die den Status historiographischer Diskurse prägen, die Epochen überdauern; damit verbunden ist jedoch die Aufgabe, den – trotz oft gleich bleibender Benennung – historisch variablen Status der einzelnen Kategorien und den daraus resultierenden Statuswechsel historiographischer Diskurse herauszuarbeiten. Ein solcher Statuswechsel durch Umdeutung bereits vorhandener epistemischer Kategorien vollzieht sich einmal unter dem Einfluss des Christentums, welches das Einsetzen spezifisch mittelalterlichen Geschichtsdenkens markiert, ein weiteres Mal unter dem Einfluss des Positivismus, der sich um die Verwissenschaftlichung der Historiographie bemüht und seinerseits nur unter der Voraussetzung einer wieder schwindenden Geltung des Christentums zu denken ist.[33]

Aus dieser Auffassung folgt unmittelbar, dass die klassische Epochentrias 'Antike – Mittelalter – Neuzeit' der tatsächlichen Komplexität des

---

32 Diese ist selbstverständlich wiederum in Abhängigkeit von der jeweiligen Fragestellung (diesmal des Historikers) zu beurteilen.

33 An dieser Stelle darf nicht unterschlagen werden, dass das Diskursuniversum der Historiographie zu jedem Zeitpunkt seiner Entwicklung eine mehr oder weniger ausgeprägte interne Differenzierung und mithin immanente Komplexität aufweist. Auch werden in der Sekundärliteratur bisweilen weitaus stärker differenzierende Epochenzuschreibungen vorgenommen. Aus Gründen der Übersichtlichkeit werden diese Aspekte jedoch erst im folgenden Kapitel besprochen. Bis auf Weiteres ist die Konzentration der Aufmerksamkeit auf fundamentale Voraussetzungen des Geschichtsdenkens ausreichend.

infrage stehenden Phänomens nicht gerecht zu werden vermag. Zunächst sprechen zwei durchaus bedenkenswerte Gründe für die Berücksichtigung dieser Konzeptualisierung des Gegenstandes: So ist sie die Grundlage des Problemaufrisses in den allermeisten einschlägigen Veröffentlichungen, die dieses traditionsreiche Gliederungsprinzip beibehalten, gleich, ob sie sich zu einer der genannten Epochen äußern oder zu allen dreien, sodass es sich schon aus forschungsgeschichtlichen und -praktischen Gründen verbietet, darüber von vornherein hinwegzugehen. Zudem ist kaum zu bestreiten, dass die epistemologischen Implikationen des Christentums fundamentalen Einfluss auf das Geschichtsdenken ausgeübt haben, sodass eine Dreiteilung der Epochen angemessen erscheint, wenn das Mittelalter als diejenige Epoche verstanden wird, in der das Christentum im skizzierten Sinne seine volle Geltung entfaltet, während die vorhergehende und die nachfolgende Epoche sich entweder durch seine Abwesenheit oder aber durch seine verschiedentlich, besonders aufgrund der Antike-Rezeption des Humanismus, modifizierte und gegebenenfalls abgeschwächte Geltung auszeichnen. Gleichwohl spricht ein entscheidender historisch-systematischer Grund gegen das alleinige Genügen dieser Sichtweise: Die notorische Persistenz der Kategorien macht es unmöglich, historisches Denken, das sich in historiographischen Diskursen manifestiert, in seiner Historizität kohärent zu fassen, wenn nach Maßgabe einer Kategorie eine besondere Innovationskraft des Mittelalters suggeriert wird, nach Maßgabe einer anderen hingegen ein extremer Konservatismus der Neuzeit. Selbst, wenn man etwa bereit ist, das Fortbestehen heilsgeschichtlicher Prämissen konzeptuell durch eine 'Verlängerung' des Mittelalters bis an die Schwelle des 19. Jahrhunderts einzuholen und für das Eintreten der Historiographie in die Sphäre des Rechts durch eine 'Vorverlegung' des Beginns der Renaissance das Gleiche zu erreichen, ist anhand eines einzelnen Textes dann nicht mehr entscheidbar, ob jeweils ein Fall mittelalterlicher oder neuzeitlicher Historiographie vorliegt;[34] recht besehen ist es gar nicht mehr sinnvoll, diese Frage überhaupt zu stellen. Wenn dies zutrifft – und der genannte Grund spricht dafür – dann ist es angebracht, die zu veranschlagende Epochenmodellierung angemessen zu modifizieren oder zu ergänzen.[35]

---

34 Vgl. zu diesem Problem auch die exemplarische Stellungnahme in Gumbrecht 1987a, 804.

35 Die auf Persistenz von Kategorien deutenden Befunde stehen in deutlichem Widerspruch zu der einflussreichen Bestimmung des Renaissance-Begriffs bei Hempfer, der explizit von einem Gegensatz zwischen dem Geschichtsbewusstsein

Es soll hier dafür argumentiert werden, dass das Konzept 'Vormoderne' geeignet ist, eine solche Ergänzung in der notwendigen Form zu leisten. So vermeidet es die Suggestion einer Zäsur in der Epochenfolge, die sich in einschlägigen Texten aus der Domäne der Historiographie nicht nachweisen lässt, impliziert aber zugleich keine Identität der Epochen und mithin die Obsoletheit ihrer Unterscheidung; was behauptet wird, ist eine fundamentale Differenz aller vormodernen Epochen zur Moderne und ihren Epochen, wobei diese Differenz selbstverständlich in jedem Einzelfall anders ausfallen kann. Innerhalb der Vormoderne finden ebenfalls Verschiebungen und Umdeutungen der Geltungskriterien der Geschichtsschreibung statt, Typen und Benennung der Kriterien bleiben jedoch bemerkenswert stabil.

2.1. Die Problematik des historischen Wissens

Es ist womöglich nicht überflüssig darauf hinzuweisen, dass die Frage nach dem historischen Wissen in dieser Einfachheit nicht gestellt werden kann, sondern in Abhängigkeit von den Formalobjekten der verschiedenen Disziplinen, die sich mit ihr befassen, unterschiedliche Probleme generiert.

In der Philosophie stellt sich die elementare Frage nach den Bedingungen der Möglichkeit historischer Erkenntnis. Hier sind also die erkenntnistheoretischen Voraussetzungen, aufgrund derer sich die Möglichkeit eines Wissens über Vergangenes ergibt, Gegenstand der Überlegungen. Relevant für unsere Zwecke ist insbesondere der Verlauf der Debatte in der zweiten Hälfte des 20. Jahrhunderts, wo die Sprachlichkeit historischer Erkenntnis erstmals zu einem fundamentalen Problem wird (vgl. Kap. 2). Die Analytische Philosophie hat dieses Problem radikalisiert, indem sie die Frage thematisiert, wie der Wahrheitswert von Aussagen, die sich auf Sachverhalte beziehen, welche zum Zeitpunkt der Aussage nicht

---

des Mittelalters und der Renaissance spricht (vgl. Hempfer 1993). Er räumt die Möglichkeit einer Gleichzeitigkeit von Ungleichzeitigem zwar ebenso explizit ein, sieht eine solche jedoch gerade im Bereich des Geschichtsdenkens nicht gegeben. Diese These ist nur erklärbar, wenn man berücksichtigt, dass sie anhand der Verhältnisse in Italien entwickelt worden ist. Für Kastilien gelten gänzlich andere Bedingungen. Zur Problematik des Renaissance-Begriffs speziell mit Blick auf die kastilische Historiographie vgl. Jiménez 2001, 134.

mehr bestehen, festgestellt werden kann, beziehungsweise, ob Aussagen dieses Typs überhaupt sinnvoll getroffen werden können.[36] Wie unmittelbar erhellt, verfolgt man mit dieser Fragestellung ein systematisches Interesse, das im Rahmen einer allgemeinen Semantik auftritt, kein historisches.[37] Das epistemologische Problem, das der Textualität von Geschichte zugrunde liegt, wird hier jedoch in einer Klarheit formuliert, die den Kulturwissenschaften allgemein, besonders jedoch der Geschichtswissenschaft, schwer zu schaffen gemacht hat.[38] Die einschlägige Debatte führt zu der systematischen Einsicht in die unhintergehbare Gegenwartsbezogenheit historiographischer Darstellung, in die narrative Darstellung historischer Sachverhalte nach Maßgabe von Wertungen, die sich auf die Interessen der jeweiligen Gegenwart gründen.[39] Die Konzeptualisierung dieses Problems leidet jedoch in der Geschichts-, der Literatur- und der Sprachwissenschaft – den historisch orientierten Textwissenschaften, die sich bisher an der Erschließung von Korpora der *historiografía indiana* beteiligt haben – an einer Reihe von je spezifischen Schwächen, die im Folgenden erläutert werden sollen.

---

36 Eine klassische und nach wie vor relevante Arbeit aus diesem Bereich ist Danto 1965, wieder veröffentlicht in dem Sammelband Danto 2007.
   Vgl. auch die Stellungnahme in Schönrich / Baltzer 2005 sowie bereits Jauss 1982, 415.

37 Es ist deshalb auch ausdrücklich nicht Absicht dieser Arbeit, einen Beitrag zu der Debatte um die Bedingungen der Möglichkeit historischer Erkenntnis zu leisten. Gegenstand ist lediglich die Rekonstruktion eines spezifischen historischen Lösungsversuchs des Problems historischer Erkenntnis. Vgl. auch Landwehr 2002, 63.

38 Es mag kein Zufall sein, dass die ersten einschlägigen Arbeiten Hayden Whites bereits wenige Jahre nach Danto erschienen sind. In jedem Fall ist zu bedenken, dass neben Hayden White in den sechziger und siebziger Jahren eine ganze Reihe von Diskutanden auftritt, deren Thesen in die gleiche Richtung zielen. Vgl. die Hinweise in Kohut 1991, 34; auch White 1965, 219 ff.

39 Vgl. Rüsen 2002, 310 f. Entscheidend ist, dabei den unterschiedlichen Umfang der Begriffe 'Narrativität' und 'Literarizität' im Auge zu behalten, insofern diese sich lediglich überschneiden, nicht aber deckungsgleich sind; dies bedeutet, dass nicht jeder narrative Text automatisch literarisch sein muss, sondern beide Begriffe systematisch zu trennen sind. Geht man davon aus, dass historiographische Texte narrative Texte sind, dann wird verständlich, wie es möglich ist, dass sie konstitutive sprachliche Eigenschaften mit literarischen Texten teilen, ohne selbst literarische Texte zu sein.
   Zur sprachlichen Konstitution von Narrativität vgl. aktuell Haßler 2009, wo auch ein Überblick über die Geschichte der einschlägigen Diskussion geboten wird.

Die Versuche der Geschichtswissenschaft, sich über den Status von historiographischen Texten der Vormoderne klar zu werden, haben in der Vergangenheit allenthalben zu merkwürdig widersprüchlichen oder aber zirkulären Argumentationen geführt. Insbesondere die *estudios introductorios* von Texteditionen aus dem Umfeld der *historiografía indiana* erwecken oftmals den Eindruck, dass dort alle prinzipiell bestehenden Denkmöglichkeiten betreffend den Stellenwert eines Textes ausformuliert werden, ohne dass eine begründete Entscheidung in dieser Frage herbeigeführt werden könnte. Auch bei unseren Ausführungen zu den Verfassern der 'Quellen' Herreras wird das ein ums andere Mal überdeutlich werden. In neuesten Arbeiten nordamerikanischer Historiker, die stark diskursanalytisch orientiert sind und Hoffnung auf produktiven interdisziplinären Austausch machen, wird diese Tatsache erstmals reflektiert und unverhohlen ironisch kommentiert, etwa als „mecanismo que lleva a muchos lados y a ninguno".[40] Dieselbe Autorin liefert beispielhaft eine Zusammenstellung von Stilattributen, die López de Gómara bisher beigelegt worden sind; diese umfasst u. a.: *fluido, natural, elegante, atractivo, conciso, moderno, sencillo, popular.*[41]

Fragt man nach den Ursachen für die Konfusionen der Vergangenheit (was bislang kaum geschehen ist), so stellt man fest, dass den fraglichen Interpretationen heterogene Kriterien zugrunde liegen, die parallel in Anschlag gebracht, jedoch in ihrer Heterogenität nicht reflektiert werden. Es handelt sich dabei einerseits um ästhetische Kriterien, andererseits um politisch-ideologische. Die ästhetischen Kriterien zielen auf den Nachweis der mustergültigen Erfüllung von Gattungskonventionen oder die Konstatierung rhetorisch-stilistischer Qualität,[42] die sich durchaus auch als

---

40 Jiménez 2001, 133.

41 Vgl. Jiménez 2001, 133.

42 Wobei man aber, wie Jiménez 2001 zeigt, über gar kein systematisches Konzept von Stil verfügt, das im Rahmen einer einschlägigen Debatte operationalisierbar wäre. Dieser Umstand ist kaum zu kritisieren, bedenkt man, dass der Stilbegriff die Sprach- und Literaturwissenschaften nach wie vor beschäftigt und im Kern noch immer gilt, was bereits in Fix 1990 zum Ausdruck gebracht worden ist, nämlich, dass Stil als Begriff nicht definierbar ist. Gerade angesichts dessen muss er jedoch zu jener Konfusion führen, die der Rezipient de facto vorfindet, solange die Problematik einer Konzeptualisierung von Stil nicht mitreflektiert wird.

Vgl. zum Stilbegriff Gauger 1995; Gumbrecht/Pfeiffer 1988 und neuerdings Fix 2007 sowie Fritz/Koch/Trost 2008 oder die guten Standardeinführungen Eroms 2008; Göttert/Jungen 2004.

Zu Konventionalität und Innovativität als zwei möglichen Formen der Ausprägung von Stil vgl. Fix 2007, 44.

ausgeprägte Individualität manifestieren kann, um daraus den Geltungsanspruch des untersuchten Textes abzuleiten.[43] Die Historiographie eignet
sich ähnlich gut wie die Höhenkammliteratur als Hilfsmittel zur Bildung
nationaler Mythen; kaum verwunderlich, dass sie von den Historikern, die
sich in der Mitte des 19. Jahrhunderts um ihre Positionierung im uni-
versitären Fächerkanon bemühen, auch dazu genutzt wird. Der Charakter
der einschlägigen Forschungen lässt dieses Ansinnen deutlich erkennen.
Erschwerend kommen politisch-ideologische Kriterien hinzu, die in der
spanischen Historiographie der ersten Hälfte des 20. Jahrhunderts, als auf
den Verlust der letzten überseeischen Territorien die Krise der Republik
und der Faschismus folgen, erwartbarerweise besonderes Gewicht haben.
Republikanisch gesonnene Historiker etablieren in dieser Zeit die Ge-
pflogenheit, den außerhalb der 'Kolonialverwaltung' stehenden Autoren,
wie etwa Bernal Díaz del Castillo, eine besondere Neigung zur Wahrhaftigkeit aufgrund der Abwesenheit korrumpierender politischer Interessen
zu attestieren, ein Vorurteil, das, wie wir heute wissen, nicht weniger falsch
ist als die gegenteilige Behauptung. Faschistische Historiker wie der Ar-
gentinier Carbia neigen hingegen dazu, in weit radikalerer Weise, als dies
die *Cronistas Mayores de Indias* selbst getan haben, jegliche Kritik an der
conquista zum Verrat zu stilisieren und die Hofchronisten zu den einzig
kompetenten Sachwaltern historischer Wahrheit zu erheben.[44] Auch in der
zweiten Hälfte des 20. Jahrhunderts ist auf neu zu edierende Texte jede
denkbare Kombination dieser vier Kriterien rein willkürlich angewandt
worden. Zwar hat es frühzeitig anderslautende methodische Forderungen
aus den Reihen der Historiker gegeben; selbst die Beiträge prominenter
Figuren wie Edmundo O'Gorman jedoch sind zunächst ohne Wirkung auf
die Methodenreflexion geblieben.[45] Der absolut aktuell anmutende Hinweis

> der moderne Historiker dürfe [...] nicht die Texte des 16. Jahrhunderts nach
> dem heutigen Wissenschaftsverständnis beurteilen, sondern müsse sich viel-
> mehr die unterschiedlichen Konzeptionen bewusst machen und zu erkennen
> suchen, was nach damaligem Fühlen das Ziel der Geschichte war,[46]

---

43   Diese Neigung zur Prämierung von Höhenkammtexten im Zuge der disziplinären
     Formierung der Geisteswissenschaften im 19. Jahrhundert besteht bekanntlich
     auch in den Literatur- und Sprachwissenschaften respektive Philologien.
44   Vgl. z. B. Carbia ²2004 zur *leyenda negra*. Zu den ideologischen Implikationen der
     historiografía americanista im Spanien des 20. Jahrhunderts vgl. Vélez 2007, 418 ff.
45   Vgl. für eine kritische Stellungnahme zum Positivismus der spanischen Academia
     jener Jahre auch Iglesia 1986, 109 ff.
46   O'Gorman nach Kohut 1991, 33.

stammt aus den vierziger Jahren, hat aber seinerzeit wenig Anklang gefunden. Man ist zwischenzeitlich zwar im Zuge intensiver Editionstätigkeit zu einer durchaus erfreulichen Erweiterung der Textbasis gelangt, das historisch-systematische Problem der Geltung ist jedoch im Grunde verschleiert worden. Auch mit Herreras *Décadas* ist man großteils so verfahren.[47] Es sollen an dieser Stelle die intensiven Bemühungen der französischen *Annales*-Schule und der deutschen Begriffsgeschichte um eine systematische Reflexion auf die Sprachgebundenheit des Gegenstandes ihrer Forschungen nicht unerwähnt bleiben.[48] Jedoch muss eben auch gesagt werden, dass das theoretisch-methodische Handwerkszeug, das den aufgeschlossenen Historikern seinerzeit von der Sprachwissenschaft zur Verfügung gestellt wurde, denkbar ungeeignet gewesen ist[49] und dass diese Bemühungen überdies in Spanien keine Wirkung gehabt haben.

Die Entdeckung der Historiographie als Forschungsgegenstand der Literaturwissenschaft, die sich in den achtziger Jahren des vergangenen Jahrhunderts vollzogen hat, beruht im Grunde auf einer Denkfigur, die so alt ist wie die Reflexion über das Wesen der Geschichte und bei Aristoteles erstmals formuliert wird. Die entscheidende Frage dabei ist naheliegend-

---

47 Am Fortwirken dieses Verfahrens bis in die neunziger Jahre ist die Sprachwissenschaft womöglich nicht ganz unschuldig, insofern sie im Rahmen der Historik-Debatte der siebziger Jahre eine Aufgabe weitgehend unerfüllt gelassen hat, die sie zwar aufgrund ihres damaligen Diskussionsstandes nicht erfüllen konnte (vgl. Kap. 2.), die ihr nach disziplinären Gesichtspunkten jedoch durchaus zugekommen wäre.
    Vgl. dazu auch die wissenschaftsgeschichtlichen Hinweise in Trabant 2005.

48 Vgl. klassisch dazu Bloch 2002; Chartier 2005; Koselleck 2000. Auch die von Kosselleck wesentlich mitgetragene Begriffsgeschichte hat jedoch ein erhebliches Problem mit der Bestimmung des Verhältnisses von Diskurssemantik und Sachgeschichte. Wesentliche Klärungen dazu hat bezeichnender Weise die Sprachtheorie Coserius geleistet (vgl. Gumbrecht 2006, 17 ff.). Auch die Konsequenzen, die in der *Annales*-Schule aus der Einsicht in die Historizität der Pragmatik von sprachlichen Zeugnissen gezogen werden und auf die Forderung nach Serialisierung von möglichst anonymen und massenhaft auftretenden Dokumenten zielen, müssen keinesfalls unkritisch übernommen werden. Vgl. Pino 1999, 308.

49 Vgl. auch die einschlägigen Bemühungen um die Historik im deutschsprachigen Raum während der siebziger und achtziger Jahre, die von Seiten der Linguistik nur am Rande mitgetragen worden sind (etwa Stempel 1973a und 1973b). Typisch für seine Zeit ist der Beitrag Weinrich 1973, der selbstbewusst die besondere Lösungskompetenz der Linguistik betont, andere Textwissenschaften entwertet und dabei einen radikal systemlinguistischen Textbegriff veranschlagt, von dem wir heute wissen, dass er die Diskussion in eine Sackgasse geführt und die Wahrnehmung der Linguistik im Kreise der textwissenschaftlichen Disziplinen tendenziell beschädigt hat.

erweise die, ob und, wenn ja, inwiefern sich der Wahrheitsanspruch von Historiographie von dem explizit suspendierten Wahrheitsanspruch der Literatur unterscheidet. In der Diktion der Vormoderne wird der Gegenpol zur unterstellten Wahrheit der Geschichte meist mit den Termini 'Lüge' oder 'Erfindung' besetzt.[50] Die Beobachtung, dass es in der Tat keine sprachlichen Eigenschaften historiographischer Texte gibt, die es erlauben, den Wahrheitsanspruch der Historiographie in Abgrenzung zur Literatur zu begründen, ist dabei bereits verschiedentlich formuliert worden. Im disziplinären Horizont der Literaturwissenschaft wird dieses Problem üblicherweise anhand der Kategorie der Fiktionalität verhandelt. Der entscheidende wissenschaftsgeschichtliche Schritt zu dieser Sicht der Dinge waren die Arbeiten Hayden Whites, die in den siebziger und achtziger Jahren bekanntlich mit einiger Emphase rezipiert worden sind.[51] Angesichts der hinlänglichen Bekanntheit des Problems, das diesen Arbeiten zugrunde liegt, stellt sich die Frage, aufgrund welcher Umstände diese Emphase zustande kommen konnte. Ein möglicher Grund könnte im Ringen zweier problematisch gewordener Disziplinen um die Dokumentation ihrer gesellschaftlichen Relevanz liegen. Kämpft die Geschichtswissenschaft nach dem Zweiten Weltkrieg verschärft um eine Neubegründung der Wissenschaftlichkeit ihres Erkenntnisanspruchs unter Berücksichtigung ihrer Sprachgebundenheit, so ist es für die Literaturwissenschaft attraktiv, ihre Zuständigkeit für eine gesellschaftlich offenkundig weiterhin bedeutsame Domäne des Wissens, wie es die historische ist, reklamieren zu können.[52]

In diesem Zusammenhang seien zwei kritische Bemerkungen eines Außenstehenden gestattet: Die Arbeiten Hayden Whites führen keineswegs notwendigerweise auf die These der Fiktionalität von Historiographie. Im Kern zeigt er in seinen Analysen die gleichzeitige Anwesenheit bestimmter textueller Gestaltungsmittel und Semantiken in der Diskursdomäne der Historiographie und in anderen, literarischen Diskursen. Dadurch wird die Frage nach dem ontologischen Status von Tatsachen oder Sachverhalten, die in der Vergangenheit liegen, jedoch gar nicht berührt:

---

50 Vgl. zum aktuellen Stand dieser Diskussion insbesondere die Beiträge in Peters/Warning 2009.

51 Zu den Thesen Hayden Whites vgl. die Monographie *Metahistory* sowie die Sammlung seiner einschlägigen Aufsätze *Auch Klio dichtet*.

52 Uneindeutig bleibt in dieser Hinsicht z.B. der Beitrag Lüsebrink 1993. Eine unaufgeregte und angemessenere Rezeption Hayden Whites durch die Literaturwissenschaft findet sich allerdings bereits in Kohut 1991, 33 ff.

Wie also, so könnte man sein Anliegen auf den Punkt bringen, wird historische Wirklichkeit durch das Schreiben von Geschichte hergestellt? Diese Frage und Whites Antwort darauf haben zu manchen Irritationen und Entrüstungen innerhalb der Geschichtswissenschaft geführt. Denn White liegt unter anderem daran, das Poetische in der Historiographie zu betonen, wodurch manche Angehörige der historischen Zunft den eigenen wissenschaftlichen Status bedroht sehen. [...] Laut Hayden White vollziehen historische Werke im Wesentlichen einen poetischen Akt, da sie das zentrale Element der Narrativität enthalten, welches das gesamte Feld der historischen Arbeit präfiguriert.[53]

Im Hinblick auf den epistemologischen Status historischen Wissens folgt daraus zunächst überhaupt nichts Eindeutiges, zu seiner Klärung ist eine philosophische Reflexion notwendig, die mit der Identifizierung des Narrativen in der Historiographie erst beginnt und nicht damit endet.[54] Hysterische Reaktionen sind also im Positiven wie im Negativen unangebracht.[55] In der Beschreibung ästhetischer Eigenschaften historiographischer Texte sowie – mit Einschränkungen – der konstitutiven Merkmale historiographischer Narrativität kann überdies selbstverständlich eine Aufgabe der Literaturwissenschaft liegen, die einen Gewinn für die gesamte Debatte abwerfen würde, insofern die Literaturwissenschaft über einschlägige Expertise verfügt, die den anderen Disziplinen in vergleichbarer

---

53 Landwehr 2008, 43.
54 Eine konzise Einführung in die epistemologischen Probleme, die mit der Narrativität historischen Wissens einhergehen, bietet Day 2008, 187 ff. Die Spannbreite denkmöglicher Lösungen wird dort aufgezeigt. Vgl. auch White 1996, 68, wo nochmals in aller Deutlichkeit gegen den Kurzschluss von Narrativität auf Fiktionalität Stellung bezogen wird. Vgl. auch bereits Stierle 1979.
55 Besonders bedauerlich sind jene Fälle, in denen sich die angesprochene Hysterie mit diskutablen Kategorisierungen paart. Wie Hanisch 1996 spricht eine Reihe von Historikern gerne von der 'linguistischen Wende'. Es ist aber doch höchst zweifelhaft, ob die Tatsache, dass der Strukturalismus von der Linguistik seinen Ausgang nimmt, für eine solche Zuschreibung hinreichend ist. Vgl. diesbezüglich auch die höchst selektive Rekonstruktion zur Verbreitung des Strukturalismus in Spiegel 1997, 5 ff. Noch bedenklicher allerdings wäre es, sollte es sich bei den linguistischen Wenden um eine banale Folge gedankenloser Übersetzung handeln. Adäquat ist hingegen die Rede von einem „tipo de conocimiento que es la historia", vorgeschlagen in Jiménez 2001, 23. Treffend auch Trabant 2005, IX, sowie bereits Goertz 1995, 102.
      Zur Rezeption Hayden Whites im deutschsprachigen Raum vgl. die Beiträge in Küttler / Rüsen / Schulin 1993 sowie die einschlägigen Literaturhinweise in Landwehr 2008, 43 ff.

Weise nicht zu Gebote steht.[56] Die intensive Lektüre literaturwissenschaftlicher Analysen von Texten der *historiografía indiana* der letzten
fünfundzwanzig Jahre erweckt allerdings den Eindruck, dass dort der
Kurzschluss auf die Fiktionalität der Historiographie allgemein verbreitet
ist, was nicht ohne Auswirkungen auf die behandelten Fragestellungen
bleibt. Beliebt ist die Suche nach den Mythen in der Geschichtsschreibung,
nach der Inszenierung des Anderen, nach Hybridisierungen.[57] Unabhängig
davon, dass sich solche Phänomene gewiss plausibel machen lassen, ist
damit für das Problem der Textualität von Geschichte nichts gewonnen.
Man erfährt nämlich nichts über die originäre Pragmatik historiographischer Diskurse und mithin auch nichts über den Status, der ihnen zeit-

---

56 Der Formulierung „sie müssen vielmehr auch mit literaturwissenschaftlichen
Methoden interpretiert werden" (Kohut 1991, 34) ist deshalb vollauf zuzustimmen. Vgl. auch White 1996, 70 ff. sowie Pino 1999, 313.

Aus Sicht der Linguistik ist ausdrücklich einzuräumen, dass sie das konzeptuelle
Instrumentarium, das erforderlich ist, um eine Typisierung der Einzeltexte im
Sinne der hermeneutischen Postulate der Varietätenlinguistik zu erarbeiten, nicht
selbst bereitstellt; sie ist dabei vielmehr auf eine Rezeption der Debatte zur Erzähltheorie, die in anderen textwissenschaftlichen Disziplinen stattfindet, angewiesen (vgl. Kap. 2). Im Hinblick auf die Operationalisierbarkeit literaturwissenschaftlicher Beiträge zur Erzähltheorie für die Analyse historiographischer Texte
ist jedoch unbedingt zu bedenken, dass sich die typische Erzählsituation der Literatur, anhand derer die Literaturwissenschaft Modelle bildet, grundlegend
von der faktualer Erzählungen unterscheidet (vgl. Martinez / Scheffel 2008, 10).
Letzterer kommt dabei ein relativ niedrigerer Komplexitätsgrad zu, insofern fak-
tuales Erzählen zumindest den Anspruch erhebt, umstandslos zu referieren,
während dieser Anspruch in der Literatur suspendiert ist. Gleichwohl kann eine
bedeutende Leistung der Literaturwissenschaft darin liegen, zu einer sinnvollen
epistemischen Verortung der Historiographie in Abgrenzung zu prototypischer
Fiktionalität beizutragen, und überdies das Verhältnis ästhetischer Beschrei-
bungskategorien zum epistemischen Status der Historiographie näher zu bestimmen; geht man nämlich davon aus, dass dichterische Rede in der Historiographie
unter Umständen gar nicht vorliegt oder aber in bestimmter Weise pragmatisiert
wird (vgl. Martinez / Scheffel 2008, 10), erübrigen sich fruchtlose Debatten über
die ästhetische Qualität von historiographischen Texten gegebenenfalls. Zu
bedenken ist angesichts solcher Überlegungen selbstverständlich auch, dass die
Geschichtswissenschaft in jüngster Zeit selbst eine zunehmend differenzierte Erzähltheorie entfaltet, die auf die spezifischen Merkmale von Historiographie zu-
geschnitten ist (vgl. Martinez / Scheffel 2008, 155 f.). Anderseits sind in jüngerer
Zeit einige der besten und aufschlussreichsten Monographien zu spanischen
Historiographen der Frühen Neuzeit in der diskursanalytisch orientierten Literaturwissenschaft entstanden (z.B. Roa de la Carrera 2005). Eine intensive Verständigung wäre also wünschenswert.

57 Vgl. dazu die einschlägigen Hinweise in Adorno 1988a und 1988b.

genössisch zukam. Die willentliche Dekontextualisierung ist ein wesentliches Kennzeichen dieser Analysen. Korrekterweise ist bereits darauf aufmerksam gemacht worden, dass „los escritos antiguos, recientemente apropiados al campo de la literatura, se integraban en el período de su producción a los discursos empíricos".[58] Interessante und relevante Entwicklungen ergeben sich erst in allerjüngster Zeit. Das Kennzeichen dieser Arbeiten vorwiegend nordamerikanischer Provenienz ist der Verzicht auf eine an Effekten orientierte Dekontextualisierung zugunsten der – historisch weitaus erkenntnisträchtigeren – Identifizierung diskursiver Optionen, die sich aus dem zeitgenössischen institutionellen Umfeld ergeben und in konkreten Texten mit unterschiedlichem Erfolg und unterschiedlichen Folgen formuliert werden.[59]

Nicht zu leugnen ist, dass auch die Sprachwissenschaft in der Vergangenheit lange Zeit keinen produktiven Zugang zum Problem der Textualität von Geschichte gefunden hat.[60] Versteht man jedoch das Formalobjekt der einzelsprachlich orientierten Sprachwissenschaften als historisch geworden, so folgt daraus, dass die historische Sprachwissenschaft zum Problem der Textualität von Geschichte, ihrerseits verstanden als die unhintergehbare Sprachgebundenheit der Konstitution historischer Wissensbestände, Stellung nehmen kann und sollte.[61] Es fehlt auch nicht das Interesse an den Texten, sondern der Blick für die Erklärungsmacht der Diskurspragmatik hinsichtlich der sprachlichen Eigenschaften dieser

---

58 Adorno 1995, 15.

59 Einschlägig sind hier, um nur wenige herausragende Beispiele zu nennen, die Arbeiten Adorno 2000; Castro 2007; Jiménez 2001; Roa de la Carrera 2005.

60 Vgl. z. B. Robin 1973, wo sich die einschlägigen Bemühungen auf lexikometrische Statistiken konzentrieren, welche auf linguistische Theorien Bezug nehmen, die der Historizität ihres Gegenstandes wenig Beachtung schenken. Interessanter aber die Beiträge in Achard / Gruenais / Jaulin 1984.
Die Stellungnahme in Landwehr 2008, 47 ff. ist im Kern durchaus angemessen, trotzdem aus linguistischer Sicht nicht ganz befriedigend, da sie eine recht verkürzte Auffassung des Strukturalismus aufgreift, wie sie sich häufig in der Debatte der historischen Zunft findet.

61 Es ist interessant festzustellen, dass durchaus eine ganze Reihe kleinerer Detailstudien zu bestimmten sprachlichen Phänomenen vorliegt, die von den Autoren in einigen dieser Fälle sogar als Spezifika historiographischer Texte eingeschätzt werden und anhand eines konkreten Einzeltextes aufgezeigt werden, während man sich jedoch bisher nicht um die systematische Identifizierung aller spezifisch historiographischen Merkmale bemüht hat, die sich aufgrund der Pragmatik historiographischer Diskurse ergeben. Vgl. z. B. Girón Alconchel 1997; Lapesa 1968; Lope Blanch 1996 / 2002; Rivarola 2001.

Texte.[62] Geschichtsschreibung ist ein diskursives Phänomen, das diskursanalytisch beschrieben werden kann. Die sprachtheoretischen und methodischen Voraussetzungen, die in der Varietätenlinguistik während der
letzten zwanzig Jahre entwickelt worden sind, sind dafür denkbar günstig
(vgl. Kap. 2.). Damit kommt die Sprachwissenschaft zwar spät, aber
dennoch einer Anforderung nach, die man berechtigterweise an sie stellen
kann. Besondere Relevanz besitzt dieses Anliegen bezüglich der Verfahren
vormoderner Geschichtsschreibung, die sich in weiten Bereichen als unterschiedliche Modi der Kompilation darstellen und durch vergleichende
Textanalysen einer systematischen Beschreibung zugeführt werden können.

Aus diesen Erläuterungen zur Forschungsgeschichte, dem jeweiligen
Verhältnis der verschiedenen einschlägig interessierten Disziplinen zum
Problem der Wahrheit der Inhalte und den daraus gezogenen Konsequenzen für den Stellenwert der Texte ergeben sich wichtige Kriterien für
den Wissensbegriff, der in einer diskursanalytischen Arbeit sinnvoll zugrunde gelegt werden kann. Dass es notwendig ist, mit einem reflektierten
Begriff historischen Wissens zu operieren, wird klar, wenn man bedenkt,
dass es eben nicht die formalen Eigenschaften der Texte und ebenso wenig
die Eigenschaften der darin kodierten Sachverhalte sind, die Historiographie als solche erkennbar machen, sondern allein die Pragmatik der
Texte, die von Kommunikationsteilnehmern mit bestimmten Interessen
ins Werk gesetzt wird. Diese Einsicht führt auf die Berücksichtigung
phänomenologisch-lebensweltlicher Konzepte des Wissens zu, da sie es
erlauben, derartige Interessenorientierungen systematisch in Rechnung zu
stellen und das unfreiwillige Eintreten in eine erkenntnistheoretische
Fundamentaldebatte, die nicht zu den Aufgaben der Sprachwissenschaft
gehören kann, ebenso zu vermeiden wie eine historisch unverantwortliche
Nivellierung kategorialer Differenzen, die in der Literaturwissenschaft
bisweilen unternommen wird. In neueren Beiträgen zur Wissensgeschichte
wird allenthalben sowohl auf die Konjunktur des Wissens als Forschungsgegenstand als auch auf die Konjunktur sozialkonstruktivistischer
Zugänge zu ihm hingewiesen.[63] Angesichts dieser Sachlage ist es ange-

---

62   Symptomatisch in diesem Sinne ist es, wenn sich Lope Blanch überrascht zeigt über
    das Resultat seiner Analysen, dass Cortés' sprachliches Vermögen weit über das
    Niveau eines „rudo soldado aventurero" hinausgeht (2002, 744). Werden prag-
    matische Gegebenheiten mitberücksichtigt, ist dieser Befund bei Weitem nicht
    mehr so überraschend.

63   Letzteres besonders pointiert und mit einem Unterton des Überdrusses etwa in
    folgender Stellungnahme: „Wie jeder Blick in die Tagungsprogramme wissen-

bracht, hier in aller Deutlichkeit darauf hinzuweisen, dass aus der Perspektive des Sprachhistorikers nicht in erster Linie die Reputation des *Main-Stream*-Paradigmas und ein unterstelltermaßen geringer Erklärungsbedarf dafür sprechen, sich seiner zu bedienen, sondern vielmehr sachbezogene Gründe, die im Formalobjekt der Sprachwissenschaft liegen. Dies umso mehr, als der Status des *Main-Stream*-Paradigmas in jüngerer Zeit namhafte Kritiker auf den Plan gerufen hat. Ian Hacking etwa bespricht in überzeugender Weise die problematischen Aspekte des Proliferierens von *Social Construction* als epistemologische Schablone für Fragestellungen aller Art.[64] Selbstverständlich kann und soll es hier weder um ontologische Fragen gehen, die dem Formalobjekt der Sprachwissenschaft nicht entsprächen, noch um die ideologiekritische Entlarvung von Manipulationen zum Zwecke ihrer Diffamierung, was unseren historisierenden Anspruch offenkundig unterlaufen würde.[65] Der große Vorzug der sozialkonstruktivistischen Konzeption von Wissen (und Wirklichkeit)

---

schaftssoziologischer Kongresse oder in die einschlägigen Zeitschriften und Sammelbände lehrt, hat der Sozialkonstruktivismus de facto gesiegt, in der Biologie, den Naturwissenschaften, und in den Geisteswissenschaften ohnehin. [...] Die großen Theorie-Kontroversen um die 'Wahrheit' der sozialkonstruktivistischen Positionen liegen Jahrzehnte zurück, die entscheidenden Streitpunkte drehen sich heute darum, wie wir konstruieren (oder konstruiert werden), ob überall, also auch in den Wissenschaften, oder nur in der Gesellschaft, ob sozial oder nicht, mit den Dingen als Akteuren oder nicht usw" (Zittel 2002, 87).

64 Insbesondere benennt er folgende vier Probleme: 1) Soziale Konstruktion hat als erkenntnistheoretische Vorgabe für eine unübersehbare Bandbreite von Themen zu dienen, bei denen nicht mehr ohne weiteres erkennbar ist, was sie gegebenenfalls verbindet. Vgl. dazu auch die notwendigen und deutlichen Hinweise in Oesterreicher 2005a, XXV ff.; 2) Das Attribut 'sozial' zur Bezeichnung des infrage stehenden Konzeptes ist redundant; 3) Sozialkonstruktivistisch orientierte Arbeiten verfolgen häufig ein ideologiekritisches Interesse, ohne dass jedoch Eigenschaften des Formalobjektes selbst Anlass zu einer solchen Behandlung geben; 4) Soziale Konstruktion wird immer wieder hypostasiert beziehungsweise ontologisiert, so als hinge die Existenz von Objekten davon ab, dass sie sprachlich kategorisiert werden (vgl. Hacking 1999, 1–30).

65 Auch aktuelle Entwicklungen der linguistischen Diskursanalyse zeigen, dass die Auseinandersetzung mit dem Foucault'schen Diskursbegriff, die dort gegenwärtig stattfindet, fast unweigerlich zu einem ideologiekritischen Impetus der Analyse führt, der dem Formalobjekt der Sprachwissenschaft nur sehr bedingt entspricht. Vgl. die einschlägigen Beiträge in Warnke/Spitzmüller 2008 sowie Kap. 5.1.

besteht darin, dass sie den sprachlichen Manifestationen dieses Wissens einen zentralen systematischen Ort zuweist.[66]

> Die allgemeinen und gemeinsamen Objektivationen der Alltagswelt behaupten sich im wesentlichen durch ihre Versprachlichung. Vor allem anderen ist die Alltagswelt Leben mit und mittels der Sprache, die ich mit den Mitmenschen gemein habe. Das Verständnis des Phänomens Sprache ist also entscheidend für das Verständnis der Wirklichkeit der Alltagswelt. [...] Weil Sprache das 'Hier und Jetzt' überspringen kann, ist sie fähig, eine Fülle von Phänomenen zu 'vergegenwärtigen', die räumlich, zeitlich und gesellschaftlich vom 'Hier und Jetzt' abwesend sind. Im gesellschaftlichen Bereich 'vergegenwärtigt' mir Sprache nicht nur Mitakteure und Zeitgenossen, die zur Zeit abwesend sind, sondern auch Mitmenschen aus der Vergangenheit, sei sie Erinnerung oder Rekonstruktion, und imaginäre Projektionen von Mitmenschen in die Zukunft hinaus.[67]

Die historische Sprachwissenschaft wird mithin in die Lage versetzt, den Status von Texten, deren sprachliche Konstitution sie in ihrer Historizität zu analysieren hat, zu bestimmen. Gleichwohl gilt es, allfällige Einwände und die Reichweite der Erkenntnisse, die sich auf diesem epistemologischen Fundament phänomenologischer Provenienz gewinnen lassen, zu bedenken. Jüngst ist zu Recht auf die große Flexibilität, um nicht zu sagen Unterbestimmtheit, des in der Diskussion der Wissensgeschichte veranschlagten Wissensbegriffs hingewiesen worden.[68] Tatsächlich ist dieser Mangel an Bestimmtheit unvermeidlich, da das Wissen in sozialkonstruktivistischer Perspektive allgegenwärtig ist, insofern es die Wahrnehmung von Wirklichkeit beziehungsweise die Fähigkeit zur Unterscheidung der Faktizität der Alltagswelt von anders gearteten Geltungsansprüchen anderer Sinnprovinzen generiert.

> Kategorien stellen die fundamentalen Unterscheidungsraster zur Verfügung, die die Welt für uns überhaupt erst zu einer sinnhaften Welt machen. Gesammeltes materiales Wissen über Dinge und Begriffe wird mit Hilfe von Kategorien eingeteilt, miteinander in Beziehung gesetzt, voneinander abgegrenzt – und damit überhaupt erst zu Wissen gemacht.[69]

Wissen ist also jegliche Kenntnis von Kategorisierungen und Unterscheidungen, welche die Lebenswelt und das Verhältnis der Alltagswelt zu an-

---

66 Vgl. auch Knoblauch / Raab / Schnettler 2002, 28 ff. Einen guten Überblick über die Geschichte der Wissenssoziologie im 20. Jahrhundert, der auch die Stellung des Sozialkonstruktivismus auf diesem Feld abdeckt, bietet Knoblauch [2]2010.

67 Berger / Luckmann [22]2009, 41 f.

68 Vgl. Brendecke / Friedrich / Friedrich 2008, 11.

69 Landwehr 2002, 68. Vgl. auch Berger / Luckmann [22]2009, 45.

deren Sinnprovinzen herstellen, „die in einer Gesellschaft sozial objekti-
vierten und deshalb legitimen Sinndeutungen",[70] und es drückt sich aus in
der Fähigkeit, eine so hergestellte Ordnung durch das eigene Handeln zu
stabilisieren. Ein solchermaßen als schier allgegenwärtig konzeptualisiertes
Wissen legt allerdings die Frage nahe, inwiefern es überhaupt erkenntnisfördernd im Hinblick auf die Spezifik konkreter kultureller Phänomene
wirken kann. Und ein zweites Problem taucht auf: Die einschlägigen
Beiträge aus dem Umfeld aktueller Wissensgeschichtsschreibung zeigen
klar die Neigung, die Kernfragen der traditionellen philosophischen Er-
kenntnistheorie, die seit mehr als zweitausend Jahren um eine Definition
des Wissens- und Wahrheitsbegriffs mittels notwendiger und hinrei-
chender Bedingungen bemüht ist, *ad absurdum* zu führen und für die
Obsoletheit dieses Unterfangens zu argumentieren:

> Versucht man demnach, 'Wissen' so zu umreißen, dass es für die historische
> Forschung als Thema nutzbar gemacht werden kann, wäre es kaum weiter-
> führend, eine inhaltliche oder qualitative Bestimmung vorzunehmen. Denn
> dies – so lehren entsprechende Versuche – führt entweder zu verengten Per-
> spektiven oder zu philosophischen Bemühungen, die Wissen von Glaube oder
> Meinung zu trennen versuchen. Wissen ist daher im gesellschaftlichen und
> kulturhistorischen Zusammenhang sozialfunktional zu bestimmen, das heißt
> hinsichtlich seines Aufbaus, seiner Struktur und seines Verwendungszusam-
> menhangs für eine bestimmte Gesellschaft.[71]

Eine Zustimmung zu solchen Positionen sollte allerdings nicht aus Er-
leichterung über die Erledigung eines alten und ungelösten Problems erfolgen, sondern erneut unter Bezugnahme auf entsprechende sachliche
Gründe. Solche sachlichen Gründe bestehen aus Sicht der Sprachwissenschaft in der Tat. Wie bereits in anderem Zusammenhang erwähnt, ist es
für diese nicht vordringlich erforderlich, sich der Übereinstimmung von
Aussagen mit Tatsachen der Vergangenheit zu vergewissern, um historiographische Korpora untersuchen zu können. Sollte es also unmöglich sein,
die Wahrheit der Aussagen über Vergangenes, die in diesen Texten getroffen werden, zu überprüfen, wird das sprachwissenschaftliche Erkenntnisinteresse davon nicht tangiert. Dieses ist einzig darauf angewiesen,
dass mit historiographischen Texten von ihren Produzenten und Rezipienten ein spezifischer Erkenntnisanspruch verbunden wird, der sie von
Texten aus anderen Diskursdomänen unterscheidet, wobei die Frage, ob

---

70 Knoblauch / Raab / Schnettler 2002, 20
71 Landwehr 2002, 65 f. Vgl. auch die philosophischen Beiträge Becker 2002 und
    Ernst 2002, die eine ähnliche Tendenz aufweisen.

dieser Anspruch nach epistemologischen Kriterien eingelöst werden kann, irrelevant bleibt.

Für das moderne geschichtswissenschaftliche Denken gilt, dass es keine deutungsfreie historische Erfahrung gibt, und umgekehrt kann die postmoderne Auffassung der Deutungsleistung der Erinnerung nicht davon absehen, dass Erinerung grundsätzlich erfahrungsbezogen ist. Sie würde ihre kulturelle Orientierungskraft verlieren, wenn die sich Erinnernden ernsthaft glaubten, die erinnerte Vergangenheit sei eine Fiktion.[72]

Dem Erfordernis einer Grenzziehung und Kategorisierung, die mit der Identifizierung spezifischer Erkenntnisansprüche einher geht, wird durch das sozialkonstruktivistische Paradigma in besonderer Weise entsprochen.

Da die als solche wahrgenommene Wirklichkeit und sämtliches Wissen, welches diese Wirklichkeit konstituiert, hergestellt werden im fundamental dialektischen Prozess des Handelns, das orientiert ist an Normen, welche ihrerseits Produkt vorgängigen Handelns sind, ist es nur konsequent, wenn die Analyse gegenwärtig verstärkt die Verfahren der Produktion von Wissensbeständen fokussiert, um sich ihrer zeitgenössischen Geltung zu nähern.[73] Wie bereits vielfach deutlich geworden ist, verfährt auch die vorliegende Arbeit so. In diesem Zusammenhang ist die Operationalisierung eines weiten Konzeptes von 'Information' in Abgrenzung von 'Wissen' sinnvoll, da sie es gestattet, jene kommunikativ vermittelten Inhalte, die im Prozess der Herstellung von Wissen mit seinem privilegierten Geltungsanspruch zur Verfügung stehen und in ganz unterschiedlicher, kontingenter Weise genutzt, unterdrückt oder ignoriert werden können, begrifflich zu fassen.

Unter Information verstehen wir das, was an Repräsentationen der Welt in Hinsicht auf eine Aufgabe vorhanden ist. Bei allen Unzulänglichkeiten leistet diese Definition doch eine Begrenzung auf vorwiegend pragmatische Aspekte der Wissenskultur, die andere Definitionen des Informationsbegriffs nicht erbringen. Sie knüpft an zwei gängige Unterscheidungen an, nämlich zum einen an das einprägsame Bild Peter Burkes, wonach Information das sei, was

---

72 Rüsen 2002, 307. Die Frage nach der Unterscheidbarkeit des historischen vom literarischen Erzählen taucht freilich immer wieder auf und wird sehr häufig mit dem Hinweis auf die methodische Kontrolle des fiktiven Erzählens durch den Historiker beantwortet. Vgl. dazu ebenso Jauss 1982 wie neuerdings Kittsteiner 2005. Hinreichend für unsere Zwecke ist allerdings der ebenfalls bereits in Jauss 1982 erfolgte Hinweis auf einen Konsens zwischen Produzent und Rezipient über die epistemische Differenz der beiden Diskursdomänen.

73 Vgl. dazu Knoblauch / Raab / Schnettler 2002, 22, sowie die Ausführungen in Fried / Kailer 2003, die jedoch eine andere Begrifflichkeit favorisieren. Vgl. auch Hempfer / Traninger 2005, 10.

'roh, spezifisch und praktisch' ist, während Wissen das 'gedanklich Verarbeitete oder Systematisierte' […] ist.[74]

Diese Unterscheidung einer kommunikativen Vorstufe des Wissens, welche erst durch die Verfahren ihrer Verarbeitung mit der Autorität ausgestattet wird, die Wissen auszeichnet, ist auch mit Blick auf das hier analysierte Korpus erhellend. Sie erlaubt es nämlich, den Statusunterschied zwischen den *Décadas* und ihren 'Quellen', der auf institutioneller Ebene klar hervortritt, auch epistemisch zu erfassen und die Zusammenhänge zwischen beiden Ebenen, die im hier analysierten Fall bestehen, systematisch zu beschreiben.[75] Auf die Verfahren der Selektion von Information und der Kodifikation selegierter Information zu geltendem Wissen in der *Crónica Mayor de Indias* unter Antonio de Herrera wird in Kap. 5. anhand der konkreten Befunde einzugehen sein. Um das Verhältnis dieser Verfahren der Kodifikation historischen Wissens zu den zeitgenössisch validen Geltungskriterien für historisches Wissen bestimmen zu können, ist es erforderlich, sich über diese Geltungskriterien Rechenschaft zu geben. Dies soll im Folgenden geschehen.

---

74 Brendecke / Friedrich / Friedrich 2008, 16. Insbesondere die von den Autoren veranschlagte Ablehnung des Kriteriums der Neuheit für Information (vgl. u. a. Ott 2004) ist zu unterschreiben, bedenkt man, dass im Falle seiner Berücksichtigung jeglicher Text aus dem Archiv des *Consejo de Indias*, der dem Chronisten und Zensor Antonio de Herrera bekannt ist, nicht mehr Information, sondern Wissen beinhalten würde, was offenkundig widersinnig ist angesichts der radikalen Abwahl von Quellen, die bei Herrera stattgefunden hat, weil er die darin enthaltenen Informationen für falsch hielt.

75 Klar ist, dass es sich bei der vorgeschlagenen Konzeptualisierung von Information um eine relationale handelt, insofern sie stets an die Pragmatik einer konkreten Situation der Wissensproduktion mit personalen Agenten gebunden ist. Was Information ist und wann sie zu Wissen wird, ist damit eine Frage, die nur aus der Perspektive der Agenten zu beantworten ist und für unterschiedliche Agenten unterschiedlich beantwortet werden kann. Darin liegt auch der Grund, aus dem es in der hier anvisierten Perspektive auf einen konkreten Autor und einen Text, nämlich Antonio de Herrera und die *Décadas*, sinnvoll ist, die vorgeschlagene Unterscheidung zu treffen, während eine nähere allgemeine Bestimmung des Informationsbegriffs mit Recht abgelehnt wird (vgl. Oesterreicher 2009c, 33).

2.2. Kategorien der Geltung historischen Wissens in der Vormoderne

Warum ist es angebracht, das historische Wissen der gesamten Vormoderne in den Blick zu nehmen, um die Analyse der Konstitution historischen Wissens in den *Décadas* vorzubereiten? Zum einen, weil deutlich zu machen ist, dass sie einen Fall vormoderner Historiographie repräsentieren und eine Interpretation hin auf eine Modernität *ante litteram* nicht angebracht ist; zum anderen, weil dabei auch ersichtlich wird, dass die Sprachgebundenheit des historischen Wissens und das Problem der Referenzialisierbarkeit von vergangenen Ereignissen vom Beginn historiographischer Textproduktion an reflektiert worden sind. Die Traditionen der Geltung historischen Wissens, die dabei etabliert worden sind, werden in der *Crónica Mayor de Indias* in unterschiedlicher Weise wirksam; antike Traditionen, die im Rahmen humanistischer Einflüsse rezipiert werden, spielen ebenso eine Rolle wie christlich-mittelalterliche, deren Kontinuität im 16. Jahrhundert keineswegs endet (insbesondere nicht im iberischen Raum). Für die gesamte Vormoderne bildet der Zusammenhang von Wahrheit, sprachlicher Vermittlung und Nutzen historischen Wissens den elementaren Kern des Geschichtsdenkens. Die Art, auf die die sprachliche Vermittlung des historischen Wissens problematisiert wird, insbesondere jedoch der Aspekt seines Nutzens, begründen eine Konzeption von Geschichte, die mit den Kriterien der Moderne nicht verstanden werden kann.[76]

Die Wahrheitsforderung steht als Unterscheidungskriterium im Verhältnis zur Poesie am Beginn des abendländischen Geschichtsdenkens und eine ganze Reihe von Althistorikern ist gegenwärtig geneigt, diese bereits bei Thukydides, dem zweiten namhaften Vertreter in der europäischen Überlieferung, dem häufig ein ausgeprägtes kritisches Potenzial attestiert wird, vorbildlich verwirklicht zu sehen, ausdrücklich auch mit Blick auf die Brauchbarkeit seiner Texte für die wissenschaftliche Historiographie.[77] Die Wahrheitskonzeption, die für die griechische Historiographie und darüber hinaus relevant wird, erschließt sich in ihrer Alterität jedoch nur bei genauerem Hinsehen. Sie ergibt sich auch für die antiken Theoretiker nicht aus einer unterstellten Korrespondenz zu den Tatsachen, von der man

---

76 Sie hat deshalb in der positivistischen Geschichtswissenschaft des 19. und 20. Jahrhunderts in der Tat größtes Unverständnis hervorgerufen. Vgl. u. a. Schmale 1985, 2 ff.

77 Vgl. Wiersing 2007, 74; Simon 1996, 46 f.

bereits damals gesehen hat, dass sie schwerlich erreichbar ist;[78] historische Wahrheit konstituiert sich vielmehr durch die Auswahl der geeigneten Gegenstände und ihre angemessene sprachliche Darstellung. Die umfassende Überlieferung der Vergangenheit aus Gründen eines zweckfreien Interesses daran steht also von vornherein nicht zur Debatte. In Betracht kommen lediglich große Taten, die paradigmatischen Charakter im Horizont des antiken Geschichtsbildes haben[79] und dementsprechend zur Orientierung in der jeweiligen Gegenwart dienen können.[80] Geeignete Gegenstände historischer Darstellung müssen die grundlegenden und unveränderlichen Prinzipien des menschlichen Lebens anschaulich machen, an der Beschreibung des Partikularen als Selbstzweck besteht keinerlei Interesse.[81] Das *exemplum* als Form der Kodierung historischen Wissens steht damit neben dem Mythos am Beginn des abendländischen Geschichtsdenkens und bleibt prägend bis ins 18. Jahrhundert, während der gesamten Vormoderne also. In der aristotelischen Poetik ist die Geschichtsschreibung der Poesie untergeordnet, da sie – so das Argument – gezwungen sei, das Allgemeine aus dem Kontingenten zu abstrahieren, wohingegen der Dichter sein Augenmerk von vornherein auf die Illustration der allein belangvollen allgemeinen Prinzipien richten könne, ohne durch die Orientierung an kontingenten Sachverhalten gebunden zu sein. „La poesía, así, es más filosófica y elevada que la historia, pues la poesía tiende a expresar lo universal, la historia lo particular".[82]

Um eine Erkenntnisleistung zu erbringen, die ihre Daseinsberechtigung sichert, ist für die Historiographie schließlich die angemessene sprachliche Verfasstheit entscheidend. Auch auf diesem Feld manifestiert sich die fundamentale Alterität vormoderner Anschauungen, insofern es gerade nicht darum geht, durch den Schleier der Sprache zu den Tatsachen vorzudringen, sondern darum, den allgemein-menschlichen Wesenskern einer historischen Tatsache dadurch zur Geltung zu bringen, dass man die der Sache angemessene sprachliche Formulierung findet. Die Wahrheit der Geschichte liegt also gerade in der Sprache. In dieser Perspektive erhellt auch, weshalb die Historie in der Antike disziplinär der Rhetorik zugeordnet wird und weshalb es beispielsweise kein Problem darstellt, fingierte

---

78 Vgl. Keßler 1971, 22 f.
79 Vgl. Fornara 1983, 96 ff.
80 Die häufig bemühte Charakterisierung als zyklisch ist dabei nicht in jeder Hinsicht treffend (vgl. von Moos 1988, 10). Zu einer differenzierteren Darstellung vgl. Wiersing 2007, 88 f.
81 Vgl. Finley 1991, 36.
82 Nach Cortijo Ocaña 2000, 19. Vgl. auch Muhlack 1991, 67; Wiersing 2007, 88.

Reden in den Text einzufügen, sofern diese dem Zweck dienen, den Wesenskern des behandelten Gegenstandes zu erhellen.[83]

Auch das Verfahren der Kompilation autoritativer Texte hat darin seine Begründung, da dieses eine offenkundigerweise nahe liegende Methode darstellt, wenn das Ziel darin besteht, eine einmal gefundene adäquate sprachliche Formulierung für einen Sachverhalt zu bewahren, um so dem Wahrheitsanspruch der Historiographie Genüge zu tun. Die Wurzeln dieses fremdartig anmutenden Geschichtsdenkens liegen im Mythos als der ursprünglichen Form des Erinnerns. Die Entstehung der Historiographie wird von der Forschung heute im Kern interpretiert als Bestandteil eines umfassenderen Prozesses der Verlagerung des Mythos aus der Transzendenz in die Immanenz, wobei die Ausrichtung des Erkenntnisinteresses auf die fundamentalen Prinzipien des menschlichen Lebens in der Gesellschaft erhalten bleibt. Im Zuge dieses Verlagerungsprozesses zerfällt der Mythos in zwei komplementäre Sphären, die Philosophie und die Historie. Beide dienen der Erkenntnis allgemeiner Prinzipien, Erstere ist dabei jedoch deduktiv-theoretisch ausgerichtet, Letztere induktiv-empirisch, was ihr einen niederen Status einträgt. Folgerichtig hat die Forschung das Fortdauern des in die Immanenz verlagerten Mythos in den klassischen historiographischen Werken ebenso wie in der platonischen Philosophie aufzuweisen vermocht.[84]

Es verwundert nicht, dass eine so gelagerte Geschichtsschreibung entgegen modernen Erwartungen nicht an der Fixierung einer präzisen, absoluten Chronologie interessiert ist und Jahreszahlen tatsächlich eine untergeordnete Rolle spielen.[85] Ihr Zweck ist die Handlungsanleitung und Legitimation der politisch Verantwortlichen in der jeweiligen Gegenwart, die getreue Rekonstruktion von Vergangenheit ist dabei nicht primär intendiert. In diesem Sinne ist es besonders dringlich, auf ein nahe liegendes Missverständnis einzugehen: Auf den bei heutigen Kommentatoren so hoch bewerteten Thukydides geht auch die erste explizite Reflexion über den Stellenwert verschiedener Typen von 'Quellen' zurück, und er kommt im Ergebnis zu folgender Hierarchisierung: 1) Augenzeugenschaft, 2) mündlicher Bericht durch Augenzeugen, 3) schriftliche 'Quellen'.[86] Diese Liste nun ist geeignet, einer Gleichsetzung mit modernen Ansprüchen an

---

83 Vgl. von Hoegen 2000, 19; Simon 1996, 44 ff.

84 Vgl. Wiersing 2007, 86; den Boer 1991

85 Vgl. Finley 1991, 25 f.

86 Vgl. Simon 1996, 44 ff. Diese Hierarchie behält auch im Mittelalter ihre Geltung (vgl. Cortijo Ocaña 2000, 25).

Faktentreue, die durch den Augenzeugen am ehesten zu gewährleisten sei, Vorschub zu leisten. Das Primat der Augenzeugenschaft ergibt sich nicht zuletzt auch aus der Etymologie des *historia*-Begriffs, dessen ursprüngliche Bedeutung zumeist wiedergegeben wird als „Wissen, das durch eigenes Erleben oder Erforschen erworben wurde".[87] Der eminent empirische Gehalt der Historie ist damit klar benannt und auch die eigenwillige thematische Vielfalt der vormodernen Historiographie, die weite Bereiche dessen umspannt, was gegenwärtig als ethnologisch oder auch geographisch kategorisiert werden würde, erklärt sich aus diesen Wurzeln. Gleichwohl bleibt festzuhalten, dass Augenzeugenschaft in der Antike in erster Linie zu verstehen ist als eine Voraussetzung für das eigentlich entscheidende Wahrheitskriterium, nämlich die sachgemäße sprachliche Formulierung, welche selbstredend eine genaue Kenntnis der Sache erfordert. Das Kriterium der Sachkenntnis begründet im Verein mit der Vielgestaltigkeit der Gegenstände auf der Ebene der *historia* das Ideal umfassender Bildung, das in der Theorie seit Ciceros *De Oratore* an den Historiker herangetragen wird. Die Anforderungen

> an seine eingebrachten Kenntnisse und Erfahrungen gehen hierbei vor allem in zwei Richtungen. Einmal wird von ihm eine möglichst umfassende intellektuelle Bildung verlangt und dabei [...] insbesondere auf rhetorische Schulung Wert gelegt. [...] Zum anderen scheint es aus methodischen Gründen geboten, dass der Historiker auf den Gebieten, auf die sich sein Interesse vordringlich richtet, auch über praktische, aus eigener Anschauung und unmittelbarem Engagement gewonnene Erfahrung verfügt.[88]

Dieser Aspekt ist gerade deshalb von zentraler Bedeutung, weil die Frage der angemessenen sprachlichen Gestalt einer Sachverhaltsdarstellung an keiner Stelle im eigentlichen Sinne beantwortet wird, sondern mit der Kategorie des *aptum* die Herstellung einer solchen angemessenen Gestalt systematisch der Kompetenz des Historiographen anheim gestellt wird, dessen Aufgabe gerade darin besteht, dieses *aptum* bezogen auf jeden Einzelfall gewissenhaft zu identifizieren, eine Kongruenz von *res* und *verba*[89] herzustellen. Diesem Befund entspricht die Tatsache, dass zeitgenössische Stilanweisungen stets auf Kürze und Klarheit abzielen, zugleich jedoch die dramatische Darstellung heroischer Haltung in Form fiktiver Reden oder auch über die gesamte Textlänge weiterhin eine unangefoch-

---

87   Von Hoegen 2000, 20; Stoll 1997, 66. Vgl. auch Wiersing 2007, 73.
88   Landfester 1972, 100.
89   Vgl. Landfester 1972, 82.

tene Tradition bildet.[90] Das Nebeneinander dieser beiden Maximen wird uns auch bei Herrera wieder begegnen. Es gibt also keine Universalpoetik der Geschichte; stattdessen ergibt sich aus der Natur ihres Gegenstandes, dass sie keinen universellen Regeln unterworfen werden kann, was ihren inferioren Status im Verhältnis zu den *artes* begründet.[91]

In der römischen Historiographie werden wesentliche Aspekte des griechischen Geschichtsdenkens weitergeführt, weshalb oftmals beide dem Etikett 'antik' subsumiert werden.[92] Eine gesonderte Erwähnung römischen Geschichtsdenkens ist mit Blick auf den Humanismus angebracht, da dort die lateinischen Quellen für den Bereich der Geschichtsschreibung erheblich stärker stilbildend wirken als die griechischen. Insbesondere die einschlägigen Passagen aus den auch sonst maßgeblichen Rhetoriken, Ciceros *De Oratore*, Quintilians *Institutiones Oratoriae* und die anonyme *Rhetorica ad Herrenium*, sind hier zu nennen;[93] daneben selbstredend die bis auf den heutigen Tag kanonischen historiographischen Texte.[94] Hinsichtlich des Geschichtsdenkens im strengen Sinne sind keine prinzipiellen Veränderungen im Vergleich zu den Verhältnissen in der griechischen Polis zu konstatieren.[95] Im Mittelpunkt steht die Bewahrung der *mores* durch geeignete *exempla*, das Ziel ist die Aufrechterhaltung der Stabilität gesellschaftlicher Verhältnisse. So

> hielt man es für unverzichtbar, dass gerade unter sich verändernden Bedingungen der menschlichen Welt und Umwelt die Verhaltensregeln konstant bleiben mussten, um eine verlässliche Ordnung zu garantieren. Aus dieser Grundüberzeugung speiste sich die antike Historiker-Moral in einer sich über viele Jahrhunderte hinziehenden Gleichförmigkeit.[96]

Die chronographische Annalistik gewinnt bei den Römern allerdings erstmals eine Bedeutung im Kontext der historiographischen Texttypen,[97]

---

90 Vgl. u. a. Breisach 2007, 64; Cortijo Ocaña 2000, 18 ff.; Völkel 2006, 41.
91 Vgl. Keßler 1971, 8.
92 Vgl. Mehl 2001, 204; von Hoegen 2000, 15.
93 Vgl. auch Finley 1991, 418, der bei den Römern eine grundsätzlich stärkere Integration der Historiographie in die Rhetorik sieht als bei den Griechen. Zu den relevanten Autoritäten der antiken Rhetorik auch Lewis 1983, 70.
94 Vgl. Cortijo Ocaña 2000, 18.
95 Dieser Eindruck hängt jedoch mit großer Wahrscheinlichkeit auch damit zusammen, dass sie von der Forschung bisher nicht hinreichend herausgearbeitet worden sind. Vgl. Flach ³1998, 2 ff.
96 Mehl 2001, 204.
97 Vgl. Flach ³1998, 56 ff.

was als ein weiterer Schritt der Entfernung vom Mythos gedeutet werden kann.[98]

Einen fundamentalen Umbruch erlebt das Geschichtsdenken mit dem frühen Christentum: Dessen universeller Anspruch ist es, der das Konzept der Weltgeschichte entstehen lässt (im Unterschied zur antiken Geschichte, die stets auf die eigene Herkunft bezogen bleibt), und – womöglich noch entscheidender – die Lehre von Parousie und Jüngstem Gericht führt erstmals zur Formulierung einer expliziten Auffassung über die Form der Manifestation von Zeitlichkeit, die als linear vorgestellt wird.[99] Die Neigung zu genauer Datierung nimmt erheblich zu und die Chronographie wird zu einem der Hauptzweige frühchristlicher Historiographie. Es ist dabei jedoch zu betonen, dass dieses Interesse an Datierungen in erster Linie dem Bedürfnis geschuldet ist, unterschiedliche Chronologien zu harmonisieren und Widersprüche zu beseitigen, um den zugrunde liegenden göttlichen *ordo* sichtbar zu machen, nicht etwa dem Wunsch, einzelne Ereignisse zu verorten. Die Universalgeschichte und ihr eschatologischer Horizont bilden dabei den Deutungsrahmen.[100]

> Denn alle Gedanken und Äußerungen über den Gang der Geschichte, soweit sie sich nicht in der Mitteilung von Ereignissen und Tatsachen erschöpfen, und alle Formen, in die man die Kenntnis der Geschichte zu fassen sucht, gehen in diesen frühen Jahrhunderten der europäischen Geschichte vielmehr aus von einem Wissen über die von Gott bestimmte Ordnung der Zeiten, das aus der Offenbarung und aus der Tradition stammt und nicht erst in der geschichtlichen Welt aufgefunden, sondern nur in ihr wiedergefunden und nachgewiesen werden muß. Und dieses Wissen über die Zeitenordnung erstreckt sich nicht nur auf die Vergangenheit seit der Weltschöpfung, sondern zugleich über die künftige Geschichte bis ans Weltende.[101]

Angesichts dieses grundsätzlich veränderten Geschichtsbildes ist es durchaus erstaunlich, eine weit gehende Konstanz der Kategorien feststellen zu können, in denen dieses neue Geschichtsbild formuliert wird, und es ist umso dringlicher, der Frage nachzugehen, welcher Pragmatik sich diese Kategorien unter veränderten Voraussetzungen einordnen lassen.

Erhalten bleibt der *historia* zunächst einmal ihr subalterner Status, allerdings in einem neuen disziplinären Umfeld. Sie wird im christlichen

---

98 Überhaupt weist die römische Historiographie eine Ausdifferenzierung von Texttypen auf, die hier allerdings nicht im Detail besprochen werden soll, da wir uns auf die für die Frühe Neuzeit relevanten Befunde beschränken wollen.

99 Vgl. von Hoegen 2000, 21; Simon 1996, 55.

100 Vgl. Jiménez 2001, 181 ff.

101 Grundmann 1984a, 418.

Horizont nicht mehr als rhetorisches Fach, sondern als notwendiges Komplement der Bibelexegese verstanden, und ist deshalb der Theologie zugeordnet, welcher sie die nötigen Informationen für die Erschließung des Bibeltextes in seinem *sensus historicus* zur Verfügung zu stellen hat.[102]

> Die 'historia' war Geschichtsbericht, nämlich die faktische Darstellung des Geschehens in der Bibel, zugleich aber die erste und grundlegende Auslegungsart (prima significatio), die wörtliche Auslegung jeder wahren Faktenerzählung, sie war symbolischer Erzählsinn (significatio narrationis) und wollte das Faktum nicht nur erzählen, sondern auch verstehen: 'Historia' war damit zugleich Wortlaut wie Methode der Auslegung. Als Fundament und Wurzel der Exegese [...] war sie unerläßlich und ging allen anderen Auslegungen voran.[103]

Wir beobachten eine disziplinäre Konfiguration, die deutliche Analogien zu den antiken Verhältnissen aufweist: Die *historia* als empirische Disziplin ist der theologischen Bibelexegese als deduktiver Disziplin untergeordnet, beide gemeinsam sind zugleich gerichtet auf die Erkenntnis allgemeiner – theologischer – Wahrheiten, die sich in der Exegese abstrakt, in der Historie exemplarisch erschließen.[104] Im Mittelpunkt steht immer die Einsicht in den Willen Gottes,[105] dessen Befolgung belohnt, dessen Missachtung aber bestraft wird. Der christliche Herrscher hat insofern ein klares Interesse an der Einsicht in den göttlichen Willen, als seine Prosperität und Legitimität davon abhängt, diesen zu befolgen. Dem Zweck der Erkenntnis Gottes in der Geschichte dient nun wiederum nicht die exhaustive Sammlung aller erreichbaren historischen Tatsachen, die geprägt sind von der Allgegenwart der Sünde und der *mutabilitas rerum* in der diesseitigen Welt, sondern die Identifizierung jener *exempla*, die allein geeignet sind, gottgefälliges Verhalten im Modus der Analogie zu illustrieren.[106]

---

102 Diese Einschätzung markiert den aktuellen Forschungsstand, der jedoch – dies soll hier nicht unterschlagen werden – als Ergebnis einer Debatte zu lesen ist, die in den siebziger und achtziger Jahren des vergangenen Jahrhunderts intensiv unter wenigen, einschlägig interessierten Mediävisten geführt worden ist (in erster Linie Melville, Schmale und Goetz sowie ursprünglich – in den dreißiger Jahren – Brunner, Grundmann und Spoerl), und deren Ergebnisse zwar allgemein anerkannt sind, jedoch zugleich daran kranken, dass sie von nur wenigen Forschern erarbeitet und empirisch nach wie vor nicht umfassend unterfüttert worden sind.

103 Goetz 1985, 196 f.

104 Vgl. von Hoegen 2000, 24; Simon 1996, 55; Muhlack 1991, 68.

105 Vgl. Schmale 1985, 51.

106 Dabei kommt es oftmals zu Vergleichen mittelalterlicher mit biblischen Figuren, die aus heutiger Sicht ahistorisch sind, jedoch gerade jenes Bedürfnis nach Gotteserkenntnis und Legitimation durch Analogie befriedigen (vgl. Spiegel 1997,

Das Ziel, die Offenbarung Gottes in der Geschichte zu erweisen, macht verständlich, weshalb das Verfahren der Kompilation autoritativer Texte bei der Speicherung und Überlieferung historischen Wissens im Mittelalter besondere Bedeutung gewinnt. Wie auch in anderen Wissensdomänen des Mittelalters herrscht bezüglich der *historia* die Auffassung, dass eine Revision von bereits offenbar gewordenem Wissen nicht etwa zu seiner Optimierung beiträgt, sondern unangebrachte *mutationes* vielmehr zu seinem erneuten Verlust führen könnten.[107] Diesem Befund korrespondiert die Feststellung, dass die ideale Form der Kompilation im Mittelalter nicht die der Selektion, sondern die der Inklusion gewesen sei (vgl. Fraker 1996, 17 ff.). Exhaustive Wissensspeicherung impliziert nach zeitgenössischem Verständnis also *eo ipso* eine Annäherung an die Wahrheit. „Wahr und richtig war zunächst einmal vor allem das, was man schon schriftlich vorfand."[108] Der Gedanke, dass historische Wahrheit wesentlich durch die angemessene sprachliche Verfasstheit der Historiographie zu gewährleisten ist, wird im Mittelalter also insofern radikalisiert, als die Kompetenz des einzelnen Historiographen zu adäquater sprachlicher Gestaltung weitaus stärker hinter der Autorität der Überlieferung zurücktritt als dies in der Antike der Fall gewesen ist. Die Kompilation ist das maßgebliche Verfahren der Historiographie.[109]

Für das Spätmittelalter lässt sich eine Tendenz zur Partikularisierung historiographischer Gegenstände feststellen, die mit dem Interesse, partikulare Rechtsansprüche geltend zu machen, einhergeht.[110] Dieser Tendenz entspricht die Konjunktur, die Genealogien von Institutionen beziehungsweise mächtigen Adelsgeschlechtern ab dem 15. Jahrhundert erleben. Diese Entwicklung kann als Einsetzen frühneuzeitlicher Pluralisierungstendenzen in der Domäne der Historiographie verstanden werden

---

93 ff.). Die geläufige Zuschreibung des *verosimile* zu Stoffen, die nach heutiger Auffassung dem Mythos zuzuschlagen wären, erklärt sich aus ihrer Eignung zur Analogiebildung (vgl. auch Schmale 1985, 87).

Zu den Versuchen einer Gattungsbestimmung des antiken und mittelalterlichen *exemplum* vgl. von Moos 1988, 22 ff. sowie Gumbrecht 1987b, 871 ff.; Zu den diskursiven und epistemologischen Implikationen neuerdings insbesondere Melville 2009, aber auch bereits Grundmann 1984b, 430.

107 Vgl. Melville 1982, 109.

108 Schmale 1985, 74

109 Daran ändert auch der empirische Befund nichts, dass in den historiographischen Kompilationen de facto eine erhebliche Menge an *mutationes* zu entdecken sind, die oft klar erkennbar politischen Interessen folgen (vgl. auch Fernández Ordóñez 2006).

110 Vgl. Simon 1996, 57.

und zeigt sich in Kastilien mit besonderer Deutlichkeit.[111] Die vergleichsweise hohe Intensität, mit der sich diese neuartige Tendenz spätmittelalterlicher Historiographie in Kastilien ausprägt, ist lediglich ein weiteres in einer ganzen Reihe von Spezifika, die der mittelalterlichen kastilischen Historiographie von der Forschung attestiert worden sind. Die Rezeption einschlägiger Sammelbände und Überblicksdarstellungen verursacht den Eindruck, es habe in Kastilien bereits frühzeitig eine Entwicklung eingesetzt, die sich von paneuropäischen Tendenzen abhebt. Insbesondere manifest wird diese Divergenz bei Alfonso el Sabio, in den beiden überlieferten historiographischen Texten *Primera Crónica de Espanna* und *General Estoria*, wobei besonders zwei Aspekte von Belang sind: ein formaler und ganz offensichtlicher, nämlich die vergleichsweise sehr frühe Präsenz der Volkssprache in einer Diskursdomäne, die sonst weitestgehend dem Lateinischen vorbehalten war. Sie steht im Zusammenhang mit dem umfassenden alfonsinischen Projekt der Übertragung zeitgenössischer Wissensbestände in die Volkssprache, ein Projekt, das zu Recht als Manifestation einer *epistemología política*[112] bezeichnet werden kann und zu dessen Resultaten unter anderem auch zwei unvollendete historiographische Texte gehören, die bereits Gegenstand umfangreicher Forschungen geworden sind.[113] Ein zweites Spezifikum besteht auf der Ebene der Semantik, bezüglich derer verschiedentlich festgestellt worden ist, dass dort die Figur des Monarchen selbst eine vergleichsweise prominente Rolle spielt und das unmittelbare Wirken der göttlichen Vorsehung zurücktritt hinter einer ungewöhnlich stark immanent konzipierten Form der *translatio imperii*.[114]

Das Auftreten der Volkssprache bereits in der zweiten Hälfte des dreizehnten Jahrhunderts ist in der Tat außergewöhnlich, muss jedoch beurteilt werden im Kontext des Gesamtkorpus der *prosa alfonsí*, ist also nicht in erster Linie Spezifikum einer einzelnen Diskursdomäne, sondern erklärt sich im Horizont einer in der Tat einmaligen soziokulturellen Situation, von der die Geltung der Volkssprache in einer Form begünstigt worden ist, die sich in anderen europäischen Monarchien der Zeit aus kontingenten Gründen nicht ergeben hat.[115] Weitaus schwieriger zu be-

---

111 Vgl. Stoll 1997, 70; Iglesia 1986, 114; Tate 1970, 281.
112 Vgl. Martin 2000, 39.
113 Mehrere maßgebliche Arbeiten, die den aktuellen Forschungsstand markieren, stammen von Inés Fernández-Ordóñez.
114 Vgl. Fraker 1996, 4 f.
115 Vgl. Funes 1997, 10. Für weiterführende Hinweise zur gegenwärtigen Diskussion um die Pragmatik des *taller alfonsí* vgl. Greußlich 2009 und Kabatek 2008a.

urteilen ist sicherlich das genannte semantische Problem. Gleichwohl sind die Interpretationen, die der alfonsinischen Historiographie eine stark immanent gehaltene Konzeption legitimer Herrschaft bescheinigen, von hoher Plausibilität sowohl mit Blick auf die spezifischen Bedingungen, die in Kastilien durch die *reconquista* mit all ihren identitätsbildenden Auswirkungen hergestellt werden und die frühzeitig zu einer symbiotischen Verquickung von Krone und Kirche führen, als auch mit Blick auf die Tendenzen in der frühneuzeitlichen kastilischen Historiographie, die im Verhältnis zu diskursiven Entwicklungen in anderen europäischen Sprachen ähnlich außergewöhnlich sind und die dabei zwischen heilsgeschichtlichem Horizont und immanenter Handhabung der *translatio imperii* so changieren, wie dies die einschlägigen Interpretationen bereits für Alfonso el Sabio nahelegen. Frühzeitig und mit nachhaltiger Wirkung ist dazu formuliert worden:

> Nirgends spielte die humanistische Vergegenwärtigung der antiken Welt aber auch eine so untergeordnete Rolle wie gerade in Spanien. [...] Man kann jedenfalls behaupten, daß jene Konstellation kollektiver Erfahrungsbildung, welche wir als die wichtigste Voraussetzung für den Durchbruch hin zu frühneuzeitlicher Erfahrungsbildung ansehen, in den mittelalterlichen Königreichen auf der iberischen Halbinsel besonders früh – und dann permanent – gegeben war. [...] Nirgends – etwa – ist die Genealogie als Prinzip der Herrscher-Sukzession so früh in Frage gestellt worden wie in Kastilien, nirgends finden sich eher als dort quellenkritische Erwägungen in der mittelalterlichen Historiographie.[116]

Folgt man dieser Auffassung, so ergibt sich die Lesart einer spezifisch kastilischen, epochenübergreifenden Konstanz auf der Ebene der Diskurssemantik, die verursacht wird durch die spezifischen soziokulturellen Bedingungen der *reconquista* und die maßgebend bleibt auch für die Frühe Neuzeit, insofern die Tradition der *reconquista* auch dort noch der entscheidende legitimatorische Horizont jeglicher Herrschaftsansprüche ist. Um Missverständnisse zu vermeiden, muss diese Deutung hier jedoch zumindest um zwei Hinweise ergänzt werden: Zunächst ist es nicht ungewöhnlich, im Einzelfall Abweichungen vom prototypischen Konzept mittelalterlicher Historiographie konstatieren zu müssen, wenn man sich vergegenwärtigt, dass es sich dabei tatsächlich nur um ein prototypisches Konzept handelt, dessen Merkmale *per definitionem* nicht auf alle Repräsentanten in gleichem Umfang zutreffen können.[117] Der in der Forschung

---

116 Gumbrecht 1987c, 227 f.
117 Insbesondere die herausragenden Figuren der ersten Generation von Konquistadoren sind in diesem Sinne nicht eindeutig kategorisierbar, sondern stehen zwi-

etablierte Prototyp christlich-mittelalterlicher Historiographie stellt eine
Abstraktion dar, die auf der Basis einer kleinen Anzahl von Autoren erarbeitet worden ist, die zwar allesamt sowohl zeitgenössisch als auch gegenwärtig prominent rezipiert worden sind und insofern bis zu einem
gewissen Grade stilbildend gewirkt haben, jedoch die Komplexität der
Verhältnisse im gesamteuropäischen Horizont unweigerlich einebnen.[118]
Sodann sind wesentliche Aspekte der Geltung mittelalterlicher Wissensbestände sowie der Redaktion historiographischer Texte auch bei den
kastilischen Vertretern identifiziert worden. Wenngleich also die spezifische Kodierung der heilsgeschichtlichen Perspektive, die Anlass gegeben
hat, von einer uneingestandenen Prämisse zu sprechen,[119] der alfonsinischen Historiographie einen Sonderstatus zuweist, so bleibt andererseits die
Heilsgeschichte stets präsent, sie wird lediglich unter einer veränderten
Gewichtung der beteiligten Figuren semantisiert, die den politischen
Gegebenheiten der *reconquista* entspricht. Die autoritätsstiftende Funktion
der Anciennität des Wissens, seiner sprachlichen Form sowie der Genealogie der Herrschaft, insbesondere der *translatio imperii* als Grundfigur
legitimer Herrschaft, die ja ausschließlich in einem heilsgeschichtlichen
Horizont funktionieren kann, bleibt auch im kastilischen Mittelalter un-
angetastet.[120] Ebenso verhält es sich mit der Kompilation als dem grundlegenden Verfahren der Textproduktion, an dem hier insbesondere sein
enges Verhältnis zur Bibelexegese interessiert, das in einschlägigen Beiträgen belegt werden konnte.[121]

Die frühneuzeitliche kastilische Historiographie setzt parallel zu jenen
Restaurationsbestrebungen der Monarchie ein, die in der Geschichtswissenschaft traditionell mit den *Reyes Católicos* assoziiert werden. Tatsächlich

---

schen Mittelalter und Humanismus, was Gumbrechts These zu bestätigen scheint.
Vgl. in diesem Sinne etwa die Las Casas-Interpretation in Arias 2001.

118 Vgl. auch Melville 1982. Dabei handelt es sich vor allem um Orosius, Augustinus,
Hieronymus, Gottfried von Viterbo, Otto von Freising und die Chroniken von
Saint-Denis.

119 Vgl. Gumbrecht 1987a.

120 Vgl. zu einer ausgewogenen Bewertung des Problems, die sowohl das hohe Gewicht
der handelnden Personen als auch den dabei bestehenden heilsgeschichtlichen
Horizont berücksichtigt, Funes 1997, 73.

121 Vgl. Fraker 1996, 23. Ohne dieses forschungsgeschichtliche Problem hier klären zu
können, ist insbesondere mit Blick auf den zuletzt genannten Befund zu fragen, ob
die aus den Indizien abgeleiteten Interpretationen der alfonsinischen Historiographie nicht wenigstens teilweise der in der Fachgemeinde verbreiteten Neigung
geschuldet sind, den singulären Status des *taller alfonsí* im Kontext des europäischen Mittelalters möglichst deutlich zu markieren.

gibt es textbezogen gute Gründe, den Beginn einer neuen Epoche der Historiographie mit den *Reyes Católicos* in Verbindung zu bringen. So ist, wenngleich die genauen Ursprünge der *historiografía oficial* bis heute nicht restlos aufgeklärt werden konnten (vgl. Bermejo Cabrero 1980), dennoch klar, dass ihre Institutionalisierung und sukzessive Professionalisierung auf Bemühungen der *Reyes Católicos* zurückzuführen sind; Bemühungen, die im Kontext umfassender Anstrengungen zur Restauration der ge-schwächten Monarchie stehen und die dementsprechend an die Tradition legitimatorischer Historiographie unter Ausbeutung der *Reconquista*-Tradition anknüpfen, die bereits seit Alfonso el Sabio etabliert ist und im Kern auf einem mittelalterlichen *Exempla*-Konzept fußt.[122]

Dieses Aufgreifen einer mittelalterlichen Tradition ist zu verstehen als Gegenentwurf zu den spätmittelalterlichen Tendenzen der Proliferation genealogischer Historiographie, durch die jeweils Ansprüche unter-schiedlichster Adelsgeschlechter legitimiert werden sollten[123] und deren Auftreten jener Phase des iberischen Spätmittelalters korrespondiert, die in der Geschichtswissenschaft gemeinhin als Schwächephase und Krise der Monarchie gedeutet wird.[124] Insofern die Anknüpfung an alfonsinische Tradition jedoch primär einen restaurativen und keinen innovativen Zweck verfolgt, erhellt auch, weshalb es unangebracht wäre, allein aufgrund des hohen Grades der Institutionalisierung, der mit der Schaffung des Postens eines *Cronista Mayor* im 15. Jahrhundert erstmals erreicht wird, also in der Tat spezifisch neuzeitlich ist, auf die besondere Modernität der *historio-grafía oficial* zu schließen.[125] Dieses Missverständnis ist im Falle der *Crónica Mayor de Castilla* zwar nicht annähernd so stark ausgeprägt wie im Falle der *Crónica Mayor de Indias*, es lohnt jedoch, darauf auch hier eigens einzu-gehen; dabei zeigt sich, wo die Wurzeln des konservativen Gepräges der *historia general* von Antonio de Herrera liegen, die von avancierten hu-manistischen Ansätzen der Geschichtsschreibung ihrer Zeit weitgehend unberührt bleibt, wenngleich die *Cronistas Oficiales* des 16. Jahrhunderts nahezu alle über umfassende humanistische Bildung verfügt haben. Die *Crónica Mayor de Indias* führt einen legitimatorischen Diskurs fort, der von Alfonso el Sabio im 13. Jahrhundert inauguriert wird und seinen Refe-renzpunkt in der *reconquista* findet. Er ist mithin auf die Symbiose von Monarchie und Religion angewiesen, was auch dreihundert Jahre später zur

---

122 Vgl. Tate 1994, 22.
123 Vgl. Tate 1970, 286.
124 Vgl. von Hoegen 2000, 28.
125 Vgl. Tate 1994, 17 f.

Fortsetzung eines Konservatismus zwingt, der seinen eigenen Zeitgenossen in einem erheblich veränderten ideologischen Umfeld zunehmend unglaubwürdig wird.

Ganz ähnlich wie in anderen europäischen Monarchien ist die Historiographie auch in Kastilien seit dem Spätmittelalter in den Horizont der Jurisprudenz eingerückt, wo sie dem Zweck dient, plurale Machtansprüche in Form von Rechtsansprüchen geltend zu machen,[126] insofern deren Monopolisierung im Horizont der Heilsgeschichte nicht mehr funktioniert.

> Die 'historia magistra vitae' wird Hilfswissenschaft der praktischen Disziplinen: der Grammatik, Rhetorik, Ethik, Politik, Jurisprudenz. Diese Disziplinen, die wiederum unter sich abgestuft sind, haben die primäre Kompetenz, die Normen praktischen Verhaltens aufzustellen.[127]

Zwar gelingt es den *Reyes Católicos* und Karl V. vorübergehend, diesen Prozess zu bremsen, bezogen auf die *Indias* sieht sich das kastilische Imperium jedoch erneut der Konkurrenz pluraler Machtansprüche ausgesetzt, die von den umliegenden europäischen Monarchien artikuliert werden. Der Versuch, ihren eigenen Machtanspruch auf dieser Ebene erneut als exklusiv durchzusetzen, misslingt, weil die Kriterien, aufgrund derer sie sich zu legitimieren sucht, nicht mehr allgemein anerkannt werden, sondern insbesondere im Kontext des Humanismus antiquiert erscheinen müssen. Zu Recht ist die Rede von der „construcción de una narrativa continua de la historia nacional en términos aceptables para un público internacional",[128] dieses Unterfangen scheitert jedoch an der Unverträglichkeit der Prämissen von Produzenten und Rezipienten. Selbst wenn man zugesteht, dass die Religion seit den *Reyes Católicos* nurmehr „Mantel der Politik" sei,[129] so ist dieser Mantel auf diskursiver Ebene doch derart eng, dass Legitimität nach außen nicht mehr überzeugend vermittelt werden kann. Das Scheitern ist auch daran zu erkennen, dass die *Crónica Oficial* der Monarchie im Kontext der vielgestaltigen Ausprägungen von Historiographie im 16. Jahrhundert den Diskurs nicht mehr beherrscht.[130] Insbesondere Stadtchroniken, die parallel zu den *generaciones* der Adels-

---

126 Vgl. auch Folger 2003, 277 f.
127 Muhlack 1991, 56. Hier wird auch klar, warum es falsch wäre, der Frühen Neuzeit ein historisches Bewusstsein im modernen Sinne zu unterstellen. Die Historie wird weiterhin für andere Zwecke funktionalisiert (vgl. Wiersing 2007, 242).
128 Tate 1994, 27.
129 Gumbrecht 1987c, 229.
130 Vgl. Kagan 2009, 14; Stoll 1998, 153 f.; Völkel 2006, 216.

geschlechter im ausgehenden 15. Jahrhundert auftreten und ebenso partikulare Geltungsansprüche artikulieren, bilden einen bedeutenden Zweig
der Historiographie auf der Iberischen Halbinsel.[131]

Es überrascht nicht, dass die Geltungsansprüche der pragmatisch ganz
unterschiedlich zu beurteilenden Typen von Historiographie letztlich
ausschließlich auf der semantischen Ebene manifest werden, formal jedoch
im Rahmen der altbekannten, eingeführten Kategorien der Geltung historischen Wissens verhandelt werden. Der Humanismus bringt an wesentlichen Punkten die erwartbare Wiederaufnahme antiker Traditionen,
und zwar sowohl hinsichtlich des eminenten Bezuges historischer *exempla*
zur politischen Praxis,[132] deren Gelingen regelrecht als Erweis historischer
Wahrheit verstanden wird,[133] als auch hinsichtlich des rhetorischen Fun-
daments der historischen Wahrheit, das mit einem entsprechenden Bil-
dungsideal als Garant von *prudentia* einhergeht.[134]

Zugleich findet jedoch eine massive disziplinäre Aufwertung der Geschichtsschreibung statt. Ihren Niederschlag findet diese Aufwertung sowohl in der theoretischen Reflexion, die erstmals in der Mitte des 16.
Jahrhunderts auftritt,[135] als auch in der Professionalisierung der historiographischen Praxis, die zunehmend von eigens zu diesem Zweck berufenen
Amtsträgern und nicht mehr von Klerikern in Nebentätigkeit betrieben
wird. Im Falle Kastiliens kann man diese Professionalisierung auch als
Bürokratisierung beschreiben, und es ist in diesem Sinne folgerichtig, wenn
der Amtsträger Antonio de Herrera sich gegen den Vorwurf der Un-
glaubwürdigkeit aufgrund mangelnder Erfahrung zur Wehr setzen muss,
während ein Jahrhundert zuvor Diego Fernández de Oviedo noch umgekehrt über die Erfahrung aus eigener Anschauung zur Historiographie
gekommen ist. Es kommt – zumindest in avanciert humanistischen Beiträgen der Zeit – zu einer Auflösung der disziplinären Zuordnung zur
Theologie und einer Rückführung in die Sphäre der Politik. Diese Tendenz
findet in Vicos Konzept des *mondo civile* ebenso ihren Niederschlag wie in

---

131 Vgl. Kagan 1995.
132 Die ihrerseits weiterhin im Horizont mittelalterlichen Analogiedenkens gedeutet
   werden. Vgl. z. B. Cuart Moñer 1994, 45.
133 Vgl. Keßler 1971, 43.
134 Zur *prudentia* in vormoderner Theorie der Geschichtsschreibung vgl. insbesondere
   Keßler 1971, 37 f., auch Jiménez 2001, 161.
135 Vgl. Kohut 2005; Keßler 1971, 8.

der Figur des *principe* bei Machiavelli und dem Scheitern des konservativen Diskurses der *Crónicas Mayores* unter den Habsburgern.[136]

Die Historiographie wird aber eben nicht mehr von Politikern betrieben, sondern vielmehr von deren schreiberfahrenen Klienten. Im Unterschied zur Antike bemüht man sich nun auch um die Begründung der *historia* als eigenständiger *scientia*, der Status innerweltlicher Kontingenz ist also ein gänzlich anderer als bei den antiken Autoritäten. Der eminent empirische Charakter der Historiographie ist insbesondere in der *historiografía indiana* von entscheidender Bedeutung, die Kategorie der Augenzeugenschaft gewinnt jedoch darüber hinaus ein ganz besonderes, spezifisch neuzeitliches Gewicht, da sie nicht nur für die Adäquatheit der Sachinformationen über die *Indias*, sondern außerdem im Rahmen der Rechtsfindung, in der die Historiographie eine bedeutende Rolle zu spielen beginnt, für sachgemäße Urteile und Gesetze und mithin *justicia* einsteht.[137] Die bezüglich der thematischen Vielfalt der *historiografía indiana* getroffene Feststellung, dass sie weit über den Rahmen der *exempla* europäischer Tradition hinausgehe, ist insofern zwar zutreffend,[138] muss jedoch ergänzt werden um den Hinweis, dass diese Themenvielfalt dem zeitgenössischen Verständnis von Rechtssicherheit entgegenkam und sich gerade nicht aus reinem Pragmatismus oder Neugier speist.[139]

---

136 Explizit in Opposition zu diesem Diskurs steht auch Juan Luis Vives, der von England aus in seinen historiographischen Texten politische Thesen verbreitet, die dem Protestantismus nahestehen.

137 Vgl. auch Stoll 2005, wo diese Verquickung der Historiographie mit dem Recht überzeugend belegt wird. Vgl. insbesondere die Arbeiten Adorno 1995 und 1997, die zeigen, wie Augenzeugenschaft eine juristisch valide Autorität historiographischer Darstellungen erzeugt.

138 Vgl. Stoll 1998, 148.

139 Der Band Kagan 2009 enthält in dieser Hinsicht einige wichtige Hinweise. Die dort entwickelte Interpretation der kastilischen Hofhistoriographie bestätigt grundsätzlich den Eindruck einer im Lauf des 16. Jahrhunderts zunehmenden Verrechtlichung dieser Diskursdomäne. Insbesondere in Bezug auf das dort veranschlagte Spannungsfeld von *historia pro persona* und *historia pro patria* ist allerdings einem Missverständnis vorzubeugen, das darin bestehen könnte, anzunehmen, dass es sich um reine Geschmacksentscheidungen handele, wenn Karl V. eher der Ersteren, Philipp II. hingegen der Letzteren zuneigt. Auch das Motiv einer effektiven politischen Propaganda ist nicht allein ausschlaggebend, sondern der Bedarf an rechtlicher Legitimierung der politischen Agenda, der sich im Lauf des 16. Jahrhunderts verändert, ist stets mit zu bedenken. Geht es für Karl V. noch um absolutistische Ambitionen und die möglich erscheinende Herstellung einer Universalmonarchie, hat Philipp II. mit der Sicherung des rein iberischen Imperiums ein ganz anderes Problem und somit auch einen anderen Rechtfertigungs-

Ambivalent verhält man sich bei der Sprachenwahl. Generell ist das Lateinische im Europa des 16. Jahrhunderts für die Historiographie nach wie vor maßgeblich. Die Persistenz des Lateinischen in dieser Diskurs-domäne hebt sich nur scheinbar ab von der zeitgenössischen Tendenz des Vordringens der Volkssprachen in distanzsprachlich geprägte Diskursdo-mänen, die in der romanistischen Forschung zuletzt intensiv thematisiert worden ist.[140] Tatsächlich ist das Vordringen der Volkssprachen im 16. Jahrhundert keineswegs gleichbedeutend mit dem Zurückweichen des Lateinischen.[141] Insbesondere bei Texten aus dem unmittelbaren Umfeld des Monarchen wird oft eine nachträgliche Übersetzung ins Lateinische angefertigt, so auch bei Herreras *Décadas* (1622). Man kann diese Praxis interpretieren als Konzession an die Nähe der *historia* zur Theologie, die insbesondere im Horizont der Selbstdeutung Kastiliens weiterhin eine wichtige Rolle gespielt hat.[142] Nicht übersehen werden darf andererseits, dass insbesondere im Falle der *Indias Occidentales* die Informationsquellen mit den weitreichendsten Geltungsansprüchen sehr häufig auf Personen zurückgehen, die des Lateinischen nicht mächtig sind. Nimmt man die *imitatio*-Doktrin ernst, so müssen historiographische Texte, die sich auf diese 'Quellen' stützen, schlechterdings ebenfalls in kastilischer Sprache abgefasst werden.[143] Die Aushebelung traditioneller Geltungskriterien er-folgt hier also nicht aus strategischen, sondern aus rein praktischen Gründen.

Auf semantisch-diskursiver Ebene ist die Lage ebenso uneindeutig: Einerseits ist die Behandlung des Raumes und der Geographie formal als

---

bedarf als sein Vater. Die Kehrseite der Propaganda ist stets ein ernsthaftes Interesse an Legitimierung. Anzunehmen ist allerdings, dass die Hofhistoriographie in späterer Zeit bewusster und gezielter zum normativ wirksamen Instrument der Politik gemacht wird als zu Beginn des kastilischen Imperiums.

140 Vgl. Oesterreicher [2]2005b.

141 Vgl. Maaß / Volmer 2005, 13.

142 Dass die lateinische Ausgabe in der Tat einen Status als Autoritätsgarant gehabt haben kann und nicht nur dem Wunsch nach Verständigung mit einem interna-tionalen Publikum entspricht, wird klar, wenn man bedenkt, dass nahezu zeitgleich auch Übersetzungen in andere europäische Volkssprachen erschienen sind, näm-lich in das Französische (1622) und Deutsche (1623). Vgl. auch Lewis 1983, 200 f. Ausschließlich mit dem Argument der kommunikativen Reichweite arbeitet hingegen Kagan 2009 (vgl. 2009, 127). Der Verdacht auf eine etwas zu positi-vistische Sichtweise ist hier aber durchaus angebracht. Der Verdacht auf eine etwas zu positivistische Sichtweise ist hier aber durchaus angebracht. Vgl. zur Kom-plexität der Problematik auch die Fallbeispiele in Völkel 2009.

143 Vgl. Cuart Moñer 1994, 45.

Anknüpfung an antike Tradition zu werten, andererseits wird aber die spezifisch kastilische Bindung an das alfonsinische Paradigma einer immanent konzipierten, jedoch im heilsgeschichtlichen Horizont stattfindenden Begünstigung Kastiliens und seiner Verantwortung für die Vollendung des Christentums – insbesondere mit Blick auf Amerika – nie aufgegeben. Der kastilische Monarch bleibt wesentlich das Werkzeug des göttlichen Willens. Es gilt:

> Mit viel mehr Emphase und mit viel größerer Gewißheit als ein Jahrhundert zuvor betonte man in Spanien um 1600 die Vereinbarkeit dieser Entdeckung mit der überkommenen christlichen Kosmologie. Denn diese Kosmologie war – spätestens seit dem Tridentinum – der spanischen Gesellschaft wieder als verbindlicher Rahmen des Handelns und der Erfahrung auferlegt worden, als ein Rahmen, welcher die zuvor erschlossenen Räume neuzeitlicher Subjektivität in spezifischer Weise begrenzte und transformierte.[144]

Exemplarisch für dieses kastilische Spezifikum, das sich im Verlauf des 16. Jahrhunderts allmählich manifestiert, ist etwa das Scheitern der *Crónica de Carlos V* von Nebrija, die in verschiedener Hinsicht als avanciert humanistische Historiographie zu gelten hat, insbesondere was das dort entwickelte Verhältnis des Monarchen und der geschichtlichen Welt zu Gott anbetrifft.[145] Sie ist, ebenso wie einschlägige Beiträge von Juan Luis Vives, im Rahmen der Möglichkeiten der Zensur systematisch marginalisiert worden. In dieses Bild passt auch die offene Ablehnung Machiavellis durch namhafte kastilische Amtsträger.[146]

---

144 Gumbrecht 1987c, 242.
145 Vgl. Cuart Moñer 1994, 41 ff.; Kagan 2006, 280. Interessant ist auch die Präferenz humanistischer Autoren für das Lateinische (vgl. Tate 1994, 25), die ihnen die Gunst des Monarchen gleichwohl nicht sichert, sondern im Gegenteil, den Verdacht der Heterodoxie befördert. Vgl. dazu etwa den Fall Gómaras in Kap. 4.6.
146 Vgl. Diez del Corral 1983; Kagan 2006. Zu den rechtshistorischen Umständen, unter denen Kastilien zum Protagonisten des Anti-Machiavellismus geworden ist, vgl. Pérez-Amador Adam 2011 sowie Kap. 3.1.1. Zu den historisch-systematischen Implikationen des Begriffs 'Machiavellismus' vgl. Zwierlein 2011.

3. Die Funktionalisierung der *historiografía oficial* im frühneuzeitlichen Kastilien

Das erklärte Ziel dieser Arbeit besteht in der diskurspragmatisch orientierten Analyse der *Décadas* – des umfangreichsten und wirkmächtigsten Textes aus dem Umfeld der *Crónica Mayor de Indias* – hinsichtlich ihrer sprachlich-textuellen Konstitution. Diese Perspektive macht es erforderlich, zunächst ihren textuellen Status unter Berücksichtigung des Diskurszusammenhangs, in dem sie stehen, zu bestimmen (vgl. Kap. 2.). Wie die Erläuterungen zum Diskursuniversum frühneuzeitlicher Historiographie deutlich gemacht haben, besteht eines seiner wesentlichen Kennzeichen, das im Besonderen auch auf die *Décadas* zutrifft, darin, dass die Textproduktion im Wege der Kompilation bereits vorhandener Texte vonstatten geht. Daraus erhellt unmittelbar, dass die Statusbestimmung eines Textes, der unter solchen Bedingungen zustande gekommen ist, auch eine Statusbestimmung der dabei verwendeten 'Quellen' erforderlich macht.

Zu diesem Zweck ist das historische Bedingungsgefüge des kommunikativen Funktionierens der relevanten Texttypen im jeweils maßgeblichen Zeitraum zu klären. Dabei darf nicht außer Acht gelassen werden, dass die im Folgenden skizzierte Rekonstruktion auf die wesentlichen Ergebnisse der historisch-amerikanistischen Forschung rekurriert und insofern durch die Geschichte der Geschichtsschreibung zu den 'spanischen Kolonien' und ihre unterschiedlichen Paradigmen mitbedingt ist. Eine Reflexion auf den Status der aus diesen Paradigmen erwachsenen und zu erwartenden Erkenntnisse ist deshalb wesentlicher Bestandteil der einschlägigen Klärungen (vgl. Kap. 3.2.).

Ein hermeneutischer Prozess, wie er hier veranschlagt wird, sieht sich stets der Gefahr eines Zirkels ausgesetzt, der zur Entdeckung des bereits Bekannten führt. Im konkreten Fall würde dies bedeuten, sich von den Ergebnissen der Geschichtswissenschaft zu einer selektiven Wahrnehmung der sprachlichen Fakten verleiten zu lassen und die Ergebnisse der Textanalyse so mit bestehenden Forschungsmeinungen zu harmonisieren. Die methodische Forderung aus den Reihen der Diskursanalyse, die Aktualisierung von relevanten Kontexten aufgrund von Indizien vorzunehmen, die

im Text selbst aufzusuchen sind,[147] erscheint vor dem Hintergrund dieses
Verdachts als uneinlösbares Postulat. Die Ergebnisse der Textanalyse ver-
setzen uns allerdings in die glückliche Lage, diesen Verdacht hinreichend
deutlich widerlegen zu können, insofern sie zu einer grundlegenden Re-
vision bisheriger Auffassungen über den Status der *Décadas* Anlass geben.
Der pragmatische Anschluss an die Domänen 'Politik', 'Religion' und
'Recht' ergibt sich aufgrund der Zusammensetzung des Korpus, die im
Wege der vergleichenden Textanalyse erschlossen wird.

3.1. Institutionen – Macht, Geltung, Autorität

Die Berücksichtigung dieser vier heuristischen Konzepte erfolgt ebenso
aufgrund forschungsgeschichtlicher wie hermeneutischer Erwägungen.

Alle genannten Konzepte bilden in unterschiedlich expliziter Form
Orientierungspunkte der geschichtswissenschaftlichen Paradigmen, im
Rahmen derer man sich bisher um die Erforschung des kastilischen Imperiums in Übersee bemüht hat. Es ist daher geboten, sie sich zunächst
einmal zu Eigen zu machen, um einen Zugang zu den Forschungen, deren
Rezeption eine angemessene Rekontextualisierung ermöglichen soll, zu
finden und den Status der Forschungsresultate, die in den unterschiedlichen Paradigmen erzielt worden sind, einschätzen zu können. Darüber
hinaus entfalten sie jedoch auch ein hohes explikatives Potenzial im
Hinblick auf zwei Befunde dieser Arbeit, die sich ihrerseits – wie gesagt –
nicht aus der Lektüre einschlägiger Forschungsliteratur ergeben, sondern
aus der Textanalyse: Zum einen betrifft dies die Bedingungen des kommunikativen Erfolges einer 'Quelle', die sowohl im Status der Person des
jeweiligen Verfassers als auch in der formalen Adäquatheit der Konstitution
des Textes selbst zu suchen sind; zum anderen die systematische Divergenz
von Norm und Praxis, die zwischenzeitlich ins Blickfeld der Geschichtswissenschaft gerückt ist und massive Auswirkungen auf die Auswahl der
'Quellen' durch Antonio de Herrera hat. Diese Auswirkungen sind bisher
allerdings nicht eingehender erörtert worden (mit Ausnahme von Brendecke 2009).

Institutionen spielen in der einschlägigen Forschung seit jeher eine
maßgebliche Rolle, weshalb weite Teile davon zu Recht als Institutionengeschichte apostrophiert werden können. Darüber hinaus – und dies ist
für unsere Zwecke weitaus bedeutsamer – stellen Institutionen, sofern man

---

147 Vgl. Adorno 1995; Oesterreicher 2003b.

sie in einem phänomenologischen Sinn als die Ergebnisse eines auf Stabilisierung sozialer oder epistemischer Ordnungen gerichteten Prozesses
der Institutionalisierung versteht, Formationen dar, die für den Status von
Texttraditionen maßgeblich sind.[148]

Obgleich eine regelrechte Definition des Institutionenbegriffs erwartungsgemäß nicht vorliegt, hat sich in der soziologischen und historischen
Forschung ein konsensfähiger Kern an Eigenschaften herausgebildet, der
dem Phänomen zugeschrieben werden kann.[149] Institutionen werden wesentlich verstanden als Korrelat der Habitualisierung von Handlungen,
wobei die Habitualisierung von Handlungen als anthropologisches Universale – resultierend aus der bekannten These von der Notwendigkeit der
Entlastung des Menschen von ständiger Auswahl jeweils geeigneter
Handlungsalternativen – aufgefasst werden muss.[150] Institutionen stellen
auf die Gewährleistung von Dauerhaftigkeit ab. Gleichwohl erhellt aus
dem zuvor Gesagten bereits zweierlei: Zum einen, dass unter den Begriff
der Institution unterschiedlichste konkrete Phänomene fallen, die von
regelrechten Organisationen über Sitten und Gebräuche bis zu Diskursen
und Gattungen reichen;[151] zum anderen unterliegen Institutionen der
Historizität wie die Sphäre der Kultur dies ganz grundsätzlich tut, insofern
es ja menschliche Handlungen und Entscheidungen sind, die Kultur wesentlich konstituieren. Man darf also sagen, dass Institutionen diesem
Verständnis nach sogar einen Kristallisationspunkt jeglicher Kultur darstellen. Sind Institutionen ein Basisphänomen der Kultur, so folgt daraus,
dass sie selbst ebenso jener charakteristischen Spannung von Konventionalität und Kontingenz unterliegen, die Historizität konstituiert.[152] Konkret bedeutet das, dass sie in ihren Erscheinungsformen wandelbar sind
und eine historische Verankerung haben, obwohl sich mit ihnen ein
prinzipieller Anspruch auf Permanenz verbindet, der jedoch „Grenzen

---

148 Der diffuse Ausdruck 'Formation' ist hier bewusst gewählt, um eine zu frühe und
den in Betracht zu ziehenden Phänomenen nicht angemessene Festlegung auf
bestimmte, intuitiv nahe liegende Typen von Institutionen zu vermeiden.
149 Vgl. Acham 1992, 36 f.; Melville 1992, 6 ff.
150 Vgl. auch die Ausführungen zu Arnold Gehlen bei Berger / Luckmann [22]2009,
56 f., sowie Knoblauch / Raab / Schnettler 2002, 19 f.
151 Vgl. Acham 1992, 33 f. Wichtig ist es, die am selben Ort vorgeschlagene Unterscheidung von verschiedenen Ebenen der Institutionalisierung im Blick zu behalten, die es gestattet, von Fall zu Fall qualitative Unterschiede zu berücksichtigen
(vgl. Acham 1992, 26 f.). Zur Manifestation von Institutionalität vgl. auch Melville 1992, 12.
152 Vgl. Oesterreicher 2001a.

findet und angesichts dieser Grenzen zu Reaktionen führt mit dem Ziel, sich dennoch zu erhalten. Gerade unter diesem Gesichtspunkt leuchtet Institution als geschichtliche Größe auf".[153] Der hier zutage tretende Widerspruch ist nicht auflösbar, er wird in der Praxis jedoch still gestellt, indem Institutionen mit Legitimation unterfüttert werden. Explizite Legitimation ist insbesondere erforderlich, um nachfolgende Generationen, denen sich die konkreten Umstände der Emergenz einer Institution und mithin ihre pragmatische Berechtigung gegebenenfalls nicht mehr unmittelbar erschließen, dennoch von dieser ihrer Berechtigung überzeugen und den mit Institutionen verbundenen Entlastungseffekt weiterhin erzielen zu können. Institutionen gewinnen so Objektivität im Verhältnis zu Personen.[154] Die Legitimationsstrategien, die dabei zur Anwendung kommen, sind letztlich sprachlich-diskursiver Art.[155] Ein wesentliches Merkmal legitimatorischer Diskurse, die zum Zweck der Stabilisierung von Institutionen etabliert werden, besteht in der kontrafaktischen Suspendierung der Historizität ihres Bezugsgegenstandes, und zwar entweder, indem die Permanenz einer Institution seit buchstäblich prähistorischer Zeit postuliert wird, oder aber, indem das Auftreten einer neuartigen Institution unter Verweis auf andere, zeitunabhängig geltende Quellen ihrer Legitimität begründet wird.

> Dieser Mechanismus birgt beträchtliche Vorteile. Er produziert eine Entzeitlichung des Geschehens, die allem Vergangenen die Kontingenz des Wandels nimmt und die in jedem Augenblick der Geschichte das Unveränderliche als gegenwärtig zeigt.[156]

Die umfangreichen Erläuterungen zur Rekontextualisierung der *Décadas* werden zeigen, dass diese Bestandteil eines solchen legitimatorischen Diskurses sind, eines Diskurses, der auf nichts Geringeres als die Legitimierung des alleinigen Herrschaftsanspruches der kastilischen Krone über die *Indias* zielt. Spezifisch an der dabei anzutreffenden Konstellation ist der Umstand, dass dieser legitimatorische Diskurs, der sich auf die Stützung einer Institution richtet, seinerseits Gegenstand eines Prozesses der Institutionalisierung wird. Wenngleich diese neu geschaffene Institution selbst über keine ausgeprägte Legitimität verfügt, suchen ihre Repräsentanten

---

153 Melville 1992, 6.
154 Vgl. Berger/Luckmann [22]2009, 62.
155 An dieser Stelle tritt die Sprachgebundenheit der historischen Erkenntnis in paradigmatischer Form und zugleich aus einer durchaus überraschenden Perspektive zutage.
156 Melville/Vorländer 2002, X.

diese zu erlangen, indem sie in ihren Texten auf zwei Autoritätskriterien höchster Validität rekurrieren, nämlich auf das Wirken Gottes in der Geschichte und die Gerechtigkeit des Herrschers.

'Macht' und 'Autorität' sind ebenfalls zwei zentrale Konzepte der Geschichtsschreibung zum Imperium der spanischen Habsburger; 'Macht' ist dies naheliegenderweise, da die Beschreibung der Herrschaft über die *Indias* unmittelbar auf Erscheinungsformen politischer Macht zielt, sie wird angesichts der zwingenden Selbstverständlichkeit ihres Auftretens jedoch selten reflektiert. Die Einführung von 'Autorität' hat sich hingegen erst im Rahmen eines Paradigmenwechsels der Forschung ergeben, der noch ausführlich thematisiert werden wird. Die begriffsgeschichtlichen Annäherungen an beide Konzepte, die einige der jüngsten Beiträge aus den Sonderforschungsbereichen 537 'Institutionaliät und Geschichtlichkeit' (TU Dresden) sowie 573 'Pluralisierung und Autorität in der Frühen Neuzeit' (LMU München) bieten, verdienen besondere Aufmerksamkeit, da sie mit ihren Hinweisen zum semantischen Verhältnis zwischen beiden die Möglichkeit eröffnen, die Prozeduren der Statuszuschreibung beziehungsweise Statuserzeugung, die für unser Korpus relevant sind, in ihrer Qualität adäquater zu erfassen. Beide Begriffe verfügen über einen gemeinsamen Bedeutungskern, der auf die Fähigkeit einer Person oder einer Institution verweist, Sachverhalte in der Außenwelt oder das Verhalten anderer Personen gemäß den eigenen Intentionen oder Zwecken zu beeinflussen.[157] Signifikante Differenzen treten auf hinsichtlich der Mittel, die zur Einflussnahme zur Verfügung stehen und hinsichtlich der Zwecke, die mittels dieser Einflussnahme verfolgt werden. Der wesentlichste Unterschied besteht in der Verfügbarkeit sekundärer Hilfsmittel zur Durchsetzung des eigenen Anspruchs auf Einflussnahme: Ist Machtausübung dadurch charakterisiert, dass eine Möglichkeit zum Rückgriff auf sekundäre Hilfsmittel systematisch besteht,[158] so speist sich Autorität hingegen aus Quellen, die in unmittelbarer Beziehung zur fraglichen Person oder Institution selbst stehen. Als Quellen der Autorität kommen ganz allgemein Eigenschaften in Frage, die in der Vergangenheit bereits unter Beweis gestellt worden sind und die Erfüllung eines allgemein als notwendig oder sinnvoll erkannten Zwecks auch in Zukunft wahrscheinlich machen.[159] Autorität konstituiert sich also ganz entscheidend durch den Rückgriff auf Tradition. Wo eine solche Tradition nicht besteht, etwa bei Neugrün-

---

157 Vgl. Bettini 2005, 245 ff.; Schönrich 2005, 383.
158 Vgl. Schönrich 2005, 384.
159 Vgl. Bettini 2005, 255 f.

dungen, muss eine plausible Anbindung an andere, mit Autorität einhergehende Traditionen geleistet werden. Ob eine solche Anbindung logisch konsistent ist und ob die autoritätsstiftenden Eigenschaften tatsächlich vorliegen oder nur erfolgreich behauptet werden, ist dabei nicht entscheidend, sondern allein die Plausibilisierung vor der Gemeinschaft, deren Konsens für die faktische Konstitution der Autorität maßgeblich ist. Die Versuche der Plausibilisierung von Ansprüchen auf Autorität sind prototypischerweise diskursiver Natur, ebenso die Manifestationen von Autorität, woraus erhellt, dass dieses Konzept für textanalytische Fragestellungen von größter Bedeutung ist.[160]

Treffend wird Autorität als „Ansehensmacht"[161] charakterisiert. Um als Ansehensmacht erhalten zu bleiben, muss sich das Wirken von Autorität stets auf Zwecke richten, die von der betreffenden Gemeinschaft positiv bewertet und mit einer Prosperitätserwartung verbunden werden. Die Konstitution von Macht ist hingegen prinzipiell frei von diesem ethischen Aspekt, sie manifestiert sich in der effektiven Beschränkung der Verhaltensalternativen anderer durch Zwang und kommt deshalb prototypisch in Konfliktsituationen zum Tragen.[162] Eine weitere Folge ist, dass sie im Einzelfall durchaus losgelöst von Autorität auftreten kann, dass sie jedoch, sobald sie auf Dauer gestellt werden soll, unbedingt der Legitimation durch den Rückgriff auf eine sie begründende Autorität bedarf. Machtausübung muss also, soll sie akzeptiert sein, durch Autorität gestützt werden.

Im Falle der *Décadas* von Antonio de Herrera ist genau dies zu beobachten. Sie dienen gerade dem Zweck, die Macht des kastilischen Monarchen über die *Indias* in einer doppelten Hinsicht zu legitimieren: einmal gegenüber konkurrierenden Monarchen durch den Erweis des Wirkens göttlicher Autorität in der narrativ zur Darstellung gebrachten Geschichte des kastilischen Engagements in den *Indias*; sodann gegenüber den eigenen Untertanen durch die Anknüpfung an die Autorität traditioneller Rechtsvorstellungen, denen sich der Monarch im Konsens mit seinen Untertanen unterwirft.[163] Der Monarch ist zwar faktisch außerstande, seine Ansprüche unter Anwendung von Zwang durchzusetzen;

---

160 Vgl. Lincoln 1994, 2.
161 Regn 2003, 120; Schulze 2003, 235.
162 Vgl. Schönrich 2005, 386.
163 Mit Münkler 2005 kann hier auch von ideologischer Macht als einem bedeutsamen Instrument zur langfristigen Stabilisierung eines Imperiums gesprochen werden (vgl. 2005, 79). Dabei ist allerdings zu beachten, dass diese Sorte von Macht nach dem hier vorgeschlagenen Begriffsinstrumentarium der Autorität entspricht.

gleichwohl artikuliert sich in den *Décadas* ein neuartiger Anspruch auf autonome Herrschaft, die nicht mehr auf Autorisierung durch die Untertanen angewiesen ist. Auf diskursiver Ebene findet dabei der oben skizzierte Rückgriff auf das Alte zur Begründung und Legitimierung des Neuen statt,[164] indem sich der Monarch den traditionell verbürgten Ansprüchen seiner Untertanen stellt, allerdings mit dem Ziel, diese fortan nicht mehr beachten zu müssen. Dasselbe wiederholt sich übrigens auf der Metaebene. Die methodischen Normen, die der Monarch bei Gründung der *Crónica Mayor de Indias* setzt, entfalten keine faktische Geltung, stattdessen behalten eingeführte Normen der Textproduktion, deren Geltung aufgrund einer langen Tradition gesichert ist, diese auch angesichts expliziter Reformversuche. Das Neue, das sich nicht durch Altes legitimiert, sondern im Akt der Machtausübung oktroyiert wird, erlangt keine faktische Geltung.

Selbstverständlich ist mit der hier vorgeschlagenen Handhabung der Begriffe 'Macht' und 'Autorität' kein anderer Anspruch verbunden als der, sie in dieser Form zu analytischen Differenzierungen einzusetzen, die sich angesichts der hier betrachteten Phänomene als erkenntnisfördernd erweisen können. Eine allgemein akzeptierte Definition ist bei einem für die Sozialwissenschaften so fundamentalen Konzept wie Macht ohnehin nicht zu erwarten.[165] Tatsächlich zeigt bereits ein flüchtiger Blick in die einschlägige Literatur, dass unterschiedlichste Formen von Kontrolle oder Initiative in sozialen Beziehungen als Ausprägungen von Macht analysiert werden, so zum Beispiel bei Wartenberg 1990, Imbusch 1998, und klassisch Foucault 1977. Zu Recht kann hier von der Tendenz gesprochen werden, Macht als ein ubiquitäres soziales Phänomen zu verstehen.[166]

---

164 Vgl. auch Vorländer 2002.
165 Vgl. auch Imbusch 1998, 9.
166 Vgl. Imbusch 1998, 13; Schönrich 2005, 386. Zu Foucaults früher Machtkonzeption ist hier zumindest kurz Stellung zu nehmen, da sie eine so enge Verbindung von Macht und Wissen beinhaltet, dass es unangemessen wäre, darüber im Horizont unserer Fragestellung hinweg zu gehen. Insbesondere zwei Aspekte sind von Belang: die produktiven Effekte der Macht sowie, einmal mehr, das Verhältnis von Macht und Zwang: „Foucaults Überlegungen richten sich [...] gegen eine Gleichsetzung von Macht mit Zwang, Gewalt und Unterdrückung. Macht geht in bestimmten Negativwirkungen nicht auf, ist also nicht ausschließlich auf repressive Wirkungen eingeschränkt. Macht schließt nicht nur aus, verhindert nicht nur – vielmehr bringt Macht umgekehrt auch etwas hervor. [...] Macht setzt Energien frei, schafft, erfindet, erzeugt, mit einem Wort: Macht produziert" (Kneer 1998, 243). Die produktiven Effekte der Macht, die bei Foucault herausgearbeitet werden, stellen offensichtlich eine wichtige Anregung für aktuelle Forschungen zur

Auch im Falle der 'Geltung' ist die Begriffsgeschichte in höchstem Maße aufschlussreich. Wie unlängst gezeigt worden ist, gewinnt der Begriff epistemologische Relevanz und Brisanz in einem spezifischen wissenschaftsgeschichtlichen Umfeld, nämlich dem der nachmetaphysischen Bemühungen um eine Neubegründung historischer Erkenntnis in der zweiten Hälfte des 19. Jahrhunderts, und dort näherhin im Kontext der Wertphilosophie.

> Daß sich in der Mitte des 19. Jahrhunderts die Frage nach der Geltung gerade als Frage nach Werten stellt, hat seinen Grund in einem Paradigmenwechsel. Nach dem Zusammenbruch der idealistischen Gesamtdeutungen von Sein und Geschichte ist die Wertphilosophie (Lotze, Windelband, Rickert, Scheler) der erste Versuch einer nachmetaphysischen Antwort auf die Entzauberung der Welt durch die sich rasant ausdifferenzierenden Naturwissenschaften, die das Sein, das der Idealismus noch als per se sinnhaften Prozeß verstanden hat, auf pure Faktizität reduzieren.[167]

Geltung tritt dort als der Seins-Modus von Werten in Erscheinung und begründet eine dritte ontologische Kategorie neben Existenz beziehungsweise Nicht-Existenz, die in der folgenden Debatte aufgrund ihrer mangelnden Bestimmtheit erhebliche Probleme aufwirft, gleichwohl aber als Signum der Überlegungen zur Begründung historischer Erkenntnis bis in die Mitte des 20. Jahrhunderts aufgefasst werden kann. Werte also haben Geltung. Geht man nun davon aus, dass historische Erkenntnis unweigerlich mit einem Akt des Wertens verbunden ist, insofern aus der schieren Totalität der Sachverhalte Relevantes selegiert wird, und bezweifelt man zugleich die Möglichkeit einer Bezugnahme auf objektive Werte, um nicht

---

Rekonstruktion der Geltung historischer Wissensbestände dar. Es ist dabei allerdings notwendig, den veranschlagten Zuschnitt des Begriffs der Macht von den betrachteten Phänomenen zu unterscheiden. So, wie bei Foucault vieles als Effekt der Macht verstanden wird, was sich auch als Geltungserzeugung durch Autorisierung auffassen ließe, wird etwa umgekehrt in der Programmschrift des SFB 573 'Pluralisierung und Autorität in der Frühen Neuzeit' die Autorität als ein Konzept verstanden, das Manifestationen von Macht nach der an Schönrich angelehnten Arbeitsdefinition einbegreift (vgl. ebd., 18). Dem Umstand, dass Foucault seine Analytik der Macht mit dem Ziel einer Analyse der modernen Gesellschaft entwickelt, wohingegen Mechanismen der Disziplinierung und Geltungserzeugung in der Vormoderne durchaus anders gelagert sein dürften, ist in jedem Fall Rechnung zu tragen. Insbesondere der Religion ist hier Beachtung zu schenken.

167 Schönrich / Baltzer 2002, 2.

eine platonistische Ontologie in Kauf nehmen zu müssen, dann wird historische Erkenntnis prekär.[168]

Nun ist anzumerken, dass der Begriff 'Textgeltung' eventuell ein Missverständnis begünstigt: Es ist nämlich nicht der Text selbst, der Geltung hat, sondern es gelten die Normen und Regeln, denen seine Konstitution folgt. Auch nach dem bei Schönrich / Baltzer vorgeschlagenen Verständnis der Geltung als Fähigkeit, legitime Verhaltensweisen als solche zu begründen und zuzuweisen,[169] bleibt festzuhalten, dass der Text dies leistet durch seine Anknüpfung an eine Tradition, die in Normen zum Ausdruck kommt. Der Text selbst hingegen hat einen *Status*, den er gewinnt aufgrund seines spezifischen Verhältnisses zu geltenden Normen der Textkonstitution. Selbstverständlich könnte hier eingewendet werden, dass aus den oben angeführten Gründen nie sicher ist, ob bei der Statusrekonstruktion jeweils auf die richtigen Normen Bezug genommen wird. Dieses Problem ist jedoch ontologischer Natur und wäre Gegenstand einer (umfangreichen) eigenen Arbeit. Für die Sprachwissenschaft ist es hinreichend, sich auf die diskursiven Manifestationen solcher Normen zu beziehen. Die Frage, ob ein ontologisches Substrat die Geltung bestimmter Normen rechtfertigt oder ob diese fiktiver Natur sind, kann also dahingestellt bleiben. Die Geltung der Texte erweist sich, indem diese den Legitimationsbedarf einer institutionalisierten Praxis decken und fortgesetzt handlungsorientierend wirken.[170] Macht und Autorität sind dabei wesentliche Voraussetzungen der Geltung von Regeln und Normen.[171]

---

168 Vgl. Schönrich / Baltzer 2002, 4. Vgl. zu den hier stark verkürzt dargestellten Zusammenhängen auch Vollhardt 1986.

Interessant ist in diesem Zusammenhang die Beobachtung, dass das Konzept 'Wert' auch in der aktuellen Philosophie nicht obsolet ist: Auf unerwarteter Seite, nämlich in der keinesfalls unter Metaphysik-Verdacht stehenden Analytischen Philosophie und dort näherhin bei Paul H. Grice, wird die Fähigkeit, Werte zuzuschreiben, als Grundbaustein menschlicher Rationalität und Bedingung der Fähigkeit zur Kommunikation thematisiert. Vgl. dazu Grice 1991 und Petrus 2010, 13.

Auf die komplexe Agenda der *Ordinary Language Philosophy* und die Neigung der Sprachwissenschaft, nur einige Versatzstücke daraus isoliert zu rezipieren, kann hier nicht näher eingegangen werden. Vgl. aber z. B. Chapman 2010; Petrus 2010; Sbisà 2011.

169 Vgl. Schönrich / Baltzer 2002, 1.

170 In diesem Sinne ist es auch zu verstehen, wenn von der Notwendigkeit der „Geltungssicherung" angesichts frühneuzeitlicher Pluralisierungstendenzen die Rede ist (Regn 2003, 119).

171 Vgl. Melville / Vorländer 2002, XII.

3.2. Zum Status von Text und Autor in Kastilien und der Neuen Welt

Die nun folgenden Erläuterungen zielen – komplementär zu den systematischen Klärungen des voraufgegangenen Kapitels – auf die Beschreibung der historischen Bedingungen, die wesentlich sind für die Konstitution von textueller Autorität im Kontext der kastilischen 'Kolonialadministration'.

Um erklären zu können, wie einzelne Beiträge zum Diskurs über die *conquista y colonización de América* den ihnen je eigenen Status erlangen, sind vor allem zwei Dinge vonnöten: zum einen Klarheit über die Funktionsweise derjenigen Institutionen, die im Verlauf des 16. Jahrhunderts zu dem Zweck eingerichtet werden, eine möglichst effektive Machtausübung und Kontrolle über die 'Kolonien' zu gewährleisten. Die innerhalb dieser Institutionen geübte Praxis der Selektion und die dabei zugrunde gelegten Kriterien sind entscheidend für Erfolg oder Misserfolg von Diskursbeiträgen; zweitens geht es um ein Verständnis für das komplexe Zusammenspiel derjenigen gesellschaftlichen Gruppen, die in der Lage sind, in diesem Diskurs relevante Machtansprüche zu artikulieren. Es sind die oft fließenden Grenzen zwischen unterschiedlichen Interessenssphären und deren jeweiliges Verhältnis zu den genuinen Machtansprüchen der Krone aufzuweisen, um auf dieser Basis zu einem über positivistische Befunde hinausreichenden Verständnis der Zwecke und Methoden der frühneuzeitlichen *historiografía oficial* zu gelangen.

Dieses Unterfangen gewinnt seine Komplexität in mindestens dreierlei Hinsicht: einmal aufgrund der Uneinheitlichkeit der institutionellen Gegebenheiten, die zu erschließen sind, sodann aufgrund der konfligierenden Positionen relevanter Interessengruppen im Ringen um politischen Einfluss, die zu einer komplizierten Gemengelage führen, sowie nicht zuletzt aufgrund hermeneutischer Kautelen, deren Berücksichtigung sich notwendig aus der Tatsache ergibt, dass die einschlägige Geschichtsschreibung in den vergangenen hundert Jahren mindestens drei verschiedene Paradigmen ausgebildet hat, deren Aussagekraft hinsichtlich des hier anvisierten Problemzusammenhangs jeweils mit der gebotenen Umsicht zu eruieren ist.

Zunächst ist leicht einzusehen, dass die Institutionen, die im gegebenen Fall zur Übertragung von Macht dienen sollen, räumlich auf beide Kontinente, also Europa, von wo die Macht ausgeht, und Amerika, wo sie effektiv wirksam werden soll, verteilt sein müssen. Entfernungsbedingt

ergeben sich notorische logistische Probleme, die die Effektivität der
Machtausübung erheblich mindern und sich gerade auch im Rahmen
sprachlich-kommunikativer Praxen zeigen.[172] Angesichts dieser Sachlage ist
es in jedem Fall angebracht, zwei geläufige Thesen der 'spanischen Kolonialgeschichtsschreibung' kritisch im Auge zu behalten: zum einen diejenige der Expansion von Schriftlichkeit im Kontext der Institutionalisierung der kastilischen 'Kolonialverwaltung', zum anderen die These, im
Zuge dieses Institutionalisierungsprozesses seien bestehende kastilische
Institutionen lediglich auf neue Territorien übertragen worden. Beide
Topoi sind in jüngster Zeit Gegenstand einer umfangreichen und er-
kenntnisträchtigen Revision geworden, deren (vorläufige) Ergebnisse
höchst interessante und relevante Einsichten zur Pragmatik der administrativ funktionalisierten Diskurse im kastilischen Imperium bereit halten.
Zu diesen Diskursen zählt ohne Zweifel auch der historiographische.

Mit Blick auf das zu behandelnde Korpus ergibt sich eine komplexe
Problemlage insofern, als den potenziellen Teilnehmern am Diskurs auf
beiden Seiten des Atlantiks unterschiedliche Möglichkeiten der Teilhabe
offenstehen, da die Monopolisierung des Diskurses durch die von der
Krone sanktionierte *historiografía oficial* auf der Iberischen Halbinsel von
Beginn an wesentlich besser gelingt als in den *Indias*;[173] bei Hofe und im
Consejo de Indias sind einschlägige Beiträge *grosso modo* in nur zweierlei
Form erfolgversprechend: Sofern sie von außerhalb der 'Kolonialverwal-
tung' an diese mit der Hoffnung auf Berücksichtigung herangetragen

---

172 Die Reichweite innovativer sprachlich-kommunikativer Praxen wird zur Gänze
     allerdings erst erkennbar, wenn man sie in ihrem Spannungsverhältnis zu weiteren
     Ebenen der Kommunikation, insbesondere performativen Vollzügen, betrachtet.
        Kaum verwunderlich ist insofern die häufig formulierte Feststellung einer hohen
     Bedeutsamkeit des Briefes als Kommunikationsform im Kontakt mit den *Indias*.
     Dass diese Kommunikationsform im administrativen Kontext jedoch auch eigene
     Texttypen ausbildet, kann nicht ohne Weiteres bejaht werden. Vgl. dazu etwa
     Espejo Cala 2002; Gimeno Blay 1999; Gómez Gómez 2008; Lorenzo Cadarso
     2002.
        Ausdrücklich wird diese Beobachtung bei Carrera de la Red formuliert: „La
     fuente documental primordial en el *arte notarial* se encierra bajo el término *carta*,
     [...]. Las cartas diplomáticas y notariales tienen como rasgo específico solo el
     contenido, es decir, las materias de las que se ocupan: gobierno y legislación, juicios
     y sentencias, contratos o testamentos" (2006a).
173 Es ist hier sofort hinzuzufügen, dass diese Einschätzung nur für den historiogra-
     phischen Diskurs über die *Indias* gilt. Historiographische Diskurse, die auf die
     Iberische Halbinsel bezogen sind, unterliegen teils anderen Bedingungen, so etwa
     die dort florierende Städtegeschichtsschreibung (vgl. Kagan 1995, 73 ff.).

werden, sollten sie eine politische These zur Fundierung und Rechtfertigung kastilischer Machtansprüche formulieren und zugleich den Normen einer im engeren Sinne historiographischen Gattung entsprechen. Nur dann, wenn sie innerhalb der Organe der 'Kolonialverwaltung' verfasst werden, können darüber hinaus auch Vertreter marginaler historiographischer Gattungen und juristische Schriftstücke in diesem Sinne erfolgreiche Texte werden.

Aus Übersee erhofft man sich vor allem konkrete Informationen über die grundsätzliche räumliche Beschaffenheit und den jeweils aktuellen Zustand relevanter Territorien. Auch hier gilt, dass vor allem zwei Formen der Textproduktion erfolgversprechend sind: zum einen wiederum die im engen Sinne historiographischen Texte, wobei der Autor im jeweiligen Einzelfall die *oficiales* einer *Audiencia* von Qualität und Nutzen eines Werks zu überzeugen hat; die zweite Gruppe bilden Texte, die von der Krone explizit angefordert werden, um sich Klarheit über konkrete Vorkommnisse oder Zustände in ihren Territorien zu verschaffen. Es gelingt dabei aber zu keinem Zeitpunkt, den Diskurs wie in Spanien zu monopolisieren. Stattdessen etabliert sich dieser gelenkte Diskurs in Auseinandersetzung mit einer Reihe von Alternativen, die von den Agenten der *historiografía oficial* zwar abgewählt oder ignoriert, nicht aber von vornherein unterdrückt werden können.[174] Dabei durchläuft er mehrere Entwicklungsschritte, die im Zusammenhang mit der allmählich fortschreitenden Durchsetzung der Machtansprüche der Monarchie auf Kosten klerikaler und feudaler Machtansprüche im Verlauf des 16. Jahrhunderts zu sehen sind und deren Spuren sich an der Konstitution der *Décadas* von Antonio de Herrera direkt nachweisen lassen (vgl. Kap. 5.2.).

Gleichwohl wird sich ebenso zeigen, dass der Topos von einem vergleichsweise fortgeschrittenen Stadium der Staatsbildung Kastiliens seit Karl V., der in der Geschichtswissenschaft gegenwärtig relativiert wird, auch mit Blick auf die textuellen Indizien aus dem Umfeld der *Crónica Mayor de Indias* zu hinterfragen ist. Um zu einer historisch angemessenen Bewertung der Konstitution der *Décadas* bezüglich des gesamten dort behandelten Zeitraums zu gelangen, ist es erforderlich, sich den Charakter und Verlauf der Auseinandersetzungen um die Macht, von denen das 16. Jahrhundert in Spanien wie in den *Indias* geprägt ist, in ihren Grundzügen vor Augen zu führen und den Zusammenhang der Macht-

---

174 Dennoch bleibt es bedenklich, in diesem Zusammenhang das Bestehen einer quasi modernen Meinungsfreiheit zu diagnostizieren, wie dies in Ramos 1965 geschieht. Vgl. auch Kap. 5.

verhältnisse, die in den 'Kolonien' zu verschiedenen Zeiten bestehen, mit der Konstitution der *Décadas* zu erschließen. Dabei zeigt sich, dass erneut drei Gruppen als relevante Machtfaktoren in Erscheinung treten, die dies auch im von der *reconquista* geprägten Spanien bereits getan haben, nämlich Krone, Ordensklerus und militarisierte, wehrhafte Siedler;[175] sie tun dies in den *Indias* jedoch unter gänzlich neuen Bedingungen, was die Rechtfertigung und die faktische Durchsetzbarkeit ihrer jeweiligen Ansprüche auf politischen Einfluss betrifft.[176]

Verschärft wird diese Problematik durch die gleichzeitig auf der Iberischen Halbinsel stattfindenden Entwicklungen, die durch zweierlei Tendenzen gekennzeichnet sind: Einerseits entwickelt die Krone von Kastilien und Aragón unter den *Reyes Católicos* ein neues Selbstverständnis mit tendenziell absolutistischen Zügen, über dessen juristische Implikationen noch zu sprechen sein wird. In dem Bestreben, die Handlungsfähigkeit der Monarchie zu stärken und die lähmenden Interessenkonflikte mit dem Landadel zu überwinden, wird eine grundlegende Umstrukturierung der relevanten Institutionen politischer Macht zumindest eingeleitet. Darüber hinaus erwirkt die Krone beim Heiligen Stuhl im Gefolge des *descubrimiento* bemerkenswert weit reichende Herrschaftsbefugnisse über die *Indias* und insbesondere über die Kirche, die absolutistischen Ansprüchen sehr nahe kommen und die Umstände der Machtkämpfe zwischen den drei genannten Gruppen wesentlich prägen;[177] andererseits ist sie im 16. Jahrhundert weiterhin vor allem von ihren strategischen Interessen in Europa beansprucht und bereits das unbedingt erforderliche Maß eigenen Engagements in den *Indias* führt zu einer chronischen Überreizung der begrenzten Ressourcen.[178]

---

175 Vgl. Elliott 2006, 130; McAlister 1984, 77 ff.

176 Die Neuauflage bereits etablierter Konflikte in einem 'kolonialen' Kontext ist ein häufig zu beobachtendes Phänomen: „Far from the control of centralized institutions, political factions reopened 'settled' questions of legal boundaries. In doing so, they defined their positions in relation to their authority over conquered territories and populations" (Benton 2001, 81). Jede der drei Fraktionen neigt im Falle der *Indias* dabei mehr oder minder explizit zu der Annahme, Amerika als *tierra virgen* böte die Chance zu einer unverfälschten Umsetzung eigener gesellschaftspolitischer Vorstellungen, was die Lage insgesamt nicht weniger kompliziert macht. Vgl. Martiré 2003, 245/262; McAlister 1984, 177 ff.

177 Keinesfalls soll dies jedoch bedeuten, dass der Topos vom absolutistischen Herrschaftsverständnis *avant la lettre*, das bei Karl V. vorzufinden sei, hier ohne Weiteres übernommen wird.

178 „Se entendía el papel de los 'Reinos de las Indias' integrado en un plan providencial, consistente en el envío de recursos económicos para la lucha que en Europa libraba

Es kommt daher zur Bildung von unweigerlich labilen Koalitionen der Krone mit Kirche und Adel, welche sie in die Lage versetzen sollen, ihre überseeischen Interessen zu wahren, ohne ihre Ressourcen zu stark zu beanspruchen. Diese labilen Arrangements werden zusätzlich belastet, sobald sie dazu übergeht, die zu Beginn der *conquista* prägenden, mittelalterlichen Traditionen territorialer Gliederung und Machtverteilung zurückzudrängen und durch eine Administration zu ersetzen, deren Institutionen ihrem neuen, tendenziell absolutistischen Selbstverständnis entsprechen. Dabei kommt es zu Ansätzen einer Ressortbildung (bezeichnenderweise im fiskalischen Bereich)[179] sowie zur allmählichen Verdrängung des Adels aus den maßgeblichen Ämtern zugunsten der *letrados*, Akademiker mit zumeist juristischer Ausbildung.[180] Es erfolgt – mit anderen Worten – eine Professionalisierung der Regierungstätigkeit auf institutioneller wie auf personeller Ebene. „Jockeying over alternative visions of the plural legal order"[181] wird zu einem strukturellen Merkmal des politischen Geschehens in den *Indias*. In der zweiten Hälfte des 16. Jahrhunderts ziehen diese Institutionen zunehmend Kontrollbefugnisse an sich und es entstehen unweigerlich neue Konfliktlinien. In der Folge verstärkt sich die Neigung der drei Gruppen von Akteuren zur Isolierung voneinander und gegen Ende des 16. Jahrhunderts bahnt sich eine strukturelle Krise an. Die allgemeine Tendenz eines Machtzugewinns der Krone auf Kosten von Adel, Klerus und steuerpflichtiger Untertanen wird konterkariert nicht nur durch den von Beginn an bestehenden chronischen Mangel an Ressourcen, sondern auch durch eine gewisse Unfähigkeit, konzeptuelle Innovation im politischen Denken effektiv zu verbreiten,[182] die dazu führt, dass das institutionelle Gepräge und das tatsächliche Funktionieren der Herrschaft oft weit auseinander liegen.[183]

In der Geschichtswissenschaft sind diese Zusammenhänge lange Zeit nicht als so komplex und durchaus widersprüchlich wahrgenommen worden wie sie sich in der gegenwärtigen Diskussion darstellen. Zu Recht ist auf die methodologischen Vorentscheidungen, die dabei eine Rolle spielen und nicht immer ausreichend reflektiert werden, aufmerksam ge-

---

la monarquía católica contra los protestantes y los turcos" (Puente Brunke 2006, 85). Vgl. auch Bakewell 1995, 310; Brading 1994, 19.

179 Vgl. Rodríguez Sánchez 1991, 442 ff.

180 Vgl. Rodríguez Sánchez 1991, 432.

181 Benton 2001, 23.

182 Vgl. Brading 1994, 51.

183 Zu Recht ist in diesem Sinne von einem „marcado distanciamiento entre la norma legal y su aplicación" (Brading 1994, 54) gesprochen worden.

macht worden.[184] Der Gründungsmythos des neuzeitlichen Spanien, der im als dynamisch-revolutionär charakterisierten Wirken der *Reyes Católicos* liegt und bereits in der ersten Hälfte des 16. Jahrhunderts kreiert wird, hat stattdessen zunächst die Erwartung einer kontinuierlich auf den Nationalstaat zulaufenden Entwicklung geschaffen, wobei das Konzept der Nation, wenig verwunderlich, mit einem relativ höheren Maß an Würde und kultureller Reife assoziiert wird.

> No es casualidad que en diferentes tiempos y coyunturas de la Historia de España se haya presentado el reinado de los Reyes Católicos como un modelo de lo que fue perfeccionar, gobernar y crear [...] una forma satisfactoria de Estado próspero y centralizado.[185]

Diese Erwartung wird insbesondere in der positivistischen Institutionengeschichte des 19. und 20. Jahrhunderts erfüllt, ja Spanien wird gar zur Speerspitze frühneuzeitlicher Staatenbildung in Europa stilisiert, eine langfristig wirksame These, die erst in jüngerer Zeit von komplexeren und weniger eindeutigen Szenarien abgelöst wird.[186] Paradigmatisch manifestiert sich der positivistische Standpunkt in den Monographien der von der *Real Academia de la Historia* herausgegebenen Reihe *Historia de América y de los pueblos americanos*. Auch eine Reihe englischer und US-amerikanischer Autoren hat hier nachhaltige Bedeutung erlangt.[187] In weniger differenzierten Überblicksdarstellungen hält er sich mit Einschränkungen bis heute.[188] Es ist das bedeutendste Kennzeichen dieser Position, eine institutionelle Identität Kastiliens und seiner amerikanischen Territorien zu postulieren und die Ausdehnung des Territoriums ausschließlich als einen gewaltigen Machtzuwachs zu verstehen; dabei ist aus heutiger Sicht festzustellen, dass weder eine Fixiertheit der geographischen Ausdehnung des Herrschaftsgebiets noch ein eindeutiger Machtzuwachs im Sinne einer

---

184 Vgl. Brading 1994, 46 f.

185 Rodríguez Sánchez 1991, 401.

186 Vgl. zu diesem Problem insbesondere Pietschmann 1994a, 328; auch Althoff 1997.

187 Zu nennen sind insbesondere der britische Gelehrte Clements Robert Markham und der US-Historiker William Hickling Prescott.

188 Vgl. z. B. Pietschmann 1994a, 332 ff. Präzisierungen zu diesem Problemzusammenhang enthält allerdings bereits der Beitrag Fernández Albaladejo 1986, der sich in der notwendigen Deutlichkeit gegen eine unterstellte Tendenz zum Nationalstaat wendet. Gemeinsam mit der Überblicksdarstellung McAlister 1984 dürfte er eine der frühesten Stellungnahmen zugunsten dieses Standpunktes sein, der erst deutlich später zum Gemeingut der einschlägigen Forschung geworden ist.

effektiven Verfügbarkeit von Ressourcen und Bevölkerung für die Zwecke des Herrschers anzunehmen ist:

> Castile's frontiers were extremely porous, and a Crown government that could not control the kingdom's borders exhibited neither the ability to obtain information and shape affairs nor the centrality of Court politics that many historians claim in an effort to craft a tidy narrative of this period.[189]

Die Gründe hierfür werden im Folgenden noch deutlich hervortreten.

In den sechziger Jahren des vergangenen Jahrhunderts bildet die Sozialgeschichte in bewusster Absetzung von der klassischen Verfassungsgeschichte das dominante Paradigma. Ihre Fragestellungen und Ergebnisse sind hier zwar nur am Rande von Belang, dennoch ist es angebracht, sie zu erwähnen, da die Reflexionen auf methodische Probleme, die dort angestoßen worden sind, bis heute Wirkung zeigen. In der klassischen Sozialgeschichte, deren inhaltliches Interesse zuvorderst darin besteht, die Existenz einfacher Individuen unterhalb der Ebene politisch-militärischer Großereignisse zu beschreiben,[190] findet erstmals ein systematisches Nachdenken über die Operationalisierbarkeit unterschiedlicher Typen von Quellen zur Klärung unterschiedlicher Fragestellungen statt.[191] Gleichwohl geht diese Errungenschaft mit einer sachlich zweifelhaften Marginalisierung der Institutionen einher.[192]

Seit Beginn der achtziger Jahre hat sodann die Rehabilitierung der Politikgeschichtsschreibung eingesetzt, wobei sich jedoch zeigt, dass diese mit einer Weiterung der Perspektive einhergeht, die von den sozialgeschichtlichen Arbeiten der voraufgegangenen Phase systematisch profitiert.

> Recién desde mediados de los 90 [...] empezó a desarollarse una aproximación más moderna a los temas vinculados con el gobierno colonial, basada en la fusión de varias metodologías que se habían desarollado de forma separada hasta entonces. En suma, se puede decir que la historia tradicional del derecho y la historia económica, social y la de mentalidades etc., empezaron a acercarse nuevamente gracias a la integración [...] de perspectivas y métodos de los

---

189 Owens 2005, 1.
190 Sie verfährt dabei häufig ostentativ strukturell, wie in der klassischen Monographie Lockhart 1969 exemplarisch zu besichtigen ist. Die Kapitelüberschriften dort lauten etwa: *Encomenderos and Majordomos, Noblemen, Professionals, Merchants, Artisans, Sailors and Foreigners* etc. (vgl. 1969, IX).
191 Vgl. dazu insbesondere die wieder veröffentlichten, einschlägigen Aufsätze in Lockhart 1999.
192 Vgl. auch das Resümee in Blänkner 1994, 99 f., sowie Mergel 2002.

distintos campos, intentando una historia renovada de las prácticas de gobierno en la América colonial misma.[193]

Findet in den traditionellen Forschungen zur Staatenbildung eine implizite Gleichsetzung der dokumentarisch niedergelegten Verfasstheit von Institutionen mit der in ihnen vollzogenen politischen Praxis statt, so öffnen neuere Arbeiten den Blick für die Möglichkeit einer Differenz von vorgesehener und tatsächlich realisierter Praxis, wobei sie jedoch die Institutionen als den Ort, an dem sich diese Praxis manifestiert, wieder in den Blick nehmen.[194]

Die traditionellen Argumente zugunsten des Topos eminenter Staatlichkeit stützen sich fast ausschließlich auf Phänomene der Bürokratisierung und Zentralisierung. Er wird, so zutreffend er in dieser Hinsicht sein mag, der Komplexität des Problems nicht gerecht.[195] Die Formulierung von Machtansprüchen mit entsprechenden politischen und juristischen Konzepten wird in neueren Studien zum Thema hingegen unterscheidbar vom Grad ihrer faktischen Umsetzung, der im Zeitablauf variieren kann und keinesfalls stetig zunehmen muss.[196] Diese Einsicht kann als Errungenschaft einer sozialgeschichtlich informierten Politikgeschichte verstanden werden, der es gelingt, von der Beschränkung auf die Domäne der Gesetzestexte Abstand zu nehmen und damit auch die parteiliche Selektion von Daten, die eine Interpretation im Sinne früher Staatlichkeit nahelegen, zu überwinden.[197] Dieser Zugriff hat bezogen auf die Verhältnisse im Kastilien des 16. Jahrhunderts zu neuen Einsichten geführt, die es nicht

---

193 Pietschmann 2005, 4.

194 Vgl. Blänkner 1994, 105 sowie insbesondere Freist 2005.

195 Zu Recht ist festgestellt worden, dass die Operationalisierbarkeit des Konzeptes 'Staat' für die sogenannte spanische Kolonialgeschichte bis in die 90er Jahre hinein nicht ernsthaft geprüft worden ist (vgl. Pietschmann 1994a, 329).

196 Dementsprechend wird in einem stark rezipierten einschlägigen Sammelband bereits Anfang der neunziger Jahre folgende Einschätzung formuliert: „Between 1450 and 1650 the courts of the European princes and kings were less an instrument for the domestication of the nobility than a 'point of contact' between the ruler and the ruling classes, and that, just as at the local level, relations at court were characterized by a mutual give and take. The conclusions of several of the chapters can in fact be taken as a warning against presenting the relationship between court and crown too schematically, or neatly inserting the development of the court in the early modern period into an assumed historical process leading in a straight line to the modern centralized state" (Asch 1991, 4). Vgl. auch Martínez Millán 1992, 15.

197 Vgl. zu diesem historiographischen Grundproblem, das auch in der Sprachgeschichtsschreibung häufig begegnet, insbesondere Oesterreicher 2005c sowie unsere Ausführungen in Kap. 2.

mehr gestatten, die pauschale Interpretation der institutionellen Entwicklung Kastiliens zu verfrüht realisierter Modernität aufrechtzuerhalten. Stattdessen ist die Paarung intensiver Bemühungen um institutionelle Reformen und einer fundamentalen Professionalisierung der Regierungsorgane mit einem traditionellen – um nicht zu sagen, antiquierten – Herrschaftskonzept, nämlich dem der *monarquía cristiana*, zu konstatieren, das in Kastilien bis ins 17. Jahrhundert hinein seine Geltung behält; ebenso die Paarung innovativer und weit reichender Forderungen bezüglich der gesetzgeberischen Kompetenzen des Monarchen, der als *rey legislador* aufzutreten gedenkt, mit der faktischen Anerkennung traditionellen Gewohnheitsrechts und feudaler Strukturen.[198]

Es ist also für die Epoche der überseeischen Expansion Kastiliens weder von Kontinuität noch von einem stürmischen Voranschreiten in die Neuzeit auszugehen, sondern eher von einem beständigen Ringen um die Durchsetzung von Geltungsansprüchen, das vom späten 15. bis ins 18. Jahrhundert mit wechselndem Erfolg der beteiligten Parteien stattfindet.

> Spain was viewed as comprising a number of kingdoms [...]. In each the king ruled in a different way as enunciated in the 'fueros'. This concept of the 'reino' [...] remained strong in the sixteenth century [...]. At the same time a newer ideology was emerging, that of the nation-state, with the king as the center of unity, a centralized and increasingly complex bureaucracia, a fixed capital [...] and all the apparatus of a modern state. It was this second concept that was embraced by the rising class of bureaucrats called letrados. Despite the changes, the medieval concept of the king as the dispenser of justice to his vassals or as first among equals remained strong (Poole 2004, 5 f.).

Dabei steht immer die Legitimität von königlicher Herrschaft sowie die Frage nach den geeigneten Mitteln und Wegen der Sicherung dieser Legitimität zur Debatte, und es wird von den *Reyes Católicos* zu diesem Zweck ein traditionell – nämlich mit der Pflicht des Königs zur Herstellung von *justicia* im Rahmen einer gottgegebenen Ordnung – begründeter Legiti-

---

198 In diesem Sinne kann man für den fraglichen Zeitraum von einer „declinación del 'Derecho sin Estado'" (Martiré 2003, 240) sprechen. „Es la época en la que la presencia 'tumoral' del príncipe en la formación del Derecho cobra fuerza. [...] Si bien la irrupción definitiva de la voluntad real en la formación del Derecho es del siglo XVIII" (Martiré 2003, 240). Vgl. auch Duve 2005, 80; Tau Anzoátegui 1992, 33. Symptomatisch für diese Übergangsphase ist auch die Unklarheit, mit der beispielsweise die Darstellung in Milhou 1999 die Opazität zentraler Topoi die Rolle des Monarchen betreffend betont, zugleich jedoch zeigt, wie massiv diese Topoi den zeitgenössischen Diskurs des 17. Jahrhunderts weiterhin bestimmen.

mitätsanspruch mit neuen Mitteln zu seiner Absicherung in Verbindung gebracht, nämlich mit einem souveränen Recht der Gesetzgebung auf Seiten des Königs anstelle des traditionellen Gewohnheitsrechts; der Umsetzung dieser Ideen stehen massive, in Traditionen wurzelnde Widerstände entgegen. Besondere Schwierigkeiten ergeben sich daraus im Kontext der Expansion, wo das Bedürfnis nach Stabilität angesichts ungewisser äußerer Umstände besonders ausgeprägt ist. Die Widerstände sind zu verstehen als „conscious efforts to retain elements of existing institutions and limit legal change as a way of sustaining social order".[199]

Das daraus resultierende Spannungsverhältnis hat weit reichende Auswirkungen auf die Entwicklung der Verhältnisse in Amerika. Der mit dem traditionellen Konzept der *justicia* begründete Herrschaftsanspruch der katholischen Könige und die in Amerika etablierten Institutionen, die der Übertragung einer christlichen Ordnung auf einen Raum dienen, der unterstelltermaßen noch keine legitime Ordnung besitzt (vgl. Kap. 3.2.2.), entsprechen zumindest nomenklatorisch, in der Phase des *descubrimiento* aber auch funktional, sehr weitgehend bestehenden kastilischen Vorbildern.[200] Die neuartigen Gesamtumstände in den *Indias* ermöglichen dann aber eine massive, systematische und – was das Entscheidende ist – rechtlich abgesicherte Manipulation dieser Ordnung durch alle Beteiligten: Der König sieht sich nicht nur berechtigt, sondern gezwungen, von seinem relativ jungen und keineswegs unbestrittenen Recht auf autonome Gesetzgebung in den *Indias* umfänglich Gebrauch zu machen, jedoch nicht in einem diktatorischen Sinne, sondern, um kastilisches Gewohnheitsrecht an die neuartigen Bedingungen effektiv anpassen und eine adäquate Ordnung herstellen zu können, die geeignet ist, *justicia* zu gewährleisten, wie es das traditionelle Verständnis des Königsamtes verlangt;[201] seine Untertanen in den *Indias* sehen sich ihrerseits nicht nur berechtigt, sondern gezwungen, seine Verfügungen unter Verweis auf deren Inadäquatheit bezogen auf die dem König nicht hinreichend bekannten *cosas de Indias*[202] mit Regelmäßigkeit zu suspendieren, jedoch nicht, um den Monarchen zu beschädigen, sondern im Gegenteil, um ihm einen Dienst zu erweisen, indem sie ihm die Möglichkeit geben, adäquatere Verfügungen an die Stelle

---

199 Benton 2001, 2.
200 Vgl. Bakewell 1995, 301; Elliott 2006, 123 ff.; klassisch Manzano y Manzano 1948.
201 In diesem Sinne ist der Hinweis auf die eminente Bedeutung der *leyes* im Kontext der *Indias* zu verstehen (vgl. Tau Anzoátegui 1992, 35).
202 Ein zeitgenössischer Rechtsterminus (vgl. Martiré 2003, 252).

der inadäquaten zu setzen.[203] In diesem Sinne ist die Rede von „Rebellion against Crown Administration as a Defense of Absolute Royal Authority"[204] zu verstehen.

Hat man den Aspekt der im Sinne einer intendierten absolutistischen Machtausübung augenscheinlich bestehenden Dysfunktionalität der Institutionen in der Politikgeschichtsschreibung der achtziger und neunziger Jahre lediglich generisch mit dem Fortbestehen eines ausgeprägten Klientelwesens begründet, bemühen sich neueste, seit der Jahrtausendwende entstehende Arbeiten um eine Analyse des konkreten Funktionierens solcher Klientelverbände und nehmen dabei auch die epistemischen und kommunikativen Voraussetzungen der zuvor als defizitär wahrgenommenen Praxis der 'Kolonialadministration' in den Blick. Der von der klassischen Sozialgeschichte eingeleitete Paradigmenwechsel ist als wichtige Voraussetzung auch dieses jüngsten Paradigmas anzusehen, insofern die Reflexion auf den Status der berücksichtigten Quellen, die in der Forschungspraxis erstmals im Rahmen der Sozialgeschichte und ihrer Programmatik der Erschließung gänzlich neuer Quelltypen aufgetreten ist, hier zu einer selbständigen Fragestellung erhoben wird. Im Horizont der spezifisch sprachwissenschaftlichen Fragestellung dieser Arbeit haben die historischen Forschungen solchen Zuschnitts zentrale Bedeutung, da sie wesentliche Erkenntnisse zu jenen Zusammenhängen beinhalten, die im Rahmen der Rekontextualisierung des sprachwissenschaftlich zu analysierenden Diskurses von Belang sind. Sie widmen sich der Konstitution historischer Dokumente und des darin kodierten Wissens und beschreiben dabei zwar gerade nicht die sprachlichen Eigenschaften historischer Dokumente als Manifestationen historischer Techniken des Sprechens (worin ja das genuine Interesse der Sprachwissenschaft besteht), wohl aber die institutionellen Gegebenheiten, und damit die Rahmenbedingungen der Kommunikation, welche die sprachliche Konstitution von Wissen in Form von Schriftstücken, die im Prozess der politischen Willensbildung kommunikativ relevant sind, prägen. Die methodischen Erfordernisse, die sich dabei für die historische Forschung ergeben, sind Gegenstand einer in den letzten Jahren intensiv stattfindenden Reflexion.[205] Da die institutionellen

---

203 vgl. Owens 2005, 234.

204 Owens 2005, 79.

205 Insbesondere ist auf die Fokussierung auf Praxen und Verfahren (vgl. Brendecke / Friedrich / Friedrich 2008, 13), auf die Notwendigkeit der Integration diskursanalytischer Instrumente (vgl. Landwehr 2008, 14 ff.) und auf die Einbettung der Diskurse in eine umfassende semiotische Perspektive (vgl. Mergel 2002, 588 ff.) hingewiesen worden.

Rahmenbedingungen der Kommunikation für die pragmatische Einbettung von Diskursen essenziell sind, ist es angemessen, die einschlägigen historischen Forschungen als direkt komplementär zu den sprachwissenschaftlichen Analysen politisch-administrativer Diskurse der Frühen Neuzeit zu sehen.[206] Hier (und womöglich nur hier) bietet sich die eingangs angedeutete Möglichkeit eines produktiven Dialogs der beiden Disziplinen. Die Ergebnisse dieser Arbeiten ergänzen die bereits früher gewonnenen Einsichten in das Klientelwesen der kastilischen Verwaltungsinstitutionen dahin gehend, dass sie zeigen, inwiefern von seinen Protagonisten Informationsmanagement zur Stützung der eigenen Position im Umfeld des Monarchen betrieben worden ist und dass die quantitative Expansion der Schriftkommunikation keineswegs auch zu einem zunehmenden Umfang des verfügbaren Wissens beiträgt (vgl. dazu Kap. 3.4.).

Es ist also für eine adäquate Einsicht in die Zusammenhänge nicht hinreichend, die faktisch vielfach anzutreffende, in unterschiedlichem Grade bestehende Aushebelung oder Missachtung rechtlicher Maßnahmen im 'kolonialen' Kontext zu konstatieren und daraus auf die Schwäche der kastilischen Monarchie zu schließen, sondern die unterschiedlichen Modi der Nicht-Beachtung von rechtswirksamen Titeln jeglicher Art müssen identifiziert und im Kontext der vielfältigen und aus Sicht der Zeitgenossen konkurrierenden Traditionen des Rechtsdenkens in der Frühen Neuzeit situiert werden. Zu veranschlagen ist „una orientación que aprecia las leyes como hechos sociales".[207] Die Praxis, rechtlichen Verfügungen des Monarchen ihre Geltung mit unterschiedlichen Begründungen abzusprechen, ist in der kastilischen Monarchie während des gesamten 16. Jahrhunderts vollkommen geläufig und die einschlägigen juristischen Formeln, die den Akt der vorläufigen Zurückweisung einer Verfügung anzeigen, gehören wohl zu den bekanntesten Schlagwörtern der 'spanischen Kolonialge-

---

206   Insbesondere der US-Historiker Richard Kagan hat in jüngerer Zeit Arbeiten dieses Zuschnitts zu Formen der Hofhistoriographie vorgelegt, die sich u. a. mit der kastilischen *historiografía oficial* befassen und insofern für die Fragestellung der vorliegenden Arbeit hoch relevant sind. Dort werden wichtige Einsichten zu den Formen ihrer Institutionalisierung formuliert, jedoch die Ebene der Diskurssemantik, wie zu erwarten, nur gestreift.

207   Tau Anzoátegui 1992, 5. Die weiteren Erläuterungen die an derselben Stelle zu finden sind, illustrieren die Nähe zu dem auch hier vertretenen Standpunkt: „Luego de insertar a la ley como uno de los modos de creación del Derecho, verifica la concurrencia y tensión con las demás fuentes, constata la presencia de fuerzas sociales y políticas en su origen y ejecución, marca sus singulares maneras de aplicación, observa el uso y no uso, deja al desnudo los mecanismos de aceptación o resistencia social" (Tau Anzoátegui 1992, 5).

schichte'. Es handelt sich dabei um das allfällige *obedézcase, pero no se cumpla...* oder auch *acatamos, pero no cumplimos.*[208] An der schieren Möglichkeit eines solchen Verhaltens zeigt sich bereits, dass von Staatlichkeit im modernen Sinne hier nicht auszugehen ist. Dieser Eindruck wird noch verstärkt, zieht man die juristischen Konzepte in Betracht, die den Zeitgenossen zur Rechtfertigung dieses Verhaltens gedient haben. Es handelt sich dabei um Konzepte, die überdeutlich aus dem Kontext mittelalterlichen Vasallentums stammen, nämlich *costumbre, justicia* und *servicio al rey*. In jedem Fall zu vermeiden ist der unangemessen simplifizierende „tópico del divorcio entre leyes y realidad".[209] Das Argument gegen die Geltung einer rechtlichen Verfügung ist regelmäßig die Behauptung ihrer mangelnden Übereinstimmung mit den lokalen *costumbres* desjenigen Territoriums, für das sie gelten sollte. Zwar müssen einige Zusatzbedingungen erfüllt sein, um die Geltung einer *consuetudo contra legem* zu gewährleisten,[210] dadurch ändert sich jedoch nichts am grundsätzlichen Befund. Treffend ist deshalb von „una suerte de memoria colectiva, transformada en argumento jurídico"[211] gesprochen worden.[212] Damit wird klar, weshalb eine einheitliche Gesetzgebung für alle Territorien der kastilischen Monarchie unter diesen Voraussetzungen nicht erreichbar gewesen ist. Der Monarch muss vielmehr ein vitales Interesse an einer plausiblen Dokumentation seiner Kenntnis der *costumbres* gehabt haben, und zwar zum Zwecke seines eigenen Machterhalts.[213] In der Tat ist deshalb wesentlich auszugehen von den „exigencias de la doctrina consuetudinaria,

---

208 Vgl. Figueroa 2005; Martínez Martínez 1999, 266 ff.; Tau Anzoátegui 1992, 10.

209 Tau Anzoátegui 1992, 13.

210 Vgl. Duve 2005, 81 ff.

211 Duve 2005, 79.

212 Um verstehen zu können, warum in einer solchen Behauptung ein juristisch valides Argument enthalten ist, ist es notwendig, sich auch das zeitgenössische Verständnis von *justicia* zu vergegenwärtigen, für deren Gewährleistung ja der Monarch höchstselbst die Verantwortung zu tragen hatte. *Justicia* nämlich ist genau dann gewährleistet, wenn der Monarch für die Übereinstimmung von lokal geltendem Recht mit lokaler *costumbre* sorgt. „La tarea del legislador, en la Edad Media, no es la de elaborar nuevas leyes, sino la de hacer una 'selección, en el derecho más antiguo, de las disposiciones más sabias y justas'" (Martiré 2003, 235 f.). Analog heißt es bei Tau Anzoátegui: „El complejo orden jurídico indiano se integra principalmente con tres fuentes: la ley, la costumbre y la doctrina de los autores" (Tau Anzoátegui 1992, 8).

213 Vgl. Martiré 2003, wo dargelegt wird, wie die amerikanischen *Audiencias* den *cosas de Indias* angemessene Entscheidungen durch den Monarchen regelrecht insistierend eingefordert haben (2003, 249).

que pudo determinar la forma, el matiz y contenido de los relatos históricos".[214]

Es liegt auf der Hand, dass auch von absolutistischer Herrschaft unter solchen Voraussetzungen nicht die Rede sein kann. Stattdessen gilt es insbesondere für die *Indias* zu berücksichtigen, dass die Verständigung über das jeweilige Verständnis von *buen costumbre* – ein diskursiver Prozess – ein wesentliches Instrument im Prozess politischer Willensbildung gewesen ist und mithin die Beteiligung daran gleichbedeutend war mit politischem Einfluss. Jene institutionalisierte Praxis, die in diesem Zusammenhang herausragende Bedeutung beanspruchen kann, ist die der Patronage. Sie ist hier zunächst informell zu verstehen als die Anbahnung und Pflege auf gemeinsame Interessen gerichteter Beziehungen zweier hierarchisch ungleich gestellter Partner zu beiderseitigem Vorteil. Es handelt sich um „relaciones personales, recíprocas, dependientes,[215] y, por consiguiente, que reflejan una estructura social vertical".[216] Typischerweise bestehen sie zwischen einem mächtigen Adligen, der einer regional verwurzelten Oligarchie angehört, und einem begabten *letrado*, der von Ersterem ein mehr oder weniger komfortables Auskommen gestellt bekommt und im Gegenzug die diskursive Gestaltung ideologischer Rechtfertigungen für die politischen Interessen seines Patrons anbietet.[217] Patronage stabilisiert das Institutionengefüge politischer Macht von innen, insofern sie darauf zielt, die Interessen bereits mächtiger Personenkreise fortzuschreiben und die Kandidaten für ein Klientelverhältnis nach Maßgabe ihrer Kompatibilität mit diesen Interessen ausgewählt werden. Sie trägt insofern tendenziell zur Perpetuierung einer bestehenden Ordnung bei.[218] In den *Indias* haben sich solche wechselseitigen Abhängigkeiten, die der Stabilisierung der Positionen beider Partner dienen, in vielfältigen Formen zwischen den Vertretern der expandierenden 'Kolonialbürokratie' und einflussreichen Familien vor Ort ergeben. Die Krone hat dieser Tendenz zwar durch einschlägige Ver-

---

214 Duve 2005, 90.
215 Wichtig ist jedoch zu betonen, dass Zwang nicht das wesentliche Merkmal solcher Beziehungen ist, sondern die konvergierenden Interessen der daran beteiligten Personen (vgl. Martínez Millán 1992, 21).
216 Martínez Millán 1992, 21. Vgl. auch Poole 2004, 9.
217 Vgl. dazu erneut die Diskussion der vier Sorten imperialer Macht in Münkler 2005.
218 Vgl. zur Patronage als einem Verfahren der Lenkung von Wissensproduktion auch Detel 2003 und 2005, der deutlich macht, dass Patronage nicht in erster Linie objektiver Wahrheitsfindung dient, sondern der Performanz von Macht. Diese Perspektive ist auch für die *Crónica Mayor de Indias* von unmittelbarer Relevanz.

bote entgegenzuwirken versucht, konnte sich jedoch faktisch nicht einmal bei den eigenen Repräsentanten mit ihren Weisungen durchsetzen. Eine sicherlich zutreffende, jedoch vergleichsweise kurz greifende Erklärung für diesen Befund verweist auf die bescheidenen Saläre der *letrados*, die sie zu lukrativen Arrangements mit lokalen Oligarchen veranlasst haben. Interessanter und bedeutender ist jedoch der rechtssystematische Aspekt des Phänomens. Im Falle einer völligen Verweigerung gegenüber solchen Arrangements, wie sie von der Krone gewünscht war, hätten sich die *letrados* in der lokalen Gesellschaft in einer Form isoliert, die ihre Fähigkeit, die Interessen der Monarchie effektiv zu vertreten, gegen Null hätte tendieren lassen. Ein solcher Zustand jedoch wäre schwerlich als *servicio al rey* aufzufassen gewesen. Da die vornehmste Aufgabe des Untertanen darin besteht, *servicio al rey* zu leisten, sind folglich die zu diesem Zweck notwendigen informellen Arrangements mit lokalen Oligarchien durchaus gerechtfertigt.[219] Der Institution der *Audiencia* kommt in diesem Konflikt die Funktion zu, permanent nach Wegen zu suchen, das für die Interessen der Krone relativ beste Ergebnis zu erzielen. In dieser Funktion wirken die *Audiencias* auch auf das Korpus der *Crónica Mayor de Indias* ein (vgl. Kap. 3.3. und 3.4.).

In der historischen Forschung wird der politisch-militärische Prozess der Expansion, dem die kastilische Monarchie in der Frühen Neuzeit unterliegt, kaum je selbst zum Gegenstand einer qualitativen Bestimmung gemacht, sondern er steht, wenn es um die Frage nach der Art von Prozess geht, die zu beobachten ist, zumeist im Kontext umfassenderer Fragestellungen und Interessen. Die Wahl des Begriffes, der im Einzelfall zur Bezeichnung des politisch-administrativen Gebildes dient, das im Laufe des 16. Jahrhunderts entsteht, ist dementsprechend stark abhängig von der je vertretenen Auffassung hinsichtlich jener umfassenderen Fragestellungen. Zur Auswahl stehen im Wesentlichen die Konzepte 'Staat', 'Kolonialreich' und 'Imperium'. Jenseits inhaltlicher Parameter scheint auch die akademische Tradition unterschiedlicher Sprachräume von Belang zu sein: So ist das Konzept 'Kolonialreich'[220] im englischen und deutschen

---

219 Ein besonders typisches und immer wieder referiertes Problem in diesem Zusammenhang ist das der Eheschließungen von *oficiales* mit Töchtern von *encomenderos*, die offiziell nicht gestattet waren, de facto jedoch zu allen Zeiten stattgefunden haben. Vgl. Elliott 2006, 175; McAlister 1984, 188 ff.

220 Einiges spricht dafür, das Konzept 'Kolonie' für eine spezifische Form des Imperialismus zu reservieren, die auf der Idee des Handels als Mittel zur Herstellung von Freiheit beruht und spezifisch für die Entwicklungen des 19. Jahrhunderts ist (vgl. Münkler 2005, 36 ff.). Ähnlich äußert sich neuerdings auch Pérez-Amador

Sprachraum dominant, während im spanischen Sprachraum erheblich häufiger von *Imperio* die Rede ist. Das Konzept 'Staat' ist zwischenzeitlich fast obsolet geworden und hat lediglich forschungsgeschichtlich Bedeutung.[221] Hier soll eindeutig zugunsten der Bestimmung als 'Imperium' Position bezogen werden. Diese Positionierung ist nicht als überflüssiges Engagement auf Nebenkriegsschauplätzen misszuverstehen, sondern als Beitrag zur Konsistenz des hermeneutischen Unternehmens, das seinerseits integraler Bestandteil der pragmatischen Textanalyse ist.

Unlängst ist von Herfried Münkler eine Theorie imperialer Herrschaft, insbesondere der ihr zugrunde liegenden politischen Logik, vorgelegt worden, die den Vorzug aufweist, hinsichtlich aller angebotenen Bestimmungsstücke von Imperien auf den Fall des frühneuzeitlichen Kastilien applizierbar zu sein und die dort zu beobachtenden Eigenheiten des Ringens um politische Macht und Entscheidungskompetenzen systematisch zu erklären.[222] Die Rekonstruktion des Ortes der *historiografía oficial* im Kommunikationshaushalt der Zeit erhält so ein historisch-systematisches Fundament. Imperien verfügen zum einen über formale Eigenschaften. Zu ihnen zählen im Wesentlichen die folgenden: ein Machtgefälle vom Zentrum zur Peripherie und daraus resultierende Spannungen; die Neigung zum Interventionismus; unscharfe territoriale Grenzen und eine ethnisch heterogene Bevölkerung; eine Entwicklung in alternierenden Phasen von Expansion und Konsolidierung; das Potenzial zur politischen Erneuerung im Anschluss an unweigerlich auftretende Krisen.[223] Unsere Erläuterungen zu den politisch-sozialen Gegebenheiten im kastilischen Imperium des 16. und 17. Jahrhunderts zeigen ausführlich, inwiefern ihm

---

Adam, der zu Recht darauf hinweist, dass ökonomische Interessen schon für die portugiesische Expansion des 16. Jahrhunderts relevant gewesen sind, allerdings zugleich das protestantisch-merkantile Gepräge des *segundo imperialismo* im 19. und 20. Jahrhundert betont (2011, 15).

221 Seine Inadäquatheit erhellt schon allein aus der Beobachtung, dass während des gesamten 16. Jahrhunderts die traditionellen *Reynos* auf dem Gebiet der Iberischen Halbinsel mitsamt ihren überkommenen Rechten fortbestehen, von einer Einigung des Staatsgebiets also nicht gesprochen werden kann. Eine wesentlich treffendere Beschreibung der Verhältnisse ist demgegenüber folgende: „Por monarquía, en esta (sic!) caso la hispánica, debemos entender un conjunto o federación de Coronas […] que a su vez se integran por diversos reinos. […] Luego la federación de Coronas que se unen en monarquías […] y, finalmente, la federación de monarquías que dan lugar al imperio" (Diego Fernández 2000, 532).

222 Vgl. aber bereits Liss 1975, 30, die in ähnlicher Form Stellung bezieht, wenngleich weit weniger ausführlich.

223 Vgl. Münkler 2005, 28 ff.

alle diese Eigenschaften zukommen. Daneben jedoch bestehen regelmäßig auch diskursive Strategien der ideologischen Mobilisierung, die für das imperiale Unternehmen den Zweck der Rechtfertigung nach außen und der rationalen Zwecksetzung nach innen erfüllen. Die einschlägigen Diskurse weisen prototypische Argumentationsmuster auf, die inhaltlich jedoch in Abhängigkeit von den jeweiligen historischen Voraussetzungen je anders konkretisiert werden. Diese protoypischen Argumentationsmuster kreisen um folgende Aufgabenfelder, die sich das Imperium selbst zuschreibt: die Erfüllung der Vorsehung; Ordnungsstiftung; Friedenssicherung; die Verbreitung von Zivilisation. Von besonderem Interesse für eine auf diese kommunikativen Aspekte zielende Arbeit ist selbstverständlich die historisch-kontingente Ausgestaltung der genannten Argumentationsmuster des imperialen Diskurses. Für den Fall des kastilischen Imperiums findet diese Ausgestaltung im Rahmen des von der so genannten *escuela de Salamanca* etablierten, primär ethisch fundierten Diskurses um den rechtlichen Status der indigenen Bevölkerung der *Indias* statt, auf den alle Parteien rekurrieren, um ihren jeweiligen Standpunkt bezüglich der Legitimität des Imperiums zu markieren (vgl. Kap. 3.2.2.).

Zunächst genügt es, grundsätzlich darauf aufmerksam zu machen, dass es sich bei der seit den *Reyes Católicos* forcierten Interpretation der Geschichte als Erweis der Erwählung Spaniens zum göttlichen Werkzeug nicht allein um eine mehr oder weniger unschuldige Entscheidung über narrative Ästhetik handelt, sondern um eine solche mit weit reichenden juristischen Konsequenzen. Die lange Tradition der dabei relevanten Diskurssemantik, die bereits seit Alfons dem Weisen eingeführt ist, mag der Grund für den hohen Grad der Akzeptanz sein, den die Selbstdeutung als *monarchia universalis* der Christenheit nicht nur in Kastilien erfährt.[224] Zu Recht ist in einschlägigen Arbeiten wiederholt darauf hingewiesen worden, dass der gemeinsame christliche Glaube und der Widerstand gegen fremde Religionen, verstanden als *servicio a Dios*, im Verlauf der mittelalterlichen Geschichte der Iberischen Halbinsel regelmäßig zur Stillstellung innerer Konflikte instrumentalisiert worden sind,[225] zuletzt vor der *reconquista* von Granada 1492. Dem Monarchen muss daran gelegen sein, die Rolle seiner *persona regis* als Werkzeug im Heilsplan Gottes plausibel zu machen und zugleich nachzuweisen, dass er die Aufgabe der Christianisierung effektiv

---

224 Vgl. zu den historischen Wurzeln der *Monarchia Universalis*-Konzeption Bosbach 1988 sowie Maravall 1997, 76 ff.
225 Vgl. Liss 1975, 17.

erfüllt. Unter anderem zu diesem Zweck setzt er die Historiographie ein.[226]
Inwiefern der Umgang mit 'Quellen' aus dem Umfeld der Mission dadurch
geprägt ist, wird ausführlich zu klären sein (vgl. Kap. 3.3.).

Zusammenfassend ist festzuhalten, dass es ebenso unangemessen ist,
die faktisch funktionierenden Mechanismen der politischen Praxis im
frühneuzeitlichen Kastilien allein aus den zeitgenössischen Rechtssetzungen des Monarchen ableiten zu wollen, wie es unangemessen ist, die faktisch bestehende Differenz von Norm und Praxis auf institutioneller Ebene
als ein Versagen der Institutionen zu deuten. Vielmehr sind sie als eine
Begleiterscheinung mittelalterlichen Rechtsdenkens aufzufassen, das, wie
gesehen, im Bereich der Rechtsfindung auf einem systematischen Parti-
kularismus und im Bereich der Rechtsprechung auf einer dementsprechend
ausgeprägten Kasuistik beruht. „Se trata de una estructuración política
descentralizada en la que el poder del monarca no era absoluto o único sino
preeminencial, por lo que debía gobernar a través de mediaciones y no de
manera directa o centralista".[227] Die Differenz von Norm und Praxis ist
insofern nicht als Symptom einer defizitären sozialen Praxis und der
Unfähigkeit, normative Zielvorgaben umzusetzen, zu verstehen, sondern
vielmehr als ein Phänomen, das sich unter den Bedingungen sozialen
Handelns in der Frühen Neuzeit in ganz unterschiedlichen Zusammenhängen als rekurrent erweist und von den Zeitgenossen nur begrenzt als
Defizit, in den meisten Zusammenhängen vielmehr als eine Selbstverständlichkeit wahrgenommen worden ist. Diese Perspektive stellt insofern
eine rein heuristisch funktionierende gedankliche Figur der Analyse dar,
nicht eine solche, die auch von den Zeitgenossen als potenziell aufhebbare
Differenz aufgefasst worden wäre, wie dies aus heutiger Sicht intuitiv nahe
liegend zu sein scheint. Begrenzt man den Status dieser Denkfigur jedoch
bewusst auf den eines Analyseinstruments, so erweist sie sich als sehr gut
geeignet zur Modellierung sozialer Praxis in den mächtigen Zirkeln Kastiliens während der Frühen Neuzeit. Sie wird nicht nur zu einer im Vergleich zu bisher vorliegenden Analysen qualitativ entschieden verbesserten
Neubestimmung der Konstitution der *Décadas* beitragen, sondern darüber
hinaus wird einem Ebenenproblem angemessen Rechnung getragen, das
eine systematische Reflexion auf den epistemologischen Status historischer

---

226 In Pagden 1995 wird gar die Auffassung vertreten, die Historiographie leiste einen
     entscheidenderen Beitrag zur Legitimierung der Ansprüche der kastilischen
     Monarchie als die Jurisprudenz (vgl. 1995, 54). Vgl. auch Cepeda Adán 1950,
     sowie – weniger prägnant – Kagan 2009.
227 Martínez Millán 1992, 14.

Quellen im Umfeld der 'spanischen Kolonialgeschichtsschreibung' bislang verhindert hat.[228]

Im Folgenden sollen die jeweiligen Interessenlagen von 'Kolonialverwaltung', Ordensklerus und feudal orientierten Siedlern und die daraus resultierenden Konfliktlinien rekonstruiert und in Bezug zu den rechtlichen und institutionellen Rahmenbedingungen des imperialen Regimes gesetzt werden, um auf dieser Basis eine historisch adäquate Rekonstruktion der Konstitution der *Décadas* leisten zu können.

Die gewählte Anordnung der zwei als relevant identifizierten Einflussgrößen 'Politik' und 'Religion' mit ihren jeweiligen Repräsentanten in dieser Reihenfolge hat einige hermeneutische Implikationen, deren Benennung den Überblick über die nachfolgend dargestellten Zusammenhänge erleichtern soll. Die zugrunde gelegte Unterscheidung der zwei Kategorien 'Politik' und 'Religion' ist bis zu einem gewissen Grade arbiträr, insofern beide Kategorien zum einen vielfältige interne Differenzierungen aufweisen, welche im Zuge der folgenden Erläuterungen deutlich zu machen sind, zum anderen gerade bezogen auf das Spanien des 16. Jahrhunderts in einer so engen, beinahe symbiotischen (und wie stets auf starke gemeinsame Interessen gegründeten) Beziehung zueinander stehen, dass man sie auch gemeinsam betrachten könnte, da einflussreiche Kleriker in einem wesentlich unmittelbareren Sinne, als dies für unsere Gegenwart denkbar wäre, auch Politiker waren und die Politik sich der Religion zur Machtentfaltung bediente.[229] Es ist deshalb von größter Bedeutung, sich vor Augen zu führen, dass eine eigenständige Sphäre des Politischen, wie sie für die Moderne angenommen wird, keine Selbstverständlichkeit darstellt, die anderen Epochen unterstellt werden dürfte, und dass eine solche in der Frühen Neuzeit de facto nicht besteht.[230] Ihre sachliche Begründung hat die binäre Anordnung in der geltenden Rechtskonzeption der Zeit, die weltliches von kanonischem Recht und den *gobierno temporal* vom *gobierno espiritual* unterscheidet; sie liegt mithin erneut auf der Ebene des Normativen, von der die Ebene der Praxis zu unterscheiden ist, auf der harte Auseinandersetzungen um die Grenzen der jeweiligen Einflusssphären

---

228 Dieses Ebenenproblem liegt auch den hitzigen Debatten um die angemessene Bewertung des Auftretens der spanischen Siedler in den *Indias* zugrunde (Stichwort: *leyenda negra*), in der die Vertreter einer pro-spanischen Position üblicherweise normativ, die Vertreter indigener *reivindicaciones* hingegen mit der praktischen Ebene argumentieren.

229 Vgl. Bakewell 1995, 301; Liss 1975, 14/34; Puente Brunke 2006, 89.

230 Vgl. Blänkner 1994, 89 f.

stattgefunden haben, welche mit den formalen Grenzen der Rechtssphären keineswegs übereinzustimmen brauchten.

Dabei bietet die gewählte Form der Darstellung nicht nur den Vorteil, die Denkfigur des Spannungsverhältnisses von Norm und Praxis anhand des komplexen Antagonismus von Politik und Religion, Krone und Kirche zu veranschaulichen, sondern sie bildet auch den Anknüpfungspunkt für ein qualitatives Verständnis der Strategien der Produktion von Wissen über die 'spanische Kolonialherrschaft' im Horizont dieses komplexen Antagonismus, der zwar nicht nur das Feld des historischen Wissens betrifft, aber doch in besonderem Maße prägend auf die *historiografía oficial* einwirkt. Die Einsichten in die heterogene Praxis der Herrschaftsausübung im Spannungsfeld der jeweiligen Interessen mächtiger gesellschaftlicher Gruppen erlauben eine plausible historische Begründung der faktisch bestehenden, tatsächlich nur relativen, jedoch bisher in der Forschung überhaupt nicht eingeräumten Komplexität des hier untersuchten Korpus.

3.2.1. Politische Organisationsformen und ihre Institutionalisierung in Kastilien und der Neuen Welt

Als am 2. Januar des Jahres 1492 die *Reyes Católicos* in Granada einziehen und damit das letzte, schon längst hinfällig gewordene Kalifat auf europäischem Boden untergeht, das – so die einhellige Meinung der Historiker – die zweihundert Jahre zuvor nur deshalb hat weiter bestehen können, weil auf Seiten Kastiliens der politische Wille zu einem entschiedenen Vorgehen angesichts interner sozialer Konflikte nicht aufgebracht werden konnte, setzen sie damit den Schlusspunkt unter die *reconquista*, den Kampf der christlichen iberischen Königreiche gegen die Mauren (711 – 1492). Sie hat nicht nur die Politik als ideologische Konstante über siebenhundert Jahre hinweg bestimmt, sondern vor allem die soziale Organisation der von der Expansionsbewegung unmittelbar betroffenen Bevölkerungsgruppen traditionsbildend geprägt und dabei nachhaltig auf ihre Gesinnung, ihr Rechtsbewusstsein und ihre Institutionen eingewirkt.[231] Es gehört zu den Gemeinplätzen der Historiographie, die Kontinuität dieser Traditionen im Rahmen der überseeischen Expansion Kastiliens, die sich zeitlich unmittelbar an die *reconquista* anschließt, festzustellen. „Die Tatsache, daß aus der Entstehung einer kolonialen Gesellschaft, Wirtschaft und Kultur schon

---

231 Vgl. Bartlett 1993. Vgl. auch Kagan 2009, 16 ff. zur Rolle der Historiographie in diesem Zusammenhang.

sehr bald eigene, nicht von der Krone gesteuerte Einflüsse auf die staatliche Entwicklung ausgingen, ist bislang weitgehend unberücksichtigt geblieben".[232] In neuesten Arbeiten ist die positivistische Konzeption einer spiegelbildlichen Projektion kastilischer Institutionen auf die *Indias* gleichwohl in erfreulicher Weise korrigiert worden. Es hat sich gezeigt, dass eine solche Projektion, die sich aus einer ausschließlich verfassungsgeschichtlichen Perspektive, wie sie bis ins letzte Drittel des 20. Jahrhunderts gepflegt worden ist, in der Tat ergibt, den zeitgenössischen Verhältnissen in den amerikanischen Territorien, die Gegenstand der imperialen Expansion Kastiliens sind, nicht gerecht wird. Der unauflösliche Interessenkonflikt des Monarchen, der zwischen der Autonomie seiner Machtausübung einerseits und der Effektivität seiner Herrschaft in der Praxis andererseits zu wählen hat,[233] prägt sich in Amerika nochmals verschärft aus, da dort sowohl die Instrumente der Kontrolle als auch die Instrumente der Konsultation in geringerem Umfang zur Verfügung stehen als in Europa. Dem Monarchen stehen zur Wahrung seiner Interessen unter solcherart erschwerten Bedingungen grundsätzlich zwei Wege offen: zum einen die Entwicklung gezielter Strategien zur Aufrechterhaltung der Loyalität der Untertanen auch unter der Voraussetzung, dass keine effektiven Zwangsmaßnahmen zu diesem Zweck durchführbar sind; zum anderen die Herstellung eines Gleichgewichts der Kräfte zwischen den drei Gruppen der Siedler, der Missionare sowie der königlichen Beamten, das die Usurpation von Macht durch eine der drei Gruppen verhindert. Die kastilischen Monarchen des 16. Jahrhunderts beschreiten beide Wege – mit wechselndem Fingerspitzengefühl und Erfolg. Die folgenden Erläuterungen dienen der Erklärung jener institutionellen und ideologischen Faktoren, die auf die Konstitution des Korpus der *historiografía oficial de Indias* einwirken. Die vergleichende europäisch-amerikanische Perspektive, die dabei eingenommen wird, zeigt den spezifischen Handlungsbedarf, der für den Monarchen bezüglich seiner Interessen in den *Indias* besteht, und motiviert insofern die ideologischen Anforderungen, denen die *historiografía oficial* als Instrument diskursiver Legitimation zu genügen hatte.

Im Kern verdienen zwei Phänomene besondere Aufmerksamkeit: Die Transformation des Vasallenverhältnisses in der Praxis bei seinem formal kontinuierlichen Fortbestand, die als sukzessive Unterminierung mittel-

---

232 Pietschmann 1994a, 329.
233 Vgl. etwa Asch 1991, wo die Patronageverhältnisse zwischen Monarch und Adel im 16. Jahrhundert klar als ein effektives Instrument der Ausübung von Macht und Kontrolle charakterisiert werden (1991, 16 ff.).

alterlicher Tradition verstanden werden kann,[234] sodann die institutionellen Veränderungen, die bis zur Mitte des 16. Jahrhunderts vorgenommen werden, um den neuen Machtanspruch der Monarchie zu stützen, die
mit ihren administrativen Innovationen in der Praxis jedoch zugleich in
Konkurrenz zu einem mittelalterlichen Politikverständnis ihres Personals
sowie der Untertanen tritt.

> A los castellanos allí establecidos [...] era preferible tenerlos satisfechos en sus
> aspiraciones de promoción nobiliaria que fomentar el descontento criollo
> [...]. Al fin y al cabo, se trataba de una nueva formulación del pacto de vasallaje
> entre la Corona y sus súbditos americanos cuyos orígenes se remontaban a la
> época de la Conquista.[235]

Auf die unterschiedlichen konkreten Ausprägungen dieser Gleichzeitigkeit
von Ungleichzeitigem ist am gegebenen Ort jeweils einzugehen.

Es ist angesichts der geschilderten Ausgangslage überaus naheliegend,
dass im 16. Jahrhundert ein Wandel im Verständnis des Konzeptes des
vasallaje eintritt, da dieser von den ausgreifenden Machtansprüchen des
Monarchen in die traditionellen Domänen seiner adeligen Vasallen hinein
wesentlich betroffen ist. Seine Neubestimmung lässt sich zunächst ganz
grundsätzlich als eine Ökonomisierung des vordem personalen Verhältnisses auf Kosten der politischen Bedeutsamkeit der kastilischen Vasallen
auffassen.[236] Das Bestreben der Krone ist die Rückgewinnung der Kontrolle über ihr Territorium, wobei der Umgang mit Lehensgütern eine
entscheidende Rolle spielt. Zugleich wird die Steuererhebung professio-
nalisiert und delegiert, wovon der Adel wiederum am meisten profitiert.
Geld als Medium von Loyalität schmälert nachhaltig die Spielräume, die
dem Adel für politische Einflussnahme zur Verfügung stehen, erweitert
zugleich aber seine Möglichkeiten der persönlichen Bereicherung auf
Kosten der *pecheros*, die ihrerseits seit jeher keine andere Möglichkeit
hatten, ihre Loyalität zum Ausdruck zu bringen, als die stille Duldung von
meist erheblichen Steuerlasten.[237] Aus den angedeuteten Maßnahmen des
Ersatzes von politischem durch ökonomischen Einfluss ergibt sich eine
Stimulierung der Wirtschaftstätigkeit in den Städten, die ihrerseits eine
Flexibilisierung sozialer Hierarchien nach sich zieht; der Adel als soziale
Kategorie verliert allerdings nicht an Bedeutung, sondern es entstehen
vielmehr neue Wege des Erwerbs von Adel; so treten neben die her-

---

234 Vgl. Owens 2005, 234.
235 Brading 1994, 65.
236 Vgl. Rodríguez Sánchez 1991, 432 f.
237 Vgl. Contreras 1991, 474/496.

kömmlichen Merkmale der *antiquitas* und der Nähe der Familie zur Monarchie nun Reichtum und fortdauernder wirtschaftlicher Erfolg als wichtiges Moment.[238] Adel wird, mit anderen Worten, käuflich, und einige Jahrzehnte später ist dies auch bei politischen Ämtern – die ursprünglich einmal die auf *antiquitas* beruhende Reputation des Adels erfordert haben – der Fall. Ausschlaggebend für diese Entwicklung ist die zunehmende Abhängigkeit der imperialen Ambitionen des Monarchen von der Finanzkraft der städtischen Oligarchien. Auf diese Weise kehrt, freilich unter veränderten Vorzeichen, der Adel an die Schaltstellen der Macht zurück. Der wesentliche Unterschied besteht darin, dass er sich – aufgrund der geschilderten sozialen Entwicklungen in den Städten nun anders zusammengesetzt als ein Jahrhundert zuvor – um die Person des Monarchen als das entscheidende Machtzentrum schart und die persönlichen Kommunikationskanäle zum Monarchen der entscheidende Maßstab des politischen Einflusses eines jeden geworden sind; gleichwohl gilt auch, dass mit dieser unverkennbar absolutistische Züge tragenden Konstellation, die um die Wende zum 17. Jahrhundert entsteht, keineswegs ein faktischer Machtzuwachs des Monarchen verbunden ist, sondern die Autonomie erfolgreicher Adliger eher wieder zunimmt, und zwar in dem Maße, in dem der Monarch seine eigene Verfügbarkeit für responsive Kommunikation beschneidet.[239] Diese Maßnahme, die seit dem Amtsantritt von Philipp II. implementiert wird, soll der Idee nach dazu dienen, das Ausmaß der Manipulierbarkeit des Monarchen durch die Interessen der bei Hofe installierten Patrone und ihrer Klienten zu minimieren, hat de facto jedoch die Konsequenz, dass unter den Bedingungen solchermaßen rationierter Kommunikation zwar nur noch ein kleiner Kreis von Auserwählten die Möglichkeit zur Manipulation im eigenen Interesse besitzt, das Ausmaß der Manipulation deswegen aber nicht geringer ausfällt. Die Auseinandersetzungen unterschiedlicher Patronats-Fraktionen finden lediglich nicht mehr unter den Augen des Monarchen statt, sondern verlagern sich

---

238 Vgl. Milhou 1999, 45. Die so genannte *limpieza de sangre* ist als Gegenmaßnahme bezogen auf diese Entwicklung zu verstehen. Sie erweist sich jedoch als ineffektiv, insofern sie ihrerseits ebenso zum Gegenstand von Manipulationen werden kann, die mit Geld bezahlt werden (vgl. Poole 2004, 16 ff.).

Böttcher 2007 beklagt im Rahmen der Präsentation eines einschlägigen Forschungsprojektes der FU Berlin den unzureichenden Forschungsstand zur *limpieza de sangre*. Der dort skizzierte Ansatz, die *limpieza de sangre* als ein diskursiv funktionierendes soziales Ordnungsinstrument zu analysieren, lässt interessante Ergebnisse erwarten. Zu weiterführenden bibliographischen Hinweisen vgl. dort.

239 Vgl. Brendecke 2009, 63.

tendenziell in die Reihen der *letrados*;[240] was dabei allerdings tatsächlich kleiner wird, ist der Umfang der für den Monarchen verfügbaren Information, da deren Zuteilung allein vom *Privado del Rey* kontrolliert wird.[241] Vor diesem Hintergrund wird klar, dass die quantitative Zunahme der administrativen Dokumente gegen Ende des 16. Jahrhunderts keine eindeutige Interpretation erlaubt, sondern ebenso sehr ein Indiz für die Ausdifferenzierung der Verwaltung wie für deren zunehmende Lähmung darstellt.

In Amerika geht eine vergleichbare, als Tendenz zur Modernisierung qua Zentralisierung interpretierbare Entwicklung nur mit erheblicher zeitlicher Verzögerung vonstatten. Stattdessen sind bis in die Mitte des 16. Jahrhunderts Phänomene zu beobachten, die in unmittelbarer Verbindung zur mittelalterlichen *Reconquista*-Tradition Kastiliens und gerade nicht im Einklang mit den Ambitionen der Monarchie stehen.[242] Der Grund hierfür ist in erster Linie in den allgemeinen Umständen der *conquista* zu sehen, die eine geordnete Verwaltung nicht von Beginn an gestatten, da keine auch nur annähernd gefestigten Sozialstrukturen vorhanden sind.[243] In dem Maße, in dem solche Strukturen fehlen, fehlen dann eben auch die Möglichkeiten zur Durchsetzung einer normativ begründeten Ordnungsvorstellung, was dazu führt, dass in den neu entstehenden Gesellschaften in den *Indias* vor allem solche Ordnungsvorstellungen wirksam werden, die auf der Iberischen Halbinsel allgemein verbreitet und anerkannt sind, während Reformbestrebungen jedweder Art, die selbst in Kastilien nicht konfliktfrei umgesetzt werden können, dort auf noch größere Hindernisse stoßen. Bestes Beispiel hierfür ist die *Encomienda*, deren Übertragung auf die *Indias* weitgehend gegen den Willen der Monarchie erfolgt.[244] Die Gleichzeitigkeit des Ungleichzeitigen im Vergleich der Verhältnisse in Kastilien und den *Indias* wird plausibel, bedenkt

---

240 Vgl. Poole 2004, 9. Den einziehenden „authoritarian and arbitrary conduct" hat man deshalb zuletzt eher als ein Indiz des Machtverlustes denn des Machtzuwachses interpretiert (vgl. Owens 2005, 213).

241 Vgl. Feros 1995.

242 Zwar ist für die Phase des *descubrimiento* und der *conquista* durchaus von einer Übertragung kastilischer Institutionen auf die *Indias* auszugehen. In dem Maße, in dem sich die politischen Konzepte und Ziele der Monarchie jedoch im Laufe des 16. Jahrhunderts verändern, nehmen die Diskrepanzen zu den mittelalterlichen Traditionen zu, die in den Institutionen der 'Kolonialadministration' fortdauern. Vgl. auch Martiré 2003, 250 f.; Martínez Martínez 1999, 236; Pietschmann 1994c, 79; Poole 2004, 4.

243 Vgl. Lockhart 1999, 1 ff.

244 Vgl. Poole 2004, 109 ff.

man den Umstand, dass die frühesten Konquistadoren auf amerikanischem Boden diesen zu einem Zeitpunkt betreten, zu dem ihnen die Annahme, es stünde lediglich die Fortschreibung mittelalterlicher Traditionen der *reconquista* an, selbstverständlich erscheinen muss.[245] Der chronische Ressourcenmangel auf Seiten der Krone, der eine effektivere Durchsetzung eigener Interessen und den Verzicht auf die Praxis des Verkaufs einschlägiger Lizenzen an potenzielle Konquistadoren zunächst unmöglich macht, begünstigt die Implementierung entsprechender politischer Praktiken in den *Indias*. In dieser Lage ergibt sich für die Erschließung des Raumes folgerichtig ein *procedere* nach altem *Reconquista*-Muster.[246]

Erst mit der nachträglichen Entmachtung der Konquistadoren um die Mitte des 16. Jahrhunderts kann die kastilische Krone ihr Konzept der Machtausübung mittels einer professionellen Verwaltung und der Kooperation mit den Missionsorden tendenziell durchsetzen. Gleichwohl bleiben auch danach die mittelalterlichen Vorstellungen der *conquistadores antiguos*, die zwischenzeitlich ihrerseits vielfach zu einer lokalen städtischen Elite mit dem adelstypischen Anspruch auf Status qua Tradition[247] geworden sind, in erheblichem Maße wirksam. Und es tritt nun klar erkennbar ein weiteres Problem auf, das sich die kastilische Krone mit der Entsendung professioneller Repräsentanten eingehandelt hat: die beginnende Entfremdung zwischen Krone und amerikanischen Untertanen.

Die einzige Machtbasis der Siedler war im Prinzip ihre Anwesenheit im Raum, diese konnte jedoch durchaus effektiv zur Geltung gebracht werden, musste man das eroberte Territorium doch bevölkern, um es dauerhaft beherrschen zu können.[248] In diesem Sinne versteht sich das zeitgenössische Sprichwort: „Dios está en el cielo, el Rey está lejos y yo estoy aquí".[249] Auf normativer Ebene waren sie dem König klar untergeordnet und der *servicio al rey* als Ausdruck dieser Unterordnung wurde weithin akzeptiert, sie waren jedoch auch Träger eines feudalen Rechtsverständnisses, das eine weit gehende Autonomie der Städte impliziert, und hatten darüber hinaus den Vorteil, vor Ort Fakten schaffen zu können, während die Vertreter der *Audiencias* zur faktischen Ausübung von Herrschaft ein Mindestmaß an

---

245 Vgl. bereits Tovar 1970.
246 Vgl. Pietschmann 1980, 1994a, 332 ff., 1994b; auch Ots y Capdequí 1958, 15 ff.
247 Die allmähliche Ausstattung des amerikanischen Raumes mit Traditionen, die zwar von vergleichbaren Konzepten wie ihre europäischen Vorbilder ausgehen, gleichwohl aber mit diesen nicht zur Deckung zu bringen sind, wird an diesem Sachverhalt besonders deutlich.
248 Vgl. Morse 1984, 73 ff.
249 Piqueras 2001, 167.

Einvernehmen mit den Siedlern anstreben mussten, da diese letztlich für die Ausbeutung der Ressourcen sorgten.[250] Das Ausmaß konfliktiver Verstrickungen der Agenten der Monarchie in lokale Interessenlagen, die der effektiven Machtausübung zuwider laufen, ist in der einschlägigen Forschung zwischenzeitlich vielfach belegt worden.[251] Die Angewiesenheit der Bürokratie auf die Siedler ist ungleich stärker als auf der Iberischen Halbinsel. Die *Audiencias* sind in der tendenziell schwächeren Position, da sie die Durchsetzungsfähigkeit der Monarchie in dem Maße beeinträchtigen, in dem sie von den Prozeduren der Konsultation Abstand nehmen.

> The reign of Philip III (1598–1621) was a period in which the late king's vision of a just society governed by an upright monarch in the interests of the community as a whole, was tarnished by the success of special interest groups in securing the commanding positions of power.[252]

Dabei ist es entscheidend, im Auge zu behalten, dass die im Prinzip unvereinbaren Ansprüche von Krone und Untertanen auf diskursiver Ebene gerade nicht den Eindruck einer solchen Unversöhnlichkeit erwecken, sondern die veranschlagten Kategorien guten politischen Handelns vielmehr auf beiden Seiten dieselben zu sein scheinen. Bezug nehmend auf die bereits geäußerten Zweifel an der Adäquatheit der Staatsbildungs-These lässt sich deshalb festhalten:

> It was not the power of the institutions of a developing state [...] that held together the Castilian Commonwealth. Instead, Castilians defined themselves as the kingdom's citizens because of their shared political identity based on the use of common interpretive schemes, expressed in common terms, to recognize patterns in the world around them as a basis for making judgments that in part shaped and constrained their actions.[253]

Das notwendigerweise weit gehende Entgegenkommen der Bürokratie gegenüber den Siedlern war langfristig die Basis für die Bildung von feudalen Oligarchien.[254] Diese Konsequenz konnte der kastilischen Monarchie zwar keinesfalls Recht sein, ihre Vermeidung unter allen Umständen hätte jedoch den Verzicht auf andere vitale Bedürfnisse der Krone erfordert, insbesondere solche ökonomischer Art, da alternative Instrumente zur Ausbeutung der *posesiones de ultramar* nicht in Sicht waren. Diejenige

---

250 Vgl. Bakewell 2004, 121.
251 „Managing competing assertions of self-interest" (Liss 1975, 64) kann in der Tat als eine der zentralen Herausforderungen des *gobierno de Indias* verstanden werden.
252 Elliott 1984b, 317.
253 Owens 2005, 233.
254 Vgl. Lockhart 1984, 267 ff.

Institution, in der sich die Problematik der Suche nach den geeigneten Mitteln effektiver Herrschaft wohl am deutlichsten zeigt, ist die *Encomienda*. Die Zuteilung indigener Arbeitskräfte – stets umstritten und offiziell zu dem Zweck eingeführt, die Subsistenz der Siedler und die Heranführung der Indios an europäische Zivilisation und den christlichen Glauben zu gewährleisten – gestattete es den *encomenderos*, sich wirtschaftlich in einem Ausmaß unabhängig zu machen, das von der Monarchie nur als untragbares Risiko interpretiert werden konnte.[255] Andererseits bieten die *Encomiendas* zwei entscheidende Vorzüge: Sie sind eine geeignete Form der Belohnung für die von den *conquistadores* geleisteten *servicios al rey* und sie bieten eine Möglichkeit, elementare soziale Strukturen in Räumen anzulegen, die in der unmittelbar an die *conquistas* anschließenden Phase zunächst weitestgehend im Chaos versinken.[256] Die Tatsache, dass es auf keinem der beiden großen überseeischen Territorien, die zu einem späteren Zeitpunkt die Vizekönigreiche Nueva España und Perú bilden sollten, gelingt, die Vergabe von *Encomiendas* in dem Umfang einzuschränken, in dem dies den Wünschen der Krone entsprochen hätte, hängt damit zusammen.[257] Deshalb ist die *Encomienda* auch als „transitional form of government"[258] bezeichnet worden. Nicht unwesentlich ist es in diesem Zusammenhang auch zu sehen, dass das Kompromissverfahren, welches von der kastilischen Krone schließlich praktiziert wird, um das Ziel einer Beschneidung des Einflusses der Siedler trotz allem zu erreichen, zwar zur vorübergehenden Verdrängung einflussreicher Familien aus ihren Positionen führt, nicht jedoch zur Abschaffung der mit der *Encomienda* verbundenen Praxis der Ausbeutung indigener Arbeitskraft. Vielmehr wird diese ab dem Jahr 1566 lediglich unter die Aufsicht der Krone gestellt,[259] was interessanterweise gar nicht zu einem eindeutigen Machtzuwachs der Krone geführt hat, sondern den Interessengegensatz zur kastilischen Krone lediglich auf einen neuen Personenkreis verlagert hat. Die Details dieser

---

255 Obwohl mit der *Encomienda* an sich kein Landbesitz, sondern allein die Verfügungsgewalt über Arbeitskräfte verbunden ist, haben die damit erwirtschafteten Gewinne in der Regel ausgereicht, umfangreichen Landbesitz käuflich zu erwerben (vgl. die Zusammenstellung Lockhart 1999).

256 Vgl. Lockhart 1969; 1999.

257 Vgl. zu den in den *Leyes Nuevas* von 1542 vorgesehenen Einschränkungen und den Schwierigkeiten ihrer Umsetzung u. a. Díaz Trechuelo 1992, 648 ff.

258 Bakewell 1995, 299.

259 Wodurch sich jedoch das Schicksal der indigenen Bevölkerung nicht wesentlich verbessert hat, oftmals dürfte sogar eher das Gegenteil der Fall gewesen sein (vgl. McAlister 1984, 157 ff.).

Vorgänge sind im Horizont der *Crónica Mayor de Indias* nicht mehr von Belang. Entscheidend ist jedoch der unbedingte Wille der Monarchie zur Marginalisierung der *conquistadores* und ihrer Familien, der sich auch im Korpus der *Décadas* spiegelt.

Die Entwicklung einer tendenziell abnehmenden Bindung an Kastilien verschärft sich gegen Ende des 16. Jahrhunderts nochmals. Die kastilische 'Kolonialpolitik' unterlag von Beginn an der Fehleinschätzung, den Siedlern Respekt vor der Autorität des Königs dauerhaft abnötigen zu können, obgleich europäische Traditionen, die diese Einschätzung rechtfertigen würden, in Amerika nie in gleicher Form Fuß fassen konnten.[260] Die Politik der institutionellen wie rituell-performativen Bewältigung dieses immanenten Konfliktes der entstandenen Gesellschaften bestimmt dementsprechend die Phase der *pacificación*. Diese Politik scheitert in jenem historischen Moment, in dem die strukturelle Krise der kastilischen Monarchie zu Veränderungen sowohl der Instrumente als auch des Verständnisses von Herrschaft führt, die im fernen Amerika nicht nachvollzogen werden. Die Absicht der Krone, ihre auf der Iberischen Halbinsel praktizierte Politik der Zentralisierung und der Konzentration politischer Macht in der Person des Monarchen in Amerika noch strikter umzusetzen, verkehrt sich am Ende des 16. Jahrhunderts endgültig in ihr Gegenteil.[261] Zum Verständnis dieser Entwicklung sind einige Erläuterungen notwendig.

Unter dem Eindruck jener anarchistischen Auswüchse, die sich nach der *conquista* auf den kastilischen Territorien sowohl Mittel- als auch Südamerikas ergeben, sucht die Krone nach geeigneten Maßnahmen zur Herstellung ihrer Autorität in einer Form, die ihrem Herrschaftsverständnis entspricht. Noch vor den wenig erfolgreichen Versuchen der Beseitigung von *Encomiendas* entschließt man sich 1535 zur Entsendung

---

260 Überraschend genug und überdies illustrativ für das Ausmaß, in dem die Identität des Monarchen als Kopf der Gesellschaft und Garant einer gesitteten Ordnung nach Gottes Willen von den Zeitgenossen verinnerlicht war, ist die Tatsache, dass die *Indias* von Kastilien über zwei Jahrhunderte ohne stehendes Heer beherrscht werden konnten. Ebenso illustrativ allerdings ist jene andere Tatsache, dass im 18. Jahrhundert, als die Errichtung eines stehenden Heeres schließlich anvisiert wurde, alle Versuche der Mobilisierung misslingen (vgl. Parker 1995).

261 Besonders markant in diesem Zusammenhang ist die Einführung der Figur des *Privado del Rey* und des *Válido* bei Hofe um die Wende zum 17. Jahrhundert. Hier werden typisch absolutistische Mechanismen der Machtausübung in der Tat erstmals zur Geltung gebracht. Vgl. insbesondere Feros 1995 und 2000.

Vgl. auch Poole 2004, 103. Er geht von der Emergenz einer *Criollo*-Identität in den *Indias* ab den 60er Jahren des 16. Jahrhunderts aus.

eines Vizekönigs nach Nueva España, 1543 geschieht Gleiches in Perú.
Damit wird erneut auf ein Instrument zurückgegriffen, das im europäischen Kontext bereits etabliert ist.[262] Der Aspekt, unter welchem dieses
Instrument für die oben angedeuteten Zwecke relevant ist, ist wiederum
jener der Präsenz. Die Person des Vizekönigs leistet die Repräsentation
königlicher Macht durch Verkörperung in einem buchstäblichen Sinne.[263]
Die königliche Macht wird in einer Weise vergegenwärtigt, die es gestattet,
dem Vorteil der Anwesenheit im Raum, den die Siedler bis dato gehabt
haben, etwas Gleichwertiges entgegenzusetzen. Der Grund, aus dem dieses
Instrument auch effektiv ist, liegt in erster Linie darin, dass nach dem
Verständnis der Zeitgenossen der Monarch in einem sehr handfesten Sinne
den Bestand einer gottgegebenen Ordnung garantiert: „'Grave dolencia de
los pueblos, y aun incurable, es a mi ver, tener el rey a gran distancia'".[264]
Selbstverständlich hat er das Recht, die Kompetenzen der *persona regis* auf
einen Repräsentanten zu übertragen, die Anwesenheit einer Person ist jedoch unentbehrlich. Dabei spielt ein charismatisches Verständnis von
Macht eine zentrale Rolle, dessen Umsetzung in der Praxis essenziell
performative Komponenten umfasst. „The king as temporal embodiment
of justice"[265] ist insofern in einem durchaus emphatischen Sinne zu verstehen. Formen nicht-sprachlicher Kommunikation, die als ein Zugeständnis an ein fortgesetzt mittelalterliches politisches Denken mit einem
Beharren auf Präsenz verstanden werden können, spielen eine bedeutende
Rolle.[266]

---

262 Die genauen Umstände der Entstehung dieses Amtes in Europa sind strittig. Vgl.
dazu Bermúdez 2004, 257 ff. Weniger klar werden die Umstände seiner Entstehung in Diego Fernández 2006 diskutiert. Von entscheidender Bedeutung ist aber
die Vermeidung eines Missverständnisses, das die Historiographie lange beherrscht
hat: „El virreinato igualmente representaba la entidad política básica, suprema y
soberana del Nuevo Mundo. Al llevar este razonamiento a sus últimas consecuencias, terminan por inventar toda una burocracia virreinal" (Diego Fernández
2006, 73 f.). Mit anderen Worten: Es gibt kein Vizekönigreich in den *Indias*,
sondern nur die in der Person des Vizekönigs verbürgte Autorität, welche häufig
durch die Akkumulation von zahlreichen Ämtern institutionell gestützt wird.
263 Zu Fragen des Zeremoniells und der performativen Repräsentation vgl. z. B. Calvo
2000 und 2005; Jorzick 1998. Zur angemessenen Konzeptualisierung von *gobierno*
als einer an die Person des Monarchen gebundenen Praxis vgl. Pietschmann 2005,
8 ff.
264 Nach Brading 1994, 30.
265 Liss 1975, 42.
266 Zwar ist die Repräsentation von Macht für unsere auf Fragen der Textualität gerichtete Arbeit nicht unmittelbar von Belang, sie spielt jedoch indirekt eine Rolle,

Will man die Behauptung, vordringlich am *servicio al rey* interessiert zu sein, als Siedler weiterhin glaubhaft vertreten, so kommt man fortan also nicht mehr umhin, den Weisungen dieses Repräsentanten gebührende Beachtung zu schenken. Dies ändert gleichwohl nichts daran, dass auch die Vizekönige die Sachzwänge der *pacificación* nicht ignorieren können und zu Zugeständnissen an die Siedler gezwungen sind. So kommt es in den amerikanischen Vizekönigreichen im besten Fall zu umfangreichen Steuerleistungen an die Krone in Form von Edelmetallen, und dies auch nur dann, wenn Repräsentanten mit einem Höchstmaß an Feingefühl und Kompromissbereitschaft der königlichen Autorität vorübergehend ihre volle Geltung verschaffen; dessen unbenommen verstehen die Siedler ihre Steuerleistungen aber eher als Freikauf von weiterer politischer Bevormundung. Dem Vizekönig kommt in dieser Konstellation in erster Linie die Aufgabe zu, für Ruhe und Ordnung zu sorgen und den Geldfluss nach Europa zu verstetigen. Die intendierte politische Integration in die kastilische Monarchie wird in der Praxis zu keinem Zeitpunkt vollständig erreicht. Ein bedeutender Grund hierfür ist in den umfangreichen Ambitionen der Habsburger auch im europäischen Kontext zu suchen, durch deren Verfolgung die vorhandenen finanziellen Ressourcen chronisch überstrapaziert werden. Die gegen Ende des 16. Jahrhunderts in Serie auftretenden Staatsbankrotte generieren eine Neigung zur Schaffung neuer Ämter und zu deren umgehendem Verkauf an den Meistbietenden. Aus dieser Praxis ergeben sich für die Monarchie zwei unliebsame Konsequenzen: Zum einen betreffen diese die Klientel, die sich beim Ämterkauf mit dem größten Erfolg engagiert. Es handelt sich dabei um die Vertreter jener städtischen Oligarchien, deren politische Marginalisierung zu Beginn des 16. Jahrhunderts mit Mühe errungen worden ist. Für die *Indias* heißt dies, dass die Bedeutung der *criollos*, der dort geborenen Nachfahren der *conquistadores* ohne ausgeprägte Bindung an Kastilien, ständig steigt, da sie es sind, die als Erben der *encomenderos* das für den Ämterkauf nötige Kapital aufbringen.[267] Zum zweiten ergibt sich daraus ein langfristig sin-

---

insofern sie dazu dient, auf rituellem Wege Macht- und Geltungsansprüche zu festigen, welche ihrerseits die Kriterien bestimmen, nach denen ideologische Linientreue bei der Zusammenstellung von Textkorpora, die der Festigung von Macht- und Geltungsansprüchen auf diskursiver Ebene dienen, definiert wird. Man kann von einem Verfahren der Autorisierung sprechen, das sich in den performativen Aspekten des Amtes manifestiert. Vgl. in diesem Sinne etwa Lincoln 1994, 5 ff.

267 Vgl. Lockhart 1999, 1 ff.; Pietschmann 1994a, 330. Es ist gleichwohl wichtig zu sehen, dass den *criollos* dieser Erfolg nur möglich ist, weil sie sich mit den lokalen

kendes Steueraufkommen, da die Attraktivität der gekauften Ämter vornehmlich in der anschließenden Schröpfung der im eigenen Einflussbereich lebenden Zivilbevölkerung besteht. Die dabei abgeschöpften Gelder stehen als Steuerleistung an die Krone anschließend nicht mehr zur Verfügung.[268]

Zu Beginn des 17. Jahrhunderts, als die *Décadas* entstehen, ist dieser Prozess der Degeneration des Systems in vollem Gange. Dies erklärt, weshalb all jene Autoren, die ihrer Herkunft oder ihrer Textproduktion nach irgendeine Form autochthoner, genuin amerikanischer Ansprüche oder Positionen markieren, keine Berücksichtigung finden bei einem Unternehmen, das seinerseits der ideologischen Mobilisierung auf der Gegenseite dienen soll. Bezogen auf die hier interessierenden Zusammenhänge in der Diskursdomäne frühneuzeitlicher Historiographie haben die geschilderten Charakteristika der politischen und juristischen Entwicklungstendenzen des 16. Jahrhunderts ihre Relevanz insofern, als sie erkennen lassen, von Seiten welcher Diskursteilnehmer geeignete Beiträge zu erwarten sind, um die Ansprüche der Monarchie, die sich in der *historiografía oficial* spiegeln sollen, ideologisch zu stützen, und von welcher Seite derartige Beiträge prinzipiell nicht zu erwarten sind. Für die *historiografía oficial* ist jenes neuartige, in seiner Geltung jedoch prekär bleibende Rechtsverständnis, das von der Monarchie, beginnend mit den *Reyes Católicos*, im Verlauf des 16. Jahrhunderts entschieden propagiert wird, von eminenter Bedeutung (vgl. Kap. 3.4.).

3.2.2. Religiöse Organisationsformen und ihre Institutionalisierung in Kastilien und der Neuen Welt

Im Rahmen der Erläuterung der politischen Verhältnisse in den *Indias* und der divergierenden Ziele von Krone und Siedlern konnte zumindest angedeutet werden, wie Ende des 16. Jahrhunderts trotz der beschriebenen Widerständigkeit der administrativen Praxis aufgrund des Fortwirkens mittelalterlicher Traditionen konsultativer Herrschaft eine allmähliche Konsolidierung königlicher Macht in Amerika auf Kosten der Konquis-

---

Amtsträgern auf effektive Weise arrangiert haben. Zu Recht wird deshalb auch darauf hingewiesen, dass der Ämterkauf in der Frühen Neuzeit ein kategorial anderes Phänomen darstellt als die Korruption in der Moderne (vgl. Martínez Millán 1992, 19).

268 Vgl. Owens 2005, 215.

tadoren und ihrer Nachkommen stattfindet. Sie werden zunehmend in die Defensive gedrängt, indem wichtige Ämter in der Verwaltung mit Vertrauten der kastilischen Krone besetzt werden und die *perpetuidad* (Vererbbarkeit) der *Encomienda* aufgehoben wird. Dies geschieht im Einvernehmen mit der Kirche, deren Rolle als traditioneller Unterstützer der expansiven Interessen der kastilischen Krone in Amerika von besonderer Bedeutung ist. Jenseits dieses grundsätzlichen gemeinsamen Interesses gestaltet sich das Verhältnis von Krone und Kirche jedoch durchaus kompliziert und spannungsreich, sobald es um die Festlegung konkreter Rechte, Pflichten und Handlungsspielräume im Zusammenhang mit der Verbreitung des katholischen Glaubens geht. Zu beobachten ist erneut das Ringen um die Durchsetzung von Machtansprüchen, die konkurrieren, insofern sie auf einen gemeinsamen Gegenstand bezogen sind, nämlich die Verfügungsgewalt über die indigene Bevölkerung, die sich jedoch zugleich wechselseitig bedingen. Die Auseinandersetzung um die Geltung der jeweiligen Interessen manifestiert sich im Diskurs des zeitgenössischen *derecho indiano*, dem deshalb entsprechende Aufmerksamkeit zu widmen ist. Dabei zeigt sich, dass die Historiographie als juristisch relevanter Diskurs genutzt wird, um staatstragende Auffassungen bezüglich der Geltung bestimmter Positionen in der einschlägigen Debatte auszustellen, was seinerseits dazu führt, dass die Berücksichtigung historiographischer Texte aus der Feder von Missionaren bei Herrera nur sehr selektiv stattfindet und insofern dort, wo sie stattfindet, besonders begründungsbedürftig ist. Ein weiterer Aspekt ist die relative institutionelle Selbständigkeit der Missionsorden, die aus diesem Grund nicht in gleicher Weise wie die Siedler von der Kontrolle des Diskurses durch die 'Kolonialadministration' betroffen sind. Für ein angemessenes Verständnis der Zusammenhänge sind deshalb zunächst einige Erläuterungen zu den Grundlagen des zeitgenössischen Verhältnisses zwischen Krone, Kirche und Mission erforderlich.

Die eminente wechselseitige Abhängigkeit, von der dieses Verhältnis geprägt ist, ist für die Frühe Neuzeit eine keineswegs außergewöhnliche Konstellation. Eine zumindest nominelle Bindung der Politik an Prinzipien christlicher Ethik und eine Partizipation der Kirche an der politischen Macht findet allenthalben statt. Im Falle der kastilischen Expansion in den *Indias* gewinnt dieser Aspekt allerdings eine besondere Brisanz, da der christliche Glaube für die Stabilität der Sozialstrukturen auf der Iberischen Halbinsel durch die *reconquista* eine noch fundamentalere Bedeutung gewonnen hat als anderswo,[269] insofern die *Reyes Católicos* sich durch die bewusste Ausnutzung dieser besonderen Tradition zum Zwecke der Expansion in eine explizite Abhängigkeit von der Legitimation ihrer Politik durch den Papst begeben, und umgekehrt aufgrund der einmal erworbenen exklusiven Herrschaftsbefugnisse in den *Indias* ganz ungewöhnlich weit reichende Befugnisse auch in kirchlichen Angelegenheiten anstreben – mit bemerkenswertem Erfolg.

Von der Krone werden die zur Expansion erforderlichen finanziellen und militärischen Ressourcen,[270] von der Kirche – konkret von Seiten des Papstes – die politische Legitimation eingebracht. Diese legitimatorische Leistung des Papstes als Beitrag zu einer quasi-symbiotischen Beziehung mit der kastilischen Krone beruht jedoch auf Autoritätsansprüchen, die zeitgenössisch bereits fragwürdig geworden waren.

> En este momento la conciencia europea, al revés que la española, está en crisis. [...] Se niega la potestad suprema temporal radicada en la Iglesia y pronto se va a discutir la potestad suprema espiritual del Pontífice. Evidentemente, Carlos V no será ya un emperador como los emperadores medievales, se va a discutir también la legitimidad divina del poder imperial.[271]

Die daraus resultierenden Konflikte belasten die kastilische Position erheblich. Wie bereits in Kap. 3.2. angedeutet, favorisieren die *Reyes Católicos* eine Interpretation der Ereignisse ihrer Regierungszeit im Sinne eines heilsgeschichtlichen Wirkens, zu dessen Werkzeug Kastilien dieser Deutung zufolge auserkoren ist. „Las leyes evidencian un claro sentido providencialista con el reconocimiento de que la extensión y situación hegemónica de España es un hecho ordenado por la providencia divina"[272] urteilt man auch in der Kirchengeschichtsschreibung weitgehend übereinstimmend. Damit verbunden ist ein hohes Maß an gesellschaftlicher Mobilisierung und zugleich die Marginalisierung offener Konflikte. Der Papst seinerseits ist an einer Teilhabe am Expansionsstreben der iberischen Mächte interessiert, da er eine vergleichbar starke Verbreitung des christlichen Glaubens aus eigenen Mitteln nicht würde bewerkstelligen können. Die Hoffnung auf zukünftigen, über die enge Verflechtung von Kirche und Politik geltend zu machenden Einfluss veranlasst ihn, sich in den Dienst der kastilischen Selbstdeutung zu stellen, indem er den kastilischen An-

---

269 Vgl. Bartlett 1993; García Añoveros 1990, 18. Vgl. Jorzick 1998, 42 ff. zur performativen Ausgestaltung dieses Abhängigkeitsverhältnisses im Hofzeremoniell.
270 Vgl. Hera 1992, 53.
271 Hera 1992, 81.
272 Hera 1992, 339.

spruch auf Alleinherrschaft in den *Indias* in drei berühmten Dokumenten, den *Bulas Alejandrinas* von 1493, legitimiert.[273]

Folgenschwerer für das Verhältnis der beteiligten Parteien ist die Einrichtung des *Patronato Real* über die Kirche in den *Indias*.[274] Er sichert dem Monarchen weit reichende Befugnisse hinsichtlich der Führung der kirchlichen Institutionen.[275] Er überträgt ihm jedoch auch die Verantwortung für deren angemessene Ausstattung und Arbeit, verbunden mit entsprechenden finanziellen Belastungen.[276] Bedenkt man die Bedeutung der Mission für die Legitimität der Herrschaft über die *Indias*, so wird klar, dass der Monarch durch dieses Arrangement trotz seiner Machtfülle in hohem Maße angreifbar wird.[277] Die kastilischen Monarchen sind sich des Problems einer möglichen politischen Gegnerschaft mit den kirchlichen Institutionen wohl bewusst. Sie favorisieren deshalb bei der Entsendung

---

273 Die Geltung dieser Dokumente ist bereits zeitgenössisch unterschiedlich beurteilt worden und bis heute entwickelt die rechtshistorische Forschung unterschiedliche Deutungen. Überzeugend ist in jedem Fall der Hinweis, dass die *Bulas Alejandrinas* durchaus in einer anerkannten, mittelalterlichen Tradition der Konfliktlösung stehen und keineswegs als die Anmaßung gelten mussten, als die sie späterhin teils verstanden worden sind. Ein Problem tritt erst auf, als die Anwendbarkeit traditionellen Rechts auf die *Indias* zweifelhaft wird. Vgl. García Añoveros 1990, 31 ff., neuerdings auch Pérez-Amador Adam 2011.

274 Die in der Rechtsgeschichte vertretenen Meinungen über die Konsistenz der rechtlichen Grundlegung des *Patronato Real* gehen auseinander. Dieses Problem ist für die *Crónica Mayor de Indias* jedoch nicht unmittelbar relevant.

275 „a) el derecho de presentación de todos los beneficios de Indias; b) el control regio de todos los documentos eclesiásticos destinados a las Indias; c) la exigencia a los obispos de un juramento de fidelidad a la Corona; d) determinadas limitaciones a los privilegios del fuero eclesiástico; e) los recursos de fuerza, o apelación de los tribunales de la Iglesia a los del Estado; f) la supresión de las visitas ad limina de los obispos de Indias; g) el envío al Consejo de Indias y no a Roma de los informes episcopales sobre el estado de las diócesis; h) el control de los traslados de clérigos y religiosos a Indias; i) el control de las actividades de las órdenes religiosas, mediante informes que los superiores habían de dar periódicamente sobre las mismas: j) la intervención real en los Concilios y Sínodos; k) el gobierno de las diócesis por los presentados por el Rey para las mismas, antes de que llegasen las bulas papales de nombramiento; l) la disposición regia sobre los bienes de expolios y vacantes y, en gneral, sobre los diezmos; m) los límites al derecho de asilo. Probablemente esta relación no es exhaustiva, pero está tomada de Reales Cédulas dictadas a lo largo del siglo [...] y ayuda a hacerse una idea de en qué se convirtió el Derecho de Patronato con el paso de los años" (Hera 1992, 189 f.). Vgl. zu den Bemühungen der Krone um eine ihr günstige Deutung der Rechtslage auch Mora Mérida 1994, 379.

276 Vgl. Mora Mérida 1994, 385.

277 Vgl. auch Elliott 2006, 185 ff.; Hera 1992, 340; Liss 1975, 50.

von Missionaren konsequent die Bettelorden der Franziskaner, Dominikaner und Augustiner, die sich seit dem ausgehenden 15. Jahrhundert am Prinzip der *observancia* orientieren und Reformen durchführen, die der Rückbesinnung auf das Glaubensleben dienen sollen. „It is a singular and most remarkable fact that the churches of Spanish America were founded by the Mendicant Orders independently of the episcopacy".[278] Das dahinter stehende Kalkül ist, dass damit eine Konkurrenz in der politischen Sphäre vermieden werden könnte. Diese Vermutung sollte sich jedoch als nur bedingt zutreffend erweisen. In der Tat besteht eine ausgeprägte „lealtad [...] a la monarquía"[279] unter den Orden, da sie sich zum einen die Möglichkeit zur Emanzipation von der Kirchenhierarchie erhoffen, zum anderen mit einem Bedeutungszuwachs durch die Mission in den *Indias* rechnen, den der Papst ihnen in dieser Form nicht verschaffen könnte. Zugleich erwachsen ihnen in der Symbiose mit der Monarchie jedoch neue Konkurrenten.

An dieser Stelle ist ein Hinweis zum Forschungsstand bezüglich des Wirkens einzelner Orden im Kontext der Christianisierung der *Indias* angebracht, der im Blick auf die hier zu leistende Interpretation leider nicht vollauf zufriedenstellend ist. In einschlägigen Überblicksdarstellungen zur so genannten spanischen Kolonialgeschichte werden bezüglich der praktischen Durchführung der Mission großteils Topoi referiert, während der Schwerpunkt der wissenschaftlichen Debatte nach wie vor auf den einschlägigen Regelungen des *derecho indiano* liegt. Die Kirchengeschichtsschreibung hat die für die Politikgeschichtsschreibung im 20. Jahrhundert zu konstatierenden Entwicklungen vielfach nicht mitvollzogen.[280] Über den Topos von der Bevorzugung der *observantes* und die Portraitierung herausragender Einzelpersönlichkeiten hinaus ist aus der einschlägigen Literatur insbesondere wenig über das Verhältnis der wichtigsten Orden, nämlich Dominikaner und Franziskaner, zueinander sowie über ihr jeweiliges Verhältnis zum Monarchen zu erfahren.[281] Den ausführlichen

---

278 Ricard 1966, 4. Vgl. auch García Añoveros 1990, 21 ff.
279 García Añoveros 1990, 24.
280 Vgl. Bunes Ibarra 2001, 200.
281 Dieser Stand der Dinge manifestiert sich auch in der geringen Zahl einschlägiger Monographien. Vgl. Zavarella 1991; zu den Dominikanern Abad Pérez 1992, Medina 1992 und Borges 1992. Wenn in der Zusammenfassung der einschlägigen Forschungsgeschichte bei García Añoveros 2001 von einer Vielzahl von Texten, die der Darstellung des Wirkens einzelner Orden gewidmet sind, die Rede ist, so gilt dies ausdrücklich nur für die „época virreinal", auf die er sich dort bezieht (vgl. 2001, 214). Zugleich gilt für die wenigen Darstellungen des 20. Jahrhunderts,

Darstellungen zur administrativen Struktur der Orden stehen keine vergleichbaren Quellen zur Praxis der Mission in den einzelnen Orden gegenüber. Festzuhalten bleibt immerhin Folgendes: Neben dem Armutsgelübde teilen beide Orden ein messianisches Grundverständnis ihres Wirkens, das auf die Errichtung einer idealen Kirche als Vorbereitung auf die Wiederkunft Christi ausgerichtet ist; beide praktizieren eine bewusste Annäherung an den kulturellen Horizont der indigenen Bevölkerung zum Zwecke einer effektiven Mission;[282] beide forcieren die Ausbildung der Abkömmlinge von Kaziken zum Zwecke der Indoktrination von deren Untertanen. Gleichwohl gehen die Franziskaner allem Anschein nach dynamischer, aber auch flexibler vor als die skrupulöseren Dominikaner.[283] Insbesondere in der Frage der Zulässigkeit von Massentaufen kommt es zu Auseinandersetzungen zwischen den beiden Orden, letztlich geht es jedoch auch um die Abgrenzung von geographischen Einflusssphären, die 1556 sogar formal besiegelt wird.[284] Während der Dominikaner de Loaysa 1522 zum *Confesor del Rey* aufsteigt und Las Casas, ebenfalls Dominikaner, zu einer maßgeblichen Figur auf politischer Ebene wird, sind die Franziskaner ab dieser Zeit politisch weit weniger erfolgreich und treten in der zweiten Hälfte des 16. Jahrhunderts vor allem durch Skandale in Erscheinung, die mit den Namen Diego de Landa und Bernardino de Sahagún verknüpft sind.[285] Das Bild, das die Franziskaner in der Geschichte der Mission in Hispanoamerika hinterlassen haben, dürfte teilweise auch als Folge des diplomatischen Geschicks der Dominikaner zu interpretieren sein.[286] Die

---

dass sie die am selben Ort als „perspectiva clerical" apostrophierte Anlage aufweisen, die mit einer Tendenz zur Verklärung des Wirkens der eigenen Ordensbrüder einhergeht (vgl. García Añoveros 2001, 220). Zu Recht macht Bunes Ibarra in seinem Beitrag darauf aufmerksam, dass bis vor kurzem die einschlägige Historiographie nahezu ausschließlich von Klerikern bestritten wurde (vgl. Bunes Ibarra 2001, 195 f.). Die in Ricard 1966, 8 ff. erhobene Klage über den ungenügenden Forschungsstand auf diesem Gebiet kann im Prinzip auch heute noch aufrechterhalten werden. Auch die deutschsprachige Überblicksdarstellung Sievernich 1992 bleibt in diesem Sinne an der Oberfläche.

282 Vgl. Huerga 1992, 184 ff.; Vázquez Janeiro 1992, 168 ff.
283 Vgl. u. a. Vázquez Janeiro 1992, 168 ff.
284 Vgl. Ricard 1966, 243.
285 Was insofern bemerkenswert ist, als die Franziskaner in der Frühphase der Mission dominieren. Sie sind als erster Orden in Amerika tätig und haben mit Kardinal Cisneros ab 1516 einen mächtigen Verbündeten am Hof. Darüber hinaus ist ihre Haltung zu schwierigen Themen wie etwa der *Encomienda* weitaus weniger restriktiv als die der Dominikaner (vgl. Díaz-Trechuelo 1992, 648).
286 Vgl. u. a. Ricard 1966, 240 ff.

Feststellung „incumplían notoriamente sus obligaciones religiosas: los monasterios tenían depósitos de dinero y acumulaban propiedades personales"[287] zeigt zwar, dass objektiv Missstände aufgetreten sind, auch die Dominikaner waren jedoch gegen Ende des 16. Jahrhunderts nicht frei davon.[288] Eine bedeutende Rolle beim Aufstieg der Dominikaner auf Kosten der Franziskaner dürften auch die Beschlüsse des Konzils von Trient gespielt haben. Trotz der noch nicht hinreichend differenzierten Resultate der bisherigen Forschung lässt sich die Rolle der Mission als Machtfaktor unabhängig von den Ordenszugehörigkeiten in groben Zügen herausarbeiten. Ein zentraler Aspekt ist dabei gewiss das ernsthafte Interesse des Monarchen an der Absicherung der ethischen Vertretbarkeit seiner Politik in einem christlichen Horizont, das über bloßes machtpolitisches Kalkül weit hinausgeht und das Gewissen des Königs als des Garanten von *justicia* berührt.[289]

Mit der berühmten Weihnachtspredigt des Dominikanermönchs Montesinos von 1511, also nur drei Jahre nach der Einführung des *Patronato Real* und ein Jahr nach der Ankunft der Dominikaner auf *La Hispaniola*, wird bereits deutlich, wie die Fronten in der diskursiven Auseinandersetzung um Spielräume der Machtentfaltung im Prinzip verlaufen. Der Prediger verweist auf die unwürdige Behandlung und Ausbeutung der Indios durch die Spanier, durch die eine erfolgreiche Mission von vornherein untergraben werde. Er trifft damit jedoch nicht nur die Siedler, deren Leumund sich – nach den anfänglichen Desastern der Colón-Familie, die erst mit der Einsetzung eines Verwalters, Nicolás de Ovando, überwunden werden konnten – weiter verschlechtert;[290] er trifft auch die Krone selbst, die sich durch den Hinweis auf ein mögliches Scheitern der Mission zu sofortigem Handeln gezwungen sieht. In den *Leyes de Burgos* von 1513 wird zur Frage der Versklavung der indigenen Bevölkerung in deren Sinne Stellung bezogen und darüber hinaus der berühmte *Requerimiento* eingeführt, der später für allerlei Spott sorgen wird, jedoch das klare Bemühen erkennen lässt, eine geordnete Mission

---

287 de Carlos Morales 1998, 152.
288 Vgl. Carlos Morales 1998, 155.
289 Vgl. Brendecke 2009, 73 ff.; Pereña 1986, 31.
290 Der erste Missionar, der Colón bereits auf seiner zweiten Reise nach Amerika begleitet, wird von den *conquistadores* 1493 brüsk zurückgewiesen (vgl. dazu etwa Díaz-Trechuelo 1992, 640).

durchzuführen und dadurch die Legitimität der eigenen Ansprüche zu stützen.[291]

Das ganze Ausmaß des Problems, das man sich mit dem Versuch der Integration der *Indias* in die kastilische Monarchie auf der Basis einer erfolgreichen Mission eingehandelt hat, zeigt sich jedoch nach dem Vordringen auf das Festland ab 1520, wo mit Azteken und Mayas hoch zivilisierte Gesellschaften anzutreffen sind.[292] Wie de la Hera 1992 überzeugend darzulegen vermag, existiert im Missionsdiskurs des Mittelalters keine Kategorie, der die Zivilisationen Mesoamerikas sinnvoll zugeordnet werden können. Die traditionell anerkannten Kategorien von Nicht-Christen sind drei, nämlich die der Juden, die der Muslime und die des „infiel inasequible", dessen Unzugänglichkeit für die christliche Mission durch räumliche Entfernung bedingt ist.[293] Für das ausgehende europäische Mittelalter wird deshalb festgestellt: „No había, pues, infieles, en cuanto que no había infieles convertibles. Cuándo comenzará a haberlos? La inquietud misional no se aparta del alma cristiana durante todo este período medieval".[294] Endgültig zum politischen Problem wird die *conquista* schließlich mit der Ermordung des Inca Atahualpa 1533, dessen Legitimität nicht effektiv anzuzweifeln war und die in ganz Europa eine

---

291 Es handelt sich dabei um ein auf Kastilisch verfasstes Dokument, das die elementarsten Grundlagen des Christentums und die Absichten der kastilischen Expansion enthält und vor dem Beginn kriegerischer Handlungen zu verlesen war, um der angetroffenen Bevölkerung die theoretische Möglichkeit zur Konversion und Unterwerfung einzuräumen. Die heutige Forschung betont in weitgehender Übereinstimmung „la comicidad de la escena, y el convencimiento de muchos de que aquello era una pura comedia" (Díaz-Trechuelo 1992, 643). Die praktischen Probleme mit der Disziplinierung der Untertanen treten hier erneut deutlich zutage.

Die Forschung verweist jedoch auch auf die zeitgenössische Geläufigkeit des Verfahrens, das sich im *Requerimiento* niederschlägt: „El Requerimiento, tan denostado luego por la leyenda negra, como una gran hipocresía de España, era una traducción castellana de las doctrinas europeas de los comienzos del siglo XVI" (Hera 1992, 86). Zu den *Leyes de Burgos* grundsätzlich vgl. Martínez Martínez 1999, 239 ff.; Pérez Fernández 2001, 98 ff.

292 Vgl. Hera 1992, 30.

293 Vgl. Hera 1992, 17 ff. Vgl. auch Benton 2001, 71 ff., wo der Aspekt der Kategorisierbarkeit des Anderen als Voraussetzung jeglicher Interaktion am Beispiel des konventionalisierten Freikaufs von Christen aus muslimischer Gefangenschaft im Mittelmeerraum erläutert wird.

294 Hera 1992, 23. Ähnlich äußert sich Díaz-Trechuelo: „No intentaron misionar a los musulmanes por considerar punto menos que imposible su conversión" (1992, 639).

Welle der Empörung ausgelöst hat. „La batalla de Cajamarca había terminado en vergüenza nacional".[295]

Zwar wird das Recht der Spanier, den christlichen Glauben in den *Indias* zu verbreiten, nicht in Zweifel gezogen,[296] es entsteht jedoch Uneinigkeit in einer ganzen Reihe anderer für die imperiale Praxis relevanter Punkte, die deren Legitimität berühren. Sie sind auch für die Autorität der 'Quellen' aus Sicht der *Crónica Mayor de Indias* unmittelbar relevant, insofern die Positionierung eines Autors in dieser Debatte selbstverständlich Auswirkungen auf die Autorität, die er in den Augen der 'Kolonialadministration' genießt, haben muss.

Da die Azteken und Mayas sich weder als Barbaren noch als Feinde der Spanier kategorisieren lassen, stellt sich in dieser Situation die Frage nach den Rechtsgründen des kastilischen Engagements in den *Indias* in einer ganz fundamentalen Weise. Das Verhältnis zu jenem neuen Typ von Nicht-Christen, auf den man mit den indigenen Zivilisationen des Festlandes trifft, muss juristisch erst bestimmt werden. Das Interesse der Krone liegt aber selbstverständlich darin, die Notwendigkeit der Neubestimmung dieses Verhältnisses zu bestreiten und auf der Gültigkeit der Rechtstitel, über die sie bereits verfügt, zu bestehen.[297]

Die dabei relevanten Probleme beziehen sich einmal auf die juristische Bestimmung des Gegenstandes, dem man sich in Gestalt einer heidnischen, fremden, jedoch nicht notwendigerweise feindseligen und kulturlosen Bevölkerung gegenüber sieht; sodann auf die Bestimmung des Handlungsspielraums, der den Entdeckern im Verhältnis zur angetroffenen Bevölkerung legitimerweise zur Verfügung steht. Damit eröffnet sich ein weites Feld für interessegeleitete Polemiken aller Art. Konkurrenten um

---

295 Pereña 1986, 19.
296 Vgl. Pereña 1986, 22.
297 Die Auseinandersetzung dreht sich dabei im Wesentlichen um folgende Fragen: 1) Hat der Papst das Recht, einem christlichen Monarchen unter Ausschluss der übrigen die Herrschaft über bisher unentdeckte Gebiete der Erde zu übertragen? 2) Hat der kastilische Monarch das Recht, die heidnischen Bewohner der neu entdeckten Gebiete zu unterwerfen? 3) Welcher juristische Status kommt den heidnischen Bewohnern der neu entdeckten Gebiete zu? 4) Welche Mittel sind zum Zweck der Mission zulässig?
   Vgl. zur aktuellen Diskussion insbesondere Pérez-Amador Adam 2011, wo, anders als in früheren Arbeiten zum Thema, ein diskursanalytischer Blick auf die zeitgenössische legislative Dokumentation gerichtet wird, der die pragmatische Einbettung unterschiedlicher Rechtspositionen deutlich werden lässt; sodann auch Cantú 2007; Dougnac Rodríguez 1994; García Añoveros 1990, 42 ff.; Martínez Martínez 1999; Pagden 1990; Sievernich 1992; klassisch Zavala ²1972.

die Macht in den *Indias* positionieren sich in Opposition zu den Habsburgern, diese neigen ihrerseits dazu, jeweils eine möglichst entproble-
matisierte Interpretation der Sachlage zu entwickeln.[298]

Es ist nicht unbedeutend, darauf aufmerksam zu machen, dass sich
insbesondere Vertreter des Dominikaner-Ordens hervortun, wenn es
darum geht, die Positionen der Krone zu untergraben und sie in die Defensive zu drängen, namentlich Bartolomé de Las Casas und Francisco de
Vitoria sowie dessen Schüler.[299] Man mag sich die Frage stellen, weshalb die
von Dominikanern beherrschte theologische Strömung,[300] die als *escuela de
Salamanca* in die Geschichte eingegangen ist, einen so massiven Einfluss
auf die Politik entwickeln und diesen langfristig aufrecht erhalten konnte.
Es ist an dieser Stelle sicher unmöglich, die einschlägigen akademisch-
ideologischen Verhältnisse detailliert zu analysieren. Entscheidend ist je-

---

298 Einmal, im Jahre 1539, unternimmt Karl V. den Versuch, die kontrovers geführte
Debatte, die sich in seinem eigenen Reich entsponnen hat, zu verbieten (vgl. García
Añoveros 1990, 52). Das klägliche Scheitern dieses Versuches ist in gewisser Weise
typisch für die kastilische Zensur im 16. Jahrhundert.
   Die zeitgenössische Debatte um die Grundlagen des *derecho indiano* spielt in
allen einschlägigen historischen Darstellungen eine Rolle. Eine besonders konzise
Zusammenfassung bietet immer noch Zavala [2]1972. Eine detaillierte Rekon-
struktion der möglichen Positionen gehört nicht zur Fragestellung dieser Arbeit.

299 Es dürfte überdies kaum ein Zufall gewesen sein, dass der Einfluss von Las Casas
genau ab jenem Moment massiv zur Geltung kommt, in dem auch ein Dominikaner *Confesor del Rey* wird (vgl. oben). Für beides dürften politische Erwägungen
des Monarchen verantwortlich sein, die zu spezifizieren aufgrund des oben skizzierten Forschungsstandes allerdings schwerfällt. Die Verbindung von Loaysa, Las
Casas und Vitoria zeigt aber klar, dass das Prinzip politischer Einflussnahme über
Klientelstrukturen auch im Verhältnis der Missionsorden zum Monarchen bedeutsam ist. Vgl. etwa auch den Beitrag de Carlos Morales 1998, in dem der
Zusammenhang zwischen dem Bedarf an theologischen *Hardlinern* im Kampf
gegen den Protestantismus unter Philipp II. und der Berufung des Dominikaners
Chaves zum *Confesor del Rey* klar gezeigt wird. Vgl. auch Huerga 1992, 188 ff.
sowie Belda Plans 1999, 394, wo diese personellen Zusammenhänge erläutert
werden.

300 Es ist in diesem Zusammenhang auch angebracht, auf den Umstand hinzuweisen,
dass es sich im Kern um eine theologische Schule handelt, deren Reformbestrebungen dann jedoch sekundär Auswirkungen auf andere Disziplinen haben. Vgl.
dazu Belda Plans 1999, 371 ff., wo auf die spezifischen Interessenorientierungen
juristischer und philosophischer Studien zum Thema eingegangen wird.
   Die komplexen zeitgenössischen Diskussionszusammenhänge innerhalb der
escuela de Salamanca sind bisher noch nicht vollständig aufgearbeitet, sodass eine
über Topoi hinausreichende Stellungnahme auch hier schwierig ist. Aktuelle
Forschungen versprechen allerdings eine substanzielle Besserung dieser Lage. Vgl.
insbesondere Brieskorn 2011; Bunge 2011.

doch zu sehen, dass die kastilische Monarchie auf dogmatisch feste Kleriker, wie sie die thomistische *escuela de Salamanca* ausbildete, angewiesen war, wollte sie im Kampf gegen den Protestantismus bestehen.[301] Ein weiterer zentraler Aspekt ist die fortdauernde Konkurrenz mit der französischen Krone.[302] Es bestand insofern eine Bereitschaft, in Sachen *Indias* an die salmantiner Theologie weit reichende Zugeständnisse zu machen, um ihre Unterstützung im Ringen um den Zusammenhalt des Imperiums insgesamt nicht zu verlieren.[303] Die *escuela de Salamanca* hat sich als Partner zu diesem Zweck gleichsam aufgedrängt, da sie mit ihrer Konzeptualisierung der Theologie als einer eminent pragmatischen Lehre, die alle Lebensbereiche durchdringt, offensichtlich relevant sein musste für die von der Krone gewählte Legitimationsstrategie ihrer Herrschaft in den *Indias*.

> Se preocupa de estudiar los nuevos problemas surgidos en aquella época histórica concreta, siempre desde la perspectiva sobrenatural y revelada, usando de su método propio, iluminando desde la fé los problemas humanos más dispares. [...] De ahí que los grandes maestros salmantinos fueran consultados en su calidad de teólogos por monarcas y príncipes para obtener luz y criterio cristiano a la hora de enfocar correctamente las grandes cuestiones del momento.[304]

Der Charakter dieser quasi-symbiotischen Beziehung zwischen dominikanischen Rechtsgelehrten und Monarchie wird noch klarer, wenn man bedenkt, dass keiner der namhaften Vertreter der *escuela de Salamanca* an der Rechtmäßigkeit der kastilischen Expansion gezweifelt hat, lediglich über die zulässigen Mittel zu ihrer Durchführung wurde gestritten.[305]

---

301 Vgl. auch Hera 1992, 40, wo dezidiert auf den massiven Einfluss scholastisch orientierter Dominikaner auf den *derecho indiano* aufmerksam gemacht wird. Zur Dienlichkeit der von Vitoria entwickelten Deutung im Kampf gegen den Protestantismus vgl. Pagden 1990, 18; Pagden 1995, 49 ff.
　　Jüngst ist erneut betont worden, dass gerade das Festhalten der kastilischen Monarchie am anthropozentrischen Katholizismus eine wesentliche Bedingung der Möglichkeit kritischer Selbstreflexion im Verhältnis zu den *Indias* darstellt, einer Haltung, die während der britischen Expansion im 19. Jahrhundert bekanntlich nicht zu beobachten gewesen ist (vgl. Pérez-Amador Adam 2011, 16 f.).
302 Vgl. Pereña 1986, 29 f.
303 Vgl. u. a. van Gelderen 2005, 310.
304 Belda Plans 1999, 410.
305 Vgl. Hernández Sánchez-Barba 1992, 627 f.; Pereña 1986, 29. Nicht ohne Grund fällt Las Casas bei der Krone in genau jenem Moment in Ungnade, in dem er sich anschickt, selbst diesen Minimalkonsens aufzukündigen. Vgl. dazu sowie zu einer eingehenderen Untersuchung des Verhältnisses zwischen Las Casas und der *escuela de Salamanca* Abril Castelló 1998 sowie Pérez-Amador Adam 2011.

In der Forschung wird das teils furiose Engagement der Dominikaner für die indigene Bevölkerung gemeinhin als Ausdruck der ethisch begründeten Besorgnis der Missionare um das Seelenheil ihrer Schützlinge, dessen Sicherung ihnen obliegt, gedeutet. Zweifellos wäre es unsinnig, diese Interpretation grundsätzlich in Zweifel zu ziehen. Es ist fundamentale Überzeugung der meisten zeitgenössischen Missionare, in den *Indias* bestünde für sie die Möglichkeit und die Aufgabe, eine ideale, messianische Kirche wiederzuerrichten, bevor das Ende der Welt eintritt.[306] Darüber hinaus ist die Anwesenheit tiefer religiöser Überzeugungen im Prozess der politischen Willensbildung in der Frühen Neuzeit und insbesondere im Fall der spanischen Habsburger von elementarer Bedeutung. Gleichwohl ist hier der Hinweis angebracht, dass die Dominikaner, indem sie sich für das Wohlergehen der indigenen Bevölkerung einsetzen, selbstverständlich auch die Aufwertung der eigenen Rolle im imperialen Machtgefüge anstreben. Durch die aggressive Artikulation ihrer Zweifel an der Rechtmäßigkeit des kastilischen Gebarens in den *Indias* vermeidet die Mission eine Rolle als bloßes Feigenblatt der Expansion.[307] Sie tut dies auf höchst effektive Art und Weise, indem sie zum einen die Machtentfaltung von Siedlern und Monarchen begrenzt, sich zum anderen aber Letzterem zugleich für eine Koalition anbietet, indem sie ihn über das Gebaren seiner Untertanen vor Ort aus erster Hand informiert,[308] was man von seiner eigenen Administration ja bekanntlich nicht durchgängig behaupten kann (vgl. Kap. 3.2.1.); zudem liefert sie durch die Artikulation der Ansprüche der Mission ein autoritatives Argument zur Begrenzung der Verfügungsgewalt der Siedler über die indigene Bevölkerung, die nicht mehr der *Encomienda*, sondern verstärkt der Ausbildung zum Zwecke erfolgreicher Katechese zugeführt wird. In der Tat kann man hier von einem „struggle over Indian resources and Indians-as-resources"[309] sprechen.[310]

---

306 Vgl. Fazio Fernández 1992; Florescano 2002, 200; Sievernich 1992, 233 ff.

307 Vgl. in dieser Hinsicht auch den Hinweis, dass Francisco de Vitoria sein Engagement unter anderem ausdrücklich damit begründet hat, die Problematik der *justicia* in den *Indias* dürfe nicht allein den Juristen überlassen werden, da diese die christliche Dimension des Problems nicht in Betracht zögen (vgl. Pereña 1986, 31).

308 Und dies steht ganz im Einklang mit den Zielen der Krone, „que procura estimular la denuncia de errores o abusos como un valioso auxilio para lograr un derecho más justo" (Urquijo 1992, 454).

309 Benton 2001, 86.

310 Erstmalig wird diese Perspektive, in der deutlich wird, dass auch die Missionare in den *Indias* als Interessengruppe auftreten und nicht allein als das institutionalisierte Gewissen, als das sie später in Anspruch genommen worden sind, in der innovativen Studie Castro 2007 entfaltet. Dabei wird zum einen die Differenz zwischen

Im Falle der *Leyes Nuevas* von 1542,[311] deren Erlass von einer *Junta* betrieben wird, in der Bartolomé de Las Casas eine maßgebliche Rolle spielt,[312] treibt diese Konstellation von Interessen den Monarchen sogar in eine riskante und bisweilen blutige Auseinandersetzung mit den eigenen Untertanen. Die weit reichenden Einschnitte in das *Encomienda*-Wesen, die dort formuliert werden, provozieren massiven Widerstand in beiden Vizekönigreichen. Blasco Núñez Vela, Vizekönig von Perú und der einzige hohe Amtsträger, der ernsthaft den Versuch unternimmt, die *Leyes Nuevas* umzusetzen, wird dabei getötet. Die ökonomische Bedeutung der *Encomiendas* steht darüber hinaus – unabhängig von ihrer moralischen Bewertung – außer Zweifel. Die Tatsache, dass der Erlass der *Leyes Nuevas* überhaupt erfolgt ist, zeigt insofern, welch enormen Einfluss die Missionsorden, besonders die Dominikaner, ausgeübt haben.[313] Gleichwohl ist in diesem Zusammenhang anzumerken, dass der Monarch damit rechnen konnte, dass diese aufgrund der allgegenwärtigen Praxis der Suspendierung von als unpassend empfundenen Rechtsnormen ohnehin keine langfristige Wirkung entfalten würden, die zum Schaden des Imperiums werden könnte. Ganz zu Recht ist unlängst dargelegt worden, dass auch der Monarch sich des *obedézcase pero no se cumpla* im Rahmen seiner politi-

---

Norm und Praxis deutlich, zum anderen die Tatsache, dass auch die Dominikaner spezifische Ansprüche an die indigene Bevölkerung stellen und altruistische Beweggründe keineswegs im Vordergrund stehen müssen:
    „Ironically, while Las Casas's work is largely measured in terms of his praxis, there is little mention made of the fact that his praxis seldom resulted in improving the lives of the natives, and often his main accomplishment was to keep himself in the political and social limelight. [...] What is often overlooked in the exaltation of Las Casas is his overriding concern to convert the inhabitants of the Americas to Christianity, if not directly, at least through different missionary agents. Despite the contradictions implicit in proselytism, many of the Dominican's admirers still view this vocation as virtuous and worthy of praise instead of as an act of ecclesiastic imperialism" (Castro 2007, 5 f.).

311 Vgl. zu den *Leyes Nuevas* Martínez Martínez 1999, 236 ff.; Pérez Fernández 2001, 245 ff.

312 Vgl. Pérez Fernández 2001, 245.

313 Zugleich muss hier jedoch angemerkt werden, dass die *Leyes Nuevas* Regelungen nicht nur zum *tratamiento de los Indios* enthalten, wenngleich dies einer ihrer inhaltlichen Schwerpunkte ist, und dass sie als Reaktion des Monarchen auf das Auftreten erster Befürchtungen eines *desgobierno* in den *Indias* zu verstehen sind, zu dessen Behebung sie beitragen sollen. Nicht zufällig fällt ihr Erlass zeitlich zusammen mit der ersten *Visita* am *Consejo de Indias* (vgl. Kap. 3.4.).

schen Strategie bewusst bedient hat, um moralisch zu scheinen, ohne es auch faktisch zu sein.[314]

In den folgenden Jahrzehnten gelingt es mächtigen Missionaren, die ihre Interessen gegen die Siedler weitgehend durchgesetzt haben, immer wieder, in einzelnen Diözesen despotische Regimenter auch auf Kosten der *Audiencias* zu installieren. Dabei ist festzustellen, dass die weltgeschichtlich prominent gewordenen Fälle von Konflikten zwischen Mission und *Audiencia* nahezu alle mit dem Franziskanerorden in Verbindung stehen.[315] Klagen der Siedler über den Entzug ihrer Existenzgrundlage (die ihrerseits natürlich durch ein Interesse an der Verwirklichung feudaler Lebensformen geprägt sind) sind an der Tagesordnung. Letztlich gehen die fortgesetzten Denunziationen und Rivalitäten jedoch auf Kosten aller drei Bettelorden, die sich zunehmend dem Verdacht ausgesetzt sehen, vordringlich an der Usurpation von politischer Macht interessiert zu sein.[316] Die *Junta Magna* von 1568 vermerkt dazu: „'So color de querer tomar la protección de los Indios y de los favoresçer y defender, se han entremetido a querer tratar de las cosas tocantes a la justicia y el gobierno y al Estado'".[317] In den siebziger Jahren schließlich sieht sich Philipp II. dazu veranlasst, den Ordensklerus systematisch durch einen dem *Patronato Real* über die Kirche direkt unterstehenden Weltklerus zu ersetzen, um die Konkurrenz zu beenden. Im Jahr 1572 wird auch der Jesuitenorden mit der Mission in den *Indias* betraut, womit eine neue Etappe eingeläutet wird, da die Jesuiten ein wesentlich stärkeres Augenmerk auf institutionalisierte Bildung richten als auf Probleme der Kontaktanbahnung und Bekehrung. Sie bauen insofern auf den durch die Bettelorden geschaffenen Voraussetzungen auf.[318]

Was bedeuten diese Zusammenhänge für die Frage nach der Berücksichtigung von Missionaren als Autoren im Korpus der *Crónica Mayor de Indias?* Die Problematik der *justos títulos* und der missionarischen Praxis bildet den Bezugsrahmen, innerhalb dessen sich jegliche Textproduktion eines Klerikers in den *Indias*, gewollt oder ungewollt, explizit oder implizit, positioniert. Der Status eines Diskursbeitrages von Seiten eines Klerikers ist also immer in seinem Verhältnis zu diesen Parametern zu bestimmen. Der Grund dafür liegt in der spezifischen rechtlichen Verquickung von Krone,

---

314 Vgl. Figueroa 2005, 35 ff.
315 Vgl. u. a. Ricard 1966, 242.
316 Vgl. Lafaye 1999, 107.
317 Nach Ramos 1986, 20. Vgl. auch Liss 1975, 87 ff.; Poole 2004, 103.
318 Vgl. zu den Details der Missstände und der angestrebten Reformen auch Ramos
     1986, 8 ff.

Kirche und Mission in den *Indias*, die sich so in der Frühen Neuzeit in keiner anderen Monarchie ergeben hat. Die *Crónica Mayor de Indias* verfährt mit den vorhandenen einschlägigen Texten hoch selektiv. Diese Praxis erweist sich als plausibel erklärbar unter Berücksichtigung des Verhältnisses der jeweiligen Texte zum Problem der Mission, und zwar nicht nur auf inhaltlicher Ebene, sondern besonders hinsichtlich ihrer Entstehungsbedingungen. Auch hier funktioniert das Kriterium personaler Autorität gleichberechtigt neben dem der textuellen Autorität. Ganz grundsätzlich gilt: Diejenigen Texte, die sich positiv dazu verhalten und ihre Machbarkeit und Rechtmäßigkeit behaupten, können gegebenenfalls berücksichtigt werden, diejenigen, die sie unterminieren, scheiden von vornherein aus. Davon betroffen ist insbesondere das umfangreiche Korpus der Texte zu den so genannten *antigüedades de los Incas* oder solche, die den *señorío* indigener Herrscher affirmativ und mithin zu Ungunsten habsburgischer Ansprüche thematisieren. Gleichermaßen relevant für die Frage der Textgeltung sind jedoch erneut die Personen, die mit den Texten umgehen. In diesem Zusammenhang sind zunächst die Gründe dafür aufzuzeigen, dass überhaupt Texte von Klerikern, etwa von Francisco López de Gómara, Bartolomé de las Casas, Diego de Landa und José de Acosta berücksichtigt worden sind. Im Hinblick auf die eminent politischen Implikationen der *Crónica Mayor de Indias* ist die Gruppe der Missionare nämlich zunächst einmal gleich zu beurteilen wie die Gruppe der Siedler; sie geht mit der kastilischen Krone in bestimmten Bereichen eine Allianz zu beiderseitigem Vorteil ein, bleibt jedoch, wie sich insbesondere in der zweiten Hälfte des 16. Jahrhunderts zeigt, immer ein Konkurrent um die Macht und den Zugriff auf die indigene Bevölkerung der *Indias*.[319] So wenig, wie es verwundert, dass die von Siedlern produzierten Texte in der *Crónica Mayor de Indias* (mit Ausnahme von Bernal Díaz del Castillo) keinen Platz finden, so wenig sollte es also verwundern, dass den Texten aus der Feder von Klerikern Ähnliches widerfährt. Umso ernsthaftere hermeneutische Anstrengungen sind hinsichtlich der genannten vier Ausnahmefälle angebracht.

---

319 Vgl. Lafaye 1999, 107.

3.3. *Consejo de Indias* und *Audiencias* als Diskursregulierer

Der gegenwärtige Stand der Forschung zu den *Audiencias* und dem *Consejo de Indias*, den für unsere Belange wichtigsten Institutionen, weist ein spezifisches Profil auf. Sie hat grundsätzlich die bereits oben skizzierten Paradigmenwechsel der Historiographie hin zu Verfahrensweisen und kommunikativen Praktiken mitvollzogen; die neuesten historiographischen Forschungen mit ihrem Fokus auf kommunikativen Prozessen als grundlegender Form faktischer Machtausübung befinden sich jedoch gegenwärtig noch im Stadium von exemplarisch gehaltenen Einzelfallstudien auf der Ebene der Mikrogeschichte. Zwar werden in jeder dieser Arbeiten auch Hypothesen über die allgemeinen Prinzipien der Machtausübung geäußert, die sich aus den je rekonstruierten kommunikativen Prozessen ableiten lassen. Eine repräsentative Gesamtdarstellung, jeweils bezogen auf die Institution und nicht nur auf einzelne konkrete Fälle, die sich im Einflussbereich dieser Institution abspielen, fehlt jedoch bisher.[320] Dies ist angesichts der dafür zu bewältigenden Datenmenge und der Unübersichtlichkeit der Quellenlage nicht verwunderlich, bedeutet jedoch, dass die Ebene plausibler Hypothesen bezüglich des Verfahrens der Korpusbildung bei Herrera bis auf Weiteres nicht überschritten werden kann.

Neueste historische Forschungen zeigen, dass der Zugriff auf vorhandene Wissensbestände dort grundsätzlich nicht vollständig und ungehindert möglich gewesen ist, wie es eine naive Lektüre zeitgenössischer Rechtsvorschriften ohne Abgleich mit der Praxis nahelegt, sondern systemimmanente sowie im weiteren Sinne sozialgeschichtlich zu erklärende Faktoren den Zugriff in verschiedener Hinsicht eingeschränkt haben. So wurden während der zweiten Hälfte des 16. Jahrhunderts mehrere Tonnen an Dokumenten nach Simancas ausgelagert und es herrschte innerhalb des *Consejo de Indias* ein Chaos, in dem neu eintreffende Schriftstücke bereits nach wenigen Tagen unauffindbar sein konnten; noch bedeutender ist jedoch der Umstand, dass die Akten, den zeitgenössischen Gepflogenheiten folgend, je nach Bedarf ohne Weiteres an einflussreiche Höflinge abgegeben worden sind, deren so entstandene Privatarchive oft über

---

320 Noch in dem wertvollen Sammelband Barrios 2004 wird zu diesem Thema festgestellt: „Se hace de estas instituciones un estudio de su estructura jurídica, en que se observan con lupa hasta los menores detalles; pero se deja de lado, por lo general, la dinámica de la institución" (Dougnac Rodríguez 2004, 578). Vgl. auch Diego Fernández 2000 und Puente Brunke (2006, 85), die sich in ähnlicher Weise zum Forschungsstand äußern. Dieser hat sich zwischenzeitlich allerdings etwas verbessert. Vgl. insbesondere Brendecke 2009.

mehrere Generationen außerhalb der institutionalisierten Verwaltung weitervererbt worden sind.[321]

Dieser Befund harmoniert mit der bereits verschiedentlich angedeuteten Feststellung, dass auch bei Herrera lediglich die Verarbeitung von Bruchteilen des Archivs nachweisbar ist und keinesfalls ein umfängliches oder gar erschöpfendes Quellenstudium zu jedem der von ihm behandelten Sachverhalte (vgl. Kap. 3.2.1. und 3.2.2.). Umso mehr kommt es darauf an, die Verwendung von Bruchteilen des Archivs historisch und systematisch zu erklären, ohne dabei der Versuchung unangemessener Simplifizierungen oder Generalisierungen anheim zu fallen. Es ist zu diesem Zweck notwendig zu eruieren, wie die *Audiencias* und der *Consejo de Indias* den Status eines Diskursregulierers in allen den *gobierno de las Indias* betreffenden Diskursdomänen (nicht nur der Historiographie, sondern auch der Administration und des Rechts) erlangt haben und wie sie diese Position zu unterschiedlichen Zeitpunkten ausgefüllt haben. Dabei sollen – in Übereinstimmung mit dem bisherigen Vorgehen – die institutionelle, die personale und die textuelle Ebene unterschieden werden. Wenden wir uns zunächst der institutionellen Ebene zu.

Die *Audiencia* darf unabhängig von der methodischen Perspektive, aus der das Phänomen der imperialen Expansion Kastiliens in den *Indias* betrachtet wird, als die bedeutendste politisch-administrative Institution in diesem Rahmen bezeichnet werden. Alle bis hierher referierten Phänomene kondensieren gewissermaßen in dieser Institution beziehungsweise den Entscheidungen ihrer Repräsentanten; ihre normativ wirksame Autorität zeigt sich auch daran, dass die Territorien der im 19. Jahrhundert entstehenden Staaten Lateinamerikas weitgehend den Einzugsgebieten der *Audiencias* entsprechen.

Bei Gründung der ersten *Audiencia Indiana* 1511 (Santo Domingo)[322] hat diese Institution bereits eine lange Geschichte auf der Iberischen Halbinsel hinter sich. Sie entsteht zu Beginn des 14. Jahrhunderts und dient dem Zweck, den Monarchen von den überhand nehmenden Pflichten der Rechtsfindung zu entlasten und Kapazitäten für seine politischen Aufgaben zu schaffen. 1312 wird zunächst das Amt des *Alcalde de la*

---

321 Vgl. Brendecke 2009, 311 ff.

322 Zu den Daten der weiteren Gründungen vgl. u. a. Diego Fernández 2000, 542 ff.; Dougnac Rodríguez 2004, 550 ff.: Nueva España (1527), Panamá (1538), Lima (1542), Nueva Galicia (1547), Nueva Granada (1547), Charcas (1555), Concepción (1565). Entscheidend ist jedoch, dass Ende des 16. Jahrhunderts bereits alle *Audiencias* bis auf zwei etabliert gewesen sind.

Corte geschaffen, 1371 schließlich wird die *Audiencia* erstmals urkundlich erwähnt.[323] In der Folge ist sie Gegenstand beständiger Reformen; so ergibt sich alsbald die Festlegung von territorialen Zuständigkeitsbereichen, die von den *Oidores* abwechselnd zu bereisen waren. Wesentlich später, nach der Einrichtung weiterer *Audiencias* in Ciudad Real 1486, für Galizien 1494 und in Sevilla 1525,[324] erfolgt 1542 die Zuweisung eines eigenen, vom Hof unabhängigen Amtssitzes in Valladolid. Die peninsulare *Audiencia* ist in der Forschung als ein Indikator für die Bemühungen der kastilischen Monarchie um die Zentralisierung der Macht und die Professionalisierung der Regierung im ausgehenden Mittelalter verstanden worden. Ihre Übertragung auf die *Indias* legt die Deutung als simple Ausdehnung der kastilischen Monarchie nahe.[325] Tatsächlich liegt der Sachverhalt jedoch weniger eindeutig, da die *Audiencia* in den *Indias* von den dort ansässigen Interessengruppen völlig anders funktionalisiert wird als dies ihren peninsularen Ursprüngen entsprochen hätte und sicher auch anders als von der Monarchie intendiert.[326] Gewiss ist hier nach wie vor einige Vorsicht geboten: „Hay que mencionar la mutua ignorancia que se tiene del modo de funcionamiento de las Audiencias existentes a cada lado del Océano".[327] Gleichwohl sind zwischenzeitlich Fortschritte erzielt worden und zumindest die grundsätzlichen Umstände ihrer Institutionalisierung erkennbar.[328] Zunächst ist zu beachten, dass der Umfang der Zuständigkeiten einer *Audiencia* in den *Indias* wesentlich weiter ausfällt als dies in Kastilien der Fall ist. Dort wird sie zur Erfüllung einer Reihe konkreter Funktionen im Kontext der Rechtsprechung eingeführt[329] und steht für einen ersten frühen Versuch funktionaler Differenzierung der Regierungsorgane.[330] Ihr gegenüber steht der *Consejo Real*, der für die Behandlung politischer Fragen zuständig ist. Anders in Amerika, wo die *Audiencia* als einziges mit anerkannter Autorität ausgestattetes Organ ge-

---

323 Vgl. Jorzick 1998, 27.
324 Vgl. Dougnac Rodríguez 2004, 542 ff.
325 Eine in diesem Sinne klassische Studie ist Manzano y Manzano 1948, vgl. aber auch Ots y Capdequí 1958.
326 Vgl. Diego Fernández 2000, 534.
327 Diego Fernández 2000, 525.
328 Zu Recht wird bereits frühzeitig angemerkt: „El parecido tán solo era nominal, ya que sustancialmente cumplían funciones completamente distintas a las de las Audiencias peninsulares" (Diego Fernández 2000, 541).
329 Vgl. bereits Liss 1975, 5.
330 „Podemos ver en sus ordenanzas los primeros esbozos de las constituciones políticas del Estado moderno" (Diego Fernández 2000, 530).

rade nicht in einem Kontext funktionaler Differenzierung steht, sondern umfassende, auch politische, Aufgaben zu erfüllen hat, um ein fortgesetztes Chaos, wie in den ersten Jahren nach der *conquista* üblich, zu verhindern.[331] Die konkrete Auslegung der Amtspflichten ihres Personals hängt dabei in hohem Maße von der Persönlichkeit des jeweiligen Amtsträgers ab.[332]

Diese Unterschiede spiegeln sich bereits in den Umständen ihrer Einführung in den *Indias*: Ursprünglich ist nämlich gar keine klare Absicht der Monarchie zu erkennen, die *Audiencia* als Repräsentationsorgan ihrer Macht auf die *Indias* zu projizieren, sondern diese Entscheidung wird durch einschlägige Forderungen aus den Reihen der Siedler und Missionare gleichermaßen herbeigeführt, welche sich davon freilich gerade keine Verluste oder Nachteile erwarten, sondern in der *Audiencia* vielmehr das geeignete Instrument zur Verwirklichung von *justicia* sehen.[333] So kommt es buchstäblich von Beginn an zu einem folgenschweren Missverständnis: Geht die Krone davon aus, ein bewährtes Instrument der Disziplinierung zur Hand zu haben, das geeignet ist, die *Indias* in den Prozess der Zentralisierung der Macht nahtlos einzubinden,[334] so gehen die dort lebenden Untertanen davon aus, mithilfe der *Audiencias* ihre überkommenen Ansprüche auf Belohnung ihrer erworbenen Verdienste durchsetzen zu können.

Evident wird die Unvermeidlichkeit der auftretenden Missverständnisse und Spannungen zwischen den Akteuren auf beiden Seiten des Atlantiks, wenn wir die Umstände und den Zweck der Einrichtung des *Consejo de Indias* vergleichend berücksichtigen. In Bezug auf diesen besteht keine autoritätsstiftende Tradition, sondern er stellt vielmehr eine Innovation des 16. Jahrhunderts dar[335] und tritt mit seiner endgültigen Institutionalisierung im Jahr 1523 relativ spät auf den Plan. Er kann aufgefasst werden als der Endpunkt eines Emergenzprozesses, in dessen Verlauf seit Beginn des 16. Jahrhunderts je nach Bedarf spontan Gremien aus Mitgliedern anderer *Consejos* gebildet worden waren und die Gründung eines separaten Indienrates in dem Maße wahrscheinlicher geworden ist, in dem sich die Fälle dieser *ad hoc*-Bildungen gehäuft haben und die Spezifik der

---

331 „Las Audiencias Indianas eran instituciones con un grado de complejidad inimaginable en la actualidad. [...] Intervenían prácticamente en todo aquello que de importancia acontecía en el Nuevo Mundo" (Diego Fernández 2000, 527).

332 Vgl. Martiré 2005, 41.

333 Vgl. Diego Fernández 2000, 534.

334 Vgl. Diego Fernández 2000, 538.

335 Zum *gobierno polisinodial* im 16. Jahrhundert vgl. Barrios 2004, 119; Escudero 2004, 95.

Anforderungen an die Indien-Politik dementsprechend deutlicher ins Bewusstsein der Akteure zu treten beginnt.[336] Ähnlich wie im Falle der *Audiencias* entspricht seine Gründung keinem regelrechten Plan des Monarchen. Die Ausdifferenzierung der Regierungsorgane sowohl nach territorialen als auch nach sachbezogenen Gesichtspunkten und die zugleich bestehende „falta de coordinación entre los Consejos"[337] lassen die Feststellung zu, dass der Monarch von unumschränkter Macht weiterhin denkbar weit entfernt ist. Ausdruck eines gewissen Maßes an Konfusion in dieser Hinsicht ist auch der institutionelle Status des *Consejo de Indias*, der einerseits dem *Consejo de Estado* beigeordnet bleibt, andererseits die *Casa de Contratación* in Sevilla kontrolliert, wobei er jedoch bis 1562 auf einen festen Amtssitz verzichten muss und sich gemeinsam mit dem Hof zwischen provisorischen Niederlassungen bewegt.[338] Gleichwohl kommt in der skizzierten institutionellen Differenzierung ein verstärkter Anspruch der Krone auf Regelung und Kontrolle zum Ausdruck, und dieser Anspruch allein ist zunächst einmal maßgeblich im Hinblick auf die kommunikativen Phänomene, die hier interessieren.[339] Die Alterität der *Indias* begünstigt diese Entwicklung zusätzlich, da dort das Bedürfnis nach Herstellung von *justicia* in Ermangelung allgemein geltender Traditionen, die *justicia* begründen könnten, besonders dringlich ist. Die diametralen Gegensätze zwischen der Wahrnehmung der Lage durch die Monarchie einerseits und ihre Untertanen in den *Indias* andererseits wird nun deutlich. Ebenso wird klar, dass es aus Sicht der Mitglieder des *Consejo de Indias* keinen Grund gibt, die eingehenden Kommunikate allein aufgrund ihrer Herkunft aus einer *Audiencia* umstandslos als autoritativ zu betrachten. Die Geltungskriterien, nach denen die Autorität von Texten im *Consejo de Indias* bewertet wird, decken sich zwar in einem fundamentalen Sinne mit denen der *Audiencias*, insofern niemand den Gehorsam gegenüber dem Monarchen und die Rechtmäßigkeit des katholischen Glaubens anzweifeln würde; für die Interpretation dieser Kategorien im Einzelfall sind jedoch Loyalitäten und Interessen lokaler Eliten entscheidend. Diese Loyalitäten und Interessen liegen in den einzelnen *Audiencias* jeweils anders als bei Hofe, sodass es nicht überrascht, wenn der *Consejo de Indias* im Umgang

---

336 Nicht zufällig geschieht eine solche spontane Bildung erstmals 1511, als auch die Agitationen der Dominikaner ihren Anfang nehmen (vgl. Cervera Pery 1997, 141).

337 Barrios 2004, 132.

338 Vgl. Cervera Pery 1997, 15 ff.

339 Vgl. auch die Hinweise zur räumlichen Anlage innerhalb des Palastes bei Barrios 2004, 130; Brendecke 2009, 31 ff.

mit diesen in der Bewertung von Sachverhalten so flexiblen Texten schon früh höchst restriktiv und zurückhaltend verfährt.[340]

Für die Frage nach der Konstitution des Korpus der *Décadas* beziehungsweise des Archivs, das im *Consejo de Indias* zu diesem Zweck zur Verfügung steht, ist es entscheidend festzustellen, welche Typen von Texten den *Consejo* von den *Audiencias* aus erreichen. Kaum verwunderlich, dass die Kommunikationskanäle zwischen beiden Institutionen in beide Richtungen zu je völlig anderen Zwecken genutzt werden. Während die *Audiencias* aus Europa nahezu ausschließlich rechtliche Instruktionen unterschiedlicher Typik erhalten, konnten die *Audiencias* umgekehrt von jedem Siedler dazu in Anspruch genommen werden, mit Belobigungen und Empfehlungen unterfütterte Bittschriften in den Kommunikationshaushalt der 'Kolonialadministration' einzuspeisen. Dazu kommt die administrativ relevante Korrespondenz mit dem *Consejo* in Angelegenheiten wie den *Visitas* oder der Neubesetzung vakanter Posten sowie – selbstverständlich – Stellungnahmen zu den durch die *Oidores* ausgesetzten Erlassen des Königs mit entsprechenden Alternativvorschlägen. Es ist also festzuhalten, dass zum einen das rein quantitative Aufkommen des aus den *Indias* abgesetzten Schriftverkehrs im *Consejo de Indias* wesentlich größer ist als umgekehrt, zum anderen umfangreiche Möglichkeiten zur Artikulation partikularer Interessen der in den *Indias* siedelnden Untertanen bestehen, die auch intensiv genutzt werden. Beides wird bei der Interpretation der Konstitution unseres Korpus zu berücksichtigen sein. Zunächst sollen jedoch die Rahmenbedingungen des Schriftgebrauchs beziehungsweise der einschlägigen, administrativ funktionalisierten Textproduktion so weit möglich rekonstruiert werden.

3.4. Die *Crónica Mayor de Indias* – ein frühneuzeitliches Fachreferat

Die so genannte *Crónica Mayor de Indias* bildet den institutionellen Rahmen, in welchem Antonio de Herrera die *Décadas*, denen diese Arbeit gewidmet ist, verfasst. Es ist mit der Klärung eines Missverständnisses zu beginnen, die bereits in der Vergangenheit verschiedentlich versucht

---

340 Vgl. diesbezüglich beispielsweise die Erläuterungen in Martiré 2005, aus denen hervorgeht, wie die Abhängigkeit der lokalen *Oidores* vom Wohlwollen eines starken Vizekönigs Entscheidungen zu dessen Gunsten und zu Ungunsten der *hacienda real* verursachen kann (2005, 144). Vgl. auch Diego Fernández 2006, 81.

worden ist, jedoch bis heute noch keine allgemeine Berücksichtigung gefunden hat.[341] Zur institutionellen Verfasstheit der *Crónica Mayor de Indias*
stellt bereits Carbia 1934 fest:

> De ordinario, se ha confundido la crónica oficial de las Indias con la crónica
> mayor, y se ha creído que ésta no fué otra cosa que una reglamentación de
> aquélla. En tal grave yerro ha caído hasta Barros Arana, quien en su estudio
> sobre los Cronistas de Indias, no distingue la diferencia que existe entre las dos
> crónicas, y formula la serie de los historiógrafos mayores, arrancando de
> Fernández de Oviedo, siguiendo con Calvete de Estrella y pasando, luego, a
> López de Velasco, sin advertir la solución de continuidad que se produjo en
> ella, como resultado de la ordenanza de 1571.[342]

In Übereinstimmung mit diesem zutreffenden Hinweis soll auch hier
darauf aufmerksam gemacht werden, dass es historisch nicht adäquat wäre,
den Terminus *Crónica Mayor de Indias* mit dem Terminus *Crónica Oficial*
gleichzusetzen und mithin den Status der *Décadas* gleich zu bewerten wie
denjenigen der zahlreichen, im Lauf des 16. Jahrhunderts entstehenden
historiographischen Texte, deren Verfasser ebenfalls die Patronage des
Monarchen genießen und denen zum Teil ebenfalls ein ganz erheblicher
Erfolg und weite Verbreitung beschieden ist.[343] Die *Crónica Mayor de
Indias* stellt eine spezifische institutionelle Konfiguration dar, deren historische Genese hier zu skizzieren ist. In der wohl wichtigsten Gesamtdarstellung zur *historiografía indiana* wird korrekt vermerkt: „El Cronista
Mayor, funcionario incorporado al Consejo correspondiente, para quien la
tarea de redactar la historia del Nuevo Mundo no es sino una labor de
gobierno, es cargo nacido a raíz de la visita o inspección de Juan de Ovando
al Consejo".[344] Der Vollständigkeit halber ist hinzuzufügen, dass zum
Zeitpunkt der Einrichtung einer *Crónica Mayor de Indias* ein analoges
institutionelles Vorbild, welches sich auf Kastilien bezieht, bereits seit
geraumer Zeit existiert. Der exakte Zeitpunkt der formalen Gründung der
Crónica Mayor de Castilla lässt sich zwar nicht nachweisen,[345] sicher besteht
sie jedoch seit dem ausgehenden 15. Jahrhundert. Hier liegt also erneut die
bekannte Figur der Übertragung und Adaptation von bereits etablierten
Institutionen vor.

---

341 Vgl. u. a. Cuesta Domingo 1991, 33.
342 Carbia 1934, 89. Treffend ist bei Folger 2003, 278 von sekundärer Institutiona-
    lisierung die Rede.
343 „The novelty of Ovando's approach was that it institutionalized what had been a
    sporadic, ad hoc approach", heißt es dementsprechend in Poole 2004, 142.
344 Esteve Barba ²1992, 125.
345 Vgl. Bermejo Cabrero 1980; Tate 1994, 18.

Wie kam es zu der im Zitat erwähnten *Visita al Consejo de Indias*, die von Juan de Ovando ab 1567 durchgeführt wird und 1571 zur Einrichtung des Amtes eines *Cronista Mayor de Indias* führt? Grundsätzlich sind derartige Überprüfungen der Amtsführung in einschlägigen Institutionen der 'Kolonialadministration' im 16. Jahrhundert nichts Ungewöhnliches. Bei wichtigen Amtsträgern in den *Indias* sind sie gar obligatorischer Bestandteil des Verfahrens der Amtsübergabe und sollen der Entlastung des jeweiligen Vorgängers dienen.[346] Am *Consejo de Indias* ist bereits zuvor einmal, nämlich 1542, eine *Visita* durchgeführt worden. Diese hat sich in erster Linie gegen eine Reihe von *Consejeros* gerichtet, die das charakteristische Spannungsverhältnis von Norm und Praxis überreizt hatten und den Eindruck erweckten, nicht mehr im Sinne des *servicio al rey* tätig zu sein.[347] Im Jahr 1568 nun ergibt sich eine ähnlich krisenhafte Zuspitzung der Ereignisse in den *Indias* und die Krone sieht sich gezwungen zu handeln. Es kommt zur Einberufung der in der Forschung berühmt gewordenen *Junta Magna* im Juli desselben Jahres:

> Las grandes crisis no se producen repentinamente, sino van fraguándose; como tampoco son originadas por una sóla causa. Así sucedió con la que vino a culminar en 1568, quizá el año en el que a Felipe II se le acumularon las más hondas desgracias familiares, con la muerte del príncipe D. Carlos, en julio, y la de la reina Isabel de Valois, tres meses después. Mas también se unían los más serios problemas políticos, pues si en 1566 había estallado ya la rebelión flamenca […] ésta evidenció su inmensa hondura al convertirse en una guerra en 1568. Igual amenaza se presentaba en la misma España, donde la tensión de los moriscos de Granada crecía a tal punto, que ya se barruntaba la rebelión que […] estalló a finales del año. Y lo peor del caso es que […] entre 1567 y 1568 se marcaba una profunda inflexión, por la crisis mercantil y hacendística entonces agudizada.
>
> Los problemas de Indias, en paralelo, se complicaban también al máximo. En el Virreinato de México surgió la conspiración de los encomenderos […]. En el Virreinato del Perú, donde se habían sucedido tiempo atrás los enfrentamientos de los conquistadores y las sublevaciones de los encomenderos

---

346 Vgl. McAlister 1984, 187. Wenngleich diese *Visitas* in der Praxis häufig dazu genutzt wurden, den jeweiligen Nachfolger in die lokal spezifischen Machtverhältnisse sowie die bestehenden informellen Arrangements mit lokalen Eliten einzuweisen (vgl. McAlister 1984, 197 ff.).

347 Konkret standen dabei die Probleme mit der Befriedung Perus und der Entmachtung des Pizarro-Clans im Mittelpunkt. Der Vorwurf lautete auf Begünstigung der Pizarros durch Mitglieder des *Consejo de Indias* entgegen der Vorgaben des Monarchen.

también tuvo que ser suspendido el virrey Conde de Nieva. [...] Más con todo, la gravedad de la situación fue en aumento [...].[348]

Philipp II. hat nichts Geringeres als den Zerfall des Imperiums zu fürchten. Um ihn abzuwenden, wird mit der *Junta Magna* ein Gremium aus zweiundzwanzig Mitgliedern gebildet, deren Qualifikation für dieses Engagement aus einer zeittypischen Mischung von politischer Erfahrung und ständischen Privilegien besteht.[349] Das Ergebnis der Beratungen, die bis in den Herbst des Jahres 1568 andauern, ist ein umfangreiches Regelwerk, das insbesondere Fragen der Exploration und Inbesitznahme neuen Territoriums sowie der Evangelisierung behandelt. Der *tratamiento de los Indios* bildet einen weiteren Schwerpunkt der *Ordenanzas*, in denen die aus den Beschlüssen der *Junta Magna* folgenden Rechtsnormen formuliert werden; wesentliche Probleme in diesem Bereich, insbesondere die *perpetuidad* der *Encomienda*, bleiben jedoch ungelöst.[350]

Die von Juan de Ovando durchzuführende *Visita* am *Consejo de Indias* ist eine weitere der Maßnahmen, die als Reaktion auf diese sich Ende der 1560er Jahre anbahnende Krise beschlossen werden. Sie arbeitet den Beratungen der *Junta Magna* gewissermaßen zu, indem sie zur Identifizierung institutioneller Ursachen der politischen Probleme beitragen soll. Die *Ordenanzas* 117–122 von 1571, in denen sich das Ergebnis dieser Nachforschungen spiegelt, gehören zu den kanonischen Referenzen in der Forschung zum *gobierno de Indias*.[351] Die Diagnose lautet: „Porque ninguna cosa puede ser entendida ni tratada como debe, cuyo sujeto no fuere primero sabido de las personas que de ellas hubieren de conocer y determinar."[352]

Zur Herstellung einer Kompatibilität von *hecho* und *derecho* ist es also zunächst erforderlich, von beiden eine ausreichende Kenntnis zu erlangen. Zu diesem Zweck wird die Zusammenstellung eines verbindlichen Kodex der *Leyes de Indias* angeregt, die auch sogleich in Angriff genommen, jedoch erst 1680 zum Abschluss gebracht wird. In diskursanalytischer Perspektive höchst interessant ist sodann der Umgang mit den *hechos*, der von Ovando vorgeschlagen und anschließend auch in die Praxis umgesetzt wird:

---

348 Ramos 1986, 1.
349 Vgl. Ramos 1986, 7.
350 Ausführliche Erläuterungen zu den *ordenanzas* von 1573 finden sich z. B. in Pérez Fernández 2001, 490; Ramos 1986, 8 ff.
351 Vgl. Carbia 1934, 98.
352 Nach González Muñoz 1971, VIII.

Ordenamos y mandamos que los de nuestro Consejo de Indias con particular estudio y cuidado, procuren tener hecha siempre descripción y averiguación cumplida y cierta de todas las cosas del estado de la India, así de la tierra como de la mar, naturales y morales, perpetuas y temporales, eclesiásticas y seglares, pasadas y presentes [...] y tengan un libro de la dicha descripción en el Consejo, y gran cuidado en la correspondencia de los virreyes, autoridades y ministros para que informen cada año de las novedades que hubiere y lo que sucediere se vaya poniendo y añadiendo a dicho libro. [...].[353]

Mit der *Crónica Mayor de Indias* wird eine Institution geschaffen, deren einzige Aufgabe darin besteht, jederzeit in angemessenem Umfang *informaciones* über die *Indias* bereitzustellen, um die Übereinstimmung von *gobierno* und *justicia* zu gewährleisten. Der Diskurs, in dem diese *informaciones* nach dem Verständnis der Zeitgenossen zu kodieren sind, ist der historiographische. Der Grund, aus dem dieser nach ihrem Verständnis geeignet ist, die benötigten *informaciones* auch tatsächlich zu generieren, liegt in seiner Themenvielfalt, die hinreichende Rückschlüsse auf die Geltung bestimmter *costumbres* in einem bestimmten regionalen Kontext zulässt. Die bedeutendste Referenz im Hinblick auf das Verfahren der Informationsgewinnung, das zu diesem Zweck anzuwenden ist, ist die *Ordenanza* 119, die im Folgenden auszugsweise wiedergegeben wird:

Porque la memoria de los hechos memorables y señalados, que ha habido y hubiere en nuestras Indias se conserve, el Coronista Mayor de ellos (sic!), que ha de asistir en nuestra Corte, vaya siempre escribiendo la historia general de todas sus Provincias, o la particular de las principales de ellas [...] averiguando las costumbres, ritos, antigüedades, hechos y acontecimientos con sus causas, motivos y circunstancias [...] para que de lo pasado se pueda tomar exemplo en lo futuro, sacando la verdad de las Relaciones y papeles más auténticos y verdaderos, que se nos enviaran en nuestro Consejo de las Indias [...].[354]

Die Andeutung einer quasi-modernen Vielfalt der zu berücksichtigenden 'Quellen' hat der Forschung im 20. Jahrhundert Anlass gegeben, die *Crónica Mayor de Indias* mit modernen Ansprüchen an Historiographie zu befrachten und sich in historisch nicht adäquaten Interpretationen zu verstricken (mehr dazu in Kap. 5.). Das enorme politische Gewicht und vor allem die rechtssystematische Relevanz, die dem historiographischen Diskurs als „poderoso instrumento del buen gobierno"[355] zeitgenössisch zukommt, ist in der Forschung bisher kaum zufriedenstellend reflektiert

---

353 Nach González Muñoz 1971, VIII.
354 Nach Altamira y Crevea 1948, 7.
355 Carbia 1934, 99.

worden.[356] Wenig bekannt ist auch über die konkreten Umstände der Textredaktion, die für die Arbeit des *Cronista Mayor de Indias* tatsächlich anzusetzen sind. M.E. gilt noch immer: „Herrera has not received the scholarly attention he deserves".[357] Neueste Forschungen zum *Consejo de Indias* zeigen jedoch, dass für das Zustandekommen der die *Indias* betreffenden rechtlichen Verfügungen des Monarchen ein komplexer Interaktionsprozess zu veranschlagen ist, der den maßgeblichen Amtsträgern vielfältige Möglichkeiten der Einflussnahme bietet, und nicht davon auszugehen ist, dass der *Consejo de Indias* die Souveränität des Monarchen lediglich administrativ stützt, wie dies eine verfassungsgeschichtliche Perspektive suggeriert. Stattdessen ist der *Consejo de Indias* der Ort, an dem Patrone die Interessen ihrer Klienten zur Geltung bringen können, indem sie die Schriftstücke, die im Rahmen von prinzipiell festgelegten, jedoch beeinflussbaren Prozessen zirkulieren und in letzter Instanz der Meinungsbildung des Monarchen dienen, in unterschiedlichster Weise manipulieren, sei es im mündlichen Vortrag, sei es bei der Niederschrift. Durch die detaillierte Auswertung solcher Dokumente und des Zuschnitts der Archive ist der interessierte Eingriff von Mitgliedern des *Consejo de*

---

356 Eine Ausnahme ist dabei der US-Historiker Richard Kagan, der sich in zahlreichen Publikationen mit der Hofhistoriographie des frühneuzeitlichen Europas befasst. Kagan 2004 macht bereits deutlich, dass Herrera selbst seine Historiographie als das eminent politische Geschäft verstand, das sie auch gewesen ist. Es dominiert jedoch die – zweifellos angemessene – These einer propagandistischen Funktion nach außen; die disziplinierende Funktion nach innen wird kaum thematisiert. Dies könnte eine tendenziell einseitige Sichtweise sein, es ist allerdings denkbar, dass eine solche disziplinierende Funktion nach innen ggf. erst in späterer Zeit, angesichts der Krise des Imperiums, relevant wird, zu Beginn der Expansion hingegen noch nicht von Bedeutung ist.

Dass Kagan die rechtssystematischen Zusammenhänge bewusst sind, zeigt seine ausgesprochen kenntnisreiche Monographie von 2009, die einschlägige historische Belege enthält, etwa, wenn er auf die Forderungen und Ansprüche der einzelnen *Reynos* gegenüber dem Imperium hinweist (vgl. 2009, 105) oder auf die Auseinandersetzung mit Frankreich um den Anspruch auf die Rolle der Universalmonarchie (vgl. 2009, 135). Er berührt aber die unterschiedlichen systematischen Implikationen solcher Sachverhalte nur am Rande. Seiner innovativen These unbenommen bleibt er insoweit der Tradition des Genres ‘Geschichte der Geschichtsschreibung’ verpflichtet.

Der rechtshistorische Status der *Crónica Mayor de Indias* ist zuletzt auch von dem Rechtshistoriker Thomas Duve explizit thematisiert worden. Eine systematische Kooperation der Rechtsgeschichte mit der ‘Geschichte der Geschichtsschreibung’ könnte hier zu weiteren Präzisierungen beitragen.

Vgl. auch Kap. 5 dieser Arbeit.

357 Kagan 1995, 80.

Indias in den Prozess der politischen Willensbildung als geläufiges Phänomen für die Zeit Philipps II. nachgewiesen worden.[358]

Zwar liegt eine vergleichbar perspektivierte Fragestellung für die *Crónica Mayor de Indias* insofern nicht unbedingt nahe, als der *Cronista Mayor* allein gearbeitet hat und lediglich das Ergebnis seiner Arbeit dem Präsidenten des *Consejo de Indias* zur Prüfung vorzulegen hatte, wobei die eventuell angemahnten Änderungen heute nicht mehr rekonstruiert werden können, da das Autograph der *Décadas* nicht erhalten geblieben ist. Darüber hinaus ist evident, dass konkrete Handlungsabläufe der historischen Rekonstruktion ohnehin verschlossen bleiben müssen:

> Der Zusammenhang zwischen dem Wissen des Rates und Königs über Amerika und ihren administrativen und politischen Entscheidungen lässt sich zwar analysieren, als Ergebnis sind jedoch nicht Ketten von Ursache und Wirkung zu erwarten, sondern im besten Falle Einsichten in das Bedingungsgefüge des zeitgenössischen Denkens, Sprechens, Entscheidens und Handelns.[359]

Gleichwohl ist es angezeigt, über die so oft wiederholte Standardinterpretation von Herreras einschlägigen Selbstauskünften hinauszugelangen. Diese finden sich zugespitzt in seiner einleitenden Bemerkung über die 'Quellen' der *Décadas*:

> Hanse seguido en esta historia los papeles de la Camara Real, y Reales archiuos: los libros, registros y relaciones, y otros papeles del Real y Supremo Consejo de las Indias, dexando aparte muchas cosas que los referidos autores han dicho, por no poderse verificar con escrituras autenticas.[360]

Wie klar zu erkennen ist, erhebt Herrera in keiner Weise Anspruch auf die Anwendung kritisch-moderner Verfahren.[361] In der urprünglich von Es-

---

358 Vgl. Bouza Álvarez 1999; Brendecke 2009, 320 ff.; García Gallo 1987.

359 Brendecke 2009, 309.

360 Herrera y Tordesillas 1601.

361 In Kagan 2004 wird zwar bereits ausdrücklich auf den kompilatorischen Charakter vormoderner Historiographie aufmerksam gemacht und die Abwesenheit kritisch-reflexiver Intentionen bei Herrera betont, die Idee einer prinzipiellen Gleichwertigkeit aller Texte in den Augen des Chronisten bleibt aber auch hier bestehen. Erst in Kagan 2009 wird der Befund deutlicher, wenn vom „nasty habit of cherry-picking" (2009, 5) die Rede ist. Dort werden auch erstmals konkrete Hinweise auf entsprechende Regularitäten gegeben (vgl. 2009, 174). Etwas defensiver hingegen Rodríguez de Diego 2000, der lediglich den Bezug der „memoria histórica" zu einem „programa de gobierno" in den Blick nimmt (2000, 193). Die empirischen Befunde der vorliegenden Arbeit zeigen, dass eine Gleichwertigkeit der 'Quellen' in der Tat nicht besteht, und darüber hinaus, welche

teban de Garibay stammenden und später durch Antonio de Herrera bearbeiteten *Traça y orden para la chrónica del cathólico rey nuestro señor Don
Philipe el segundo y apuntamiento de materias por sus años* ist die Rede von
„los papeles de los consejos de estado y guerra, porque ellos contienen la
pureza de la verdad de todos los casos y sucesos más notables y dignos de
perpetua memoria [...]".[362] Wie jedoch zu erkennen ist, geht auch dieser
Text nicht über die Referenz auf die 'Papiere' hinaus, sagt nichts über die
Art ihrer Verwendung. Die entscheidende Frage bleibt also, ob der bloße
Verweis auf das Vorhandensein von Dokumenten als Indiz für einen methodischen Anspruch, der auf moderne Quellenkritik zielt, zu werten ist,
und die wahrscheinliche Antwort lautet, dass dem nicht so ist.

> Die königliche *ordenanza* betont ausdrücklich, dass der Chronist nicht
> Kompilator und Kritiker von *auctoritates* ist, sondern auf der Basis von ar-
> chivalischen 'Papieren' arbeitet. Es wird anerkannt, dass es mehr oder weniger
> 'authentische Berichte' und 'Papiere' im Archiv gibt und dass es notwendig ist,
> die 'Wahrheit' aus diesen Quellen 'herauszuziehen'. Erreicht werden soll dies,
> indem der Chronist als Bestandteil einer bürokratischen Organisation über
> eine Informationsquelle verfügt, die größer ist als alles, was ein 'Amateur' zur
> Verfügung hat.[363]

Die Legitimierung des Chronisten durch seine Teilhabe an einer bürokratischen Organisation mit geregelten Verfahrensweisen sowie das Argument der Zwangsläufigkeit der Filterung von Wahrheit aufgrund der
schieren Masse an Information ist ohne Zweifel von Belang. Es ist jedoch
anzumerken, dass damit nur die normative Ebene beschrieben ist. Die
topische Berufung auf die Masse an Information, die den Chronisten in
Form von Papieren umgibt, ist realistischerweise als eine diskursive Legitimationsstrategie zu verstehen, die Bezug nimmt auf die Kriterien der
Geltung herrschaftlichen Wissens, ohne dabei unbedingt die faktisch genutzte Verfahrensweise anzugeben:[364]

Prinzipien und Verfahren für das *cherry-picking* bei Herrera konstitutiv sind. Vgl.
Kap. 5 und 6.

362 Zit. nach Bouza Álvarez 1999, 95.

363 Folger 2003, 283.

364 So lässt sich erklären, weshalb die oben referierte, traditionelle Deutung des
Verweises auf den Umfang des Archivs zustande kommen konnte; der Grund liegt
in der mangelnden Beachtung, die der rechtssystematischen Relevanz der *Crónica
Mayor de Indias* bisher geschenkt worden ist. Auch in Kagan 2006 ist dies noch der
Fall. So heißt es dort lediglich: „He also regarded it as a discipline inseparable from
the political life of the court, and he believed that historians should, in addition to
acquiring administrative experience, help in the formulation of policy" (2006,
288). Mit der Monographie Kagan 2009 hat sich der Forschungsstand in dieser

Los manuscritos archivísticos son tan veraces que son incuestionables. Por eso, el historiador que los usa es un buen historiador. Por eso, algún historiador se inventa que los ha usado. Esta tradición de fabular so juramento de haber visto los papeles que sirven de inspiración a ese autor ha durado hasta el XIX (¿sólo?).[365]

Die Frage, wie das Archiv beschaffen war, von dem Antonio de Herrera bei seiner Arbeit umgeben war, ist gleichwohl pertinent, weil die Differenz zwischen dem Zuschnitt dieses Archivs und dem tatsächlich verarbeiteten Korpus Rückschlüsse auf die von Herrera angelegten Geltungskriterien erlaubt, die deutlich hinausgehen über die bisher vorliegenden, ideologisch geprägten Wertungen in dieser Hinsicht (vgl. Kap. 5.). Die dort zur Verfügung stehenden Texte repräsentieren zwar im Prinzip jene drei Diskursdomänen, die bereits als relevant für den *Consejo de Indias* benannt worden sind: das Rechtswesen, die Verwaltung und die Historiographie. Letztere bildet jedoch naheliegenderweise die ureigenste Domäne des *Cronista Mayor de Indias*; demgegenüber funktionieren alle anderen Typen von Texten, einschließlich der *relaciones de cosas*, in Kommunikationszusammenhängen, von denen der *Cronista Mayor de Indias* grundsätzlich ausgeschlossen ist. Seine Aufgabe besteht in der Erstellung eines kanonischen Wissensspeichers, er selbst wird jedoch nicht als Sachverständiger in die Beratungen anderer Ratsmitglieder einbezogen. Sein Posten ist funktional getrennt von den administrativen Organen des *Consejo de Indias*. Die Konsultation von Quellen, die nicht der Domäne der Historiographie angehören, bedeutet aus seiner Sicht insofern, dass zunächst eine interne

---

Hinsicht allerdings wesentlich verbessert, insofern dort exemplarisch gezeigt wird, dass der Umgang mit dem Archiv von taktischen Überlegungen mit im Kern rechtlichen Implikationen geprägt gewesen ist.

Vgl. auch die einschlägigen Erläuterungen bei Brendecke, der zum einen zeigt, dass Medien als ein Instrument des *self-fashioning* eingesetzt worden sind und keineswegs immer funktionale Bedeutung hatten, zum anderen, dass die Dokumentation im *Consejo de Indias* kaum je für konkrete Entscheidungen zu Rate gezogen worden ist (2009, 314 ff.). Zu berücksichtigen ist in diesem Kontext auch die enge Verbindung zwischen dem Archiv als Institution und den veränderten Machtansprüchen der zentralistischen Monarchie, die seit den *Reyes Católicos* artikuliert werden (vgl. Rodríguez de Diego 2000). Der Verweis auf den Inhalt des Archivs funktioniert als Chiffre der Machtansprüche des Monarchen, die Papiere aus dem Archiv sind das Medium der Ausübung dieser Macht. Das in Antolín 1926 zusammengestellte Inventar von Papieren die „parte del legado común que pasaba de un cronista real a otro" (1926, 15) darstellen, deutet in dieselbe Richtung, insofern dort fast ausschließlich Ahnentafeln bedeutender iberischer und europäischer Monarchien verzeichnet sind.

365 Alvar Ezquerra 2000, 229.

institutionelle Schwelle überschritten werden muss. Jenseits dieser Schwelle herrscht im *Consejo de Indias* überdies ein Ausmaß an Konfusion und Lückenhaftigkeit der Dokumentation, das für den frühneuzeitlichen Historiographen die Autorität der solchermaßen ungeordneten Information von vornherein in Frage stellt. Die im Rahmen der Analyse zutage tretende Tatsache, dass ein Überschreiten jener Schwelle zu den anderen Arbeitsbereichen des *Consejo de Indias* kaum je stattgefunden hat, hat also sowohl epistemische Gründe (mehr dazu in Kap. 3.5.2) als auch institutionelle Gründe.[366]

Aus welchen Texten das interne Privatarchiv, dessen sich Herrera bei seiner Arbeit bedient hat, genau bestand, lässt sich nicht mehr rekonstruieren.[367] Möglich ist eine Rekonstruktion aber hinsichtlich der Kanäle, über die das Archiv mit Texten gespeist wurde. Dabei kommen prinzipiell drei Optionen in Betracht: zunächst die *economía de mercedes y servicios*, deren administrative Verfahrensweise die Dokumentation einschlägiger, belohnungswürdiger Verdienste von Untertanen in Form einer *relación de méritos y servicios* erforderte, welche ihrerseits dem *Consejo de Indias* zur Bearbeitung vorgelegt werden musste; sodann die gezielte Konfiszierung oder der Ankauf von Texten, die einen substanziellen Informationszugewinn versprachen. Voraussetzung ist dabei, dass es sich bei ihrem Verfasser um eine namhafte Persönlichkeit aus dem Umfeld der 'Kolonialadministration' handelt, da dem *Cronista Mayor* die einschlägigen Texte andernfalls gar nicht bekannt geworden wären; schließlich historiographische Texte, für deren Zensur der *Cronista Mayor* seit 1599 zuständig war[368] und die ihm

---

366 Vgl. Brendecke 2009, 312. Aufgrund dieses Mangels an Berührungspunkten zwischen dem *Cronista Mayor* und den anderen Teilen des *Consejo Mayor de Indias* ist es statthaft, hier auf eine eingehende Erörterung der internen Umstrukturierungen des Rates im Laufe des 16. Jahrhunderts zu verzichten. Vgl. dazu ggf. Brendecke 2009, 159 ff.; Schäfer ²2003.

    Dies gilt auch für die Einrichtung der *Secretarías* für Nueva España und Perú im Jahr 1600, die keine nachweisbaren Auswirkungen auf die *Crónica Mayor* gehabt haben.

367 So werden auch in Brendecke 2009 lediglich Einzelfälle diskutiert, die sich anhand der Vermerke auf den Manuskripten gut rekonstruieren lassen. Eine umfangreichere Rekonstruktion von Herreras Archiv wäre nur aufgrund neuer Quellenfunde möglich. Vgl. auch die Erläuterungen in Brendecke 2011.

    Einige konkrete Angaben macht Herrera zwar selbst. Diese lassen jedoch nicht den Schluss zu, er habe nur diese Texte konsultiert und ebenso wenig den, er habe die genannten Texte alle auch verarbeitet. Eine Aufzählung aller relevanten Autoren findet sich in Ballesteros-Beretta 1934, LXXII.

368 Vgl. Domínguez Ortiz 1991, 119.

deshalb zum Zwecke der Begutachtung zugeleitet werden mussten. Als Ergebnis regelmäßiger Begehungen von Bibliotheken und Archiven sollte dem *Consejo de Indias* bis Ende des 16. Jahrhunderts auch ein Großteil der bereits früher veröffentlichten Texte bekannt geworden sein;[369] gleichwohl ist nicht anzunehmen, dass hier Vollständigkeit erreicht worden ist.[370] Den Gepflogenheiten der Zeit entsprechend ist vielmehr von einer eingeschränkten Observanz der maßgeblichen Richtlinien und zudem von späteren Verlusten des Ratsarchivs auszugehen.

Von marginaler Bedeutung ist die erstgenannte Option. *Relaciones de méritos* stehen zwar massenhaft zur Verfügung, die subalterne Position ihrer Verfasser schmälert jedoch ihre Signifikanz in den Augen des professionellen Historiographen. Zudem sind sie in der Handhabung unpraktisch, da sie sich ihrem Zweck entsprechend auf meist unbekannte Einzelpersonen und enge Zeiträume konzentrieren.

Wenn Herrera von der Option der Konfiszierung oder des Kaufs nur in Einzelfällen Gebrauch gemacht hat, so erklärt sich dies systematisch dadurch, dass die Anzahl bekannter Persönlichkeiten, deren Schriften Ende des 16. Jahrhunderts noch nicht im *Consejo de Indias* angekommen waren, aus zwei Gründen gering gewesen sein dürfte: erstens, weil die Anzahl solch weithin bekannter Persönlichkeiten nicht außerordentlich groß war, zweitens, weil diese ihre Texte in den meisten Fällen bereits publiziert hatten und die Drucke im *Consejo* vorlagen. Zugleich ist allerdings zu bemerken, dass die Texte, die eigens konfisziert werden, von Herrera dann auch sehr intensiv genutzt werden.

Systematisch genutzt werden daneben jene Texte, die ihm aufgrund seiner Funktion als Zensor zugeleitet werden und die selbst bereits Teil des durch die Zensur autorisierten Diskurses sind oder es durch Antonio de Herrera (wieder) werden. Diese Texte sind es, von denen Herrera am unmittelbarsten und leichtesten Kenntnis erlangt. Der durch die Erfindung des Buchdrucks induzierte Medienwechsel ist also auch für die Konstitution von Herreras persönlichem Archiv wesentlich mitverantwortlich, insofern Herrera als Zensor historiographischer Texte eine entscheidende Schaltstelle im Prozess dieses Medienwechsels besetzt. Die erstmalige Institutionalisierung der Zensur unter den *Reyes Católicos* entspricht im Kern dem Versuch der Bändigung expandierender Kommunikationssphären, die räumlich nicht mehr an traditionell die Schriftkultur

---

369 Vgl. Friede 1959, 52.
370 Vgl. das Inventar verdächtiger Titel aus Madrider Privatbibliotheken in Prieto Bernabé 2004, 410.

pflegende Institutionen wie Klöster und Universitäten gebunden sind und insofern vervielfachte Möglichkeiten der Verbreitung von Heterodoxien bieten.[371] Der Umstand, dass auch bei der kastilischen Zensur eine erhebliche Differenz von Norm und Praxis zu beobachten ist, ist der Forschung mittlerweile hinlänglich bekannt;[372] gleichwohl ist die Ausstattung eines Textes mit den einschlägigen *licencias* unter den Bedingungen des 16. Jahrhunderts ein Ausweis seiner Orthodoxie und mithin seiner Autorität.[373] Die Drucklegung als Verfahren zur Herstellung einer unmittelbar sichtbaren, sich buchstäblich materialisierenden Form der Autorität von Texten ist somit paradoxerweise zugleich Ursache der Verbreitung von Heterodoxien, die es zu bekämpfen gilt, und das Mittel der Wahl bei der Etablierung von autoritativen Gegendiskursen.[374] Antonio de Herrera ist in diesem Horizont zum einen in der Lage, auf einen Fundus vorgängig autorisierter Texte zurückzugreifen, zum anderen auch, *auctoritates* zu etablieren, indem er sie kraft seines Amtes in diesen Stand erhebt. „One of the tasks of the royal chronicler was to review and censor historical works prior to publication, and Herrera used this power to become the de facto arbiter of historical production in Castile".[375] Was jedoch nicht stattfindet, ist eine systematische, nach heutigen Maßstäben konsequente Ausübung der Zensur, die es gestatten würde, einen regelmäßigen Zusammenhang zwischen ihr und der Konstitution der *Décadas* zu beschreiben. Stattdessen geben auch hier nur die zu leistenden Einzelfallstudien Aufschluss.[376]

---

371 Vgl. González Sánchez 2003, 81 ff.. Einen konzisen Überblick über die rechtshistorischen Aspekte der Zensur im 16. Jahrhundert bietet Friede 1959. Dieser ist unbedingt zu ergänzen um sozial- und kommunikationsgeschichtliche Aspekte, wie sie etwa in Guibovich 2003 behandelt werden. Vgl. auch Prieto Bernabé 2004.

372 Vgl. Guibovich 2003, 27 ff.; Zedelmaier 2003.

373 Vgl. Bouza Álvarez 1999, 87 f.

374 Und zwar ganz unabhängig von der Frage, ob die Kriterien, aufgrund derer die Zensur ihr Urteil bildete, konsistent sind oder nicht. Vgl. zum Problem der Festlegung einschlägiger Kriterien Pinto 1989.
    Vgl. zur Bedeutung des Buchdrucks für die Geltung von Wissensbeständen in der Frühen Neuzeit u.a. Giesecke ²1998; Schneider 2005. Zur normierenden Funktion des *Cronista Mayor de Indias* im Kontext der *historiografía indiana* vgl. Brendecke 2011.

375 Kagan 2006, 288.

376 Signifikant ist insofern auch, dass Kagan die Funktion Herreras als Zensor zwar entschieden betont, dabei aber auf empirische Belege verzichtet. Zur Lückenhaftigkeit der Zensur historiographischer Texte vgl. auch Domínguez Ortiz 1991, 118.

Einen Problemfall stellen sodann die *papeles de la Real Cámara* dar, von denen Herrera selbst angibt, sie auf Veranlassung des Monarchen hin zur Verfügung gestellt bekommen zu haben. Sie setzen sich zusammen aus der Korrespondenz des Monarchen mit seinen hochrangigsten Vertretern in Übersee, historiographischen Manuskripten, die unter Verschluss gehalten werden, sowie den *relaciones geográficas* und anderen Dokumenten, die als Folge der ovandinischen Reform am Madrider Hof versammelt worden sind. Für sich genommen stellt das Ansinnen einer sachbezogenen Zusammenführung dieser beiden Archive einen bemerkenswerten Schritt im Rahmen der allgemeinen Tendenzen von Zentralisierung und Institutionalisierung dar. Gleichwohl ist schwer zu beurteilen, wie Herrera mit diesen Ressourcen umgegangen ist, da er lediglich von „treinta y dos fragmentos manuscritos"[377] Kenntnis erlangt haben will. Mit größter Sicherheit stammen die von Herrera verarbeiteten *relaciones geográficas* also aus dem Fundus der *Cámara Real*, mit größter Wahrscheinlichkeit jedoch hat er darüber hinaus keine dort lagernden 'Quellen' verarbeitet; die Frage, wie umfänglich er dieses Archiv zur Kenntnis genommen hat, ist letztlich kaum zu beantworten.

Wie ist es nun zu erklären, dass Herrera gleichwohl einen großen Teil der *Décadas* mit 'Quellen' bestreitet, die von Persönlichkeiten mit einem herausragenden, intellektuell und institutionell begründbaren Autoritätsanspruch verfasst und von ihm selbst kraft seiner Amtsbefugnisse requiriert worden sind, obwohl diese 'Quellen' rein quantitativ nicht auch einen entsprechend großen Anteil am insgesamt verfügbaren Textmaterial haben? Zunächst ist dazu festzustellen, dass der *Cronista Mayor de Indias* infolge der Expansion der Schriftlichkeit, die sich parallel zur imperialen Expansion Kastiliens vollzieht, bei der Durchsicht der viel beschworenen Papiere des Archivs mit einer Vielzahl partikularer Wahrheiten konfrontiert wird, deren sachbezogene Beurteilung ihm unmöglich ist. Anstatt ihn der Wahrheit näher zu bringen, lähmen sie ihn:

> Für den Moment lässt sich festhalten, dass das Dilemma des Hofchronisten in einer doppelten Unmöglichkeit bestand, objektive Beschreibungen hervorzubringen. Zum einen wurde er mit interessegeladenen Beschreibungen beschickt, zum anderen stand die Aufgabe der Abfassung einer autoritativ gültigen Chronik unter einem enormen politischen Erwartungsdruck.[378]

So ist es paradoxerweise gerade die Fülle des Materials und die daraus resultierende Komplexität der Widersprüche, die den *Cronista Mayor* dazu

---

377 Ballesteros-Beretta 1934, LXXII.
378 Brendecke 2009, 306.

zwingen, auf existierende Synthesen zurückzugreifen.[379] Das Problem der Wahrheitsfindung verlagert sich damit auf die Beurteilung der Geltung der verfügbaren Synthesen. Dabei verfällt Herrera dem traditionellen Reflex, diese nach dem Umfang und der Kohärenz des Textes sowie der Autorität ihres Verfassers zu beurteilen. Wenn nun zu beobachten ist, dass Herrera große Teile seiner *Décadas* aus von ihm selbst requirierten, unveröffentlichten Manuskripten bestreitet, so widerspricht dies dem bereits beschriebenen Verfahren der Autorisierung von Texten durch den Buchdruck nur scheinbar. Zwei Aspekte sind in diesem Zusammenhang zentral: Zum einen ist es ein Indiz für die herausragende institutionelle Stellung ihrer Verfasser, dass die einschlägigen Texte dem *Cronista Mayor* bekannt geworden sind, obwohl sie nicht im Druck erschienen waren; zum anderen bietet gerade der Status des Manuskripts dem *Cronista Mayor* die Möglichkeit, seine Kompetenz als Zensor auszuüben und der Wahrheit dort zum Durchbruch zu verhelfen, wo dies noch nicht hinreichend geschehen sein sollte. Der unfeste Text des Manuskripts erlaubt Eingriffe, die der offiziell sanktionierte Text des gedruckten Buches nicht mehr ohne Weiteres gestattet.

Ist Herrera unter diesen Voraussetzungen sinnvollerweise als Autor der *Décadas* zu bezeichnen? Sicher nicht im modernen Sinne, sondern bestenfalls in dem klaren Bewusstsein, dass die Konstitution von textueller Autorität unter den geschilderten Bedingungen wesentlich anderen Mechanismen unterliegt als sie der Begriff der Autorschaft prototypischerweise impliziert. Herrera kann verstanden werden als Agent einer institutionalisierten, jedoch deswegen nicht auch modernen Form der Überlieferung, die ebenso stark der Logik des zeitgenössischen *justicia*-Begriffs unterliegt wie die allermeisten anderen historiographischen Beiträge der Zeit. Er stellt lediglich einen relativen Extremfall auf einem Kontinuum von Graden der Autorschaft dar, auf dem jedoch das genieästhetisch motivierte Autorkonzept gar nicht enthalten ist, sondern das lediglich die Sichtbarkeit des Individuums unter frühneuzeitlichen Bedingungen der Textproduktion betrifft.[380]

---

379 Vgl. Ballesteros Gaibrois 1969, 93/95. Das Problem der Ununterscheidbarkeit von Wahrheit und Lüge als Folge ausufernder Schriftlichkeit ist bekanntlich zeitgenössisch bereits intensiv reflektiert worden und hat zu einschlägigen Polemiken geführt. Die Forschungsliteratur ist umfangreich, genannt seien hier stellvertretend lediglich Bouza Álvarez 1999; Giesecke ²1998; Raible 2005, 138 ff.

380 Vgl. zu diesem Problem Oesterreicher 2009c sowie Kap. 4.12.

Der Grund für den insgesamt noch unzureichenden Forschungsstand, der bezüglich der *Crónica Mayor de Indias* besteht, ist in dem oftmals fehlenden Verständnis für die historische Kontingenz der Pragmatik historiographischer Textproduktion zu suchen. Die systematische Statusbestimmung derjenigen Diskurstraditionen, die das Diskursuniversum der Historiographie wesentlich prägen, ist ein unverzichtbares Element eines pragmatischen Zugriffs auf historische Manifestationen von Geschichtsschreibung. Eine knappe Skizze hierzu soll im Folgenden versucht werden.

3.5. Zur Texttypik in der Historiographie der *Crónica Mayor de Indias*

Bei der historisch-systematischen Charakterisierung der Typen relevanter Texte aus dem Umfeld der *Crónica Mayor de Indias* sind erhebliche Widerstände zu gewärtigen. Im Falle der historiographischen Texttypen erweist sich eine systematische Differenzierung der beiden bedeutendsten, nämlich *historia* und *crónica*, als kaum möglich; sie besitzen als Gattungsnamen ein denkbar geringes Distinktionspotenzial und markieren im günstigsten Fall Idealtypen, deren konstitutive Eigenschaften eine Tendenz angeben, welche sich nirgends in Reinkultur verwirklicht findet und deren Benennung umstandslos vertauscht werden könnte; sodann ist das Verhältnis der *relación* zur Diskursdomäne der Historiographie zu problematisieren. Wenngleich dieser Texttyp vergleichsweise klar zu identifizieren und abzugrenzen ist, so ist sein diskursiver Status doch prekär.

Im Falle der juridischen Texttypen liegen die Widerstände im bisher noch unzureichenden Stand der Forschung. Die Ursachen dieses Mangels sind, soweit erkennbar, rein kontingenter Natur. So sind zwar reichlich einschlägige Archivbestände vorhanden, jedoch schwer zu erschließen; ebenso kann die Rekonstruktion der Pragmatik juridischer Texttypen im frühneuzeitlichen Kastilien bislang auf nur wenigen Vorarbeiten aufbauen. Die wenigen verfügbaren Indizien zu den beiden Diskursdomänen 'Historiographie' und 'Administration' werden im Folgenden diskutiert.

3.5.1. *Historia, Crónica, Relación*

Will man sich in der Diskursdomäne der Historiographie hinsichtlich ihrer Ausprägungen orientieren, so stellt man zunächst fest, dass der Begriff *historia* keine Identifizierung eines bestimmten Typs von Historiographie erlaubt. In bestimmten historischen Einzelfällen ist zwar die Tendenz gesehen worden, *historia* mit der narrativen, erklärenden Darstellung komplexer Stoffe zu assoziieren, *chronica* hingegen mit analogiebasierter mittelalterlicher Chronographie,[381] de facto lässt sich diese Differenzierung jedoch nicht einmal für das Mittelalter auf eine Mehrheit von Texten anwenden, und noch viel eher gilt für die Frühe Neuzeit, dass eine weitestgehend synonyme Verwendung der Begriffe *historia* und *chronica* stattfindet, häufig sogar in ein und demselben Text.[382] An dieser Stelle lohnt ein Blick in die Etymologie. Agr. *historia* wird gemeinhin wiedergegeben als 'Wissen, das durch eigenes Erleben oder Erforschen erworben wurde' und bezeichnet mithin nicht in erster Linie ein textuelles Resultat, sondern ein empirisches Verfahren der Erkenntnisgewinnung, den Augenschein. *Historia* ist also zunächst alles, was sich als Resultat im Zuge dieser Form der Erkenntnisgewinnung einstellt, „seine Bedeutungsbreite erweist sich als deckungsgleich mit den vielfältigen Methoden empirischer 'Forschung'".[383] Bedenkt man des Weiteren, dass für die angemessene sprachliche Abfassung über das rhetorische *aptum* hinaus keine konkreten Anweisungen gegeben werden, wird klar, warum das Konzept der *historia* zwangsläufig im Allgemeinen verbleiben muss.[384] Daran ändert auch der bei Isidor von Sevilla eingeführte Bezug auf die schriftliche Fixierung nichts, insofern seinem Verständnis nach eben jegliches vergangene Geschehen potenziell Gegenstand der *historia* werden kann.

---

381 Vgl. Schmale 1985, 105 f.

382 Vgl. Stoll 1997, 70 ff.

383 Völkel 2006, 35. Dem Problem einer systematischen Unterscheidung von Historiographie und Chronographie ist die aktuelle, vierbändige Studie Harweg 2009 gewidmet. Wie ihr Autor jedoch selbst einräumt (vgl. 2009/1, 17), ist es ihm ausschließlich um die systematische Unterscheidung und Klassifikation, nicht die historische Rekonstruktion von Verfahren der sprachlichen Kodierung von Zeitlichkeit zu tun. Diese Perspektivierung ist angesichts der Forschungstradition, in der Harweg steht, erwartbar; sie macht seine Arbeit für unsere Zwecke jedoch bedauerlicherweise unbrauchbar, insofern die Konzepte der Chronographie und der Historiographie, sobald sie willentlich aus ihrem historischen Kontext gelöst werden, ihren heuristischen Wert für die Diskursgeschichte verlieren und im Prinzip auch durch andere Denominationen ersetzt werden könnten.

384 Eine systematische Erläuterung zu den Wissensdomänen, aus denen vormoderne Historiographie ihre – stets sprachlich vermittelten – Erkenntnisse bezieht und ihrem Zusammenhang mit der Unterdeterminiertheit der rhetorischen Kategorie des *aptum* bietet Schmidt-Biggemann 1993.

Die daran anschließende Frage ist nun, inwiefern die synonyme Bezeichnung *chronica* gegebenenfalls doch eine texttypische Differenzierung erlaubt, die ihr Auftreten neben der *historia* erklärt. Sie ist schwieriger zu beantworten. Wiederum in einem etymologischen Blickwinkel drängt sich der Verweis des Begriffs 'Chronik' auf die Zeitlichkeit der Geschichte auf, der ja auch zeitgenössisch zumindest von einzelnen Autoren als maßgebliches Unterscheidungskriterium eingestuft worden ist. Da sich eine stringente Korrelation des Begriffs mit formalen Eigenschaften der so bezeichneten Texte aber nicht ergibt, bietet sich als Hypothese eine weniger strikte Lesart an, die das hinter dem Begriff 'Chronik' stehende Konzept lediglich als Verweis auf ein Bemühen um die Fixierung der zeitlichen Situiertheit der behandelten Sachverhalte auffasst, ohne damit auf konkrete formale Eigenschaften der Texte abzuheben. Diese ist ja – wie bereits ausführlich erläutert – keinesfalls Kernbestandteil des Konzeptes historischer Erkenntnis antiker oder auch mittelalterlicher Prägung. Eine solche Lesart ist insofern plausibel, als sie zum einen das gleichzeitige Auftreten beider Begriffe in ein und demselben Text zu erklären vermag, indem dieses nicht mehr als Folge reinen Unvermögens erscheint, sondern vielmehr als Beleuchtung unterschiedlicher Aspekte der historiographischen Praxis;[385] zum anderen erklärt sie, weshalb das Konzept der *chronica* von den humanistisch gebildeten Historiographen der Frühen Neuzeit gemieden wird, obwohl selbstverständlich auch diese zur Zeitzählung in Jahren nach Christi Geburt übergegangen sind:[386] Der Grund dafür liegt eben in der – geschichtstheoretisch bedingten – niedrigen Bewertung, die das Interesse der Zeitzählung im Vergleich zur richtigen sprachlichen Darstellung der Sachverhalte erfährt.

Zeitgenössisch zeigen sich typisierende Unterscheidungen ausschließlich bezüglich der behandelten Inhalte. Die bedeutendsten dieser inhaltsbezogenen Typenbezeichnungen, die wiederum eine Kontinuität von der Antike bis in die Frühe Neuzeit aufweisen, sind die der *gesta*, der *vitae* und der *annales*.[387] In der kastilischen Historiographie des 16. Jahrhunderts sind die Kategorien der umfassenden *historia general* in Abgrenzung von *historia eclesiástica*, *historia natural* oder *historia moral*[388] als Vorgaben für

---

385 Eindeutig in dieser Weise unterscheidet etwa Salas 1986 (vgl. 1986, 114); vgl. auch den in Goetz 2001, 237 referierten Vorschlag Melvilles, zwischen Chronik und Chronographie zu unterscheiden.

386 Die in Stoll 1997 und 1998 angeführten Beispiele fügen sich präzise in den Rahmen einer solchen Lesart.

387 Vgl. von Hoegen 2000, 31 f.; Schmale 1985, 105; Völkel 2006, 122.

388 Vgl. zur Pragmatik der *historia moral* auch Kap. 4.11.2.

thematische Eingrenzungen verbreitet. Auch dabei handelt es sich jedoch um ausschließlich inhaltsbezogene Kategorien, die sich nicht notwendig auf die Textgestalt auswirken.[389]

Klar von *historia* und *crónica* abzugrenzen ist die *relación de cosas*. Dabei ist es dringend erforderlich, die folgende wissenschaftsgeschichtliche Kautele zu berücksichtigen: Der Texttyp der *relación de cosas* ist engstens verwandt mit dem Texttyp *carta de relación*, der sich im Wesentlichen durch den Übertragungsweg, nicht jedoch durch die Struktur der Texte von der *relación de cosas* unterscheidet (vgl. Stoll 1998). Beide zeichnen sich im Kern aus durch eine im Verhältnis zum Komplex *historia/crónica* zeitgenössisch niedrige Bewertung, die den inhaltlichen und pragmatischen Eigenschaften der *relación de cosas* geschuldet ist; entspricht es den Aufgaben der *historia*, einen möglichst umfassenden Zugriff auf eine möglichst lange und erschöpfende Reihe maßgeblicher *exempla* zu bieten, indem sie diese in gehobenem Stil – entsprechend ihrer herausgehobenen Bedeutung – zur Darstellung bringt, ist die *relación* begrenzt auf die Darstellung eines einzelnen Ereignisses und hat dabei keine hohen stilistischen Anforderungen zu erfüllen. Sie dient im Normalfall dem Zweck, die an dem geschilderten Ereignis beteiligten Personen in ihrem Verhalten zu rechtfertigen und damit juristisch zu entlasten oder aber Rechtsansprüche zu begründen. Im Einzelfall kann eine *relación* auch der zeitnahen Information des Monarchen über politisch brisante Vorkommnisse dienen, wobei juristische Implikationen ebenfalls eine zentrale Rolle spielen. Dieser Pragmatik entsprechend zeigen *relaciones* häufig eine Tendenz zum Gebrauch juristischer fachsprachlicher Elemente sowie zu einer an den *relaciones de méritos* und den *informaciones* orientierten repetitiven Makrostruktur (mit Einteilung in nummerierte Absätze).

Üblicherweise wird die *relación* in der Forschung dem Diskursuniversum der Historiographie zugeordnet. Diese Zuordnung ist jedoch nicht in jeder Hinsicht überzeugend. Zwar weisen die *relaciones* eine gewisse

---

389 Angesichts dieser Lage ist auch verständlich, weshalb in einschlägigen Überblicksdarstellungen oft rein chronologisch verfahren wird und ein Durchgang durch die Textbestände absolviert wird, der massiv auf die spezifischen Eigenschaften jedes einzelnen Textes abhebt, auf systematische Betrachtungen aber verzichtet. Vgl. z. B. die gängigen Einführungen Flach 1992; Meister 1990; auch Simon 1996, 12.

Eine stärker hermeneutisch basierte Perspektive, die *tipos de historiadores* differenziert und kontextualisiert, vertritt hingegen Esteve Barba ²1992. Allerdings handelt es sich dabei um eine thematisch auf die spanische 'Kolonialhistoriographie' beschränkte Darstellung, was ein solches Unterfangen erleichtert.

Nähe zur Historiographie auf, insofern sie narrativ strukturiert sind, jedoch sind sie hinsichtlich ihrer Pragmatik viel eher vergleichbar mit aus der Distanz vorgetragenen Zeugenaussagen, die unmittelbar auf die Rechtsfindung in einem konkreten Fall Einfluss nehmen. Auch hinsichtlich der niedrigen Bewertung, die ihnen zeitgenössisch zuteil wird, unterscheiden sie sich deutlich von den traditionellen Formen der Historiographie. Berücksichtigt man schließlich noch den Umstand, dass *relaciones* eine spätmittelalterliche Innovation darstellen und nicht auf eine den *gesta*, *vitae* oder *annales* vergleichbare Tradition verweisen können, so wird eine Zuordnung zur Domäne der expandierenden administrativen Schriftlichkeit der Frühen Neuzeit, die zu unterscheiden ist von der Domäne der Geschichtsschreibung und von der Domäne des Rechts, zur plausibelsten Lösung.[390] Denkbar ist auch der Verzicht auf eine Festlegung, in jedem Fall ist jedoch das „funktionale Diffundieren"[391] der Texte im Umfeld der kastilischen 'Kolonialadministration', das sich hier exemplarisch manifestiert, bei der Rekonstruktion systematisch zu berücksichtigen.

Klar abzugrenzen sind die *relaciones de cosas* sodann von den lediglich so genannten *relaciones geográficas*. Diese treten unter den 'Quellen' Antonio de Herreras ebenfalls auf, jedoch handelt es sich bei ihnen um keine *relaciones* im zeitgenössischen Sinne. Diese Bezeichnung ist ihnen vielmehr bei der philologischen Erschließung im 19. Jahrhundert beigelegt worden und sie ist sachlich nicht angemessen.[392] Bei den als *relaciones geográficas* bezeichneten Texten handelt es sich um Antwortschreiben auf detailliert ausgearbeitete Fragebögen, die vom *Consejo de Indias* infolge der ovandinischen Reform seit 1573 an die überseeischen *Audiencias* geleitet worden sind, um Informationen über die Beschaffenheit von Territorium und Bevölkerung zu erhalten. Es kommt dabei keine bestimmte chronologische Folge von Sachverhalten zur Darstellung, sondern die genannten Fragenkataloge werden sukzessive, wenngleich nicht immer vollständig, abgearbeitet.[393] Die Bearbeiter dieser

---

390 Treffend ist deshalb bezüglich der *cartas de relación* von einer „subcategoría discursiva bivalente" (Carrera de la Red 2006a) gesprochen worden. Wie in dem genannten Beitrag jedoch ebenfalls dargelegt wird, ist diese Einschätzung in der Forschung noch nicht allgemein verbreitet.

391 Oesterreicher 2009c, 43.

392 Wenngleich sich die Editoren des 19. Jahrhunderts oft nicht gescheut haben, die fraglichen Originale mit dem von ihnen gewählten, unsachgemäßen Titel *relación geográfica* zu beschriften und so zur Verwirrung nachfolgender Generationen von Philologen und Historikern beizutragen.

393 Für unseren Textvergleich ist es nicht entscheidend, die historische Entwicklung der Fragenkataloge zu den *relaciones geográficas* genau nachzuvollziehen. Ein-

Fragenkataloge verbinden keine persönlichen Interessen mit ihren Antworten, sondern handeln als Funktionsträger der Administration. Die so entstehenden Texte haben keine unmittelbare rechtliche Relevanz, können diese aber mittelbar gewinnen, insofern sie den Monarchen hinsichtlich der Adäquatheit seiner Rechtssetzungen orientieren, wie dies auch die *Crónica Mayor de Indias* in einem umfassenderen Rahmen tut. Tatsächlich ist die so genannte *relación geográfica* treffender als *información* zu typisieren. Dieser Texttyp ist bisher nur von Andreas Wesch eingehender beschrieben worden. Zu seiner Pragmatik gibt er folgende Erklärung:

> Cuando en los siglos XV y XVI, se trataba de resolver una problemática política difícil y complicada [...] tanto el rey o la reina como, más tarde, virreyes y gobernadores solían consultar informantes que tenían experiencia o competencia respecto de la problemática para la que se buscaba una solución [...]. El testigo tenía que dar su parecer a partir de un interrogatorio, y los pareceres de todos los testigos se fijaban por escrito.[394]

Ein marginaler Unterschied zur *relación geográfica* besteht lediglich darin, dass es für diese nicht üblich gewesen ist, die Aussagen mehrerer Personen getrennt niederzuschreiben, sondern es wurde aus den vorhandenen Stellungnahmen vor Ort eine offizielle Version hergestellt, die üblicherweise mit dem Namen einer hochgestellten Amtsperson autorisiert wurde. Darüber hinaus zeigt ein Blick in die Texte, dass ihre Makrostruktur minimal geringer formalisiert sein kann als bei einer klassischen *información* nach Darstellung von Wesch, insofern die *pareceres* in der *relación geográfica* nicht in jedem Fall nummeriert sind; sie bleibt aber an der Struktur der korrespondierenden Fragenkataloge ausgerichtet. Darüber hinaus zeigt sich auf der Ebene der Sprechakte, dass die *relaciones geográficas* exakte Parallelen zu den von Wesch beschrieben Gestaltungen aufweisen, zum Beispiel den Verzicht auf die Einleitung des *parecer* durch Formen von *decir* in *presente* oder *pretérito indefinido* (*digo, dijo*) und die verkürzte Wiedergabe der Aussage mittels des allein verbleibenden Relativsatzes. Die Bezugnahme auf die der Antwort vorausgehende Frage kann in den *relaciones geográficas* auch vollständig entfallen. Sie nähert sich damit tendenziell den Konventionen modernen bürokratischen Schriftverkehrs an, verfehlt wäre es jedoch, den bestehenden Bezug auf die Fragenkataloge zu ignorieren und die *relación geográfica* als explizit narrativ zu charakterisieren. Der Gesamteindruck spricht vielmehr dafür, die *relaciones geográficas de Indias*

---

schlägige Erläuterungen finden sich knapp in Stoll 2009 sowie ausführlich in Solano / Ponce Leiva 1988; auch Cline 1972; González Múñoz 1971, sowie aktuell Brendecke [im Druck].
394 Wesch 1994, 59.

als einen auf die spezifischen Belange der 'Kolonialverwaltung' zugeschnittenen Typ von *información* aufzufassen.[395] Schließlich hat man sich erneut die Frage zu stellen, ob diese *informaciones* sinnvollerweise der Diskursdomäne des Rechts zugeordnet werden können. Tatsächlich ist die Sachlage in dieser Hinsicht derjenigen vergleichbar, die wir für die *relaciones de cosas* bereits erläutert haben: Die *informaciones* wirken lediglich auf den Prozess der Rechtsfindung ein, wenngleich nicht – wie die *relaciones de cosas* – bezogen auf konkrete Fälle, sondern in grundsätzlich zu klärenden Fragen; sie sind jedoch kein juridischer Texttyp, insofern sie selbst keinerlei normative Geltung entfalten. Sinnvollerweise sind auch sie dem in der Frühen Neuzeit expandierenden Bereich der administrativen Schriftlichkeit zuzuordnen.

Noch eine grundsätzliche Anmerkung zu Ursachen und Wesen der zu Recht häufig ins Feld geführten Expansion administrativer Schriftlichkeit und den Gründen für ihre begrenzte Relevanz im Kontext der *Crónica Mayor de Indias:* Zwei Ursachen sind wesentlich für dieses Phänomen, und zwar zum einen die Tendenz zur Zentralisierung der Verwaltung, zum anderen die der Ausdifferenzierung ihrer Institutionen sowie der ihnen zugeordneten Ämter und Kompetenzen. Parallel dazu muss jedoch unterschieden werden zwischen quantitativer und qualitativer Expansion: Eine quantitative Expansion ergibt sich aus der Zentralisierung und der daraus resultierenden Notwendigkeit, die Schriftkommunikation zu nutzen, um mit den Repräsentanten des Monarchen in allen Teilen seines Herrschaftsgebietes in Kontakt zu bleiben.[396] Eine qualitative Expansion im Sinne neu etablierter Texttypen, die neuartigen Kommunikationsbedürfnissen entsprechen, findet in erster Linie im Bereich der Kommunikation zwischen den Institutionen statt, die sich neuen Anforderungen an wechselseitiger Koordinierung gegenübersehen.[397] Außerhalb dieses spezifischen Kommunikationsbereiches existieren jedoch zahlreiche Texttypen, die im Zuge der Zentralisierung lediglich systematischer zur An-

---

395 Bei der *información* handelt es sich um einen Texttyp, der in der kastilischen Bürokratie bereits vor der Entdeckung Amerikas auftritt (vgl. Wesch 1994, 59). Über die *relación geográfica* ist hingegen in der Forschung wiederholt gesagt worden, sie repräsentiere die große Ausnahme eines Texttyps, der zunächst ausschließlich für die 'Kolonialverwaltung' eingeführt worden sei (vgl. die Beiträge in Solano / Ponce Leiva 1988). Da ein solcher Fall in der Tat eine große Ausnahme darstellen würde, ist die Lesart eines Ausbaus des Texttyps *información* für zusätzliche kommunikative Zwecke umso bedenkenswerter. Unterschiede zwischen *información* und *relación geográfica* hinsichtlich ihrer Formalitätsgrade (vgl. Wesch 1998, 195) bleiben davon unberührt.

396 Vgl. u. a. Gimeno Blay 1999; Gómez Gómez 2008, 11 ff.; Lorenzo Cadarso 2002, 121/124.

397 Vgl. Lorenzo Cadarso 2001, 71 ff.

wendung gebracht werden als zuvor, ohne deswegen Innovationen darzustellen.

3.5.2. Real Provisión, Real Cédula – Ordenanza, Instrucción

Nach dem bisher Gesagten überrascht es nicht, dass diejenigen *documentos jurídicos* im engen Sinne, die bei Antonio de Herrera Berücksichtigung finden, einem Texttyp angehören, der spätmittelalterliche Wurzeln hat (vgl. Gómez Gómez 1993, 238; Lorenzo Cadarso 2002, 129; Real Díaz 1970, 185) und höchsten Geltungsansprüchen genügt, insofern er eine Autorisierung einzelner Dokumente durch den Monarchen persönlich verlangt (*emanado de la autoridad soberana* lautet der entsprechende Ausdruck in der spanischsprachigen Diplomatik).[398] Will man den in den *Décadas* anzutreffenden Dokumententyp *instrucción* pragmatisch und formal beschreiben, so ist zu konstatieren, dass die Individualität der verschiedenen Typen von juristischen Dokumenten beim aktuellen Forschungsstand de facto auf keiner der beiden Ebenen deutlich zu fassen ist; stattdessen ergibt sich – insbesondere bei einer Beschränkung auf diejenigen Typen juristischer Dokumente, die an die Autorisierung durch den Monarchen selbst gebunden sind – ein Bild geringfügiger Spezifizierung, das bis zu einem gewissen Grad die zeittypischen Unklarheiten hinsichtlich der Funktionen administrativer Institutionen (vgl. Kap. 3.3.) widerspiegelt. Besonders nahe stehen sich *instrucción* und *ordenanza*, die hier beide parallel betrachtet werden, um einen Eindruck von dem Umfeld zu geben, in dem der Texttyp *instrucción* angesiedelt ist.[399]

Die Beschreibung signifikanter Unterschiede zwischen beiden Typen legislativer Dokumente ist in einschlägigen diplomatischen und linguistischen Studien unternommen worden. Die wesentlichen Befunde daraus sind im Folgenden, beginnend mit der Pragmatik, zu referieren: Die beiden Dokumententypen dienen der Regelung juristischer Sachverhalte unterschiedlicher Art und Tragweite, es ist jedoch notorisch schwierig, durchgängig gültige systematische Unterscheidungen zu treffen, die im Übrigen auch zeitgenös-

---

398 Durchaus überraschend mag sein, dass sich die Verwendung solcher Texte in nur einem einzigen Fall konkret hat nachweisen lassen, die Überraschung rührt aber zu einem Gutteil auch daher, dass die diesbezüglichen Andeutungen in der maßgeblichen Edition der *Décadas* geeignet sind, eine gegenteilige Erwartungshaltung zu erzeugen. Mehr zu diesem Problem in Kap. 5.1.

399 Es sprechen jedoch gute Gründe für die Annahme, dass aus dem angesprochenen Diskursbereich tatsächlich nur die *instrucciones* genutzt worden sind und deshalb keine weiteren einschlägigen Funde erwartet werden dürfen.

sisch nicht getroffen worden sind;[400] stattdessen muss man sich mit der Angabe von Tendenzen begnügen. Inhaltlich behandelt eine *real provisión* zumeist Fragen der *economía de mercedes* oder aber des Funktionierens administrativer Institutionen und formuliert grundsätzliche Regelungen,[401] eine *real cédula* nimmt hingegen auf konkrete Einzelfälle administrativer Praxis Bezug (vgl. Real Díaz 1970, 225). Die terminologische Unterscheidung von *real provisión* und *real cédula* bezog sich zeitgenössisch ausschließlich auf die formale Gestalt der Dokumente. Folgende Grundstruktur ist anzunehmen:

„Invocación – **Cruz**
Intitulación – **Explicativa o 'dictado'/El Rey (separada del cuerpo del tenor)**[402]
Dirección – Implícita o explícita
Expositivo – Forma y contenido diverso
Dispositivo – Forma y contenido diverso
Cláusulas – Preceptivas, de publicación, anuncio de validación etc.
Validación – **Suscripción regia**
– **'Refrendo' del Secretario del Despacho**
– **(Sello Secreto)**[403]
Brevete„[404]

Parallel dazu weist die sprachliche Gestaltung der beiden Dokumententypen unterschiedliche Formalitätsgrade auf:

> Real Díaz dice de la real cédula que es 'el documento menos solemne y más abundante de entre los que, con carácter de público, emanaron de la autoridad soberana'. La finalidad de este tipo textual también es ordenar, prohibir o permitir que se efectúen o no acciones determinadas. Lo que distingue la instrucción y los otros miembros de la familia real cédula de la ordenanza es

---

400 Die standardmäßige Reihung sämtlicher zeitgenössischer Dokumententypen, die in einschlägigen Forschungsbeiträgen zur 'spanischen Kolonialverwaltung' häufig zu finden ist, ist angesichts dessen nur teilweise Ausdruck einer eventuellen Orientierungslosigkeit über deren jeweiligen Zweck, teilweise spiegelt sie auch die historische Wirklichkeit, in der keine klaren Zuordnungen bestanden haben.

401 Vgl. die Liste von Rechtsakten, die mithilfe der *real provisión* durchgeführt werden konnten, in Real Díaz 1970, 203 ff. Es fällt auf, dass dort mit Ausnahme der *ordenanza* jeweils Ämtervergabe oder Regelung von Verwandtschaftsbeziehungen zum Thema werden. Vgl. auch Gómez Gómez 1993, 239.

402 Die zweite Option gilt für die *real cédula*.

403 Gilt ausschließlich für die *real provisión*. Im Hinblick auf alle übrigen Teile sind beide Typen identisch.

404 Gómez Gómez 1993, 236 ff. Vgl. auch Real Díaz 1970, 184 ff.; Real Díaz 1970, 224 ff.

que la autoridad suprema exige [...] el obedecimiento a una serie de órdenes en las que típicamente se mandaban medidas muy concretas, generalmente únicas e inmediatas. La prontitud de la expedición es claramente superior que en el caso de una ordenanza.[405]

Diese Unterschiede lassen sich anhand der sprachlichen Gestaltung der einschlägigen Sprechakte unmittelbar nachweisen.[406]

Ordenanza und *instrucción* sind ihrerseits zu verstehen als Ausprägungen der Dokumententypen *real provisión* beziehungsweise *real cédula*, die sich durch spezifische inhaltlich-pragmatische Beschränkungen auszeichnen, in formaler Hinsicht jedoch kaum individuelle Merkmale aufweisen.[407] Der Umstand dieser nur schwach ausgeprägten Individualität im Horizont einer Typik der zeitgenössisch gebräuchlichen Dokumente mag dafür verantwortlich sein, dass in der einschlägigen Forschung bisher keine eingehenderen Versuche historisch-systematischer Differenzierung unternommen worden sind. *Ordenanza* und *instrucción* werden lediglich als Fälle von *real provisión* beziehungsweise *real cédula* registriert.[408] *Ordenanza* und *instrucción* treten besonders häufig auf und können gewissermaßen als die prototypischen Formen der *real provisión* beziehungsweise der *real cédula* aufgefasst werden.[409] Diese Dokumente sind zudem formal und inhaltlich passend für die *Crónica Mayor de Indias* und die dort geltenden Autoritätskriterien: So verfügen sie über 'königliche' Autorität, weil sie vom Monarchen selbst autorisiert sind, und nehmen auf politisch relevante Sachverhalte Bezug, die nicht dem Bereich der *economía de mercedes* angehören, sondern potenziell Gegenstand der historischen Erzählung werden können.[410]

---

405 Wesch 1998, 205. Vgl. auch Gómez Gómez 1993, 234.
406 Vgl. Wesch 1996.
407 Vgl. Gómez Gómez 1993, 238; Wesch 1994.
408 Exakt das gleiche Bild, jedoch in einer unübersichtlicheren Form der Darstellung, ergibt sich aus dem einschlägigen Aufsatz in Heredia Herrera 1985, 20 ff.
409 Vgl. Gómez Gómez 1993; Real Díaz 1970; Wesch 1998.
410 Gleichermaßen signifikant ist andererseits die Tatsache, dass diejenigen *instrucciones*, deren Verarbeitung sich am Text ausdrücklich nachweisen lässt, nur in einem besonders brisanten Ausnahmefall bemüht werden, nämlich bezüglich des Vorgehens von Hernán Cortés bei der *conquista de la Nueva España*. Vgl. Kap. 5.2.

4. Texte und Autoren

Im Anschluss an die historisch-systematische Erörterung der Voraussetzungen von Textgeltung in der frühneuzeitlichen *historiografía indiana* ist nun zu klären, in welcher Weise die konkreten Einzeltexte und ihre Autoren schlüssig in Bezug zu diesen gesetzt werden können.[411]

Die folgenden Erläuterungen gehen ihrer Intention nach über die rein faktenorientierte, soziobiographische Rahmung der Textanalyse und mithin über die bloße Erfüllung einer Konvention hinaus, insofern sie unter impliziter Bezugnahme auf die behandelten Kategorien und Institutionen Plausibilität hinsichtlich des Funktionierens der zur Debatte stehenden Texte im Rahmen der *historiografía oficial* erzeugen sollen. In diesem Horizont sind sie von systematischer Relevanz für die weitere Argumentation; dabei steht die These im Raum, dass Textgestalt **und** Autorfigur für die Auswahl jenes Bestands an 'Quellen', auf dem die Ausarbeitung der *Décadas* beruht, von gleich schwer wiegenden Bedeutung sind.[412] Ebenso wie der Text einer Reihe formaler Kriterien zu genügen hat, die ihn zum Vertreter eines bestimmten Typs machen und ihm somit Geltung verschaffen, so muss es sich der Autor angelegen sein lassen, sich in das System 'Kolonialverwaltung' zu integrieren und dort das Selbstbild eines loyalen Untertanen zu etablieren, sei es durch eigene Textproduktion oder aber durch die Beteiligung an institutionalisierten Formen politischen Handelns, die ihrerseits schriftliche Dokumentation implizieren; nur auf diesem doppelten Weg konnten historiographische Texte im imperialen Archiv im Wortsinn zu und zur Geltung kommen. Diesbezüglich gilt es insbesondere, die Wechselwirkung von Normen der institutionellen

---

411 Ein Blick in einschlägige Überblicksdarstellungen zur Erzähltheorie macht unmittelbar klar, dass eine überwältigende Mehrheit der Kategorien, die bei der Interpretation von Historiographie in der Vergangenheit bereits implizit angewandt, jedoch nicht reflektiert worden sind, in der Erzähltheorie zentral sind und dann zu überzeugenderen Ergebnissen führen, wenn man sie als Elemente einer Erzähltheorie systematisch operationalisiert. Vgl. zu den Problemen mit dem aktuellen Forschungsstand zum Thema auch Kap. 2.1.

412 Vgl. auch Harris-Northall 1996 und Jiménez 2001, die bei ihrer Analyse kastilischer historiographischer Texte der Frühen Neuzeit beide – trotz ihrer ganz unterschiedlichen Fragestellungen – für die Notwendigkeit argumentieren, deren Bedingtheit durch die Interessen der Autoren systematisch zu berücksichtigen.

Ebene und individueller Praxis herauszuarbeiten.[413] Insofern imperiale Imperative für die konkrete Ausprägung dieser Wechselwirkung maßgeblich sind, geht es also um die Rekonstruktion der Partizipationsmodi von Einzelpersonen an imperialer Handlungslogik. Die Institutionalisierung der *Crónica Mayor de Indias* ist nur im Kontext imperialer Handlungslogik plausibel zu erklären. Der dort entwickelte Diskurs weist, wie bereits deutlich geworden ist, eine politisch hoch sensible Semantik auf und wirkt essenziell an der Rechtfertigung imperialer Optionen des politischen Denkens seiner Zeit mit.[414]

Das Korpus ist nach Maßgabe des pragmatisch-hermeneutischen Ansatzes zu erschließen, von dessen Grundlegung und Reichweite eingangs bereits die Rede gewesen ist; d. h., es ist aus der Perspektive jener Agenten der *historiografía oficial* in den Blick zu nehmen, die aufgrund der von ihnen getroffenen Auswahl für sein Zustandekommen verantwortlich sind, also der *Cronistas Mayores de Indias*, in unserem Fall von Antonio de Herrera. Die hier gewählte Anordnung von Autoren und Texten nach den Entstehungszeiten Letzterer bedarf insofern einer Begründung: Die Ordnung nach Entstehungszeiten erscheint zwar evident, weil sie genau die Erwartung erfüllt, die der Leser einer historischen Darstellung, mithin auch einer sprachhistorischen Arbeit wie dieser, an eine solche richtet. Demgegenüber ist jedoch in aller Deutlichkeit festzuhalten, dass die Begründung für diese Wahl gerade nicht auf der Meta-, sondern auf der Objektebene zu finden ist. Die gewählte Anordnung kommt der Rekonstruktion von Herreras Ausgangssituation gleich, aufgrund derer erkennbar werden wird, wie er das vorhandene Textmaterial disponiert, und

---

413 Die Forderung nach der Untersuchung von „career patterns, considering the total lives of emigrating and returning individuals, including their position in the society that surrounded them on both sides of the Atlantic" (Lockhart 1999, 82) sowie „sophisticated analysis of the Spanish conqueror as a social type or types" (Lockhart 1999, 55) tritt bereits im Umfeld der Sozialgeschichte der sechziger Jahre auf und ist zugleich hoch relevant für das hier zu behandelnde Problem, da nur auf diesem Wege die unheilvolle Gleichsetzung von dokumentarischen Evidenzen der normativen Ebene mit der tatsächlich geübten Praxis vermieden werden kann.

414 Auf diesem Wege kann überdies eine handfeste Forschungslücke geschlossen werden. Sie besteht darin, dass sich bisher keiner der zahlreichen Beiträger, die das redaktionelle Verfahren Herreras in unterschiedlichsten Zusammenhängen erwähnt und kommentiert haben, mit der Frage befasst hat, auf welches Textexemplar er in jedem Einzelfall zurückgegriffen hat. Diese Frage ist dann banal, wenn zur fraglichen Zeit nur ein einziges Manuskript eines darüber hinaus nicht edierten Textes existiert hat, so verhält es sich aber nicht in allen Fällen. Die systematische Auseinandersetzung mit diesem Problem und die Auslotung der jeweiligen Möglichkeiten und Grenzen der Rekonstruktion finden hier erstmals statt.

Zur Revalorisierung der Philologie im Horizont pragmatischer Sprachgeschichtsschreibung vgl. auch Cano Aguilar 2000, 17 ff.

dementsprechend rekonstruierbar, welche Kriterien für ihn dabei maßgeblich gewesen sein dürften. Es wird in dieser Perspektive überdies klar, wie der institutionelle Kontext die Gestaltung und die Geltung konkreter Einzeltexte systematisch bedingt und wie diese systematischen Bedingungen sich parallel zum Wandel des institutionellen Kontextes im Verlauf des 16. Jahrhunderts ebenfalls wandeln.[415] Der Raum spielt an diesem Punkt der Rekonstruktion noch keine entscheidende Rolle. Es ist zwar ganz evident, dass jeder historiographische Text raumbezogen funktioniert, indem er Sachverhaltsdarstellungen enthält, die Ereignisse in Räumen narrativ kodieren; die raumbezogene Zuordnung einzelner Texte zu bestimmten Textteilen der *Décadas* ist aber gerade Teil der Synchronisationsleistung, die Herrera erst später, bei deren Rezeption, erbringt.[416]

Eine einzelfallbezogene Rekonstruktion ist nicht angezeigt für im engen Sinne juridische Texte, die ihre Geltung aus institutionellen Quellen beziehen und insofern funktional, nicht personal, autorisiert werden; Letzteres ist ein systematisches Argument gegen die Berücksichtigung von Texten aus diesem Diskursbereich im Rahmen soziobiographischer Rekonstruktion, das mit den empirischen Schwierigkeiten, die ein solches Unterfangen ohnehin vereiteln,

---

415 Die Kategorien 'Institution' und 'Texttypik' sind ihrerseits zwar wesentlich für eine Erklärung des Funktionierens der *Crónica Mayor de Indias* (die Gründe hierfür sind bereits erläutert worden), sie führen jedoch gerade deshalb zu keiner internen Differenzierung des Korpus, sondern leisten eine Abgrenzung nach außen. Zweifelsohne wäre es zwar möglich, die 'Quellen' nach Texttypen zu ordnen, man würde dadurch jedoch für das Verständnis der *Décadas* keinen Gewinn erzielen, da ein solches Vorgehen zunächst eine Subsumierung der fraglichen Texte unter Kategorien erfordern würde, die sich an den von den Autoren gewählten Gattungszuschreibungen orientieren. Eine solche vorbehaltlose Übernahme der von den Autoren je gewählten Gattungszuschreibung erweist sich bei eingehendem Studium der Entstehungskontexte jedoch in vielen Fällen als unangebracht, da damit oftmals Geltungsansprüche erhoben werden, die nicht notwendigerweise auch eingelöst werden (vgl. Kap. 4.5.2.) Die chronologische Anordnung gestattet es demgegenüber, die konkreten institutionellen Rahmenbedingungen für jeden Einzelfall aufzuzeigen.

416 Ein besonderes Problem der Kategorisierung stellt sich etwa mit der *Historia general de Indias* von Las Casas. Sie selbst ist inhaltlich keinem der zugrunde gelegten, politisch-administrativen Räume eindeutig zuzuordnen. Die Zuweisung zu den Quellen für Nueva España ist nur vertretbar als Nachvollzug der von Antonio de Herrera ganz offenbar interessengeleitet vollzogenen Rezeption, die hier mit der Zuweisung zu einer anderen als der von Las Casas ursprünglich anvisierten Kategorie des Wissens von der imperialen Wirklichkeit einhergeht (vgl. Kap. 5.2.). Angesichts dieser Problematik ist es womöglich kein Zufall, dass Herrera darüber hinaus auf die Verarbeitung von *historias generales* verzichtet.

konvergiert. Die Texte dieses Typs werden deshalb gesondert besprochen (vgl. Kap. 4.12.).

Es ist jedoch einzuräumen, dass ein solches Argument für jene Fälle nicht existiert, in denen Urheber von *cartas de Relaçion* oder *relaciones de cosas* aus rein kontingenten Gründen nicht als prägende Persönlichkeiten in Erscheinung getreten sind und deshalb die Aufmerksamkeit der Historikerzunft nicht für sich gewinnen konnten, selbst wenn sie zu Lebzeiten offiziell als Vertreter der 'Kolonialverwaltung' tätig gewesen sind. Diese – überschaubare – Lücke ist hier nicht zu schließen, da der Aufwand einer Suche nach eventuell vorhandenen und bisher lediglich unbeachtet gebliebenen Dokumenten zum Lebenslauf der betreffenden Personen in keinem Verhältnis zum erwartbaren Gewinn für das hier verhandelte Thema steht.[417]

Die Analyse der Konstitution der *Décadas* ist prinzipiell auf Vollständigkeit hin angelegt, d. h., für die Textabschnitte, welche inhaltlich auf die Vizekönigreiche Nueva España und Perú beziehungsweise deren administrative Vorläufer bezogen sind, sollen idealerweise alle verwendeten 'Quellen' identifiziert und analysiert werden. Diesem Anspruch wird zu großen Teilen, jedoch nicht vollkommen, Rechnung getragen. Grundsätzlich ist davon auszugehen, dass es tatsächlich gelungen ist, alle verwendeten Quellen des Typs *historia/Crónica* zu identifizieren. Gleichwohl ist angesichts des schieren Textumfangs selbstverständlich nicht auszuschließen, dass zukünftige philologische Beiträge die hier vorgelegten Ergebnisse ergänzen. Von vornherein einzuräumen ist die Nicht-Berücksichtigung einer Reihe von *relaciones geográficas*, die in der *Décadas*-Edition der *Real Academia de la Historia* erwähnt werden. Diese Lücke ist jedoch insofern gerechtfertigt, als die Bearbeitung aller Vertreter eines so stark normierten und formalisierten Texttyps wie der *relacion geográfica* keinen substanziellen Erkenntniszuwachs bewirkt hätte.[418]

Dem Ziel einer möglichst umfänglichen Rekonstruktion der kommunikativen Praxis, die mit dem untersuchten Diskurs einhergeht, dient schließlich die Beschreibung der Texte in ihrer materialen Beschaffenheit. Die Materialität der Texte ist ein wichtiges Indiz bei der Beurteilung der Textgeltung, insofern

---

417 Gleichwohl bleibt es dabei, dass diese rein kontingenten Lücken der historischen Forschung gerade im Blickwinkel einer *microhistoria* geschlossen werden sollten.

418 Fest steht in jedem Fall, dass dieser Texttyp für die *Décadas* nicht annähernd so bedeutsam ist wie die prototypischen *historias/crónicas*, und auch exhaustive Analysen der in den *Décadas* verarbeiteten *relaciones geográficas* an deren marginaler Stellung im Korpus nichts ändern würden. Gleiches gilt für *documentos jurídicos* im engen Sinne, die hier zwar unter Umständen nicht exhaustiv erfasst worden sind, an deren marginaler Stellung im Korpus jedoch auch zusätzliche Funde nichts geändert hätten.

sie in Relation zum Grad der Institutionalisierung des Diskurses steht, an den der jeweilige Text anschließt.[419]

4.1. Francisco de Xerez

Francisco de Xerez wird in der Forschung zur 'spanischen Kolonialhistoriographie' eine herausragende Stellung eingeräumt und regelmäßig ergehen Hinweise auf seine Vorreiterrolle als erster (oder zweiter)[420] Chronist der *conquista del Perú* sowie auf seine besondere Objektivität und die Zuverlässigkeit der von ihm gelieferten Informationen.

Das Manuskript des Textes der *Verdadera Relación de la conquista del Perú y provincia del Cuzco llamada la Nueva Castilla*[421] ist im Juli 1533 in Lima fertiggestellt worden und fast genau ein Jahr später 1534 in Sevilla in Druck gegangen.

Auch bei Antonio de Herrera spielt er als 'Quelle' im Zusammenhang der Ereignisse um das Zusammentreffen mit den Inkas sowie die Gefangennahme und Ermordung Atahualpas eine wichtige Rolle. In der Akademie-Edition der *Décadas* wird er mit acht Kapiteln der fünften Dekade in Verbindung gebracht, wenngleich nicht davon auszugehen ist, dass sie alle vollständig auf dieser einen 'Quelle' beruhen.

4.1.1. Biographisches

Wir sind über das Leben von Francisco de Xerez trotz der akribischen Quellenstudie Jiménez Placer 1911 schlecht informiert; die Probleme be-

---

419 Die Analyse hat jedoch gezeigt, dass hinsichtlich der medialen Konstitution der einzelnen Quellen ihrerseits Regularitäten identifiziert werden können, die den auch in dieser Hinsicht sehr homogenen Charakter des Korpus erklären. Aufgrund der zu beobachtenden Homogenität ist es nicht zielführend, jeden einzelnen Text gesondert zu beschreiben; stattdessen beschränken wir uns auf die Diskussion der diesbezüglichen Regularitäten; sie erfolgt in Kap. 5.2.

420 Wie Porras Barrenechea korrekt bemerkt, ist die *Relación* von Cristóbal de Mena die chronologisch erste Publikation, die von der *conquista del Perú* handelt (1986, 95). Es steht zu vermuten, dass diese deshalb lange Zeit marginalisiert worden ist, weil man sich über die Identität des Autors nicht im Klaren gewesen ist; Porras Barrenechea hat hier in den dreißiger Jahren des 20. Jahrhunderts ein wichtiges Stück philologischer Aufklärungsarbeit geleistet.

421 Der vollständige Titel ist selbst für frühneuzeitliche Verhältnisse außerordentlich lang geraten und wird nur in der Bibliographie am Ende der Arbeit wiedergegeben.

ginnen bereits damit, dass bisher keine endgültige Einigkeit über das Jahr seiner Geburt erzielt werden konnte; die in Bravo 1985 vertretene Auffassung, die Geburt sei auf das Jahr 1497 zu datieren, ist nach Lage der Dinge aber die plausibelste.[422]

Über seine Jugendjahre lassen sich keine, über sein familiäres Umfeld nur ungenaue Angaben machen; als Sohn von „Pedro de Xerez, ciudadano honrado"[423] dürfte er, so wird allgemein vermutet, in seiner Heimatstadt Sevilla bereits frühzeitig Zugang zu „unos niveles de instrucción que no eran comunes en la juventud de su tiempo"[424] gehabt haben, wodurch er die Voraussetzungen für seine spätere Tätigkeit als *Escribano* schaffen konnte. Plausibel wird diese Vermutung nicht zuletzt aufgrund einer *probanza de linaje*, von der wir wissen und die selbstverständlich ihren Zweck nur dann erfüllt, wenn sich damit ein „linaje [...] limpio y antiguo, de calidad"[425] nachweisen lässt.

Trotz dieser unterstelltermaßen günstigen Lebensumstände bricht Xerez im Alter von sechzehn Jahren nach Amerika auf und wird Teil der Besatzung einer riesigen Flotte unter der Führung von Pedrarias Dávila, die sich 1514 in die Neue Welt aufmacht, wo Francisco die folgenden zwanzig Jahre verbringen sollte. Über seine erste Zeit in Amerika ist wenig bekannt; aktenkundig wurde allerdings seine Mitwirkung an der Gründung der Stadt Acla, wo er sich niederlässt. Frühzeitig dürfte er dort die Tätigkeit eines *Escribano Público* ausgeübt haben, wenngleich ihm das Amt erst 1526 offiziell zuerkannt worden ist.[426] Den Stadtgründer Núñez de Balboa sowie Gaspar de Espinosa begleitet Xerez in den folgenden Jahren auf mehrere Expeditionen, eine weit verbreitete Art des Broterwerbs unter denjenigen Siedlern, denen es nicht gelungen war, in der gesellschaftlichen Hierarchie aufzusteigen.[427]

Man kann vermuten, dass er auf einer dieser Expeditionen Francisco Pizarro kennenlernt, einen Analphabeten, an dessen Seite er bald ins Licht der Weltgeschichte treten sollte.[428] Als Pizarro 1524, angeregt durch die vielver-

---

422 Zu diesem Schluss ist zwar auch Jiménez Placer 1911 bereits gelangt, die Begründung für die Stichhaltigkeit der Datenlage, die in Bravo 1985 vorgebracht wird und die auf einer systematischen Unterscheidung der Texttypen beruht, ist jedoch gerade in der hier vertretenen Perspektive überzeugend; überhaupt ist zu sagen, dass der nach wie vor aktuelle Forschungsstand zur Biographie von Xerez bei Bravo gut rekonstruiert wird.
423 Bravo 1985, 15.
424 Bravo 1985, 15.
425 Bravo 1985, 15.
426 Vgl. Stoll 1997, 113.
427 Vgl. Jiménez Placer 1911, 13.
428 Vgl. Bravo 1985, 16 f..

sprechenden Nachrichten Pascual de Andagoyas,[429] zu seiner ersten Expedition nach Süden aufbricht, ist Xerez als Schreiber und Berater mit von der Partie. Es folgen zwei entbehrungsreiche Jahre, in die unter anderem die Ereignisse von *Puerto del Hambre* und *Punta Quemada / Pueblo Quemado* fallen, bei denen hunderte *soldados oscuros* an Hunger und Krankheit zugrunde gehen und an deren Ende das Scheitern der Expedition steht. 1526 unternimmt Pizarro einen neuen Anlauf, der ihn bis zur *Isla del Gallo* führt; letztlich scheitert aber auch diese Expedition an den widrigen Gesamtumständen, und kranke Überlebende werden im Herbst 1527 von Almagro nach Panamá zurückgeholt, unter ihnen Francisco de Xerez, der die Zeit bis 1530 als *Escribano Público y del Cabildo* in Natá verbringt, ein Engagement, das er seinen guten Kontakten zum *Gobernador* von Castilla del Oro, Pedro de los Ríos, verdankt. Bei der entscheidenden Expedition, die im Februar 1531 aufbricht,[430] fehlt Xerez zunächst. Es ist jedoch sicher, dass er bei den Ereignissen von Cajamarca zugegen gewesen ist, da sein Name in mehreren voneinander unabhängigen Zeugnissen erwähnt wird.[431] Unmittelbar danach erleidet er bei einem Reitunfall einen schweren Beinbruch, der ihn noch sieben Monate später in Cajamarca festhält.[432] Nach dem Scheitern seiner Bemühungen um den Posten des *Escribano Real* in Lima und durch den Beinbruch dauerhaft geschädigt kehrt er – wie viele andere – mit seinem Anteil am *tesoro del Inca*, 8880 *pesos de oro*, 362 *marcos de plata* sowie weiteren 2220 *pesos de oro* und 94 *marcos de plata por la escritura de compañía* nach Sevilla zurück; auf seinem eigenen Schiff trifft er dort am 3. Juni 1534 ein.

Einen Monat später wird seine *Relación verdadera* bei Bartolomé Pérez in Sevilla veröffentlicht. Seine Popularität und komfortable finanzielle Lage nutzt Xerez zum sozialen Aufstieg; seit 1534 verwitwet, heiratet er in eine der angesehensten Familien der Stadt ein. Mit Francisca de Pineda hat er vier Kinder; beruflich betätigt er sich fortan im 'Kolonialhandel'.[433] Nachdem er Opfer eines Betruges geworden ist, bei dem ihn sein Compagnon Francisco de Santander um eine Schiffsladung im Wert von dreitausend *ducados de oro*

---

429 Vgl. Kap. 4.5.; Jiménez Placer 1911, 14.
430 Zu diesem Zeitpunkt hatte Pizarro mit der kastilischen Krone bereits die *Capitulación de Toledo* ausgehandelt, die später zum Stein des Anstoßes für die Bürgerkriege werden sollte.
431 Vgl. diesbezüglich die bibliographischen Angaben in Jiménez Placer 1911.
432 Vgl. Jiménez Placer 1911, 23.
433 Vgl. Stoll 1997, 115.

prellt,[434] sieht er sich gezwungen, seine ursprüngliche Tätigkeit wieder aufzunehmen, und wird im Jahr 1548 *Fiel Ejecutor de la Ciudad de Sevilla.*

Schließlich fasst Xerez den Entschluss, an alte Ambitionen anzuknüpfen,
und zeigt sich dabei überzeugt von der eigenen historischen Bedeutsamkeit als
„primer descubridor e conquistador de aquellas provincias, e que tanto tiempo
sirvió en ellas".[435] In seiner *petición de licencia* von 1552 fordert er nicht nur die
Erlaubnis zur erneuten Einreise in Castilla del Oro, sondern zugleich die
komfortable Ausstattung mit einer „Encomienda de 1000 Indios, sujetos a 12
caciques de la provincia de Nicaragua y el Regimiento de la ciudad más
importante de la misma, León. Amén de permiso para llevar 30 esclavos negros
y ropa para el servicio de su casa por valor de 2000 ducados".[436] Die Ablehnung dieser Forderung schüchtert ihn keineswegs ein, sondern veranlasst
ihn vielmehr zu einer Erneuerung seiner *petición*, von der er sich die Verleihung
des Titels eines „mariscal de aquellas provincias o de alguna dellas", diesmal in
Perú, verspricht.[437] Schließlich erhält Xerez am 13. Juni 1554 zumindest eine
Einreiseerlaubnis mit Empfehlung an den Vizekönig, ein Zugeständnis, das
weit hinter seinen Forderungen zurückbleibt und zudem nicht so sehr seinem
zweifelhaften diplomatischen Geschick geschuldet sein dürfte wie dem kontingenten Umstand, dass die Siedlungspolitik des *Consejo de Indias* dahinge-
hend geändert worden ist, dass fortan ehemaligen *conquistadores* sowie Familien Vorrang bei der Besiedlung der *Indias* eingeräumt werden sollte.[438]

Während Porras Barrenechea nicht bestätigen möchte, dass Xerez von der
licencia tatsächlich Gebrauch gemacht habe,[439] informiert uns Bravo, dass
„cuatro criados, y un ajuar valorado en mil pesos"[440] mit ihm und seiner
Familie die Reise über den Atlantik angetreten hätten. Ob „Francisco López,
Escribano de S. M. y de Cámara"[441] mit unserem *descubridor* identisch ist, lässt
sich nicht nachweisen.[442]

---

434 Die genauen Umstände sind dem *Memorial* aus dem Jahre 1547 zu entnehmen, in dem
       Xerez den Sachverhalt schildert und eine Zwangsvollstreckung fordert. Über den
       weiteren Verlauf des Falles ist nichts bekannt; das Dokument wird vollständig zitiert in
       Jiménez Placer 1911, 30 f.
435 Jiménez Placer 1911, 34.
436 Bravo 1985, 27.
437 Bravo 1985, 27.
438 Vgl. Bravo 1985, 27.
439 Vgl. Bravo 1986, 97.
440 Bravo 1985, 28.
441 Bravo 1985, 28.
442 Das Problem besteht hier darin, dass Francisco de Xerez in verschiedenen Zu-
       sammenhängen mit unterschiedlichen Namen firmiert hat. Grota bringt den
       verwickelten Sachverhalt auf den Punkt: „A partir del 1548 sus datos se confunden

4.1.2. Die *Verdadera relacion de la conquista del Peru* (1534)

Die Editionsgeschichte der *Verdadera relación* ist mittlerweile gut erforscht und für den hier relevanten Zeitraum nahezu vollständig zu überblicken. Das noch heute gültige Stemma liefert Pogo 1936:[443]

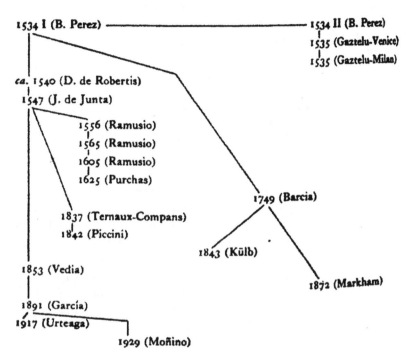

(nach Pogo 1936, 58).

---

con un Francisco López de Xerez y aunque logra una cédula para el virrey del Perú a nombre de Francisco López, que años antes a nombre de Xerez no consiguió para una encomienda en Nicaragua, sabemos con seguridad que ambos personajes se deben identificar con nuestro autor del que no sabemos nada a partir de 1564 en que vivía en Lima un escribano llamado Francisco López" (1983, 4).

443 Zu ergänzen wäre, dass die Faksimile-Edition von Grota 1983 auf einem Exemplar der Ausgabe 1534 II beruht. Die relativ neueste Edition, die unmittelbar auf ein Exemplar der Auflage 1534 I zurückgeht, scheint den Ausführungen Grotas und Pogos zufolge bei Barcia 1749 vorzuliegen.

Um ein Verständnis der Zusammenhänge zu ermöglichen, folgt eine kurze Erläuterung zu den bis 1600 erschienenen Ausgaben:[444]

Die für die Klärung der Verhältnisse entscheidende Erkenntnis ist ebenfalls Pogo zu verdanken, der als erster die Existenz zweier unterschiedlicher Auflagen der Originalausgabe von 1534 bemerkt hat; seine Nomenklatur 1534 I/1534 II ist heute Standard in der Xerez-Philologie. Bezüglich der Gründe für die Entstehung dieser zwei Auflagen äußert er folgende Vermutungen:

> During the printing of the 1534 edition of Xerez, an accident happened in Perez' shop; it necessitated a speedy resetting of the entire signature B. Three conjectures as to the reason for this resetting are hereby submitted, in the order of their decreasing probability. Fire, water or printer's ink may have damaged a considerable number of quires of the original signature B, after the type was distributed. Too large a number of leaves A and C, or too small a number of leaves B, may have been printed. The type of signature B may have been temporarily removed from the presses, and distributed, by mistake, or upset.[445]

Die auf Konjekturen beruhende Ursachenforschung ist hier nicht entscheidend, wohl aber der Umstand, dass der Text in den beiden Auflagen substanzielle Divergenzen von philologischer wie linguistischer Relevanz aufweist; sie betreffen Orthographie, Lexikon, Semantik, Morphosyntax und Text.[446] Die lohnende Forschungsaufgabe, die in einer vergleichenden Analyse der Texte aus den beiden Auflagen besteht, kann hier nicht gelöst werden; wohl aber stellt sich angesichts des Befundes mit besonderer Dringlichkeit die Frage, welche der beiden Auflagen Antonio de Herrera in Gebrauch hatte, sofern er überhaupt auf eine der Erstausgaben zurückgegriffen hat.

Geht man davon aus, dass die beiden Venezianer Ausgaben von 1535 mit höchster Wahrscheinlichkeit keine Rolle spielen, so verbleiben ein Raubdruck, der der Sevillaner Druckerei Dominico de Robertis zugeschrieben und auf circa 1540 datiert wird, sowie die legale Salmantiner Ausgabe von 1547.[447] Unterstellen wir, dass der Chronist des Königs schon

---

444 Dabei sollen die Übersetzungen ausgeklammert bleiben, da sie für unsere Fragestellung nicht relevant sind.
445 Pogo 1936, 59.
446 Vgl. Pogo 1936, 59 f. Die einschlägigen Beispiele reichen von der Interpunktion und Orthographie über Numeruswechsel bei Nominalphrasen, Registerwechsel im Lexikon mit semantisch-referenziellen Implikationen, Manipulationen der Personaldeixis, bis zur Unterschlagung ganzer Syntagmen aus drucktechnischen Gründen, die entsprechend stark auf die Sachverhaltsdarstellung zurückwirkt.
447 Pogo 1936, 66 ff.

aufgrund des damit verbundenen persönlichen Risikos keine Raubdrucke in seinem Archiv geduldet hat,[448] so haben wir also mit drei Ausgaben zu tun, die als 'Quellen' der *Décadas* infrage kommen. Der aktuelle Forschungsstand liefert keinerlei Anhaltspunkt, der eine Entscheidung zugunsten von einer gestatten würde. Eine solche Entscheidung erübrigt sich insofern als die Ausgabe 1534 I gegenwärtig nicht mehr greifbar ist; der Textbestand der Ausgabe 1534 II und der von 1547 ist identisch, lediglich im Satz unterscheiden sie sich. Es besteht eine hohe Wahrscheinlichkeit, dass Herrera tatsächlich auf eine der beiden letztgenannten zurückgegriffen hat, insofern 1534 I seit jeher in nur wenigen Exemplaren existiert hat.

Wie Stoll 1997 erstmals mit der nötigen Klarheit feststellt, sind die Bewertungen der *Relación*, die seit Jahrzehnten fortgeschrieben werden und im Wesentlichen ästhetische sowie inhaltliche Aspekte in den Blick nehmen, durchaus irreführend, da sie auf eine systematische Berücksichtigung der Textpragmatik verzichten. Besonders geläufig ist das Urteil des einflussreichen Porras Barrenechea: „Defecto y mérito, su sobriedad le defiende del cargo de parcialidad. No recarga, ni insiste, ni juzga, ni acusa: refiere únicamente, lo más conciso posible";[449] ähnlich äußert sich der ebenfalls maßgebliche Esteve Barba: „Francisco de Xerez, a pesar de su concisión, es el más preciso, detallado, objetivo e importante de todos los cronistas, aunque posiblemente peque de frío, lejano y oficial" ([2]1992, 454). Die von Bravo formulierte Einschätzung tendiert in die gleiche Richtung.[450] Zum einen werden hier die ästhetischen und inhaltlichen Kriterien nebeneinander gestellt, ohne dass ihre kategoriale Verschiedenheit reflektiert würde, was zu dem unbefriedigenden Befund führt, die Sachlichkeit sei zugleich Schwäche und Verdienst, oder aber, die Darstellung sei nicht nur knapp, sondern auch detailliert (siehe oben); zum anderen – und das ist problematischer – lässt sich aus der Vermengung beider Kategorien das Scheinargument ableiten, Prägnanz (stilistisch) spreche für Unparteilichkeit (inhaltlich), aus Präzision (stilistisch) folge Objektivität (inhaltlich). Ein solcher Zusammenhang besteht gewiss nicht, wird er aber zu Unrecht hergestellt, dann verstellt er den Blick auf den Text. Für die *Relación* von Xerez gilt mit Sicherheit, was in jüngsten Forschungen zur 'Kolonialhistoriographie' grundsätzlich zur Pragmatik der *relaciones de*

---

448 Es ist auch deshalb zu vermuten, dass ihm der Raubdruck von 1540 nicht vorgelegen hat, weil dieser ja nicht der Zensur unterlag und insofern von Herrera eigens hätte beschafft werden müssen.
449 Bravo 1986, 98.
450 Vgl. Bravo 1985, 32 ff.

cosas herausgearbeitet worden ist (vgl. Kap. 3.5.1.). Auch er hat „einen eminent parteilichen Bericht geschrieben",[451] dessen Parteilichkeit aber erst aus der Perspektive neuerer text- und diskursanalytischer Überlegungen in den Blick gerät, insofern diese dazu geführt haben, dass eine reflexive Distanz nicht nur zur Ebene der Sachverhalte, sondern auch zur Ebene der sprachlichen Vermittlung dieser Sachverhalte entstanden ist.

4.2. Gonzalo Fernández de Oviedo

Gonzalo Fernández de Oviedo wird in der Forschung als eine in verschiedener Hinsicht exemplarische Figur behandelt: exemplarisch im Hinblick auf die Voraussetzungen ebenso wie die Mittel und Wege seines beruflichen Fortkommens, seinen Fleiß im Dienste der Überlieferung (die eines der Mittel seines Fortkommens gewesen ist), den monumentalen und normprägenden Charakter seines Hauptwerks, die dabei zum Tragen kommende humanistische Bildung; parallel werden zumindest zwei Faktoren betont, die für seine besondere Individualität im Kontext der *historiografía indiana* sprechen sollen, nämlich die Neigung zur Inszenierung seiner eigenen Person als Beobachter der *Indias* und sein ausgeprägtes Interesse an Geographie, Flora und Fauna, das sich in zwei umfänglichen Texten der Gattung *historia natural* niederschlägt. Bei näherem Hinsehen erweisen sich jedoch auch diese augenscheinlichen Besonderheiten als historisch-systematisch motiviert. Die Inszenierung der eigenen Position als unmittelbarer Beobachter einer Realität, die sich von der bis dato bekannten unterscheidet, kennzeichnet als Autorisierungsstrategie alle von Augenzeugen verfassten *historias/crónicas*, bei denen eines der strategischen Hauptanliegen immer darin besteht, die Alterität des Beobachteten glaubhaft zu machen und damit die Notwendigkeit beziehungsweise den Vorrang unmittelbarer Evidenz zu begründen. Das Auftreten einer umfassenden *historia natural* zu einem relativ frühen Zeitpunkt der Ausdehnung des kastilischen Imperiums auf die *Indias* ist ebenso wenig zufällig; vielmehr entspricht es einem konkreten Bedarf, insofern die umfassende Kenntnisnahme von den Eigenschaften des fraglichen Raumes der Etablierung einer diesem Raum angemessenen Ordnung notwendig vorausgeht (vgl. Kap. 3.2.). Ob Fernández de Oviedo eine persönliche Neigung zur Naturbeobachtung gehabt hat, sei dahingestellt; er erfüllt damit jedenfalls auch eine rechtssystematische Notwendigkeit, wodurch das

---

451 Stoll 1997, 119.

Wohlwollen des Monarchen gegenüber seinem Engagement mit Sicherheit befördert worden ist.[452]

Der paradigmatische Charakter der Biographie Oviedos manifestiert sich auch auf der Ebene der Textproduktion. Wie bereits angedeutet, hat er eine ganze Reihe von Typen historiographischer Texte bedient (vgl. Kap. 4.2.1.); auch darin ist nicht allein ein Indiz für seine breit gestreuten Interessen oder seine ausgeprägte Schreibkompetenz zu sehen, wenngleich diese vorhanden gewesen sein dürften; interessant ist dieser Umstand vor allem, insofern er auch als Strategie der Etablierung im Diskurs und damit in stabilen Klientenbeziehungen zu bewerten ist; als eine solche Strategie wird er uns allenthalben begegnen und es fällt auf, dass gerade die langfristig unhintergehbaren und maßgeblichen Figuren der *historiografía indiana* sich ihrer systematisch bedienen. Der Fall 'Oviedo' eignet sich aufgrund der skizzierten Umstände besonders gut dazu, auch mit Blick auf die noch folgenden Ausführungen zu anderen Autoren eine Perspektive zu gewinnen, die es gestattet, die kontingenten Verläufe jedes Einzelfalls in Bezug zu den bereits skizzierten historischen Rahmenbedingungen (vgl. Kap. 3.2.) zu setzen und mittels einer historisch-systematischen Rekonstruktion Regularitäten des diskursiven Erfolges im Kontext der *historiografía oficial* zu identifizieren. Die Darstellung konzentriert sich dabei auf die *Historia general y natvral de las Indias*, den für Herreras *Décadas* relevanten Text, der überdies aufgrund seines Umfangs und seiner Komplexität von der Forschung besonders intensiv diskutiert worden ist.

4.2.1. Biographisches

Gonzalo Fernández de Oviedo wird 1478 in Madrid geboren. Er stammt aus einer asturischen Familie von *hidalgos*, die offenbar über gute Kontakte zu den einflussreichen Kreisen um den Monarchen verfügt. Anders wäre es unter den zeitgenössischen Bedingungen kaum erklärlich, dass Oviedo bereits im Alter von zwölf Jahren Page beim Duque de Villahermosa wird und nur kurze Zeit später (1493) *Mozo de Cámara* des Prinzen Don Juan.[453]

---

452 Vgl. auch die einschlägigen Erklärungen in Carrillo Castillo 2004, 60 ff.; Myers 2007, 30 ff.

453 Die biographischen Daten, die hier referiert werden, stammen aus folgenden Quellen: Carrillo Castillo 2004; Esteve Barba [2]1992; Myers 2007; Salas 1990. Quellenangaben erfolgen nur in den Fällen, in denen der Literatur widersprüchliche Informationen zu entnehmen sind. Die Interpretationen in dem in

Die *reconquista* Granadas 1492 erlebt er persönlich aus nächster Nähe mit. Über seine Anwesenheit hinaus ergeben sich jedoch keine weiteren Konsequenzen für den noch sehr jungen Oviedo, der fest in die Hierarchien des Hofes eingebunden zu sein scheint, bis der Prinz 1497 stirbt. Angesichts dieses unvorhersehbaren Unglücksfalls verliert er schlagartig seinen Status bei Hofe und ist gezwungen, sich nach neuen Förderern umzusehen. Sein anschließender Gang nach Italien, wo er nach 1499 sowohl mit Größen des einheimischen als auch des asturischen Adels zusammentrifft und Gelegenheit hat, den italienischen Humanismus intensiv kennenzulernen,[454] stellt ein biographisches Element dar, das uns bei den wichtigsten Vertretern der späteren *historiografía oficial* – womöglich nicht zufällig – wieder begegnen wird.[455] Die Aussicht, in den Dienst des Duque de Aragón einzutreten, lässt ihn 1502 nach Madrid zurückkehren; im selben Jahr heiratet er Margarita de Vergara, die bereits drei Jahre später verstirbt, sodass Fernández de Oviedo sich zu einer erneuten Eheschließung – mit Isabel de Aguilar – veranlasst sieht. Seiner Selbstauskunft zufolge fällt in jene Zeitspanne auch der Beginn seiner Arbeit als Historiograph der kastilischen Krone. Das bis heute unveröffentlichte Manuskript der *Noticias sobre los Reyes de España* (häufig auch als *Catálogo Real* bezeichnet), einer königlichen Familiengeschichte nach Art der mittelalterlichen *generaciones y semblanzas*, soll damals in seinen Grundzügen entstanden sein. Ob diese Behauptung zutrifft oder einer nachträglichen Stilisierung geschuldet ist, lässt sich nicht mehr nachprüfen; in jedem Fall eignet sich ein solcher Text bestens als Bewerbung um die Patronage eines umfassenderen historiographischen Werks, wie es die später entstehende *Historia general y natvral* werden sollte. Eindeutig zu belegen ist sein Eintritt in den *Consejo de la Inquisición* und ein Jahr später die Übernahme des Postens eines *Escribano y Notario Público* in Madrid.

Kap. 4.2. erläuterten Sinne werden, sofern sie einer Quelle entnommen sind, selbstverständlich entsprechend gekennzeichnet.

Während Esteve Barba [2]1992 als klassische Referenz zu verstehen ist, die einführenden Charakter hat, jedoch keinesfalls den aktuellen Forschungsstand widergibt, gilt Letzteres für die übrigen vier genannten Quellen durchaus. Insbesondere Carrillo Castillo 2004 und Myers 2007 schließen an jenes diskursanalytische Paradigma nordamerikanischer Prägung an, von dem in Kap. 2.1. die Rede gewesen ist, und bieten interessante historisch-systematische Einsichten.

454 In den einschlägigen Biographien werden etwa Ludovico Sforza, Isabel de Aragón, die Familie Borgia und Leonardo da Vinci genannt.

455 Bei López de Gómara und Herrera.

1515 schließlich ergibt sich mit der Überfahrt in die Karibik ein entscheidender Wendepunkt in Fernández de Oviedos Leben; mit der Flotte des später wegen seiner Willkür berüchtigten Pedrárias Dávila segeln neben unserem Historiographen noch eine ganze Reihe weiterer, in der Rückschau prägender Repräsentanten des Imperiums.[456] Für Fernández de Oviedo verbindet sich mit diesem Schritt in erster Linie eine konkrete Karrierechance; durch die Übernahme der Ämter des Notars und Minenverwalters in Santo Domingo kann er eine feste Bindung an den Hof erreichen und zugleich ein Betätigungsfeld für seine Ambitionen als Historiograph erschließen. Nach der Ankunft gerät jedoch auch er – wie so viele andere – in einen heftigen Konflikt mit dem diktatorischen Pedrárias, der ihn zur umgehenden Rückkehr nach Spanien veranlasst. Dort angekommen erlebt er 1516 den Tod von König Ferdinand und entschließt sich daraufhin, ebenso wie Las Casas, sein Anliegen dem in den Niederlanden weilenden Thronfolger Karl vorzutragen. Auf der Reise dorthin begegnen sich beide; die anfänglichen Hoffnungen auf Verständigung werden jedoch schnell enttäuscht. Obwohl beide im Grunde das gleiche Problem reklamieren, nämlich die Haltlosigkeit der anarchistischen Machtverhältnisse in den *Indias* und den daraus resultierenden Schaden für die Krone, verbinden sie mit der Lösung dieses Problems völlig unterschiedliche Interessen. Oviedo geht es um die Stärkung der königlichen Autorität im bestehenden Rahmen, Las Casas hingegen um den Umbau dieses Rahmens zugunsten der Mission. Beide pflegen fortan und zeitlebens eine kaum verhohlene Feindschaft. 1520 kehrt Oviedo in die *Indias* zurück; eine von Karl V. angetragene *Gobernación* hat er abgelehnt, gleichwohl wird er von den etablierten Machthabern offenbar als so starker Konkurrent empfunden, dass sie einen Mordanschlag unternehmen. Er überlebt, in den folgenden zwei Jahren sterben jedoch seine Frau und Kinder, vermutlich krankheitsbedingt. Die unübersehbaren Widerstände veranlassen ihn 1523 zur erneuten Rückkehr nach Europa. Auf der Reise heiratet er Catalina de Ribafrecha in Santo Domingo. Seine Verhandlungen mit Karl V. zwischen 1524 und 1526 führen zur Abberufung von Pedrárias Dávila und der Übertragung der *Gobernación* von Cartagena auf Oviedo; daneben veranlasst er die Veröffentlichung des *Sumario de la natural historia de las Indias* (1526). In den *Indias* angekommen verlässt er seinen neuen Posten bereits nach kurzer Zeit wieder und lässt sich erneut in der Karibik nieder, von wo aus er bereits 1530 als *Procurador* von Panamá und Santo Domingo nach Spanien entsandt wird, um dort für die Ablösung des *Gobernador*

---

456 Vgl. Kap. 4.4.; 4.5.; 4.8.; 4.9.

Pedro de los Ríos zu werben. Bei dieser Gelegenheit stellt er das erste Buch seines *Catálogo Real* fertig und wird 1532 zum *Cronista Real de las Indias* ernannt. Damit ist eine entscheidende neue Stufe der Institutionalisierung dieses Postens erreicht. Zwei weitere angefangene Texte ergänzen zu diesem Zeitpunkt sein Werk, der *Libro primero del Blasón* und die *Relaçion de lo sucedido en la prisión del Rey Francisco de Francia*; anschließend betreibt er die Publikation des ersten Buches der *Historia general y natvral de las Indias*, das 1535 erscheint. 1536 kehrt er als *Gobernador* nach Santo Domingo zurück; in der Folgezeit schließt er Buch zwei und drei des *Catálogo Real* ab; insgesamt scheinen sich seine Lebensverhältnisse in dieser Zeit etwas zu stabilisieren. Erst 1546 macht er sich letztmalig auf den Weg nach Spanien; dort erlebt er die zweite Auflage seiner *Historia general y natvral de las Indias* und die Ernennung zum *Gobernador Perpetuo*. Seine Schreibtätigkeit findet ihre Fortsetzung im Abschluss des Manuskripts mit dem Titel *Libro de la cámara del príncipe Don Juan*, das Erinnerungen an seine Jugend als Page enthält. 1549 hinterlegt er das ebenfalls abgeschlossene Manuskript der Bücher zwei und drei seiner *Historia* in einem Sevillaner Kloster; ihre Drucklegung war ihm verweigert worden, wobei die fortgesetzte und entschiedene Agitation von Las Casas gegen Oviedo eine Rolle gespielt haben mag.[457] In seinen letzten Lebensjahren arbeitet Oviedo an den drei Bücher umfassenden *Batallas y quinquagenas*, einer auf explizite Belehrung angelegten Sammlung von Biographien nach Art des mittelalterlichen *regimen principum*; er stirbt 1557 in Santo Domingo.[458]

Gonzalo Fernández de Oviedo markiert in der *historiografía indiana* einen institutionellen und einen epistemischen Wendepunkt. Er ist der historisch erste *Cronista Oficial de Indias* und er ist der erste Historiograph, der über die *Indias* aus eigener Anschauung berichtet. Für ein angemessenes Verständnis der Genese der *Crónica Mayor de Indias* ist es von entscheidender Bedeutung, sich klarzumachen, dass Oviedo dieses Amt nicht etwa gezielt und planvoll angestrebt und dementsprechend alle notwendigen Voraussetzungen aktiv geschaffen hat, sondern vielmehr die Summe der aus weitgehend kontingenten Gründen bestehenden Voraussetzungen zuerst die praktische Tätigkeit begünstigt und in der Konsequenz die Idee der Etablierung eines entsprechenden Amtes zum Zwecke der Verstetigung nahegelegt hat. Ein planvoll verfolgtes Interesse hat Fernández de Oviedo an seiner langfristigen Etablierung im Kreis der Günstlinge der Monarchie

---

457 Vgl. Esteve Barba [2]1992, 85 ff.
458 Die hier referierten Daten sind zwischen den verschiedenen Studien unstrittig. Eine konzise Übersicht findet sich in Myers 2007, 136 f.

gehabt, und dieses Interesse hat er zeit seines Lebens konsequent verfolgt. Die 'Erfindung' der *Crónica Oficial de Indias* ist in diesem Zusammenhang ein sekundäres Phänomen, ein Mittel zum Zweck der Verstetigung eines persönlichen Klientenverhältnisses zur Krone; sie wäre außerdem zum damaligen Zeitpunkt nicht erfolgt, wenn nicht die administrativen Ämter, mit denen Oviedo betraut gewesen ist, die Sammlung einschlägiger Dokumente, die als historiographische 'Quellen' genutzt werden konnten, systematisch begünstigt, ja sogar erforderlich gemacht hätte. Man kann also sagen, die Korpusbildung wurde ihm durch seine berufliche Position gleichsam aufgenötigt. Oviedos spezifische Leistung besteht allein in der Erkenntnis, dass er sich dieses Korpus systematisch zunutze machen konnte, und in der Umsetzung dieser Erkenntnis. Die *Crónica Oficial de Indias* ist also ein sekundäres Phänomen auch im institutionellen Kontext der kastilischen 'Kolonialadministration', aus der sie buchstäblich hervorgewachsen ist. Fernández de Oviedo entdeckt in dem Bemühen um die Stabilisierung seiner Lebensverhältnisse eine diskursive Leerstelle, die sich historisch nur einmal, zu Beginn der imperialen Expansion in den *Indias*, ergeben hat, und nutzt sie. Primäres Interesse dabei ist aber die Stabilisierung seiner Lebensverhältnisse und nicht die Tilgung dieser Leerstelle.[459]

4.2.2. Die *Historia general y natvral de las Indias* (1535)

Die Überlieferung der *Historia general y natvral* erweist sich als außerordentlich verworren und in ihrem vorläufigen Endergebnis für unsere Zwecke problematisch. Der komplizierte Sachzusammenhang wird von der aktuellen Forschung zumeist gemieden und stattdessen stillschweigend die klassische Edition Amador de los Ríos 1851 zugrunde gelegt, die bis heute die maßgebliche Referenz geblieben ist.[460] Dieses Vorgehen verbietet sich im Horizont unserer Fragestellung ganz offensichtlich, gleichwohl muss die Skizze dieses Problemfeldes hier auf wichtige Ausschnitte beschränkt bleiben.

Belegt ist, dass die Autographe Oviedos, die von diesem während seines letzten Aufenthaltes auf der Iberischen Halbinsel in Sevilla hinterlegt

---

459 Vgl. für diese Zusammenhänge Carrillo Castillo 2004, 73, aber auch schon Esteve Barba [2]1992, 68.

460 Einen gut informierten und aktuellen Überblick zu diesem Thema bietet aber Carrillo Castillo 2004, 109 ff. Die dort gegebenen Hinweise können hier nur in Ausschnitten berücksichtigt werden.

worden sind, im Jahre 1563 vom *Consejo de Indias* angefordert werden. Zu diesem Zeitpunkt befinden sie sich in den Händen des örtlichen Zensors zwecks Prüfung und gegebenenfalls späterer Drucklegung. Dieser Prozess kommt jedoch aufgrund der Intervention des *Consejo de Indias* zu keinem Abschluss. Die Abschrift, die der Zensor Gascó daraufhin anfertigen lässt, kommt als Vorlage für Herrera nicht in Betracht; in dieser Hinsicht bestehen vielmehr grundsätzlich nur zwei denkbare Möglichkeiten: Entweder hat Herrera um die Jahrhundertwende noch immer Zugang zu dem 1563 konfiszierten Autograph oder aber er stützt sich auf die Editionen von 1535 und 1557. Eine klare Entscheidung ist nach Lage der Dinge nicht herbeizuführen und beide Optionen bringen jeweils neue Probleme mit sich. Legt man das Autograph zugrunde, so ist zu konstatieren, dass diejenigen seiner Teile, die in den *Décadas* verarbeitet worden sind, heute als verloren gelten müssen. Eine umstandslose Analyse aufgrund des Originaltextes wäre also unmöglich, bestenfalls an eine Rekonstruktion aufgrund von Analogien zu den noch erhaltenen Teilen des Autographs wäre zu denken; legt man die Edition von 1535 und 1557 zugrunde, so sprechen dafür mehrere Gründe: Erstens hat Herrera häufig und systematisch Drucke genutzt, von einer besonderen Authentizität handschriftlicher 'Quellen' geht er nicht aus, im Gegenteil (vgl. Kap. 5.2.); zweitens stammt die aufgrund umfangreicher Textvergleiche bei Herrera identifizierte Textstelle der *Historia general y natvral* ausgerechnet aus dem Buch zwanzig des zweiten Teils, sodass sich unmittelbar die brisante Frage aufdrängt, ob Herrera eventuell nur die Edition dieses zwanzigsten Buches konsultiert hat, die 1557 in Valladolid separat gedruckt worden war. Selbst, wenn man diese maximal zugespitzte Hypothese nicht vertreten möchte, bleibt doch zu vermuten, dass die Rezeption Oviedos bei Herrera auf die Ereignisse und Daten aus der Frühzeit der imperialen Expansion beschränkt ist, auf eine Zeit also, die mit dem 1535 im Druck erschienenen ersten Teil sowie dem Buch zwanzig, das zugleich das erste Buch des zweiten Teils darstellt und als letztes vor Oviedos Tod in Druck gegangen ist, womöglich vollständig abgedeckt wird. Die Stichhaltigkeit dieser Hypothesen wäre noch durch einen ausgedehnten, systematischen Textvergleich zu prüfen, zumindest die schwächere der beiden besitzt im Gesamtzusammenhang unserer Befunde jedoch eine sehr hohe Plausibilität.[461] Geht man von dieser Hypo-

---

461 Vgl. für diesen Gesamtzusammenhang die Erläuterungen in Kap. 5.1.; 5.2.

these aus, so ist es möglich, den Text der Ausgabe Valladolid 1557 zugrunde zu legen.[462]

Das weitere Schicksal des Autographs, das im Laufe des 18. und 19. Jahrhunderts eine ganze Reihe von Editionsversuchen unter der Ägide der *Academia Real de la Historia* erlebt hat und schließlich zu Beginn des 20. Jahrhunderts unter obskuren Umständen geteilt und teilweise verkauft worden ist, soll hier nicht im Detail weiterverfolgt werden. Gesichert ist aber, dass das für uns relevante Buch zwanzig nicht zu den bis heute erhalten gebliebenen Teilen des Autographs, die in der *Real Academia de la Historia* (Madrid) sowie der *Huntington Library* (Los Angeles) lagern, gehört.

Traditionell ist die *Historia general y natvral* von Oviedo in der Forschung als ein in verschiedener Hinsicht herausragendes Werk gewürdigt worden. Sein schierer Umfang und die Masse der enthaltenen Information setzen dieser Sichtweise zufolge ebenso Maßstäbe wie die Originalität der Disposition, die unter einer merklichen inhaltlichen Unausgewogenheit und Weitschweifigkeit leide, welche jedoch aufgrund des Charakters einer Pionierleistung, der dem Text zukomme, zu entschuldigen sei. Dieser wird vor allem mit der Tatsache begründet, dass es sich bei der *Historia general y natvral* um den ersten Text eines Augenzeugen der beschriebenen Sachverhalte handelt. Des Weiteren wird hinsichtlich der Disposition des Textes ein Problem verhandelt, das allen Texten der *Crónica Oficial de Indias* und namentlich den *Décadas* von Antonio de Herrera in der Forschung vorgehalten worden ist, nämlich die Koordination von Zeit und Räumen in der Linearität des Textes.[463] Entscheidend ist jedoch, sich zunächst klar zu machen, dass, obwohl keine der bis hier referierten Feststellungen zu Oviedos Werk als sachlich falsch bezeichnet werden kann, doch keine etwas über die Pragmatik des Textes besagt, über seinen zeitgenössischen Status und über plausible Gründe für seine Entstehung. Die politischen und rechtssystematischen Bedingungen, die dafür einschlägig sind, sind erst in neuen Studien der letzten zehn Jahre tatsächlich in Betracht gezogen

---

462 Dabei ist zu beachten, dass die Kapitelzählung in der Edition Amador de los Ríos 1851 um eins von der Zählung im Originaldruck abweicht; das bei der Textanalyse zugrunde liegende Kapitel 11 erscheint bei Amador de los Ríos fälschlicherweise als Kapitel 12.

463 Vgl. Salas 1986, 100. Die oft wiederholte Schlussfolgerung, es trete dabei ein konzeptionelles Defizit auf, insofern es aufgrund der parallelen Behandlung verschiedener Räume nicht gelinge, inhaltliche Kohärenz aufrechtzuerhalten, wird in Kap. 5.1. eingehend besprochen.

worden.[464] Diese Studien zeigen den Text im Horizont der Bedingungen seiner Möglichkeit; diese Bedingungen sind ihrerseits nicht auf eine nach Entfaltung drängende ingeniöse Begabung zu reduzieren. Hoch interessant ist in diesem Sinne auch die zuletzt einhellig getroffene Feststellung, dass Oviedo – im Unterschied zu den späteren *Cronistas Oficiales*, wie etwa Gómara oder Herrera – nicht für eine anonyme und überzeitliche Öffentlichkeit schreibe, sondern für seine Zeitgenossen und im engen Sinne für die *peer group* der Siedler, denen er mit seiner *Historia* eine Legitimation und einen verbindlichen Deutungsrahmen zur Verfügung stellt.[465] Während traditionellerweise der Aspekt der Selbstinszenierung Oviedos als Beobachter im Sinne einer literarischen Ambition gedeutet worden ist, verweist dieser neuere Interpretationsansatz zurück auf die institutionelle Entwicklung der *Crónica Oficial de Indias*, die von Pedro Mártir über Oviedo und Gómara bis zur Gründung der *Crónica Mayor de Indias* mehrere Stufen durchläuft;[466] zur Zeit Oviedos geht es noch nicht darum, den Herrschaftsanspruch Kastiliens nach außen zu verteidigen, sondern zunächst darum, die Voraussetzungen für die Etablierung einer Ordnung zu schaffen. Das Bedürfnis geordneten Lebenswandels in seiner Gegenwart ist der unmittelbare Anlass der *Historia general y natvral*.

4.3. Bartolomé de Las Casas

Bartolomé de Las Casas kann mit Recht als die Schlüsselfigur der Diskurse um die transatlantische Expansion Kastiliens und deren Legitimierung bezeichnet werden. Vielleicht als einzige, zumindest aber als eine von nur wenigen Figuren ist ihm gleichermaßen von seinen Zeitgenossen wie auch von der Moderne diese Rolle zuerkannt worden. Da er den Angelpunkt einer diskursiven Praxis bildet, an dem alle übrigen Teilnehmer bis zu einem gewisse Grad gemessen werden, ist es im Fall 'Las Casas' noch schwieriger als sonst, der einschlägigen Forschungsliteratur historisch-systematische Analysen zu der Interessenlage, die ihn zu seiner umfangreichen, lebenslangen Schreibtätigkeit treibt, zu entnehmen. Im Wesentlichen wird lediglich der Topos seiner humanitären Gesinnung und der darin gründenden moralischen Bedenken hinsichtlich des *tratamiento de los*

---

464 Vgl. Carrillo Castillo 2004, 60.
465 Vgl. Carrillo Castillo 2004, 22; Salas 1986, 98.
466 Vgl. dazu auch Roa de la Carrera 2005, 34.

Indios variiert;[467] selbstverständlich wird es hier nicht darum gehen, diesen Topos zu falsifizieren (was auch unsinnig wäre), wohl aber ist es unumgänglich, sich über die hermeneutische Limitierung klar zu werden, die aus diesem Forschungsstand bezogen auf die Statusrekonstruktion seiner historiographischen Texte resultiert.[468]

Sein umfangreiches Schrifttum[469] umfasst unter anderem auch zwei historiographische Texte, die *Historia de Indias* und die *Historia apologética*; über ihr Verhältnis zueinander wird zu sprechen sein. Nicht zu diesen im engen Sinne historiographischen Texten zählt hingegen sein berühmtester, die *Brevissima relacion de la destruyçion de las Indias*, bei dem es sich, wie der Titel in diesem Fall zutreffend angibt, um eine *Relaçion* handelt (vgl. Kap. 3.5.1.). Diese ist als einziger Text von Las Casas zu seinen Lebzeiten im Druck erschienen, nämlich 1552. Alle übrigen kursierten hingegen ausschließlich als Manuskripte. Dieser Umstand spielt für die Beurteilung der späteren Funktionalisierung seiner Texte selbstverständlich ebenso eine Rolle.

4.3.1. Biographisches

Bartolomé de Las Casas wird 1484[470] in Sevilla als Sohn eines etablierten Kaufmanns aus Tarifa geboren. Über seine Mutter ist nichts bekannt, zumindest äußert sich keiner seiner Biographen dazu.[471] Der Vater begleitet

---

467 Vgl. in diesem Sinne auch die Stellungnahme zum einschlägigen Forschungsstand in Castro 2007, 3 ff., die von einer reflexiven Haltung zeugt, wie sie sich in anderen Publikationen auch neuesten Datums leider kaum zeigt.

468 Vgl. aber Castro 2007 und insbesondere Duve 2008 zu den komplexen und spannungsreichen Wechselwirkungen zwischen einer uneindeutigen Rechtslage, politischen Interessen und juristischen Zwängen, die das Engagement von Las Casas eher bestimmt haben dürften als seine individuellen Befindlichkeiten.

469 Ein vollständiges Verzeichnis enthält die Bibliographie in Salas 1986.

470 Die älteren Darstellungen Esteve Barba [2]1992 und Carbia [2]2004 benennen 1474 als sein Geburtsjahr und machen explizit auf das hohe Alter von zweiundneunzig Jahren aufmerksam, das er erreicht habe. Alle neueren Darstellungen benennen hingegen 1484 als sein Geburtsjahr und geben dementsprechend ein Lebensalter von zweiundachtzig Jahren an. Welche Veränderung der Forschungslage zu dieser Korrektur geführt hat, ist aus der Sekundärliteratur nicht ersichtlich geworden.

471 Es existiert, wie nicht anders zu erwarten, eine unüberschaubare Menge von Biographien zu Las Casas, an die häufig eine spezifische thematische Perspektivierung geknüpft ist, die sich jedoch hinsichtlich der Rekonstruktion der Daten und Ereignisse nicht wesentlich voneinander unterscheiden. Die obigen Ausführungen stützen sich neben dem Klassiker Esteve Barba [2]1992 auf eine über-

Cristóbal Colón auf dessen zweiter Fahrt in die Karibik und hat bei seiner Rückkehr ein Geschenk für den kaum zwölfjährigen Sohn im Gepäck, dessen eindrückliche Exotik in ihrer Wirkung auf den jungen Bartolomé von den Biographen regelmäßig als allegorisch für sein späteres Wirken im Horizont der systematischen Probleme des Kulturkontakts mit den *Indias* ausgedeutet wird. Bei diesem Geschenk handelt es sich um einen Indio, der als Sklave auf Zeit nach Spanien gebracht werden durfte, da die Frage der Sklaverei damals noch keine rechtssystematische Relevanz im Kontext der transatlantischen Expansion erlangt hatte (vgl. Kap. 3.2.2.). Bartolomé nimmt im Jugendalter zunächst humanistische Studien in Sevilla auf, führt diese jedoch nicht zu Ende, sondern nutzt bereits 1502, im Alter von achtzehn Jahren, die Möglichkeit, Nicolás de Ovando auf dessen Fahrt nach Santo Domingo zu begleiten.[472] Las Casas ist also nicht nur eine der langfristig bedeutendsten Figuren, sondern tritt auch sehr früh in Kontakt zu den *Indias*, wobei davon auszugehen ist, dass Ersteres mit Letzterem funktional verknüpft ist, bedenkt man die ungebrochene Bedeutung der *antigüedad* als Autoritätskriterium bis in die Mitte des 16. Jahrhunderts. Soweit ersichtlich, ist Bartolomé de Las Casas auch der Einzige, dem in der einschlägigen Historiographie eine Periodisierung seiner Biographie zuteil wird, wie man sie ansonsten nur bezogen auf langfristig prägende Sachzusammenhänge findet, etwa das kastilische Imperium in den *Indias*, nicht aber bei Personen.[473]

Nach seiner Ankunft in Santo Domingo auf La Hispaniola führt Las Casas zunächst eine gänzlich unauffällige Existenz, die geprägt ist durch seine stete Beteiligung an kriegerischen Auseinandersetzungen mit der indigenen Bevölkerung und den Versuch der eigenen Etablierung. Letztere

---

schaubare Anzahl neuerer und neuester Monographien. Diese sind: Iglesias Ortega 2007; Giroud 2002; Ponz de Leon 2009; Salas 1986; Vickery 2007; Die Daten und Fakten, die diesen Publikationen entnommen sind, werden im Folgenden nicht in jedem Einzelfall durch Zitate belegt.

472 Zum historischen Stellenwert der Ankunft des ersten Verwaltungsbeamten der Krone in den *Indias* und zu den Umständen, die diese Entwicklung herbeigeführt haben vgl. Kap. 4.2.2.

473 Es wäre zu prüfen, inwieweit es statthaft ist, diesen außerordentlichen Umstand gegebenenfalls als narratives Korrelat zu der herausragenden Bedeutung der betreffenden Figur zu interpretieren. Dabei spielt die Frage, inwieweit diese herausragende Bedeutung ontologisch fundiert ist, keine Rolle. Interessant ist an dieser Stelle allein die Beobachtung, dass das Verfahren einer narrativ kodierten Periodisierung offenbar der diskursiven Markierung von herausragendem Status dient; der Umkehrschluss, dass diese Bedeutung ausschließlich diskursiv konstruiert sei, muss nicht zwangsläufig gezogen werden. Vgl. Kap. 2.1.

ist Las Casas nicht schwer gefallen, da zu jenem frühen Zeitpunkt noch keine regelrechte Konkurrenz um die Ressourcen der *Indias* geherrscht hat. So erhält er zunächst einen *Repartimiento* auf La Hispaniola, und als er kurze Zeit später Diego Velázquez nach Cuba folgt, fügt es sich auch dort wieder so. Bedenkt man die unmittelbare Verbundenheit zwischen Las Casas und Velázquez vom Beginn der Besiedlung Kubas an, wird auch klar, worin die klare Opposition gegen Cortés und dessen Verhalten gegenüber demselben Velázquez gründet, die Las Casas später in seiner *Historia* zum Ausdruck bringen sollte.

Die weitere persönliche Entwicklung von Las Casas wird oft als eine innerliche Bekehrung geschildert, wobei zu vermerken ist, dass er in den *Indias* von Beginn an als Laienpriester tätig gewesen ist und insofern von einer Bekehrung im formalen Sinne nicht die Rede sein kann. Ohne dass die einzelnen Etappen dieses Prozesses präzise mit Daten unterfüttert werden könnten, ist davon auszugehen, dass Las Casas aufgrund der Aneinanderreihung mehrerer Einzelereignisse zunehmend Skrupel hinsichtlich der damals üblichen Instrumentalisierung indigener Arbeitskraft entwickelt: Die einsetzende Praxis, den *encomenderos* die Kommunion zu verweigern, die berühmte Predigt des Dominikaners Montesinos 1511 sowie seine Anwesenheit bei einer Reihe juristisch zweifelhafter Hinrichtungen von *indígenas* können dafür gleichermaßen verantwortlich gemacht werden. Las Casas verzichtet schließlich auf seine Besitztümer und macht sich 1515 auf den Weg nach Spanien, um die *Reyes Católicos* für politische Maßnahmen gegen die herrschenden Zustände zu gewinnen. Sein Wirken als kompromissloser Vorkämpfer für die Rechte der Indios beginnt. Verhandlungen mit den *Reyes Católicos* und Kardinal Cisneros bringen ihm das neu geschaffene Amt des *Protector de los Indios* ein; bei seiner Rückkehr nach La Hispaniola im Jahr 1517 stellt sich jedoch bald Ernüchterung ein, da seine Ziele mit der Realität in den *Indias* kollidieren und massiven Widerstand provozieren. Las Casas entschließt sich aufgrund dieser Widerstände zur sofortigen Umkehr und trifft noch im selben Jahr zu erneuten Verhandlungen in Spanien ein. Zu Recht ist in der Forschung darauf hingewiesen worden, dass seine Persönlichkeit geprägt ist von einem auffälligen Missverhältnis zwischen kompromisslosem Denken und effektiver Agitation einerseits und mangelnder Ausdauer in der Praxis andererseits, das sich im Zuge seines lebenslangen Engagements wiederholt offenbart.[474] Erst 1519 kehrt er mit der Erlaubnis zur Gründung eines

---

474 Vgl. Salas 1986, 225. Genau entgegengesetzt gewichtet werden diese Beobachtungen in Ponz de Leon 2009, 227 ff., wo das Zusammenwirken von Urteilskraft

entmilitarisierten Refugiums für die Indios zum Zwecke einer absolut friedlichen Bekehrung seiner Bewohner, das an der Küste des heutigen Venezuelas liegen sollte, zurück. Das Unterfangen wird teils von missgünstigen Missionaren unterminiert, die ihren Einfluss beschnitten sehen, teils auch offen von der indigenen Bevölkerung abgelehnt. 1522 wird die provisorische Niederlassung der Dominikaner von der indigenen Bevölkerung zerstört, während Las Casas in Cumaná weitere Überzeugungsarbeit bei den spanischen Siedlern und Beamten zu leisten versucht. Diese neuerliche Enttäuschung veranlasst Las Casas dazu, keine weiteren diplomatischen Anstrengungen zu unternehmen. Er tritt dem Dominikaner-Orden bei und widmet sich während der folgenden dreizehn Jahre intensiven theologischen Studien, die in der Forschung gerne als *segunda conversión* apostrophiert werden. Las Casas wird Prior eines Klosters und nimmt – für uns entscheidend – seine Schreibtätigkeit auf. In den Jahren 1522 und 1523 entsteht der Traktat *De unico vocationis modo omnium gentium ad veram religionem*, in dem die Zulässigkeit der verschiedenen Methoden der Evangelisierung problematisiert wird. Es verwundert nicht, dass er sich dabei an den Leitlinien der *escuela de Salamanca* orientiert (vgl. Kap. 3.2.). Das Jahr 1527 markiert den Beginn der Arbeit an der *Historia de Indias*, die bis zu seinem Tod 1566 nicht fertiggestellt wird, jedoch auch als unvollendetes Manuskript weit reichende Wirkung entfaltet. Ebenfalls um 1527 entsteht die *Historia apologética*, die letztlich jedoch kein selbständiges Werk darstellt, sondern als komplementäre *descripción geográfica* zur *Historia de Indias* aufzufassen ist.[475] Erst ein Jahrzehnt später wird Las

---

und der Neigung zum Aktivismus hervorgehoben wird. Letztlich ist eine Entscheidung in dieser Frage hier jedoch unerheblich.

475 Die traditionell häufig bemühte Charakterisierung von Texten aus dem Umfeld der *historiogafía indiana*, die Informationen über Natur und Lebensgewohnheiten enthalten, als ethnographisch *ante litteram*, findet sich bezogen auf die *Historia apologética* besonders oft und bis in neueste Publikationen hinein, ausdrücklich etwa in Giroud 2002. Diese disziplinär der Theologie zuzurechnende Publikation zeigt *ex negativo*, warum eine explizite diskursanalytische Expertise für die Statusbestimmung der fraglichen Texte unabdingbar ist. Die aus einem historisierenden Blickwinkel leicht zu erzielende Erkenntnis, dass *descripciones geográficas* mit ihren naturräumlichen und auf autochthone Traditionen gerichteten Darstellungen systematisch relevante Wissensdomänen der vormodernen Historiographie abdecken, die deren spezifische Pragmatisierung erst ermöglichen, hat in der Las Casas-Forschung insgesamt noch nicht Fuß gefasst. Unklar bleiben sogar die diesbezüglichen Erläuterungen des ansonsten gut informierten Salas (vgl. 1986, 234 f.); ebenso uneindeutig ist Ponz de Leon 2009, 189 ff.

Casas von der Ordensleitung nach Spanien zurückgerufen. 1538 trifft er dort ein und nutzt erneut die Gelegenheit, zugunsten der Indios Einfluss auf die Politik zu nehmen. An der Ausarbeitung der *Leyes Nuevas*, die 1540 in Angriff genommen und 1542 abgeschlossen wird, ist er maßgeblich beteiligt. 1544 wird er in Sevilla zum Bischof von Chiapas geweiht und macht sich umgehend auf den Weg in seine neue Diözese. Auch dieses Amt jedoch versetzt ihn nicht in die Lage, seine Ziele zu verwirklichen. Der Widerstand gegen die *Leyes Nuevas* wird in seinem Einflussbereich durch seine Weigerung, *encomenderos* zur Kommunion zuzulassen, noch verstärkt. 1547 verlässt Las Casas Amerika und kehrt für immer nach Spanien zurück. Dort tritt er 1550 im Rahmen der *Junta de Valladolid* auf und zieht sich anschließend für seine verbleibenden fünfzehn Lebensjahre in das Dominikaner-Kloster von Valladolid zurück. Im Jahr 1552 ereignet sich die vielleicht umstrittenste Episode im Leben von Las Casas, die Drucklegung der *Brevissima relacion*, die sofort in zahlreiche Sprachen übersetzt wird und aufgrund ihrer massiven ideologischen Sprengkraft im Ausland weit mehr Anklang findet als die meisten anderen Texte zu den *Indias*. Die Forschung hat Las Casas deshalb bisweilen als Urheber der *leyenda negra* ausgemacht und dementsprechend stigmatisiert.[476] Tatsächlich ergibt sich der Eindruck, dass mit der Publikation der *Brevissima* eine Art willentlicher Umfunktionalisierung dieses Textes einhergeht, da sie ursprünglich nicht für anonymes Massenpublikum, sondern als Handbuch für die Missionare in den *Indias* konzipiert war, das dem Zweck dienen sollte, den *tratamiento de los Indios* zu verbessern (vgl. Esteve Barba [2]1992, 92). Welche Motive für diesen Schritt letztlich ausschlaggebend waren, lässt sich nicht mit Bestimmtheit klären. Zugleich ist jedoch auch festzuhalten, dass Las Casas lediglich diskursive Spielräume ausnutzt, die aufgrund der im 16. Jahrhundert bereits herrschenden Uneinigkeit über die Reichweite der Kompetenzen des Papstes *in nuce* vorhanden waren; er beutet diese zwar maximal aus, schafft sie jedoch nicht selbst. Die *leyenda negra* ist die Manifestation eines Streits über die Geltungsansprüche von Rechtstraditionen und Legitimationsstrategien, nicht jedoch dessen Ursache. Las Casas wendet sich der Historiographie nicht wie viele andere Verfasser zu,

---

Die oftmals zu beobachtende Tendenz, die beiden *Historias* von Las Casas als selbständige Texte zu betrachten, ist in jedem Fall unangemessen. Die von Las Casas gewählte Bezeichnung als *Historia apologética* darf darüber nicht hinwegtäuschen.

476 Paradigmatisch für die systematische Ausarbeitung dieser Deutung ist die klassische Monographie des argentinischen Historikers Carbia [2]2004, deren Erstausgabe 1944 erscheint.

um sie als Mittel des eigenen Fortkommens im Klientelwesen um den kastilischen Monarchen einzusetzen oder *mercedes* einzufordern; gleichwohl folgen auch seine historiographischen Texte einem Interesse, das darin eine juristische Konzeptualisierung erfährt (vgl. Kap. 3.2.2.).[477] So unangemessen es ist, ihn für die *leyenda negra* verantwortlich zu machen, so zutreffend können gleichwohl die vielfach vorgebrachten Kritiken an seiner polemisierend-hyperbolischen Historiographie im Einzelnen sein. Der Zweck der Agitation und die rhetorischen Mittel, die ihm dienen, dominieren bei Las Casas die Schreibpraxis. Der so zentrale Aspekt des interessegeleiteten Schreibens ist der Forschung im Fall von Bartolomé de Las Casas womöglich deshalb deutlicher aufgefallen als bei anderen Autoren, weil er – im Unterschied zu den meisten anderen – mit seinem Schrifttum eine ganze Reihe unterschiedlicher Texttypen bedient, die sich zeitgenössisch in je spezifischer Weise zur politisch-rechtlichen Einflussnahme eignen; die *historia* ist nur einer von ihnen und fügt sich bei Las Casas ganz selbstverständlich in diesen Kontext. Dies bedeutet jedoch nicht, dass die Historiographie bei Las Casas grundsätzlich anders funktionalisiert wäre als bei anderen Autoren; es besteht lediglich eine Konstellation, die entscheidende Zusammenhänge deutlicher erkennen lässt.

4.3.2. Die *Historia de las Indias* (ca. 1527–66)

Die Identifizierung des von Antonio de Herrera konsultierten Exemplars der *Historia de Indias*, die er in seinen *Décadas* kompilatorisch verarbeitet, bereitet keine Schwierigkeiten. Da von diesem Text bis in das 19. Jahrhundert keine Edition erschienen ist und zugleich bekannt ist, dass der *Consejo de Indias* den Nachlass von Las Casas unmittelbar nach Gründung der *Crónica Mayor de Indias* 1571 hat konfiszieren lassen, ist zu schlussfolgern, dass Herrera mit dem Autograph als dem einzig existierenden

---

477 Wie bereits hinreichend deutlich geworden ist, ist die Konzeptualisierung derartiger Interessen im Rahmen des juridischen Diskurses zeitgenössisch unumgänglich gewesen. Der Versuch der Einflussnahme durch Beteiligung an diesem Diskurs erfolgt bei Las Casas allerdings auf einer so fundamentalen Ebene wie bei keinem anderen der *cronistas de Indias*; in diesem Sinne ist auch der Titel der Las Casas-Biographie von Iglesias Ortega zu verstehen, der dessen Bemühen um eine systematische Klärung der fundamentalen Rechtsfragen in den Mittelpunkt seiner Interpretation stellt: *Cuarenta y cuatro años infinitos*, wobei sich diese vierundvierzig Jahre auf den Zeitraum beziehen, den Las Casas den Quellen zufolge mit systematischem Rechtsstudium verbracht hat (vgl. Iglesias Ortega 2007, 337 ff.).

Textexemplar gearbeitet hat. Handschriftliche Notizen von Beamten des *Consejo de Indias* auf dem Manuskript bestätigen dies.[478] Da das Autograph noch heute in der spanischen Nationalbibliothek zugänglich ist, kann es der Textanalyse umstandslos zugrunde gelegt werden.

Um vieles brisanter ist die Frage, welche systematische Erklärung es für die Tatsache seiner massiven Ausbeutung durch Herrera geben kann. Sie drängt sich umso mehr auf, als der ausgesprochen prominenten Stellung, die der *Historia* von Las Casas bei Herrera zukommt, eine Kombination mehrerer Faktoren entgegensteht; so ist bekannt, dass Las Casas gegen Ende seines Lebens aufgrund seiner fortgesetzt radikalen Auffassung von den juristischen Problemen der *conquista* und der Christianisierung bei der Krone zunehmend in Ungnade fällt und in dem Maße an Einfluss verliert, in dem die faktische Konsolidierung der *Indias* voranschreitet. Die inhaltliche Gestaltung der *Historia* stellt ebenfalls kein schlagendes Argument zur Verfügung, das geeignet wäre, diese Beobachtung aufzuwiegen; so stellt sich Las Casas zwar ausdrücklich gegen Cortés, was gewiss im Sinne der Krone ist (nicht umsonst werden die entsprechenden Textpassagen der *Décadas* fast ausschließlich bei Las Casas entlehnt); gleichwohl schreibt auch er eine Heldengeschichte, die mit der Stilisierung einer einzelnen Figur zur entscheidenden Triebkraft der kastilischen Errungenschaften nicht dem Konzept der Anonymisierung des gemeinsamen Erfolges aller im Dienste der Monarchie entspricht, das von den Vertretern der *Crónica Mayor* verfolgt wird. Die Nachfahren von Cristóbal Colón – der Held bei Las Casas – liegen mit der Krone bekanntlich über Jahrzehnte im Streit, was die Ansprüche anbetrifft, die sie aus dem *descubrimiento* begründetermaßen ableiten können. Er eignet sich also grundsätzlich ebenso wenig als Heldenfigur wie später Cortés.[479] Daneben entspricht aber auch das nähesprachlich geprägte konzeptionelle Profil der *Historia* den humanisti-

---

478 Dort heißt es auf dem letzten *folio* des Ms.: „Digo yo el licenciado Baltodano del consejo y cámara de las Indias que este es uno de los libros que con mi intervención, en virtud de una cédula real del Rey Ntro. S. que está en el cielo, fecha a 24 de septiembre de 1597 años se entregó a Antonio de Herrera, coronista mayor de su Magestad, para hefeto de escribir la historia de las Indias [...] en Valladolid a 30 de mayo 1603" (zit. aus dem Katalog der Biblioteca Nacional de España).

479 Umso glaubhafter sind angesichts dessen Gómaras Berichte, Las Casas habe vor dem *Consejo de Indias* gegen ihn, Gómara, agitiert und seine *Historia* diskreditiert. Las Casas steht zu Gómara hinsichtlich der Durchsetzung seiner Interessen in einem vergleichbaren Spannungsverhältnis wie auch Bernal Díaz del Castillo. Seine Versuche, ihn zu diskreditieren, sind pragmatisch dementsprechend analog motiviert, wenngleich er natürlich einer anderen Interessengruppe angehört als Bernal. Vgl. Kap.4.6.; 4.8.; Salas 1986, 229.

schen Kriterien sprachlicher Gestaltung von Historiographie nicht im Mindesten.[480]

Ähnliche hermeneutische Probleme werden im Folgenden auch bei Díaz del Castillo, López de Gómara, Landa und anderen begegnen. Stets ist die Frage zu klären, warum Texte, die einschlägige Autoritätskriterien nur unzureichend erfüllen, bei Herrera gewissermaßen entgegen den zeitgenössischen Standards revalorisiert werden.[481]

4.4. Pedro Cieza de León

Seit nunmehr weit über hundert Jahren trägt Pedro Cieza de León den Titel des *Príncipe de los Cronistas de Indias*, der ihm von seinem Wiederentdecker Jiménez de la Espada verliehen worden ist und auf dessen Nennung seither in keinem einschlägigen Beitrag verzichtet wird. Daran ist eine Bewertung seiner Schreibkompetenz geknüpft, die ihn in die Nähe ausgewiesener Humanisten rückt und ihm neben Stilsicherheit auch (zumindest passive) Kenntnisse einschlägiger humanistischer Gattungskonventionen attestiert. Die Qualität seiner Schriften erregt das Erstaunen der Fachwelt besonders mit Blick auf den Umstand, dass er sein Abenteuer als *conquistador* im Stande eines subalternen *soldado oscuro* beginnt.

Die vier umfangreichen Manuskripte, die der Nachwelt von Cieza de León hinterlassen worden sind, werden auch in der Forschung des Öfteren mit dem Sammeltitel *Crónica del Perú* belegt, obgleich dieser tatsächlich nur den ersten der vier Teile bezeichnet. Während jener erste Teil bereits 1553 als *Crónica del Perú* in Sevilla in Druck gegangen ist und weite Verbreitung gefunden hat, ist dies den Manuskripten der drei übrigen Teile, die als *Señorío de los Incas*, *Descubrimiento y conquista de las Indias* sowie *Historia de las guerras civiles* firmieren,[482] erst im 19. und 20. Jahrhundert widerfahren; ihre Textgeschichte gestaltet sich außerordentlich kompliziert und ist nur unvollständig rekonstruierbar.

---

480 Vgl. diesbezüglich auch die Hinweise auf seinen am Zweck der Agitation ausgerichteten Schreibstil und seine begrenzte Schulbildung in Kap. 4.3.1. sowie Esteve Barba [2]1992, 96.

481 Eine systematische Klärung dieses Problems wird in Kap. 5.1. auf der Grundlage der abgeschlossenen historischen Kontextualisierung erfolgen. Vgl. aber auch die Hinweise am Ende von Kap. 3.2.2.

482 Die *Historia de las guerras civiles* stellt in verschiedener Hinsicht ein Sonderproblem dar. Vgl. dazu Kap. 4.4.2.

Für die Textanalyse sollen Auszüge des ersten und zweiten Teils, also der *Crónica del Perú* und des *Señorío de los Incas*, herangezogen werden.[483] Wenngleich bekannt ist, dass auch der dritte und vierte Teil von Herrera intensiv konsultiert worden sind, sprechen methodische Gründe dafür, sich diesen mit Vorsicht zu nähern. Auf die hierbei maßgeblichen Gesamtumstände wird bei der Erläuterung der Textgeschichte einzugehen sein.

4.4.1. Biographisches

Die bereits bekannten Probleme der Rekonstruktion von Konquistadoren-Biographien aufgrund der gewohnt lückenhaften Dokumentation sollen hier nicht erneut aufgegriffen werden. Stattdessen werden uns die wenigen verfügbaren Daten dazu dienen zu zeigen, wie stark sich unser Wissen von der Entdeckung und Eroberung Amerikas in der Gestalt, in der sie sich uns heute darstellt, auf wenige krisenhafte Punkte konzentriert und wie eng diejenigen Agenten der *historiografía indiana*, deren Rezeption bis heute prägend wirkt, persönlich und räumlich miteinander verbunden sind.[484]

Pedro Cieza de León wird zwischen 1520 und 1522 in Llerena (Extremadura) als Sohn von Lope de León (*licenciado*) und Isabel de Cazalla geboren und repräsentiert mit seiner Überfahrt nach Cartagena de Indias 1535 einen überaus gewöhnlichen Fall. Abgesehen davon, dass die Kleinstadt Llerena während des 16. Jahrhunderts die drittmeisten Amerika-Auswanderer aus Extremadura stellt, erreicht ihre Zahl zwischen 1534 und 1539 zudem einen Höchststand bezogen auf die gesamte erste Hälfte des 16. Jahrhunderts (vgl. Millones Figueroa 2001, 30). Und noch etwas ist typisch am Fall des späteren *Príncipe de los Cronistas:* Im Unterschied zur ersten Generation von Konquistadoren kann er in Amerika nämlich bereits auf die Unterstützung mehrerer Verwandter in teils einflussreichen Positionen zählen. Cieza de León, „hombre culto y autodidacta" (Ballesteros 1984, 13) aus dem „medio acomodado e influyente de Llerena" (Millones Figueroa 2001, 27) verkörpert mit seinem Wirken durchaus paradigma-

---

483 Die überlieferten Titel der vermutlichen Vorlagen Herreras sind – wie gewohnt – in voller Länge in der Bibliographie verzeichnet.

484 Vgl. dazu auch die Hinweise zu den Paradigmen der historischen Forschung in Kap. 3.2. sowie diejenigen zur traditionsbildenden Wirkung der *Crónica Mayor de Indias* in Kap. 5.1.

tisch den Übergang von den Konquistadoren zu einem neuen Typus spanischer Immigranten, den *pobladores*.[485]

Zunächst jedoch nimmt Cieza wie viele andere Neuankömmlinge teil an den Wirren und Auseinandersetzungen im Gefolge des *descubrimiento del Perú*. So verdingt er sich bei einer Reihe einschlägiger Expeditionen in Nueva Granada, die in erster Linie dem altbekannten Vorgehen der Stadtgründung mit anschließender Absicherung von Einflusssphären dienen sollen. Wir finden ihn im Gefolge von Juan de Vadillo, Alonso de Cáceres und Jorge de Robledo.[486] 1546 ist Cieza de León bei Robledos weitgehend selbst verschuldetem Untergang zugegen. Wie Pascual de Andagoya sechs Jahre zuvor erliegt der *Gobernador de Antioquía* der Versuchung, in Benalcázars Abwesenheit den kurzsichtigen Versuch zu unternehmen, Gebiete von dessen *Gobernaciones* abzutrennen.[487] Auf Cieza de León entfällt dabei die Rolle des weitsichtigeren Ratgebers, der seinen Anführer und Freund jedoch nicht von der Beibehaltung des *status quo* überzeugen kann. Vor Robledos Enthauptung durch den erzürnten und überlegenen Benalcázar gelingt ihm allerdings die Flucht, was zur entscheidenden Wende in seinem bis dahin unscheinbaren Leben in Amerika führt.

Die Arbeit an der Chronik dürfte bereits wesentlich früher begonnen haben, nämlich etwa 1540 und – wie Millones Figueroa plausiblerweise annimmt – auf Robledos Betreiben hin, der seine Stadtgründungen angemessen dokumentiert sehen wollte.[488] Gleichwohl hätte die Schrift niemals ihre spätere Wirkung entfaltet, wenn nicht Glück und Beziehungen ihren Teil dazu getan hätten. So verdankt Cieza seine anscheinend reibungslose Eingliederung in das Heer Benalcázars dem Umstand, dass

---

485 Hinlänglich bekannt sind die in der Forschung oftmals aufgegriffenen Spannungen im Verhältnis zur Generation der *conquistadores* (vgl. Porras Barrenechea 1986, 771 f.).

486 Eine besonders ausführliche Rekonstruktion aller Expeditionen mit Ciezas Beteiligung findet sich in Espinoza 1964, 6 ff. Vgl. auch Sáenz de Santa María 1985, Bd. 3, 16 ff.

487 Um die Zusammenhänge würdigen zu können, ist es jedoch unerlässlich, den zweifelhaften Weg anzugeben, auf dem Benalcázar zu seinen Besitzungen gekommen ist. Als Gegenleistung für die Unterstützung des Vizekönigs Núñez Vela im Kampf gegen den Pizarro-Clan hatte er sich von diesem mehrere Stadtgründungen Robledos handstreichartig überschreiben lassen (vgl. Ballesteros 1984, 15). Vgl. zu den näheren Umständen auch Ballesteros 1985, 10 ff. Vgl. auch Kap. 4.5.2.

488 Francesca Cantú nennt die im Manuskript der *Bibliotheca Vaticana* explizit angegebene Jahreszahl 1541 als Zeitpunkt des Beginns der Niederschrift (vgl. Cantú 1979, 32).

durch die Ankunft La Gascas in Túmbez dringender Bedarf an militärischer Verstärkung entstanden ist; seine spätere persönliche Bekanntschaft mit dem *pacificador* kommt auf Vermittlung eines nahen Verwandten zustande, der als Schreiber in der vizeköniglichen Kanzlei von Nueva Castilla tätig gewesen ist.[489]

Die Schlacht von Xaquixaguana, mit der sich 1548 der peruanische Bürgerkrieg zugunsten der Krone entscheidet, markiert für Cieza de León den Beginn eines kometenhaften Aufstiegs; er erhält Zugriff auf das vizekönigliche Archiv, unternimmt mit höchstenfalls dreißig Jahren eine ausführliche Erkundungsreise durch Perú und stellt innerhalb der folgenden zwei Jahre die ersten zwei Teile der *Crónica* sowie Teile des dritten im Manuskript fertig (vgl. Esteve Barba 1992, 471 f.). Diese kurze Zeitspanne im Leben Ciezas ist aus heutiger Sicht deshalb von ganz wesentlicher Bedeutung, weil mit seiner Ernennung zum *Cronista Oficial de Indias* eine Institution geschaffen und eine damit verbundene Praxis der Wissenskonstitution etabliert wird, die den epistemischen Zugriff auf das Phänomen 'Amerika' in einer zumindest für Europäer bis heute nicht zu hintergehenden Form geprägt hat.

Ende 1550 kehrt Pedro Cieza de León nach Spanien zurück. Seine umgehende Eheschließung mit Isabel López de Abreu geht ebenfalls auf eine in Perú getroffene Abmachung zurück, wobei er die Bekanntschaft mit seinem späteren Schwiegervater wiederum den exzellenten Kontakten seiner weit verzweigten Familie verdankt.[490] Das Jahr 1553 bringt schließlich den letzten strahlenden Höhepunkt seines kurzen Lebens. Ihm wird – vermutlich infolge eines persönlichen Zusammentreffens mit Prinz Felipe, dem späteren Philipp II. – im Jahr 1552 die *licencia* zur Drucklegung seines Werks in Sevilla gewährt. Nach der überaus erfolgreichen Veröffentlichung des ersten Teils[491] bricht das Unglück über die Familie herein:

> El año 1554 es fatal para la familia que ha constituido Cieza. En mayo fallece Isabel, y la delicada salud de Pedro [...] se agrava inmediatamente, ya que el 23 de junio hace testamento, tan débil que no puede redactar el borrador, y ha de ser su suegro el que vaya escribiendo las últimas voluntades, pues el cronista no podía ya mover las manos [...]. Once días después, Pedro Cieza de León entregaba su alma a Dios.[492]

---

489 Vgl. Millones Figueroa 2001, 26; Ballesteros 1984, 17.
490 Vgl. Ballesteros 1984, 20.
491 Vgl. Millones Figueroa 2001, 84.
492 Ballesteros 1984, 21.

Ciezas letzter Wille findet zumindest hinsichtlich seines hinterlassenen Schrifttums keine Erfüllung;[493] weder werden die Manuskripte fünfzehn Jahre unter Verschluss gehalten, wie er es zwecks Vermeidung von Streitigkeiten vorgesehen hat (vgl. Ballesteros 1985, 16), noch kommt es zur Veröffentlichung der weiteren Teile seiner *Crónica*. Stattdessen werden sie vom *Consejo de Indias* zu einem nur näherungsweise bestimmbaren Zeitpunkt konfisziert (vgl. Cantú 1979, 39) und es entstehen bis heute ungelöste Probleme bezüglich der Rekonstruktion ihres Verbleibs sowie der Bewertung der gegenwärtig zugänglichen Manuskripte und Ausgaben.

4.4.2. Die *Parte primera de la Crónica del Peru* und die *Relaçion de la suçesion y gouierno de los Ingas* (ca. 1540–1553)

Es besteht eine Reihe grundlegender Probleme sowohl hinsichtlich der Frage der ursprünglichen Textkonstitution als auch hinsichtlich der Überlieferung, die in dieser Konzentration verursacht werden durch die hartnäckige Verschleierung Ersterer aufgrund der ungünstigen Umstände der Letzteren. Konkret heißt das, dass die Originalmanuskripte (wahrscheinlich) verloren sind, dass über den Status der überlieferten Manuskripte keine letztendliche Klarheit zu gewinnen ist und dass eine Rekonstruktion der ursprünglichen Anlage des Gesamttextes auf dieser Basis nicht möglich ist. Zu jedem dieser drei Teilaspekte sind weiter gehende Erläuterungen angebracht.

Ende der siebziger Jahre hat Francesca Cantús Fund eines bis dato unbekannten Manuskripts der Teile zwei und drei der *Crónica* in der *Bibliotheca Vaticana* die Fachwelt in Begeisterung versetzt. Nicht nur, dass sich der überlieferte Textbestand des *Señorío de los Incas* und des *Descubrimiento y conquista del Perú* dadurch von je einem auf je zwei Manuskripte verdoppelt hat, man ist darüber hinaus der Meinung gewesen, auf die Autographe des *Príncipe de los Cronistas* gestoßen zu sein.[494] Dieser Status ist zwischenzeitlich jedoch von berufener Seite angezweifelt worden: „Albergo [...] algunas sospechas de que estos manuscritos no sean autógrafos. De todos modos, estarían muy cercanos a los originales del autor [...]".[495] Die Frage der Authentizität der Manuskripte ist zumindest be-

---

493 Einschlägig für Ciezas Testament ist vor allem der Kommentar zu seiner Erstveröffentlichung in Maticorena Estrada 1955.
494 Vgl. Cantú 1979, 104.
495 Rivarola 2001, 116.

zogen auf den zweiten Teil für uns insofern unerheblich, als sich mit Sicherheit sagen lässt, dass sich Antonio de Herrera des zweiten noch existierenden Manuskripts des *Señorío* bedient hat, welches leicht zugänglich in der *Real Biblioteca de San Lorenzo de El Escorial* lagert; es handelt sich dabei um eine spätere Abschrift vom Original, die laut Vermerk explizit für den damaligen Vorsitzenden des *Consejo de Indias*, Juan Sarmiento, angefertigt worden ist.[496]

Weitaus unbefriedigender gestaltet sich die Lage bezüglich des dritten Teils, die sich wie folgt aufschlüsseln lässt: Es sind gegenwärtig insgesamt drei verschiedene Manuskripte beziehungsweise Fragmente des *Descubrimiento y conquista del Perú* bekannt; erstens das bereits genannte Manuskript *Reginensis latina 951*, veröffentlicht von Francesca Cantú, das relativ vollständigste der drei, allerdings mit dem Schönheitsfehler behaftet, dass es nicht die Vorlage für Herrera abgegeben haben kann, wenn es denn zutrifft, dass das im selben Konvolut befindliche Manuskript des zweiten Teils der *Crónica* ebenfalls nicht in Herreras Hände gelangt ist.[497] Das zweite bekannte Manuskript befindet sich in irischem Privatbesitz (John Galvin) und ist auch Spezialisten bisher nicht zugänglich gemacht worden.[498] Es könnte sich dabei um das von Rafael Loredo zu Beginn des 20. Jahrhunderts unter absonderlichen Umständen stückweise publizierte und nie beschriebene Manuskript handeln. Der Beweis ist aber nicht zu erbringen und darüber hinaus wird der philologische Wert der Edition mittlerweile stark angezweifelt.[499] Das dritte Manuskript, das seinerzeit von Jiménez de la Espada als Grundlage der geplanten Edition des dritten Teils der *Crónica* erstellt worden ist und heute im *Consejo Superior de Investigaciones Científicas* lagert, ist nur als Fragment im Umfang von neun Kapiteln erhalten. Seine Vorlage stammt aus spanischem Privatbesitz (Sancho Rayón) und ihr Verbleib ist unbekannt. Dies ist umso bedauer-

---

496 Vgl. Ballesteros 1985, 20.

497 Wollte man dies annehmen, so müsste man im Wege überzeugender Konjekturen erklären, wie das Manuskript zu Teil drei nachträglich aus dem *Consejo de Indias* in den Vatikan beziehungsweise in den Besitz der schwedischen Königin Christina gelangen konnte (vgl. Cantú 1979, 110 ff.), ein Ablauf, auf den bisher nichts hindeutet.

498 Vgl. Sáenz de Santa María 1986, 21.

499 Vgl. Cantú 1979, 45. Mit Recht, wenn man bedenkt, welch problematische Ergebnisse die unlängst vorgenommene Revision seiner Borregán-Edition von 1948 nach philologischen Gesichtspunkten erbracht hat.

licher als es sich dabei nach Lage der Dinge höchst wahrscheinlich um das
Manuskript handelt, das Antonio de Herrera konsultiert hat.[500]

In der Vergangenheit ist wiederholt die Auffassung vertreten worden,
die fehlenden Abschnitte der vorhandenen Manuskripte der Teile zwei und
drei ließen sich unter Rückgriff auf Herreras *Décadas* in vertretbarer Weise
ersetzen.[501] Die Kurzschlüssigkeit dieser Behauptung wird freilich klar,
wenn man bedenkt, dass Herrera seine Vorlagen (bekanntermaßen) gerade
nicht wörtlich kopiert, sondern sie vielmehr nach Maßgabe einer ideologisch fundierten, präfigurierten Deutung der Zusammenhänge transformiert. Darauf ist zwischenzeitlich erfreulicherweise mit der nötigen
Klarheit hingewiesen worden.[502] Die neuerdings aufgestellte Ersatzbe-
hauptung, das neu entdeckte Manuskript der *Bibliotheca Vaticana* eigne
sich zur Klärung der tatsächlichen Auffassungen Ciezas,[503] mag zutreffen,
trägt aber kaum zur Klärung der hier zu behandelnden Fragestellung bei, da
wir ja mit höchster Wahrscheinlichkeit davon ausgehen müssen, dass dieses
Manuskript Antonio de Herrera nicht vorgelegen hat. Aufgrund dieser
unbefriedigenden Gesamtlage soll auf eine ausführliche Behandlung des
dritten Teils der *Crónica* verzichtet werden.

Etwas erfreulicher gestaltet sich die Lage mit Blick auf die *Guerras
civiles del Perú*. Dieser vierte Teil der *Crónica* ist von Cieza nicht fertiggestellt worden, es fehlen zwei von fünf geplanten Büchern; von ihnen sind
nur Entwürfe nachweisbar.[504] Die Editionslage ist darüber hinaus recht
verworren. Zwei der drei existierenden Bücher figurieren in den *Documentos inéditos para la Historia de España*,[505] das dritte ist 1909 als selbständige Publikation erschienen.[506] Es sind zwei Manuskripte bekannt, die
in der *Biblioteca del Palacio* in Madrid bzw. in der *Hispanic Society* in New
York lagern,[507] man weiß jedoch auch, dass ursprünglich weitere Manuskripte kursiert sind, deren heutiger Verbleib und deren Verhältnis zu den
Editionen unklar sind.[508] Da durch die Hinzunahme eines weiteren

---

500 Vgl. Sáenz de Santa María 1986, 22.
501 Vgl. Esteve Barba 1992, 475; Porras Barrenechea 1986a, 770.
502 Vgl. Millones Figueroa 2001, 85 ff.
503 Vgl. Sáenz de Santa María 1986, 23.
504 Vgl. Cantú 1979, 36 f.; Millones Figueroa 2001, 92 ff.
505 Enthalten in den Bänden 68 und 76.
506 Hier zeigt sich das Scheitern der eingebürgerten Dichotomie *historias* vs. *docu-
    mentos*, deren epistemische Defizienz bereits besprochen worden ist, auch in der
    Praxis.
507 Vgl. Sáenz de Santa María 1976, 194 ff.
508 Vgl. Sáenz de Santa María 1985, Bd. 2, VII ff.

Textauszuges für unsere Fragestellung jedoch kein bedeutender Erkenntniszuwachs zu erwarten ist, insofern keine wesentlich neue Konstellation betreffend die Semantik oder des konzeptionellen Profils entsteht, soll hier auf die Behandlung der *Guerras civiles del Perú* verzichtet werden.

Hinsichtlich des Verbleibs der Originalmanuskripte[509] hüllen sich die meisten Editoren in Schweigen.[510] Eine überzeugende Rekonstruktion dieses zugegebenermaßen schwierigen und konjekturbedürftigen Problems bietet hingegen Cantú. Ihrer Darstellung zufolge gelangt der Humanist und Gelehrte Juan Páez de Castro eventuell schon zu Lebzeiten Ciezas in den Besitz der Manuskripte; für diese Vermutung spricht der einschlägige Briefwechsel der beiden Freunde, in dem einzelne Episoden des *Señorío* diskutiert werden.[511] Eben jener Páez de Castro wäre demnach als Urheber der Abschrift anzusehen, die Antonio de Herrera 1596 vorgelegen hat. Diese Deutung würde darüber hinaus die Schlussfolgerung nahelegen, dass der *Consejo* zu keinem Zeitpunkt im Besitz eines Originalmanuskripts gewesen ist, sondern von Beginn an eine Abschrift im Spiel gewesen ist. Bekannt ist aufgrund der erhaltenen Inventarlisten, dass Manuskripte der Teile zwei und drei zwischen 1572 und 1577 aus den Archiven des *Consejo de Indias* verschwunden sind. Es muss sich dabei aber nicht notwendigerweise um die Autographe gehandelt haben.[512]

Ganz im Sinne der bereits angedeuteten Nähe zum Humanismus wird Ciezas Stil in den einschlägigen Publikationen annähernd übereinstimmend charakterisiert. Stellvertretend kann die folgende Aussage stehen:

> Cieza, medio siglo antes que Cervantes, usa ya un castellano castizo, claro, rotundo, suelto, que no exige una segunda lectura en ningún momento, para ser entendido. A la vez que narrativo, expositivo, va intercalando comentarios y reflexiones, y no pesa nunca su amplitud minuciosa y prolija. Este estilo es hijo de su método y racional ordenación de la materia, ya que al tiempo que narra sucesos, explica el entorno geográfico y cuenta cómo son las gentes, sus co-

---

509 An dieser Stelle soll der Vollständigkeit halber angemerkt werden, dass der Verlust des Manuskripts des ersten Teils insofern nicht zu problematisieren ist, als es höchst wahrscheinlich im Zusammenhang mit der Drucklegung des Textes zerstört worden ist (vgl. Sáenz de Santa María 1985, Bd. 2, XV).

510 Vgl. Ballesteros 1985, 15.

511 Vgl. Cantú 1979, 41.

512 Zu einem anderen Ergebnis führt zwar die in dem einflussreichen Aufsatz Sáenz de Santa María 1976 vorgeschlagene Rekonstruktion, es ist allerdings zu bedenken, dass damals die Manuskripte der *Bibliotheca Vaticana* noch nicht bekannt gewesen sind.

stumbres, sus vicios y virtudes, su economía. Planificación y redacción se entremezclan.[513]

Möglicherweise ist diese ideale Charakterisierung bei Cieza so zutreffend wie in keinem anderen Fall; gleichwohl gilt es, auch hier darauf hinzuweisen, dass an der Wurzel seines Engagements eine konkrete Interessenlage zu suchen und zu finden ist, die er aufgrund seiner ausgeprägten Schreibkompetenz womöglich besonders geschickt handhabt, die aber deswegen keine geringere Rolle spielt.

So ist etwa sein notorischer *anti-pizarrismo* erklärlich, insofern er dadurch seinen Förderern entgegenkommt und den Feinden der Ordnung, von der er profitiert, entgegentritt; zugleich impliziert er aber auch eine Wertung, die seine Anschmiegsamkeit an die Macht erweist und anhand derer exemplarisch zu erkennen ist, wie Cieza nicht nur praktisch, sondern auch ideologisch ein Programm vorprägt, das wenig später in Kastilien nachvollzogen werden sollte.[514] Unter allen gebotenen Vorbehalten eines echt historischen Blickwinkels darf man somit Cieza als einen Vorläufer der *Crónica Oficial de Indias* begreifen, was aber nicht auf seinen besonderen Einfallsreichtum zurückzuführen sein dürfte, sondern eher auf die Gesamtentwicklung institutioneller Formen der imperialen Machtentfaltung, die den Figuren mit entsprechenden Fähigkeiten Möglichkeiten zur Etablierung bot.

4.5. Pascual de Andagoya

Ganz wie Xerez bekommt Pascual de Andagoya von der Forschung (in einer ebenso geringen Anzahl einschlägiger Publikationen) eine bedeutende Rolle bei der *conquista del Perú* zugewiesen; sie beruht allerdings weit weniger auf dem – oftmals zweifelhaften – Quellenwert seiner Berichterstattung als vielmehr auf seiner herausgehobenen Stellung in der im Aufbau befindlichen Verwaltung des 'Vizekönigreichs' Perú, die es erlaubt, ein facettenreiches Bild seiner Person zu rekonstruieren.

Seine *Relaçion que da el adelantado de andaboya de las tierras y probinçias que abaxo se ara mençion* hat er zu Lebzeiten nicht zur Veröffentlichung gebracht, was – wie wir sehen werden – auch nicht seinen Interessen

---

513 Ballesteros 1984, 27.
514 Vgl. Millones Figueroa 2001, 117 ff.

entsprochen hätte; ihre Entstehungszeit wird in Ermangelung einer Datierung im Text auf etwa 1542–1546 geschätzt.[515]

Bei der durchzuführenden Textanalyse werden Passagen herangezogen, in denen Andagoya als Augenzeuge über Indio-Kulturen des Isthmus berichtet, d. h. die inhaltlich zweifelhaften Schilderungen zur Entdeckung und Eroberung Perus spielen keine Rolle; der bisher erreichte Stand der philologischen Forschungen zu Herrera legt nahe, dass dieser Teil der *Relaçion* auch für ihn keine Rolle gespielt hat.[516]

4.5.1. Biographisches

Im Jahr 1514 schließt sich Pascual de Andagoya, der spätere *Adelantado*, in jugendlichem Alter jener Flotte an, mit der neben dem Schreiber Xerez noch einige weitere derjenigen Persönlichkeiten ihren Weg in die Neue Welt nehmen, die mit ihren von ehrgeizigem Pioniergeist getragenen Unternehmungen das Bild des kastilischen Imperiums bis heute prägen:

> Der als Bischof ausersehene Juan de Quevedo, Gonzalo Fernández de Oviedo, der künftige Historiker, Hernando de Soto, der den Mississippi entdecken sollte, Bernal Díaz del Castillo, der spätere Begleiter des Hernán Cortés, Diego de Almagro, der Miteroberer von Peru, sowie Martín Fernández de Enciso, Gaspar de Espinosa, Sebastián de Benalcázar und andere Männer, denen wir im Laufe der Ereignisse noch begegnen werden.[517]

In der Tat gewinnt man den Eindruck, dass Pascual de Andagoya „Licht und Schatten auf diesem heroischen Aufbruch und seiner oft rüden Durchsetzung"[518] in charakteristischer Weise verkörpert. Natürlich liegt der Umstand, dass wir gerade sein Leben als paradigmatisch für den Verlauf einer Konquistadorenexistenz in Perú empfinden, auch darin begründet, dass es vergleichsweise gut dokumentiert ist; dies wiederum hängt offenkundig damit zusammen, dass es ihm von Beginn an gelingt, sich in der ‚Kolonialhierarchie' zu etablieren und über weite Strecken zu behaupten. Es überrascht insofern nicht, dass wir von seiner Kindheit und Jugend wiederum kaum etwas wissen und die diesbezüglichen Angaben bei seinen Editoren widersprüchlich sind; wie so oft ist auch hier das Geburtsdatum nicht zu klären, die Vermutungen schwanken zwischen 1490 und 1498,

---

515 Vgl. Blázquez 1986, 59.
516 Die systematischen Gründe dafür werden uns in Kap. 5.2. beschäftigen.
517 Trimborn 1954, 4 f.
518 Trimborn 1954, 120.

wobei die ältere Forschung eher zu einem früheren Datum geneigt hat, die heute maßgeblichen Publikationen sich aber auf den Zeitraum zwischen 1495 und 1498 festlegen.[519] Trimborn 1954 und Otero d'Costa 1954 geben den Namen des Vaters übereinstimmend mit Juan Ibáñez de Arza an, „de solar hidalgo, cuyo noble apellido abandonó el hijo para adoptar el de su lugar nativo Andagoya, obedeciendo al capricho, en ese entonces muy aceptado en la juventud española, de trocar el apellido paterno por otro distinto".[520] Aus dieser Namensgebung erhellt unmittelbar seine baskische Abstammung, die präzise nachvollzogen werden kann und in ein abgelegenes Tal „in der ehemaligen Grafschaft Vizcaya und der heutigen Provinz Álava"[521] führt. Unklar bleibt, aus welchen Gründen er den Weg nach Amerika sucht. Als Angehöriger einer gut situierten Familie hat er eine entsprechende Ausbildung genossen (wenngleich nicht erwiesen ist, dass er einen Universitätsabschluss, wie es der ihm häufig zugesprochene Titel des *licenciado* nahe legt, tatsächlich erreicht hat) und es dürfte keine regelrechte Notwendigkeit bestanden haben, die Heimat zu verlassen. Seine Biographen zeichnen hier das Bild eines begeisterungsfähigen und zugleich loyalen Untertanen, „audaz y emprendedor",[522] der den besonderen historischen Augenblick erkennt und bestrebt ist, den *servicio al rey* mit seinem persönlichen Vorteil zu verbinden. Amerika wird in dieser verbreiteten Deutung zur Projektionsfläche für den Ehrgeiz gebildeter junger Männer im aufstrebenden Königreich Kastilien.

Für diese Deutung spricht die wahrhaft bemerkenswerte, weil unerhört zügige Karriere, die Andagoya nach seiner Ankunft in Castilla del Oro erlebt. Unter Pedrarias Dávila, Espinosa und Núñez de Balboa nimmt er zunächst an denselben Expeditionen teil, die auch einem Großteil der anderen Neuankömmlinge aus der Flotte des Pedrárias ein Auskommen verschafft haben. Auch bei der Grundsteinlegung von Acla ist er zugegen. Er hebt sich jedoch aus der Masse heraus, insofern er von Beginn an im engsten Umfeld von Pedrárias zu finden ist, wenngleich bisher nicht genau geklärt werden konnte, in welcher Funktion.[523] Als dessen Gefolgsmann wird Andagoya 1519 unmittelbar nach der Stadtgründung erster *Regidor*

---

519 Vgl. Blázquez 1986, 8; Otero d'Costa 1954; Porras Barrenechea 1986, 68; Trimborn 1954, 4.
520 Otero d'Costa 1954, 634.
521 Trimborn 1954, 4.
522 Otero d'Costa 1954, 634.
523 Vgl. Blázquez 1986, 10.

del Cabildo de Panamá,[524] 1522 *Visitador General de los Indios de la Gobernación de Castilla del Oro.* In dieser Zeit heiratet er und entwickelt eine
rege Geschäftstätigkeit als Zwischenhändler mit Spanien, deren Erträge
ihm die Ausstattung seiner Expedition von 1522[525] ermöglichen sollten; sie
bleibt überdies seine bevorzugte Ausweichtätigkeit während der wiederkehrenden Krisen seiner Karriere in der 'Kolonialverwaltung'. „Estando ya
rico, pidió licencia al gobernador para ir a descubrir al cacique del Perú",[526]
so erfahren wir von Fernández de Oviedo. Ihre historische Bedeutung
gewinnt diese Expedition kurioserweise ausschließlich insofern als sie zur
Bildung eines Begriffs führt, der ein unbekanntes Reich im Süden von
Panamá erfasst; der Name *Perú,* der später synonym stehen sollte für die
kühnsten Träume von Macht und Reichtum unter den Konquistadoren,
bezeichnet ursprünglich als Eigenname einen Kaziken von eher unterge-
ordneter Bedeutung; dieser geht zwar recht aggressiv gegen Chochama, auf
den Andagoya zunächst getroffen war, vor und macht sich die dazusto-
ßenden Spanier so ungewollt zu Feinden, steht jedoch in keiner Verbindung zu den Inkas; Andagoya erfährt von ihm, nachdem die Spanier mit
Pferden und Schusswaffen den erwartbaren Sieg davongetragen haben,
erstmals von der Existenz des Inkareiches, nichtsdestoweniger ist es unmöglich, aufgrund der vorhandenen Quellen die genaue Lage der Ein-
flussgebiete der Kaziken Chochama und Pirú zu bestimmen[527] und festzustellen, wie weit Andagoya nach Süden vorgedrungen ist. Unglückliche
Umstände führen 1523 zum vorzeitigen Abbruch der Expedition und zur
Rückkehr nach Panama. Überliefert wird ein Bootsunglück, bei dem
Andagoya beinahe ertrunken wäre,[528] Trimborn vermutet einen Reitunfall.[529] Hier zeigt sich erstmals „aquella adversa fortuna […] que parece
perseguir a Andagoya a todo lo largo de su vida".[530] 1527 schließlich erhält
Andagoya das Amt des *Alcalde de Panamá,* das er jedoch 1529 bereits
wieder verliert, und zwar aufgrund einer der typischen Intrigen in der
'Kolonialverwaltung'; er fällt dem Antritt von Pedro de los Ríos als *Go-*

---

524 Blázquez datiert die Erhebung von Panamá zur Stadt und die Verleihung des Titels
  Regidor del Cabildo an Andagoya auf 1521 (vgl. 1986, 12).
525 Die von Montesinos aufgestellte Behauptung, die Expedition habe erst 1524
  stattgefunden, ist insofern nicht schlüssig, als zu diesem Zeitpunkt bereits Pizarro
  und Almagro mit dem Unternehmen betraut gewesen sind.
526 Fernández de Oviedo nach Trimborn 1954, 5.
527 Vgl. Otero D'Costa 1954, 635; Vázquez 1986, 36.
528 Vgl. Vázquez 1986, 36.
529 Trimborn 1954, 36.
530 Vázquez 1986, 36.

bernador de Panamá zum Opfer, wobei man vermuten darf, dass sein Vergehen darin bestand, gute Beziehungen zum Vorgänger Pedrárias unterhalten zu haben.[531] Daraufhin wandert er nach Santo Domingo ab, wo seine Frau verstirbt. Ebenso typisch für die allgemeinen Zustände ist seine Rückkehr nach Panamá infolge der Amtsenthebung seines Widersachers Pedro de los Ríos. An Neujahr 1533 wird Andagoya zum *Regidor de Panamá* gewählt und im selben Jahr sogar zum *Teniente del Gobernador* erhoben; vor seiner Rückkehr heiratet er erneut.[532] Fünf Jahre später wendet sich das Blatt wiederum, als Andagoya auf Geheiß des *Visitador* Pedro Vázquez aus undurchsichtigen Gründen gefangen gesetzt und nach Spanien überstellt wird. Wie sich herausstellt, gereicht ihm dieser unfreundliche Akt zum Vorteil, da er bei seinem Aufenthalt in Kastilien nicht nur von den Vorwürfen entlastet wird, sondern aufgrund eines plötzlichen Todesfalls mit der *Gobernación y Capitanía General de San Juan* betraut wird und den Titel verliehen bekommt, mit dem er in die Geschichte eingeht: *Adelantado.*[533]

Mit diesem Titel ist die Aufgabe der Erschließung neuer Territorien verbunden und bei dem Versuch, dieser Aufgabe nachzukommen, tritt Andagoya in Kontakt mit einer administrativen Chimäre, die über Jahrzehnte ein Zankapfel bleiben sollte, während bis heute nicht geklärt werden konnte, welcher geographische Raum nach dem Willen der Krone damit abgedeckt werden sollte. Das zentrale Problem an diesem „imposible geográfico"[534] liegt in der Unbestimmtheit seiner Grenzen mit den umliegenden *Gobernaciones*, die schlicht deshalb zustande kommen musste, weil die Entscheidungsträger in Europa über die tatsächlichen Ausmaße des amerikanischen Kontinents im fraglichen Bereich nicht orientiert gewesen sind. Es ist also nicht eindeutig geklärt gewesen, ob es dort, wo Andagoya entdecken sollte, überhaupt noch etwas zu entdecken gab. Die daraus resultierenden, oft bewaffneten Auseinandersetzungen um die Grenzverläufe vor Ort sollten zwar eigentlich durch „die an Andagoya gegebene strikte Anweisung, vor schon bestehendem spanischen Siedlungsland halt zu machen",[535] vermieden werden; die Nachbarschaft mit Sebastián de Benalcazar entwickelte sich jedoch deshalb konfliktreich, weil dieser bereits

---

531 Vgl. Porras Barrenechea 1986, 69.
532 Auch seine zweite Frau sollte allerdings 1541 auf der Reise nach Spanien versterben.
533 Vgl. Otero D'Costa 1954, 646.
534 Vázquez 1986, 19.
535 Trimborn 1954, 59.

vier Stadtgründungen vorgenommen hatte, die der Krone noch unbekannt waren, als Andagoya seine *Gobernación* erhielt, und insofern ihrem Rechtsstatus nach zu jenem Zeitpunkt nicht zweifelsfrei zum kastilischen Imperium gehört haben. Bedenkt man zusätzlich, dass diese Stadtgründungen Benalcázars ohne Auftrag seines eigentlichen Vorgesetzten Pizarro vollzogen worden sind, kann man so zwar der Einschätzung Trimborns zustimmen, „daß Andagoya auf jeden Fall so lange im Recht und gutgläubig war, wie er sich in 'Neuland' bewegte, daß aber der Gewissenskonflikt sich in dem Augenblick einstellen mußte, in dem er bereits entdeckte, eroberte und besiedelte spanische Erde betrat".[536] Die Lage ist insgesamt aber uneindeutig.[537] Aussagekräftiger als die Details dieser verworrenen Episode ist die Art und Weise, auf die der Konflikt gelöst wird. Sie zeigt sich bereits bei der weitgehend reibungslos verlaufenden Landung Benalcázars in Buenaventura; er wird nach seiner Rückkehr aus Spanien von Andagoyas Abgesandten nicht ernsthaft behindert, es wird ihm im Gegenteil stilles Einvernehmen signalisiert. Schließlich kommt es zum Zusammentreffen bewaffneter Verbände beider Seiten, eine Schlacht kann aber in letzter Sekunde verhindert werden. Die Prüfung der Dokumente durch den Stadtrat von Cali fällt zugunsten von Benalcázar aus; Andagoya seinerseits wird daraufhin verhaftet, wieder freigelassen, erneut verhaftet und nach Popayán verbracht, um weitere Auseinandersetzungen von vornherein zu unterbinden.[538] Aufgrund seiner guten Kontakte zu dem zwischenzeitlich in Panamá eingetroffenen Bevollmächtigten des Königs, Cristóbal Vaca de Castro, der von einem Sohn Andagoyas aus Seenot gerettet worden ist, erwirkt dieser Vaca de Castro die Erlaubnis, den Fall in Madrid vorzubringen. Dieser Vorgang wirft nun in verschiedener Hinsicht ein charakteristisches Licht auf die Herrschaftspraxis der Zeit; so wird die begrenzte Kontrolle und der fehlende Überblick der kastilischen Krone über Beschaffenheit und Entwicklung ihrer Territorien hier besonders deutlich; zudem zeigt sich, dass die Fähigkeit zur Entfaltung persönlicher Autorität durch nachweisbaren, meist militärischen Erfolg für die langfristige Etablierung eines Machtbereichs in Amerika unbedingte Voraussetzung gewesen ist, Verfügungen von Behörden hingegen nur dann, wenn

---

536 Trimborn 1954, 60.

537 Es ist zudem zu beachten, dass Andagoya den Städten Timaná und Popayán zu Hilfe gekommen ist, als sie von Indios hart bedrängt worden sind und kurz vor der Aufgabe standen; auch daraus resultiert zwar kein Rechtsanspruch, man darf aber annehmen, dass Benalcázar ohne Andagoyas Eingreifen einen Großteil seiner *Gobernación* zumindest vorübergehend verloren hätte.

538 Vgl. Trimborn 1954, 109 f.

sie nicht im Widerspruch zu den bereits geschaffenen Tatsachen stehen. Der Interpretationsspielraum war hier aber üblicherweise groß. So bejaht Trimborn ganz zu Recht die bereits von Jiménez de la Espada geäußerte Meinung, Vaca de Castro habe sich in diesem Konflikt schon deshalb so neutral verhalten müssen, weil er auf die Unterstützung des etablierten Benalcázar bei der Beendigung des peruanischen Bürgerkrieges unbedingt angewiesen gewesen sei.[539]

Von 1541 bis 1546 hält sich Andagoya in Spanien auf und verfasst dort auch seine *Relaçion*. Es gelingt ihm zwar, das Wohlwollen des Hofes zu gewinnen, nicht aber, Änderungen an den Grenzen der *Gobernación de San Juan* herbeizuführen.

Die Umstände von Pascual de Andagoyas Tod erweisen noch einmal die für ihn charakteristische Mischung aus guten Absichten und Ungeschick bei deren Umsetzung. Als *Gobernador de San Juan* wieder im Amt begleitet er La Gasca nach Panamá und Perú, wo er an seiner Seite die Schlacht von Xaquixaguana schlägt, in der Gonzalo Pizarro endgültig besiegt wird. Noch bevor Andagoya jedoch sein Amt antreten könnte, stirbt er am 18. Juni 1548 an den indirekten Folgen eines Beinbruchs. In der Gesamtschau erscheint Andagoya als ein Mensch mit divergierenden Anlagen: gebildet, umsichtig planend und wohlmeinend im Umgang mit den Indios[540], jedoch ohne vertiefte Menschenkenntnis, frei von diplomatischem Gespür und zu erheblicher Selbstüberschätzung neigend.[541]

4.5.2. Die *Relaçion que da el adelantado de andaboya* (ca. 1541)

Bezogen auf das 16. Jahrhundert erübrigt sich eine philologische Erschließung der Textgeschichte, die sich denkbar banal gestaltet, da Andagoyas *Relaçion*, wie bereits angemerkt, zu seinen Lebzeiten nicht veröffentlicht worden ist. Wir können auf das erhaltene Originalmanuskript zurückgreifen und dürfen davon ausgehen, dass es sich dabei um die 'Quelle' handelt, die auch Herrera zur Verfügung gestanden hat, da von

---

539 Trimborn 1954, 14 f.
540 Besonders bei der Beratung der Krone bezüglich mehrerer Infrastrukturprojekte in seinem Einflussbereich.
541 Vgl. Trimborn 1954, 120 f. Seine negativen Eigenschaften zeigen sich besonders deutlich am krisenhaften Höhepunkt seiner Karriere in der Auseinandersetzung mit Benalcázar, in der er sich zunächst mehrere unzuverlässige Bundesgenossen einhandelt, die ihm alsbald den Rücken kehren, sodann seine Unterlegenheit nicht wahrhaben will.

etwaigen Abschriften nichts bekannt ist. Der unmittelbare Grund hierfür
dürfte ein technischer sein; Andagoya hat aller Wahrscheinlichkeit nach
bereits kurz nach Fertigstellung des Textes seine Rückreise nach Peru angetreten und hatte weder die Zeit noch einen konkreten Anlass, eine Publikation in die Wege zu leiten. Nichtsdestoweniger soll hier – mit Blick auf
Xerez – der Hinweis erfolgen, dass dieser seine *Relacion* ja auch nicht in der
Absicht verfasst hat, einen Bestseller zu landen, sondern für ihn ebenso wie
für Andagoya die Stützung strategischer Interessen im Mittelpunkt stand,
und zwar der Interessen seines Förderers Pizarro; dessen unbenommen
wird ihm sein Manuskript nach der Heimkehr förmlich aus der Hand
gerissen. Die Tatsache, dass sich dies bei Andagoya gerade nicht so verhält,
stützt die Hypothese, dass der performative Aspekt, der im Wahrheitskriterium der Augenzeugenschaft enthalten ist, die Semantik der Textgestalt offenbar an autoritätsstiftender Wirkung überwiegt. Die Figur Andagoya – in der Situation, sich gegen den Vorwurf verteidigen zu müssen, er
habe aus einer Position der Schwäche heraus mit linkischen Tricks Macht
usurpiert – eignet sich nicht zur Identifikation, frei von Heldentum und
ohne greifbare Beweise seines Wirkens in der Neuen Welt. Ebenso deutlich
zeigt sich hier der Statuswechsel der *relaciones de méritos* im Erfolgsmedium
Buchdruck: Das Publikum ist nicht interessiert an einem sachbezogenen
Erkenntnisgewinn über Amerika, sondern bewertet die einschlägigen Texte
nach ihrer Anschlussfähigkeit an eingeführte fiktionale Genres, deren
utopische Inhalte es in seiner Gegenwart Wirklichkeit werden sah und
sehen wollte. Im Fall 'Cajamarca', in dem sich die märchenhaften Träume
der Konquistadoren so umfassend erfüllen wie vielleicht kein zweites Mal
in der Geschichte des kastilischen Imperiums, wird dieser Anspruch des
Publikums in vollem Umfang erfüllt, nicht jedoch von einer ambivalenten
und letztlich gescheiterten Figur wie Andagoya.

Interessanterweise ist Andagoya auch in der philologisch-historischen
Forschung des 20. Jahrhunderts völlig anders wahrgenommen worden als
Xerez. Man hat bereits früh viel Mühe darauf verwendet, Andagoyas in-
haltliche Unterlassungen zu ermitteln.[542] Zum einen, so wird angemerkt,

---

542 Dagegen ist nichts einzuwenden, wir finden hierin jedoch eine Bestätigung für zwei
    Befunde, die bereits an anderer Stelle erläutert worden sind: erstens für einen
    naiven Umgang mit der Augenzeugenschaft im Prozess historischer Erkenntnis
    nahezu bis in die Gegenwart, zweitens für eine neue Qualität der geschichts-
    theoretischen Reflexion seit den siebziger Jahren des 20. Jahrhunderts. Andagoya
    ist seinen Kritikern deshalb sofort ins Auge gefallen, weil er ein traditionell gültiges
    Wahrheitskriterium der Geschichtsschreibung verletzt; Xerez hingegen wird erst
    dann problematisch, wenn man die Textualität historischer Quellen thematisiert.

habe er jene Entdeckungsfahrten nach Süden unterschlagen, die zeitlich vor
seiner eigenen liegen und Gebiete betreffen, deren Entdeckung er für sich
reklamiert; so verschweigt er die Vorstöße von Francisco Becerra (1514)
und Núñez de Balboa (1517), Gaspar de Morales wird immerhin mit
einem Satz erwähnt;[543] gleichzeitig versäumt er es nicht, sich selbst als
großzügig und uneigennützig bei der vermeintlichen Übertragung der
Expeditionsrechte auf Luque, Pizarro und Almagro darzustellen. Otero
D'Costa stellt richtig fest, dass die mehr oder minder erfolglose Expedition
von 1522 keinerlei weitergehende Rechtsansprüche begründen konnte,
auch keine solchen finanzieller Art, auf die Andagoya anspielt, wenn er zu
verstehen gibt, er habe auf eine Entschädigungszahlung für die Abtretung
der Rechte verzichtet, um die neue Expedition nicht mit Schulden zu
belasten.[544] Aufgrund dieser Überlegung soll hier auch ausdrücklich die in
demselben Beitrag formulierte Hypothese bezüglich der anzunehmenden
Zwecke, die Andagoya zum Verfassen der *Relaçion* veranlasst haben, bejaht
werden. Dabei handelt es sich um

> la intención, así de crear en su abono méritos y galardones, como también de
> afamarse de ser un espíritu generoso y altruista que no tenía inconveniente en
> renunciar a un derecho cuando quiera que se tratase del bien común o de los
> intereses de la Real Corona [...] para aquel día en que buscara, ante la Corte,
> alguna merced.[545]

4.6. Francisco López de Gómara

Francisco López de Gómara ist zweifelsohne einer der einflussreichsten
Autoren zum Themenkreis der *conquista de México* sowie bis heute eine
maßgebliche Figur der *historiografía indiana* insgesamt. Dieses seit der
Entstehungszeit der einschlägigen Texte ungebrochene Fortwirken ist besonders verwunderlich, wenn man bedenkt, dass seine Rezeption zunächst
unter denkbar ungünstigen Vorzeichen stand und eine massive Repression
durch die Zensur stattgefunden hat, die in der gesamten zweiten Hälfte des
16. Jahrhunderts nach Kräften bemüht gewesen ist, ihn zu marginalisieren.
Diese widersprüchlichen Begleitumstände haben zuletzt sowohl in der
Literatur- als auch in der Geschichtswissenschaft starkes Interesse diskursanalytischer Strömungen an López de Gómara hervorgerufen, so dass
sein Werk mittlerweile als vergleichsweise gut erschlossen gelten kann. Die

---

543 Vgl. Trimborn 1954, 32 f.; Trimborn 1949, 264 ff.
544 Vgl. Trimborn 1954, 640.
545 Otero D'Costa 1954, 641.

dabei vorgelegten Analysen haben das traditionelle Vorurteil, es handle sich bei den historiographischen Werken Gómaras um ein Mittel der Anbiederung an potenzielle Förderer, namentlich Hernán Cortés, von dem er sich gleichsam habe kaufen lassen, durch wesentlich differenziertere Perspektivierungen ersetzt. Dies betrifft insbesondere seine Positionierung sowohl im Horizont des Problems einer vermuteten Korruption der Wahrheit durch Patronage als auch im Horizont des Diskussionsstandes, der Mitte des 16. Jahrhunderts zum bereits damals als kontrovers wahrgenommenen Problem der Rechtmäßigkeit des spanischen Auftretens in Amerika erreicht war.

López de Gómara hat insgesamt fünf im engen Sinne historiographische Texte verfasst, die sich in Konzeption und Inhalt teils stark voneinander unterscheiden. Dabei handelt es sich in relativer chronologischer Reihenfolge um die *Crónica de los Barbarrojas*, die *Guerras de Mar*, die *Historia general de Indias* im Verbund mit der *Historia de la conquista de México* sowie die *Anales de Carlos V*; als derjenige Text, der bei Antonio de Herrera verarbeitet wird, steht hier die *Conquista de México* im Mittelpunkt. Von ihr sind sowohl Exemplare des Erstdrucks von 1552 als auch solche der beiden Editionen von 1553 und 1554 erhalten. Bei der Rekonstruktion der Textgeltung wird ihr enges Verhältnis zur *Historia general de Indias* zu thematisieren sein und es wird deutlich, dass die Textproduktion Gómaras insgesamt als ein Mittel zu dem Zweck aufzufassen ist,[546] sich in der Rolle des Historiographen der Patronage des Madrider Hofes anzuempfehlen. Dabei gilt es, die *Conquista de México* im Horizont zeitgenössischer Rechtfertigungsdebatten in den Blick zu nehmen und Gómaras genuinen Beitrag dazu zu identifizieren.

4.6.1. Biographisches

Aus López de Gómaras Leben sind uns nur wenige Eckdaten bekannt. Bedeutsamer als eine detailgetreue Rekonstruktion jedes seiner Schritte wird jedoch die Erkenntnis sein, dass die wesentlichen Aspekte seiner Biographie, von denen wir durch seine eigenen Schriften sowie infolge intensiver Bemühungen einschlägig interessierter Historiker Kenntnis erlangt haben, einen Typus repräsentieren, der wesentliche Merkmale bündelt, die entscheidende Voraussetzungen für eine Betätigung als *Cronista*

---

546 Das ist keineswegs ungewöhnlich, interessant ist aber die strategisch kluge Art und Weise, auf die Gómara das ihn umgebende Interessenspektrum handhabt.

Oficial bilden. Die Grundzüge seiner eigenen Entwicklung charakterisieren zugleich auch sein Umfeld und die darin gegebenen Möglichkeiten der Lebensgestaltung; ihre besondere Signifikanz gewinnt diese Charakteristik angesichts der frappierenden Parallelen zum Leben Antonio de Herreras: Dieser wurde erst geboren, als Gómara gerade kurz vor dem Abschluss seines Hauptwerks steht, gleichwohl kann man sich des Eindrucks kaum erwehren, dass beide denselben Typus verkörpern, gerade aufgrund dessen, dass sich zahlreiche Gemeinsamkeiten ihrer Biographien ergeben, obwohl sich die sozialen Rahmenbedingungen in der zweiten Hälfte des 16. Jahrhunderts grundlegend wandeln.[547]

Francisco López de Gómara wird 1511 in der gleichnamigen Ortschaft, gelegen in der kastilischen Provinz Soria, geboren. Man darf vermuten, dass die Familie in bescheidenen Verhältnissen gelebt hat. Belegt ist mittlerweile, dass Francisco selbst – entgegen früherer Behauptungen seiner Biographen – kein Universitätsstudium absolviert hat. Er profitiert jedoch vom Zufall, indem er Schüler des damals bereits weithin bekannten humanistischen Privatgelehrten Pedro de Rhua wird, der sich in der Nachbarstadt Soria niederlässt. Die genauen Umstände, die ihm dieses Glück bescheren, sind nicht bekannt, von außerordentlicher Begabung, verbunden mit einem ausgeprägten Aufstiegswillen, darf man aber aufgrund der allgemeinen Gegebenheiten, die einen solchen Schritt keineswegs begünstigt haben dürften, in jedem Fall ausgehen. Möglicherweise hat ein Onkel, der als Kleriker in Gómara tätig war, als Vermittler fungiert. Jedenfalls schlägt Gómara selbst zunächst eine ähnliche Laufbahn ein wie dieser, indem er sich im Alter von etwa zwanzig Jahren zum Priester weihen lässt.

Im Winter des Jahres 1526 hält sich Gómara zur Vertiefung seiner philosophischen Studien in Rom auf. Unter welchen genauen Umständen er dorthin gelangt ist, lässt sich nicht klären; von der Mitwirkung Pedro de Rhuas und der Unterstützung kirchlicher Institutionen darf man jedoch erneut ausgehen. Im Jahr 1531 finden wir ihn, nach einer Unterbrechung, erneut in Rom. Er selbst berichtet von Kontakten mit der Kurie und einer päpstlichen Audienz. Es ist nicht mehr aufzuklären, wie er die folgenden Jahre bis 1540 verbracht hat, wahrscheinlich ist aber, dass er während dieser

---

547 Vgl. zur Illustration dieser Interpretation die einschlägigen Informationen in Kap. 5.
   Die Informationen zu den biographischen Daten sind entnommen aus Jiménez 2001, Esteve Barba [2]1992, Lewis 1983 und Valcárcel 1989. Lediglich im Falle unterschiedlicher Angaben erfolgt ein expliziter bibliographischer Hinweis.

Zeit, von kurzen Unterbrechungen abgesehen, in Italien tätig gewesen ist. Belegt ist in diesem Zusammenhang, dass er zunächst Anschluss an den Kreis der Klienten des kastilischen Botschafters in Venedig, Diego Hurtado de Mendoza, findet; dieser dürfte ihn durch seine eigene Tätigkeit als Historiograph nachhaltig inspiriert haben und überdies für den Kontakt Gómaras zum Gefolge des Königs ab 1533 verantwortlich zeichnen.[548]

1541 liegt Gómara gemeinsam mit Karl V. und Hernán Cortés, seinem späteren Förderer, vor Algier. Überliefert ist seine Interpretation der Niederlage des kastilischen Belagerungsheeres, die er dem Zaudern des Monarchen zuschreibt, das einen Sieg verhindert habe, den Cortés hätte erringen können. Bereits an dieser Stelle wird das Dilemma deutlich, das die Rezeption seiner Texte weit über seine eigene Lebenszeit hinaus negativ beeinflussen sollte. Das Bild des untertänigen Anhängers eines illoyalen Aufrührers, das später kultiviert werden würde, hat hier seine Wurzeln.

Zunächst ist die Bekanntschaft mit Cortés für Gómara eine Gelegenheit zur Begründung eines neuen Klientenverhältnisses; er wird dessen Beichtvater und erlangt Zugang zu einem humanistisch geprägten Kreis von Intellektuellen, der sich zwischen 1541 und 1547 in Valladolid um Cortés bildet und dem auch Persönlichkeiten angehören, die zeitgenössisch im Rahmen der *Crónica Oficial* eine Rolle spielen, wie etwa Cervantes de Salazar. Die Anregungen, die Gómara in diesem Umfeld erhält, dürften maßgeblich für seine spätere Tätigkeit als Historiograph gewesen sein. Die *Historia de los Barbarrojas*, sein erster einschlägiger Text, den er 1547, im Todesjahr von Hernán Cortés, fertigstellt, ist dem Marqués de Astorga – einem Schwager von Cortés – zugeeignet. Darin spricht er zwar bereits ausdrücklich von einer in Arbeit befindlichen *Historia*,[549] sodass davon auszugehen ist, dass er seine *Historia de las Indias y conquista de México* zu diesem Zeitpunkt bereits in Angriff genommen hatte; gleichwohl wäre es eine unangemessene Vereinfachung, den Topos seiner Anbiederung an den von ihm porträtierten Helden glatt weiterzutragen. Ähnlich wie bei Bernal Díaz del Castillo, dem Autor eines anderen Schlüsseltextes der *historigrafía indiana*, ist davon auszugehen, dass die Zwecke und Ziele der Textproduktion sich im Zeitablauf wandeln. Es ist durchaus wahrscheinlich, dass

---

548 Es wird angezweifelt, dass Gómara die gesamte Zeit bis 1540 bei Hurtado de Mendoza verbracht habe und bisweilen gemutmaßt, er könne in Diensten der Kurie gestanden haben. Umfangreiche Stellungnahmen zur Plausibilität der verschiedenen Konjekturen, die bezüglich dieses Zeitraums entwickelt worden sind, finden sich in Jiménez 2001. Auf ihre Diskussion soll hier verzichtet werden.

549 Vgl. Esteve Barba [2]1992, 105 f.

der starke persönliche Eindruck, den Cortés auf Gómara macht, verbunden mit dem typisch humanistischen Bedürfnis, die *cosas memorables* für die Nachwelt zu bewahren, den unmittelbaren Schreibanlass bildet; unbestreitbar ist jedoch auch, dass damit weder die komplexe Konstitution des Textes, der schließlich 1552 in Druck geht, noch seine widersprüchliche Wirkungsgeschichte zufriedenstellend erklärt werden können. Gómaras *Historia* wird zu einem der am heftigsten bekämpften und zugleich am intensivsten ausgebeuteten Texte der *Crónica Oficial*; Las Casas polemisiert massiv, die Zensur verbietet den Text bereits ein Jahr nach seinem Erscheinen, zugleich wird die narrative Modellierung der kastilischen Expansion, die Gómara entwirft, zu einer schier unhintergehbaren Referenz, auf die sich noch ein halbes Jahrhundert später auch Antonio de Herrera zumindest fallweise angewiesen sieht, obgleich der Text von der Zensur so massiv betroffen ist wie kaum ein anderer. López de Gómara scheitert zu Lebzeiten mit seinem Versuch, der Monarchie einen Dienst zu erweisen, offenbar fühlt sich jedoch nicht nur sie, sondern auch Vertreter der beiden anderen maßgeblichen Interessengruppen, also Klerus und Siedler, von Gómara angegriffen, so dass dieser auch in der modernen Forschung lange Zeit als Reizfigur und Sinnbild eines unauthentischen, taktischen Schreibens in der *Crónica Oficial* gegolten hat. Neuere Interpretationen kommen erfreulicherweise zu einer differenzierteren Einschätzung, die dem Bemühen folgt, Gómaras Perspektive zu rekonstruieren, ohne damit von vornherein auch eine Wertung zu verbinden. Dabei wird deutlich, dass der Interpretation, die in der *Historia* von der kastilischen Expansion in den *Indias* entwickelt wird, das Bestreben einer Harmonisierung der divergierenden Perspektiven aller beteiligten Interessengruppen zugrunde liegt; diese Harmonisierung misslingt, weil keine der angesprochenen Interessengruppen die notwendigen Zugeständnisse an die jeweils anderen machen kann oder will.[550] Gleichzeitig werden die Schwachpunkte offenbar, die allen zeitgenössisch gängigen Legitimationsdiskursen inhärent sind. Diese problematische Konstellation lässt sich anhand der zentralen narrativen Elemente der *Historia* exemplarisch aufzeigen:

• Gómara bettet die kastilische Expansion in die Universalgeschichte ein. Er bezeichnet die Entdeckung Amerikas als das größte Wunder nach der Geburt Christi; Kastilien wird zum Instrument der Heilsge-

---

550 Vgl. zu den Details dieser Interpretation insbesondere Roa de la Carrera 2005, 67 ff.

schichte, was durchaus im Sinne der Monarchie ist; problematisch ist aber seine Deutung von der *nación española*, die er als den Protagonisten dieses heilsgeschichtlichen Wirkens inszeniert.[551] Damit nähert er sich avancierten Thesen der Legitimation politischer Macht an, die dem konservativen Diskurs in Kastilien zuwiderlaufen (vgl. Kap. 3.2.).

- Die Sorge für die Verwirklichung des heilsgeschichtlichen Plans, dessen Instrument die *nación* ist, obliegt im Rahmen dieser Konzeption einem Helden, der die gottgegebenen Eigenschaften verkörpert, die zur Verwirklichung dieses Ziels erforderlich sind.[552] Aus Gómaras Sicht ergibt sich diese Schlussfolgerung notwendig aus der heilsgeschichtlichen Prämisse, gleichwohl ist sie es, die den Widerspruch aller Parteien in besonderer Weise herausfordert.

- Die Untaten der Kastilier im Zuge der *conquista* werden nicht geleugnet oder unterschlagen, sondern vielmehr ausdrücklich thematisiert, jedoch verbunden mit einer moralischen Entlastung der verantwortlichen Figuren; das Problem wird im Wege der Güterabwägung behandelt und geurteilt, der durch die Verbreitung des Christentums zu erzielende Gewinn sei ungleich größer als der durch individuelles Unrecht erlittene Verlust, da kein Ziel höher zu bewerten sei als die Errettung der Seelen durch die Bekehrung. Diese Deutung steht insbesondere im Widerspruch zu den juristischen Entwicklungen im Zusammenhang mit den *Leyes Nuevas*.

López de Gómara erfasst als einer der ersten die komplexe Widersprüchlichkeit des imperialen Engagements der kastilischen Krone, scheitert jedoch mit dem Versuch ihrer Auflösung. Es steht zu vermuten, dass es dieses feine Gespür für die divergierenden Perspektiven der Akteure ist, das die scheinbar unüberwindbare Autorität des Textes begründet, die schonungslose Aufdeckung dieser Divergenzen jedoch zugleich verantwortlich ist für die polemische Deklassierung, mit der er von allen Seiten bedacht wird. Jeder fühlt sich ertappt und bedroht für den Fall, dass er die Konsequenzen der von Gómara vorgelegten Deutung anerkennen würde.

Gómara schreibt noch zwei weitere Texte, die *Guerras del Mar* und die *Anales de Carlos V*; beide bleiben jedoch unveröffentlicht und der Autor stirbt 1559 oder 1560 in seinem Geburtsort Gómara, ohne sein Ziel erreicht zu haben und auch ohne die lang anhaltende Wirkung seiner *Historia* bereits absehen zu können.

---

551 Vgl. Jiménez 2001, 186; Lewis 1983, 143.
552 Vgl. Lewis 1983, 72.

4.6.2. Die *Conquista de Mexico* (1552)

Die *Conquista de Mexico* ist bis auf den heutigen Tag in mehreren Dutzend Editionen erschienen;[553] Von den acht Ausgaben des 16. Jahrhunderts stammen lediglich die ersten drei von der Iberischen Halbinsel: die Originalausgabe erscheint 1552 bei Agustín Millán in Zaragoza, eine nicht lizenzierte Ausgabe 1553 bei Guillermo de Millis in Medina del Campo,[554] sowie 1554 eine weitere Ausgabe bei Millán in Zaragoza; die späteren Ausgaben erscheinen alle in Antwerpen, was nicht überrascht angesichts der im Oktober 1553 erfolgten Indizierung des Textes durch die kastilische Zensur. Die Gómara-Forschung ist sich nach wie vor uneins über die Gründe für die hastige Rücknahme der *licencia* zur Drucklegung in Aragón, die eigentlich auf eine Geltungsdauer von zehn Jahren ausgestellt war. In einer ersten Annäherung sind ursprünglich fünf einschlägige Hypothesen zur Diskussion gestellt worden:[555]

- Unvorteilhafte Darstellung der Familie Cortés
- Rechtsstreitigkeiten mit dem Drucker
- Agitation von Bartolomé de Las Casas
- Offenlegung der Defizite der kastilischen Politik in den *Indias*
- Nähe zu Cortés

Im Unterschied zu der rein spekulativen Aufbereitung des Problems in Wagner 1924 ist es durch die zwischenzeitlich erzielten Einsichten der historischen Forschung heute möglich, diejenigen Einflussfaktoren, die sich im Kontext der expandierenden kastilischen Verwaltung des 16. Jahrhunderts als systematisch relevant für Fragen der Konstitution von Textgeltung erweisen, zu identifizieren und die plausiblen Annahmen auf die zwei in der obigen Auflistung zuletzt genannten zu reduzieren. Diese Einschätzung ist nicht gänzlich neu, sondern in Arbeiten, die eine institutionenbezogene Kontextualisierung der Texte anvisieren, bereits frühzeitig formuliert worden.[556]

---

553 Einen vollständigen Überblick bietet Rojas 1987, 27 f.

554 Sie trägt den Titel *Hispania victrix*, es handelt sich dabei jedoch um den gleichen Text. Die Forschung neigt heute dazu, diese Titeländerung als den Versuch zu interpretieren, die Zensur von der Tatsache abzulenken, dass es sich um den illegalen Nachdruck eines indizierten Textes gehandelt hat.

555 Vgl. Jiménez 2001, 293 ff.; Lewis 1983, 318 ff.

556 Vgl. Esteve Barba ²1992, 111. Für eine genaue Darlegung dieser Zusammenhänge vgl. Kap. 3.2.1. Vgl. auch Roa de la Carrera 2005, 59 f.

Der vergleichende Blick auf die lange Reihe analog gelagerter Zensurverfahren, die in der Forschung bekannt sind, macht deutlich, dass die Kompilation auf der Basis der *Cartas de Relación* von Cortés allein hinreichend gewesen ist für ein Verbot, unabhängig davon, ob gegebenenfalls noch weitere Gründe hinzutreten;[557]

Ähnlich verhält es sich mit einem weiteren intensiv diskutierten Problem, das die Textkonstitution betrifft, nämlich der Klärung des Verhältnisses der *Conquista de Mexico* zur *Historia (general) de Indias*, die von ihrem Verfasser offenbar als komplementär aufgefasst worden sind:

> La historia de las Indias va, en cuanto toca a las conquistas, escrita sumariamente. Pero en otras cosas es llena y copiosa.
>
> La conquista de México va muy a la larga por ir allí la manera que se usa y guarda en conquistas, convertir, poblar y granjear la tierra. Aunque por ser ella la mejor, la escribo por sí. Es muy notable por la estrañíssima religión y crueles costumbres de Mexicanos.
>
> Aunque son dos cuerpos, es una historia y así es necesario que anden juntos.[558]

In den beiden frühesten Ausgaben von 1552 und 1553 sind beide Texte tatsächlich gemeinsam enthalten. Die Forschung ist sich unschlüssig über den Status der *Historia (general)*, deren Umfang deutlich hinter dem des zweiten Teils, der *Conquista de Mexico*, zurückbleibt und die von späteren Herausgebern häufig schlicht ignoriert worden ist. Eine zusätzliche Merkwürdigkeit, die hermeneutische Anstrengung erfordert, besteht in der nachträglichen, nicht von López de Gómara autorisierten Präzisierung des Titels – der ursprünglich *Historia de Indias* lautet – zu *Historia general de Indias*. Traditionell ist in diesem Zusammenhang von der Idee ausgegangen worden, es könne sich bei der *Historia de Indias* um ein Vorwort zur *Conquista de México* handeln, das sich im Zuge seiner Redaktion verselbständigt habe.[559] Neueste Forschungen, die vormoderne Theorie der Geschichtsschreibung systematisch einbeziehen, führen in dieser Frage weiter. Zweierlei ist bei der Klärung des Sachverhalts zu beachten: zunächst der im Wandel begriffene Status verschiedener Subtypen vormoderner *historia* im 16. Jahrhundert. Mit dem Konzept *historia* ist nach mittelalterlicher Tradition ein umfassender inhaltlicher Anspruch verknüpft, der auf thematische oder geographische Spezifizierungen verzichtet. Die nominelle Zuspitzung, die in der illegalen Ausgabe von 1553 erfolgt, ist

---

557 Vgl. auch Roa de la Carrera 2005, 58.
558 López de Gómara zitiert nach Esteve Barba ²1992, 107.
559 Vgl. Rojas 1987, 16.

insofern sachlich durchaus adäquat. Raumbezogen spezifizierte *historias* hingegen sind in der Mitte des 16. Jahrhunderts noch keine eingeführte Gattung und leiden insofern unweigerlich unter einem prekären Status. Der oben zitierten Rechtfertigung Gómaras in dieser Sache ist deutlich anzumerken, dass ihm dieses Problem bewusst gewesen ist. Die Ergänzung seines Haupttextes, der *Conquista de Mexico*, durch eine *historia (general)* hat also autoritätsstiftende Funktion, insofern damit ein prekärer Typ von *historia* an einen etablierten Typ angebunden wird. Diesem Befund entspräche die deutlich unterschiedliche Länge der beiden Texte: Die *Historia* dient lediglich als Autoritätsgarant für den zweiten Text, dem das eigentliche Hauptaugenmerk zu gelten hat. Überdies ist jedoch unbedingt in Rechnung zu stellen, dass eine universalgeschichtliche Einbettung der *Conquista de Mexico* auch der politischen These entspricht, die Gómara mit seiner Darstellung vertritt. Kaum ein anderer Textauszug dürfte weithin bekannter sein als der Vergleich der Entdeckung der *Indias* mit der Erschaffung der Welt: „Muy soberano Señor: La mayor cosa después de la criación del mundo sacando la encarnación y muerte del que la crió, es el descubrimiento de Indias [...]".[560] Soll die Auffassung, die kastilische Monarchie sei Werkzeug der göttlichen Vorsehung, konsistent dargestellt werden, muss dies unbedingt im Horizont einer *historia general* geschehen, da sonst der Fall *México* auch als Einzelfall gedeutet werden könnte, der keinerlei Schlussfolgerungen betreffend die historische Rolle Kastiliens gestattet.

Wie bereits dargelegt, haben neueste Interpretationen gezeigt, dass Gómara mit seinem Vorhaben, Interessengegensätze zu harmonisieren, letztlich aufgrund sich wandelnder rechtlicher Rahmenbedingungen scheitert. Auch angesichts des Verbots von 1553, das später noch mehrmals wiederholt worden ist, stellt sich die Frage, warum sein Text bei Herrera dennoch verarbeitet wird. Dazu zwei Hypothesen: Anhand einer ganzen Reihe von Einzelfällen ist bereits belegt worden, wie wenig Einfluss eine demonstrative Distanznahme von Gómara als Autorität auf den faktischen Umgang mit seinem Text hat. Das von Gómara geprägte Narrativ scheint während des gesamten 16. Jahrhunderts unhintergehbar, ob die späteren Autoren der Interpretation, die er damit verbindet, nun folgen oder nicht. Es wäre keine Überraschung, sollte dieser Befund auch auf Herrera zutreffen. Überdies wäre zu prüfen, welche Textteile Herrera konkret ausbeutet. Das für unsere Analyse genutzte Textstück enthält ausschließlich Informationen zu den Eckdaten des Lebens von Cortés; da Herrera ein

---

560 Zitiert nach Esteve Barba ²1992, 108.

klares Bewusstsein für die impliziten ideologischen Vorgaben der *Crónica Oficial* gehabt hat, ist davon auszugehen, dass er bei den wenigen weiteren Gelegenheiten, bei denen er Gómaras Text zugrunde gelegt hat, ähnlich unproblematische Sachinformationen entnommen hat. Seine Stellung als Zensor versetzt ihn auch institutionell in die Lage, eine solche eklektische Haltung einzunehmen (vgl. Kap. 3.4.)

Die eindeutige Bestimmung der Textgrundlage Herreras stellt uns erneut vor ernste Schwierigkeiten. Es ist bekannt, dass auf Geheiß des ersten *Cronista Mayor de Indias*, López de Velasco, 1572 eine Visitation des Privatarchivs der Nachfahren von López de Gómara durchgeführt worden ist und dabei umfangreiche Bestände für den *Consejo de Indias* konfisziert worden sind.[561] Es besteht also Anlass zu der Vermutung, dass Herrera auf diese Papiere zurückgegriffen hat. Über ihren aktuellen Verbleib ist jedoch nichts bekannt, sodass sie für die Textanalyse nicht herangezogen werden können. Geht man des Weiteren davon aus, dass die Antwerpener Edition von 1554 nicht in Betracht kommt, da das Netzwerk der kastilischen Administration dorthin nicht reichte und die illegale Edition von 1553 ebenfalls auszuschließen ist, so bleiben als sinnvoll zu nutzende Textgrundlage einzig die beiden aragonesischen Editionen von 1552 und 1554.[562]

4.7. Diego de Landa

Der Franziskanerpater Diego de Landa ist in den Kulturwissenschaften auf zwei gänzlich verschiedenen Ebenen wahrgenommen worden: als historische Gestalt im Rahmen der Aufarbeitung spanischer Missionstätigkeit in Amerika; der *auto de fé*, der den dramatischen Höhepunkt seines diesbezüglichen Wirkens markiert, hat ihm den Ruf eines rücksichtslosen Folterknechtes eingetragen, der erst von der jüngeren Forschung relativiert worden ist; sodann als umsichtiger Chronist der kulturellen Gegebenheiten unter den Mayas, die bei Ankunft der Spanier auf der Halbinsel Yucatán siedeln. Überschwängliche Interpreten haben ihn gar zum Begründer der ethnologischen Maya-Forschung erhoben. Je nach Interes-

---

561 Vgl. Rojas 1987, 15.
562 Die Erstausgabe von 1552 hat sich als äußerst schwer greifbar erwiesen. Sie gehört zwar nominell zum Bestand einer ganzen Reihe spanischer Bibliotheken, es hat sich jedoch gezeigt, dass hinter den als Originale von 1552 ausgewiesenen Beständen fast immer Exemplare der Edition von 1554 stehen. Auf ein solches stützt sich aufgrund der geschilderten Komplikationen auch die Analyse.

senlage ist es im 20. Jahrhundert mithin zu einer nahezu konträren Bewertung der bekannten Lebensdaten Diego de Landas gekommen.

Die Niederschrift der *Relacion de las cosas de Yucatan*, des einzigen umfangreicheren Textes, der uns von Landa erhaltenen geblieben ist, beginnt um 1566. Ursprünglich dürfte eine Reihe von Abschriften existiert haben, von denen jedoch trotz intensiver Bemühungen nur noch eine lokalisiert werden konnte, bei der es sich zu allem Überfluss um ein Fragment handelt. Die Überlieferung gestaltet sich also problematisch und erfordert eine eingehendere Erläuterung an gegebener Stelle.

Trotz dieser ungünstigen Umstände ist Diego de Landa als historische Figur im Horizont der Machtrelationen, die sich mit dem Übergang von der *conquista* zur *pacificación* der kastilischen Besitzungen in Amerika etabliert haben, von höchstem Interesse, insofern er eine Position einnimmt, an der das Aufeinanderprallen der fundamental gegensätzlichen Interessen von Siedlern, Krone und Kirche sichtbar wird, das seit der Mitte des 16. Jahrhunderts stattfindet.

4.7.1. Biographisches

Diego de Landa unternimmt seine Überfahrt nach Yucatán 1549 im Alter von fünfundzwanzig Jahren. Geboren am 12. November 1524 in Guadalajara, einer kastilischen Kleinstadt, im Schoße einer „familia ilustre",[563] macht er in der Mission des Franziskanerordens eine außerordentliche Karriere. Sie lässt mehrere prägende Aspekte des imperialen Regimes seiner Zeit exemplarisch hervortreten. Wenngleich wir nichts über seine Studien und über den Zeitpunkt seiner Ordination wissen, so verrät uns seine Abstammung, sein Alter zum Zeitpunkt der Reise und sein anschließender Werdegang einiges über seine funktionale Position im imperialen Regime, das in der Mitte des 16. Jahrhunderts allmählich jene Konfliktlinien hervorbringt, die für die folgenden Jahrhunderte bestimmend bleiben sollten.

„Adolescente todavía, de dieciséis o diecisiete años, llegó al convento de San Juan de los Reyes para profesar en la orden seráfica".[564] Man darf vermuten, dass der junge Diego de Landa dort gezielt auf seine Aufgaben in Amerika vorbereitet worden ist; sein Eintritt ins Kloster fällt annähernd zusammen mit jener Phase des kastilischen Engagements, in der diskursive

---

563 Rivera 1985, 19.
564 Rivera 1985, 19 f.

Strategien der Rechtfertigung ebenso wie die Effektivität des Handelns dringlich auf der Tagesordnung zu erscheinen beginnen, was sowohl die kastilische Krone als auch die Mission dazu veranlasst, verstärkt qualifiziertes Personal zur Durchsetzung ihrer Interessen einzusetzen (vgl. Kap. 3.2.2.).

Unmittelbar nach seinem Eintreffen 1549 zunächst *Asistente del Guardián de Izamal*, steigt er schon 1552 auf zum *Guardián* und führt die Bauaufsicht über das erste Franziskanerkloster der Halbinsel.[565] Sein nächster Karrieresprung zum *Provincial* von Yucatán findet erst neun Jahre später statt; Landa empfiehlt sich für diese Spitzenposition durch seine in der Zwischenzeit hart und erfolgreich geführte Auseinandersetzung mit den spanischen Siedlern um die Frage, wer den maßgeblichen Einfluss auf die Politik ausübt. Der Konflikt zwischen Verwaltung, Klerus und Siedlern (vgl. Kap. 3.2.) manifestiert sich hier in Reinkultur und Diego de Landa nutzt die Spielräume, die ihm zur Verfügung stehen, maximal aus. In der Auseinandersetzung um Zugriffsmöglichkeiten auf die indigene Bevölkerung führt Landa Mitte der 1550er Jahre nicht nur die Notwendigkeit fortgesetzter Evangelisierungsbemühungen als Rechtfertigung dafür ins Feld, dass sie der landwirtschaftlichen Arbeit zugunsten systematischer Glaubensunterweisung entzogen werden sollten, sondern bezichtigt (womöglich nicht ganz zu Unrecht) die Siedler außerdem der Faulheit und des Schmarotzertums. In diesem Streit, der schon allein deshalb nicht einvernehmlich lösbar ist, weil ihm ganz unterschiedliche Auffassungen vom rechtlichen Status der indigenen Bevölkerung zugrunde liegen, setzt sich Landa kurzfristig durch, isoliert sich jedoch längerfristig; so fordert er von der *Audiencia de Guatemala* einen *Visitador* an, der 1552 in Gestalt von Tomás López eintrifft und prompt zugunsten der Franziskaner entscheidet, was angesichts gemeinsamer strategischer Interessen in Opposition zu den nach Autonomie strebenden Siedlern nicht verwunderlich ist. Für Diego de Landa handelt es sich jedoch um einen diplomatischen Pyrrhus-Sieg: Die Proteste reißen nicht ab, Versuche des nachträglichen Interessenausgleichs scheitern und er hat sich Feinde in zwei Lagern geschaffen, sowohl unter den Siedlern, als auch in der *Audiencia de Guatemala*, die infolge der Auseinandersetzungen das Recht auf die Ernennung von *Alcaldes* an den *Consejo de Indias* abzutreten hat und den Eindruck gewinnen konnte, ihre Souveränität de facto an die Franziskaner abgegeben zu haben.

---

565 Vgl. Rivera 1985, 20. Zur Bedeutung des Klosterbaus als Missionstechnik der Franziskaner vgl. auch López Amabilis 1961, 64.

No obstante, los franciscanos no quedaron conformes. Difíciles de contentar eran los angelicales discípulos del pobrecito de Asís. Se quejaban de que la autoridad civil no les confería toda la protección debida para el desempeño de su misión evangelizadora. Y la autoridad civil, por su parte, los miraba con muy malos ojos, cual pájaros agoreros, como bestezuelas perjudiciales, y cuantas veces podía les manifestaba su animadversión.[566]

Angesichts der neuen Gesamtlage wächst auch der Erfolgsdruck auf die Franziskaner, die zeigen müssen, dass sie ihre Ansprüche zu Recht erheben und bei der Evangelisierung Erfolge verbuchen können. Daraus resultiert eine allgemeine Verschärfung ihres Vorgehens gegen *idolatrías* jeder Art; der *auto de fé de Maní*, der Diego de Landa zum Verhängnis werden sollte, ist in diesem Zusammenhang zu sehen.

Als im Frühjahr des Jahres 1562 in einer Höhle unweit des Klosters Maní Idole entdeckt werden, ist aus Sicht des *Provincial* Diego de Landa hartes Durchgreifen erforderlich. In bewährter Manier verschafft er sich zunächst zivile Schützenhilfe:

Quijada nombró a Bartolomé de Bohorques alguacil, con la misión de asistir a Landa, ejecutar sus órdenes, prender a los indios y cumplir sus autos y sentencias. Cuando Landa encontró a Bohorques lo requirió bajo pena de excomunión para que aceptara el cargo de alguacil mayor de la inquisición ordinaria.[567]

Eine anschauliche Darstellung des *auto de fé* vom 12. Juli 1562, angefangen von der Folterung der Verdächtigen und einigen Selbstmorden über die Bußprozession unter Geißelungen bis zur feierlichen Vernichtung der Götzenbilder, bei der auch ein Großteil der Maya-*Codices* in Flammen aufgeht, muss hier nicht wiederholt werden.[568] Gleichwohl ist darauf hinzuweisen, dass die spezielle Lage in Yucatán, wo die Franziskaner-Mission ein ganz außerordentliches Übergewicht im konfliktiven Zusammenspiel der Interessensphären erlangt hat, die unabdingbare Voraussetzung für dieses Schauspiel außerhalb der zeitgenössisch geltenden Rechtslage darstellt. „The unashamed violence of the Franciscan inquisition is […] the best evidence for the political domination they had achieved in the peninsula".[569]

Leicht nachvollziehbar ist das Ansinnen von Landas Gegnern, ihn infolge dieses Exzesses durch einschlägige Berichte, die wohl ihrerseits zur

566 López Amabilis 1961, 67.
567 Rivera 1985, 22.
568 Vgl. Clendinnen ²2003, 73 ff.; López Amabilis 1961, 70 ff.
569 Clendinnen ²2003, 77.

Übertreibung tendieren dürften, beim *Consejo de Indias* in Misskredit zu bringen; diese Bemühungen sind insoweit erfolgreich, als der *Provincial* der Franziskaner sich gezwungen sieht, Ende März 1563 ein Schiff nach Spanien zu besteigen, um seine Rechtfertigung dort persönlich vorzubringen.[570] Im weiteren Verlauf zeigt sich jedoch erneut, dass Landa in der Lage ist, seine Interessen mit allen Mitteln und durchaus effektiv zu verteidigen.

Zu seinen Widersachern sollte erstaunlicherweise auch Francisco Toral zählen, ein Franziskaner, der im August 1562 aus México kommend in Yucatán eintrifft, um dort dem neu geschaffenen Bistum vorzustehen. Just zu jenem Zeitpunkt wird Diego de Landa von dringenden Angelegenheiten in Anspruch genommen, weshalb er trotz der Aufforderung durch seine Mitbrüder darauf verzichtet, den neuen Bischof persönlich zu begrüßen. Diego de Landa ist Menschenopfern auf der Spur, und sieht sich ausgerechnet an jenen Augusttagen, die zwischen dem Eintreffen des Bischofs und seinem eigenen, verspäteten Antrittsbesuch bei demselben liegen, veranlasst, Folterungen durchführen zu lassen, um die Delinquenten zu Geständnissen zu bewegen (vgl. Clendinnen [2]2003, 94). Mit den einschlägigen Papieren im Gepäck tritt er dem neuen Bischof schließlich gegenüber, kann ihn jedoch nicht mehr für sich gewinnen. Toral ist in der Zwischenzeit bereits von Seiten spanischer Siedler, die ihn standesgemäß empfangen haben, über die Exzesse der Franziskaner ins Bild gesetzt worden und vermutet bald, dass Landas Geständnisse erpresst worden sind – was der Wahrheit nahe kommen dürfte. Toral informiert den *Consejo de Indias* daraufhin ebenso negativ über Landa wie dies die spanischen *encomenderos* zuvor bereits getan haben;

Als Diego de Landa nach umständlicher Reise im Oktober 1564 in Spanien eintrifft, schlägt ihm eine feindselige Stimmung entgegen und es deutet nichts darauf hin, dass er sein Anliegen erfolgreich würde vertreten können. Die Vorlage der erpressten Geständnisse bleibt jedoch nicht ohne Wirkung und sein Prozess wird zu einer ordensinternen Angelegenheit erklärt. Das Verfahren geht zu seinen Gunsten aus, denn es gelingt ihm, glaubhaft zu machen, dass sein Handeln eine Grundlage in geltendem kanonischen Recht besessen habe; die dort niedergelegte Regelung sieht vor, dass der *Provincial* in Abwesenheit eines Bischofs als rechtmäßiger Vertreter der Inquisition aufzutreten hat,[571] was im konkreten Fall auch so gewesen ist. Diese Feststellung ist zwar zutreffend, lässt jedoch den Um-

---

570 Rivera 1985, 24.
571 Vgl. Clendinnen [2]2003, 102.

stand unberücksichtigt, dass die Folterungen der Delinquenten zugleich die Befugnisse, mit denen diese Position ausgestattet ist, überschreiten.[572] An den geschilderten Gesamtumständen zeigen sich die fundamentalen Widersprüche, die sich zwischen den Interessen der verschiedenen Akteure der imperialen Expansion ergeben haben und hier an einer Person kristallisieren; insbesondere der Antagonismus des unbedingten Machtanspruches der Krone unter Hinweis auf ihre Regalien und des Argumentes der Entlastung des königlichen Gewissens auf Seiten der Mission manifestiert sich hier in einer besonders ausgeprägten Art und Weise.

De Landa gelingt letztlich ein Ausbau der Machtbasis seiner Franziskaner, indem er die *Audiencia de Guatemala* in die Defensive drängt und deren Abgesandte bei Bedarf mit Exkommunikation bedroht, wobei diese aber zugleich seine einzigen Verbündeten sind; seine Abwehrstrategie gegen die Verwirklichung der feudalen Träume der Siedler auf dem Rücken der Maya zwingt ihn zugleich zu radikal-inquisitorischem Vorgehen gegenüber Letzteren, um seine Effektivität in Fragen der Evangelisierung unter Beweis zu stellen, womit er seiner eigenen Argumentation, die auf dem Wohl der Indios gründet, wiederum den Boden entzieht. Die Siedler können ihre Interessen zunächst nicht schützen und liegen ebenso mit der *Audiencia* im Streit wie mit den Missionaren, später aber gelingt es ihnen, Landa aufgrund einer Angelegenheit aus seiner Position zu drängen, in der er eigentlich gute juristische Argumente auf seiner Seite hat. Die *Audiencia* unterwirft sich den Ansprüchen der Missionare, um strategische Interessen zu wahren, kann dabei jedoch weiteren Machtverlust an den *Consejo de Indias*, der seinen eigenen ausführenden Organen zu misstrauen beginnt, nicht verhindern.

Als besondere Pointe dieses Machtpokers mag Landas Rückkehr nach Yucatán im Jahre 1572 gelten – als Bischof. Die Redaktion seiner *Relaçion de las cosas de Yucatán* ab 1566, während einer Tätigkeit an seinem alten Konvent *San Juan de los Reyes*, nimmt sich dabei wie eine Fußnote aus und vermutlich ist sie in seinem Fall tatsächlich weit weniger bedeutsam für die Wahrung seiner Interessen gewesen als bei weniger fest etablierten Figuren. Bei seiner Rückkehr nach Yucatán ist das Manuskript noch nicht fertiggestellt und möglicherweise ist es bis zu seinem Tod 1579 Fragment geblieben. Gleichwohl bestimmt der aus diesen Entwürfen hervorgegangene Text die Wahrnehmung Diego de Landas in den heutigen Wissenschaften, die im Wesentlichen aus zwei Perspektiven erfolgt: aus der der Ethnologie, die ihn als einzigartige Quelle zu den Mayas feiert, dabei aber textkritische

---

572 Vgl. Clendinnen ²2003, 75 ff.

Reflexionsbereitschaft, wie sie jeglicher historischen Wissenschaft abverlangt werden muss, gänzlich vermissen lässt; sodann aus der der *Colonial Studies*, die ihn als Inbegriff der Rücksichtslosigkeit spanischer 'Kolonialherren' und ihres Scheiterns an der Alterität autochthoner Kulturen verstehen.[573]

Alle verfügbaren Evidenzen sprechen dafür, dass Diego de Landa ein ausgeprägtes Machtbewusstsein besessen hat und es ihm wie sonst nur Las Casas gelungen ist, die eigentlich defensive Position der Bettelorden im Verhältnis zur Krone zu seinen Gunsten zu wenden. Von den bisher entwickelten Hypothesen zur Funktion der *Relacion* in ihrem Entstehungskontext ist denn auch diejenige die plausibelste, die darin ein Instrument der Nachwuchswerbung sieht; es ist absolut denkbar, dass Landa während seines Aufenthaltes in Spanien loyale Gefolgschaft für eine eventuelle Rückkehr nach Yucatán anzuwerben gedachte; besonders, wenn man weiß, dass er gleichzeitig die Rekrutierungsversuche seines Widersachers Toral zu torpedieren verstand.[574] Weniger überzeugend scheinen hingegen die Deutungen zu sein, die darin eine Rechtfertigungsschrift sehen; die zahlreichen Unterlassungen an Punkten, an denen eine Rechtfertigung in erster Linie vonnöten gewesen wäre, sprechen dagegen.

Es ist bezeichnend, dass Torals Arbeit in Yucatán durch die fortgesetzte Sabotage seiner eigenen Untergebenen erschwert worden ist, deren Loyalität eindeutig Diego de Landa gehört hat; ebenso bezeichnend ist die konziliante Haltung der Ordensoberen in Spanien, die kein Interesse daran haben, die an sich stärkere Rechtsposition Torals zu unterstützen, sondern sich vielmehr zur Loyalität gegenüber ihrem *Provincial* verpflichtet sehen, der ihnen einen so bemerkenswerten Machtzuwachs beschert hat. Ein Gewinn ist Landa indirekt auch für die *Casa Real*, die aufgrund der Vorgänge in Yucatán leichtes Spiel in ihrem Bemühen hat, den Einfluss des Ordensklerus zurückzudrängen und dessen Privilegien zu beschneiden.

4.7.2. Die *Relacion de las cosas de Yucatan* (ca. 1566)

Die Situation hinsichtlich der überlieferten Textgrundlage gestaltet sich besonders unerfreulich, insofern eine ganze Reihe von Ungewissheiten der Gewissheit gegenübersteht, dass die einzig überlieferte Handschrift, die

---

573 Vgl. die einschlägigen Literaturhinweise in Clendinnen ²2003.
574 Vgl. Clendinnen ²2003, 105.

sich im Besitz der *Real Academia de la Historia* in Madrid befindet,[575] bestenfalls Teile des Originals enthält. Die Konstitution der in Genet 1928/ 1929 ungenau auf 1616 datierten Handschrift[576] wirft verschiedene Probleme auf, zu denen in Ermangelung eines Vergleichsexemplars[577] von der philologischen Forschung bisher nur mehr oder weniger plausible Hypothesen gebildet werden konnten, ohne dass eine Klärung herbeizuführen wäre. Dabei geht es insbesondere um zwei Fragenkomplexe: einmal die Umstände der Herstellung, konkret die dafür zu veranschlagende Zeitspanne sowie die Anzahl und nähere Charakterisierung der beteiligten Schreiber; sodann die Anzahl und ursprüngliche Anordnung der Textteile. Über Letztere herrscht Uneinigkeit, weil aufgrund der unterschiedlichen beteiligten Schreiberhände eine Kontamination des ursprünglichen Textes auf der Makroebene stattgefunden haben könnte, die das Manuskript B.68 der *Real Academia* von Diego de Landas eigenen Entwürfen deutlich abhebt. Einigkeit konnte von der Forschung bisher in drei Punkten erzielt werden:

- Das erhaltene Manuskript ist eine Kopie des Originals.
- Diese Kopie enthält wesentliche Kürzungen im Verhältnis zu ihrer nicht mehr auffindbaren Vorlage.
- Das erhaltene Manuskript ist teilweise in Spanien, teilweise in Yucatán verfasst worden.[578]

Kaum zu rekonstruieren ist jedoch die exakte Genese des Manuskriptes in seiner heutigen Gestalt und ihre Dauer. Mehrere Autoren behaupten, diese habe sich bis ins 17. Jahrhundert erstreckt, und zwar bis zu einem Zeitpunkt, zu dem Herreras *Décadas* bereits veröffentlicht gewesen sind; gleichzeitig soll die auf *folio* 1 des Manuskriptes verzeichnete Jahreszahl 1566 den Beginn der Redaktion von Landas *Relacion* markieren.[579] Für Antonio de Herrera bedeutet dies, dass er entweder mit einem Manuskript gearbeitet haben muss, das bei Landas Rückkehr nach Yucatán in Spanien verblieben ist, was möglich ist, jedoch weiteren Erklärungsbedarf verursacht, insofern dann mindestens eine weitere Abschrift existiert haben

---

575 Signatur B.68.
576 Vgl. Tozzer 1941, VIII.
577 Man geht davon aus, dass ursprünglich mehrere Abschriften existiert haben, was angesichts der uneinheitlichen Gestalt des erhaltenen Exemplars auch plausibel ist.
578 Vgl. Paxton 1994, 70 f.; Tozzer 1941, VII f.
579 Vgl. Paxton 1994, 74.

muss, die keinerlei Spuren hinterlassen hat;[580] oder aber man nimmt an, dass zumindest Teile des heute als B.68 firmierenden Manuskriptes schon im 16. Jahrhundert den Rückweg von Yucatán nach Spanien genommen haben. Diese Erklärung ist mit Blick auf die wenigen verfügbaren Erkenntnisse betreffend den weiteren Verbleib der Abschriften von Landas *Relacion* plausibel. Tozzer verweist zum einen auf „the similarity of language in a part of Landa's text and that in several of the Relaciones which were written about 1579 as a result of the questionnaire of 1577",[581] zum anderen bemerkt er zusammenfassend:

> Landa probably wrote his original Relación while in Spain somewhere about 1566. He presumably took the manuscript with him on his return to Yucatán in 1573, and, after his death six years later, his work was kept in the Franciscan convent in Mérida. This manuscript is mentioned in the Relación of Chunchuchu [...], dated 1581. Copies of the work were undoubtedly sent back to Spain.[582]

Wenn es zutrifft, dass Landas *Relacion* bei der Anfertigung weiterer Texte im Zuge der großen Fragebogen-Kampagne des *Cronista Mayor de Indias* ab 1577 eine Rolle als Vorlage gespielt hat und dass Kopien der *Relaçion* aus Yucatán nach Spanien zurückgesandt worden sind, so spricht Einiges für die Annahme, dass gegen Ende der 1570er Jahre im Kloster von Mérida eine gekürzte Kopie von Landas *Relacion* erstellt und gemeinsam mit den anderen *relaciones* an den *Consejo de Indias* geschickt worden ist.

Die Tatsache, dass die fünf Hände, die laut Paxton 1994 an der Redaktion des Manuskripts beteiligt gewesen sind, in keinem Fall mit der ebenfalls in Paxton 1994 vorgeschlagenen thematischen Gliederung in elf Blöcke zusammenfallen, d. h., keiner der Schreiber jeweils einen vollständigen Block verfasst hat, sondern offenbar die redaktionelle Arbeit je nach Bedarf übergeben worden ist, impliziert nicht, dass das daraus resultierende Manuskript nicht trotzdem – in Ermangelung besserer Informationsquellen bezüglich Yucatán – von Herrera verwendet worden ist. Die unklare Konstitution des Textes hat seine Geltung in den Augen des *Cronista Mayor de Indias* gewiss beeinträchtigt; der bei Herrera verarbeitete Teil des Manuskripts stammt aber von nur einer Hand und insofern hat ihn

---

580 Das ist unwahrscheinlich, da nahezu alle von Herrera konsultierten Texte und Dokumente im Besitz spanischer Archive verblieben sind.
581 Tozzer 1941, VII.
582 Tozzer 1941, VII.

die Gesamtkonstitution des Manuskriptes möglicherweise nur peripher tangiert.[583]

Es verwundert angesichts der geschilderten Lage nicht, dass die Interpreten kaum Aussagen zu Stilfragen treffen. Wohl aber wird die Adäquatheit der von Landa vorgenommenen Gattungszuschreibung thematisiert und dafür argumentiert, diese zu relativieren. Insbesondere wird das Verhältnis zum Konzept *historia* problematisiert, und zwar auf zwei Ebenen: Zum einen wird, sachlich durchaus angemessen, die Bedeutung der *Relacion* für unsere historischen Kenntnisse über Yucatán herausgestellt. Landa wird als „Cronista de Indias"[584] und „pionero de los historiadores yucatécos"[585] apostrophiert und in seiner Bedeutung für die heutige Forschung mit Bernardino de Sahagún gleichgestellt; falsch ist zum anderen gleichwohl die Reduzierung der qualitativen Unterschiede beider Texte auf die Länge, wenn es heißt: „Comparada con la obra de Sahagún, la de Landa es breve y modesta. La primera es exhaustiva, la segunda es un esbozo incompleto, pero ambas tienen el sello de lo original y auténtico".[586] Tatsächlich bestehen bedeutende Statusunterschiede zwischen beiden Texttypen, insbesondere, was die Frage der Beteiligung des Autors am dargestellten Geschehen und seiner persönlichen Interessen und Rechtfertigungsbedürfnisse anbetrifft, aber auch formale Verfahren der Beglaubigung. Ernsthaft in Betracht zu ziehen ist deshalb ein Argument, das darauf abzielt, die Möglichkeit einer eindeutigen Gattungszuweisung für den vorliegenden Fall zu bestreiten. Dazu schreibt der Historiker Garibay:

> La voz *Relaçion* suena hoy equívoca. Definamos el sentido que tenía en el siglo XVI en que Landa escribe. Tanto más que el diccionario académico es aquí demasiado deficiente. Es un alegato, es un informe, es una historia. Excede el concepto al vocablo. Como alegato, se reúnen datos y argumentos ante quien debe oir para fallar. Como informe, se acumulan noticias y hechos para que el deseoso de conocimiento pueda venir a la real cocepción de lo que son las cosas. Como historia, describe y narra. [...] El escrito de Landa es todo eso. [...] *Historia* en el sentido etimológico es.[587]

---

583 Angesichts der beiden offenbar nachträglich in die *Relacion* eingefügten Textteile, die sich völlig disparat zur übrigen Darstellung verhalten sollen (vgl. Paxton 1994, 71), ist auch an die Möglichkeit zu denken, dass aus den am *Consejo de Indias* eingegangenen *Relaciones* aus Yucatán nachträglich ein Konglomerat aus vertrauenswürdigen Texten gebildet worden ist.
584 Quintal Martín 1981, 127.
585 Quintal Martín 1981, 129.
586 Quintal Martín 1981, 129.
587 Garibay [8]1959, XV.

Diesem Gedankengang ist durchaus etwas abzugewinnen,[588] es lohnt sich jedoch, zugleich die umgekehrte Perspektive zu berücksichtigen und festzuhalten, dass der Terminus der *Relaçion* seinerseits ebenfalls kein einheitliches Korpus bezeichnet und uns aufgrund des geschilderten Standes der Überlieferung gegenwärtig wesentliche Informationen über die ursprüngliche Makrostruktur des Textes fehlen, was eine Beurteilung der Adäquatheit der Gattungszuschreibung *Relaçion* schwierig macht; zu guter Letzt sollte man nicht unterschätzen, dass durch die vom Autor gewählte Gattungsbezeichnung auch eine indirekte Aussage über die von diesem für seinen Text vorgesehene oder gewünschte Pragmatik getroffen wird, die im ausdifferenzierten Institutionengefüge um den *Consejo de Indias* von ganz praktischer Bedeutung sein konnte.

4.8. Bernal Díaz del Castillo

Bernal Díaz del Castillo ist eine in verschiedener Hinsicht besonders interessante Figur. Sie steht im Spannungsfeld einer ganzen Reihe von Problemzusammenhängen, die sowohl die historische als auch die systematische Perspektive betreffen und auf der Objekt- wie der Metaebene liegen. Als vielleicht schillerndster Vertreter der 'Kolonialhistoriographie' seiner Generation hat er bei den Historikern wie auch den Philologen des 20. Jahrhunderts intensive Aufmerksamkeit gefunden. Wesentliches Kennzeichen der Rezeption in dieser Zeit ist zum einen der Versuch gewesen, ihn unter Veranschlagung teils fragwürdiger Prämissen dem Kanon der je eigenen Disziplin einzuverleiben, zum anderen die Neigung, ihn als frühneuzeitlichen Agenten individueller Subversion im Verhältnis zu einer dominanten, als repressiv aufgefassten Ordnung zu verstehen. Diese Deutung – aus einem modernen, demokratischen Selbstverständnis geboren – ist in beiden Fächern bis zur Mitte des 20. Jahrhunderts gleichermaßen verbreitet gewesen. Eine Rekonstruktion der ungleich komplexeren und teils widersprüchlichen Spannungsverhältnisse, die seine Motive in Bezug auf die *Historia verdadera* plausibel machen, ist erst im Zuge jüngerer Entwicklungen unternommen worden.[589]

---

588 Angemessener äußert dieser sich auch zu dem nahe liegenden Vergleich mit Sahagún: „Acabo de recordar a Sahagún. Ni de muy lejos se puede comparar la dimensión y la trascendencia de una obra con la otra" (Garibay [8]1959, XV).

589 Eine umsichtige Synthese auf dem aktuellen Stand der Forschung bietet Cortínez 2000, die auch mit der nötigen Klarheit unterscheidet zwischen der Pragmatik des

Die *Historia verdadera de la conquista de la Nueva España*[590] ist in drei Manuskripten von ganz unterschiedlichem Status überliefert. Entsprechend den bisherigen Andeutungen verwundert es nicht, dass die Bewertungen ihres höchst individuellen Stils je nach Interessenlage der Rezipienten unterschiedlich ausgefallen sind, und ebenso wenig, dass zugleich allgemeine Übereinstimmung hinsichtlich der Zuschreibung einer besonderen Authentizität und Glaubwürdigkeit bestand.[591] Der Text hat zwar im Verlauf des 16. Jahrhunderts kaum Anklang gefunden, ist aber in den *Décadas* von Antonio de Herrera dennoch ausführlich verarbeitet worden, ein durchaus erklärungsbedürftiger Umstand, bedenkt man den Status seines Autors und sein zeitgenössisch unklares Verhältnis zum Kanon der *historiografía indiana*.

Die folgenden Erläuterungen greifen deshalb besonders diejenigen Probleme auf, die Licht auf die Frage werfen, wie es zu einem so intensiven Fortwirken der *Historia verdadera* in der *historiografía oficial* kommen konnte, während zeitgenössisch weder der Text noch sein Verfasser bekannt oder bedeutsam geworden sind.

4.8.1. Biographisches

Bernal Díaz del Castillo wird 1496 oder 1497 in Medina del Campo geboren, und zwar als Sohn von María Diez Rejón und dem *Regidor de dicha villa*, Francisco Díaz del Castillo. Da wir bei der Rekonstruktion seiner Biographie auf seine eigenen Angaben in der *Historia verdadera* angewiesen sind und aus dieser Quelle nur über sein Leben in den *Indias* gut unterrichtet werden, sind Aussagen über seine Kindheit und Jugend kaum möglich. Die Forschung beschränkt sich deshalb auch weitestgehend auf die Vermutung einer „cierta forma de educación",[592] was plausibel ist, da er immerhin nicht zur großen Mehrheit der Analphabeten gehört und ganz

---

Textes in seinem Entstehungskontext und der Möglichkeit einer literarischen Interpretation, die auf einer anderen hermeneutischen Ebene liegt und von der Rekontextualisierung streng zu trennen ist.

590 Der Einfachheit halber erfolgt an dieser Stelle lediglich die Nennung des im Zuge der Editionstätigkeit kanonisierten Titels; zur unterschiedlichen Titelei der drei überlieferten Manuskripte vgl. unten.

591 Vgl. zur Rezeption der *historiografía indiana* und der Selektion ihrer Klassiker im 20. Jahrhundert besonders Adorno 1988c.

592 León-Portilla 1984, 13.

offenbar auch gewisse Kenntnis von lateinischen Klassikern besitzt, wie einschlägige Bemerkungen in der *Historia verdadera* verraten.

Die Umstände und Motive seiner Überfahrt nach Amerika sind nicht restlos aufzuklären; offenbar gehört jedoch auch die Familie Díaz del Castillo zu jener Schicht leidlich gut situierter Stadtbürger, die Amerika für die kastilische Krone in erster Linie erschlossen haben; sollte es zutreffen, dass er mit der Flotte des Pedrárias Dávila 1514 in die *Indias* gelangt ist, so befindet er sich dabei mit Gonzalo Fernández de Oviedo, Pascual de Andagoya, Francisco Pizarro und Pedro Cieza de León buchstäblich in bester Gesellschaft. Unter Berufung auf neu entdeckte Dokumente sind in der Forschung jedoch Zweifel an dieser Darstellung geäußert worden, da sich eine Person gleichen Namens laut dieser Dokumente erst sechs Monate später in Sanlúcar de Barameda eingeschifft hat. Sollte es sich dabei um unseren Autor handeln, so erweist bereits diese frühe Episode sein ausgeprägtes Bewusstsein für autoritätsstiftende Stilisierungen im Diskurs.

Ein ähnliches Problem stellt sich bezüglich seiner frühesten Aktivitäten in den *Indias:* Auf Cuba angekommen will er an allen drei Expeditionen auf das mesoamerikanische Festland, die zwischen 1517 und 1519 unter drei verschiedenen *capitanes* durchgeführt worden sind, teilgenommen haben. In der Forschung sind zwischenzeitlich Zweifel auch an dieser Darstellung aufgekommen, da die Dichte der Informationen, die Bernal Díaz del Castillo zu den verschiedenen Expeditionen gibt, stark variiert; während er sich über die Unternehmungen von Hernández de Córdoba (1517) und von Hernán Cortés ausführlich verbreitet, ist dies bezüglich der Expedition von Grijalva (1518) nicht der Fall. Aus diesem Grund wird vermutet, er habe daran unter Umständen auch nicht teilgenommen. Sollte diese Vermutung zutreffen, so führt dies zu der Feststellung, dass er offenkundig erneut eine diskursive Strategie anwendet, die darauf abzielt, seine besondere Autorität und Würde als *conquistador* der ersten Stunde unter Beweis zu stellen, der von Beginn an bestrebt gewesen ist, *servicio al rey* zu leisten und deshalb stets zur Stelle war, nicht etwa nur auf Geheiß von Hernán Cortés. Die Klärung der Frage, ob dies den Tatsachen entspricht oder nicht, steht auch hier nicht im Mittelpunkt; entscheidend ist die zentrale Bedeutung von *antigüedad* als Autoritätskriterium; ihrer Funktion im Diskurs ist sich Díaz del Castillo – wie an dieser Episode deutlich wird – voll bewusst gewesen.

Die Phase der Etablierung, die sich an den Sieg über die Azteken anschließt, bringt für Bernal Díaz del Castillo wie für die übrigen *conquistadores* all jene Misslichkeiten, die typisch sind für die Übergangsphase zwischen militärischer Auseinandersetzung und Konsolidierung und sich in den südlicheren Gebieten des kastilischen Imperiums einige Jahre später analog abspielen sollten; sie bestehen einerseits in dem Versuch der Hauptfiguren, sich bei der Verteilung der nun verfügbaren Ressourcen einen Vorteil zu verschaffen, der ihrem Status entspricht, andererseits in der weitgehenden Rechtsunsicherheit, die keine stabilen Besitzverhältnisse entstehen lässt (vgl. Kap. 3.2.1.). Díaz del Castillo erhält zunächst eine *Encomienda* in Oaxaca, die er bald verlässt, um sich an einem weiteren Erkundungszug zu beteiligen; daran anschließend erhält er eine weitere *Encomienda* in Chamula (im heutigen Chiapas), die er jedoch ebenfalls nicht halten kann, da er 1526 ebenso wie viele seiner Kameraden von Cortés genötigt wird, sich an der Niederschlagung der Rebellion des Cristóbal de Olid zu beteiligen. Diese gelingt zwar, die Abwesenheit von Cortés während des Feldzuges ist jedoch verbunden mit der Rückkehr anarchistischer Verhältnisse in Ciudad de México. Die kastilische Krone sieht sich zum Eingreifen gezwungen und entsendet die Mitglieder der berühmten *Primera Audiencia*, alle Konquistadoren der ersten Generation werden enteignet. Nach langem Ringen erhält Bernal Díaz del Castillo durch den *Gobernador* Alonso de Estrada zwar erneut eine *Encomienda* zugesprochen, seine persönliche Bewertung der Lage hat sich zwischenzeitlich jedoch verändert. Die Übervorteilung der nachgerückten Verwalter erregt den Unwillen der Konquistadoren und bildet die Wurzel der allmählichen Entfremdung zwischen den *Indias* und Kastilien. Auch Bernal Díaz del Castillo ist nicht frei von dieser Wahrnehmung und nimmt die systematische Vertretung seiner Interessen im Räderwerk der Administration auf. Diese neue Rolle hat ihm bei der Nachwelt den Ruf eines notorisch unzufriedenen, vermessenen Nörglers eingetragen. Andererseits ist das von ihm selbst wesentlich geprägte Bild, die erste Generation von Konquistadoren sei um ihren verdienten Lohn betrogen worden, ebenfalls intensiv rezipiert worden.

Eine Zwischenbilanz an dieser Stelle ist jedoch geeignet, deutlich zu machen, dass die Verhältnisse de facto weniger eindeutig gewesen sind. Es ist nicht angebracht, Bernal Díaz del Castillo ausschließlich als den Ausgebooteten zu bedauern: So ist er stets aufs Neue in den Genuss einer *Encomienda* gekommen, zu streiten wäre lediglich über die Angemessenheit ihres Umfangs. Darüber hinaus ist er von Hernán Cortés persönlich mit einem Empfehlungsschreiben unterstützt worden, von Gleichgültigkeit oder Arroganz gegenüber seinen Mitstreitern kann also auch nicht ohne Weiteres gesprochen werden. Andererseits wird Díaz del Castillo tatsächlich verschiedentlich zum Spielball der Differenz von Norm und Praxis (vgl. Kap. 3.2.), wenn rechtsgültige Beschlüsse zu seinen Gunsten schlicht nicht umgesetzt werden. Seine Stigmatisierung als selbstbezogener Nörgler ist insofern also ebenfalls eine Übertreibung.

Als er 1540 zum ersten Mal nach fünfundzwanzig Jahren nach Spanien reist, hat er einen langen Kampf um seine *Encomienda* hinter sich und kann sich seiner Zukunft in Nueva España nicht sicher sein. Es spricht für seine Ausdauer und sein diplomatisches Geschick, dass er 1541 schließlich *Reales Cédulas* zu seinen Gunsten erwirkt, die ihn mit einer neuen *Encomienda* in Guatemala ausstatten. Er kehrt nicht nach Nueva España zurück, sondern reist direkt nach Guatemala und erlebt eine erneute Enttäuschung: Erst nach zähem Ringen erklärt man sich zunächst bereit, den *Reales Cédulas* Folge zu leisten. Díaz del Castillo lässt sich nieder, heiratet 1544[593] und wird Mitglied des *Cabildo de Guatemala*.

Seine Entsendung nach Madrid durch ebendiesen *Cabildo* im Jahre 1549 zeigt, dass er über keine geringe Reputation in dem Gremium verfügt haben dürfte und dass sein Geschick im Umgang mit den Mechanismen der Rechtsfindung anerkannt gewesen sein muss. Zweck seiner Reise ist es, bei Hofe die Einwände der Siedler gegen die *Leyes Nuevas* mit ihren gravierenden Auswirkungen auf das Leben der *encomenderos* vorzubringen; von seiner Intervention hängen also auch die Interessen seiner Standesgenossen in Guatemala ab. Ein völlig unterprivilegiertes Leben, wie er es später in seiner *Historia* darstellt, hat er vermutlich nicht geführt.[594] Trotzdem ist ihm der Aufenthalt in Madrid günstige Gelegenheit, die Wiederherstellung seiner *Encomienda* in dem Umfang, den sie unmittelbar nach der *conquista de la Nueva España* hatte, einzufordern; so erstaunlich die Tatsache ist, dass dieser Versuch mit einem vollen Erfolg endet, so gewöhnlich ist andererseits die glatte Missachtung der diesbezüglichen *Reales Cédulas* bei der Rückkehr nach Guatemala. Der *Oidor* López Cerrato wird damit zum unmittelbaren Veranlasser der Schreibtätigkeit, als deren Ergebnis weitere dreiundzwanzig Jahre später die *Historia verdadera* – ein Schlüsseltext der *historiografía indiana* – ihre Reise nach Spanien antreten wird. Die Motivation, von der Bernal Díaz del Castillo angetrieben wird, hat die historische Forschung intensiv beschäftigt; eine monokausale Erklärung hat sich in der Diskussion stets als unhaltbar erwiesen. Text und Autor müssen stattdessen erneut gemeinsam betrachtet werden.

Im Jahre 1552 beginnt der Redaktionsprozess, der zunächst auf eine *Relaçion de méritos y servicios* zielt, das klassische Instrument der Interes-

---

593 Mit seiner Frau Teresa Becerra hat er neun Kinder, daneben zwei ältere Kinder aus früheren Verbindungen.
594 Vgl. Iglesia 1986, 125.

senvertretung von Untertanen vor der Krone. Ist Bernal Díaz del Castillo nun ein frustrierter und dabei geltungssüchtiger *pleitista*, der sich zu Unrecht übervorteilt sieht? Wohl nur mit Einschränkungen, wäre es doch allein zu diesem Zweck nicht erforderlich, zwei Jahrzehnte zu investieren, um eine *historia* im Umfang von mehreren hundert *folios* zu verfassen. Ist es angesichts dessen zutreffend, dass Díaz del Castillo zur Feder greift, um die aus seiner Sicht unsachgemäße Darstellung der *conquista* bei López de Gómara zu widerlegen? Wiederum ja, mit Einschränkungen. Zwar ist die Vermutung, er habe aus diesem Grund seine Schreibtätigkeit aufgenommen, mittlerweile zweifelsfrei widerlegt, da Gómaras *Historia* bekanntlich erst 1552 veröffentlicht wurde. Der Fund des Dokuments, in dem der *Oidor* Zorita in eben dem Jahr 1552 über die *Relacion* eines Bernal Díaz berichtet, hat diese Debatte beendet. Gleichwohl ist es plausibel anzunehmen, dass die Kenntnis von der *Historia* Gómaras bei Bernal das Bewusstsein für die Notwendigkeit geschaffen hat, sich zur erfolgreichen Konstitution einer Gegenautorität ebenfalls am Format einer *historia* zu orientieren.[595] Es ist davon auszugehen, dass ein ursprünglich sehr konkretes, spezifisches und zugleich zeitgenössisch weit verbreitetes und formal standardisiertes Kommunikationsziel – nämlich die Einforderung von *beneficios* für geleistete Dienste an der Monarchie – diese Spezifik und damit auch die Anbindung an bekannte und standardisierte Formen der Kommunikation im Laufe der Zeit zunehmend verliert, ohne sich zu einem neuen konkreten Kommunikationsziel hin zu bewegen; zu Recht ist vom „gérmen de la historia en las relaciones de méritos y servicios" (Iglesia 1986, 149) gesprochen worden. Tatsächlich versucht Bernals Witwe noch im Jahre 1605, mithilfe einer Abschrift der *Historia verdadera* genau jene Art von Interessenvertretung in eigener Sache zu betreiben, zu deren Zweck eigentlich eine *Relaçion de méritos* geeignet wäre. Auch schon dreißig Jahre zuvor, als Bernal 1575 eine Abschrift seiner *Historia* im Gepäck des *Oidor* Valderrama an den *Consejo de Indias* sendet, ist damit diese Absicht verbunden; darüber hinaus – so wird vermutet – jedoch auch die Hoffnung auf eine Veröffentlichung, was für den Fall einer *historia* nahe liegend ist.

In der literaturwissenschaftlichen Forschung wird seit einigen Jahren an einem neuen, komplexen Bild von Bernal Díaz del Castillo gearbeitet, das reduktionistische, monokausale Erklärungen seiner Motive vermeidet. Das Resultat eines Redaktionsprozesses, der bis zum Tode des Autors 1584 zu keinem endgültigen Abschluss kommt, wird perspektiviert als Versuch der Vergegenwärtigung einer buchstäblich unvermittelbaren Vergangen-

---

595 Vgl. Serés 1991, 534.

heit, die sich entzieht, wo er sie zu fassen sucht. Die jahrzehntelange Arbeit am Text wird dabei als ein Lernprozess kenntlich, in dessen Verlauf Bernal seine sprachlichen Mittel im Ringen mit einer *memoria*, die auf Voraussetzungen beruht, welche sein Publikum nicht kennen und zugleich nur durch sein Zeugnis kennenlernen kann, allmählich entfaltet und so zu einem Autor heranreift.[596] Die Qualität der Wissenskontexte als ungeteilt macht die *Historia verdadera* in dieser Perspektive zu einem literarischen Text, der an der Wurzel hispanoamerikanischer Literatur steht und den Identitätskonflikt der *criollos*, der durch die notwendige Unvollständigkeit der Vermittlung zwischen europäischem Horizont und amerikanischer Erfahrung entsteht, gewissermaßen *in nuce* abbildet. Für eine Typisierung eignet sich dieser *texto fundacional* nicht.

Diese Interpretation, die den Text an ein System literarischer Kommunikation anbindet, ohne seine historisch-pragmatischen Wurzeln in der administrativen Schriftlichkeit zu leugnen, ist bezogen auf den konkreten Fall der *Historia verdadera* überzeugend und sollte nicht leichtfertig der großen Masse teils unbeholfener Versuche, dasselbe pauschal für alle Texte der *historiografía indiana* zu behaupten, subsumiert werden. Die Unmöglichkeit einer eindeutigen Anbindung an bestehende Traditionslinien ist auch der Grund dafür, dass die *Historia verdadera* in der Geschichtsschreibung zu allen Zeiten für politisch-ideologisch voreingenommene Deutungen funktionalisiert worden ist wie kaum ein anderer Text der *historiografía indiana*.[597] Die Tatsache, dass Díaz del Castillo selbst eine politische Instrumentalisierung seines Textes vornimmt, kann für sich genommen nicht dafür verantwortlich gemacht werden, denn eine solche Instrumentalisierung ist in der *historiografía indiana* allgegenwärtig (wenngleich nicht immer derart explizit wie in diesem Fall). Insbesondere Bernals Invektive gegen López de Gómara ist zum Ausgangspunkt konträrer Interpretationen geworden: Die republikanische Geschichtsschreibung des 20. Jahrhunderts sieht die Stimme des einfachen *conquistador* im verzweifelten Ringen um Aufmerksamkeit angesichts der unbestreitbaren Meinungsführerschaft aristokratisch gesonnener *Protegés* des Monarchen wie etwa López de Gómara; die konservativ-klerikal gesonnene Geschichtsschreibung sieht darin ein Dokument unangemessener Eitelkeit und Großmannssucht. Auch der Nachweis weit reichender Übereinstimmungen beider Autoren, die trotz der anders lautenden programmatischen

---

596 Vgl. Serés 2004, 96/110 ff.; Cortínez 2000, 171 ff.
597 Für einen forschungsgeschichtlichen Überblick über diese Debatte vgl. auch Cortínez 2000, 30 ff.; León Portilla 1984, 42 ff.

Einlassungen bei Díaz del Castillo bestehen,[598] ändert nichts an der Unversöhnlichkeit dieser Deutungsrichtungen; konservativ gewendet wird die *Historia verdadora* verstanden als Indiz für die Haltlosigkeit der Klagen über Gómara, dessen Narrativ niemand umgehen kann, republikanisch gewendet hingegen ist ihr gegenwärtiger Erfolg und die aus heutiger Sicht zugleich hölzerne Anmutung der *Historia* von Gómara ein Erweis des Ungenügens Letzterer angesichts der Alterität der Verhältnisse in den *Indias*, denen sich die demokratisierend wirkende Stimme von Díaz del Castillo wenigstens stelle, anstatt sie zu leugnen. Die herausragenden Vertreter beider Positionen sind Ramón Iglesia für die republikanische, Carmelo Sáenz de Santa María für die aristokratisch-klerikale Fraktion. Bei beiden werden freilich auch die der Logik ihrer jeweiligen Argumentation inhärenten Schwierigkeiten sichtbar: Der *expatriado* Iglesia kann das Demokratische bei Díaz del Castillo nur belegen, indem er den Blick auf den Text enthistorisiert und mit dessen Wirkung in der Gegenwart argumentiert;[599] der Ordensbruder Sáenz de Santa María argumentiert – wenig überraschend – unter Rückgriff auf die ursprüngliche Intention des Autors zugunsten einer kritischen Rekonstruktion eines Urtextes,[600] konzentriert seine Interpretation jedoch fast ausschließlich auf die Gómara-Episode und wischt Widersprüche bei der Rekonstruktion der Textüberlieferung durch eine naiv-flexible Handhabung der diesbezüglichen Kriterien vom Tisch. So ist es besonders dringlich, sich über den aktuellen, in

---

598 Vgl. Delgado Gómez 2004; Iglesia 1986, 141. Iglesia legt diesbezüglich dar, dass es sich um einen zeitgenössisch weit verbreiteten Beglaubigungs-Topos handelt, der keineswegs zwangsläufig zu weit reichenden Konsequenzen im Textbestand führen muss (vgl. Iglesia 1986, 117). Wie Studien zu verschiedenen Autoren der *historiografía indiana* immer wieder gezeigt haben, liegt die Differenz zwischen ihnen häufig nicht in der Darstellung der Sachverhalte selbst, sondern vor allem in den Schlussfolgerungen, die daraus von den Autoren interpretierend gezogen werden. Vgl. dazu exemplarisch Roa de la Carrera 2005, 8.

599 Eine ironische Konsequenz dieser Vorgehensweise ist es, wenn im 20. Jahrhundert die *Historias* von Bernal Díaz del Castillo und Bartolomé de Las Casas gleichermaßen als subversiv und demokratisierend gelesen werden, obwohl beide Texte zeitgenössisch ganz unterschiedlich zu kontextualisieren sind, wie auch ihre Verfasser unterschiedliche Interessen vertreten. Vgl. Adorno 1988c, auch Serés 2004, 99.

600 Die philologische Unbedarftheit hatte seinerzeit freilich keinen Einfluss auf die großzügige Finanzierung seines Editionsprojektes durch den *Instituto Fernández de Oviedo*; auch hier standen vielmehr ideologische Motive im Vordergrund. Zur Kritik an diesem Umterfangen vgl. Serés 1991, 526.

mancherlei Hinsicht verbesserten Forschungsstand zur Textüberlieferung zu informieren.

4.8.2. Die *Historia verdadera de la conquista de la Nueva España* (ca. 1568)

Die Redaktion der *Historia verdadera* ist ein Prozess, der sich über mehrere Jahrzehnte erstreckt und im Ergebnis zu einer komplexen Überlieferung führt; der Status der daran beteiligten Textexemplare ist mit Umsicht zu rekonstruieren und zu bewerten, da das von Herrera genutzte Manuskript zuletzt in der ersten Hälfte des 20. Jahrhunderts konsultiert wurde und heute leider nicht mehr auffindbar ist; angesichts dieser Lage stellt sich die Frage, welches der übrigen Manuskripte den Textbestand bietet, der dem verlorenen am nächsten kommt. Zu den Fakten:

Von der *Historia verdadera* sind zwischen 1568 und 1605 mindestens vier Manuskripte angefertigt worden. Das aktuell maßgebliche Stemma gestaltet sich folgendermaßen:

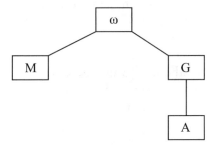

(nach Serés 1991, 532)

Wie zu erkennen, gehen zwei von ihnen direkt, eines indirekt auf den gemeinsamen Archetyp zurück. In der Forschung wird dieser Archetyp ω, der ebenso wie Ms. M verloren ist, als Reinschrift von Entwürfen oder Notizen eingeschätzt, die Díaz del Castillo zwischen 1552 und 1568 angesammelt haben soll. Das Datum 1568 wird deshalb als Fixpunkt akzeptiert, an dem die Fertigstellung des Archetyps und anschließend die zeitgleiche Abschrift der Mss. M und G stattgefunden haben soll, weil dokumentarische Zeugnisse (u. a. in den Mss. der *Historia verdadera*) vorliegen, in denen der Autor selbst diese Jahreszahl zu Protokoll gibt.[601] Klarheit besteht des Weiteren darüber, dass Ms. M sodann nach Spanien

---

601 Vgl. Rose 1999, 378.

gelangt, Ms. G hingegen in Guatemala verbleibt. Für unsere Belange heißt
dies, dass Ms. G als Vorlage für Herrera nicht zur Debatte steht. Keine
Einigkeit herrscht hingegen über den Zeitpunkt der Verbringung von Ms.
M nach Spanien. Allgemein vorherrschend ist die Auffassung, Díaz del
Castillo habe Ms. M im Jahre 1575 dem *Oidor* Pedro de Villalobos an-
vertraut, der es gelegentlich einer Reise nach Spanien dem *Consejo de Indias*
aushändigen sollte; diese Auffassung wird gestützt durch die erhalten ge-
bliebene Eingangsbestätigung des *Consejo* über diesen Text, die aus dem
Jahr 1576 datiert. Es ist mit größter Wahrscheinlichkeit davon auszugehen,
dass dieses Ms. M Herreras Textgrundlage bei der Verarbeitung der *Historia
verdadera* gewesen ist.[602]

Währenddessen erfährt das Ms. G eine ganze Reihe ergänzender Änderungen unter Federführung von Bernal Díaz del Castillo; dabei handelt
es sich um die Erweiterung des Textbestandes, indem zwei neue Kapitel
angefügt werden,[603] sowie um die Unterdrückung einiger Episoden, deren
Überlieferung ihm später nicht mehr angemessen oder opportun erschienen ist. In diesem Zusammenhang wird in der jüngeren Forschung
mit Recht darauf aufmerksam gemacht, dass Díaz del Castillo im Verlauf
der Arbeit am Text ein zunehmendes Bewusstsein für seine Rolle als Autor
entwickelt und gestalterische Freiräume zu nutzen beginnt (vgl.
Kap. 4.8.1.). Dieser Prozess der fortwährenden Elaboration und Transformation des Textbestandes in Ms. G kommt erst mit seinem Tod zu
einem vorläufigen Abschluss. Lange nach seinem Tod, im Jahr 1605,
kommt schließlich Ms. A hinzu; dabei handelt es sich um eine Abschrift
von Ms. G, die erkennbar der Absicht folgt, die in Ms. G nachträglich
vermerkten Änderungen am Textbestand in eine Reinschrift zu überführen; diese wird von Francisco Díaz del Castillo, einem Sohn von Bernal,
angefertigt, und zwar auf Betreiben seiner Mutter, die – wie damals üblich
– gehofft haben dürfte, durch eine erneute Eingabe in Madrid den Prozess
der Übertragung ihrer *Encomienda* auf die nachfolgende Generation positiv zu beeinflussen. Dieses Ms. A ist jedoch erst im 18. Jahrhundert
wirklich nach Spanien gelangt,[604] erst im 20. Jahrhundert in Privatbesitz
entdeckt und anschließend der *Biblioteca Nacional* in Madrid übergeben
worden. Da es zu einem Zeitpunkt verfasst worden ist, zu dem die ersten
vier Dekaden von Herrera bereits veröffentlicht waren, besitzt es für unsere
Belange keine unmittelbare Relevanz.

---

602 Vgl. Rose 1999, 378.
603 Vgl. Serés 2004, 99.
604 Vgl. Rose 1999, 380.

Was geschieht mit Ms. M nach seiner Ankunft in Madrid? Es ist unwahrscheinlich, dass es überhaupt jemals Bestandteil offizieller Archive des *Consejo de Indias* gewesen ist.[605] Zu konstatieren ist sodann sein Verlust im 20. Jahrhundert. Einen auch für unsere Belange relevanten Problemzusammenhang stellt nun insbesondere seine Verwendung als Textgrundlage der *editio princeps* von 1632 dar; diese nach wie vor greifbare Erstausgabe wäre ein außerordentlicher Glücksfall, wenn sie in einem systematisch rekonstruierbaren Verhältnis zum Textbestand von Ms. M stehen würde und lediglich die normierenden Einflüsse des Buchdrucks oder individuelle Fehler bei der Drucklegung zu veranschlagen wären. Dies ist jedoch nicht der Fall. Stattdessen ist Ms. M in einem für die damaligen Verhältnisse typischen Vorgang zunächst dem Privatarchiv von Lorenzo Ramírez de Prado, Mitglied des *Consejo de Indias*, zugeführt worden; der Mercedarierbruder Fray Alonso Remón findet es dort auf und beschert dem Text durch sein Engagement die Erstausgabe im Druck – jedoch keineswegs uneigennützig; vielmehr – so die einhellige Meinung in der Forschung – nutzt er die vorhandene Überlieferung eines Augenzeugen, um die positive Rolle seines Ordens bei der Evangelisierung der *Indias* zu inszenieren. Zu diesem Zweck nimmt er erhebliche Eingriffe sowohl inhaltlicher als auch formaler Art in den Textbestand von Ms. M vor; dabei erfindet er ganze Episoden, in denen die angebliche Beteiligung seiner Ordensbrüder an erfolgreichen Missionsversuchen in Nueva España thematisiert wird, darüber hinaus jedoch regularisiert er auch – seiner vergleichsweise hohen Schreibkompetenz entsprechend – systematisch die deiktischen Elemente im Text, und nimmt kontinuierlich, allerdings nicht systematisch, anderweitige Eingriffe in die morphosyntaktische Gestaltung des Texts vor,[606] die insgesamt so weit gehen, dass bereits von *transformaciones discursivas* gesprochen werden kann (vgl. Kap. 6.). Da für eine Rekonstruktion dieser Eingriffe gegenwärtig nur noch die *editio princeps* zur Verfügung steht, an der die Transformationen nicht erkennbar sind, sowie spätere philologische Editionen, deren Verlässlichkeit aus den bekannten Gründen angezweifelt werden muss, scheidet diese als Textgrundlage für unsere Analyse aus.

Wenn es zutrifft, dass Ms. G in seiner ursprünglichen Fassung und Ms. M zeitgleich entstanden sind und „M [...] no se conserva, pero debía ser, obviamente, una copia autógrafa de la primera redacción de G",[607] dann

---

605 Vgl. Rose 1999.
606 Vgl. Barbón Rodríguez 2005, 74 ff.; Rose 1999, 384 ff.
607 Verés 1991, 525.

kann auch Ms. G als Referenz dienen, falls es gelingt, die dort erst nachträglich erfolgten Ergänzungen als solche zu identifizieren und auszuschließen; dies ist allem Anschein nach in der Tat möglich.[608] Die paläo-
graphische Edition Barbón Rodríguez 2005, die auf Ms. G basiert, zeigt
jedoch in ihrem kritischen Apparat erhebliche morphologische und syntaktische Abweichungen zwischen Ms. M und Ms. G; zugleich zeigt sie in
den betrachteten Textabschnitten eine fast vollständige Übereinstimmung
von Ms. G mit dem später entstandenen Ms. A. Die bedauerliche
Schlussfolgerung lautet, dass der Text des eigentlich maßgeblichen Ms. M
nicht zu rekonstruieren ist und wir einzig den annährend identischen Text
der Mss. G und A zugrunde legen können.

Die kritische Edition Sáenz de Santa María 1982 ist mit größter
Vorsicht zu behandeln: Nach Darstellung des Herausgebers selbst gibt sie
zwar den Text der *editio princeps* von 1632 sowie den Text von Ms. G in
seinen unterschiedlichen Fassungen wieder,[609] zwischenzeitlich sind jedoch
begründete und weit reichende Zweifel an der Anlage und Durchführung
der Transkription geäußert worden; in einschlägigen philologischen Beiträgen wird insbesondere der Sinn und die Durchführbarkeit der Rekonstruktion eines Urtextes, wie von Sáenz de Santa María anvisiert, problematisiert   sowie   die   unzureichend   entwickelten   und   vielfach
widersprüchlichen Kriterien, die er dabei anwendet oder anzuwenden
versucht.[610] Angesichts dessen, dass eine neue Edition auf einem erheblich
höheren editionsphilologischen Reflexionsniveau mittlerweile vorliegt,[611]
kann auf die kritische Edition von 1982 hier verzichtet werden.

Wie bereits deutlich gemacht worden ist, handelt es sich bei der *Historia verdadera* um einen Text, der sich in verschiedener Hinsicht gegen
eine Typisierung sperrt und einen Ausnahmefall im Korpus der *Décadas*
markiert.[612] Die Frage, weshalb er Eingang in dieses Korpus gefunden hat,
ist dementsprechend nicht eindeutig zu beantworten, da der reibungslose
Anschluss an einschlägige Typisierungen, die zur Erklärung dieser Tatsache
dienen könnten, eben nicht gelingt. Gleichwohl ist es möglich, die Kon-

---

608 Vgl. Serés 1991, 526.
609 Vgl. Sáenz de Santa María 1984, 161 f.
610 Vgl. Rose 1999, 378 ff.; Barbón Rodríguez 1985. Carmelo Sáenz de Santa María
        hingegen ist Ordensbruder und die Vermutung liegt nahe, dass seine fachlichen
        Standards in ähnlicher Weise von denen der akademischen Fachwelt abweichen wie
        dies auch immer wieder bei der Kirchengeschichtsschreibung zu beobachten ist.
        Vgl. Kap. 3.2.2.
611 Barbón Rodríguez 2005.
612 Vgl. dazu insbesondere Cortínez 2000, 15.

junktion von Bedingungen zu rekonstruieren, die Herrera veranlasst haben mögen, der *Historia verdadera* die Autorität, um deren Herstellung Díaz del Castillo sich dezidiert bemüht hatte, auch tatsächlich zuzumessen.

Zunächst ist festzuhalten, dass der Status des Textes innerhalb der 'Kolonialadministration', für den der Autor Díaz del Castillo nicht unmittelbar verantwortlich zeichnet, der aber für den dort gepflegten Umgang mit dem Text natürlich maßgeblich gewesen ist, nicht als derart niedrig einzuschätzen ist, wie er auf den ersten Blick wirken mag. Nimmt man lediglich die Tatsache seiner späten Veröffentlichung in den Blick (1632), so ist damit keine Erkenntnis über seinen systeminternen Bekanntheitsgrad verbunden; es gibt gute Gründe zu unterstellen, dass dieser hoch bis sehr hoch gewesen ist, woran auch die in der Sache negativen Bescheide der Ratssekretäre (*visto, y no hay que responder*) nichts ändern. Diese Unterstellung ist gerechtfertigt angesichts der Tatsache, dass sich die Bürokratie im Laufe von dreißig Jahren wiederholt mit dem Text und seinem Autor befasst: der *Oidor* Zorita, der sich in den 1550er Jahren für eine Kenntnisnahme von diesem Text interessiert, sodann der Sekretär des *Consejo de Indias*, der 1576 den Eingang des Textes bestätigt. Außerdem kommt es zu einer zweimaligen persönlichen Vorsprache von Bernal Díaz del Castillo (1540 und 1568), die in beiden Fällen mit positiven Bescheiden für seine Belange endet. Er ist für die 'Kolonialverwaltung' also kein Anonymus.

Bezogen auf den Text selbst ist festzustellen, dass es Díaz del Castillo in zweierlei Hinsicht faktisch gelingt, Geltung nach den Kriterien, die im Kontext vormoderner Historiographie maßgeblich sind, zu erzeugen. Zum einen trifft dies auf den Umfang des Textes und die Bandbreite der dargebotenen Informationen zu. Unabhängig davon, dass das konzeptionelle Profil als stark nähesprachlich geprägt gelten darf,[613] spricht der Umstand, dass Textlänge und Inhalt mit denen der Referenztexte seiner Zeit vergleichbar sind, aus zeitgenössischer Sicht dafür, der *Historia verdadera* in dieser Hinsicht auch einen vergleichbaren Status zuzuschreiben.

Diese Auffassung ergibt sich ebenso bei einer Betrachtung des Textes in diskurssemantischer Sicht: So gelingt es dem Autor, in wesentlichen Bereichen an die Rechtsauffassungen der Krone anzuknüpfen, was aus Herreras Sicht einer kongenialen Stützung seiner eigenen Positionen und Interessen als *Cronista Mayor* gleichkommt. Konkret wendet sich Díaz del Castillo gegen die Versklavung der Indios (wie zeitweise von Cortés betrieben) und stellt die Unrechtmäßigkeit der Ermordung des letzten Az-

---

613 Vgl. Delgado Gómez 2004; Lapesa 1968.

teken-Herrschers Cuauhtémoc, die ebenfalls Cortés zu verantworten hat, fest. Darüber hinaus gibt er zu Protokoll, bei der *Junta de Valladolid* von 1550, welche in die *disputa* zwischen Las Casas und Sepúlveda mündet, selbst zugegen gewesen zu sein. Wenngleich dieses biographische Detail in der Forschung angezweifelt wird, zeigt es erneut sein ausgeprägtes Gespür für die Konstitution von Autorität in der *historiografía indiana*.[614]

Kaum ausschlaggebend hingegen dürfte seine angeblich schlechte Meinung von Cortés gewesen sein. In neueren Interpretationen, die auf detaillierter Lektüre beruhen, wird überzeugend dargelegt, dass sein Verhältnis zu Cortés als einer narrativen Figur bei weitem zu vielschichtig ist, als dass es sich auf simple Distanznahme oder Ablehnung reduzieren ließe.[615]

---

614 In der diskursanalytischen Forschung wird im Allgemeinen sehr viel intensiver seine Nähe zu fiktionalen Texten herausgearbeitet und diskutiert. Zur Problematik und den Schwächen dieser Hypothese vgl. Stoll [im Druck]. Lediglich indirekt wird auf die Bezüge zu juridischen Diskursen eingegangen, wenn etwa von einer „evolución desde la Crónica *tout court* a la historia en sentido aristotélico" (Serés 1994, 649) die Rede ist. Eine systematische Untersuchung dieser Zusammenhänge wäre zweifellos angebracht. Vgl. auch Stoll 2005.

615 Vgl. Barbón Rodríguez 2005; 210 ff.; Cortínez 2000, 53 ff. Auf die *Historia verdadera* folgend hätte hier die *Relación* von Pedro Pizarro ihren Platz; in der einschlägigen Forschungsliteratur sind textuelle Bezüge zu den *Décadas* verschiedentlich postuliert worden (vgl. die einschlägigen Bemühungen in Lohmann Villena 1978 und Padrós Wolff 1998). In der Tat wäre dieser Text aufgrund seines ausgeprägt nähesprachlichen Profils in der hier zugrunde gelegten Perspektive von besonderem Interesse. Seine Verwertung im Rahmen der Analyse wird allerdings durch den Umstand massiv erschwert, dass die aufzufindenden Parallelstellen zwischen Pizarro und Herrera jeweils nur sehr kurze Bruchstücke umfassen. Die auf dieser Grundlage möglichen Beobachtungen decken sich mit dem, was im Zusammenhang mit den nähesprachlich geprägten *Historias* von Díaz del Castillo und Las Casas bereits ausführlich dargelegt worden ist. Da Wiederholung nicht zur Stichhaltigkeit der Analyse beiträgt, kann die zusätzliche Betrachtung der *Relación* von Pedro Pizarro hier unterbleiben.

Es ist überdies anzumerken, dass die Angaben zu den Belegstellen bei Herrera, die in Padrós Wolff 1998 gemacht werden, einer erneuten Überprüfung bedürften. Mehrere Versuche, die dort angeführten Zitate aufgrund der Stellenangaben ausfindig zu machen, sind erfolglos geblieben.

4.9. Diego Fernández de Palencia

Diego Fernández de Palencia darf m. E. als der Nachfolger Ciezas auf dem Posten des *Cronista Oficial del Perú* betrachtet werden. Er tritt diesen Posten nach einer Vakanz von zwei Jahren (1553–1555) an. Gleichwohl ist er nicht annähernd so attraktiv für die einschlägige Forschung wie jener, was sowohl an dem unzweifelhaft bestehenden Mangel an rekonstruier-baren Informationen zu seiner Person liegen dürfte als auch an der kaum gegebenen Anschlussfähigkeit seines aufgrund der vorhandenen Infor-mationen wenig abenteuerlich erscheinenden Charakters an jenes Kon-quistadoren-Stereotyp, das sich im 16. Jahrhundert herausbildet und in der Rezeption noch bis vor kurzem funktioniert hat (vgl. Kap. 4.1.).[616]

Auch seiner *Historia del Perv*[617] ist bereits zu seinen Lebzeiten ein kaum glanzvoll zu nennendes Schicksal beschieden: Fünfzehn Jahre nach Fernández' Rückkehr in die Heimat geht sie schließlich 1571 in Druck, um bereits im darauf folgenden Jahr auf Betreiben einflussreicher Mitglieder des *Consejo de Indias* wieder eingezogen zu werden. Die schlichte Text-geschichte und die spärlichen biographischen Informationen ergeben insgesamt ein leicht überschaubares Bild.

Von seinen wenigen Kommentatoren wird Fernández de Palencia zurückhaltend positiv gesehen. Von Interesse ist, sich anhand seines Falls im Verhältnis zu denen anderer Autoren, die hier bereits vorgestellt worden sind, erneut darüber klar zu werden, dass die traditionellen Forschungen zur 'Kolonialhistoriographie' von einer fundamentalen Inkonsistenz hin-sichtlich der textkritischen Praxis geprägt sind, welche stilistische Eigen-schaften an Texten diagnostiziert und daraus globale Wertungen hin-sichtlich ihrer Qualität ableitet, wobei epistemische und ästhetische Kriterien nicht unterschieden werden.

---

616 Im Übrigen bestätigt dieser Fall deutlich den Eindruck, dass sich positive wie negative Bewertungen von historiographischen Texten aus dem imperialen Umfeld oftmals unmittelbar nach Entstehung der Texte im 16. Jahrhundert konstituiert haben, um anschließend die Intensität ihrer Rezeption bis weit in das Zeitalter des Historismus und oft bis ins 20. Jahrhundert hinein zu bestimmen.
617 Der vollständige Titel findet sich in den Literaturangaben.

4.9.1. Biographisches

Die akademische Geschichtsschreibung der letzten beiden Jahrhunderte hat bezogen auf die 'spanische Kolonialgeschichte' des 16. Jahrhunderts ein nahezu kanonisches Schema etabliert, das die drei Phasen des *descubrimiento*, der *conquista* und der *colonización* unterscheidet und mit je unterschiedlichen Interessenlagen ihrer Agenten verbindet.[618] Haben wir zu Cieza de León festgehalten, dass er im Wesentlichen eine Figur des Übergangs darstellt, die zunächst den typischen Weg des *soldado oscuro de la conquista* geht, um anschließend in die neu entstehende Verwaltung des sich konstituierenden 'Vizekönigreichs' einzurücken, so lässt sich über Fernández de Palencia zumindest eines klar sagen, nämlich, dass er (nicht nur chronologisch) der Generation der *colonizadores* angehört, deren Vertreter mit ihrem vergleichsweise risikolosen Leben als von der kastilischen Krone entsandte Verwalter die entschiedene Abneigung der alteingesessenen Konquistadoren auf sich ziehen (vgl. Kap. 4.9.).

Es ist uns weder bekannt, wann und wo Fernández de Palencia geboren, noch, wann und wo er gestorben ist. Als „vecino de Palencia"[619] gibt er lediglich seinen Wohnort zu Protokoll. Charakteristisch ist der Umstand, dass er für uns in dem Maße zunehmend fassbar wird, in dem er an der Verwaltung und ihrer dokumentarischen Praxis zu partizipieren beginnt. Seiner *Historia* sind hingegen keine persönlichen Auskünfte zu entnehmen, was die allgemeine Neigung seiner Zeit, ohne persönliches Risiko auf administrativem Wege das Erreichte zu konsolidieren, widerspiegelt. Im Unterschied zu den meisten der *conquistadores* hat Fernández de Palencia die Berufung auf den Posten eines *Escribano de Número* in Lima bereits sicher, als er sich Ende 1552, nach mehreren gescheiterten Anläufen und wiederholten Anträgen auf Aufschub seiner Abreise, schließlich doch auf den Weg nach Amerika macht und dort im Juni 1553 das ihm zugedachte Amt antritt.[620] Wir wissen nicht, welche besonderen Fähigkeiten oder Verdienste des Schreibers Fernández das Königshaus zu seinem geduldigen Zuwarten bewogen haben, wo doch ursprünglich sein Amtsantritt innerhalb von fünfzehn Monaten nach Ausfertigung der *Cédula* durch Prinz Philipp gefordert war. Gewichtige Gründe für die Verzögerungen sind zunächst ein schwebendes Verfahren um das väterliche Erbe, sodann eine

---

618 Vgl. Carrillo Espejo 1989, 17 ff.
619 Pérez de Tudela Bueso 1963, LXXVI.
620 Vgl. Pérez de Tudela Bueso 1963, LXXIII.

schwere Kopfverletzung.[621] Dennoch ist die Flexibilität bei der Handhabung des Falls ungewöhnlich.[622]

Mit Blick auf die Fortführung des Amtes eines *Cronista de Indias* erweist sich erneut das besondere Geschick des Palentino im Umgang mit dem Räderwerk der Verwaltung. Zwar hätte er, wenn er zum ursprünglich geplanten Zeitpunkt in Lima erschienen wäre, Cieza de León unmittelbar 'beerbt', dennoch ist keineswegs sicher, dass die Fortführung einer *Crónica Oficial del Perú* überhaupt beabsichtigt gewesen ist. Insbesondere die ungehaltene Reaktion des *Contador* – zuständig für eine Frühform von Rechnungsprüfung in der Verwaltung – der im Zusammenhang mit Fernández de Palencias Entlohnung blanke Verschwendung anprangert, lässt vermuten, dass Letzterer diesen Posten gewissermaßen im Eigeninteresse wiederbelebt haben könnte, um seine Neigung mit einem komfortablen Einkommen trotz schlechter Gesundheit zu verbinden. Dies würde auch erklären, weshalb er sich trotz seines „interés por la materia – secretaril y escribanil – de la correspondencia cifrada, sobre la cual nos dejaría en su Crónica pruebas cumplidas de haberla conocido y practicado extensamente",[623] entschließt, an der Niederschlagung der von Hernández Girón angezettelten Rebellion teilzunehmen; er macht dabei zwar keine gute Figur und verliert unter anderem seine gesamte Ausrüstung, gewinnt jedoch den Status eines Augenzeugen bei einem Ereignis, über das sich späterhin propagandistisch nutzbare Texte produzieren lassen, die ihm als *servicio al rey* angerechnet werden könnten. Von 1556 bis zum Tode des Marqués de Cañete, seines Förderers, im Jahre 1561, widmet er sich denn auch dieser Tätigkeit. Eine Beschwerde des gewissenhaften *Contador* Pedro Rodríguez Portocarrero erfolgt zwar bereits 1557 in aller Deutlichkeit:

[…] inventa oficios nuevos que nunca acá los hubo ni menos son necesarios, cuanto más que todos ellos son a costa de Vuestra Majestad; y entre los otros que ha hecho es uno a quien dió título de su cronista, que se llama Diego Fernández, a quien da cada año seiscientos pesos a costa de Vuestra Majestad, y éste escribe las proezas que él aquí hace y su hijo en Chile, y tiene escripto

---

621 Vgl. Pérez de Tudela Bueso 1963, LXXIII.

622 Es wäre eine ernsthafte Prüfung wert, ob sich nicht weitere Dokumente ausfindig machen lassen, die auf einen früheren Aufenthalt von Diego Fernández in Perú hinweisen, der erklären würde, warum er hier offenbar ohne Probleme Konzessionen in Anspruch nehmen kann. Vgl. etwa den Werdegang von Francisco de Xerez.

623 Pérez de Tudela Bueso 1963, LXXVII.

mucho, lo cual va a consultar con el mismo virrey para ver si le contenta, y el mismo virrey le dice poned esto de esta manera.[624]

Was folgt, ist jedoch ein Lehrstück in Sachen 'Stillstellung von Konflikten': Die Krone reagiert umgehend: „Quitéis luego los oficios que proveyó nuevos el marqués de Cañete" (nach Pérez de Tudela Bueso 1963, LXXX); verzichtet aber auf eine konsequente Entfernung des Palentino, der erst 1561 aus eigenem Antrieb nach Spanien zurückkehrt. Dort hat er sich einem Gerichtsverfahren zu stellen und schreibt diesbezüglich indigniert: „[…] conforme a los poderes generales y públicos que el dicho marqués tenía y que fueron pregonados públicamente, bien pudo darme el dicho título de coronista".[625] Das Gericht hat in diesem Streitfall noch zwölf Jahre später zu keinem Urteil gefunden. Es ist nahe liegend, dahinter eine Verfahrensverschleppung – womöglich auf Betreiben des *Consejo de Indias* – zu vermuten; schließlich gibt es zu den Vorgängen um die Rebellion des Hernández Girón kaum eine andere Informationsquelle aus der Feder eines Augenzeugen, und dass die einzig verfügbare im Ton so loyal ausfällt wie die vorliegende, konnte nur im Sinne der verantwortlichen Ratsmitglieder sein.

4.9.2. Die *Primera, y segvnda parte, de la historia del Perv* (1571)

Die Textgeschichte gestaltet sich in ihren Eckdaten denkbar simpel. Am 2. Februar 1568, wohlgemerkt während des schwebenden Verfahrens über die Rechtmäßigkeit seines Titels, wird Fernández de Palencia die *licencia* für seine *Historia del Perv* gewährt; im Jahr 1571 geht sie in Sevilla in Druck. Bereits ein Jahr später jedoch wird die Auflage von 1500 Exemplaren aufgrund der „68 objeciones" des *licenciado* Hernando de Santillán wieder eingezogen. Pikanterweise ist es López de Velasco – seines Zeichens der erste *Cronista Mayor de Indias*, dem ein nennenswerter Beitrag zur *Crónica Mayor de Indias* gelingt – der in diesem Fall die Entscheidung zu treffen hat und schließlich Folgendes zu Protokoll gibt:

> En quanto a esto, la dicha Historia tiene necesidad de mayor averiguación y examen de verdad antes de publicarse, supuesto que muchos lugares de los reprendidos son en infamia y nota de deslealtad de algunos cabildos, de ciudades y personas públicas y particulares.

---

624 Nach Pérez de Tudela Bueso 1963, LXXX.
625 Nach Pérez de Tudela Bueso 1963, LXXXI.

> Asimismo me parece que la dicha averiguación no se debe hacer ni pro-
> seguir, porque demás que no puede ser con la brevedad que el historiador
> pretende, por estar en las Indias los testigos, papeles y procesos con que los
> unos y los otros han de probar la dicha averiguación, no se podrá hacer sin
> remover y despertar muchas cosas enconadas y perjudiciales a la honra y fama
> de muchas personas [...].[626]

Es geht also um die Stillstellung eines Konfliktes, der den Konsolidie-
rungsbemühungen der Krone abträglich hätte sein können. López de
Velasco vergisst nicht, darauf hinzuweisen „que aunque se imprimió con
licencia de V. M., según dice, se comenzó a hacer sin orden ni comisión
suya, sino del virrey del Perú",[627] eine Spitzfindigkeit, auf die man im Falle
von Cieza de León noch verzichtet hat.[628] Einige wenige Exemplare der
ersten Auflage sind bis heute erhalten geblieben und unbeschadet der
Bedenken seines Vorgängers hat Antonio de Herrera den Text als Quelle
bezüglich des Aufstandes von Hernández Girón umfassend ausgebeutet.
Daraus erhellt, dass die Entscheidung zur Rücknahme der *licencia* vor allem
politische, nicht sachliche Gründe gehabt hat.

Die Bewertung der Eigenschaften der *Historia* stützt in der Tendenz die
oben entwickelte Deutung zur Person Fernández de Palencias, die seine
Gewandtheit im Umgang mit der Bürokratie mit seiner Neigung zu ge-
lehrtem Schrifttum verbindet. So wird ihm bei der Behandlung vergan-
gener Ereignisse klare Parteinahme zugunsten der etablierten Figuren attestiert, zugleich aber Ausgewogenheit in der Darstellung zeitgenössischen
Geschehens, die „un testimonio sólido y fidedigno en sus apoyos"[629] ergibt.
In bekannter Weise problematisch sind die vorgebrachten Bewertungen
seines Stils. Eine gewisse Sprödigkeit des Ausdrucks und Zuverlässigkeit auf
inhaltlicher Ebene werden miteinander in Verbindung gebracht: „Refre-
nado en su expresividad [...] persigue la corrección y la exactitud mucho
más que el transmitir vibraciones cordiales".[630] Diese Auffassung erscheint
insofern kurios, als Tudela Bueso unmittelbar zuvor die absolut tendenziöse
Note der Ausführungen zur Rolle von La Gasca und den Folgen der *Leyes
Nuevas* von 1542 in der *Historia* vermerkt. Wie „sordera y ceguera que
adopta el cronista"[631] mit *corrección* vereinbar sind, will nicht einleuchten,

---

626 Nach Pérez de Tudela Bueso 1963, LXXXIII.
627 Nach Pérez de Tudela Bueso 1963, LXXXIII.
628 Auch dies ist ein Indiz für die fortschreitende Zentralisierung der Verwaltung und
    die zunehmende Verrechtlichung der Beziehungen zu den 'Vizekönigreichen'.
629 Pérez de Tudela Bueso 1963, LXXXV.
630 Pérez de Tudela Bueso 1963, LXXXV.
631 Pérez de Tudela Bueso 1963, LXXXV.

es sei denn, man geht davon aus, dass die eine Einschätzung auf den Inhalt, die andere hingegen auf die Form bezogen ist; die von ihm diagnostizierte „manera llana pero acumulativa" wird nicht nur als Ausdruck der *corrección*, sondern zugleich als ästhetischer Gewinn, als „encanto, incluso, que a veces alcanza la monocorde regularidad de los períodos yuxtapuestos"[632] gedeutet und damit der ursprünglich bestehende Widerspruch zwischen inhaltlichen Mängeln und Angemessenheit der Form aufgehoben. Es liegt der bekannte Typus zirkulärer Scheinargumentation vor (vgl. Kap. 2. und Kap. 4.1.).

4.10. Francisco Cervantes de Salazar

Francisco Cervantes de Salazar hat sowohl als historische Gestalt im Kontext des kastilischen Imperiums als auch als Autor nur in bestimmter Hinsicht eine Rolle gespielt und ist fast ausschließlich in der geistes- und kulturwissenschaftlichen Forschung zum Humanismus in Amerika rezipiert worden. Dort tritt er uns als brillanter Stilist mit genauer Kenntnis der klassischen Rhetorik entgegen, der sich die Positionen der namhaftesten Vertreter des Humanismus in Europa aneignet; dabei gilt er den Biographen als unvollendete Begabung, als ewiges Talent, das hinter eigenen und fremden Erwartungen in verschiedenen Lebensbereichen zurück bleibt.

Seine Textproduktion konzentriert sich auf den Kommentar bedeutender Texte anderer Humanisten, wobei Dialoge aus eigener Feder ergänzend hinzutreten. Seine *Chronica de la Nueva España*, verfasst in den sechziger und siebziger Jahren des 16. Jahrhunderts, hat bei den Interpreten keinen annähernd vergleichbaren Widerhall gefunden, was nicht zuletzt daran liegen dürfte, dass sie unvollendet geblieben ist. Gleichwohl ist die Frage umso interessanter, warum sie in den *Décadas* dennoch ausführlich verarbeitet worden ist. Die Erläuterungen zur Textgeschichte sollen hierzu plausible Hypothesen bieten.

4.10.1. Biographisches

Die aufgrund der bekannten Dokumente ermittelbaren Daten zu wichtigen Ereignissen im Leben Cervantes de Salazars sind in erster Linie in zwei einschlägigen Studien verarbeitet worden, Nuttall 1921 und Millares Carlo

---

632 Pérez de Tudela Bueso 1963, LXXXV.

1958,[633] die diesbezüglich bis heute maßgeblich geblieben sind. Neuere Arbeiten befassen sich nahezu ausschließlich mit interpretatorischen Problemen. Hinsichtlich der Rekonstruktion des Geburtsjahres begegnet die allfällige Problematik, die sich aus dem Fehlen einer systematischen Registrierung von Geburten ergibt und darin besteht, dass mittels Rückdatierung aufgrund später dokumentierter Altersangaben im besten Fall ein Ergebnis mit möglichen Abweichungen um mindestens ein Jahr zu erzielen ist. Da die relevanten Altersangaben leider besonders unpräzise ausfallen, lässt sich für Cervantes de Salazar lediglich der Zeitraum zwischen 1513 und 1518 eingrenzen. Je nach der bevorzugten Interpretation wird eine Neigung zum Anfang oder Ende dieser Zeitspanne zu Protokoll gegeben.[634] Einig ist man sich hingegen in der Feststellung seiner vornehmen Herkunft mit einer „noble and ancient genealogy"[635] verbunden mit einer „pingüe herencia a un hombre que al dirigirse a las Indias, aunque intentara mejorarlo, no dejaba, sin duda, en España un mal pasar".[636] Seine Eltern Alonso de Villaseca und María de Peralta sind der Forschung aus anderen Zusammenhängen zwar nicht bekannt, sind aber offenbar vermögend gewesen und stammen aus der Umgegend Toledos, eines der wichtigsten urbanen Zentren im Kastilien jener Zeit, wo ihr Sohn Francisco geboren wird.

Zu dieser komfortablen Ausgangsposition passen seine Studien, die er standesgemäß in Salamanca, bei Alejo de Venegas, absolviert, und zwar an der *Facultad de Cánones*, die Cervantes vermutlich als *bachiller* verlassen hat.[637] Außergewöhnlich ist seine anschließende Karriere, die ihn unmittelbar mit einflussreichen und berühmten Persönlichkeiten seiner Zeit in Kontakt bringt. Als Begleiter eines *licenciado* Girón unternimmt er eine Studienreise in die Niederlande, um nach seiner Rückkehr, mit Ende zwanzig, zum Lateinsekretär des Kardinals von Sevilla, Loaysa, berufen zu werden. Dessen Person erlaubt es ihrerseits, sich die nach heutigen Maßstäben schwer zu fassenden Verquickungen von Ämtern, Interessen und Institutionen vor Augen zu führen, die für die Frühe Neuzeit typisch sind. Der Kardinal bekleidet zugleich das Amt des Großinquisitors und fungiert als *Presidente del Consejo de Indias*, eine Konstellation, die zu ihrer Zeit nicht vordringlich als Interessenkonflikt wahrgenommen worden ist.

---

633 Hier zitiert nach der Ausgabe Millares Carlo 1986.
634 Vgl. Esteve Barba [2]1992, 184; Millares Carlo 1986, 20 f.; Nuttall 1921, 59.
635 Nuttall 1921, 59.
636 Esteve Barba [2]1992, 185.
637 Vgl. Millares Carlo 1986, 21.

Cervantes de Salazar unterhält in seiner neuen Position exzellente Kontakte zum Madrider Hof, wo er unter anderem mit Hernán Cortés in persönlichem Kontakt steht;[638] dass Cervantes seinen Sekretärsposten kurz vor dem Tod des Kardinals räumt und 1546, noch im Todesjahr desselben, mit der Publikation des ersten von zwei Dialogkommentaren (zu Luis Vives und Alonso de Mejía) in Erscheinung tritt, zeigt sein Gespür für die Erfordernisse des eigenen Fortkommens. Die Rechnung scheint aufzugehen; so gelingt es ihm, sich in Humanistenkreisen schlagartig einen Namen zu machen und vier Jahre später bekleidet er die *Cátedra de Retórica* an der Universität von Osuna. Erst 1548 gegründet, genießt diese naturgemäß keinen außergewöhnlichen Ruf und es steht durchaus im Einklang mit später noch verstärkt zutage tretenden Zügen seines Charakters, wenn einer seiner Biographen vermutet, es könne ein Gefühl der Verunsicherung angesichts des Verbleibs an einer Provinzhochschule und des Todes seines wichtigsten Förderers gewesen sein, das ihm einen Neuanfang in Nueva España attraktiv erscheinen ließ.[639] Sicher ist, dass er der Einladung eines vermögenden Verwandten folgt, der sich bereits in der Neuen Welt etablieren konnte. Dort angekommen erweist sich seine Fähigkeit zum diplomatischen Umgang mit potenziellen Förderern einmal mehr als vorteilhaft; gleichwohl scheitern seine eigentlichen Ambitionen.

Nach einer vorübergehenden Tätigkeit als Privatlehrer für Latein[640] tritt er erneut eine *Cátedra de Cánones y Retórica* an der neu gegründeten *Universidad Real y Pontífica* in México an. Doch der Ehrgeiz des talentierten Rhetors scheint mit einem Lehrstuhl allein nicht befriedigt zu sein; stattdessen nimmt er ein Theologiestudium bei seinem ebenfalls berühmten Kollegen der theologischen Fakultät, Antonio de la Vera Cruz, auf, das er 1557 mit dem *bachillerato* abschließt; nachdem er bereits 1554 die Priesterweihe empfangen hat, widmet er sich während der folgenden Jahre hartnäckig seiner Karriere, wie aus Dokumenten und Briefwechseln jener Zeit hervorgeht; die verschiedentlich geäußerte Vermutung, er habe sich der Kirche aus strategischen Gründen zugewandt, ist zumindest nicht ganz von der Hand zu weisen. Seine machtpolitischen Ambitionen sollten sich jedoch nur zum Teil erfüllen und zugleich dafür sorgen, dass sich andererseits auch seine intellektuellen Ambitionen nur zum Teil erfüllen.[641]

---

638 Vgl. Millares Carlo 1986, 22.
639 Vgl. Kohut 1997, 17.
640 Vgl. Bono 1991, 3.
641 Damit soll allerdings nicht unterstellt werden, dass ihn selbst dies besonders gestört
     hätte. Auf Protektion basierendes Karrierestreben ist im 16. Jahrhundert

Nach der Veröffentlichung eines weiteren Bandes mit kommentierten und eigenen Dialogen im Jahr 1554 positioniert sich Cervantes de Salazar jedoch zunächst als Historiograph: Er bringt es nicht, wie angestrebt, zum königlichen Chronisten von Nueva España, sondern lediglich zum Chronisten der Stadt México, was seine Erwartungen nicht erfüllt, aber seine finanzielle Lage dennoch verbessert. So verdient er ab 1558 fünfzig Pesos mehr als ein ordentlicher Professor und doppelt so viel wie die *Consejeros*, in deren Auftrag er tätig wird.[642] Obgleich man ihn zu einem jährlichen Rapport verpflichtet, geht die Redaktion der *Chronica*, die bereits vor seiner Bewerbung von 1558 teilweise fertiggestellt gewesen sein dürfte, fortan nicht mit der wünschenswerten Kontinuität voran, da er durch neue Aufgaben, die ihm im Rahmen seiner Tätigkeit als Kleriker zuwachsen, in Anspruch genommen wird. Interessant ist vor allem seine Beteiligung an der Beschlagnahmung verbotener Bücher durch die mexikanische Zensur 1560.[643] Es gelingt Cervantes in den Jahren 1561 und 1562, eine Verlängerung seines Vertrages als *Cronista* zu erwirken, obwohl er die erwarteten Zwischenergebnisse seiner Arbeit nicht vorweisen kann.[644] Offenbar hat er die Prioritäten aber insofern richtig gesetzt, als er 1563 per *Real Provisión* mit einer *Canonjía* ausgestattet wird und damit den ersten ernst zu nehmenden Schritt auf der klerikalen Karriereleiter machen kann.[645] Sein weiteres Fortkommen sollte durch ungünstige Umstände und eigene Skrupel, die man angesichts seiner insgesamt berechnenden Art nicht unbedingt erwarten würde, die aber andererseits seine Neigung zum angenehmen Leben ohne existenzielle Kämpfe unterstreichen, empfindlich gestört werden.

Im August des Jahres 1562 betritt Martín Cortés, der Sohn des *conquistador*, die Bühne und etabliert sich rasch als Mittelpunkt des gesellschaftlichen Lebens in Nueva España. Cervantes de Salazar, der sich gern im Umfeld des Cortés-Sprösslings bewegt – hat doch der Vater seine allergrößte Bewunderung erregt – wird wenige Monate später in einen für ihn unangenehmen Prozess verwickelt; in seiner Eigenschaft als neuer *Canónigo de la Catedral* soll er gegen seinen Vorgesetzten, *Deán* Molina, aussagen. Der hat durch die Verbreitung heterodoxer Lehrmeinungen den

---

schließlich weit verbreitet und gerade für Humanisten eine Existenzfrage (vgl. Gaos 1959).
642 Vgl. Nuttall 1921, 63.
643 Vgl. Nuttall 1921, 67.
644 Nuttall 1921, 68.
645 Vgl. Millares Carlo 1986, 30.

Unwillen des Erzbischofs auf sich gezogen; unter dem Eindruck einer möglichen Exkommunikation gesteht Cervantes de Salazar schließlich seine Kenntnis des Sachverhalts und der in diesem Zusammenhang ausgestoßenen Drohungen des *Deán* gegen den Erzbischof. Molina wird schließlich jedoch aus ganz anderen Gründen und erst 1566 nach Spanien verbracht und von der dortigen Inquisition zu Tode gefoltert. Offenbar haben die von Seiten des Erzbischofs erhobenen Anschuldigungen allein keinen Anlass gegeben, ihn einer ernsthaften Repression auszusetzen, denn wir erfahren, dass er auch in der Zeit nach 1563 nicht nur seine theologische Professur behalten, sondern sogar das Wohlwollen einflussreicher Kreise genossen hat.[646] Die Auseinandersetzung ist zunächst als das behandelt worden, was sie im Grunde auch gewesen sein dürfte, nämlich eine persönliche Feindschaft. Den einschlägigen Schilderungen ist jedoch auch zu entnehmen, dass sich mit der Ankunft von Martín Cortés eine Lagerbildung angebahnt hat, die dem Anschein nach vor allem Ausdruck machtpolitischer Interessenlagen gewesen ist. Wenn es heißt, in seinem Umfeld hätten sich sowohl der *Deán* Molina als auch der *Visitador* Valderrama bewegt und es sei dort intensiv über die Besitzansprüche der Cortés-Familie in Nueva España debattiert worden, so ist ein klarer Gegensatz zur Fraktion von Vizekönig und Erzbischof zu erkennen, die gewiss an der Etablierung einer unabhängigen regionalen Machtbasis interessiert gewesen sind.[647] Die Ausschaltung der Cortés-Familie ist letztlich also eine Niederlage der kastilischen Krone im Ringen um die Ausübung der Herrschaft, da ihr zwar an einer Wiederbelebung von deren alten Ansprüchen nicht gelegen sein konnte, genauso wenig aber an einer permanenten Manipulation durch lokale Eliten mit dem Vizekönig an der Spitze.[648] Gewonnen haben vor allem Vizekönig und Erzbischof, die mit der kurze Zeit später erfolgenden Etablierung der Inquisition in Nueva España ihre Unabhängigkeit gegenüber Kastilien weiter ausbauen.[649]

---

646 Vgl. Nuttall 1921, 72.

647 So ist aufgrund einer ganzen Reihe von Fällen hinlänglich bekannt, dass die *Visitadores* von den Machthabern vor Ort regelmäßig als lästige Konkurrenz empfunden worden sind, die es schnell wieder los zu werden galt.

648 Da passt es ins Bild, dass die *causa* um den *Deán* Molina unter ausdrücklicher Beteiligung der traditionell machtbewussten Dominikaner ins Rollen kommt.

649 Vgl. zu diesem Spannungsverhältnis zwischen Spanien und den *Indias* etwa die Feierlichkeiten zum Tod Karls V, die man sich in Nueva España abzuhalten beeilt hat und die bezeichnenderweise vom *Cronista Oficial* im Auftrag der Stadt in Textform festgehalten worden sind (*Túmulo Imperial*). Der problematische Versuch, ein getreues Abbild Kastiliens zu schaffen, erreicht hier die performative

Zu den Verlierern zählt auch Cervantes de Salazar, der durch seine Nähe zur unterlegenen Fraktion und seine zögerliche Haltung in der gegen den *Deán* angestrengten Untersuchung den Unwillen des Erzbischofs erregt hat, welcher fortan durch gezielte Desinformation des *Consejo de Indias* das Fortkommen des ehrgeizigen Humanisten zu verhindern weiß.[650] Der Gegenwind, der diesem nun ins Gesicht bläst, ist vielleicht insofern nicht ganz unverdient, als er bereits einige Jahre zuvor begonnen hat, einflussreiche Kreise – zum Teil unter Einschaltung seiner Verwandtschaft – mit Petitionen einzudecken, die sich auf einträgliche Ämter zu beziehen pflegten. Davon unabhängig drängt sich die Frage auf, wie der stets taktisch denkende Cervantes de Salazar auf die Seite der Unterlegenen geraten konnte, indem er sich, anscheinend aus purer Neigung, den Kreisen um Martín Cortés angeschlossen hat. Womöglich spielt hier das gewisse Maß an Genusssucht und Eitelkeit eine Rolle, das ihm eigen gewesen sein dürfte und ihm die Rolle als intellektueller Patron derartiger Gesellschaften attraktiv erscheinen ließ. Trösten kann er sich jedenfalls mit einem neuen Höhepunkt seiner akademischen Laufbahn: 1568 und 1572 wird er zum Rektor seiner Universität gewählt.[651]

> Era adulador, intrigante, de acuerdo, pero se mantuvo siempre dentro de los límites de una honesta dignidad, tal como ésta era entendida entonces. Y, en último extremo, sabía ser independiente y no consentía en dejarse avasallar, aun a costa de su provecho. […] Cervantes de Salazar, en resumen, era un humanista, un hombre de libros y de estudio, fino, cultivado, que se llevaba bien con la vida, y que por tanto estaba un poco apegado a lo terrenal, mas dotado siempre de innegables sensibilidad y nobleza.[652]

Sobald man nun vom Moment des Komischen abstrahiert, das dieser Figur – beständig schwankend zwischen dem berechnenden Streben nach dem eigenen Vorteil und einer gewissen Leutseligkeit, intellektueller Brillanz und einem ausgeprägten Bedürfnis nach Ästhetik und Genuss – ohne Zweifel anhaftet, bleibt ein instruktives Lehrstück hinsichtlich der Mechanismen und Kriterien der Personalauswahl in machtpolitisch relevanten Institutionen des frühneuzeitlichen Kastilien. Es wird deutlich, dass für die *pobladores* der zweiten Generation bei dem Versuch, sich gesellschaftlich zu etablieren, insbesondere persönliche Protektion von Bedeutung ist für ein

---

Ebene (vgl. diesbezüglich auch die einschlägigen Kapitel in den Publikationen zu Cervantes de Salazar).
650 Vgl. Nuttall 1921, 72.
651 Vgl. Nuttall 1921, 83.
652 Gaos 1959, 47 f.

Fortkommen im System der 'Kolonialverwaltung', das in Erstarrung begriffen ist (vgl. Kap. 3.2.1.).

4.10.2. Die *Chronica de la Nueva España* (ca. 1554–66)

Das Korpus der überlieferten Texte ist schmal, entsprechend den Prioritäten, die unser Humanist klar im Bereich des persönlichen Fortkommens gesetzt hat. Es besteht aus lediglich zwei abgeschlossenen Texten, den Dialogen und Kommentaren von 1546 und 1554,[653] sowie einem bis ins 19. Jahrhundert unveröffentlichten Fragment, der *Chronica*. Die Rezeption seiner beiden Veröffentlichungen hat in erster Linie zu einer Debatte Anlass gegeben, die sich der Frage widmet, inwiefern der von Cervantes de Salazar praktizierte und in seinen Texten manifeste Humanismus ein spezifisch koloniales oder gar spezifisch mexikanisches Gepräge aufweist.[654] Dieser Hauptaspekt seiner Rezeption im 20. Jahrhundert ist für uns insofern von Belang, als er zeigt, dass Cervantes de Salazar als Träger eines humanistischen Bildungsideals in Amerika eine ebenso außergewöhnliche Figur ist, wie er als Karrierist eine gewöhnliche Figur ist.[655] Gleichzeitig ist hier aber natürlich eine Einengung des Blickwinkels durch weit gehend vorgegebene Interessen anzunehmen, d. h., die Literaturwissenschaft macht sich ein Bild des Autors nach Maßgabe der für sie relevanten Aspekte.

> Son los tres primeros diálogos dedicados a la Ciudad de México los que dieron fama a su autor, tanto por su temática como por sus méritos literarios. Una 'pequeña obra maestra' los llama Vicente Gaos, 'lo mejor que jamás salió de su pluma'. Un destino bien diferente tuvieron los cuatro diálogos restantes, dedicados a los juegos juveniles y escritos todavía en España, que han pasado casi desapercibidos.[656]

Diese treffliche Anmerkung bezeichnet eine Praxis der Korpusbildung, die in der Literaturwissenschaft lange Zeit vorherrschend gewesen ist und die eine selektive Wahrnehmung impliziert, welche man nach aktuellen

---

653 Zu den einschlägigen bibliographischen Angaben vgl. Kohut 1997.

654 Vgl. Kohut 1997, 13 f.

655 Insofern ist es durchaus nicht unangemessen, wenn Esteve Barba [2]1992 den *humanistas* eine eigene Rubrik widmet, in der lediglich zwei Autoren firmieren, von denen Cervantes de Salazar der einzig namentlich bekannte ist (vgl. [2]1992, 184 ff.). Diese Entscheidung wird jedenfalls den Umständen seiner Rezeption in Kultur- und Literaturwissenschaften gerecht.

656 Kohut 1997, 18.

Maßstäben als tendenziell unhistorisch charakterisieren darf. Es ist insofern ratsam, sich von dieser forschungsgeschichtlich vorgeprägten Wahrnehmung nicht gänzlich vereinnahmen zu lassen.[657]

Der Wahrnehmung der *Chronica* dürften in erster Linie die Umstände ihrer Überlieferung abträglich gewesen sein: Fragment geblieben und bis ins 19. Jahrhundert unveröffentlicht findet sie die Aufmerksamkeit der Humanismusforschung erst in neueren Arbeiten, die der Historiographiegeschichte nur im Rahmen von Gesamtdarstellungen. Für Herreras *Décadas* ist sie allerdings von größter Bedeutung und die Umstände ihrer Verarbeitung werfen eine Reihe grundsätzlicher Fragen auf, die teils ähnlich gelagert sind wie im Fall Díaz del Castillo und zunächst keine eindeutigen Antworten gestatten. Gleichwohl lohnt sich eine Betrachtung, da sie in der Gesamtschau zur Bildung plausibler Hypothesen über die Selektionskriterien Antonio de Herreras beitragen kann. Dabei ist zunächst festzuhalten, dass das Manuskript der unvollendeten *Chronica* vom *Visitador* Valderrama 1566 auf dessen Rückreise nach Europa mitgeführt und dem *Consejo de Indias* zugespielt wird.[658] Dort wird es auf Betreiben der Zensur zunächst ignoriert, taucht jedoch in dem Moment aus der Versenkung auf, in dem systematische Bemühungen um die Sammlung von Informationen durch die Verwaltung stattfinden, was ab den siebziger Jahren des 16. Jahrhunderts der Fall ist. Dem Text, der, weil unvollendet, im Erfolgsmedium Buchdruck keine Chance hatte, ist in den maßgeblichen Kreisen der 'Kolonialverwaltung' daraufhin Beachtung geschenkt worden, jedoch nicht von kirchlicher Seite. Diese Aufmerksamkeit setzt sich fort, wenn Herrera ihn gerade bei der Schilderung der Ereignisse um die Figur Cortés und die *conquista de México* neben Bernal Díaz del Castillo als zweite Hauptquelle berücksichtigt.[659] Das ist umso erstaunlicher, als die zwei grundlegenden Befunde, die die Analyse der *Chronica* bislang erbringen konnte, dem zunächst klar entgegen zu stehen scheinen; so wird zum einen betont, Cervantes de Salazar pflege einen maximal elaborierten, ans Heroische

---

657 Das bedeutet natürlich nicht, dass selektive Wahrnehmung bei der Korpusbildung ausschließlich ein Problem der Literaturwissenschaft sei; die Sprachwissenschaft ist davon ebenso betroffen, allerdings ist Cervantes de Salazar dort, wie die meisten Historiographen, nicht rezipiert worden.

658 Vgl. Nuttall 1921, 88. Laut Díaz Thomé 1945 soll es sich dabei nicht um das Autograph gehandelt haben; tatsächlich entspricht der aktuelle Forschungsstand zu dieser Frage allerdings dem, der bereits in dem sehr informativen Vorwort von Magallón zur *Chronica*-Edition der *Hispanic Society* von 1914 formuliert worden ist.

659 Vgl. Martínez 1991, 193.

grenzenden Stil, der keinesfalls dem Ideal der *llaneza* entspricht, sondern erkennbar darüber liege und an die *exempla*-Tradition anknüpfe; zum anderen ist festgestellt worden, dass er mit Bernal Díaz del Castillo übereinstimmt, wenn er sich in ebenso klar nachvollziehbarer Weise an dem von López de Gómara vorgeprägten Diskursmodell zur *conquista de México* orientiert.[660] Cervantes de Salazar verstößt nun zumindest insofern gegen konstitutive Prinzipien humanistischer Historiographie, als die Übernahme struktureller und semantischer Vorgaben von López de Gómara gleichbedeutend ist mit dem Unterlaufen des Kriteriums der Augenzeugenschaft, das in der antiken wie in der frühneuzeitlichen Historiographie, wie bereits erläutert, von eminenter Bedeutung gewesen ist. Dies tut zwar auch Díaz del Castillo, das Problem liegt bei Cervantes de Salazar jedoch qualitativ anders, da er über weite Strecken Sachverhalte thematisiert, deren Augenzeuge er selbst – im Unterschied zu Díaz del Castillo – nicht gewesen ist; es kann hier also nicht die stillschweigende Camouflage eigenen Schreibens mit der Gómara-Vorlage bei gleichzeitiger Berufung auf die eigene Präsenz wie bei Díaz del Castillo stattfinden, sondern Cervantes de Salazar ist von vornherein auf die Auswahl geeigneter Autoritäten angewiesen. Ein solches Vorgehen ist zwar auch unter humanistischen Historiographen vollkommen geläufig und stellt für sich genommen noch kein Problem dar, die Akzeptanz gerade von Gómara als Autorität für die Auswahl geeigneter auf Augenzeugenschaft beruhender Quellen legt jedoch die Vermutung nahe, dass hier ein Fall taktischen Schreibens vorliegt, in dem die Anerkennung einer Autorität auf der Basis der traditionellen Kriterien gar keine Rolle spielt, sondern die Aufwertung politischer Interessen im Wege einer Vertextung als Historiographie den eigentlichen Zweck darstellt. Cervantes de Salazar dürfte durch seine Kontakte zu Martín Cortés mit dem damals bereits seit geraumer Zeit verbotenen Text von Gómara in Berührung gekommen sein und auch die Stillage der *Chronica* wird mit der persönlichen Begeisterung ihres Urhebers für Cortés in Verbindung gebracht: „Cervantes de Salazar quiso escribir una Crónica cuyo brillo estuviera a la altura de la grandeza de los hechos. Podemos suponer que la obra de López de Gómara le parecía demasiado parca y sobria para este objetivo".[661] Problematisch allerdings ist der Gedanke, die *Chronica* daran anschließend und unter ausschließlicher Bezugnahme auf den die Stillage betreffenden Befund sowie Elemente ihrer Makrostruktur mit der Literatur in Verbindung zu bringen: „Cervantes de

---

660 Vgl. Díaz Thomé 1945.
661 Kohut 1997, 36.

Salazar ha escrito una Crónica que asemeja el texto historiográfico a la literatura";[662] dabei werden ästhetische und semantische Kriterien in einer kurzschlüssigen Art und Weise vermengt, die bei spanischen Interpreten des 19. und 20. Jahrhunderts noch deutlicher zutage tritt und zu Inkonsistenzen der Argumentation führt, jedoch angesichts des gegenwärtig erreichten Problembewusstseins in der Forschung eigentlich vermieden werden könnte. Dem empirischen Befund ist zwar unter Vorbehalt zuzustimmen; insbesondere hat Cervantes mit Lobeshymnen auf seinen Helden nicht gespart, und dies ist für Antonio de Herrera offenbar kein Motiv gewesen, auf die Übernahme der entsprechenden Textpassagen zu verzichten, im Gegenteil. Angesichts der Tatsache, dass Herrera gerade bei der Verarbeitung der *Chronica* kaum Eingriffe in den Textbestand vornimmt,[663] sich vielmehr so stark zurücknimmt wie in kaum einem anderen Fall, sind andererseits erhebliche, empirisch begründete Zweifel anzumelden, ob die massiv divergierenden stilistischen Bewertungen der Texte von Cervantes und Herrera auf einer konsistenten Grundlage zustande gekommen sind. Wenn es zutrifft, dass der cervantinische Stil sich durch *brillo* und das Bemühen um Vermeidung einer zu ausgeprägten *parquedad* auszeichnet, wie ist es dann möglich, dass Herreras *Décadas* in ästhetischer Hinsicht stets negativ bewertet worden sind, obgleich die formalen Differenzen zwischen den beiden Texten denkbar gering sind, weitaus geringer als in anderen Fällen? Ist Herrera womöglich ein ebenso brillanter Stilist wie Cervantes de Salazar, der allerdings keinerlei subversives Potenzial zu bieten hat und deshalb für eine kritische Interpretation nicht interessant ist? Auf dieses Problem wird noch zurückzukommen sein (vgl. Kap. 6.6.).

Stellt man sich nun die allfällige Frage, warum Cervantes de Salazar als Gewährsmann bei Antonio de Herrera in Erscheinung tritt, wo doch seine Rolle im Geschehen vor Ort nicht in der Form von Loyalität und Fleiß geprägt ist, in der dies zu erwarten wäre, so bietet sich sein rein institutioneller Erfolg als Erklärung an. Es verbietet sich gewissermaßen aus systemimmanenten Gründen, ihn zu ignorieren, nachdem er zu Lebzeiten als Sekretär am *Consejo de Indias*, als Direktor der ersten Universität

---

662 Kohut 1997, 36. Die *discursos y diálogos*, von denen Kohut in diesem Zusammenhang an anderer Stelle spricht (vgl. 1997, 35), sind beispielsweise in der antiken Historiographie als Stilmittel absolut gängig (vgl. Kap. 2.1.), ohne dass diese deshalb in die Nähe schöner Literatur gerückt worden wäre. Seine Argumentation ist hier also zumindest ausgesprochen schwammig.

663 Zwar hat Herrera dem Ms. der *Chronica* bekanntermaßen umfangreiche Marginalien hinzugefügt (wie zuletzt in Kagan 2009 angemerkt), die betreffenden Textabschnitte haben sich in den *Décadas* jedoch gerade nicht wiedergefunden.

Amerikas und als Mitglied der Inquisition in Erscheinung getreten ist. Unabhängig von der Frage, wie er seine Funktionen ausgefüllt hat, ist es hinreichend, dass er sie ausgefüllt hat. Weitergehende biographische Details sind, so darf man annehmen, für Herrera auch gar nicht rekonstruierbar (vgl. Kap. 4.). Umgekehrt spielt natürlich auch das Scheitern potenzieller Konkurrenten eine Rolle; so sind die zentralen Texte der *historiografía cortesiana* am Ende des 16. Jahrhunderts schlicht verboten.[664]

4.11. José de Acosta

José de Acosta hat eine Sonderstellung im Kreis der *historiadores de Indias*, insofern er in der Forschung gar nicht in erster Linie als Historiograph, sondern als Proto-Wissenschaftler und unterschätzter Vorläufer Alexander von Humboldts gesehen wird. In der Tat ist eine solche Charakterisierung, wenngleich sie bezogen auf die Vormoderne grundsätzlich zu hinterfragen ist, im Falle von Acosta eher angebracht als in den zahllosen anderen Fällen, in denen ethnologische Beschreibungen *ante litteram* zum Anlass genommen worden sind, den betreffenden Historiographen den Status von Begründern einer Disziplin zu attestieren. Dies gilt deshalb, weil bei Acosta der Zusammenhang von Ursache und Wirkung in einer Weise perspektiviert wird, die moderner Rationalität bereits vergleichsweise stark angenähert ist, was sich – so das Argument – in seiner vergleichenden, nicht bloß beschreibenden Methode sowie den daraus resultierenden Ergebnissen, die sich teils mit den Einsichten moderner Wissenschaft decken, niederschlägt. Es ist nicht Ziel dieser Arbeit, diesen Forschungsstand einer Revision zu unterziehen; gleichwohl ist zu bedenken, dass Acosta als einziger der hier besprochenen Chronisten ausschließlich mit einer *Historia natvral* hervorgetreten ist, ohne weitere historiographische Texte vorzulegen. Alle übrigen haben eine *historia* vorgelegt und *historias naturales* treten dann bestenfalls als ein weiterer Typ neben diesen *historias (generales)* auf.

---

664 Aus diskursanalytischer Sicht vollkommen unerheblich ist hingegen die auch für diesen Autor in erwartbarer Weise vorgetragene Kritik, sein Gómara-Plagiat mache ihn als historische Quelle unbrauchbar (vgl. Díaz-Thomé 1945, 42 f.). Umsichtiger argumentiert zwar in jüngerer Zeit Martínez, der Díaz Thomé zu Recht „generalizaciones desproporcionadas" attestiert (vgl. 1994, 155) und dabei die Anerkennung der Historizität der zugrunde liegenden Redaktionspraxis fordert; typisch für die Debatte ist jedoch erneut der Umstand, dass er selbst nicht zögert, denselben Fehler bezogen auf Herrera zu begehen; Vgl. die weiter gehenden Erläuterungen zu diesem Problem in Kap. 4.12.

Die Wahrnehmung von Acosta als Proto-Naturwissenschaftler mag durch die Abweichung von dieser prototypischen Konstellation also zumindest mitbedingt sein.[665]

4.11.1. Biographisches

José de Acosta wird 1540 als Sohn wohlhabender Kaufleute in Medina del Campo geboren.[666] Seine Eltern Antonio de Acosta und Ana de Porres y José haben noch acht weitere Kinder; sieben der neun Geschwister sowie auch der Vater sollten im Lauf der Jahre dem Jesuitenorden beitreten. Die große Nähe der Familie zur *Compañía de Jesús*, die sich auch in der großzügigen Förderung verschiedener ihrer Bauvorhaben in Medina del Campo manifestiert, dürfte im Zusammenhang stehen mit dem prekären gesellschaftlichen Status der Familie als vermögende *conversos*. José wächst also in einem Umfeld auf, das von dem noch jungen und hoch präsenten Jesuitenorden stark geprägt ist; der nach Einschätzung seiner Biographen hoch intelligente Junge begibt sich bereits als Zwölfjähriger eigenmächtig in die Obhut der Jesuiten, wobei er sich über die zögerlich abwehrende Haltung seiner Eltern hinwegsetzt. 1552 wird er so Novize des Jesuitenkollegs von Salamanca, kehrt jedoch bereits nach einem Monat in seine Heimatstadt zurück. Dort fällt er bald als literarisches Talent auf und tritt mit einer Reihe sakraler Theaterstücke hervor. In den Jahren 1557 bis 1559 sind häufige Standortwechsel zu verzeichnen, bei denen er eine ganze Reihe der Jesuitenkollegien auf der Iberischen Halbinsel kennenlernt. Zwischen 1559 und 1562 absolviert er ein Theologiestudium in Alcalá de Henares – mit herausragendem Erfolg. Anschließend verbringt er drei Jahre in Rom. Dass er schließlich 1571 mit der zweiten jesuitischen Expedition in die *Indias* als Missionar nach Perú gelangt, verdankt er im Kern einer veränderten Gewichtung der Prioritäten durch die Krone: War man bis dahin der Auffassung gewesen, keine herausragenden Talente mehr an die *Indias* abgeben zu können, sieht man nun genau diese Notwendigkeit.

---

665 Vgl. in diesem Sinne auch die biographische Selbstreflexion, die Fermín del Pino in der Einführung zu seiner kritischen Edition der *Historia natvral y moral* unternimmt und die einer Revision dieser traditionell dominanten Position gleichkommt. (Acosta 2008, XVIII).

666 Die im Folgenden referierten biographischen Daten sind den Quellen Burgaleta 1999, Franch 1987 und Valcárcel 1989 entnommen. Die einzige aktuellere Monographie zu Acosta ist Burgaleta 1999.

In Lima angekommen macht sich Acosta alsbald einen Namen und wird bereits nach einem Jahr zum *Visitador* der Jesuitenkollegien des Vizekönigreichs Perú berufen. Auf seiner Reise trifft er erstmals mit dem Vizekönig Toledo zusammen und vermag auch diesen von seiner Person zu überzeugen. Der *Cronista* Polo de Ondegardo überlässt ihm bei dieser Gelegenheit Materialien, die er später in seiner *Historia natvral y moral* verarbeitet. 1575 wird Acosta im Zuge einer von Spanien aus initiierten *Visita* zum Leiter des Kollegs in Lima ernannt, im Januar 1576 sodann zum *Provincial* von Perú. Umgehend beruft er eine *Congregación Provincial* ein, auf der die Redaktion eines dreisprachigen *sermonario* initiiert wird; zur selben Zeit beginnt auch die Arbeit an dem Traktat *De procuranda indorum salute…* Der Höhepunkt von Acostas Wirken ist jedoch von kurzer Dauer. 1578 bahnen sich massive diplomatische Spannungen mit dem Vizekönig an, Kollegien werden geschlossen, die Inquisition wird eingeschaltet und Anklage gegen zwei bedeutende Jesuiten erhoben. Die Details der Intrige, die zu dieser Umkehr der Verhältnisse führt und Acosta zwingt, stillschweigend mit der Inquisition zu kooperieren, um seine Ordensbrüder nicht noch stärker zu gefährden, sind aufgrund des aktuellen Forschungsstandes schwer zu rekonstruieren. Grundsätzlich scheint aber die Befürchtung ausschlaggebend gewesen zu sein, die unabhängige und auf Expansion hin orientierte Führung der Jesuiten in Perú könne sowohl den Interessen der Krone schaden als auch die Autorität des Jesuiten-Generals in Europa schwächen.

Auf dem Dritten Konzil von Lima 1582 fällt Acosta noch einmal eine federführende Rolle zu. Er betreut die Redaktion des *catecismo, confesionario* und *sermonario*.[667] Zu diesem Zeitpunkt ist er allerdings schon fest zur Rückkehr nach Europa entschlossen. Seine Ambitionen, dem Jesuiten-Orden in den *Indias* zu Prosperität zu verhelfen, haben sich nicht erfüllt. Erst 1588 wird er schließlich nach Spanien zurückbeordert. Auf der Reise, die über Nueva España führt, lernt er den Chronisten Juan de Tovar kennen und sammelt weitere Materialien, die er später in seiner *Historia* verarbeitet. Der General Acquaviva umwirbt Acosta nach dessen Rückkehr, womöglich zum Ausgleich für die Intrigen, die in Perú um Acosta gesponnen worden waren. Wie sich bald herausstellt, befindet sich der Orden zu jener Zeit in einer tiefen Krise. Sein stetig wachsender Einfluss wird von der Krone nun als Bedrohung wahrgenommen, die Inquisition wird eingeschaltet und *Visitas* angeordnet. Diese Konstellation wird von Interes-

---

667 Einen sprachwissenschaftlichen Blick auf die Textproduktion im Umfeld dieses Konzils bietet neuerdings Gauger 2010.

sengruppen innerhalb des Ordens ausgenutzt, um mithilfe der Krone gegen
den autokratisch veranlagten General Acquaviva vorzugehen, der dementsprechend unter Druck steht. Es gelingt Acosta, den König von seiner
Loyalität zu überzeugen und damit die *Visita* des Ordens durch Externe zu
verhindern. Gleichwohl wird ihm dieser Schachzug innerhalb des Ordens
als Täuschung ausgelegt; umso mehr, als die Generalversammlung der
Jesuiten, die der Papst 1592 auf Druck Philipps II. einberuft, José de
Acosta als den Delegierten des Königs verzeichnet. Nachdem seine Dop-
pelrolle ans Licht gekommen ist, wird Acosta vollständig marginalisiert
und von seinen Ordensbrüdern sogar seines Quartiers verwiesen. Auch
Philipp II. hegt jedoch in der Folgezeit zunehmend Zweifel an Acostas
Loyalität. Ein Ergebnis der Generalversammlung ist, dass *conversos* aus dem
Orden ausgeschlossen werden dürfen, weil sie vorgeblich für die Intrigen
verantwortlich seien. Acosta selbst bleibt dieses Schicksal zwar erspart, er
bleibt aber bis an sein Lebensende eine Randfigur. Im Februar 1600 stirbt
er in seiner Heimatstadt Medina del Campo.

Die beiden Veröffentlichungen, die José de Acosta nachhaltig berühmt
gemacht haben, erfolgen kurz vor beziehungsweise kurz nach seiner
Rückkehr aus den *Indias Occidentales*. 1588 erscheinen die beiden Texte *De
natura novi orbis* und *De procuranda Indorum salute...* in einem Band, 1590
sodann die *Historia natvral y moral de las Indias*, gewidmet der Lieb-
lingstochter Philipps II. Zieht man die weiteren, weniger bekannten
Veröffentlichungen Acostas in Betracht, die allesamt theologische oder
missionologische Texte beinhalten, wird klar, dass seine Tätigkeit als
vormoderner Historiograph sowohl in biographischer als auch in bibliographischer Hinsicht im Kontext seiner Tätigkeit als Missionar gesehen
werden muss. Es ging ihm – wie etwa auch Sahagún und Mendieta – um die
effektivere Gestaltung der Mission durch genaue Kenntnis der indigenen
Kulturen, er verstand es dabei lediglich besser als diese, an den rechtssystematischen Diskurs der kastilischen Krone anzuschließen. Der Umstand,
dass die stilistische Bewertung des Textes für die Forschung in seinem Fall
keinerlei Bedeutung zu haben scheint, während sich die Herausgeber anderer Texte der *historiografía indiana* auf diesem Feld doch regelmäßig zu
überbieten versucht haben, dürfte mit einem ahistorischen Reflex zu erklären sein, der darin besteht, den Stil für obsolet zu erklären, sobald
Wissenschaft vermutet wird, Wissenschaft aber reflexartig dort zu vermuten, wo sich neue Epistemen abzeichnen. Die Tatsache, dass nicht jede
neue Episteme Wissenschaft begründet, sondern dass vielmehr nur eine,

spezifisch moderne Episteme sinnvoll mit diesem Begriff belegt werden kann, darf hier in Erinnerung gerufen werden.[668]

4.11.2. Die *Historia natvral y moral de las Indias* (1590)

Die *Historia natvral y moral de las Indias* ist 1590 bei Juan de León in Sevilla gedruckt worden. Bereits 1591 erscheinen weitere Ausgaben in Barcelona und Sevilla; Übersetzungen in alle großen Volkssprachen West- und Mitteleuropas erscheinen während des gesamten 17. Jahrhunderts in unzähligen Ausgaben. José de Acostas *Historia* ist das nach Verbreitung und Anzahl der Ausgaben erfolgreichste Werk aus dem Kanon der *historiografía indiana*.[669]

Es ist in diesem Fall unmöglich, aufgrund historischer Konjekturen von vornherein zu entscheiden, welche Ausgabe als Vorlage für Herrera zu veranschlagen ist; plausibel ist jedoch die Annahme, dass die Originalausgabe von 1590 heranzuziehen ist, insofern diese einer Tochter von Philipp II. gewidmet ist und aufgrund der außerordentlichen Prominenz ihres Autors mit großer Wahrscheinlichkeit umgehend in den Besitz einschlägiger Bibliotheken und Archive im Umfeld des Monarchen gelangt ist. Im Hinblick auf den Textbestand ist eine Entscheidung aber unerheblich, da sich beide Ausgaben lediglich im Satz unterscheiden, in der Graphie hingegen identisch sind.

José de Acosta ist in der Forschung lange Zeit aus jenem verzerrenden Blickwinkel betrachtet worden, der für die traditionellen Analysen der 'Kolonialhistoriographie' allgemein kennzeichnend ist und zuvorderst Wert darauf legt, die fraglichen Texte als Wurzeln oder Ursprünge von diskursiven oder epistemischen Entwicklungslinien zu charakterisieren, welche in späteren Jahrhunderten einflussreich werden sollten.[670] Der Topos der Proto-Ethnographie ist dabei besonders häufig anzutreffen und spielt auch für Acosta eine entscheidende Rolle, hält aber einer historischen Kontextualisierung nicht stand (vgl. Kap. 3.5.2.). Die Tatsache, dass im 16. Jahrhundert Daten gesammelt worden sind, die später als ethnographisch relevant aufgefasst werden, ändert nichts daran, dass diese Daten

---

668 Ein ähnliches Problem ergibt sich auch bei der Erschließung der Texte aus dem *taller alfonsí*. Vgl. dazu Greußlich 2009.

669 Vgl. Franch 1987, 24.

670 Die Ursprünge des *realismo mágico* etwa sind immer wieder bei Bernal Díaz del Castillo gesehen worden.

und die Texte, in denen sie niedergelegt worden sind, ursprünglich gänzlich anders funktionalisiert sind, und zwar insbesondere im Horizont des zeitgenössischen Rechtsverständnisses (vgl. Kap. 3.2.).

Grundsätzlich gilt dies auch für die *Historia natvral y moral* von Acosta, allerdings haben vergleichsweise schwerwiegende hermeneutische Probleme diese Einsicht lange verhindert; erst in jüngster Zeit sind von dem Ethnologen Pino in einschlägigen Beiträgen maßgebliche Anstöße in diesem Sinne gegeben worden.[671] Keiner eingehenden Diskussion bedarf die traditionelle und mittlerweile hinfällig gewordene Frage, ob die *Historia natvral y moral*, die aus zwei Teilen mit je eigenem Prolog besteht, als arbiträre Verbindung zweier selbständiger Texte oder aber als ein komplexes Ganzes betrachtet werden sollte;[672] so offensichtlich es ist, dass zwei relativ selbständige Teile vorhanden sind, so klar ist auch, dass beide Teile gemeinsam das Gattungs- und Themenspektrum abdecken, das abgedeckt sein muss, um der juridisch orientierten Pragmatik frühneuzeitlicher kastilischer Historiographie gerecht werden zu können. Der Text fügt sich also grundsätzlich durchaus in den bereits bekannten pragmatischen Rahmen. Acosta selbst bestätigt dieses Zwischenergebnis, indem er angibt, ein Zweck seiner *Historia* bestehe darin, die Verbindung von Naturraum und indigenen Kulturleistungen herzustellen:

> Así que, aunque el Nuevo Mundo ya no es nuevo sino viejo según hay mucho dicho y escrito de él, todavía me parece que en alguna manera se podrá tener esta Historia por nueva: por ser juntamente historia y filosofía, y por serlo no solo de las obras de naturaleza sino también de las del libre albedrío, que son los hechos y costumbres de hombres. Por donde me pareció darle nombre de Historia natural y moral de las Indias, abrazando con este intento ambas cosas.[673]

Gleichwohl ist bei Acosta auch systematisch mit dem Faktor 'Innovation' zu rechnen. Ob seine vergleichende Analyseperspektive in diesem Sinne als ein Schritt in Richtung moderner Rationalität zu werten ist, wie in der Forschung oft behauptet, ist hier nicht zu entscheiden;[674] Aufmerksamkeit

---

671 Vgl. Pino 2000 und 2008. Wenngleich er trotz Einsicht in die Problematik von einer strikten Differenzierung unterschiedlicher Typen von *historiografía indiana* absieht (vgl. Acosta 2008, XXVIII). Eine konsequentere hermeneutische Haltung wäre hier wünschenswert gewesen.

672 Vgl. Pino 2000, 303.

673 Nach Pino 2000, 310.

674 Vgl. etwa Esteve Barba ²1992, 116 ff.; Pino 2004. Auch das verschiedentlich thematisierte Verhältnis zu Fernández de Oviedos *Historia* soll hier nicht erörtert werden; richtig ist aber zweifellos, dass die andersartige Anordnung der Infor-

verdient aber die in der zweiten Hälfte des 16. Jahrhunderts neu auftre-
tende Gattungsspezifizierung *moral*; inhaltlich bezieht sich diese auf die
Erfassung von indigenen Lebensgewohnheiten, Sozialstrukturen und
Kulturleistungen; damit ist ein Unterschied gegeben zu den bereits in der
ersten Hälfte des 16. Jahrhunderts anzutreffenden *antigüedades*, die etwa
bei Cieza ausführlich thematisiert werden; geht es bei Letzteren um die
Rekonstruktion der indigenen Geschichte vor Ankunft der Spanier zu dem
Zweck, die Legitimität kastilischer Herrschaftsansprüche zu klären, liefert
eine *historia moral* Evidenzen zur Beantwortung der anders gelagerten
Frage, ob indigene Völker gegebenenfalls in der Lage sind, sich innerhalb
des kastilischen Imperiums juristisch zu verselbständigen, wie dies auch für
die *Reynos* der iberischen Halbinsel gilt. Die Christianisierung und die
Zugehörigkeit zum Imperium werden dabei bereits vorausgesetzt. Das
Auftreten der *historia moral* korrespondiert pragmatisch der Phase der
Konsolidierung kastilischer Herrschaft und es ist kein Zufall, dass diese
Bezeichnung – *historia moral* – gerade in den *Ordenanzas* zur Gründung
der *Crónica Mayor de Indias* erstmals auftritt.[675] Das umfangreiche histo-
riographische Projekt, das der Vizekönig von Perú in den 1580er Jahren
durchführen lässt, steht ebenso in diesem Zusammenhang. Es ist keine
Überraschung, dass Acosta sich in diesem Sinne zu engagieren beginnt und
dabei unter anderem auf Materialien von Polo de Ondegardo zurückgreift,
da er mit beiden gut bekannt ist. Eine interessante Frage, die an diesen
Befund anschließt, ist nun, weshalb gerade die *Historia natval y moral* von
Acosta in die *Décadas* eingeht und auch darüber hinaus so außerordentlich
erfolgreich wird, während pragmatisch ähnlich gelagerte Texte wie die von
Tovar, Mendieta und Sahagún auf den Index gesetzt und mit massiven
Mitteln unterdrückt werden (vgl. Kap. 3.2.2.). Dies mag daran liegen, dass
sich Acosta – anders als die erstgenannten – stets loyal zur Krone verhält
und keinen Konflikt provoziert; so arbeitet er mit der Inquisition und dem
Vizekönig trotz auftretender Spannungen zusammen, vermittelt später
zwischen dem Jesuitenorden und der Krone, wobei er diese gelegentlich
sogar begünstigt (was ihm seine Ordensbrüder seit jeher vorwerfen).

---

mationen bei Acosta markant ist; während Fernández de Oviedo die Darstellung
des Raumes jeweils unmittelbar mit konkreten Ereignissen verbindet, findet bei
Acosta eine systematische Unterscheidung von *natural* und *moral* statt.

675 Vgl. Pino 2000, 305 f.. Ebenso wenig zufällig ist es, wenn die Interpretation die
Historia natural y moral von Acosta mit dem Ende der Debatte über die *conquista*
und dem Beginn der philosophischen Reflexion auf die *colonia* in Verbindung
bringt (vgl. Castañeda Salamanca 2002, 135). Diese Deutung des Textes bildet eine
Analogie zu den institutionellen Gegebenheiten der Zeit.

Komplementär dazu ist zu vermerken, dass Antonio de Herrera bei der *historia moral* keine Anleihen nimmt, sondern ausschließlich bei der *historia natural*, d. h. aus dem politisch unverfänglichen Teil. Dieser Befund wiederum spricht für die bereits im Zusammenhang mit López de Gómara aufgestellte Hypothese, dass Herrera autoritative Textteile nach Bedarf gattungsspezifisch selegiert und von unbrauchbaren oder als gefährlich bewerteten abtrennt.

Die Frage nach den Gründen für den erstaunlichen kommerziellen Erfolg der *Historia* eröffnet eine komplementäre Perspektive auf das Problem der Selektion von Daten, die in der *Crónica Mayor de Indias* systematisch stattfindet. De facto verfügt das Programm einer *historia moral de las Indias* nämlich über eine außerordentliche ideologische Sprengkraft, da in demselben Maße, in dem die Kulturleistungen indigener Völker detailliert dokumentiert werden, der Herrschaftsanspruch der kastilischen Krone fragwürdig wird; diese diskursive Konstellation ist eine Steilvorlage für alle so genannten *detractores de España*, die den kastilischen Herrschaftsanspruch als nicht gerechtfertigt betrachten und sämtliche Belege, die ihre Auffassung stützen, dankbar aufgreifen. In dieser Hinsicht ist Acostas *Historia* durchaus analog zur *Brevissima relacion* von Bartolomé de Las Casas zu betrachten, die in der Mitte des 16. Jahrhunderts von den europäischen Konkurrenten Kastiliens ebenso begierig aufgenommen wird. An diesem Themenkomplex zeigt sich erneut, dass die kastilische Krone die Dynamik der Verselbständigung der amerikanischen Gesellschaften grundlegend unterschätzt (vgl. Kap. 3.2.1.): Hätte die politische Elite bereits 1571 ernsthaft die Möglichkeit in Betracht gezogen, dass das Konzept der *historia moral* im Kontext der *Indias* letztlich gegen die Interessen der Krone funktionalisiert wird, hätte sie vernünftigerweise nicht für seine Einführung plädiert. Die *Historia* von Acosta lässt sich zwar auch als ein Plädoyer für die Trennung der *república de los Indios* von der *república de los Españoles* lesen, wie dies von der kastilischen Krone gewollt ist; sie bietet sich aber eben auch für weniger wohlwollende Interpretationen an; der Grund dafür liegt nicht bei Acosta selbst, sondern im diskursiven Zuschnitt des Texttyps *historia moral*.

4.12. Texte ohne Autor – marginale Typen von 'Quellen' in den *Décadas*

Die vorangegangenen Erläuterungen haben dazu gedient, die Komplexität der Entstehungs- und Rezeptionszusammenhänge sowie die Mechanismen, die Herrera zur Reduktion dieser Komplexität einsetzt, empirisch zu erhellen, und sollten idealiter zu *jedem* einzelnen Text gesondert erfolgen, insofern von der Individualität der einzelnen 'Quellen' ausgegangen werden muss, die sich jeweils nur sekundär an eine Typik anschließen lassen (vgl. Kap. 3.5.2.). Es zeigt sich jedoch, dass der gegenwärtige historisch-philologische Forschungsstand dies bei einer Reihe von Texten nicht gestattet. Die Gründe hierfür liegen in der Pragmatik der Texttypen, denen die fraglichen Texte zugehören. Eine Kontextualisierung konkreter Texte ist nämlich nur in dem Maße möglich, in dem auch eine Individuierung von Autorschaft möglich ist. In dem Maße, in dem die Pragmatik des je zu veranschlagenden Texttyps eine Individuierung von Autorschaft vereitelt, fallen hingegen die Erläuterungen zur Kontextualisierung eines Einzeltextes zusammen mit den allgemeinen Erläuterungen zur Pragmatik des Texttyps, dem der fragliche Einzeltext zugehört.[676]

Die bis hierher vorgestellten Texte teilen allesamt mindestens die folgenden Eigenschaften:

- Sie sind Vertreter von Texttypen, die im Verständnis der Zeitgenossen des 16. Jahrhunderts als prototypisch historiographisch gelten können.
- Sie sind relativ zeitnah nach ihrer Entstehung in der Öffentlichkeit wirksam geworden; einige unmittelbar, andere zu Lebzeiten ihres Verfassers, wieder andere erst nach dessen Ableben, alle jedoch bis Ende des 16. oder Anfang des 17. Jahrhunderts.
- Sie sind im 19. und 20. Jahrhundert zum Gegenstand historisch-philologischer Forschung geworden, deren Ergebnisse es ermöglichen, heute auf ein aus einschlägigen biographischen Quellen rekonstruiertes Autorbild zuzugreifen.[677]

---

676 Die Relevanz der in Oesterreicher 2009c vorgeschlagenen Grade der Autorschaft im Horizont 'amerikanischer' Textproduktion des 16. Jahrhunderts wird hier erkennbar.

677 Dabei fällt auf, dass sich die Intensität der wissenschaftlichen Aufarbeitung proportional zum Grad der Prototypikalität verhält, den der jeweilige Texttyp im Kontext frühneuzeitlicher Historiographie besitzt; bei *historias* und *crónicas* ist sie mithin hoch, bei *relaciones* hingegen wesentlich niedriger; zugleich aber kann der Faktor des zeitgenössischen Erfolges, die Wirkung als eine die zeitgenössischen

Der Forschungsstand zeigt bis heute deutliche Spuren der bis in die Mitte des 20. Jahrhunderts vorherrschenden Neigung, Texte zu rezipieren, deren Verfasser über eine privilegierte soziale Stellung verfügt haben, und ihrem historischen Zeugnis eine entsprechend hohe Autorität zuzumessen. Von diesem Umgang mit dem Problem der Wertung von Texten lässt sich also in der Tat sagen, dass selbst der moderne Historismus ihn mit Herrera teilt. Die Tatsache aber, dass über Andrés de Cereceda und Juan de Mori – die Verfasser der beiden *Cartas de Relaçion* – bis heute keine sozialbiographischen Studien vorliegen, hat ihren Grund letztlich darin, dass sie auf beiden relevanten Feldern der Autoritätskonstitution, also sowohl dem personalen als auch dem textuellen, keinen hinreichend prominenten Status erlangen, da sie zwar beide für einige Zeit als *Gobernadores* fungieren, jedoch keine außergewöhnlichen Erfolge verbuchen können, und ebenso beide in der üblichen Form auf administrativem Wege Bericht erstatten, damit jedoch nicht die zeitgenössische Öffentlichkeit erreichen.[678]

Anders liegt der Fall bei den *relaciones geográficas*, bei denen individuelle Autoren nicht einmal mehr dem Namen nach auszumachen sind, insofern zwar jedes Dokument mit dem Namen einer in der jeweiligen Region maßgeblichen Autoritätsperson abgezeichnet worden ist, die Konstitution der Geltung des Textes jedoch durch die Einhaltung des verbindlich vorgeschriebenen administrativen Prozesses gewährleistet wird, im Rahmen dessen sich die Registrierung von Aussagen kompetenter Zeugen vollzieht. Das Verfahren konstituiert hier Autorität, der Name des Unterzeichners hingegen nur insofern als es sich bei ihm um einen Vertreter jenes Systems handelt, das die Einhaltung der Verfahrensregeln verbürgt. Die Personen, auf die die schriftlich fixierten Aussagen eigentlich zurückgehen, sind nicht mehr identifizierbar.

Ähnlich verhält es sich im Falle der *documentos jurídicos* im aller engsten Sinn, also der *instrucciones* und der *ordenanzas*, bei denen sich die Frage nach sozialbiographischen Informationen von vornherein nicht stellt, da bei ihnen die Autorschaft, insofern sie die Geltung der Texte garantiert, evidenterweise auf die Person des Monarchen zuläuft, unabhängig davon, wer mit der Niederschrift des Dokumentes konkret befasst war. Die Autorität des Rechts konstituiert sich in einem Gefüge gouvernamentaler

---

Meinungen prägende Quelle, dominant im Verhältnis zur Texttypik sein und im Zweifelsfall auch allein ausschlaggebend werden für die Erhebung eines Textes zum Forschungsobjekt. So der Fall etwa bei den *Cartas de Relaçion* von Hernán Cortés.

678 Vgl. auch Kap. 5.2. zur Bewertung dieses Texttyps durch Herrera.

Institutionen, an deren Spitze der Monarch steht;[679] er tut dies zwar nur nominell, diese nominelle Position ist jedoch hinreichend, um eine Geltung zu gewährleisten, die ihrerseits ebenfalls nur nomineller Art ist.

Es wird an dieser Stelle klar, weshalb die literaturwissenschaftliche Problematisierung des Konzeptes der Autorschaft, die dort eine lange Tradition besitzt und auch gegenwärtig fortgeführt wird,[680] in unserem Zusammenhang nur sehr begrenzt fruchtbar gemacht werden kann. Während die Erkennbarkeit einer Autorpersönlichkeit im Falle eines literarischen Werks – zumindest unter den Voraussetzungen der Neuzeit – im Wesentlichen abhängt vom Gestaltungswillen seines Urhebers und mithin in hohem Maße individueller Kontrolle unterliegt, ergibt sich das Maß der Erkennbarkeit einer Autorperson im Rahmen des hier analysierten Korpus aus der Pragmatik der beteiligten Texttypen und ist nur minimal beeinflussbar. Die bis hierher gegebenen Erläuterungen zum Korpus deuten im Kern auf eine Zweiteilung hinsichtlich der Frage der Individuierbarkeit von Verfassern hin: Eine solche Individuierbarkeit liegt prinzipiell vor bei all jenen Texten, deren Pragmatik vorsieht, dass sie – in Verbindung mit je individuellen Interessen – von ihren Verfassern in der Hoffnung auf kommunikativen Erfolg an den Monarchen oder ihm untergebene Amtsträger herangetragen werden; dies ist klarerweise der Fall bei den *relaciones de cosas, relaciones de méritos, cartas de Relaçion*, daneben aber gerade auch bei den prototypischen historiographischen Texttypen *historia / Crónica*, deren Verfasser häufig vom Monarchen entlohnt werden oder sich Hoffnung auf eine Anstellung bei Hofe machen. Die Individuierbarkeit wird dagegen unmöglich bei all jenen Texttypen, deren Instanziierungen jeweils ausschließlich auf Initiative des Monarchen oder seiner Administration zustande kommen und deren Geltung nicht an das Auftreten einer Person gebunden ist; dies betrifft sämtliche Formen der Gesetzgebung oder Verfahrensregelung durch den Monarchen inklusive der *relaciones geográficas*. Das gemeinsame Interesse, das hinter diesen Texttypen steht, ist der *buen gobierno*, personalisiert im Monarchen selbst.[681]

---

679 Die Verhältnisse gestalten sich hier analog zu denen, die in Kabatek 2004 bezüglich der *tradiciones discursivas jurídicas* des kastilischen Mittelalters skizziert worden sind (vgl. 2004, 258).

680 Vgl. insbesondere Jannidis / Lauer / Martinez / Winko 1999 und 2000 sowie Spoerhase 2007.

681 Vgl. allgemein zu Formen der Autorschaft im Umfeld der kastilischen 'Kolonialadministration' Oesterreicher 2009c.

Während die Frage nach dem von Herrera als Vorlage gebrauchten Textexemplar für die *cartas de Relaçion* und die *relaciones geográficas* kein Problem aufwirft, da diese jeweils nur im Original vorhanden waren, bleibt zu klären, welche Textexemplare Herrera im Falle der *documentos jurídicos* im engen Sinne als Vorlage gedient haben. Es bestehen dabei grundsätzlich folgende Möglichkeiten:

Originale aus Amerika: Diese Möglichkeit ist zunächst nicht grundsätzlich auszuschließen, da wir wissen, dass Rückforderungen von Dokumenten im Rahmen der ovandinischen Reform tatsächlich erfolgt sind und in Einzelfällen auch Beachtung bei den überseeischen Institutionen gefunden haben; zugleich ist aber die Wahrscheinlichkeit, dass solche Dokumente dauerhaft und geordnet im Archiv des *Consejo de Indias* verbleiben, als gering einzuschätzen angesichts der bereits erwähnten Neigung der frühneuzeitlichen Archivare, Materialien in großem Umfang auszulagern und nach Bedarf an Persönlichkeiten bei Hofe weiterzureichen.

Der *Cedulario* von Encinas (1596): Diese Option wäre im Horizont der bei Herrera identifizierten Vorgehensweise durchaus nahe liegend, denn sie würde seinem Grundprinzip entsprechen, bevorzugt Texte zu verwenden, die bereits über eine institutionell abgesicherte Autorität verfügen; nicht zu vergessen ist dabei, dass die im *Cedulario* von Encinas versammelten *documentos* im Zuge ihrer Kompilation durch die Verbindung mit dem Namen und der institutionellen Rolle ihres Urhebers eine personale Autorität hinzugewinnen, die im Rahmen von Herreras Rezeptionskriterien zentral ist und die sie in ihrem ursprünglichen Funktionszusammenhang als vom Monarchen autorisierte Einzeltexte gerade nicht in dieser konkreten Form besitzen. Mit der Einbindung in einen Sammlungszusammenhang ist also eine substanzielle Aufwertung der *documentos* in beiden für die Autorität der Texte konstitutiven Domänen verbunden. Der Rückgriff auf ein durch Kompilation und Drucklegung aufgewertetes Kompendium von Rechtsnormen wäre auch insofern besonders nahe liegend, als es seinem Status nach gleichsam homolog zu Herreras eigenem Vorhaben ist, aus seiner Sicht also in höchstem Maße autoritativ aufgeladen gewesen sein muss.

Abschriften in den *registros de gobierno y gracia* des *Consejo de Indias*:[682] In der Tat verhält es sich so, dass die *documentos jurídicos*, deren kompilatorische Verwendung durch Herrera im Rahmen der Textanalyse nachgewiesen wird, auch in den *registros-cedularios* des *Consejo de Indias*, welche die Abschriften der von dort ausgehenden juristischen Korrespondenz

---

682 Vgl. zu Geschichte und Struktur der *libros registros-cedularios* Muro Orejón 1958.

enthalten, zu finden sind; dies ist insofern nicht verwunderlich, als jene mit dem Anspruch auf eine vollständige Erfassung aller königlich autorisierten Regelungen gepflegt worden sind, es wirft jedoch die Frage auf, weshalb es Herrera in einigen wenigen Einzelfällen für notwendig erachtet, die radikal chronologisch angeordneten und mithin in sachbezogener Perspektive recht unübersichtlichen *registros* zu konsultieren und einzelne Dokumente daraus zu berücksichtigen, während ihm die Anwendung dieses zugegebenermaßen aufwändigen Verfahrens in allen übrigen Fällen offenbar nicht angebracht oder erforderlich zu sein scheint.

Es ist kaum möglich, abschließend zu klären, aus welcher der genannten 'Quellen' Herrera konkret geschöpft hat.[683] Nahezu auszuschließen ist jedoch zumindest die erstgenannte Option, da der zeitgenössische Umgang mit Archivbeständen einen Treffer in einer Sammlung loser Einzeltexte grundsätzlich höchst unwahrscheinlich macht. Eine eindeutige Entscheidung zwischen den beiden letztgenannten 'Quellen' ist insofern entbehrlich, als der Textbestand in beiden Fällen identisch ist.

Nachdem unsere Aufmerksamkeit bisher der historisch-systematischen Klärung der Ausgangssituation gegolten hat, mit der für die Redaktion der *Décadas* durch Antonio de Herrera zu rechnen ist, erfolgt nun ein Perspektivenwechsel. Der Fokus liegt im Folgenden auf der historisch-systematischen Klärung der Konstitution der *Décadas*. Im Spannungsfeld dieser beiden komplementären Perspektiven werden die Verfahren der Transformation des Textbestandes systematisch greifbar.

---

683 Zu der zentralen Frage, welche Eigenschaften der Textualität dieser *documentos jurídicos* Herrera im Einzelfall dazu bewogen haben, sie hinzuzuziehen, vgl. Kap. 5.2.

5. Antonio de Herrera und die *Historia general de los hechos de los Castellanos en las islas i tierra firme del mar oceano* – die Textualität der Geschichte und ihre Interpretation

Bei den *Décadas* von Antonio de Herrera y Tordesillas handelt es sich um den ersten von insgesamt nur zwei historiographischen Texten, die im Rahmen der *Crónica Mayor de Indias* abgeschlossen worden und zum Druck gekommen sind.[684] Allein dadurch kommt ihm eine besonders prominente Stellung innerhalb eines insgesamt bedeutenden politisch-rechtlichen Diskurses des 16. und 17. Jahrhunderts zu, die es gebietet, einen solchen Text für die Sprachgeschichte zu erschließen; dabei gilt es, die widersprüchlichen Ansichten, die über den Text von seinen wenigen Interpreten in der Vergangenheit geäußert worden sind, zu bewerten und gegebenenfalls auch zu korrigieren. Dies ist insbesondere in den Fällen nötig, in denen Kategorien der Textgeltung nach unreflektierten ideologischen Prämissen veranschlagt worden sind. Erst daran anschließend kann der Blick auf den Text als einen Fall vormoderner Historiographie mit ihren spezifischen Verfahren gerichtet werden. Da die Forschungsliteratur zu Antonio de Herrera bisher einen sehr überschaubaren Umfang behalten hat, ist es möglich, die darin formulierten Urteile hier ausführlich zu diskutieren. Dabei wird deutlich werden, dass auch dieser Debatte in weiten Teilen ein fehlendes Verständnis für die epistemischen und diskursiven Differenzqualitäten vormoderner Historiographie zugrunde liegt (vgl. Kap. 2.1.).

Für die Interpreten der *Décadas* sind in der Vergangenheit zumeist drei Fragen von vordringlichem Interesse gewesen:

- Welche Quellen hat Antonio de Herrera verwendet?
- Wie ist er mit den Quellen verfahren?
- Wie ist das Ergebnis seiner Bemühungen zu beurteilen?

---

684 Der zweite ist die *Historia de la conquista de Mexico* von Antonio de Solís, im Druck veröffentlicht 1684.

Die drei Fragen sind anhand ganz unterschiedlicher Kriterien bearbeitet worden und die Ergebnisse sind sehr verschieden ausgefallen.

Mit dem Beitrag Altamira 1948 wird in mehrerlei Hinsicht ein Standard in der Beurteilung der *Décadas* gesetzt, der bis heute wirksam ist. Zu diesem Standard gehören die Verwunderung über die verwirrende Vielfalt der von den *Décadas* abgedeckten Stoffe, der Abgleich mit den einschlägigen rechtshistorischen Dokumenten, die eine solche Vielfalt vom *Cronista Mayor de Indias* explizit zu fordern scheinen und ihn überdies in die Lage versetzen, einen umfassenden Zugriff auf relevante 'Quellen' vorzunehmen (vgl. Kap. 3.4.), sowie das skeptische Resümee bezüglich des Ergebnisses, von dem gesagt wird, es leide unter der konfusen Disposition der verarbeiteten Informationen. Bezüglich der Frage nach den verwendeten 'Quellen' ist dem Beitrag letztlich keine klare Antwort zu entnehmen, da er lediglich die zeitgenössische Rechtslage referiert, ohne Belege am Text zu erarbeiten. Dieses Vorgehen ist trotz eines zwischenzeitlich eingetretenen Paradigmenwechsels auch in neueren Beiträgen noch anzutreffen.

Gänzlich anders, jedoch deshalb nicht weniger tendenziös, wird mit dem Problem in Bosch García 1945 umgegangen. Der Vorzug dieses Beitrages besteht unleugbar darin, dass er sich auf Ergebnisse eines empirischen Textvergleichs stützt. Er kommt zu interessanten Einsichten, die jedoch aus heutiger Sicht in wichtigen Punkten zu modifizieren sind:

> Herrera nos da una lista muy impresionante de las obras consultadas. Después de leerla se espera encontrar en las Décadas un relato minucioso de todos los episodios de la conquista; pero al hacer el cotejo tenemos la desagradable sorpresa de notar que la obra de Herrera ha sido compuesta solamente a base de cuatro libros: los de Bernal Díaz del Castillo, Cervantes de Salazar, López de Gómara y Bartolomé de las Casas, y aun estos dos últimos han sido consultados en casos muy extraordinarios. Nos explicamos que dedique los adjetivos que subrayamos en la cita anterior a Cervantes de Salazar, pues, como veremos, su obra es la que utiliza fundamentalmente para la confección de las Décadas. [...] Carbia dice que Herrera 'aparentemente servil de lo ajeno, no se ató a ninguna autoridad ni a ningún cronista determinado. Los usó a todos aunque luego de someter sus aseveraciones a un cuidadoso análisis y a una discriminación que hoy mismo sorprende, en la contrapartida de la obra dejó claramente establecido a cuales autores había tomado en cuenta, y allí mismo dijo, también, que a muchos no los había seguido por no poderse verificar con escrituras auténticas aquello que aseveraban'.
>
> Carbia nos presenta a Herrera como un moderno investigador, que no se aventura a escribir sin tener suficientes documentos del tema estudiado. Esto no es cierto, al menos por lo que se refiere al relato de la conquista de México. Herrera en sus Décadas siguió un cronista de preferencia y no da la impresión de haber verificado mucho lo que escribía. Si hubiese sido consciente en la

verificación, no hubiese seguido probablemente a Salazar sino a Bernal Díaz o al mismo Cortés, que fueron testigos presenciales de la conquista.[685]

Hier werden wichtige Hinweise für eine angemessene Bewertung der *Décadas* gegeben. Die Zuschreibung einer quasi-modernen kritischen Reflexion, die sich nicht zufällig bei dem faschistisch orientierten Carbia findet, ist gewiss abzulehnen. Ebensowenig zufällig ist, dass diese bei Carbia ohne Stützung durch empirische Analysen auskommen muss. Darüber hinaus weist der Befund, dass Herrera de facto wesentlich weniger 'Quellen' verwendet als in der von ihm selbst verfassten Liste der gesichteten Texte angegeben, in die richtige Richtung. Bosch García geht aber zu weit, insofern er eine unzutreffende Einschätzung bezüglich des Gewichtes der vier genannten Autoren abgibt. Tatsächlich kann man zeigen, dass sehr umfangreiche Textpassagen mit Auszügen aus Las Casas und Díaz del Castillo bestritten werden. Zudem ist die Liste von Autoren so nicht vollständig. Noch schwerer wiegt, dass er im Anschluss an seine wichtigen Beobachtungen sein eigenes mangelndes Verständnis für die Probleme im Umgang mit frühneuzeitlicher Historiographie zu erkennen gibt, wenn er sich mit Empfehlungen hervortut, welche 'Quellen' Herrera sinnvollerweise hätte berücksichtigen sollen. Angesichts dessen ist es wiederum kein Zufall, dass er keine Erklärung für die Konstitution des Textes findet, sondern diese lediglich zur Kenntnis nehmen kann, obwohl er gut und treffend beobachtet.

Insgesamt angemessener äußert sich Maticorena Estrada:

> En los capítulos de la conquista de México – y lo puntualiza Bosch García – se sirve de Bernal Díaz, Cervantes de Salazar, López de Gómara y Las Casas, si bien a estos dos últimos por excepción. En un primer momento consulta a todos, mas, luego y sucesivamente, va dejándoles para quedarse sólo con Cervantes de Salazar. Acude a Bernal si Cervantes le resulta insuficiente, o si no, cuando los dos muestran su inquina hacia Gómara. Pero, cuando se comprueba, según dice Díaz-Thomé, que Cervantes se reduce a una transmutación de Gómara, – pese a autoproclamarse el anti-Gómara –, resulta que es este último el inspirador mexicanista de Herrera.[686]

Diese wichtige Feststellung ist lediglich im Hinblick auf die behauptete Randstellung von Las Casas zu beanstanden.[687] Umso erstaunlicher ist es,

---

685 Bosch García 1945, 148 f.
686 Maticorena Estrada 1967, 31.
687 Vgl. ebenfalls die folgende resümierende Stellungnahme, die grundsätzlich richtig ist: „En nuestra opinión, Herrera, con las Décadas ha querido hacer una síntesis de lo que había sido la conquista de la Nueva España. A fin de conseguir los datos completos preparó una bibliografía y la empezó a utilizar en los primeros capítulos,

dass die klare Betonung von Interessenorientierungen bei der Auswahl der 'Quellen' und die im Ansatz gute Beschreibung ihrer Verteilung nicht früher zu einer eingehenden Textanalyse Anlass gegeben hat.[688]

Die Beurteilung, die das kompilatorischen Verfahrens im Hinblick auf seine Legitimität und seine Durchführung in der Forschung erfahren hat, deckt das gesamte Spektrum der Meinungen von völliger Ablehnung bis zu vorsichtiger Zustimmung ab. Man vergleiche Jiménez de la Espada:

> Ninguno de los historiadores de Indias […] ha llegado donde Antonio de Herrera en esto de apropiarse de los trabajos ajenos […] se atrevió a sepultar en sus Décadas, una crónica entera y modelo en su clase.[689]

Weniger polemisch in der Formulierung, jedoch vergleichbar im Urteil, Bautista Muñoz:

> No hizo más que juntar retazos y extractos, a manera de quien dispone por el orden de los años y aun de los meses y días las narraciones tomadas de todas partes como materiales para escribir Historia. Fortuna que era hombre docto y juicioso: si no, fueran innumerables los errores de estas sus memorias según la precipitación con que las ordenó. […] Solía copiar y extractar con sobrada priesa, y en ocasiones omitir y añadir a su arbitrio sin razón suficiente.[690]

Etwas freundlicher gesonnen ist Menéndez y Pelayo:

> Antonio de Herrera y Tordesillas, que tuvo a la vista grandísima copia de documentos originales, hubiera podido y debido hacer más de lo que hizo; pero, en vez de seguir el ejemplo de los Zurita y Morales, buscó senda más breve y apacible y se redujo a ejemplo de Mariana, a poner en orden y estilo lo que otros habían ya consignado por escrito. […] Es cierto, sin embargo, que, como hombre de discreción y gran juicio, mejoró siempre los originales de que tan libremente se servía, mereciendo con ello la loa del compilador metódico y elegante, fácil y agradable de leer siempre, útil hoy mismo, y utilísimo cuando se desconocían los documentos originales.[691]

Das Kriterium der Urteilsfähigkeit des Autors in Kombination mit dem Kriterium der Ästhetik des resultierenden Textes wird beinahe nach Be-

---

hasta que por algún motivo fué eliminando las obras y se quedó al fin con una de ellas que va copiando con toda fidelidad" (Bosch García 1945, 151).

688 Womöglich sind dafür im konkreten Fall allein kommunikative Schranken zwischen den Disziplinen verantwortlich, die eine Kenntnisnahme von diesem Beitrag unter Linguisten verhindert haben (vgl. Kap. 2.1.).
689 Jiménez de la Espada nach Bosch García 1945, 151.
690 Bautista Muñoz nach Bosch García 1945, 151; Cuesta Domingo 1991, 53.
691 Menéndez y Pelayo nach Torre Revello 1941, 607.

lieben zur Positionierung des jeweiligen Beiträgers in der ideologisch hoch aufgeladenen Debatte instrumentalisiert.[692]

Kein Wunder auch, dass das Gesamturteil über den Text nahezu gegenteilig ausfällt, je nachdem, ob bevorzugt der Inhalt Berücksichtigung findet oder aber die Ästhetik des Textes. Ist Ersteres der Fall, so wird regelmäßig die mangelnde Strukturierung der Masse an dargebotener Information beklagt:

> Sus Décadas muestran una falta deplorable de método y de órden en su estructura. Pero la riqueza de los hechos que fué acumulando en aquella historia la convirtió en una de las fuentes de conocimiento que es preciso tener en cuenta por los investigadores actuales y futuros.[693]

Ist hingegen Letzteres der Fall, wird ihm klassizistische Schlichtheit und Eleganz zugute gehalten:

> Así como Herrera se nos muestra como modelo de la influencia clásica renacentista en la historia, Antonio de Solís [...] sigue la tendencia barroca, por su estilo retórico y artificioso.[694]

Eine nach wie vor gültige Stellungnahme zu dieser Debatte gibt erneut der hellsichtige Maticorena Estrada ab:

> La aparición de los originales aprovechados por Herrera, o el cada vez más minucioso estudio de su obra, han motivado una discusión que aún no termina: Una larga polémica centrada, tanto en el uso excesivo de los modelos,

---

692 Bezeichnenderweise kommt auch der hoch reflektierte Kagan nicht umhin, sich indirekt in den Kanon der Meinungsäußerungen zu diesem Thema einzureihen, allerdings eher, um sich der Diskussion – klugerweise – zu entziehen: „If the care and attention Herrera paid to Cervantes de Salazar's manuscript is at all indicative Herrera appears less a plagiarist, as his critics have suggested, than a judicious historian who selected his sources with consumate care" (Kagan 2009, 175).

693 Altamira 1948, 8.

694 Bejarano Díaz 1974, 455. Ob mit *influencia clásica renacentista* auf das Konzept *llaneza* Bezug genommen wird, ist – bezeichnenderweise – nicht eindeutig zu klären.
   Der Vollständigkeit halber sei angemerkt, dass den hier angeführten Zitaten noch eine Unmenge knapper Randbemerkungen über Herrera hinzugefügt werden könnte, die sich in einschlägigen Gesamtdarstellungen des Typs 'Geschichte der Geschichtsschreibung' oder in kleineren Publikationen finden, die einer anderen Fragestellung gewidmet sind. Typisch ist etwa folgender pauschaler Hinweis: „Las historias de Antonio de Herrera y Tordesillas [...] y de Antonio de Solís [...] son ejemplo de esta actitud justificatoria y exaltadora de la obra de España en América. Herrera y Solís escribieron para contradecir las historias confeccionadas por los detractores de España" (Florescano 2002, 202 f.). Da solche Kurzbemerkungen keine neuen Thesen enthalten, müssen sie auch nicht intensiv diskutiert werden.

como en las deficiencias del método de composición histórica. Las páginas más importantes de la controversia herreriana corresponden a las tres historias más ampliamente aprovechadas por Herrera, o sea: Las Casas, Cieza de León y Cervantes de Salazar. Antiguos o modernos, casi todos los críticos tratan de sopesar todo lo que hay de positivo o desfavorable en el método del Cronista Mayor.[695]

Ebenso zugunsten einer Entspannung der Diskussion und einer Historisierung der Methode Herreras äußert sich Ballesteros Gaibrois 1969. Zur Klärung der von ihm selbst formulierten Frage, „qué tipo de estas informaciones que tuvo a mano fueron las utilizadas por él",[696] referiert er jedoch lediglich die Ergebnisse aus Bosch García 1945, ohne hinreichend ins Detail zu gehen und neue Erkenntnisse zu liefern.

Die verwirrende Widersprüchlichkeit der Urteile, die an Beliebigkeit grenzt, korreliert mit einer Beliebigkeit der Kriterien, aufgrund derer sie zustande kommt. Deshalb ist ein echter Fortschritt bereits zu erreichen, indem man sich ernsthaft die Frage nach der historischen Adäquatheit dieser Kriterien stellt und diejenigen ausscheidet, die sich als inadäquat erweisen.[697] Unhistorisch in diesem Sinne sind:

• Die Forderung nach kritischer Distanz zum Gegenstand als Wertmaßstab für historiographische Texte der Vormoderne.
• Genieästhetisch motivierte Forderungen nach Werktreue als Wertmaßstab für historiographische Texte.
• Die naive Suche nach einer objektiven historischen Wahrheit und Vorschläge dazu, wie Herrera diese hätte erreichen können.

Dementsprechend gilt für folgende, in der Vergangenheit meist implizit in Anschlag gebrachte Fragestellungen, dass sie *keine* weiterführenden Erkenntnisse erbringen:

• Ist die bestehende Diskrepanz zwischen der vom Wortlaut der einschlägigen Rechtsnormen suggerierten Vielfalt der Quellen und der tatsächlichen Konzentration auf einige wenige Quellen so zu interpretieren, dass Herrera seiner Aufgabe nicht nachgekommen ist? Hat er

---

695 Maticorena Estrada 1967, 33.
696 Ballesteros Gaibrois 1969, 92.
697 Zu vermeiden ist auf diese Weise auch das klassische Missverständnis vom Plagiat. Erneut ist es Maticorena Estrada, der dazu treffend anmerkt: „Sobre todo después del estudio de don Antonio Ballesteros, procúrase, no sin esfuerzo, superar lo que haya de anacrónico en la imagen del Herrera 'plagiario'" (Maticorena Estrada 1967, 33). Vgl. auch das klassische Zitat „Las alteraciones de Herrera – escribe Magallón – obedecieron al natural interés en no denunciar el plagio" (Torre Revello 1941, 610).

mit seinem kompilatorischen Verfahren der Textproduktion gar einen Betrug am Leser verübt?

- Ist es ihm gelungen, die besten und geeignetsten Quellen zu identifizieren?
- Ist bei der Kompilation der Quellen die exakte Wiedergabe des Wortlauts der Vorlage höher zu bewerten als ein Bemühen um sprachlich-stilistische Verbesserungen oder aber umgekehrt? Hat Herrera den Nutzwert der in den *Décadas* kodierten Informationen durch seine Eingriffe in den Text der Vorlagen zu erhöhen vermocht oder nicht?
- Sind die Schwierigkeiten, die sich bei der Disposition der vielfältigen Stoffe ergeben und zu Mängeln in der Textkohärenz der *Décadas* führen, entschuldbar oder zeugen sie vom Unvermögen des Chronisten? Wiegt der Nutzwert der *Décadas* diese Mängel auf oder nicht?

Bedeutend ertragreicher sind hingegen pragmatische Fragestellungen, die sich auf das kommunikative Funktionieren vormoderner Historiographie richten. Lediglich zwei Grundfragen sind dabei zentral:

- In welchem sozialen und institutionellen Rahmen spielt der historiographische Diskurs eine Rolle und wie ist diese zu bestimmen?
- Welche Verfahren der Textproduktion und welche sprachlichen Mittel kommen bei dem Versuch, einen Diskursbeitrag kommunikativ erfolgreich zu gestalten, systematisch zum Einsatz?

Betreffend die *Décadas* finden sich nur vereinzelte diskurstraditionell-pragmatisch orientierte Vorarbeiten. Padrós Wolff 1998 sowie Stoll 2009 perspektivieren das Verfahren der Kompilation erstmals linguistisch und haben insofern auch entscheidende Anregungen für die vorliegende Arbeit vermittelt.[698] Sie zeigen anhand von einzelnen 'Quellen' exemplarisch, welche sprachwissenschaftlich relevanten Phänomene auftreten können; ihr tentativer Zugriff erlaubt aber noch keine Rückschlüsse auf etwaige sprachlich-diskursive Regularitäten, die sich bezüglich der Zusammensetzung des 'Quellkorpus' sowie bezüglich der Verfahren seiner kompila-

---

698 Den entscheidenden Hinweis, dass sprachliche Verschiedenheit im Zuge der Kompilation auf allen sprachlichen Ebenen entsteht, nicht nur hinsichtlich der Terminologie oder der Makrostruktur, gibt allerdings bereits Salas 1986 (vgl. 1986, 121), ohne dass dieser marginale Hinweis seinerzeit entsprechende Studien angeregt hätte. Auch hier scheinen die disziplinären Grenzen als Verständigungshindernis gewirkt zu haben.
    Neuerdings finden sich besonders klare und weit gehende Hinweise auch in Kagan 2009, 175.

torischen Verarbeitung identifizieren lassen. In diesem Sinne ist es notwendig, über die geleisteten Vorarbeiten hinauszugehen.

Es kommt also darauf an, die bereits erzielten Ergebnisse systematisch auszubauen und im notwendigen Umfang zu modifizieren, wie dies in einer allgemein methodologischen Perspektive für die hispanistische Sprachgeschichtsschreibung zu Recht eingefordert worden ist:

> Naturalmente, entre otras consecuencias, la historia textual permitirá matizar adecuadamente ciertas generalizaciones acerca de la lengua de un autor o de una época, toda vez que esa caracterización ha de contar, ante todo, con el tipo de discurso que la propicia y la tradición en la que éste necesariamente se enmarca.[699]

Die sich aufdrängende Frage, weshalb gerade die *Décadas* in der historischen Sprachwissenschaft bisher vollständig ausgeblendet worden sind, während andere historiographische Texte in Einzelfällen durchaus Gegenstand einschlägiger Studien geworden sind, gibt zu der Hypothese Anlass, dass die Verquickung unterschiedlicher ideologisch belasteter Prämissen dabei eine Rolle gespielt haben muss. Das in der Linguistik oftmals programmatisch formulierte Ansinnen, die Sprachen in ihrer vermeintlich objektiven Tatsächlichkeit zu beschreiben, hat grundsätzlich nachteilig auf das Interesse an historiographischen Texten gewirkt (vgl. Kap. 2.1.). Für den besonders extremen Fall der *Crónica Mayor de Indias* steht darüber hinaus jedoch zu vermuten, dass die in der Geschichtswissenschaft zu Unrecht geltend gemachten Ansprüche an Modernität in Bezug auf diese Institution von der Linguistik bereitwillig rezipiert worden sind und dazu geführt haben, dass den *Décadas* als 'bloßem Plagiat' keine Relevanz im Hinblick auf die Beschreibung authentischen Sprachgebrauchs zugebilligt worden ist. Die Erkenntnis, dass selbstverständlich auch das so genannte Plagiat einen pragmatisch verankerten Fall von Sprachgebrauch darstellt, ist vergleichsweise jung.[700]

Es ist dabei nicht überflüssig, darauf hinzuweisen, dass ein linguistisch-diskurspragmatisch gestalteter Problemaufriss die alte Frage nach der Brauchbarkeit der *Décadas* als Quelle für den Historiker keineswegs ausschließt; im Gegenteil, einer stichhaltigen Antwort auch auf diese Frage ist

---

699 Santiago ²2005, 537.
700 Die von María Fabié bereits 1879 geäußerte, zutreffende Einschätzung, bei Herrera handle es sich um einen „mero copilador" (nach Ballesteros-Beretta 1934, LXIX), hat damals freilich keinen Anlass gegeben, aus diesem Befund ein sprachbezogenes Problem abzuleiten, sondern hat zur Begründung von Wertungen der bekannten Art gedient.

am ehesten durch eine linguistische Textanalyse pragmatischen Zuschnitts nahe zu kommen, ganz abgesehen davon, dass damit ein hoch bedeutsamer Diskurs der Frühen Neuzeit in seinem Status erstmals systematisch kenntlich gemacht wird. In Übereinstimmung mit unserem Vorgehen bezüglich der 'Quellen' (vgl. Kap. 4) folgen nun biographische Informationen zu Antonio de Herrera[701] sowie eine Rekonstruktion der Textgeschichte der *Décadas*.

Antonio de Herrera y Tordesillas wird mit größter Wahrscheinlichkeit im Jahr 1549 geboren, und zwar in der Ortschaft *Cuéllar*, gelegen in der heutigen Provinz Segovia. Über seine Eltern, Rodrigo de Tordesillas und Inés de Herrera, ist nichts Näheres bekannt; wohl aber über einen Großonkel, der sich als Vertreter der Stadt Segovia auf den *Cortes* von La Coruña bereit erklärt, die Forderungen Karls V. nach finanzieller Unterstützung durch die Städte zu erfüllen und deshalb im Vorfeld des *Comunero*-Aufstandes getötet wird. Zwar lassen sich aus einschlägigen Dokumenten keine klaren Belege für eine über Generationen fortdauernde Verbundenheit der Familie mit der Monarchie entnehmen, der exzellente Start des kaum zwanzigjährigen Antonio in eine Laufbahn als *letrado* ist jedoch zeitgenössisch keine Selbstverständlichkeit. Als Sekretär des Duque de Sabionetta, Vespasiano Gonzaga, bereist er ab 1570 Italien, wo er auf eine für seine Zeit untypische Weise unmittelbar mit humanistischer Gelehrsamkeit in Berührung kommt.[702] Während seines Aufenthaltes in Italien, über dessen genauen Ablauf nichts bekannt ist, hat Herrera darüber hinaus die Gelegenheit, stabile Klientenbeziehungen zu einflussreichen Adelsgeschlechtern zu knüpfen; die bedeutendste bleibt allerdings die zum Duque de Sabionetta, dessen Familie bereits seit der Zeit Karls V. in engstem Kontakt mit dem Königshaus steht. Seine Berufung zum Vizekönig von Navarra im Jahr 1575 bringt auch für Herrera die Rückkehr

---

701 Jede der im Folgenden gegebenen Informationen zur Biographie unseres Chronisten lässt sich jeweils einer ganzen Reihe einschlägiger Forschungsbeiträge entnehmen; ernst zu nehmende Widersprüche zwischen den verschiedenen Darstellungen bestehen aufgrund der nur spärlich vorhandenen Dokumente nicht. Da es ermüdend wäre, bezüglich jeder einzelnen Behauptung die einschlägigen Referenzen anzugeben, erfolgt stattdessen hier der Hinweis auf die konsultierten Darstellungen von Leben und Werk Antonio de Herreras, in ihrem Umfang allesamt überschaubar: Ballesteros-Beretta 1934; Ballesteros Gaibrois 1969; Cuesta Domingo 1991; Esteve Barba ²1992, 128 ff.; Kagan 2004, 2006 und 2009.

702 Untypisch deshalb, weil unter dem Einfluss der Gegenreformation nach 1552 der Zugang zu ausländischen Universitäten systematisch unterbunden wird und nur unter besonderen Umständen in Einzelfällen möglich ist.

nach Spanien mit sich; er begleitet Sabionetta sodann 1579 auf seinen neuen Posten nach Valencia. Einhellig wird Antonio de Herrera in der Forschung eine Neigung zu großzügigem Lebensstil bescheinigt, worauf nicht nur seine umfangreichen Investitionen in Immobilien und Luxusgüter hinweisen, sondern auch seine Konsequenz bei der Erschließung von Einkommensquellen. Vorteilhaft in diesem Sinne ist für ihn auch seine erste Ehe, die er 1581 mit Juana de Esparza y Artieda eingeht; diese stammt aus einer vermögenden navarresischen Familie und ermöglicht ihm 1583 den Kauf seines ersten Hauses in Madrid. Die Folgezeit ist geprägt von Schicksalsschlägen: Bereits 1584 stirbt Herreras Frau, zwei Jahre darauf seine Tochter Juana. Herrera selbst äußert sich in keinem der erhaltenen Dokumente dazu.[703] Gut dokumentiert ist hingegen sein Eintritt in den *servicio real* im selben Jahr 1586, den er einer testamentarischen Empfehlung durch seinen langjährigen Förderer verdankt. „Conscribendis Americanarum Rerum" sieht sich Herrera 1588 in der Lage, einen weiteren Hauskauf in Madrid zu tätigen. Die Jahre bis zu seiner Berufung als *Cronista Mayor de Indias* 1596 verbringt er mit der Redaktion historiographischer Texte, die geeignet sind, sein fachliches Profil unter Berücksichtigung des herrschenden Zeitgeistes zu schärfen und sich das Wohlwollen des Monarchen für die Zukunft zu sichern. Hervorzuheben sind die *Historia de la guerra de turcos y persanos* (1588), die *Historia de lo sucedido en Escocia e Inglaterra, en quarenta y quatro años que bivió María Estuardo, Reyna de Escocia* (1589), und die *Cinco libros de la historia de Portugal, y conquista de las Islas de los Açores, en los años de 1582 y 1583* (1591). Die Berechnung geht auf; ab 1598 wird ihm zusätzlich die Funktion des *Cronista Mayor de Castilla* übertragen. Er widmet sich nun parallel zu früher begonnenen Arbeiten auch den *Décadas*, deren erster Teil 1599 der Zensur vorgelegt wird, und der *Historia del mundo*, die ihm Gelegenheit gibt, seine Neigung zum Geld auf eine bis dahin nicht gekannte Weise zu forcieren: Wie einschlägige Korrespondenz belegt, beabsichtigt er seine Darstellung der Figur des Alessandro Farnese im Zusammenhang mit den Aufständen in den Niederlanden von der Zahlung einer angemessenen Summe abhängig zu machen. Allem Anschein nach geht die Familie des Betroffenen auf das Ansinnen ein.[704] 1601 erfolgt zunächst die Publikation der ersten vier von acht *Décadas*; Herrera folgt dem Königshof nach Valladolid, von wo er 1606 nach Madrid zurückkehrt, um an der *Puerta del*

---

703 Das mag allerdings nicht allzu viel bedeuten, da Herrera selbst zu seinen Lebzeiten einen Großteil seines privaten Archivs vernichtet hat. Vgl. dazu Kagan 2009, 195.

704 Vgl. zu dieser Episode den einschlägigen Aufsatz Pérez Bustamante 1933.

Sol – direkt im Zentrum der Stadt – ein Haus zu beziehen. Zu diesem Zeitpunkt ist seine herausgehobene Stellung bei Hofe aber bereits untergraben, und zwar auf Betreiben des Duque de Lerma, der seine weitverzweigte Gefolgschaft mit lukrativen Ämtern zu versorgen beabsichtigt und dazu unter anderem den *Cronista Mayor de Indias* diskreditiert.[705] Herrera schließt sich daraufhin der Fraktion von dessen Gegnern um Francisco de Mendoza an. Als Letzterer 1607 einen schlecht geplanten Staatsstreich auszuführen versucht, gerät Herrera in die Mühlen der Justiz und wird 1608 mit Hausarrest belegt. Er wird seiner Ämter enthoben und 1611 aus Madrid verbannt. Letztlich allerdings übersteht er auch diese Affäre unbeschadet, indem er seine Arbeit nie unterbricht und konsequent auf die Wiederherstellung seines Rufes hinwirkt: 1612 erscheint der *Tratado, relación y discurso histórico de los movimientos de Aragón...*, 1615 erfolgt die Publikation der *Décadas* vier bis acht. Bereits 1614 hat Herrera die Erlaubnis zur Rückkehr nach Madrid erhalten und widmet sich neuen historiographischen Aufgaben. Seine außerordentliche Produktivität dürfte ein gewichtiges Argument im Rahmen seiner erfolgreichen Kampagne gegen den Rivalen Pedro de Valencia, einen Gefolgsmann des Duque de Lerma, gewesen sein. Es gelingt ihm sogar, sich vom Hof zu absentieren, ohne auf seinen Lohn verzichten zu müssen. In seinen letzten Lebensjahren engagiert sich Herrera als politischer Stratege unter Philip IV. und tritt nochmals mit einschlägigen Schriften hervor (vgl. Kagan 2009, 198). Am 27. März des Jahres 1625 stirbt Antonio de Herrera y Tordesillas in seinem Haus in der *Calle de la Reyna* in Madrid.

Für ein angemessenes Verständnis von Herreras Sicht auf die Dinge ist zu betonen, dass jenseits der hofinternen Diplomatie, in der Herrera großes Geschick beweist, und abgesehen von den Pfründen, die dort verteilt werden, auch bei ihm im Kern ein aufrichtig empfundenes Interesse am Schicksal der Monarchie in Rechnung zu stellen ist. Auch wenn persönliche Interessen unbestreitbar eine Rolle spielen, ist das echte Bedürfnis, die Politik zum Wohle des Imperiums zu beeinflussen und Fehlentwicklungen zu verhindern, ebenso von Belang. Eine Rekonstruktion seiner Motive

---

705 Vgl. zu diesem Vorgang und dem anschließenden Bruch von Herreras Karriere insbesondere Kagan 2009, 191 ff. Die Rekonstruktion dieser Vorgänge durch Kagan beruht auf gänzlich neuen Quellenfunden; bis dato konnte die Forschung hier lediglich spekulieren und es wurde, durchaus naheliegend, eine Verbindung zu seiner fortdauernden Maßlosigkeit, die ja bis zu Erpressungsversuchen reicht, hergestellt.

sollte im Sinne mentalitätsgeschichtlicher Angemessenheit nicht auf den Aspekt egozentrischer Vorteilsnahme reduziert werden.

Die *Décadas* von Antonio de Herrera y Tordesillas liegen neben der Originalausgabe von 1601/1615 mittlerweile in drei weiteren Ausgaben vor, von denen eine aus den Jahren 1726–1730 datiert und den Charakter eines Nachdrucks besitzt, die beiden weiteren von 1934–1957 beziehungsweise 1991. Die ältere der beiden umfasst siebzehn Bände und versteht sich als wissenschaftliche Edition, die jüngere umfasst vier Bände und versteht sich als populäre Edition.[706] In der bisherigen Forschung zu diesem Text sind die beiden Ausgaben aus dem 17. und 18. Jahrhundert als Textgrundlagen unterschiedslos herangezogen worden, was insofern kein Problem darstellt, als Texttreue weitestgehend gegeben ist. Für die Linguistik ist jedoch sogleich die Einschränkung hinzusetzen, dass in der späteren Edition die Orthographie und Zeichensetzung systematisch den veränderten Normen der Zeit und des Druckortes angepasst wird; dies muss zwar nicht zu der Schlussfolgerung führen, dem Originaldruck gegenüber dem späteren zwangsläufig den Vorrang einzuräumen, jedoch dazu, insbesondere bei Untersuchungen zur Syntax eine gewisse Vorsicht walten zu lassen und den Verlust des Manuskripts von Herreras Hand stets mitzubedenken.[707]

Als Textgrundlage unserer Analysen dient der Originaldruck von 1601/1615 aus der *Biblioteca Nacional de España* (BNE). Diese Entscheidung zugunsten der schwerer zugänglichen Originalausgabe soll nicht darüber hinwegtäuschen, dass die Normierungseffekte des Buchdrucks im Prinzip dafür sorgen, dass der gedruckte Text des 17. Jahrhunderts systematisch ebenso weit vom Manuskript entfernt ist wie der gedruckte Text des 18. Jahrhunderts;[708] wohl aber versetzt sie uns in die Lage, bei der Statusbestimmung des Textes sämtliche Paratexte sowie Aspekte seiner Materialität

---

706 Bei der jüngsten Edition von 1991 handelt es sich um einen offenbar unter Zeitdruck entstandenen Nachdruck der Akademie-Edition, der zahlreiche Druckfehler aufweist und über keinen Apparat verfügt. Der Herausgeber selbst spricht davon, der vorrangige Zweck der Neuauflage sei es, den Text aus Anlass des fünfhundertjährigen Jubiläums der Entdeckung Amerikas einem breiten Publikum zugänglich zu machen (vgl. Cuesta Domingo 1991, 113). Für die wissenschaftliche Arbeit ist diese Ausgabe jedoch nicht geeignet.

707 Vgl. zu den interpretatorischen Fallstricken der Lektüre historischer Texte auch Rojas Mayer 2002, 187 f.

708 Zum Verfahren der Drucklegung im 16. Jahrhundert vgl. die einschlägigen Beiträge in Rico / Andrés / Garza 2000; zu den normierenden Auswirkungen des Buchdrucks auf die sprachliche Gestaltung vgl. Harris-Northall 1996, 128 ff.

in der Form zu berücksichtigen, in der sie sich aufgrund der Bedingungen ergeben haben, die im Entstehungszeitraum der Erstausgabe geherrscht haben.

Die Ausgabe umfasst vier Bände im *Folio*-Format, deren jeder je zwei der acht *Décadas* enthält. Die ersten beiden sind 1601, Band drei und vier 1615 in der *Imprenta del Rey* veröffentlicht worden.[709] Das Exemplar der BNE ist in Pergament gebunden.[710] Der Umfang der einzelnen Dekaden variiert, wie die folgende Auflistung zeigt:

Década I: 371 Seiten; *Década* II: 368 Seiten; *Década* III: 377 Seiten; *Década* IV: 293 Seiten; *Década* V: 317 Seiten; *Década* VI: 302 Seiten; *Década* VII: 315 Seiten; *Década* VIII: 341 Seiten; jede Seite enthält zwei Textspalten von je 6 cm Breite sowie im Normalfall 47 Zeilen. Wie für Texte dieses Typs zeitgenössisch üblich, können marginal Paratexte hinzutreten, die Angaben über gelehrte Referenzen enthalten oder aber lediglich Kurzangaben zum Inhalt. Sie sind im Regelfall 1,5 cm breit und stehen in 0,5 cm Abstand vom Haupttext. Wie zu erwarten, ist der gesamte Text in humanistischen Lettern gesetzt, die zu Beginn des 17. Jahrhunderts die gotischen bereits weitgehend verdrängt haben.[711]

---

709 Bei der *Imprenta del Rey* handelt es sich um wechselnde Madrider Druckereien, die mit einer Exklusivlizenz für königliche Druckaufträge ausgestattet werden. Signifikant ist der Umstand, dass diese Einrichtung im Jahr 1596 etabliert wird, also nur fünf Jahre vor der Drucklegung der *Décadas* (vgl. Moll 1994, 131 ff.); ein Zusammenhang mit der allgemeinen Tendenz zur verstärkten Kontrolle von Informationsflüssen unter Philipp II. liegt auf der Hand.

Vgl. auch die Transkription des Original-Vertrages zur Drucklegung mit dem damaligen *Impresor del Rey*, Juan de Junti (Cuesta Domingo 1991, 105 f.).

Die Drucklegung der Dekaden 5–8 (1615) erfolgt den Angaben auf der *portada* der fünften Dekade zufolge bei Juan de la Cuesta. Einschlägige historische Dokumente, die diesen Druckereiwechsel erklären, sind nicht bekannt. Anzumerken ist in diesem Zusammenhang aber, dass Juan de la Cuesta zu jener Zeit ein außerordentlich erfolgreiches und florierendes Geschäft betrieben hat (u. a. druckt er den *Quijote* von Cervantes), wobei zumindest gemutmaßt werden darf, dass die guten Geschäftsbeziehungen und die damit einhergehende Möglichkeit, neue Titel vorteilhaft und kostensparend im Handel zu platzieren, den Interessen Herreras und der Krone entgegengekommen sind.

710 Die weit überwiegende Mehrzahl der zeitgenössischen Drucke wurde in Pergament gebunden (vgl. Prieto Bernabé 2004, 164). In dieser Hinsicht liegt hier also ein gewöhnlicher Fall vor, gleichwohl ist der Preis des umfangreichen Werks für zeitgenössische Verhältnisse hoch.

711 Zu den systematischen Zusammenhängen der jeweils vorzufindenden Schriftart mit dem Status der Texte vgl. die einschlägigen Thesen in Kap. 5.2.

Während die Anzahl der Bücher per Definition festgelegt ist, variiert die Anzahl der Kapitel jedes einzelnen Buches erheblich, und zwar zwischen zehn und zwanzig; in seltenen Einzelfällen kann sie sogar außerhalb dieser Bandbreite liegen.

Die formale Gestaltung des Druckes entspricht im Wesentlichen den zeitgenössischen Gepflogenheiten und fordert insoweit zu keinem gesonderten Kommentar heraus; die Semantik der einzelnen Textelemente jedoch verdient einen Kommentar, insofern sie eine Reihe hoch signifikanter Indizien zur Pragmatik der *Décadas* liefert.[712]

Portadas[713] gehen jeder einzelnen Dekade mit Ausnahme der ersten voraus, die keine eigene *portada* aufweist, sondern unmittelbar an die *Descripción de las Indias* anschließt, welche dem Text der *Décadas* voran steht. Stiche umrahmen jeweils den vollständigen Titel des Textes (in humanistischen Majuskeln gesetzt) sowie die Angabe der Dekade, welcher sie vorangestellt sind; Gegenstand der Abbildungen, die den Text umranden, sind unterschiedlichste Figuren und Gegebenheiten, die mit den *sucesos de Indias* in Verbindung stehen. Ihre Auswahl ist ganz offenkundig Bezug nehmend auf den in der jeweiligen Dekade behandelten Zeitraum getroffen worden.[714] Zu Beginn stehen naheliegenderweise Cristóbal Colón und seine Entdeckungen in der Karibik im Mittelpunkt, in der zweiten Dekade die Expansion im karibischen Raum und auf dem zentralamerikanischen Festland mit ihren Protagonisten, sodann die *conquista de la Nueva España* und die *conquista del Perú* etc. Dabei besteht keine Scheu, die hervorstechenden Embleme, welche die indigenen Kulturen aus europäischer Sicht auszeichnen, in die Darstellungen aufzunehmen, wohl auch deshalb, weil sie am Ende des 16. Jahrhunderts bereits zu europäischem Gemeingut geworden sind und eigenständige Traditionen bilden, die man nicht mehr ohne Weiteres ignorieren kann. Ein zusätzliches nicht obligatorisches Element, das in den *Décadas* systematisch auftritt, sind die Inhaltsangaben (*sumarios*) zu den einzelnen Dekaden, die sich m. E. als textuelles Analogon der bereits erwähnten bildlichen Darstellungen begreifen lassen. Die als herausragend aufgefassten Ereignisse des jeweils behandelten Zeitabschnitts und ihre Akteure bilden die Referenz beider Formen der Semiose; beide können als Orientierungshilfe bei der gezielten

---

712 Vgl. in diesem Sinne auch Simón Díaz 1983, 1. Zur Relevanz von makrostrukturellen Indizien für den angemessenen Umgang mit dem vorgefundenen Textbestand vgl. Rojas Mayer 2002, 192 ff.

713 Vgl. dazu Kagan 2009, 181 f. sowie Simón Díaz 1983, 37 f.

714 Vgl. auch das Bildmaterial in Kagan 2009.

Konsultation der *Décadas* bezogen auf konkrete historische Zusammenhänge, hinsichtlich derer im Einzelfall Informations- und/oder Entschei-
dungsbedarf besteht, verstanden werden.[715]

Elemente hingegen, die in jedem lizenzierten Druckwerk der Zeit
enthalten sein müssen, sind die *suma del privilegio* (exklusive Drucker-
laubnis), die *tasa* (Festlegung des Preises) sowie die *censura* (Stellungnahmen der Zensur) und eine *dedicatoria* (Widmung).[716] Bei der Durchsicht
fallen einige interessante Details auf: Der in der *tasa* festgesetzte Preis von
2065 *maravedíes* liegt ganz unabhängig davon, wie man den Wert der
Währung am Beginn des 17. Jahrhunderts einschätzt, in einem Bereich, der
das Buch nur für einen hoch vermögenden Personenkreis erschwinglich
macht.[717] Der herausgehobene Status der *Décadas* wird ebenso anhand der
ungewöhnlich hohen Zahl von sechs Stellungnahmen verschiedener
Zensoren deutlich, die dem Text vorangehen. Die Professionen der be-
auftragten Zensoren spiegeln die wichtigsten Wissensdomänen, an denen
zeitgenössische Historiographie partizipiert hat und zeigen mithin, welch
großer Wert auf die Verbindlichkeit des Wissens im Falle der *Décadas* gelegt
worden ist.[718]

Im Text der vier *dedicatorias*, die Antonio de Herrera der *Descripción de
las Indias* sowie den Dekaden eins, sieben und acht vorangestellt hat, wird
die charakteristische Verbindung von propagandistischen Motiven (Be-
kämpfung der *leyenda negra*) nach außen mit rechtssystematischer Funktionalisierung nach innen deutlich, die uns später noch eingehender be-
schäftigten wird. Dabei ist eine Symmetrie zu beobachten, die neben
formalen auch inhaltliche Aspekte betrifft. Die *Décadas* werden von den

---

715 Vgl. dazu Simón Díaz 1983, 34.

716 Vgl. dazu insbesondere Simón Díaz 1983. Im konkreten Fall kommt dazu noch die
Liste der konsultierten Autoren, deren Status in Kap. 3.4. ausführlich erläutert
wird.

717 Vgl. Prieto Bernabé 2004, 374 ff.

718 Darunter sind der *Cosmógrafo Mayor*, der sich speziell zur *Descripción de Indias*
äußert, der Mönch Diego Dávila, der sich zur Übereinstimmung mit kontrare-
formistischer Dogmatik äußert, ein ehemaliger *Cronista Mayor* und ein nicht näher
bezeichneter Don García de Silva y Figueroa, was insgesamt klar als ein Reflex der
Spezialisierung und Professionalisierung der kastilischen Herrschaftsinstrumente,
zu der die *historia general* und das ihr zugrunde liegende Rechts- und Wissens-
verständnis quer liegen, zu werten ist. Auf eine eingehende inhaltliche Besprechung
der einzelnen *censuras* soll hier verzichtet werden, da sie sich weitgehend an den
Konventionen des Genres orientieren und an den wenigen Stellen, an denen sie für
hermeneutische Fragen interessant werden, Zusammenhänge andeuten, die bereits
in Kap. 2.2. und 3.3. erläutert worden sind.

Widmungen gewissermaßen eingerahmt, insofern diese der einführenden *Descripción de las Indias* und der ersten Dekade sowie den beiden letzten Dekaden vorangestellt sind. Diese Symmetrie orientiert sich an institutionellen Hierarchien, wenn eingangs – in absteigender Reihenfolge – erst dem König selbst, anschließend dem Präsidenten des *Consejo de Indias* eine Widmung zugedacht wird, im Falle der Dekaden sieben und acht analog, erst dem zum Zeitpunkt der Publikation des zweiten Bandes amtierenden Präsidenten des *Consejo de Indias*, Luis de Velasco und anschließend dem – rangniederen – *Consejero* Francisco de Texada y Mendoça, der für die Zensur der *Décadas* verantwortlich zeichnet.

Wird in der Widmung an Philipp III. die Rolle Kastiliens in der göttlichen Vorsehung betont, so in der darauf folgenden Widmung an den Ratspräsidenten Laguna die zentrale Rolle der Geschichtsschreibung bei der Würdigung der kastilischen Leistungen und ihrer Verteidigung gegen auswärtige Kritiker sowie bei der Gestaltung vorbildlicher Politik:

> [...] por mucho que algunos escritores, contra la neutralidad que requiere la historia, ayan procurado escurecer la piedad, valor, y mucha constancia de animo, que la nacion Castellana ha mostrado en el descubrimiento, pacificacion, y poblacion de tantas, y tan nueuas tierras, interpreta(n)do a crueldad sus hechos, para escurecerlos, hazie(n)do mas caso de lo malo que algunos hizieron, sin atribuyrlo a la divina permisio(n), por los pecados inormes de aquellas ge(n)tes, que de lo bueno q(ue) muchos obraron para estimarlo: creo con todo esso, que si alcançaran la verdad, y tuuieran conueniente noticia de las cosas, ilustrara(n) mas, hazañas, quales hombres jamas intentaron, ni acabaro(n): por donde muy claro se conoce, que el omnipotente Dios las tenia reseruadas para esta nacion, en que yo con particular cuydado, y sinceridad de animo, he hecho lo que he podido: [...].[719]

> [...] en siendo proueido V.S. por Presidente del Real y supremo Consejo de las Indias, conocie(n)do quanto conuenia que no estuuiessen mas tiempo sepultados hechos tan dignos de memoria, y que fuessen escritos por Coronista Real, pues de la historia se saca tanto fruto, y estan (sic!) ecxcelente, que excede tanto a la pintura, como el anima al cuerpo, contra la opinion de vn escritor moderno. Proueyendo de todos los medios necessarios con liberalidad y diligencia [...] poniendo este oficio de Coronista mayor en el punto y reputacion que tan ilustre exercicio merece [...]. [...] pues siruen las Coronicas de honrar los buenos, y vituperar lo malo, para exemplo de los venideros (Herrera 1601).

Während Herrera in der Widmung an Luis de Velasco die wesentlichsten Punkte der zwischenzeitlich geäußerten Kritik an seinem Text aufgreift, um sie zu entkräften, argumentiert er in der folgenden an Texada y Mendoça für die im Zuge verschiedener Verfahren der Autorisierung erwiesene

---

719 Herrera 1601.

Geltung und Stichhaltigkeit der von ihm im Text zusammengestellten Wissensbestände.[720]

Eine Parallelität lässt sich insofern nicht nur im Hinblick auf den institutionellen Status des je adressierten Förderers ausmachen, sondern auch im Hinblick auf die Struktur der Argumentation, die in den Widmungen kodiert ist. In der Widmung an Philipp III. greift Herrera naheliegenderweise das politische Programm der heilsgeschichtlich gedeuteten Expansion Kastiliens auf, um in der folgenden Widmung anzudeuten, wie die Geschichtsschreibung bei der Legitimierung und Verteidigung dieses Programms zur Geltung kommt. Er argumentiert also sachbezogen zugunsten der Statusabsicherung seines Textes. In den *dedicatorias* drei und vier wiederholt er dieses Vorgehen, diesmal aber textbezogen. Indem Herrera die zeitgenössisch vorgebrachten Kritikpunkte explizit zurückweist, argumentiert er zugunsten der Adäquatheit der Gesamtanlage des Textes; wenn er sodann in der abschließenden Widmung die intensive Zusammenarbeit mit der Zensur betont, so argumentiert er damit für die inhaltliche Richtigkeit des Textes. Gemeinsam dokumentieren die vier *dedicatorias* also den Status und die Funktion der *Décadas*, insofern sie deren inhaltliche Korrektheit und formale Adäquatheit belegen wollen, die Voraussetzung sind für die Unanfechtbarkeit ihrer Geltung, welche ihrerseits als Bedingung für ihre erfolgreiche Funktionalisierung zur Verteidigung der kastilischen Expansion gegen innere und äußere Widerstände zu sehen ist.

Für das Bestehen einer solchen Funktionalisierung spricht auch die explizite chronologische Auflistung der maßgeblichen kastilischen Beamten, die für die Krone in den *Indias* tätig waren, vor Beginn der ersten und der fünften Dekade. Unter dem Titel „LOS PRESIDENTES, /CONSEGEROS, SECRETARIOS, Y FISCALES/que hasta el dia presente han seruido y siruen en el Real y Supremo/Consejo de las Indias, desde su primero descubrimiento"[721] sowie anschließend „LOS GO-

---

720 Auf ein ausführliches Zitat soll hier verzichtet werden, da ein solches sehr umfangreich geraten würde, ohne wesentlich zur Erläuterung beizutragen.

Was die Zurückweisung der verschiedenen Kritiker seiner *Décadas* anbetrifft, ist für uns in erster Linie die – völlig plausible – Erklärung von Belang, dass ihr Abschluss mit dem Jahr 1554 in dem Umstand begründet liegt, dass in jenem Jahr auch die Befriedung der *Indias* vorläufig erfolgreich abgeschlossen werden konnte. Was die Verfahren der Autorisierung anbetrifft, referiert Herrera insbesondere die eingehende Prüfung der *Décadas* durch verschiedene Gremien und Spezialisten. Vgl. zu diesen Problemkomplexen auch Kap 3.4. und 5.1.

721 Herrera 1601.

VERNADORES, Y VIRREYES QVE / hasta aora han gouernado los reynos de nueua / España, y el Pirù"[722] werden die Namen der Amtsträger aufgeführt. Das Auftreten einer solchen Liste kann bezogen auf die zeitgenössische Pragmatik der Macht als Bestätigung der These einer juridischen Funktionalisierung der *Décadas* gedeutet werden. Die Makrostruktur dieses Textabschnitts bildet die Hierarchie der Institutionen und die Richtung der Machtübertragung ab, indem sie mit dem *Consejo Mayor de Indias* beginnt, zuerst dessen Präsidenten, dann die Ratsmitglieder und schließlich die Sekretäre aufführt, um erst danach die Vizekönigreiche von Nueva España und Perú zu behandeln. Den Namen der einzelnen Amtsträger sind keine Angaben zur Amtszeit beigefügt. Stattdessen enthalten die einzelnen Lemmata jedoch Angaben über den Werdegang und bisweilen die Abstammung der jeweiligen Person. Etwa: „Fray Garcia de Loaysa General de la or- / den de santo Domingo, confessor del / Emperador, Obispo de Osma, que fue / Arçobispo de Seuilla, y Cardenal".[723] Eine derart gestaltete Liste dient dem Zweck der Autoritätskonstitution mittels einer lückenlosen Genealogie der Amtsträger, die durchaus analog zu den mittelalterlichen Genealogien von Herrscherdynastien und Adelsgeschlechtern gesehen werden muss. Die Handlungen der Personen, die an den im narrativen Text dargestellten Sachverhalten mitwirken, treten damit systematisch in Beziehung zum Herrscherwillen, der sich in den einschlägigen Institutionen objektiviert, und werden zugleich einer Bewertung hinsichtlich ihrer Übereinstimmung mit oder Abweichung von diesem Herrscherwillen zugänglich gemacht. Jeder erhält seinen Platz in einer vom Monarchen garantierten Ordnung: Die Möglichkeit, dass er sich nicht seiner Position entsprechend verhält, besteht dabei durchaus, die subversive Vermutung, der Monarch sei nicht in der Lage, sein Imperium mit einer Ordnung auszustatten, wird jedoch widerlegt.

Die Akademie-Edition in 17 Bänden ist nach wie vor die maßgebliche Referenz für jede textwissenschaftliche Auseinandersetzung mit Herreras Historiographie. Sie ist vergleichsweise sorgfältig transkribiert worden und verfügt als bisher einzige Edition über einen Apparat von nennenswertem Umfang. Dieser allerdings wirft für Philologen und insbesondere Sprachwissenschaftler eine Reihe von Problemen auf.[724] Selbstverständlich

---

722 Herrera 1601.

723 Herrera 1601, 93.

724 Es ist deshalb nur in einem sehr eingeschränkten Sinne möglich, hier von einer „edición crítica" (Vélez 2007, 219) zu sprechen. Die Anwesenheit von Fußnoten konstituiert eben nicht *per se* einen kritischen Apparat. Die kritischen Anmer-

kann und soll es nicht das Ziel einer diesbezüglichen Reflexion sein, einem Projekt, das naheliegenderweise vom Positivismus geprägt worden ist, der in der akademischen Sphäre Spaniens bis weit über die Jahrhundertmitte hinaus dominiert hat, Ansprüche zu unterschieben, die es aufgrund seiner eigenen historischen Bedingtheit nicht erfüllen kann.[725] Es muss jedoch mit Blick auf aktuelle wie zukünftige philologisch-textwissenschaftliche Forschungsvorhaben festgehalten werden, dass von den Herausgebern bei der Rekonstruktion von Quellenangaben seinerzeit in einer Weise unsystematisch und exhaustiv vorgegangen worden ist, die typisch ist für die methodischen Standards in der spanischen Academia der 30er Jahre, die jedoch von stärker analytisch denkenden Zeitgenossen bereits damals scharf kritisiert worden ist.[726] So fruchtlos Ermahnungen zu einem bedachtsameren Vorgehen seinerzeit geblieben sind, so konfus wirken aus heutiger Sicht die Ergebnisse derjenigen Arbeiten, die – dem *mainstream* folgend – der Quantität verfügbarer Information unbedingten Vorrang eingeräumt haben. Diese Beobachtung, die von Paz auf die *Documentos inéditos para la historia de España* bezogen wird, gilt auch für die meisten anderen amerikanistischen Editionsprojekte jener Zeit.[727] Der Aspekt der Bereitstellung von Information ist auch heute noch dominant, was aus Sicht der Historiker bis zu einem gewissen Grad naheliegt,[728] aus aktueller Perspektive ist diese Ausrichtung jedoch deshalb problematisch, weil nach Maßgabe dieses Primats der Status der jeweils unterbreiteten Information,

---

kungen in Arellano 1999 zu dem in Editionen der *historiografía indiana* oftmals fehlenden „aparato crítico conveniente" (1999, 46) betreffen unmittelbar auch die hier besprochene Edition.

725 Besonders interessant in diesem Zusammenhang wäre eine historisch-systematische Aufklärung über die spezifischen Bedingungen des historisch-politischen *americanismo* im Spanien der Restaurationszeit, die gegebenenfalls als Erklärung für die positivistischen 'Materialschlachten' dienen könnten, die zu jener Zeit in Spanien anhalten, während anderswo (etwa in Frankreich) bereits neue Paradigmen entstehen. In neueren Publikationen zu diesem Ausschnitt der Wissenschaftsgeschichte wird jedoch bedauerlicherweise allzu häufig chronistisch verfahren und lediglich über das sukzessive Entstehen potenzieller Informationsquellen für den Historiker informiert. Vgl. etwa Cagiao Vila / Rey Tristán 2006; auch Vélez 2007.

726 Vgl. Paz 1930, XI.

727 Zum Beispiel für die *Documentos inéditos de Indias*, aber auch – auf einer anderen Ebene – für die *Décadas* von Antonio de Herrera.

728 Vgl. zu diesem Problem die pointierte, im Kern nach wie vor zutreffende Stellungnahme in Arellano 1999, 45 ff. sowie Pino 1999. Einen einschlägigen Kommentar zu den stark rezipierten Reihen *Biblioteca de autores españoles* und *Crónicas de América* gibt Bravo Guerreira 2004.

auf den avancierte kulturwissenschaftliche Forschung reflektieren muss, gerade nicht geklärt werden kann.

Die im Apparat der Akademie-Edition vermerkten Quellenangaben sind deshalb lediglich als Hinweise auf mögliche textgenetische Zusammenhänge aufzufassen; in dieser Funktion sind sie freilich außerordentlich hilfreich, um nicht zu sagen, unverzichtbar, da sie eine umfassende, in Jahrzehnten erarbeitete, spezielle und detaillierte Textkenntnis voraussetzen und vermitteln, die über das Vermögen einer Einzelperson hinausgeht. Ob tatsächlich textgenetische Zusammenhänge irgendeiner Art bestehen, muss jedoch für jeden Einzelfall eigens empirisch geprüft werden. Vier unterschiedliche Arten von Beziehung zwischen dem Text der *Décadas* und dem in der Edition jeweils ausgewiesenen Bezugstext lassen sich dabei nachweisen:

a) Parallelstellen im engen, anvisierten Sinne.
b) Parallelstellen im anvisierten Sinne, deren Umfang jedoch nicht präzise angegeben wird und der in den meisten Fällen kürzer ausfällt als die Zitierweise suggeriert, bei der das Ende der übereinstimmenden Textpassagen besonders dann unterschlagen wird, wenn Ratlosigkeit über die Quelle der anschließenden Textpassage herrscht.
c) Textstellen, die lediglich thematische Bezüge aufweisen, jedoch keine für die linguistische Analyse verwertbaren sprachlichen Übereinstimmungen.
d) Textstellen, für die sich die behaupteten Bezüge trotz Konsultation mehrerer Editionen der jeweiligen Bezugstexte nicht haben nachvollziehen lassen.[729]

Diese unterschiedlich gearteten Beziehungen werden jedoch im Apparat nicht systematisch gekennzeichnet, sondern beliebig behandelt, sowohl was die konkrete Formulierung etwaiger Hinweise auf den Status des Bezugstextes anbetrifft, die oftmals missverständlich ausfällt, als auch die Frage, ob derartige Hinweise überhaupt gegeben werden.[730] Angesichts der

---

729 Insbesondere die in der Edition aufzufindenden Verweise auf *documentos jurídicos* im engen Sinn, also *reales cédulas* oder *reales provisiones*, haben sich im Rahmen intensiver Vergleiche durchgängig als zu Kategorie c) oder d) gehörig erwiesen (vgl. Kap. 3.5.2.).

730 Zur Illustration des Problems folgen einige exemplarische Hinweise auf falsche oder irreführende Informationen und ihre jeweilige Formulierung in den Fußnoten der Edition.

In Déc. V, lib. 3, cap. 4 etwa wird in gleich lautend knapper Form auf konkrete Textstellen bei Pedro Pizarro, Gómara, Illescas und Zárate verwiesen, ohne dass

aus diesem Vorgehen resultierenden unklaren Verhältnisse ist es selbstverständlich denkbar, dass die hier präsentierten empirischen Ergebnisse im Detail durch zukünftige Studien ergänzt werden; immerhin darf diese Arbeit jedoch für sich in Anspruch nehmen, das grundsätzliche Problem erstmals als solches zu benennen und zu reflektieren.[731]

5.1. Text und historisches Wissen in den *Décadas*

In der Vergangenheit ist wiederholt die Frage nach Antonio de Herreras Wahrhaftigkeit gestellt worden. Sie ist in dieser einfachen Form deshalb unbeantwortbar, weil man sich mit guten Gründen für jede der beiden denkbaren Antworten entscheiden kann, und weil man dabei in jedem Fall

---

dabei die Art des Verhältnisses zu diesen Textstellen näher bezeichnet wird. Eingehende Vergleiche haben ergeben, dass für die *Relación* von Pizarro die kompilatorische Verarbeitung in den *Décadas* nachzuweisen ist, allerdings nicht durchgängig, sondern mit Unterbrechungen und lediglich an einzelnen, eng begrenzten Textstellen, was den Fußnoten nicht zu entnehmen ist. Für die in gleicher Form bezeichneten Textstellen aus Gómara, Illescas und Zárate haben sich die Verweise nicht in gleicher Form bestätigen lassen. Es bestehen dort bestenfalls inhaltliche Übereinstimmungen. Gleiches gilt für Déc. III, lib. 2, cap. 18, wo in unspezifischer Form auf Motolinia verwiesen wird, dessen *Memoriales* jedoch definitiv nicht zur Kompilation der *Décadas* genutzt worden sind. Dies wird zwar nicht explizit behauptet, jedoch verhält es sich in anderen Fällen, die in der gleichen Form vermerkt werden, durchaus so.

Ein ähnliches, systematisch auftretendes Problem stellen die Verweise auf unterschiedlichste *documentos jurídicos* dar, die zwar einen inhaltlichen Bezug zu den dargestellten Sachverhalten aufweisen, jedoch keinen textuellen Bezug zur Sachverhaltsdarstellung. Dies ist an sich wiederum kein Problem, sollte jedoch in irgendeiner Form kenntlich gemacht werden, was nicht geschieht. Dies betrifft zum Beispiel die Dokumente, die in Déc. IV, lib. 1, cap. 9 angeführt werden, deren Pragmatik sie jedoch nicht zuletzt in je völlig unterschiedliche Beziehungen zum jeweiligen Sachverhalt setzt, was nicht problematisiert wird.

Umgekehrt geschieht es, dass das Verhältnis der Texte in Einzelfällen durchaus präzise benannt wird, etwa „la mayoría de este capítulo de Herrera es transcripción abreviada de las Ordenanzas para el buen tratamiento de los indios firmadas en Toledo [...]" (Déc. IV, lib. 4, cap. 4), was jedoch darüber hinwegtäuscht, dass ein solch unmittelbarer Bezug durchaus auch in anderen Fällen besteht, in denen er – wie bereits gezeigt – nicht kenntlich gemacht wird.

731 Dabei geht es – zur Wiederholung – nicht um pedantische Kritik, die zwangsläufig auch unhistorisch wäre, sondern vielmehr gerade um die Ausweitung der Reflexion auf die Historizität des Wissens von der Objekt- auf die Metaebene, die eine unbedingte Voraussetzung darstellt für den Erkenntniszuwachs, dem die im Folgenden vorgestellte Analyse dienen soll.

gezwungen ist, Teile der komplexen Zusammenhänge im institutionellen Umfeld um Antonio de Herrera auszublenden. Wird ihm die aufrichtige Verteidigung der historischen Wahrheit attestiert, so geschieht dies unter Bezugnahme auf seine offiziell ausgetragenen Prozesse mit den Gegnern, die seine *Décadas* bereits vor ihrer Veröffentlichung auf den Plan gerufen haben; zeiht man ihn hingegen der Vorteilsnahme und der Lüge, so unter Bezugnahme auf seine inoffiziellen Nötigungsversuche gegenüber der Familie Farnesio. Die Frage nach seinem relativen 'Abstand' zur historischen Wahrheit ist jedoch für den *Cronista Mayor de Indias* ebenso wenig zu klären wie für alle anderen Verfasser aus dem Umfeld der *historiografía indiana*; angemessener – dies sollte bereits deutlich geworden sein – ist die Frage nach den Interessen, die in jedem Einzelfall hinter dem Versuch der Herstellung von historischer Wahrheit stehen.[732]

Im Streit mit dem Franziskanermissionar Juan de Torquemada, der ihm vorwirft, aufgrund seiner fehlenden persönlichen Kenntnis der *cosas de Indias* als Verfasser einer *historia de Indias* ungeeignet zu sein, geht es nur oberflächlich um die Frage, ob Herrera die glaubwürdigste aller verfügbaren 'Quellen' gewählt hat; unausgesprochen im Zentrum steht die Frage, welche gesellschaftlichen Gruppen mit ihren Interessen im Machtkampf durch die *historiografía oficial* Absolution erhalten und welche nicht. Juan de Torquemada steht als Vertreter der Kirche, der sich seinerseits historiographisch betätigt, in einer Konkurrenz um die Deutungshoheit. Als Franziskaner und Schüler von Gerónimo de Mendieta steht er zudem ganz offenkundig und unweigerlich in Opposition zu Herrera, der die Positionen des Monarchen vertritt (vgl. Kap. 3.2.2.).

Auch am Rechtsstreit mit dem Conde de Puñorostro, Nachfahre von Pedrárias Dávila, ist das Signifikante nicht in erster Linie die vermeintliche Unbestechlichkeit Herreras. Stattdessen ist zu bedenken, dass Dávila zu Lebzeiten in offener Feindschaft zu Fernández de Oviedo stand, der ja nicht nur als Verfasser der einschlägigen *Historia general y natural de las Indias* hervorgetreten ist, sondern auch als hochrangiger Repräsentant der Krone. Darüber hinaus genoss er als Historiograph die offizielle Patronage des Königs selbst und wird von Herrera insofern naheliegenderweise als Autorität anerkannt. Widerstand gegen die Forderungen der Nachfahren von Pedrarias Dávila ist für Herrera, der sich seinerseits als indirekter Nachfolger von Fernández de Oviedo verstehen kann, keine Frage der Aufrichtigkeit, sondern beinahe eine Amtspflicht. Unabhängig davon, wie

---

732 Vgl. auch Kagan 2005 zu diesen Zusammenhängen und ihrer Relevanz für die institutionalisierte *historiografía oficial* und insbesondere Antonio de Herrera.

despotisch Pedrarias Dávilas Regiment tatsächlich gewesen sein mag und
ob Fernández de Oviedo eventuell im eigenen Interesse übertrieben hat,
wird ein Vertreter der *Crónica Mayor de Indias* in jedem Fall die Klienten
des Monarchen und Vorbilder seiner eigenen Tätigkeit stützen, ebenso
selbstverständlich wie dies die Gerichte seinerzeit getan haben.[733]

Es wäre unangebracht zu glauben, jenseits dieser Formen interesse-
geleiteter Positionierung sei eine unvoreingenommene Wahrheit in einer
bestimmten Form der Geschichtsschreibung zu finden. Vielversprechender
ist demgegenüber ein Blick auf die formale und inhaltliche Gestaltung des
Textes, die es gestattet, Diskurstraditionen zu identifizieren, welche ihrerseits Hinweise auf die Pragmatik der *Décadas* geben. Aus Rücksicht auf
die Forschungsgeschichte mag am Beginn dieser Bemühungen erneut eine
einflussreiche Referenz stehen, die zwar relevante Probleme benennt, diese
jedoch zugleich höchst unproduktiv (und dabei vor allem unhistorisch)
perspektiviert:

> Er darf […] auf das Verdienst Anspruch erheben, daß er einen großen his-
> torischen Stoff zum ersten Male zusammengefaßt und nach den Regeln der
> klassizistischen Historiographie bearbeitet hat. In jeder andern Beziehung
> steht er hinter seinen Vorgängern zurück.
> Die Disposition seines Werkes ist ganz unglücklich. Er übertrug das
> Prinzip der annalistischen Gliederung sogar auf die Geschichte der Entde-
> ckungen, wo es weniger angebracht war als irgendwo sonst. Er hielt trotzdem
> an der annalistischem Methode fest und […] warf nun die verschiedenar-
> tigsten Begebenheiten durcheinander.[734]

Demgegenüber ist später folgende anders lautende Bewertung der 'Disposition seines Werkes' formuliert worden, die umfänglich zitiert zu
werden verdient, da sie es gestattet, eine erste Orientierung in der hier
favorisierten diskurstraditionellen Perspektive zu gewinnen:

> Este conjunto se compone de una descripción y de ocho décadas, dividida cada
> una en diez libros como su nombre indica, los cuales abarcan los años
> transcurridos entre 1492 y 1554. La adhesión a los métodos clásicos, el sistema
> de anales seguido por los historiadores romanos, causa cierta impresión de
> desorden. En el mismo año se llevan a cabo muy distintas hazañas en sitios muy
> diversos del planeta para que la coincidencia cronológica por sí sola pueda dar
> sensación de unidad. Por ejemplo el año 1519 ve la fundación proyectada por
> Las Casas en Cumaná, la partida de Cortés y los preparativos de Magallanes.

---

733 Völlig zu Recht ist deshalb jüngst bemerkt worden: „Few historians, whether
official or unofficial, wrote history free of ideological influences or polemical
concerns. Open bias was almost a given" (Kagan 2009, 4). Noch hat sich diese
Deutung aber nicht allgemein durchgesetzt.

734 Fueter [2]1936, 301 f.

Mas es lo cierto que si el lector, por causa de esta ordenación, pierde el hilo de la sucesión de los acontecimientos gana en cambio en visión de simultaneidad. Por otra parte, no es sólo Herrera quien así escribe, sino, como Livio o como Tácito, toda la escuela de historiadores del Renacimiento.[735]

Die zeit- und raumbezogene Disposition historischer Sachverhalte, die naheliegenderweise ein zentrales Kriterium der Charakterisierung historiographischer Texte darstellt, insofern sie epochen- und texttypenbezogen unterschiedlich ausfallen kann (vgl. Kap. 3.5.1.), wird hier klar auf einschlägige Traditionslinien zurückgeführt und geht dabei von der – in unserem Sinne angemessenen – Fragestellung nach den historischen und sprachlichen Bedingungen der Konstitution historischen Wissens aus. Gleichwohl kommt es nun darauf an, den bei Esteve Barba formulierten Ansatz systematisch zu vertiefen.

Dabei wäre zunächst zu fragen, inwiefern der generische Verweis auf die einschlägigen antiken Referenzautoren Livius und Tacitus ergänzungsbedürftig ist. Zwar wird Livius von Herrera ausdrücklich als Autorität anerkannt,[736] zu beobachten ist jedoch auch das Auftreten ähnlicher Formen der Textgestaltung im Rahmen der offiziellen *historiografía indiana* des 16. Jahrhunderts selbst. Dabei geht es im Kern nicht darum, eine Entscheidung herbeizuführen und die Möglichkeit der Relevanz antiker Vorbilder ausdrücklich zu bestreiten, wohl aber ist die Perspektive um die traditionsbildende Autorität der institutionalisierten Formen der *historiografía indiana* zu erweitern. Die signifikantesten Elemente der Makrostruktur der *Décadas* lassen sich in dieser Tradition nachweisen, und zwar beginnend mit dem frühesten Vertreter explizit historiographischer Bemühungen um die *Indias*, Pedro Martir de Anglería, der zwischen 1510 und 1526 mit acht Dekaden über die Neue Welt, verfasst in lateinischer Sprache, hervortritt. Nur wenige Jahre später findet sich in der *Historia general y natural de las Indias* von Gonzalo Fernández de Oviedo das problematische Nebeneinander exhaustiver Erfassung des Raumes und annalistischer Gliederung realisiert,[737] zudem wird damit bereits erstmals

---

735 Esteve Barba [2]1992, 130 f.
736 Vgl. Herrera 1804, 29 f.
737 Von dem allerdings zu sagen ist, dass es in der humanistischen Theorie der Geschichtsschreibung durchaus reflektiert und so entschieden wird, wie dies dann auch in den Texten von Fernández de Oviedo und Herrera nachvollzogen wird. Die aufgeregte Kritik, die Fueter [2]1936 an Beiden übt, stellt einen besonders markanten Fall positivistischer Fehldeutung dar. Vgl. auch Kohut 2009, 16.
   Relevant sind in diesem Zusammenhang auch die Ausführungen zum Universale der Linearität in Gauger 2003.

ein *prototypisch* historiographischer Text zu den *Indias* in *kastilischer Sprache* verfasst.[738] Keinesfalls ausgeschlossen ist, dass die beiden Humanisten ihrerseits von der klassisch-antiken Annalistik zehren, gleichwohl darf festgehalten werden, dass die konstitutiven Elemente der Makrostruktur unserer *Décadas* allesamt bereits seit 1535 in gedruckten Texten verarbeitet vorliegen. Zu rechnen ist also mit einer zweifellos humanistisch (und damit indirekt antik) geprägten, sich in ihrer Geltung im Verlauf des 16. Jahrhunderts jedoch verselbständigenden Texttradition. Diese Deutung wird gestützt durch den Umstand, dass die von Antonio de Herrera fortgeführten Elemente der Makrostruktur gerade jenen Vorläufern entstammen, die in ihrer Geltung zeitgenössisch weitgehend unangefochten geblieben sind. Die Verstetigung von Autorität konnte von Herrera durch die Wahrung der Form dieser unangefochtenen Vorläufer geleistet werden. Wenn nun die durchaus rezeptionsunfreundliche Anlage der Texte dennoch geeignet gewesen ist, autoritätsstiftend zu wirken, so drängt sich die Frage auf, welche Aspekte der Textpragmatik zur Erklärung dieses Phänomens heranzuziehen sind. Wir stoßen dabei erneut auf die rechtssystematische Relevanz der Historiographie im Kontext der imperialen Expansion Kastiliens.

Das eigentliche Problem entzündet sich an der sprachlich-diskursiven Gliederung des Raumes in den *Décadas:* Diese folgt, wie unschwer festzustellen ist, der administrativen Gliederung desselben, die sich historisch aus der sukzessiven Vergabe der *Capitulaciones* an die späteren *descubridores* und dem Verlauf der anschließenden *conquistas* ergeben hat. So selbstverständlich dieses Vorgehen auch erscheinen mag, ist es juristisch nicht ohne Tücken, schließlich werden die verschiedenen überseeischen Territorien der kastilischen Krone damit zumindest in ihrer historiographischen Behandlung den *Reynos* der iberischen Halbinsel gleichgestellt; nun ist hinlänglich bekannt, dass eine solche Gleichstellung in keiner Weise den Absichten der Krone entsprochen hat und alles unternommen worden ist,

---

738 Angesichts der in Kastilien bereits seit dem Mittelalter fest etablierten Tradition muttersprachlicher Historiographie wäre die angemessene Frage aber wohl, weshalb Martir de Anglería, gebürtig aus Arona im Piemont, sich des Lateinischen bedient, und eine wahrscheinliche Antwort ist die, dass seine Herkunft der Grund dafür ist. Juan Ginés de Sepúlveda ist bekanntlich mit seiner lateinisch verfassten, radikal humanistischen *De rebus hispanorum gestis ad Novum Orbem* grandios gescheitert. Denkbar ist allerdings auch, dass das Lateinische am Beginn der einschlägigen Historiographie noch geduldet war, während es später in dem Maße zurückgedrängt wird, in dem das imperiale Projekt an Konturen gewinnt.

um eine entsprechende Entwicklung zu verhindern.[739] Das Ziel war die freie Verfügungsgewalt des Monarchen über die hinzugewonnenen Territorien; dem hätte die traditionelle rechtliche Selbständigkeit eines *Reyno* gerade entgegengestanden. Rechtssystematisch begründet ist die Anlage der *Décadas* aber in einer anderen Perspektive: Die Struktur des administrativ überformten Raumes in den *Indias* hat ihre Ursache im Verlauf und der Reichweite der *descubrimientos*, deren Agenten durch die *Capitulaciones* vertraglich an den kastilischen König gebunden gewesen sind.[740] Daraus folgt, dass die Abbildung der aus diesen Vorgängen resultierenden administrativen Struktur des Raumes in den *Décadas* indirekt eine Rechtsauffassung dokumentiert, nämlich die der Abhängigkeit dieser Territorien von der kastilischen Krone. Obgleich Antonio de Herrera explizit anders lautende metahistoriographische Auffassungen vertritt, setzt er sich damit dem *vitium* der *prolijidad* aus; er tut dies, weil die Sicherung der effektiven Herrschaft des kastilischen Königs über die *Indias* es erforderlich macht, die eigene Kenntnis von der internen Komplexität des administrativ überformten Raumes, die auch voneinander abgegrenzte Geltungsbereiche des Rechts in diesem Raum impliziert, in Form eines quasi-genealogischen Nachvollzugs seiner historischen Konstitution zu dokumentieren.[741]

---

739 Der paradigmatische Fall ist hier die Entmachtung von Cortés, der sich mit seinem Vorschlag, Karl V. möge sich zum Kaiser der *Indias* ausrufen lassen und ihn selbst als König von *Nueva España* einsetzen, verdächtig gemacht hat.

740 Es wirkt unter dieser Voraussetzung mehr als kurios, wenn etwa in Wilgus 1975 eine der Kapitelüberschriften zur Historiographie des 16. Jahrhunderts lautet: „Mexico; Central America; South West United States" (1975, 42).

741 Vgl. zur Problematik der Konzeptualisierung des amerikanischen Raumes im 16. Jahrhundert auch Jiménez 2001, 194 ff.

Im Anschluss an diesen Zusammenhang wird auch erklärlich, weshalb es Antonio de Solís in seiner knapp siebzig Jahre später veröffentlichten *Historia de la conquista de México* möglich gewesen ist, die Konkurrenz der Kategorien 'Raum' und 'Zeit' um den Vorrang in der Linearität des geschriebenen Textes von vornherein auszuschließen, indem er sich auf die Darstellung eines einzigen – administrativ überformten – Raumes beschränkt. Die rechtssystematischen Anforderungen an die Pragmatik einschlägiger historiographischer Texte hatten sich schlicht verändert. Die Notwendigkeit einer systematischen Legitimation der kastilischen Ansprüche, die Herrera dazu genötigt hatte, bei der Textanlage Kompromisse zu machen, die auch ihm selbst kritisch erschienen sein dürften, war in dieser Form später nicht mehr gegeben. Als Antonio de Solís für die *Crónica Mayor de Indias* tätig gewesen ist, hatte die normative Kraft des Faktischen bereits die Oberhand gewonnen und anstatt der Rechtfertigung des *status quo* war nun lediglich seine propagandistische Verteidigung gefragt (vgl. Pagden 1987; auch Pérez-Amador Adam 2011). Am Stil und an der Charakterisierung der Figuren in

Die an der Annalistik orientierte zeitliche Anordnung der Sachverhalte nach Jahren, die in der Praxis dazu zwingt, sukzessive verschiedene Räume abzuhandeln und dementsprechend die zur Darstellung kommenden Einzelereignisse aus ihrem zeitlichen und sachlichen Zusammenhang zu reißen (der für die Identifizierung von *causae* so eminent wichtig wäre), fügt sich in diese Deutung: Das Bemühen um chronologische Ordnung und Datierung von Ereignissen findet sich im späten Mittelalter insbesondere in (meist kirchlichen) Institutionen, die sich so ihrer Rechtsansprüche, etwa gegenüber der Krone, zu vergewissern gedenken. Dieses Verfahren der Autorisierung von Rechtsansprüchen wird in der *historiografía indiana* nun in den heilsgeschichtlichen Horizont des kastilischen Selbstverständnisses hinein verlagert. Die konsequente chronologische Ordnung und Datierung hat jedoch auch einen wichtigen formalen Aspekt: Sie produziert Paratexte, die eine zügige sachbezogene Orientierung im Buch erlauben, sodass es als Nachschlagewerk benutzbar wird. Nichts Naheliegenderes, als dass es innerhalb des *Consejo de Indias* genau in dieser Weise benutzt worden ist.[742]

Die rechtssystematische Relevanz der *Décadas* ergibt sich auch in der Außenperspektive, versteht man sie als ein Dokument der Ansprüche der kastilischen Monarchie in Konkurrenz zu anderen europäischen Mäch-

---

der *Historia de la conquista de México* ist im Übrigen rasch festzustellen, dass sie auf ein gänzlich anders gelagertes Bedürfnis reagiert als die *Décadas*.

Es ist insofern auch in dieser Perspektive falsch, Antonio de Herrera Oberflächlichkeit zu unterstellen und Solís dementsprechend ein höheres Maß an Kompetenz zu attestieren. Vielmehr schreiben beide grundverschiedene Texte, die den Wandel einer Diskurstradition widerspiegeln. Antonio de Solís selbst scheint die Sachlage annähernd so gesehen zu haben, denn wenngleich Historiker des 20. Jahrhunderts die polemische und unproduktive Auseinandersetzung um den Wert der *Décadas* auch in dieser Perspektive nicht gescheut haben, hat er ein vergleichsweise unaufgeregtes Verhältnis zu Herrera und kritisiert ihn genau dort, wo sich die Veränderung der pragmatischen Anforderungen an den Text am deutlichsten niederschlägt. Insbesondere ist dies bezüglich des Umgangs mit Hernán Cortés als Figur der historischen Erzählung der Fall. Vgl. insbesondere Arocena 1963, 151 ff.

742 Vgl. zur Tradition der Herstellung von Wissensbeständen mit Relevanz für die politische Praxis und ihren textuellen Manifestationen, die in Kastilien bereits seit Alfons dem Weisen kontinuierlich bestehen, auch Greußlich 2009 und Kabatek 2008a.

Auch die narrative Darstellung exemplarischer Sachverhalte als Grundlage der Rechtssetzung im *derecho consuetudinario* ist in Kabatek 2001 am Beispiel der *Fazañas* überzeugend rekonstruiert worden.

ten.[743] Eine detaillierte Analyse des gesamten Textes der *Décadas* im Hinblick auf die einschlägige Semantik soll nicht Gegenstand dieser Arbeit sein, jedoch weist bereits ein Blick auf den Titel in diese Richtung. So besteht der vollständige Titel der *Décadas*, *Historia general de los hechos de los castellanos en las islas y tierra-firme del mar océano*, ausschließlich aus juristisch funktionalisierten Begriffen. *Historia general* bezeichnet einen besonders extensiven Typ von Historiographie mit einem umfassenden Anspruch an die Sachverhaltsdarstellung, der zwar in raumbezogener Hinsicht unterhalb desjenigen der *historia universal* (Weltgeschichte) liegt, jedoch zugleich einen umfassenden Anspruch hinsichtlich der Erfassung unterschiedlichster Gegenstände und Sachverhalte erhebt, der die Voraussetzungen für effektive Normsetzung im Modus des *derecho consuetudinario* schafft (vgl. Kap. 3.2.). Die *Indias* als integraler Bestandteil der kastilischen Monarchie werden in diesem Ausdruck Programm. Die *hechos* sind erkennbar als eine Übersetzung der antiken wie mittelalterlichen Tradition der *gesta* ins Kastilische. Von diesen wissen wir, dass sie *grosso modo* dazu gedient haben, unter Verweis auf die Großtaten der Vergangenheit erzieherisch auf die Gegenwart einer bestimmten Gemeinschaft zu wirken und zugleich deren je gegenwärtige Machtansprüche zu legitimieren. Der Begriff der *hechos* im historiographischen Kontext zeigt an, dass aus den Leistungen der Vergangenheit ein Anspruch für die Gegenwart abgeleitet wird. Die Beschränkung auf *Castellanos* berührt nicht die Frage, ob nicht auch Bewohner anderer Teile der Iberischen Halbinsel mit den *Indias* in Kontakt stehen; stattdessen ist er metonymisch zu verstehen und markiert erneut den Herrschaftsanspruch der kastilischen Krone unter Ausschluss konkurrierender Ansprüche; sämtliche in den *Indias* erbrachten Leistungen sind *per se* Leistungen für die kastilische Krone.[744] Die etwas umständlich wirkende Beschreibung der geographischen Referenz *islas y*

---

743 Die Tatsache, dass im Hinblick auf die Pragmatik der *Décadas* eine stichhaltige Unterscheidung von Innen- und Außenperspektive vorgenommen werden kann, liefert ein interessantes Indiz zugunsten der in Kap. 2.2. formulierten These über die Funktionalisierung der *Décadas* im Rahmen des politischen Programms der Zentralisierung und Professionalisierung der Machtausübung. Folgt man der Darstellung in Schroer 2006, 195 ff., so ist die Etablierung intersubjektiv gültiger Grenzen und die Vereinnahmung des Territoriums innerhalb ihrer zum Zwecke seiner Verteidigung nach außen ein Charakteristikum moderner Nationalstaaten. Das Scheitern der *Décadas* in ihrer Pragmatik hat insofern auch etwas mit dem Umstand zu tun, dass sich zu Beginn des 17. Jahrhunderts die Territorialisierung politischer Macht noch nicht durchgesetzt hatte.

744 Die Deutung, der Terminus sei vor allem Ausdruck einer patriotischen Haltung des *Cronista Mayor* (vgl. Kagan 2009, 175), trifft insoweit nicht den Kern.

tierra-firme del mar océano ist ihrerseits ein offiziell verbindlicher Rechts-begriff, der als solcher im *Tratado de Alcaçovas* geprägt worden ist. Dieser Vertrag ist 1479 auf Vermittlung des Papstes zwischen Kastilien und Portugal geschlossen worden und sollte dem Zweck dienen, deren Ein-flusssphären im Atlantik voneinander abzugrenzen. Indem Herrera ihn zum Bestandteil des Titels seiner *Décadas* macht, verweist er implizit auf die lange Tradition der kastilischen Ansprüche im Atlantik sowie auf die be-sonders enge Bindung an die Katholische Kirche und den Status einer Universalmonarchie. Die sprachlichen Manifestationen dieser frühneu-zeitlichen Konvergenz von Historiographie und Jurisprudenz sind in neueren varietätenlinguistisch orientierten Arbeiten gelegentlich aufge-griffen worden,[745] eine systematische Studie dazu fehlt allerdings.

Ähnlich ist die Lage bezogen auf die sprachliche Kodierung der Raumkonzeption, allerdings mit der Einschränkung, dass der jüngst dia-gnostizierte *spatial turn* der Kulturwissenschaften[746] neueste einschlägige Forschungen auch in der Linguistik angeregt hat, deren Ausbau weitere interessante Ergebnisse erwarten lässt.[747] Bei der Konzeptualisierung des zur Debatte stehenden Problems ist eine konsequente methodologische Reflexion jedoch unabdingbar. Nicht zu bestreiten ist, „dass Menschen sich in einem erlebten, wahrgenommenen und gedeuteten Raum bewegen".[748] Dies ist eine der universellen Bedingungen des Sprachgebrauchs; als Ge-genstand für die linguistische Analyse interessant und insbesondere in diskurstraditioneller Perspektive in höchstem Maße pertinent sind jedoch selbstverständlich (nur) die sprachlichen Mittel, die zur Kodierung von Raumkonzeptionen dienen:

> Entscheidend ist, dass *alles* Zeigen, diskurstraditionell bestimmt, auf unter-schiedlich aktualisierten Ko- und Kontexten beruht, die immer auch für die schon erwähnten konzeptionellen Profile von Äußerungen konstitutiv sind.

---

745 Vgl. insbesondere Stoll 2005.
746 So hat sich etwa auf dem Romanistentag in Wien 2007 eine eigene Sektion mit dem „*spatial turn* in der Romanistik" befasst. Die dort ebenfalls stark vertretene Linguistik wird vergleichsweise spät von diesem Paradigmenwechsel erfasst, der für die Kulturwissenschaften seit den ausgehenden achtziger Jahren charakteristisch ist. Andererseits gilt auch, dass Raumkonzeptionen bei der Wiedergewinnung historischer Fragestellungen, die in der Linguistik ebenfalls seit den achtziger Jahren zu beobachten ist, selbstverständlich von systematischer Bedeutung sind. Vgl. dazu Lindorfer 2009 und Oesterreicher 2007. Die räumliche Verankerung der Sprache bleibt jedoch strikt zu trennen von der sprachlichen Kodierung von Raumkonzeptionen, die hier von Belang sind.
747 Vgl. die einschlägigen Beiträge in Dolle/Helfrich 2009.
748 Oesterreicher 2007, 54.

[…] Die sprachlichen Repräsentationen der angedeuteten Raumstrukturen in konkreten Diskursen und ihr Verhältnis zur Situation und zu unterschiedlichen Kontexten werden durch das komplexe Ineinandergreifen von einzelsprachlich grammatischen und lexikalischen Techniken sowie entsprechenden kognitiven Leistungen ermöglicht.[749]

Die Konstatierung und Beschreibung einer solchen rein sprachlichen Varianz hat jedoch keinerlei Auswirkungen auf den ontologischen Status des Raumes. Es ist in der Tat ein

Trugschluß, die verkehrstechnische Verkürzung von Distanzen und die 'Tilgung der Zwischenräume' mit der Auslöschung von Räumlichkeit schlechthin gleichzusetzen. Was verschwindet, sind vielmehr die lebensweltlichen Grundlagen für die Annahme, Raum sei eine unwandelbare Substanz.[750]

So verlockend nahe liegende Anleihen bei Foucault sein mögen, so überflüssig sind sie mit Blick auf den Gegenstand der Sprachwissenschaft. Der Kurzschluss von sozialwissenschaftlicher Modellierung auf Dekonstruktion ist keinesfalls zwingend.[751] Den Vorwurf zu entkräften, „die Wende zum Raum sei eine Wende zurück in ein substanzialistisches Denken",[752] ist schlicht nicht Aufgabe der Sprachwissenschaft. Dementsprechend zutreffend:

---

749 Oesterreicher 2007, 61.

750 Günzel 2007, 16.

751 So ist Schrader-Kniffki, deren Beitrag eine ganze Reihe hochinteressanter Belege sprachlich-diskursiver Konzeptualisierung eines Raumes im Prozess seiner Aneignung durch Subjekte enthält, sicher Recht zu geben, wenn sie von einer „Wechselwirkung zwischen Raumkonzeption und Sprachgebrauch und -bedeutung" (Schrader-Kniffki 2009, 178) ausgeht. Jegliche weiter gehenden Behauptungen wären jedoch problematisch. Absolut zu begrüßen ist deshalb mit Lindorfer 2009 die Kenntnisnahme von der kulturwissenschaftlichen Debatte über den Raum auch in der Linguistik, da sie unsachgemäße Kurzschlüsse der genannten Art zu vermeiden hilft. Es sollte also, um dies klar zu sagen, gerade nicht um eine reine Ausblendung von Problemen gehen, wohl aber um ihre gegenstandsbezogene Perspektivierung.
    Der in der jüngsten Debatte häufig zitierte Abschnitt „Praktiken im Raum" aus Certeau 1988 zeigt, dass die konsensfähige Unterscheidung von physikalischem und sozial angeeignetem Raum nicht notwendig mit einem dekonstruktivistischen Impetus verknüpft ist. Certeau vertritt zwar im Kern einen solchen, das Grundproblem der sozialen Aneignung von Räumen und seine Illustration an konkreten Phänomenen treten bei ihm jedoch hinreichend deutlich auseinander.
    Eine pointiert kritische Stellungnahme zur Dekonstruktion in der Raumtheorie findet sich bei Maresch/Werber 2003.

752 Dünne/Günzel 2006, 12.

Während Philosophen (und Physiker) sich wohl aus guten Gründen mit der Frage beschäftigen, ob diese Sichtweise von Raum als notwendige Vorstellung adäquat sei und was sich daraus überhaupt schließen lässt, ist für die Sprachwissenschaft die Erkenntnis maßgebend, dass Raum (und Zeit) von normalen Sprechern […] schlicht als existent vorausgesetzt wird. […] Die Sprachwissenschaft hat sich immer wieder der sprachlichen Formen angenommen, die räumliche Konfigurationen denotieren.[753]

Da der systematische Nachweis einschlägiger sprachlicher Gestaltungsmittel nicht primär Gegenstand dieser Arbeit ist, muss die Mikroebene mit Blick auf die Raumkonzeptualisierung zunächst außer Betracht bleiben und wird lediglich fallweise eine Rolle spielen. Gleichwohl spiegelt sich das pragmatische Fundament der *Décadas*, das in der Legitimierung der kastilischen Herrschaft über die *Indias* mit all ihren juristischen Implikationen besteht und, wie gesehen, auch eine historisch spezifische Konzeptualisierung des zu beherrschenden Raumes impliziert, in ihrer semantischen Makrostruktur wieder.

Diese erweist sich als mehrschichtig, wobei im Kern ein repetitives Verfahren der Disposition ihrer konstitutiven Bestandteile auszumachen ist. Zu ihrer angemessenen Erfassung und Beschreibung ist die Unterscheidung einer Struktur der Darstellung von Einzelereignissen und einer Struktur des Gesamtnarrativs vonnöten, die beide formal analog angelegt sind, sich jedoch in *referenzieller* Hinsicht wesentlich voneinander unterscheiden. Die referenzielle Ebenendifferenz, die der formalen Unterscheidung dieser beiden Ebenen zugrunde liegt, besteht darin, dass die Darstellung von Ereignissen zumindest prinzipiell auf Sachverhalte referieren kann, während eine Interpretation des Zusammenhangs dieser Sachverhalte, die sich im Gesamtnarrativ manifestiert, eine objektive Referenz prinzipiell nicht besitzen kann, sondern stattdessen gerade jene Ebene der Semantik historiographischer Diskurse konstituiert, die den

---

753 Berthele 2006, 4. Es scheint angebracht, die hier vorgetragenen Kautelen explizit zu machen, da die Konjunktur poststrukturalistischer Raumkonzepte im Kontext der Globalisierungs-Debatte, auf die etwa Schrader-Kniffki hinweist, nur langsam abebbt, und auf dieser Grundlage zwar teils hoch spannende, jedoch epistemologisch unverantwortliche Effekte erzielt werden; angesichts der Verwirrungen, die der Sprachwissenschaft in der Vergangenheit im Umgang mit der Textualität der Geschichte immer wieder zugesetzt haben, ist es wünschenswert, die gegenwärtige Forschung nicht mit neuen Scheinproblemen zu belasten.
Das Verhältnis von physischem und sozialem Raum ist im 20. Jahrhundert in verschiedenen Disziplinen unterschiedlich modelliert worden und es spricht nichts dafür, die Extremposition, die einen Zusammenhang zwischen beiden grundsätzlich negiert, ohne Weiteres zu akzeptieren. Vgl. insbesondere Schroer 2006.

Anknüpfungspunkt für die unzähligen Versuche der Relationierung von Historiographie und Literatur bildet, insofern sie eine Deutung der Zusammenhänge darstellt, welche sich aus den Einzelereignissen selbst nicht ergeben kann, sondern als Sinn gebende Leistung des Historiographen gesehen werden muss, bei der notwendig Fiktionen eine konstitutive Rolle spielen (vgl. Kap. 3.1.).

Das Verhältnis der beiden postulierten Ebenen zueinander ist derart, dass die Form der Darstellung der Einzelereignisse im Wege ihrer vielfachen Wiederholung im Verlauf der *Décadas* eine politische These beziehungsweise Interpretation des historischen Ablaufs konstituiert. Diese von Herrera entwickelte Interpretation zielt auf das letztendliche Obsiegen des Rechts und der legitimen Herrschaft über Unrecht und Chaos im Zuge des imperialen Engagements Kastiliens in Amerika bis 1554; sie wird strukturell konstituiert durch den ständig wiederholten Abgleich von Einzelereignissen mit den auf sie bezogenen rechtlichen Gegebenheiten und Setzungen, der den Zusammenhang des normativen Eingreifens des Monarchen mit der faktischen Beseitigung von Unordnung markiert; semantisch wird diese Interpretation konstituiert durch die Beschreibung des Verhältnisses der Kastilier zu jenem Raum, der Gegenstand ihrer Herrschaft sein beziehungsweise werden soll, ein Verhältnis, das im Zeitablauf drei unterschiedliche Stadien durchläuft, welche als Kenntnisnahme vom zu beherrschenden Raum, Aneignung des zu beherrschenden Raumes und schließlich Herrschaft über den erfolgreich angeeigneten Raum beschrieben werden können.

Im Folgenden soll der Versuch unternommen werden, die geschilderten Zusammenhänge zu einer schematischen Darstellung zu bringen. Auf der Ebene der Einzelereignisse beinhaltet dieses Schema folgende Punkte, die in ihrem Zusammenspiel zu interpretieren sind als der Versuch, Ereignisse juristisch zu validieren, um nicht zu sagen, zu immunisieren:

1. Darstellung des jeweils relevanten Raumes und der darin vorfindlichen, relevanten *costumbres*
2. Darstellung der dort stattfindenden Ereignisse
3. Benennung relevanter Normen aus dem *derecho indiano* bezogen auf die zuvor zur Darstellung gebrachten Ereignisse.

Die systematische Bezugnahme auf die regionalen *costumbres* leistet die Immunisierung nach innen, die systematische Bezugnahme auf den *derecho indiano* die Immunisierung nach außen. Dabei ergibt sich eine weit gehende Übereinstimmung mit einschlägigen Beobachtungen, die unlängst anhand der *Historia* von Fernández de Oviedo gemacht worden sind, eine Koinzidenz, die angesichts der bisherigen Ausführungen nicht überrascht:

> Erst nach der geographischen Beschreibung lässt er in den verschiedenen Regionen die der Fauna und Flora sowie der Bewohner folgen. Als Letztes setzt die historische Erzählung ein, die immer mit der Entdeckung und Besiedlung durch die Spanier beginnt. Die historische Erzählung ist demzufolge geographisch determiniert [...].[754]

Fernández de Oviedo hat ganz offenbar auch in dieser Hinsicht einen Standard gesetzt, der in der *Crónica Mayor de Indias* fortwirkt. Allerdings gilt es, diesen Befund, von dem Kohut selbst sagt, er sei „auf die erste Ebene der Aufnahme des Raums als physische Dimension beschränkt, und die komplexere Problematik des Raums in der historischen Erzählung ausgespart",[755] mit Blick auf Herrera zu ergänzen. Dort nämlich findet sich diese erste Ebene gewissermaßen ausgelagert, indem die bereits fertiggestellte *Descripción geográfica* von López de Velasco dem Text einleitend vorangestellt wird; ereignisbezogen ist sodann eine Reaktualisierung der Beschreibungen des physischen Raumes mit seinen Bewohnern auch im Kontext der historischen Erzählung zu konstatieren; diese erneute Raumbeschreibung allerdings erweist sich als nicht exhaustiv, sondern selektiv mit Blick auf die administrative Überformung des Raumes, die Ende des 16. Jahrhunderts bereits voll etabliert ist. Die Eigenschaften des natürlichen Raumes werden ereignisbezogen ausgewählt und in ihrem Status gewichtet nach Maßgabe ihrer Relevanz für den administrativ konzeptualisierten Raum. Das Verhältnis der Akteure zum Raum entspricht in seiner Komplexität einem fortgeschrittenen Prozess seiner Aneignung; dieser Prozess der Aneignung seinerseits wird zeitgenössisch in juristischen Kategorien gefasst, die prägend auf alle einschlägigen Diskurse wirken, insbesondere im Rahmen der *Crónica Mayor de Indias*.[756]

---

754 Kohut 2009, 9.
755 Kohut 2009, 15.
756 Zu der vorgeschlagenen Anordnung der Bestandteile des dreiteiligen Gliederungsschemas scheint folgende Aussage Herreras im Widerspruch zu stehen: „Y prosiguiendo la orden que se ha llevado en esta historia, que es decir primero la orden y forma que se tuvo en pacificar las provincias y saber los secretos de ellas, para decir después con mas tiento sus particularidades y su descripción..." (Déc. IV, lib. 3, cap. 4). Dieser scheinbare Widerspruch löst sich jedoch auf, sobald man sich der zeitgenössischen Zuordnung von Gegenstandsbereichen der Darstellung zu den entsprechenden Konzepten erinnert. Im vorliegenden Fall bedeutet dies konkret zweierlei: Zum einen ist damit zu rechnen, dass bei der Darstellung des Ablaufs der Eroberung die räumlichen Gegebenheiten automatisch berücksichtigt

Folgerichtig ist die Ebene des Gesamtnarrativs in den *Décadas* nach Maßgabe einschlägiger zeitgenössischer Kategorien gegliedert, die semantisch als Etappen oder Phasen des Aneignungsprozesses aufzufassen sind. Ihnen liegt die Idee der Herstellung legitimer Ordnung und Herrschaft nach Beseitigung von Unrecht und überwundener Krise zugrunde; formal implizieren sie die Zuordnung bestimmter legitimer Mittel ihrer Durchführung, welche ihrerseits von der Jurisprudenz zu ermitteln sind:

1. *Descubrimiento* – Erkundung des Raumes und Sturz illegitimer indigener Herrscher
2. *Conquista* – Krisen, die aus dem Eingriff in die als illegitim bewertete Ordnung resultieren und häufig zu kriegerischen Auseinandersetzungen führen
3. *Pacificación* – Rebellionen und ihre Niederwerfung durch die Vertreter des Monarchen mit anschließender Konsolidierung.

Den drei Phasen, die den *grand récit* der 'Kolonialgeschichte' bilden, entsprechen drei Phasen, in denen sich das Verhältnis der Akteure zum Raum entwickelt:

1. Kenntnisnahme
2. Aneignung
3. Herrschaft

Die *Décadas* von Herrera repräsentieren also eine Form der *historiografía indiana*, die einen weit fortgeschrittenen Prozess der Aneignung und

---

werden, da das Vorrücken der Kastilier naheliegenderweise als Bewegung im Raum kodiert ist (analog zu den in Schrader-Kniffki 2009 für ihr Korpus geschilderten Befunden); zum anderen schließen *particularidades* und *descripción* die Schilderung jener naturräumlichen wie kulturellen Gegebenheiten ein, die im Rahmen des *derecho consuetudinario* für die Rechtssetzung unmittelbar relevant werden. Es ist also von einem grundsätzlich anderen Zuschnitt der Gegenstandsbereiche auszugehen als eine historisch naive Lektüre dies aus heutiger Sicht nahelegen würde.

Ähnlich ist die Sachlage bezogen auf Déc. V, lib. 6, cap. 4 mit dem Titel: *De lo que se ofrece de decir de la gran ciudad del Cuzco y de otras provincias (1534)*. Herrera leitet ein mit den Worten: „Y por no dejar atrás lo que se ofrece que decir de la famosa y gran ciudad del Cuzco, […]". Diese Formulierung erweckt den Eindruck, es handle sich bei dem folgenden Kapitel um einen Nachtrag. Dies ist jedoch so nicht zutreffend: zwar berichtet das vorangehende Kapitel 3 abschließend bereits vom Einzug Pizarros in Cuzco: „Que el Gobernador don Francisco Pizarro, en el valle de Xaquixaguana, hizo quemar a Chaliquichiama, Capitán general de Atahualpa, *y entra en el Cuzco* con notable sentimiento de los Indios (1534)"; jedoch erst das anschließende Kapitel 5 behandelt das zentrale Ereignis: „De la guerra que hacían los capitanes Quizquiz y Irruminavi a don Francisco Pizarro en el Cuzco, y a Sebastián de Belalcázar en el Quito (1534)".

spezifischen Konzeptualisierung des Raumes bereits voraussetzt und die Rechtmäßigkeit und Effektivität der Herrschaft über diesen Raum problematisiert. Die von Kohut offen gelassene Frage: „Verlor der Raum in dem Maße an Interesse, als die Neue Welt ihren Neuigkeitscharakter verlor?"[757] darf man mit *Nein* beantworten. Interessant allerdings wäre es umgekehrt, die Geschichte des Niederschlags der sukzessiven Aneignung des Raumes in der *historiografía indiana* systematisch zu untersuchen und festzustellen, inwieweit eine diskursiv vermittelte Konzeptualisierung des Raumes nicht schon in früheren Texten, etwa bei Fernández de Oviedo, eine Rolle spielt.

An dieser Stelle ist einzuräumen, dass aus der Übereinstimmung dieses Schemas mit dem in der gegenwärtigen einschlägigen Historiographie ebenfalls geläufigen drei-Phasen-Schema 'Descubrimiento – Conquista – Pacificación' ein Einwand gegen die Plausibilität der hier vorgeschlagenen Rekonstruktion erwachsen könnte, insofern diese als Fall eines hermeneutischen Zirkels und induziert durch die an aktueller Historiographie zum Thema geschulten Lektüregewohnheiten gewertet werden könnte. Zwei substanzielle Gründe sprechen allerdings gegen eine solche Deutung: Zum einen besteht ein offenkundiger Zusammenhang aller drei Punkte mit den zeitgenössischen Konzepten von geltendem Recht und legitimer Herrschaft.[758] Dieser gestaltet sich für jeden einzelnen von ihnen in einer je spezifischen Art und Weise; bildet der *descubrimiento* und die Identifizierung von räumlich adäquat verankerten *costumbres* die Voraussetzung jeglicher Rechtsfindung, so besteht bezogen auf *conquista* und *pacificación* bereits aus Sicht der Zeitgenossen ein je spezifischer Rechtfertigungsbedarf, insofern im einen Fall die Rechtmäßigkeit von kriegerischen Handlungen als Vorbereitung der Mission zur Debatte steht, im anderen Fall die Effektivität der anschließend zur Durchführung der Mission ergriffenen Maßnahmen. Die analytische Trennung der beiden Konzepte *conquista* und *pacificación* reicht also bis ins 16. Jahrhundert zurück, und zwar aus Gründen, die nicht in der Kreativität der Historiographen bei der narrativen Anlage ihrer Texte zu suchen sind, sondern die der Rechtsgeschichte zu entnehmen sind und sich in die bereits mehrfach thematisierte Tendenz einer zunehmenden Verrechtlichung der Historiographie seit dem ausgehenden Mittelalter fügen. Zusätzlich wird die hier vorgeschlagene Unterscheidung durch Beobachtungen bezüglich der Typik der jeweils verarbeiteten 'Quellen' gestützt; es treten zu den sprachexternen Evidenzen,

---

757 Kohut 2009, 16.
758 Ausführlich dargestellt bereits in Kap. 3.2.1.

die der Rechtsgeschichte entnommen sind, also genuin sprachliche Evidenzen hinzu. Sie sollen im Folgenden Gegenstand einer eingehenden Erläuterung werden.

5.2. Zur Verarbeitung der 'Quellen' – Texttypen und ihre Geltung

Anschließend an die bisherigen Erläuterungen ist nun zu klären, in welchem Verhältnis die in den *Décadas* identifizierten makrostrukturellen Regularitäten zu den von Herrera verwendeten 'Quellen' und deren eigenem epistemischen Status und diskurstraditionellen Profil stehen. Die zusätzliche Berücksichtigung dieser Perspektive gewährleistet eine qualitative Rekonstruktion der historiographischen Praxis Herreras, insofern gezeigt werden kann, dass auch bezüglich der Verteilung unterschiedlicher Typen von 'Quellen' auf die verschiedenen Teile der Makrostruktur der *Décadas* Regularitäten bestehen.

Wir sind dabei in der glücklichen Lage, die Objekt- mit der Metaebene vergleichen zu können, da Herrera seine einschlägigen Auffassungen in einer Reihe von (nur noch in wenigen Exemplaren erhaltenen und merkwürdigerweise von seinen Kritikern kaum rezipierten) Traktaten niedergelegt hat. Sie rekurrieren auf zentrale Aspekte humanistischer Theorie der Geschichtsschreibung und sind insofern für sich genommen wenig spektakulär. Interessant ist allerdings der Abgleich von Herreras methodischen Aussagen mit seinem aufgrund der Textanalyse rekonstruierbaren, tatsächlichen Vorgehen. Dabei ergeben sich systematische Erklärungsansätze für Herreras Textauswahl, insofern sich zeigen lässt, dass diese als Selbstauslegung seiner Prinzipien nach Maßgabe der spezifischen Erfordernisse der *historiografía oficial* aufgefasst werden kann.[759]

Die metahistorischen *Discursos* Antonio de Herreras liegen sowohl als Manuskript vor – zu kleineren Teilen von Herreras Hand verfasst –, als

---

[759] Umgekehrt ist es angebracht, darauf hinzuweisen, dass metahistoriographische Traktate obligatorisch zum Portfolio eines jeden Humanisten gehört haben, der sich in der Frühen Neuzeit für einen Posten als Hofchronist empfehlen wollte, und insofern der Drang, tiefe methodische Überzeugungen zum Ausdruck zu bringen, gerade bei einem Karrieristen wie Herrera keine entscheidende Rolle gespielt haben dürfte. Kagan vermutet zwar, dass die Redaktion der *Discursos* zwischen 1600 und 1621 stattgefunden hat (vgl. 2004, 46), ihre Funktion als Instrument der Statussicherung und Selbstinszenierung dürften sie jedoch auch in diesem Fall erfüllt haben.

auch in einer gedruckten Ausgabe von 1804. Die vier für die hier anzustrebende Rekonstruktion relevanten Titel sind:

> *Discurso sobre los provechos de la historia, que cosa es, y de quantas maneras: del oficio del historiador, y de cómo se ha de inquirir la fé y verdad de la historia, y cómo se ha de escribir,*[760]
>
> *Discurso y tratado que el medio de la Historia es suficiente para adquirir la prudencia,*[761]
>
> *Discurso sobre las Historias e Historiadores Españoles,*
>
> *Discurso sobre que Tácito excede a todos los historiadores antiguos, y el fruto que se saca de sus escritos.*[762]

Die genannten *Discursos* gestatten in der Rückschau eine historisch-systematische Rekonstruktion von Herreras fachlichem Horizont. Gleichwohl wäre es unangebracht, ihrem Verfasser die Absicht zu unterstellen, eine systematische Stellungnahme zu Problemen der Historiographie abzugeben. Gegen eine solche Annahme sprechen die Eigenschaften der Texte; die oben genannte Anordnung entspricht zwar jener in der gedruckten Ausgabe, nicht aber der des Manuskripts, sodass nicht unbedingt von einem durchdachten Gesamtentwurf Herreras auszugehen ist. Eine ganze Reihe von Thesen, Meinungen und Beobachtungen wiederholt sich stattdessen in mehreren *Discursos* unabhängig voneinander; auch das Verfahren ihrer Darstellung variiert nur geringfügig: An eine wertende Zusammenfassung seiner Lektüreerfahrungen verschiedener antiker und mittelalterlicher Autoritäten – beinahe nach Art eines Exzerptes – schließt sich ein an den Details der jeweiligen Fragestellung ausgerichtetes Resümee an, das jedoch denkbar konservativ auf einschlägige Topoi rekurriert und nur an wenigen Stellen als kritische Auseinandersetzung mit der zeitgenössischen Debatte zum Thema zu lesen ist. Es bietet sich die Interpretation an, dass Herrera die *Discursos* als Mittel zur Kontaktpflege und Aufrechterhaltung seines

---

760 Ballesteros Gaibrois täuscht sich mit der Behauptung, dieser *Discurso* sei nicht in der Edition von 1804 enthalten (vgl. 1969, 85 f.).

761 Vgl. auch die Ausführungen zur systematischen Stellung der *prudentia* in der humanistischen Geschichtstheorie in Kap. 3.5.1.

762 Die Texte sind zugänglich in der *Biblioteca Nacional de España* und inhaltsgleich. Bei der Handschrift handelt es sich in Teilen um ein Autograph Herreras, der Katalog der BNE spricht von dreißig *folios*; ein Abgleich mit den von Herrera verfassten Paratexten auf dem Autograph der *Crónica* von Cervantes de Salazar bestätigt diese Angabe. die übrigen *folios* sind späteren Datums, verfasst in einer nahezu kalligraphischen *cursiva humanística* und dementsprechend sehr gut lesbar, weshalb sich die in der Edition enthaltenen Transkriptionsfehler in Grenzen halten.

Klientenstatus bei wichtigen Patronen eingesetzt hat; diese Deutung erklärt, weshalb er es für angebracht gehalten haben mag, seine Auffassungen
aus jeweils nur leicht veränderter Perspektive bei mehreren Gelegenheiten
schriftlich niederzulegen; darüber hinaus entspricht dies seiner auch an den
Décadas ablesbaren, auf Nutzenmaximierung ausgerichteten Arbeitshal-
tung. Im Zuge der nun folgenden Erläuterung von Herreras Positionen
wird sich zeigen, dass – wie für die Frühe Neuzeit zu erwarten – Sprachliches und Nicht-Sprachliches keineswegs klar zu trennen sind, sondern die
Geltung von Aussagen zu historischen Sachverhalten im Rahmen von
Herreras Konzeption essenziell nicht nur von ihrer Form abhängt, sondern
auch davon, von wem und aufgrund welcher Kenntnisse sie getroffen
werden. Hier wird der Zusammenhang von Text, Autorität und Wissen
aufgerufen, der den spezifischen Status frühneuzeitlicher *historiografía
oficial* bedingt und den Herrera klar – wenn auch nicht frei von Redundanzen – reflektiert.

Die Auseinandersetzung mit der Textebene erfolgt in erster Linie im
Zuge der Darstellung relevanter Subtypen der Historiographie und ihrer
jeweiligen Gegenstände (vgl. Kap. 3.5.1.), die erkennen lässt, wo für
Herrera die Grenzen des Spektrums prototypischer Historiographie liegen:

> Debese poner en primer lugar tratando de historia la divina, que se contiene en
> el viejo y nuevo Testamento, y luego la eclesiástica que comprehende las cosas
> de nuestra religión y el gobierno de la Iglesia. Despues sigue la natural, de la
> qual han tratado Griegos y Latinos, Christianos y Gentiles. […] los que han
> tratado de las matemáticas, también se pueden poner en el número de los
> historiadores naturales […]. Y debese entender historia humana aquella que
> contiene las cosas públicas ó particulares, y las que comprehenden varias
> formas de repúblicas imperios y reynos, y qualquiera otro principado, y por eso
> se reducen aquí varias cosss de la sciencia de las leyes […].
>
> Segun Eustasio la historia humana, de la qual especialmente yo trato, es
> compuesta de géneros ó tópico ó pragmático, ó crónico, ó genealógico, y en
> estos géneros se divide. El tópico contiene la declaración de los lugares: el
> pragmático las costumbres de las naciones, el crónico trata de las personas
> debaxo de quien sucedieron las cosas: el genealógico declara la derivación de las
> naciones y gentes.[763]

Darüber hinaus zeigt sich, dass Herrera den Text nie ohne den Autor denkt
und keine Typik ohne den Bezug zu den hervorragendsten Vertretern der
einzelnen Typen von Texten; dass Text und Autor, Sprache und Sprecher
eine analytisch nicht hintergehbare Einheit darstellen. Wenn sprachliche
Eigenschaften historiographischer Texte thematisiert werden, dann als

---

763 Herrera y Tordesillas 1804, 4.

Handlungsanweisungen, denen der Autor der Texte bei ihrer Herstellung
zu folgen hat:

> Y así como se propone en el escritor la libertad y verdad en el decir, debe llevar
> la mira en mostrar claramente y declarar con dulzura lo que escribe, no con
> palabras escuras ni estraordinarias, ni tan vulgares que sean del pueblo baxo,
> sino que puedan ser entendidas de la mayor parte y aprobadas de los cuerdos;
> use de figuras y ornamentos que no enfaden, no afectados sino tan á propósito
> que se abracen con la materia.[764]

Der *Autor* ist die zentrale Figur in vormodernen Konzeptionen der Historiographie,[765] insofern er die entscheidende Synchronisationsleistung zu
erbringen hat, die in der Gewinnung autoritativen historischen Wissens aus
geeigneten 'Quellen' und seiner Umsetzung in einen Text besteht, der
seinerseits geeignet sein sollte, die Anforderungen an autoritative Historiographie nicht nur auf inhaltlicher, sondern auch auf sprachlich-diskursiver Ebene zu erfüllen. Maßstab für die Angemessenheit der sprachlichen Darstellung sind die Kompetenz der Rezipienten und die
Beschaffenheit des zu beschreibenden Sachverhalts: „Quiero decir aquí,
que los que con solo el fin del ornamento de las palabras la escriben,
merecen justamente el nombre de sofistas".[766]
Der Nachweis entsprechender Kompetenzen ist für den Autor also ein
unverzichtbares Kriterium seiner eigenen Autorität und er erfolgt im
Wesentlichen unter Verweis auf formale Bildung und praktische Erfahrung, die beide gleichermaßen vorhanden sein sollten.[767] Nur unter Auf-
bietung derartiger Kompetenzen ist der Historiograph in der Lage, die
jeweils geeignetste 'Quelle' zu identifizieren. Diese zeichnet sich sowohl
durch Qualitäten aus, die sie an und für sich besitzt, als auch durch solche,
die ihr in Relation zu alternativen 'Quellen' zukommen:

> No se han de poner en historia las cosas que luego se saben, sino informarse con
> diligencia de quien se ha hallado en el hecho; y no pudiendo ser, oyase a los que
> se hallare que lo cuentan con mayor sinceridad y verdad, y que se conocerá que

---

764 Herrera y Tordesillas 1804, 14.
765 Daraus darf jedoch kein Anspruch an terminologische Trennschärfe und Kon-
     sistenz abgeleitet werden. Herrera bezeichnet die Verfasser historiographischer
     Texte unterschiedslos als *historiador*, *escritor* oder *autor*, sodass dieser Quelle auch
     kein Indiz zu entnehmen ist, das es erlauben würde, von einer Problematisierung
     des Konzepts der Autorschaft zu sprechen.
766 Herrera y Tordesillas 1804, 48.
767 Vgl. Herrera y Tordesillas 1804, 11. Auf die Zitation der einschlägigen Textstelle
     soll hier verzichtet werden, da sie ausschließlich geläufige humanistische Topoi
     enthält.

no añaden ni quitan, considerando lo que por conjeturas parecerá mas probable; y luego haga su borrador formando su cuerpo y texiendo su tela,
acomodando cada cosa con cierta numerosidad, imitando al Júpiter de Ho-
mero [...].[768]

Das solchermaßen konstituierte historische Wissen wird seinerseits ausschließlich mit Blick auf die textexternen Zwecke beleuchtet, die es erfüllt.
Zum einen sind dies die als Topos der *historia magistra vitae* firmierenden
moralischen Zwecke; zum anderen jedoch auch Zwecke der Legitimierung
von Herrschaft, die in ihrer Verengung auf juristische Zusammenhänge als
spezifisch neuzeitlich gelten dürfen:

La industria humana proveyó para el remedio [...] el uso de las letras, y
mediante su beneficio se conserva entre los hombres muy presente la memoria
de los tiempos passados por muy remotos que sean, pues hoy sabemos lo que
hiciéron los mas antiguos con muchos y buenos exemplos; por lo qual es la
historia la que conserva la memoria de los mas ilustres hechos de los hombres, y
con razon es llamada maestra de la vida, á la qual debemos acudir para hallar los
precetos de bien vivir, y de gobernar á nosotros mismos, nuestras cosas, las
ciudades y reynos enteros; porque de los muchos y varios acontecimientos que
en ella se hallan, se saca con la esperiencia el verdadero gusto del bien y del mal,
de tal manera, que vemos que se consigue tanto fruto de la historia como de las
leyes, porque estas dos cosas nos encaminan á la virtud: pero tanto mas
aprovecha la historia que las leyes, quanto que estas no tienen mas que los
precetos de bien vivir, pero la historia confirma la dotrina con los exemplos,
que es de mayor fuerza para disponernos á abrazar y recibir lo justo y lo
mejor.[769]

Mit Herreras Verhältnis zum historischen Wissen ist schließlich auch die
entscheidende Differenz zu den Problemen markiert, die sich einer Epistemologie der Geschichte in der Moderne stellen: Die Sprachgebundenheit
historischer Erkenntnis wird von Herrera, ganz wie zu seiner Zeit üblich,
nicht als ein Problem der Referenz thematisiert, sondern als ein normativer
Anspruch an die Form sprachlicher Gestaltung, der im Wege der *imitatio*
zu erfüllen sei, mit allen Implikationen, die diese Auffassung für das
Verhältnis der Historiographie zur Literatur mit sich bringt.

Insgesamt zeigt sich Herrera als ein dem Humanismus verpflichteter
Historiograph und lässt in seinen *Discursos* keinen wichtigen einschlägigen
Topos aus.[770] Spannend ist allerdings der Umstand, dass die bereits im
Zusammenhang mit der Institutionalisierung der *Crónica Mayor de Indias*

768 Herrera y Tordesillas 1804, 15.
769 Herrera y Tordesillas 1804, 23 f.
770 Zu den klassischen Topoi humanistischer Theorie der Geschichtsschreibung vgl.
    ausführlich Kap. 2.2.

aufgedeckte Diskrepanz von Norm und Praxis (vgl. Kap. 3.) von Herrera mit seinen *Discursos* gleichsam bestätigt wird. So spricht er sich selbstverständlich zugunsten einer wahrheitsgemäßen Sachverhaltsdarstellung aus, sieht diese jedoch bereits durch die Auswahl geeigneter Autoritäten verwirklicht:

> Se requiere que los sucesos se cuenten sinceramente con verdad, sin que nada tenga fundamento vano, porque la verdad es principio de prudencia y de sapiencia. [...] Otros autores quieren que la bondad é integridad del historiador, se conozca con grave y frecuente testimonio de los antepasados, aunque con sus mismos escritos resplandezca, y hay muchos cuya modestia é ingenuidad ha sido celebrada, de manera que jamas ninguno los ha juzgado por mentirosos ni atrevidos en fingir [...].
> La tercera ley es que sean preferidos aquellos autores que han añadido á la severidad de naturaleza una cierta prudencia en el elegir y en el juzgar, y esta regla ha lugar en las cosas que los mismos escritores han visto y han oido de personas dignas de fé que las viéron y tratáron: porque los hombres graves y severos, no suelen ir tomando del vulgo ignorante lo que han de escribir.[771]

Immer klarer wird nun, dass der Verweis auf die 'Papiere' als eine allgemein anerkannte Legitimationsstrategie im Rahmen der Professionalisierung des Regierungshandelns zu bewerten ist, deren einzige Aufgabe darin besteht, Geltung zu erzeugen und den Status der neu geschaffenen Institutionen diskursiv zu sichern, ohne dass dabei primär relevant wäre, ob die schriftlich niedergelegten epistemischen Maximen Auswirkungen auf die Praxis zeitigen oder nicht. Nicht ohne Pikanterie ist auch die Tatsache, dass Herrera zwar ausführlich zu den verschiedenen Typen von Historiographie und zu den Kriterien, nach denen die Autorität von 'Quellen' zu bewerten ist, Stellung nimmt; die Frage, welche sprachlichen und insbesondere textuellen Eigenschaften eine ideale 'Quelle' über den obligatorischen *estilo llano* hinaus besitzen sollte, spielt dabei jedoch keine bedeutende Rolle. Dieser Befund mag zunächst erstaunen, einschlägige linguistische Studien zeigen jedoch, dass diese unspezifische Instrumentalisierung des *estilo llano* als *passe-partout* für Geltung geradezu zeittypisch gewesen ist (vgl. Kap. 6). Genau hier hat die linguistische Analyse der Kompilationsverfahren anzusetzen.

Wie sich bereits aus unseren Ausführungen zu Herreras 'Quellen' (vgl. Kap. 5.) ergibt, ist aufgrund der Textanalyse keine der von früheren Bei-

---

771 Herrera y Tordesillas 1804, 5 ff.

trägern entwickelten Extrempositionen zu diesem Aspekt zu bestätigen.[772] Stattdessen ist von veränderlichen Modi des praktischen Umgangs mit historischen 'Quellen' auszugehen, die im Zusammenhang mit dem Prozess der Etablierung institutionalisierter kastilischer Machtansprüche in den *Indias* und seinen verschiedenen Phasen stehen. Ein solcher Zusammenhang ist am Text nachweisbar und er zeigt sich ganz grundsätzlich anhand der folgenden, auf den Textfortgang respektive den im Text dargestellten historischen Zeitablauf bezogenen Tendenzen:

- Abnehmende Anzahl der verwendeten 'Quellen'.
- Zunehmend distanzsprachliches konzeptionelles Profil der 'Quellen'.
- Verdrängung von 'Quellen', die historisch der Diskursdomäne des Rechts oder der Verwaltung entstammen durch solche, die historisch der Diskursdomäne der Geschichtsschreibung entstammen.

Obwohl Herrera nur Bruchteile des Archivs verarbeitet, das ihm nominell zur Verfügung steht, gilt gleichwohl umgekehrt, dass er bezüglich eines jeden der von ihm behandelten Räume mehrere Texte berücksichtigt, überdies Texte unterschiedlicher Typik. Entscheidend ist nun, dass er dabei keine Beliebigkeit walten lässt, sondern sowohl der Auswahl der nachgewiesenen 'Quellen' als auch ihrer Anordnung eine Reihe von Prinzipien historiographischer Praxis zu entnehmen sind, die sich als Konkretionen der in Herreras Traktaten niedergelegten allgemeinen Prinzipien deuten lassen. Im Folgenden werden daher zunächst fundamentale Befunde betreffend das Verhältnis der Typik und Anordnung von Herreras 'Quellen' zur Makrostruktur der *Décadas* (vgl. Kap. 5.1.) erläutert, um anschließend zu einer thesenhaften Zuspitzung der in Aussicht gestellten Prinzipien historiographischer Praxis zu gelangen.

Bezogen auf den *descubrimiento*, dem im Text der *Décadas* eine *Descripción geográfica* der jeweils neu einzuführenden Räume entspricht (vgl. Kap. 5.1.), stünde für den Fall eines regulären Funktionierens des Informationswesens in der kastilischen 'Kolonialadministration' zu vermuten, dass die seit den siebziger Jahren des 16. Jahrhunderts zahlreich und unter erheblichem bürokratischem Aufwand verfassten *relaciones geográficas* die entsprechende Textgrundlage bilden (vgl. Kap. 3.5.1.). Überrascht stellt man fest, dass dies nur in wenigen Ausnahmefällen tatsächlich so ist. Das umfangreiche Korpus von *relaciones geográficas* zu Nueva España[773] bleibt

---

772 Sie reichen bekanntlich von der angeblichen Konzentration auf zwei bis drei Quellen bis zur unkritischen Rezeption der zeitgenössischen Hinweise auf den Umfang des gesamten Ratsarchivs, das Herrera zur Verfügung gestanden habe.
773 Vgl. Cline 1972.

sogar gänzlich unberücksichtigt. Bezüglich dieses Befundes kann geltend gemacht werden, dass Herrera auf einen Großteil der infrage kommenden Texte keinen unmittelbaren Zugriff gehabt haben dürfte, da – wie Brendecke nachweist – diese am Ende des 16. Jahrhunderts bereits massenweise in andere Archive ausgelagert worden waren (vgl. Kap. 3.2.1.). Es ist jedoch auch festzuhalten, dass er keine Archivreisen unternimmt, wie man das von einem modernen Historiker erwarten würde, um als relevant identifizierte 'Quellen' zu sichten, sondern es stattdessen vorzieht, sich mit dem vorhandenen Material zu behelfen. Im Hinblick auf die Beschreibung der jeweils neu zu erschließenden Räume tut er dies, indem er zusätzlich zu den wenigen vorhandenen *relaciones geográficas* auf andere *relaciones* zurückgreift, die dem Kontext der *economía de mercedes* entstammen und dementsprechend stark personalisiert sind. Darüber hinaus verwendet er in anderen *historias generales* oder *naturales* bereits enthaltene *descripciones geográficas* und übernimmt diese gemeinsam mit weiteren Informationen zur Ereignisgeschichte von dort. Gleiches gilt für die nach Bedarf angeschlossenen Beschreibungen indigener *costumbres*, die sowohl Bestandteil der genannten *relaciones* als auch von *historias naturales y morales* sein können und von Herrera aus Exemplaren beider Texttypen nach Bedarf entnommen werden.

Bezogen auf die Darstellung der jeweils thematisierten *sucesos*, die sich in einem bestimmten Raum abgespielt haben, ergeben sich zunächst unspektakuläre Parallelen zu den bereits formulierten Beobachtungen: So gebraucht Herrera zum einen erneut einschlägige *relaciones de cosas*, die zwar nicht dem Typ *relación de méritos y servicios* mit seinen spezifischen juristischen Implikationen angehören, jedoch im Einzelfall je historisch eindeutig als Dokumentation des geleisteten *servicio al rey* zum Zweck effektiver Interessenvertretung vor dem Monarchen rekonstruiert werden können; sodann *historias* und *crónicas* mit ihrem jeweiligen ereignisgeschichtlichen beziehungsweise juridisch-chronographischen Akzent (vgl. Kap. 3.5.1.). Ein zweiter Blick gestattet jedoch einige signifikante Differenzierungen: So finden *relaciones grosso modo* nur Verwendung bei der Darstellung von Ereignissen, die zeitlich in die erste Hälfte des 16. Jahrhunderts fallen; parallel zum Fortschreiten der 'erzählten Zeit' ist sodann ein Schwund nähesprachlich geprägter Texte aus dem Korpus der von Herrera zugrunde gelegten 'Quellen' zu diagnostizieren. Findet sich bezogen auf die Darstellung von Ereignissen, die zeitlich nahe bei der Entdeckung des jeweiligen Raumes liegen, eine Mehrheit solcher Texte, so ist festzuhalten, dass diese bezogen auf Ereignisse der zweiten Jahrhunderthälfte überhaupt keine Rolle mehr spielen. Eine weitere Beobachtung betrifft die ebenfalls kontinuierlich abnehmende *Anzahl* von 'Quellen' bezogen auf die jeweils abgehandelten Zeiträume. Zwar ist Herrera generell weit davon entfernt, das Archiv des *Consejo de Indias* exhaustiv auszubeuten, doch tendiert er bezüglich zeitlich früher gelegener Ereignisse dazu, seinen Referenztext häufiger zu wechseln, also ein und demselben Text jeweils nur relativ kürzere Passagen zusammenhängend zu entnehmen, während er bezüglich zeitlich später gelegener Ereignisse in der Tat die Neigung offenbart, sich auf einen einzigen Referenztext zu verlassen. Für den Übergang der einen in die andere Tendenz sind institutionelle Gegebenheiten in den *Indias* verantwortlich, die sich in der Makrostruktur der *Décadas* spiegeln und auf deren Bedeutung noch näher einzugehen sein wird.

Denjenigen Ereignissen, die sich für die Zeitgenossen des ausgehenden 16. Jahrhunderts als zentral im Horizont des zunehmenden Rechtfertigungsbedarfs dargestellt haben, welcher der kastilischen Krone bezüglich ihres amerikanischen Imperiums erwachsen war, fügt Herrera Referate über wichtige Maßnahmen der Rechtssetzung bei, welche die auf *justicia* zielende Haltung der Krone zu diesen Ereignissen dokumentieren sollen. Wäre die aus der naiven Lektüre der ovandinischen *Ordenanzas* resultierende Vermutung umfassender Informiertheit des Chronisten zutreffend, so wäre hier der prädestinierte Ort, an dem sich diese anhand der im *Consejo de Indias* (in Abschriften) zahllos aufgelaufenen legislativen Dokumente nachweisen lassen müsste. Exhaustivität ist jedoch auch hier nicht gegeben und ein entsprechender Nachweis scheitert. Stattdessen bestehen analoge Verhältnisse zu den für den Fall der *descripciones geográficas* beschriebenen: So entnimmt Herrera die einschlägigen Textstellen nur gelegentlich jenen juristischen Dokumenten (oder Abschriften davon), in denen sie ursprünglich zum Zwecke der Rechtssetzung formuliert worden sind; grundsätzlich bemüht er sich, entsprechende Belegstellen in seinen leichter zugänglichen, historiographischen 'Quellen' aufzufinden.

Der Eindruck einer ausgeprägten Innovativität der *Décadas* kann nur bei einer ausschließlich nominellen Betrachtung der darin als 'Quellen' verwendeten Texttypen entstehen. Geht man zu einer qualitativen Analyse über, so wird deutlich, dass solche, die bis dahin nicht existiert beziehungsweise in der Historiographie keine Rolle gespielt haben und insofern als Kronzeugen von Innovation herangezogen werden könnten, auch bei Herrera nur eine marginale Rolle spielen; dies betrifft sowohl die verschiedenen Typen von *relaciones* als auch die explizit der Rechtssetzung dienenden Texttypen. Für die *relaciones geográficas* und die *documentos jurídicos* gilt übrigens, dass sie nicht nur quantitativ ganz erheblich hinter den übrigen Texttypen zurückstehen, sondern interessanterweise dort, wo sie auftreten, auch zu jeweils eigenen Kapiteln zusammengefasst und nicht mit im engeren Sinne historiographischen 'Quellen' vermengt werden. Gleichwohl stellt das Auftreten solcher Texttypen in der Historiographie, unabhängig von quantitativen Fragen, an sich bereits eine Innovation dar, die gewürdigt werden muss.

Durch eine nur quantitativ-nominelle Betrachtung der verwendeten Texttypen kann andererseits ebenso der Eindruck eines extremen Traditionalismus entstehen. Deshalb ist – konstatiert man die bevorzugte Verwendung von *historias* und *crónicas* – auch darauf einzugehen, dass diese im Umfeld der 'Kolonialadministration' in neue Kontexte einrücken und einen Statuswechsel vollziehen. Ebenso wie die *Crónica Mayor* sich um die diskursive Fixierung der relevanten *costumbres* bemüht, so bemühen sich Siedler in den *Indias* darum, mithilfe von *historias/crónicas* Einfluss auf die Geltung spezifisch amerikanischer *costumbres* in diesem Diskurs zu nehmen.[774]

Betrachtet man die oben benannten Validitätskriterien Herreras, so ist zu bemerken, dass sich diese Kriterien in den Fällen, in denen sie als innovativ zu bewerten sind, ausschließlich auf institutionelle Aspekte beziehen, hingegen in den wenigen Fällen, in denen sie sprachliche Aspekte aufgreifen, aus Traditionen stammen, die wesentlich älter sind als die Institution der *Crónica Mayor de Indias* und insofern nicht durch institutionelle Innovation bedingt sein können. Es ergibt sich somit das Bild einer auf halbem Wege steckengebliebenen diskursiven Innovation in der *Crónica Mayor de Indias*, die ausschließlich bedingt ist durch das Fehlen stabiler Institutionen in den *Indias* nach dem *descubrimiento*. Sie wird als Folge einer Krise verstanden, nach deren Überwindung man zum üblichen *procedere* zurückkehren kann. Der dringenden Notwendigkeit, die Alterität der *Indias* konzeptuell verbindlich zu fassen, um dort Herrschaft zu ermöglichen, versucht man prinzipiell durch die Rückführung auf Bekanntes gerecht zu werden. Neuartige Texttypen oder aber eingeführte Texttypen, die jedoch bis dato in historiographischer Prosa nicht verwendet worden waren, werden bei Herrera zwar ergänzend herangezogen, jedoch nicht in den Text integriert, sondern lediglich aggregiert. Die besondere Pointe liegt dabei in dem Umstand, dass die juridischen Texttypen zwar ihre Autorität

---

774 Die *Historia verdadera* von Bernal Díaz de Castillo etwa ist in diesem Sinne nur nominell eine nach traditionellen Kriterien valide Quelle für Herrera, betrachtet man ihre sprachliche Gestaltung, so zeigt sich, dass sie eine Ausnahmestellung im Korpus einnimmt.

unmittelbar aus den Institutionen beziehen, in denen sie funktionieren, und sich diese im Einzelfall nicht erst erwerben müssen, sodass man auch deshalb und nicht nur wegen ihrer Omnipräsenz in der Verwaltung mit einer besonders intensiven Nutzung durch Herrera rechnen möchte, diese Erwartung aber nichtsdestoweniger enttäuscht wird; gleiches gilt für die *relaciones geográficas*. Herrera wendet seine humanistischen Kriterien auf alle Texttypen ohne Ansehen ihrer funktionalen Unterschiede an, sobald diese in den Textbestand der *Décadas* integriert werden sollen. Andererseits ist aber davon auszugehen, dass Herrera einen klaren Begriff von den veränderten Ansprüchen gehabt hat, mit denen sich Historiographie im Kastilien des 16. Jahrhunderts konfrontiert sieht. Dafür spricht die Akribie, mit der er diese primär juristischen Ansprüche auf inhaltlicher Ebene zu erfüllen sucht. Wenn er jedoch den Versuch macht, diese Ansprüche mit traditionellen Mitteln zu erfüllen und sich, wo immer dies möglich ist, auf eingeführte historiographische Diskurstraditionen verlässt, so dürfte dafür auch der Umstand verantwortlich zu machen sein, dass er bezüglich dieser eingeführten Diskurstraditionen über verlässliche Autoritätskriterien verfügt, nicht so jedoch bezüglich neuartiger, in professionalisierten und relativ anonymisierten institutionellen Zusammenhängen funktionierender Texttypen. Insbesondere die weit gehende Abwesenheit personaler Autorität in diesen Fällen dürfte aus Herreras Sicht ein fundamentales Problem gewesen sein.

Die bis hierher geschilderten Verhältnisse zwischen den 'Quellen' der *Décadas* und ihrem eigenen Textbestand erlauben nun folgende Zuspitzungen bezüglich der zugrunde liegenden Prinzipien der Textauswahl und -verarbeitung:

- Es zeigt sich eine Tendenz zur Minimierung der Anzahl verwendeter Referenztexte.
- Es zeigt sich eine Tendenz zur Bevorzugung umfangreicher Texte mit vielfältigem Inhalt gegenüber kurzen und inhaltlich fokussierten Texten.
- Es zeigt sich eine Tendenz zur Auswahl solcher Referenztexte, die in Bezug auf ihre sprachliche Verfasstheit und ihr konzeptionelles Profil selbst bereits der Konzeption idealtypischer humanistischer *historia general* nahe kommen, die Herrera vertritt.
- Daraus ergibt sich eine Tendenz zur Bevorzugung von Referenztexten, die an eingeführte und prestigereiche historiographische Diskurstraditionen der Antike und des Mittelalters anschließen. Das ersatzweise Eintreten von Referenztexten, die in administrativ-juridischen Kon-

texten funktionieren, vor allem der unterschiedlichen Typen von *relaciones*, wird nur in Ermangelung solcher Texte geduldet.

- Es zeigt sich des Weiteren eine Tendenz zur Auswahl solcher Referenztexte, die von Personen verfasst worden sind, welche selbst dem Institutionengefüge angehören, innerhalb dessen auch Herrera operiert. Falls solche Texte bezüglich als relevant erachteter Ereignisse oder Sachverhalte nicht verfügbar sind, können ersatzweise solche Texte einrücken, die von Verfassern stammen, welche die Patronage einflussreicher Personen aus dem Inneren des genannten Institutionengefüges genießen.

Die Deutung der vorliegenden textuellen Evidenzen als Hinweis auf eine partielle Verweigerung gegenüber diskursiver Innovation und auf das Bestreben, bestehende Traditionen fortzusetzen, bezieht ihre Plausibilität insbesondere aus der Tatsache, dass sich für die identifizierten drei Abschnitte von Herreras *grand récit*, also *descubrimiento*, *conquista* und *pacificación*, jeweils klare Regeln hinsichtlich der Zulässigkeit bestimmter Typen von 'Quellen' formulieren lassen, welche mit den historisch-institutionellen Gegebenheiten korrelieren:

- Das konzeptionelle Profil der 'Quellen' bewegt sich bezogen auf den im Text dargestellten Zeitablauf von relativ ausgeprägter Nähesprachlichkeit hin zu klarer Distanzsprachlichkeit.
- *Historias naturales* und *morales* oder diejenigen Teile von *historias generales*, die als solche gelesen werden müssen, finden nur bezogen auf den *descubrimiento* Verwendung. Gleiches gilt für die *relaciones geográficas*.
- *Relaciones de cosas* finden nur bezogen auf *descubrimiento* und *conquista* Verwendung.
- *Documentos jurídicos* im strengen Sinne finden ausschließlich auf besonders kritische Sachverhalte von langfristiger und herausragender juristischer Bedeutung Verwendung. In den hier untersuchten Textauszügen konnte sie nur ein einziges Mal, nämlich bezogen auf Hernán Cortés im Rahmen der *conquista de la Nueva España*, nachgewiesen werden.[775]

---

775 Um diesen Befund qualitativ noch präziser einordnen zu können, wäre insbesondere die vergleichende Analyse der Textabschnitte interessant, die den *procesos colombinos* gewidmet sind. Dort stünde angesichts der unzweifelhaft herausragenden juristischen Relevanz und ihrer zeitlichen Situiertheit am Beginn der *conquista* die Verwendung randständiger Typen von Quellen inklusive *documentos*

Im Horizont der bisher entwickelten Erklärungsansätze erscheinen nun diejenigen Texte, welche die veranschlagten Kriterien in hohem Maße erfüllen, als prototypische, privilegierte Texte, während solchen, die sie in geringem Maße erfüllen, der Status randständiger Sonderfälle zukommt. Es besteht ein Zusammenhang zwischen den verschiedenen Phasen des kastilischen Engagements in Amerika, die von der Geschichtsschreibung bereits im 16. Jahrhundert narrativ etabliert worden sind und erstaunlicherweise bis auf den heutigen Tag Bestand haben, den in diesen Phasen jeweils vorfindlichen institutionellen Gegebenheiten und den Texttypen, die in den *Décadas* bezüglich der Darstellung eben dieser verschiedenen Phasen herangezogen werden. Diese Auffassung wird gestützt durch die Tatsache, dass es Herrera gelingt, für die beiden Teilräume Nueva España und Perú weitgehend analog strukturierte Korpora zusammenzustellen, bestehend aus Texten annähernd gleichen konzeptionellen Profils bezogen auf die jeweiligen Phasen des Aneignungsprozesses, die sich für die verschiedenen Teilräume Hispanoamerikas (besonders Nueva España und Perú) ebenfalls ähnlich darstellen; bedenkt man, dass dem Aneignungsprozess in beiden Fällen dieselben juristischen Standardverfahren zugrunde liegen und seine einzelnen Phasen nachträglich mithilfe desselben Rasters juristischer Kategorien narrativ gefasst werden, ist der Befund kaum überraschend. Die Konstitution der Teilkorpora beruht auf externen Bedingungen, welche die Produktion von Texten mit entsprechendem Profil begünstigt haben (vgl. Kap. 3.2.).

Schematisch stellt sich die Verteilung der Quellen zu Nueva España und Perú jeweils folgendermaßen dar:

Descubrimiento de la Nueva España:

Diego de Landa –   *Relación de las cosas de Yucatán*
Francisco López de   *Historia general de las Indias*
  Gómara –
Bernal Díaz del   *Historia verdadera de la conquista de la Nueva España*
  Castillo –

---

jurídicos zu erwarten. Ein entsprechender empirischer Nachweis wäre geeignet, die systematische Validität der hier vorgeschlagenen Interpretation zu untermauern.

Es ist nicht auszuschließen, dass bei noch intensiverer Suche weitere Belegstellen für die Verwendung von *reales cédulas* und *reales provisiones* identifiziert werden könnten. Wahrscheinlich wäre jedoch auch, dass diese sich ausschließlich auf die Phase der *conquista* beziehen.

Bartolomé de Las Casas –	*Historia de las Indias*
Francisco Cervantes de Salazar –	*Crónica de la Nueva España*
Gonzalo Fernández de Oviedo –	*Historia general y natural de las Indias*

Conquista de la Nueva España:

Juan de Mori –	*Carta de Relación*
Andrés de Cereceda –	*Carta de Relación*
Alonso Dávila –	*Relación*
Francisco López de Gómara –	*Historia general de las Indias*
Bernal Díaz del Castillo –	*Historia verdadera de la conquista de la Nueva España*
Bartolomé de Las Casas –	*Historia de las Indias*
Francisco Cervantes de Salazar –	*Crónica de la Nueva España*
Gonzalo Fernández de Oviedo –	*Historia general y natural de las Indias*
[ohne Autor]	*Instrucciones para Hernán Cortés (1523)*

Pacificación de la Nueva España:

| Francisco Cervantes de Salazar – | *Crónica de la Nueva España* |

Descubrimiento del Perú:

Pascual de Andagoya –	*Relación que da el adelantado de Andagoya…*
	Pedro Pizarro – *Relación del descubrimiento y conquista del Perú*
Francisco de Xerez –	*Verdadera relación de la conquista del Perú*
Pedro Cieza de León –	*El señorio de los Incas*
José de Acosta –	*Historia natural y moral de las Indias*
[ohne Autor]	*Relación de la ciudad de Santa Cruz de la Sierra*
	Relación de las provincias que hay en la conquista del

Chuquimayo…
Relación de la ciudad de Zamora

Conquista del Perú:

Pedro Pizarro –   *Relación del descubrimiento y conquista del Perú*
Francisco de Xerez – *Verdadera relación de la conquista del Perú*
Pedro Cieza de   *Crónica del Perú*
León –

Pacificación del Perú:

Pedro Cieza de   *Crónica del Perú*
León –
Diego Fernán-   *Historia del Perú*
dez de Palencia –

Anhand dieses Schemas ist zum einen die bereits angedeutete Parallelität der Textkonstitution bezüglich Nueva España und Perú zu erkennen, was die sukzessive Einschränkung auf prototypisch historiographische Texte im Zeitablauf anbetrifft, zum anderen ist zu erkennen, dass diese Art Einschränkung im Fall Perus von Beginn an relativ radikaler erfolgt als im Fall von Nueva España, dass also das auf Perú bezogene Teilkorpus derselben Tendenz sukzessive zunehmender Beschränkung unterliegt, jedoch insgesamt kleiner und konzeptionell weniger variabel ausfällt. Eine historisch-systematische Erklärung für diesen Befund besteht darin, dass der Prozess der Entdeckung, Eroberung und Befriedung in Perú demselben Prozess in Nueva España zeitlich nachgelagert ist; in diesem relativ späteren Zeitraum existiert zumindest in Spanien und der Karibik sowie ansatzweise in Nueva España eine administrative Infrastruktur, die die Produktion autoritativer Texte begünstigt, wohingegen während der zeitlich früher gelegenen Entdeckung und Eroberung von Nueva España eine solche Institutionalisierung der imperialen Herrschaft noch nicht hinreichend gediehen ist. Das auf Perú bezogene Teilkorpus der *Décadas* profitiert also indirekt vom fortschreitenden Standardisierungsprozess der Machtausübung in den *Indias*, auch wenn dieser in Perú selbst noch nicht greift.[776]
   Die bis hier formulierten Thesen zu den maßgeblichen Kriterien und daraus resultierenden systematischen Tendenzen der Selektion finden eine

---

776 Vgl. für einen Nachvollzug des Verlaufs der *conquista* in den verschiedenen Teilen der *Indias* unsere Ausführungen in Kap. 3.2. sowie Pietschmann 1994c.

Bestätigung schließlich auch auf der materialen Ebene. So ergeben sich aus dem Korpus starke Evidenzen für einen systematisch beschreibbaren Zusammenhang zwischen Texttyp, Schreibkompetenz (beziehungsweise dem daraus resultierenden konzeptionellen Profil eines Textes) und dem eingesetzten Schrifttyp.[777] Bezogen auf die Konstitution des Korpus ergeben sich regelhafte Tendenzen, die mit den diskursiven und institutionellen Gegebenheiten, die bereits erörtert worden sind, korrelieren:

- Texte, die im unmittelbaren Umfeld der 'Kolonialadministration' entstehen, sind regelmäßig in der hoch bewerteten *humanística* abgefasst: Dies betrifft etwa den Text von Cervantes de Salazar sowie die *Instrucciones para Hernán Cortés*. Eine spezifische Erscheinung in dieser Hinsicht ist die nachträglich für den *Consejo de Indias* angefertigte Abschrift des *Señorío de los Incas*, deren kalligraphische *humanística* (nicht zufällig) identisch ist mit jener, die wir auch in der Abschrift der *Tratados* von Herrera y Tordesillas vorfinden. Sie kann gewissermaßen als die autoritative Referenz im Bereich 'Schriftgebrauch' betrachtet werden. Ein ebenso interessanter Sonderfall ist hier erneut Las Casas, dessen Manuskript ebenfalls eine *humanística* aufweist, dabei jedoch durchsetzt ist von einer Unmenge an Korrekturen. Hier zeigt sich erneut sein ausgeprägtes Gespür für die maßgeblichen Autoritätskriterien des Diskurses und zugleich seine begrenzte Fähigkeit, diesen gerecht zu werden (vgl. Kap. 5.3.).
- Die *gótica* wird lediglich in Texten aus der ersten Hälfte des 16. Jahrhunderts geduldet. In späteren Texten tritt sie nicht mehr in Erscheinung. Im Falle der Drucke ist dieser Befund allerdings banal, da die gotischen Lettern dort ab einem bestimmten Zeitpunkt schlicht nicht mehr in Gebrauch sind. In unserem Korpus ist Fernández de Oviedo 1557 der späteste Text, der noch in gotischen Lettern gedruckt worden ist. Es ist jedoch anzumerken, dass diese zum genannten Zeitpunkt bereits nicht mehr üblich waren.
- Zu guter Letzt weisen diejenigen Texte, die hinsichtlich ihrer diskursiven Typik als relativ marginal zu gelten haben, als einzige diejenigen Schrifttypen auf, die zeitgenössisch ihrerseits als marginal oder niedrig bewertet zu gelten haben: So ist die *Relación* von Andagoya der einzige Text, der den Schrifttyp *procesal* aufweist, und sind schließlich die

---

777 Die folgenden Ausführungen stützen sich auf die im Wesentlichen übereinstimmenden Darlegungen in García Villada 1974 und Marín Martínez / Ruiz Asencio 1991. Vgl. auch Millares Carlo 1983. Für Erläuterungen zu den im Folgenden angeführten Schrifttypen vgl. dort.

relaciones geográficas die einzigen Texte, die den Schrifttyp *cortesana* aufweisen.

Insgesamt zeigt sich, dass die Regularitäten, denen die Selektion von 'Quellen' unterliegt, systematisch mit der semantischen Makrostruktur der *Décadas* korrelieren.[778] Die Beschränkungen, die dabei wirksam werden, manifestieren sich auf der Ebene der Einzelereignisse dergestalt, dass bestimmte Typen von 'Quellen' nur für bestimmte Teile der Makrostruktur zulässig sind; auf der Ebene des Gesamtnarrativs hingegen zusätzlich dergestalt, dass die Flexibilität hinsichtlich des als zulässig erachteten diskurstraditionellen Profils der 'Quellen' kontinuierlich abnimmt.

---

778 Zum Zusammenhang von Mündlichkeit und Schriftlichkeit als Medien und dem konzeptionellen Profil sowie dem Status von Texten vgl. Koch/Oesterreicher ²2011. Vgl. aus schrifttheoretischer Perspektive auch Contreras Figueroa 1983.

6. Linguistische Textanalyse

Der Textvergleich auf der Makroebene hat gezeigt, welche diskurstraditionellen und konzeptionellen Eigenschaften für die Auswahl von 'Quellen' und ihre Platzierung in Gesamtzusammenhang der *Décadas* maßgeblich sind. Im Folgenden werden hingegen die *sprachlichen Verfahren*, die bei der Verarbeitung der 'Quellen' eine Rolle spielen, im Mittelpunkt stehen. Die forschungsstrategische Relevanz der Arbeit wird dabei deutlich; eine solche Relevanz besitzt sie problembezogen, insofern sie zu einem historisch angemesseneren Verständnis und einer systematisch fundierteren Behandlung der Textualität der Geschichte in der wissenschaftlichen Debatte beitragen kann; disziplin- und fachbezogen besteht eine solche Relevanz insbesondere für die hispanistische Sprachgeschichtsschreibung, die auf eine Einbeziehung der *Crónica Mayor de Indias* in ihr Korpus bisher verzichtet hat, obgleich der herausgehobene zeitgenössische Status der dort produzierten Texte eine Berücksichtigung durch die Sprachgeschichtsschreibung geboten erscheinen lässt.

Die *Crónica Mayor de Indias* hat normative Funktion sowohl bezogen auf die *historiografía oficial* ihrer Zeit als auch auf den Varietätenraum des Kastilischen. Das Interesse, das die Varietätenlinguistik an den Texten der kastilischen 'Kolonialhistoriographie' bisher gezeigt hat, ist jedoch vor allem gekennzeichnet durch die forschungsstrategisch nahe liegende Neigung, solche Texte zu untersuchen, die als konzeptionell nähesprachlich zu gelten haben und markante sprachliche Differenzqualitäten im Verhältnis zu einer als Bezugsgröße fungierenden Norm aufweisen. Insofern dürfte für die Behandlung historiographischer Texte ursprünglich nicht in erster Linie ein genuines Interesse an den zeitgenössischen historiographischen Diskursen ausschlaggebend gewesen sein, sondern der Umstand, dass die spezifischen historischen Voraussetzungen der kastilischen 'Kolonialhistoriographie' der Frühen Neuzeit das Auftreten normferner, nähesprachlich geprägter Texte in besonderer Weise begünstigt haben. Das Interesse der Linguisten an der Historiographie ergibt sich also auch in diesem speziellen Fall eher indirekt. Zu dem interessanten und ergiebigen Phänomenbereich, der damit erschlossen worden ist, sind in den vergangenen Jahren eine ganze Reihe von Aufsätzen und Monographien entstanden.[779] Anhand der einschlägigen Arbeiten zeigt sich jedoch, dass die dabei als Bezugsgröße fungierende Norm bisher nicht als solche rekonstruiert worden ist, sondern behelfsmäßig auf drei Quellentypen zurückgegriffen worden ist, die implizit die Konturierung einer solchen Norm ermöglicht haben. Dabei handelt es sich erstens um Metaaussagen zeitgenössischer Autoritäten zur Gestalt des historiographischen Diskurses, zweitens um die Berücksichtigung wichtiger zeitgenössischer Beiträge zur Frage des angemessenen Sprachgebrauchs, die keinen ausdrücklichen Bezug zur Historiographie aufweisen, und drittens um die vergleichende Berücksichtigung solcher historiographischer Texte, die traditionell im Ruf hoher stilistischer Qualität stehen und insofern als Referenzen für normativen Sprachgebrauch fungieren. Das hier zu untersuchende Korpus aus dem Umfeld der *Décadas* von Antonio de Herrera gestattet demgegenüber die Beobachtung einer institutionell autorisierten historiographischen Norm im Akt ihrer Genese (beziehungsweise Fortschreibung), unter Berücksichtigung ihrer unmittelbaren 'Quellen'. Die Analyse zielt auf die erstmalige umfassende Beschreibung aller bei Antonio de Herrera auftretenden Typen sprachlicher Eingriffe in den Textbestand seiner 'Quellen', um auf diesem Feld so über die pauschalen Urteile der Vergangenheit hinauszugelangen. Zur Bezugnahme auf die verschiedenen Typen von Änderungen am Textbestand, die sich im Verfahren der Kompilation ergeben, ist unlängst der treffende Begriff der „transformaciones discursivas"[780] geprägt worden. Er ist im Kontext tentativ angelegter Analysen zu Korpora kastilischer Historiographie des Mittelalters entstanden, die eine vergleichbare Fragestellung verfolgen, jedoch bisher noch nicht sehr weit gediehen sind.[781] In historischer Perspektive besteht hier eine Anschlussmöglichkeit für das in unserer Arbeit veranschlagte Vorgehen, da keinesfalls mit einer transhistorischen Uniformität der Kompilationsverfahren, sondern vielmehr mit text- und diskursbezogenen Divergenzen zu rechnen ist.[782] Darüber hinaus

---

779   U.a. Oesterreicher 1994, 1995, 1996, 1997, 2000b, 2004b; Schmidt-Riese 1994, 1997, 2003; Stoll 1994, 1996, 1997, 1998, 2002;
780   Fernández-Ordóñez 2006.
781   Vgl. neben Fernández-Ordóñez 2006 und 2010 auch González Cobas 2008; Lacomba 2004; Rodríguez Toro 2004; insgesamt jedoch hat die *reelaboración textual* als Diskurstechnik bisher nur sporadisch Beachtung gefunden.
782   Vgl. Sánchez Prieto-Borja 1998, 17. Bezogen auf die frühneuzeitliche *historiografía indiana* liegen bisher keine einschlägigen linguistischen Analysen zu den Verfahren der Kompilation vor. Textvergleichende Perspektiven zielen fast immer auf die

sind für die pragmatische Sprachgeschichtsschreibung systematisch relevante Erkenntnisse in zweierlei Hinsicht zu erwarten:

Wie die Erläuterungen zu den auf der institutionellen Ebene bestehenden Sachverhalten sowie der sprachlich-diskursiven Kodierung des historischen Wissens in den *Décadas* gezeigt haben, stehen die historiographischen Diskurse aufs Engste mit administrativ-juridischen Diskursen der Zeit in Verbindung. Die bereits im Mittelalter beobachtbare Implementierung der Historiographie in der Diskursdomäne des Rechts findet hier eine Fortführung, die diskursanalytisch zu beschreiben ist. Die Textanalyse hat dabei die Aufgabe aufzuzeigen, inwiefern sich die pragmatisch-diskursiven Implikationen der *Crónica Mayor de Indias*, die in Richtung einer Verrechtlichung der Historiographie weisen, gegebenenfalls auch in der Mikrostruktur des Textes niederschlagen.[783]

Ein weiteres sprachhistorisches Problem, das die anvisierte Analyse in einer historisch-systematischen Perspektive relevant werden lässt, ist die qualitative Beschreibung der konkreten Merkmale des *estilo llano*, von dem bereits vor geraumer Zeit und mit vollem Recht bemerkt worden ist, dass er gewöhnlich als ein mehr oder minder diffuses *passe-partout*-Konzept zur Beschreibung frühneuzeitlicher Normativität im Kastilischen herangezogen wird, wobei jedoch seine historisch veränderlichen Manifestationen häufig unterschlagen werden. Bezogen auf den Beginn der *Siglos de Oro*, der in der Sprachgeschichte gemeinhin in Verbindung gebracht wird mit der Dominanz von „'naturalidad', pórtico necesario de la lengua clásica del XVI",[784] ist zu Recht gefordert worden:

Ahora bien, esta visión, que ciertamente corresponde, al menos en parte, al transcurso de los hechos, apenas ha sido fundada sobre el análisis exhaustivo de la lengua de los autores de la época. [...] Haría falta, pues, un estudio más detallado de la lengua de estos autores de finales del XV, en especial en el plano sintáctico. Ese estudio debería poner de manifiesto, en primer lugar, cuáles eran los esquemas sintácticos que gobernaban la construcción del texto, qué tipos eran los dominantes y cómo se entretejían en la confección del período (es decir, la 'sintaxis interoracional' o 'sintaxis del discurso' de los textos de esta época). En segundo lugar, un análisis de este tipo nos llevaría a establecer los patrones de la *compositio* retórica utilizada en estos textos: ello no interesa sólo al historiador de la Retórica [...] o al del estilo, sino también al lingüista histórico, en cuanto que podría deslindar así cuánto de esos modos de

---

Identifizierung von Analogien und Abweichungen auf der narrativen Ebene, so etwa in Bénat-Tachot 1999 bezogen auf López de Gómara.

783 Zu den genaueren Umständen dieser Entwicklung vgl. die Erläuterungen in Kap. 2.2. und 3.3.

784 Cano Aguilar 1992, 188.

construcción sintáctica corresponde a los dictados retóricos de la época (más que a 'estilos individuales'), y cuánto a la evolución general del idioma.[785]

Da auch Antonio de Herrera, ganz im Duktus seiner Zeit und im Einklang mit der Geschichtstheorie des Humanismus, den *estilo llano* für seine Geschichtsschreibung in Anspruch nimmt, sind hier interessante Einsichten zu erwarten; insbesondere deshalb, weil es sich bei den *Décadas* um einen im Horizont dieses Problems vergleichsweise späten Text handelt, so dass er es gestattet, unter Berücksichtigung der vereinzelt bereits erarbeiteten Studien zukünftig Vergleiche hinsichtlich der Persistenz der sprachlichen Merkmale anzustellen, die mit dem *estilo llano* in verschiedenen Synchronien jeweils korrelieren. Komplementär dazu verhält sich die bereits mit dieser Arbeit zu beantwortende Frage, was Antonio de Herrera systematisch zu tun bereit ist, um seine 'Quellen' sprachlich an den von ihm praktizierten *estilo llano* anzupassen beziehungsweise wie flexibel er im Einzelfall jeweils ist. Von entscheidender Bedeutung ist dabei die Berücksichtigung des essenziell relationalen Charakters des Konzepts *estilo llano*, das in erster Linie dazu dient, einen Spielraum der Selektion und (im vorliegenden Fall) Transformation zu eröffnen, welcher in Abhängigkeit vom jeweiligen synchronen Stand einer historischen Sprache je anders genutzt werden kann; von einer festen Verbindung mit bestimmten sprachlichen Merkmalen ist nicht auszugehen.[786]

Es wird sich zeigen, dass trotz der von Herrera getroffenen homogenisierenden Vorauswahl (vgl. Kap. 5.2.) ein komplexer Phänomenbereich der Umstrukturierung seiner 'Quelltexte' verbleibt, dessen Interesse nicht zuletzt darin liegt, dass er sich einer einseitig gerichteten Interpretation im Sinne des Ausbaus von der Nähe- zur Distanzsprache entzieht. Bedingt durch die Orientierung Herreras am *estilo llano*, also einer Norm, die eine gemäßigte Distanzsprachlichkeit verlangt, entsteht eine Konstellation, in der Anpassungen stattfinden, die in erster Linie auf die Reduzierung von Komplexität zielen. Im Kern dienen Herreras Kompilationsverfahren der systematischen Vermeidung von komplexitätssteigernden Redundanzen aller Art, womit eine Anhebung des Ausbaugrades verbunden sein kann, jedoch nicht immer sein muss. Die zahlreichen einschlägigen sprachlichen Phänomene, die auf den Ebenen der Syntax, Morphologie und Lexik liegen

---

785 Cano Aguilar 1992, 189.
786 Die anders gelagerte und in der Vergangenheit bereits hinreichend ausführlich
     diskutierte Frage nach dem Verhältnis des *estilo llano* zur gesprochenen Sprache soll
     hier ausgeklammert bleiben; vgl. dazu Bader 1994; Gauger 1996; auch Stempel
     2005.

und als Ergebnis einer gezielten Komplexitätsreduktion zu verstehen sind, resultieren häufig aus dem Bemühen um die konsequente Vermeidung nähesprachlicher Elemente.[787] Auf der Makroebene zeigt sich die formal-stilistische Anpassung anhand der Eliminierung von aufgrund der historiographischen Norm unzulässigen oder als überflüssig erachteten Textteilen. Das maßgebliche Kriterium der Zulässigkeit beziehungsweise Notwendigkeit ist dabei der versprachlichte Inhalt.

Parallel dazu ist die Relevanz semantisch-diskursiver Anforderungen an die *Décadas* zu berücksichtigen, die ebenfalls auf allen sprachlichen Ebenen zu Anpassungen führen und die sich häufig, jedoch nicht in jedem Fall, als Komplexitätsreduktion äußern. Dort, wo die politisch-juristischen Ansprüche, denen die *Crónica Mayor de Indias* zu entsprechen hat, es erfordern, kann es im Einzelfall auch zu Komplexitätssteigerung durch Einführung neuer Informationen kommen. Die hier angesprochenen semantisch-diskursiven Parameter beziehen sich jedoch – dies ist ausdrücklich zu betonen – nicht *per se* auf den Inhalt beziehungsweise die narrative Ebene, sondern betreffen die Semantik sprachlicher Strukturen auf allen Ebenen, also auch Lexik und Morphosyntax.

Die genannten Faktoren lassen sich überblicksartig wie folgt darstellen:

Formal-stilistische Parameter (orientiert am 'estilo llano')

- Tendenz zum Abbau von Redundanz, Beschleunigung der semantischen Progression und Vermeidung von Archaismen.
- Verringerung des Textumfangs bei gleichzeitiger Steigerung der syntaktischen Komplexität und, daraus resultierend, häufige Kohäsionsschwächen auf der Satzebene.

Semantisch-diskursive Parameter (orientiert am politisch-administrativen Diskurs)

- Neigung zu präziser, terminologisch korrekter Wortwahl und Unterdrückung offenkundig parteiischer Wertungen bezüglich einzelner Sachverhalte.

---

787 Vgl. insbesondere Narbona Jiménez 1994, wo das Missverständnis ausgeräumt wird, Nähesprache sei als defizitär aufzufassen und ein hoher Komplexitätsgrad könne dementsprechend nur von gelungner Distanzsprachlichkeit erwartet werden. De facto ist Nähesprache hoch komplex in ihrer Redundanz, diese Redundanz ist ihrerseits jedoch nicht automatisch als defizitär zu bewerten.

- Einführung zusätzlicher Information über Sachverhalte, die das Problem der Rechtmäßigkeit der kastilischen Präsenz in den *Indias* berühren.

Als dritter wesentlicher Aspekt sind schließlich die Bedingungen und Zwecke der Textredaktion zu berücksichtigen; textbezogen bestehen sie im Wesentlichen darin, eine möglichst große Zahl relevanter Sachverhalte in einem dennoch überschaubaren Text zur Darstellung zu bringen, was zu Platz sparenden Formulierungen Anlass gibt; verfasserbezogen sodann in dem Umstand, dass die Bezahlung pro Seite erfolgt, ein Anreiz, der sich sichtbar negativ auf die Intensität der Nachkorrektur auswirkt. Diese beiden Faktoren haben den Effekt der Komplexitätssteigerung, der sich sowohl aus der Neigung zur Raffung des Textes ergibt als auch aus im Text verbleibenden Mängeln an Kohäsion aufgrund unzureichender Planung. Er kann interpretiert werden als systematische, wenngleich ungewollte Wiederannäherung der Konzeption an den Nähepol. Demgegenüber ist zugleich mit einer Tendenz zur Regularisierung der Orthographie im Zusammenhang mit der Drucklegung zu rechnen, die insbesondere in den Fällen, in denen Manuskripte als Vorlage dienen, systematisch zum Tragen kommt.[788] Ein letztes Mal zeigt sich damit die Differenz von Norm und Praxis, insofern Herreras Auffassung hinsichtlich der zu befolgenden Norm zwar deutlich wird, die tatsächliche Textgestalt jedoch dieser Auffassung nicht zur Gänze entspricht, sondern systematische Defizite aufweist, die durch die Umstände der Redaktion bedingt sind. Das Spannungsfeld zwischen normativen Ansprüchen und den Kontingenzen ihrer Umsetzung im Prozess der Textproduktion eröffnet also den Horizont auch für die Analyse des Textes (nicht nur des Kontextes).

Die in der Korpuslinguistik in Permanenz eingeforderte Repräsentativität[789] des Korpus verdient auch hier Aufmerksamkeit insofern als sie stets nur im Hinblick auf eine gegebene Fragestellung beurteilt werden kann, sodass umgekehrt zu klären ist, welche Fragestellungen an einen

---

788 Dementsprechend randständig wird hier die Analyse der Graphie bleiben, da Herreras Autograph der *Décadas* nicht erhalten ist. Gleichwohl bedeutet dieser Umstand keinen wesentlichen Erkenntnisverlust im Hinblick auf die zu konstatierenden *transformaciones discursivas*; schwerwiegender ist der Verlust im Hinblick auf die nicht mehr rekonstruierbaren Eingriffe der Zensur, der auch die *Décadas* unterworfen waren, und deren Reflexe im gedruckten Text.

789 Vgl. dazu kritisch insbesondere Oesterreicher 2006, 480.

Textbestand sinnvollerweise herangetragen werden können.[790] Die Beurteilung der Repräsentativität des Korpus unserer Studie ist vergleichsweise unproblematisch, da die zugrunde liegende Fragestellung ein prinzipiell endliches, abgeschlossenes Korpus von überschaubarer Größe generiert.[791] Der aus dieser Fragestellung resultierende Gegenstand der Beschreibung ist gleichwohl nochmals deutlich zu kennzeichnen: Es handelt sich dabei um eine Varietät des Kastilischen, die im Rahmen eines Diskurses funktioniert, welcher seinerseits eingebettet ist in den institutionellen Rahmen der *Crónica Mayor de Indias*, der die maßgebliche Kommunikationssituation schafft und insoweit die Selektion der entsprechenden Varietät(en) bedingt.[792] Wenngleich die Institution der *Crónica Mayor de Indias* die kommunikativen Finalitäten setzt, deren Verwirklichung an Diskurstraditionen mit entsprechendem konzeptionellem Profil gebunden ist, gilt das Erkenntnisinteresse der Linguistik in erster Linie den einzelsprachlich kontingenten, historischen Techniken des Sprechens (vgl. Kap. 2.), die als Varietäten bezeichnet werden. Im Rahmen der *Crónica Mayor de Indias*, so die These, konstituiert sich eine partikulare Varietät des Kastilischen, deren Beschreibung unsere Kenntnis von der spanischen Sprachgeschichte ergänzt. Dabei ist selbstverständlich nicht mit neuartigen Erscheinungen in großer Zahl zu rechnen, wohl aber mit einer diskursspezifischen Funktionalisierung sprachlicher Techniken, die es zu erfassen gilt.[793] Es geht nicht um die Marginalisierung der historischen Grammatik, sondern um ihre historisierende Modellierung:

> Der Ausgangspunkt der Analyse sind kontextgesättigte Verwendungen, nicht selbst fabrizierte Beispielsätze oder Verallgemeinerungen der systemischen Beschreibungen. Dies bedeutet zum einen, dass Belegstellen im Hinblick auf eine ganze Reihe von semantischen, pragmatischen und varietätenlinguistischen Parametern untersucht werden können und so der Einfluss dieser Pa-

---

790 Vgl. dazu allgemein u. a. McEnery/Wilson ²2007, 78 ff., in Bezug auf historische Korpora u. a. Caravedo 1999, 50/54 sowie Barra Jover 2001 und neuerdings die Beiträge in Enrique-Arias 2009.

791 Dabei ist selbstverständlich nicht von vornherein auszuschließen, dass Quellen übersehen worden sind, die durch zukünftige Studien erschlossen werden. An der prinzipiellen Abgeschlossenheit des Korpus, die uns des in Barra Jover 2001 ausführlich und zutreffend beschriebenen Problems der 'n+1 Texte' enthebt, ändert sich dadurch jedoch nichts.

792 Vgl. zu diesen grundlegenden Zusammenhängen Koch/Oesterreicher ²2011.

793 Die diskursspezifische Funktionalisierung als systematisch relevanter Aspekt der diachronen Sprachbeschreibung ist in der Varietätenlinguistik frühzeitig gesehen worden. Vgl. insbesondere Selig 1992 und Jacob 2001 sowie neuerdings die Beiträge in Kabatek 2008b.

rameter auf Frequenzerhöhungen, Kontexterweiterungen etc. überprüft werden kann. Zum anderen ist eine onomasiologische Perspektivierung möglich, die danach fragt, wie bestimmte semantische, pragmatische und/oder funktionale 'Aufgabenstellungen' bewältigt werden können.[794]

Die Analyse versteht sich als qualitativ und erfolgt in Form einer umfassenden Erläuterung zahlreicher Einzelbeispiele für jene Typen von *transformaciones discursivas*, die sich aus der Pragmatik der *Décadas* systematisch ergeben. Qualitative Repräsentativität ist durch die hier behandelten Texte insofern unmittelbar gegeben, als diese es gestatten, einen konkreten und klar abgrenzbaren historischen Diskurszusammenhang hinsichtlich seiner spezifischen sprachlichen Eigenschaften systematisch zu beschreiben, andererseits aber ist keine quantitative Repräsentativität in dem Sinne zu erwarten, dass sämtliche Okkurrenzen eines bestimmten Phänomens in jedem Falle erfasst werden könnten, um sie einer statistischen Auswertung zuzuführen.[795] Eine solche Auswertung wäre zwar prinzipiell wünschenswert,[796] wäre jedoch insbesondere im Falle der *historiografía indiana*, wo die Individualität der Einzeltexte besonders ausgeprägt ist, nur um den Preis einer Einebnung der Komplexität jener historischen Kommunikationssituation erreichbar, um deren Rekonstruktion es gerade gehen soll. Eine solche Einebnung wäre unvermeidlich zum einen, weil die Relation zwischen 'Quelle' und Resultat so individuell ist wie die pragmatische Funktionalisierung der je zugrunde liegenden Texte, zum anderen, weil diejenigen sprachlichen Phänomene, die zur Kennzeichnung der infrage stehenden Varietät heranzuziehen sind, ihrerseits komplex sind und einem *tagging* basierend auf einschlägigen Schlüsselwörtern oder -sequenzen nicht

---

794 Selig 2008, 78.
795 Vgl. dazu wie zu dem Problem der Ausblendung von Komplexität Caravedo 1999, 66 ff.
796 Vgl. auch McEnery/Wilson ²2007, 76, wo plausibel dargelegt wird, dass die beiden Perspektiven sich nicht ausschließen. Die Beiträge von Gallegos Shibya und Wanner in Pusch/Kabatek 2005 zeigen jedoch andererseits deutlich, dass ein hermeneutisches Vorgehen bei der Bildung eines Korpus von Texten, die hinsichtlich ihrer Typik Gemeinsamkeiten aufweisen müssen, um zu Einsichten über den Verbreitungsweg von Innovationen kommen zu können, unausweichlich ist. Im Falle von Gallegos Shibya mag dies keine Überraschung sein, da er eine explizit varietätenlinguistische Fragestellung verfolgt, auch von Wanner wird jedoch die Notwendigkeit einer vorgängigen Verständigung über die Typik der im Korpus versammelten Texte eingeräumt (vgl. 2005, 32), ohne dass er die Frage, wie diese zu erreichen ist, ausführlicher problematisiert.

zugänglich.[797] Dieser Hinweis ist insbesondere mit Blick auf die jüngsten Entwicklungen in der Varietätenlinguistik angebracht. Dort zeigt sich ein starkes Interesse an der Entwicklung von Methoden der identifizierenden Beschreibung von Diskurstraditionen, wobei statistische Erhebungen über je einschlägige sprachliche Merkmale in Anschlag gebracht werden. Dieses Vorgehen hat seine Berechtigung, wenn es um die Schaffung eines überprüfbaren *tertium comparationis* für sprachvergleichende Fragestellungen geht.[798] Gleichwohl treten mit Blick auf sprachhistorische Fragestellungen komplexe methodische Probleme auf.

---

797 Es verwundert insofern nicht, wenn aktuell festgestellt wird: „Linguistic analyses of discourse structure have focused on lexico-grammatical features that indicate the organization of discourse. [...] Much research of this type has described the discourse functions of particular words and phrases, referred to as 'discourse markers', 'connectives', 'discourse particles' [...] 'lexical phrases' [...] or 'cue phrases'" (Biber / Connor / Upton 2007, 4 f.).

Den oben geäußerten Verdacht hinsichtlich der beschränkten Operationalisierbarkeit des *tagging* bestätigt eindrucksvoll die Liste potenziell aussagekräftiger *features* in Biber / Connor / Upton 2007, 266 ff., die ausschließlich lexikalische Einheiten enthält.

Vgl. außerdem auch die Stellungnahme in Jucker / Schreier / Hundt 2009, 4, wo dieses Problem präzise benannt wird. Der in Parodi 2007 beklagte Mangel an korpusbasierten (und damit dürfte gemeint sein, quantitativen) Studien zur Variation im Spanischen (vgl. 2007, 1 f.) hat also nachvollziehbare technische Gründe.

798 Weitaus problematischer sind allerdings diachrone Fragestellungen, bei denen mit dem allmählichen Wandel der sprachlichen Gestaltung ein- und derselben Diskurstradition im Zeitablauf gerechnet werden muss. Schwerlich wird die Identität einer Diskurstradition, deren formale, quantifizierbare Eigenschaften sich im Zeitablauf signifikant verändern können und dies häufig tun, mithilfe computergestützter Methoden der Korpusanalyse feststellbar bleiben. Der so wichtige Aspekt der Diskursbezogenheit von Sprachwandelprozessen bleibt bei dieser Methode unweigerlich ausgeblendet.

Nicht uninteressant ist in dieser Hinsicht auch, dass die Signifikanz der etwa in Vincis 2008 gegebenen Analysebeispiele gerade darin besteht, die Anwendbarkeit des Analyseverfahrens auf ganz unterschiedlich zu qualifizierende und zu kontextualisierende Texte zu belegen, wobei jedoch die Tatsache, dass es sich um grundverschiedene Texte handelt, bereits vorausgesetzt wird, da sie vorab im Wege der Hermeneutik erschlossen worden ist.

Die vielfältigen Einsatzmöglichkeiten etwa des digitalen *Corpus del Español* auch bezüglich komplexer Strukturen, die in Davies 2005 vorgeführt werden, weisen gewiss in Richtung einer stärkeren Formalisierbarkeit des Analyseverfahrens; dass hermeneutische Vorentscheide jedoch entbehrlich werden können, ist nicht zu erwarten.

6.1. Makrostruktur

Während sich die Makrostruktur jedes einzelnen Textes aus dem Korpus selbstverständlich systematisch beschreiben und zu bestimmten Traditionen in Bezug setzen lässt, ist ein systematisch beschreibbares Verhältnis zwischen der Makrostruktur bestimmter 'Quellen' und der Makrostruktur der jeweiligen Parallelstelle in den *Décadas* nur sehr eingeschränkt gegeben. Die formale Gestaltung des Textes der 'Quelle' hat prinzipiell keinerlei erkennbare Auswirkung auf die – ihrerseits sehr konsequent und regelmäßig durchgeführte – formale Gestaltung der *Décadas*. D.h. auch, dass Herrera zwar die Texte, die er seiner Kompilation zugrunde legt, einer Vorauswahl nach formalen Kriterien unterzieht, die Auswahl der konkreten Textstellen, die er letztlich verarbeitet, jedoch nach ausschließlich inhaltlichen Gesichtspunkten vornimmt.

Die grundsätzlich zu beobachtende Tendenz einer Raffung der Textoberfläche, für die das Hauptmotiv in der systematischen Vermeidung von Redundanz liegt, ist hauptsächlich in morphosyntaktischen Kategorien zu beschreiben. Eine systematische Ausnahme besteht jedoch: Dies ist die inhaltlich begründete Unterdrückung von gegebenenfalls umfangreichen Textabschnitten, die sich in das von Herrera anvisierte diskursive Profil deshalb nicht fügen, weil sie ausschließlich idiosynkratische *memoria* kodieren und im Rahmen des rechtssystematischen und politischen Diskurses, an dem die *Décadas* partizipieren, schlicht irrelevant sind. Wenig überraschend, dass die Folgen dieser Maßnahme besonders häufig und markant dort in Erscheinung treten, wo nähesprachlich geprägte historiographische 'Quellen' verarbeitet werden; Verfasser von solchen historiographischen Texten, die durch Patronage oder institutionelle Anbindung von vornherein offizialisiert sind, üben im Normalfall eine erheblich striktere Selbstzensur und haben kein Interesse an der Kodierung persönlicher *memoria* in einem Text, der für sie oftmals einen lukrativen Auftrag und die Sicherung des Lebensunterhalts bedeutet, nicht jedoch der Selbstverständigung dient.

Ganz anders hingegen im folgenden Beispiel:[799]

---

799 Die Textstellen, die im Folgenden exemplarisch zu erläutern sein werden, bezeichnen wir der Einfachheit halber mit dem Namen des jeweiligen Verfassers. Die teils exorbitante Länge der vollständigen Titel sowie die Gefahr einer Verwechslung im Falle der Verwendung von Abkürzungen lassen diese als die relativ angemessenste Vorgehensweise erscheinen. Bei *relaciones* und *documentos jurídicos* ohne Verfasser erscheint der Titel.

(1) Díaz del Castillo

El capitan / cortes vn cauallo castaño zayno, que luego se le murio en san juan de ulua = p(edr)o / de alvarado y hernando lopez de auila vna yegua alazana muy buena de juego. / y de carrera y de que llegamos a la nueua España el pedro de alvarado le compro. / la mitad de la yegua. que se la tomo por fuerça. = alonso hernandez puerto/carrero vna yegua rruzia, de buena carrera, que le compro cortes por las lazadas / de oro – juan velazquez de leon, otra yegua rruçia muy poderosa. que llamaua/mos la rrabona muy rrebuelta y de buena carrera = xpobal de oli un caua/llo castaño escuro harto bueno = françisco de montejo y alonso de auila vn ca/vallo alazan tostado, no fue para cossa de guerra = francisco de morla vn cauallo / castaño escuro gran corredor y rre-buelto = juan descalante vn cauallo castaño. / claro. Tresalvo no fue bueno = diego de ordas, vna yegua rruzia, machorra pasa/dera y aun corria poco = gonçalo dominguez vn muy estremeño ginete, vn cauallo / castaño escuro muy bueno e gran corredor = pero gonçalez de truxillo vn buen / cauallo castaño. perfecto castaño que corria muy bien = moron vezino del baya/mo. Un cauallo hobero labrado de las manos y hera bien rrebuelto = baena vez(in)o / de la trinidad vn cauallo hobero algo sobre morzillo no salio bueno para cossa / ninguna = lares el muy bueno ginete vn cauallo muy bueno de color castaño al/go claro e buen corredor = ortiz el musico y un bartolome garcia q (ue) solia te/ner minas de oro vn muy buen cauallo. escuro que dezian el arriero este fue / vno de los buenos caballos que pasamos en la armada = juan sedeño vezino / de la habana. vna yegua castaña y esta yegua pario en el nauio. Este juan sede/ño paso el mas rrico soldado que obo en toda la armada porque truxo navio / suyo y la yegua y un negro e caçabe e tozionos porque en aquella sazon no / se podia hallar cauallos ni negros si no hera a peso de oro y a esta causa no pa/saron mas cauallos porque no los auia ni de que conprallos y dexallo he aqui y / dire lo que alli nos avino ya que estauamos a punto para partirnos a em-barcar.
(Capítulo 22)[800]

Dieser Abschnitt fehlt bei Herrera erwartungsgemäß komplett. Von einem solchen Vorgehen können ebenfalls Textabschnitte betroffen sein, die metakommunikativ relevante Hinweise zum aus Sicht des Verfassers richtigen Umgang mit dem Text oder mit anderen Texten geben.

(2) Díaz del Castillo

…tan/bien quiero que vean los que aquesto leyeren la diferença que ay de la rrelaçion / de gomara. quando dize que enbio a mandar diego velazquez / a ordas q(ue) convidase // a comer a cortes en el nauio y lo lleuase preso a

---

800 Die in den verschiedenen, mehr oder minder populär angelegten Editionen der *Historia* von Bernal Díaz del Castillo gepflegte Kapitelzählung entspricht nicht derjenigen in den Manuskripten. Da sich unsere Transkription an den Manu-skripten orientiert, ist relativ zu den Editionen jeweils mit einer Abweichung von -1 zu rechnen. Dieser Umstand wird in der kritischen Edition Barbón Rodríguez 2005 dankenswerterweise vermerkt.

santiago. y pone otras cosas de tran/pas en su coronica q(ue) por no me alargar
lo dejo al pareçer de los curiosos lectores bol/uamos a nuestra materia.
(Capítulo 21)

Neben den rein inhaltsbezogenen Hinweisen, wie sie in obigem Beispiel
auftreten, sind es häufig auch Kommentare zur Textdeixis, die von Herrera
so behandelt werden. Für diese wie auch für die hier behandelten Fälle
diskursbezogener Informationsselektion gilt, dass sie nicht notwendigerweise auf die Makroebene beschränkt sind, sondern prinzipiell auf allen
Analyseebenen zu finden sind. Es ist gleichwohl zutreffend, dass die in-
haltsbezogen zu erklärende Unterdrückung ganzer Textabschnitte einen auf
den ersten Blick wesentlichen Aspekt der Kompilation bei Herrera
darstellt. Einen in dieser Hinsicht besonders extremen Fall stellt bemer-
kenswerterweise Cieza de León dar, was erkennen lässt, dass nicht das
konzeptionelle Profil der Texte für das jeweilige Ausmaß der Informationsselektion verantwortlich zu machen ist, sondern in erster Linie das
kaum systematisch beschreibbare Ausmaß der Distanz des jeweiligen
Verfassers zum Gegenstand seines Textes. Dieses fällt bei Cieza definitiv
geringer aus als bei Bernal Díaz del Castillo, was nicht verwundert, da
Letzterer seine Erinnerungen mit mehreren Jahrzehnten Abstand zu Papier
bringt, Ersterer hingegen beinahe eine Art Tagebuch führt. Gerade bezogen
auf Themen der *antigüedades de los Incas* fühlt sich Herrera in Fällen wie
diesem dazu gedrängt, einen größeren Abstand herzustellen:

(3) Cieza de León

Desbaratados los Chancas entro en el cuzco ynga ympangue / con gran tr(i)
umfo. y hablo a los prinçipales de los orejones / sobre que se acordasen. de
como auia trauajado por ellos / lo que auian uisto. y en lo poco que su hermano
ni su padre / mostraron tener a los enemigos por tanto que le diesen. a el / el
señorio y gouernaçion del ymperio los del cuzco unos / con otros. trataron y
miraron, asi el dicho de yng / ympanque, como lo mas que ynga hurco le
auia / hecho. y por consentimiento del pueblo // acordaron de que ynga urco no
entrase mas en el cuzco / y que le fuese quitada la borla o corona y dada a / ynga
ympangue, y aunque ynga urco como lo supo. / quiso uenir al cuzco a justi-
ficarse. y mostrarse sen/timiento grande quexandose de su hermano y de los
que / le quitauan de la gouernaçion del rreyno no le dieron / lugar ni se dexo
cumplir lo ordenado y aun ay al/gunos que dizen que la coya muger que hera de
ynga / urco lo dexo sin tener hijo del ninguno y se uino al / cuzco donde la
rreceuio por muger su segundo her / mano ynga ympangue, que hecho el
ayuno. y otras / cerimonias salio con la borla haziendose en el cuzco / grandes
fiestas allandose a ellas gentes de muchas / partes. y a todos los que murieron de
la parte / suya en la batalla los mando el nueuo ynga enterrar / mandando
hazerles obsequias a su usança…
(Señorío – Folios 79^r–79^v)

Herrera

Auida/esta gran vitoria, Yupangui pidio el/Reyno, y se le dieron, aunque procu-/rô Inga Vrco de entrar en el Cuzco a / impedirlo: pero la hermana Coya le/dexô, y se casô co(n) ella el nueuo Rey, el/qual hizo obsequias generales a todos/los muertos en la defensa de la ciudad,...

(Década V, libro 3, capítulo 12)

Gleichwohl ist darauf aufmerksam zu machen, dass der Umgang mit Information im Prozess ihrer Überführung in Wissensbestände, die hier hinsichtlich ihrer sprachlichen Kodierung zur Debatte stehen, nicht ausschließlich im Modus der Selektion stattfindet. Ein Hinweis in diesem Sinne ist dem folgenden Beispiel zu entnehmen, an dem zu beobachten ist, wie es Herrera versteht, den Grad der Ikonizität in der Sachverhaltsdarstellung zu erhöhen, indem er sich bei der Anordnung der einzelnen Propositionen konsequent an der zeitlichen Abfolge der darin kodierten Sachverhalte orientiert, während bei Diego de Landa ausschließlich der Ursache-Wirkungs-Zusammenhang betont wird:[801]

(4) Landa

Que comiença el ynuierno desde St. Francisco y dura/hasta fin de marzo. porq (ue) en este tiempo corren los Nortes. y//causan catarros rezios y calenturas por estar la gente/mal vestida.

(Folios 1^{r}–1^{v})

Herrera

Comiença el inuierno/de aquella tierra desde san Francisco,/quando entran los Nortes, ayre frio, y/que destiempla mucho a los natura-/les: y por estar hechos al calor, y traer/poca ropa, les dan rezios catarros, y/calenturas.

(Década IV, libro 3, capítulo 4)

Manipulationen auf der Ebene der Informationsstruktur sind gleichwohl selten, insofern in den Fällen, in denen Herrera die gesamte in der 'Quelle' kodierte Information als relevant erachtet und mithin vollständig übernimmt, sehr häufig auch deren syntaktische Kodierung bereits seinen Kriterien entspricht. In den Extremfällen einer unveränderten Übernahme, die ihrerseits ebenso eine Ausnahme darstellen, bewegen sich Herrera und seine 'Quelle' im selben Diskurs – so etwa Cervantes de Salazar, der aus eben diesem Grund für die nachfolgenden Erläuterungen kaum eine Rolle spielt. Den unmarkierten Standardfall der Analyse jedoch konstituiert das

---

801 Für eine ausführliche Diskussion des Problems der Ikonizität in der Syntax historischer Sprachen vgl. Dotter 1990, Givón 1984, Bd. 2, 966 ff., Haiman 1985 sowie die einschlägigen Beiträge in Landsberg 1995 und die aktuelle Überblicksdarstellung Tabakowska 2009.

Zusammenwirken von Informationsselektion und syntaktischer Transformation, das es uns erlaubt, von diskursiver Transformation zu sprechen.

Die Beschreibung der anvisierten textuellen Konstellationen als diskursive Transformationen ist konsistent unter Beachtung von zwei Prämissen: 1) Der Textvergleich setzt die Vergleichbarkeit der jeweils ausgewählten Textausschnitte voraus; das *tertium comparationis* ist dabei der Referenzbereich, von dem angenommen wird, dass er für zwei einander zugeordnete Textausschnitte jeweils identisch ist. Die Frage, ob diese Identität der Referenzbereiche jeweils zu Recht behauptet wird oder nicht, würde eine logische Analyse erfordern und muss hier außen vor bleiben. Die linguistische Analyse beruht also jeweils auf der – ausgesprochen plausiblen – Unterstellung, dass von Antonio de Herrera im Akt der Kompilation bezüglich der zu vergleichenden Textabschnitte eine solche Identität der Referenzbereiche angenommen worden ist. Ausdrücklich ist zu betonen, dass der Umstand einer gegebenenfalls extrem unterschiedlichen sprachlichen Konzeptualisierung dieser Referenzen der Vergleichbarkeit keinen Abbruch tut, da die Referenzidentität als logisch, die sprachliche Konzeptualisierung hingegen als prälogisch aufgefasst werden muss.[802] 2) Ebenso, wie das Konzept der Konstituenz hier aus rein praktischen Gründen herangezogen wird, erfolgt die Benennung der je identifizierten Konstituenten in Anlehnung an die traditionelle Grammatik aus praktischen Gründen: Zum einen entspricht dies den Gepflogenheiten weiter Teile der sprachhistorisch arbeitenden Hispanistik und ein Bruch mit diesen Gepflogenheiten würde einen theoretischen Aufwand erfordern, der hier nicht sinnvoll zu betreiben ist; zum anderen ist das alleinige Ziel unserer Analyse, die Differenzqualitäten unterschiedlicher sprachlicher Konzeptualisierungen zu kennzeichnen, mithilfe des traditionellen Kategorieninventars gut zu erreichen. Die Frage, ob grammatiktheoretische Erwägungen für die Etablierung anderer Kategorien sprechen, bleibt davon unberührt.[803]

---

802 Vgl. dazu insbesondere Báez 1988 und 2002.
803 Zur Diskussion um grammatische Funktionen beziehungsweise grammatische Kategorien und ihre Geltung vgl. z.B. Báez 1988; Briz 1994; Croft 1991; Gutiérrez Ordóñez 1997.

6.2. Syntax

Auf der Ebene der Syntax werden wir mit einer Reihe teils komplexer Phänomene konfrontiert, die Einblick gewähren in die Bandbreite und Systematik der Typen von diskursiven Transformationen und der möglichen Motive für ihr Auftreten. Eingriffe in den Text können prinzipiell entweder inhaltlich oder formal begründet sein; sind sie inhaltlich begründet, so dienen sie dem Zweck der Anpassung des Textes an die Sprachregelungen und Positionen, die im Rahmen des von der *Crónica Mayor de Indias* vertretenen Diskurses sanktioniert sind. Diese Anpassung wird im Wesentlichen erreicht durch die Entfernung beziehungsweise Ergänzung von Syntagmen unterschiedlicher Komplexität oder aber durch den gezielten Einsatz markierter Lexeme; sind die Transformationen hingegen formal begründet, so dienen sie einer Annäherung an die – impliziten und durchaus flexiblen – Normen des *estilo llano*, der als zentrales Autoritätskriterium für die sprachliche Gestaltung auch historiographischer Texte der Frühen Neuzeit gilt. Die Sachlage erweist sich in diesem Bereich jedoch insofern als komplizierter, als hier Phänomene, die dem Bemühen um Vermeidung nähesprachlich geprägter Elemente und Strukturen geschuldet sind, unterschieden werden müssen von solchen Phänomenen, die als Folgen der institutionellen Vorgaben für die Textproduktion zu deuten sind, welche ihrerseits vor allem auf Geschwindigkeit und weitestgehende Raffung des Inhalts zielen (vgl. Kap. 6.). Wie sich diese komplexe Konstellation konkret auf die Textgestalt auswirkt, wird im Folgenden zu zeigen sein.

Die Entfernung umfangreicherer Satzteile hat zumeist mit dem Bemühen um die Vermeidung von Redundanzen zu tun, die einen Text als nähesprachlich geprägt ausweisen. Dieses Vorgehen kann auf die Ebene der Textdeixis bezogen sein, wie im folgenden Beispiel, wo das Bemühen um anaphorische Anknüpfung an weiter zurückliegende Sachverhaltsdarstellungen zu umständlichen und repetitiven Formulierungen führt, die als konzeptionell mündlich gedeutet werden müssen:

(5) Díaz del Castillo
Quiero bolver algo atras de nuestra platica para dezir co/mo despues que salimos de sanctiago de cuba con todos los nauios de la mane/ra que e dicho dixeron al Diego Velazquez tales palabras contra cortes que le hi/zieron boluer la oja porque le acusauan que yba alçado y que salio del puerto/ a çençerros tapados.
(Capítulo 21)

Herrera

VISTO Por Diego Ve-/lazquez la desobedien-/cia de Cortes, juzgan-/dole por
hombre alçado,/estaua con mucho senti/miento del caso, pero toda
via/confiando, que como tenia humos / de hombre honrado, no haria cosa /
que pareciesse indigna de quien era,/y que se pudiesse llamar desconoci-/
miento ni ingratitud:
(Década II, libro 3, capítulo 13)

Ein Problem der Kodierung von Textdeixis liegt auch im folgenden Fall
zugrunde:

(6) Instrucciones para Hernán Cortés (1523)

...paresce que seria el principal camino para esto/comencar a ynstruir á los
dichos s(enore)s principales / e que tambien no seria muy prouechosso que de
golpe se hiziese/mucha ynstancia a todos los dichos yndios a que fuesen
Xpianos e Resciuirian dello(s) dessabrimiento bed/alla *lo vno y lo otro...*
(Párrafo 1)

Herrera

...y porq(ue) se ente(n)dia q(ue) / no seria muy prouechoso q(ue) de golpe/se
hiziesse mucha insta(n)cia co(n) todos, si/no q(ue) recibiria(n) desabrimie(n)
to, q(ue) *lo* miras/se,...
(Década III, libro 5, capítulo 1)

Zweifelsfrei lässt sich zunächst feststellen, dass der in der traditionellen
Grammatik häufig als Neutrum klassifizierte Determinierer *lo*[804] die Kategorisierung der Phrase als NP verbürgt. Zwischen den solchermaßen
nominalisierten Konstituenten *uno* und *otro* besteht eine semantische
Relation der Komplementarität.[805] Entscheidend ist nun, dass mit dem
Ausdruck insgesamt keine Aussage über eine außersprachliche Referenz
getroffen wird, sondern eine Aussage über die Konzeptualisierung eines
Referenzbereichs. Der Ausdruck *lo uno y lo otro* bedeutet die Eigenschaft
eines Referenzbereichs, zweigeteilt zu sein. Dementsprechend ist die Unterdrückung von *uno* und *otro* gleichbedeutend mit der Eliminierung der
Information betreffend die interne Struktur des Referenzbereichs. Die
Frage, wie groß die Anzahl der im Referenzbereich liegenden Elemente ist
und welche Eigenschaften diese haben, wird davon nicht berührt. Erhalten

---

804 Eine interessante Diskussion dieser traditionellen Klassifizierung und ein aktueller
   Überblick über den diesbezüglichen Forschungsstand finden sich in Pomino/Stark
   2008.
805 Selbstverständlich wird damit nicht behauptet, dass sie Nomina seien. Vielmehr
   bietet sich zur Modellierung des hier bestehenden Sachverhalts das Konzept der
   Translation an, allerdings unter Vorbehalt, da auch dieses bekanntlich eine ganze
   Reihe relevanter Phänomene nicht abzudecken vermag. Vgl. dazu bereits Báez
   1988, 35 ff.

bleibt dasjenige sprachliche Element, das die Bezugnahme auf den –
maximal unspezifischen – Referenzbereich gewährleistet. Dabei ist
selbstverständlich nicht davon auszugehen, dass das Deiktikon *lo* einmal
entfernt und im anderen Fall nicht entfernt worden sei. Vielmehr muss
berücksichtigt werden, dass es aufgrund seiner maximal generischen Semantik keine Numerusmarkierung aufweist.[806] Die Füllung des Referenzbereichs wird anaphorisch durch die voraufgegangenen Prädikationen
geleistet.

Das gleiche Verfahren kann jedoch ebenso gut auf die Ebene der
Sachverhaltsdarstellung bezogen sein. Dies zeigt schon die Entfernung der
nähesprachlich orientierten Phraseologismen im Beispiel (5); noch deutlicher jedoch der folgende Auszug:

(7) Las Casas
*…hecho el robo que cortes hizo de la hazien/da del rey en la estançia, o granja
de/ macaca y metido el caçabi e puercos y ma/hiz en los navios hizose a la [--]
vela/ pa(ra) yr por la costa de cuba abaxo…*
(Libro 3, capítulo 115)[807]

Herrera
De/aqui se fue por la costa de Cuba a ba-/xo, y descubrio vn nauio de la Isla
de/ Iamayca,…
(Década II, libro 3, capítulo 12)

Die Verquickung von formalen mit semantischen Aspekten ist charakteristisch für diesen Verfahrenstyp. Die Eliminierung betrifft häufig Syntagmen, die redundante Inhalte kodieren und zugleich geeignet sind, pejorative Effekte zu erzielen und so das Erscheinungsbild von
Repräsentanten der kastilischen Krone zu beschädigen:

(8) Díaz del Castillo
*…a estas pala/bras y otras munchas que les dezian. dio oydos a ellas. y con muncha
breuedad enbio dos moços de espuelas de quien se fiaua…*
(Capítulo 21)

---

806 Vgl. zu dieser spezifischen Eigenschaft der spanischen 'Neutra' ebenfalls Pomi-
no/ Stark 2008 sowie bereits González Calvo 1979.

807 Der Abgleich mit dem Autograph aus der BNE ergibt hier ein ähnliches Problem
wie bei Bernal Díaz del Castillo: Die in den Editionen gepflegte Kapitelzählung
weicht von der des Manuskripts um eins ab, und zwar vermutlich aufgrund eines
Lesefehlers, der mit der eigenwilligen Gestaltung der Paratexte im Manuskript zu
tun hat. Zu rechnen ist hier relativ zur Kapitelzählung einschlägiger Editionen
wiederum mit einer Differenz von -1.

Herrera

...le persuadian que / reuocasse los poderes a Hernando / Cortes, diziendo, que no esperasse del / ningun reconocimiento, y que se a-/cordasse que le tuuo preso, y que era / mañoso, y que si presto no lo reme-/diaua le echaria a perder. *Por lo qual* / embio luego dos moços de espuelas / de quien se fiaua,...
(Década II, libro 3, capítulo 13)

Während die obigen Fälle von Neutralisierung pejorativ-polemisierender Stileffekte jeweils auf die Illustration der diskursiven Normen der *Crónica Mayor* abstellen, zeigt das folgende Beispiel, dass derartige Effekte von den Autoren der 'Quellen' tatsächlich beabsichtigt waren und mithin keine unsachgemäße Unterstellung des Interpreten darstellen. Der Textausschnitt aus dem Las Casas-Manuskript enthält eine Marginalie, die erst nachträglich (allerdings von eigener Hand) in den Text eingefügt worden ist und ganz offensichtlich dazu dient, jenseits der Ereignisberichterstattung die Kronbeamten als träge und überheblich zu charakterisieren. Sie wird von Herrera dementsprechend ignoriert:

(9) Las Casas

yva cada día diego velazquez al puerto / *a caballo aun*/*que estava* / *junto*, y / cortes y / toda la çiudad con el a ver los / navios:...
(Libro 3, capítulo 114)

Herrera

Diego Velazquez yua ca-/da dia al puerto q(ue) estaua junto, y con / el Cortes, y toda la ciudad a ver / los nauios, y proueerlos:...
(Década II, libro 3, capítulo 12)

Dient die schlichte Eliminierung von Syntagmen häufig dem Zweck der Vermeidung von nähesprachlichen Redundanzen, so kann sie insbesondere dort, wo explizit juridische Texte betroffen sind, auch dem Abbau von Distanzsprachlichkeit zugunsten des *estilo llano* geschuldet sein. Dafür ist in solchen Fällen jedoch nicht die Schreibkompetenz des Verfassers ausschlaggebend, sondern die diskurstraditionell bedingten konzeptionellen Vorgaben, die den Einsatz spezifischer, relativ stark distanzsprachlich markierter Varietäten auf Seiten der 'Quelle' erfordern.

Ein auf den ersten Blick weniger offenkundiges, jedoch signifikantes Beispiel für stilistische Anpassungen an der syntaktischen Oberfläche in diesem Sinne ist das folgende:

(10) Relación de la ciudad de Santa Cruz de la Sierra

Primeramente esta la çiudad al pie de vna sierra en vn / llano, y de alli adelante comiençan Los llanos montuosos y / faltos de agua, *estan cubiertas algunas de las cassas* de tejas de palm[a].
(Folio 1[r])

Herrera

Esta ciudad tiene su assiento al pie / de vna sierra en vn llano, y de alli a-/delante comiençan los llanos mon-/tuosos, y faltos de agua, y algunas de / *las casas están cubiertas* de hojas de // palma.

(Década VIII, libro 5, capítulo 10)

Hier findet eine minimale Ausdehnung der syntaktischen Oberfläche um die Konjunktion *y* statt, deren Setzung eine stärkere syntaktische Integration ermöglicht. Zwei ursprünglich selbständige Sätze sind bei Herrera in einer Periode[808] zusammengefasst. Diese marginale Veränderung scheint ohne Belang zu sein; tatsächlich ist sie jedoch klar diskurstraditionell motiviert: Die separate Kodierung von Aussagen über verschiedene Bezugsgegenstände in mehreren – dementsprechend kurzen – Sätzen ist typisch für den Berichtsstil einer *relación*, jedoch weder dem *estilo llano* noch der humanistischen *historia* angemessen. Im vorliegenden Fall haben wir also ebenso mit einem Phänomen syntaktischer Integration als Verfahren der Anpassung an den *estilo llano* zu tun wie in den obigen Beispielen; diese jedoch waren bedingt durch die nähesprachliche Schreibkompetenz der Verfasser der 'Quellen', während hier das vorgegebene diskurstraditionelle Profil der 'Quelle' ausschlaggebend ist.

Diese Diagnose trifft auch auf den Fall der Eliminierung des Diskursmarkers *primeramente* zu, die aus dem gleichen Grund erfolgt.[809] Die Benennung verschiedener Sachverhalte mit Ordnungszahlen ist typisch insbesondere für *relaciones geográficas* (vgl. Kap. 3.5.2.), konterkariert jedoch narrative Strukturen, wie sie für eine *historia* typisch sind, und wird

---

808 Zum Konzept 'Periode' vgl. die Hinweise in Cano Aguilar 1992, 189.

  Zu den grammatischen Regeln von *discurso directo* und *discurso indirecto* vgl. Maldonado González 1991 und 1999. Die Regeln der *consecutio temporum* des Gegenwartsspanischen sind dabei im Kern auch schon in den Texten des 16. Jahrhunderts präsent.

809 Angesichts der Charakterisierung des Konzeptes 'Diskursmarker', die nach wie vor weite Teile der einschlägigen Debatte bestimmt und im Wesentlichen auf den Aspekt der Rezeptionslenkung konzentriert ist (vgl. auch die diesbezügliche Rekonstruktion in Fernández Alcaide 2009), ist es angebracht, darauf hinzuweisen, dass es sich bei *primeramente* im vorliegenden Fall um einen Diskursmarker im strengen Sinne und unter Bezugnahme auf das in Báez 2002 entwickelte Modell des kommunikativen Geschehens handelt. Vgl. zum Fall *primeramente* auch bereits Portolés ²2001, 138. Vgl. zur aktuellen Diskussion insbesondere in hispanistischer Perspektive auch Garcés Gómez 2008 und Loureda Lamas / Acín Villa 2010.

  Er ist radikal zu unterscheiden von Okkurrenzen derselben Form in Funktion eines Adverbs oder einer Konjunktion, wie sie etwa in Barra Jover 2002, 305 ff. diskutiert werden. Diese liegen im Rahmen des kommunikativen Geschehens auf einer anderen Ebene.

bei Herrera deshalb konsequenterweise vermieden. Es ist ausdrücklich zu vermerken, dass diskurstraditionell bedingte Kürzungen ausschließlich in Fällen auftreten, in denen die 'Quellen' aus juridischen Diskurszusammenhängen stammen. Die resultierende syntaktische Struktur kommt dem *estilo llano* in ihrer Parallelität näher als der Bezugstext der 'Quelle'.

Auch die Neutralisierung der in der 'Quelle' noch – wenn auch nur schwach – markierten Informationsstruktur lässt sich so deuten. Die bei Herrera eingehaltene Satzgliedfolge S-P entspricht auf dieser Ebene einer prototypischen, unmarkierten Zuordnung von *topic* und *comment*, wohingegen in der 'Quelle' eine markierte Informationsstruktur vorliegt, insofern das Prädikat, das als Fokus fungiert, gespalten und teilweise an den linken Satzrand verschoben wird.[810] Die resultierende Satzstruktur ist dem nähesprachlichen konzeptionellen Profil der *relación* geschuldet. Ähnlich sind die Verhältnisse im folgenden Fall:

(11) Landa

Que viniendo de la vera cruz por parte de la punta de / Cotoch. esta en menos de XX grados, y por la boca de puerto real en mas de veinte y tres. y *que* tiene del vn cabo de estos al / otro bien ciento y treinta leguas de largo camino derecho.

(Folio 1ʳ)

Herrera

…y yendo de la Veracruz / por la parte de la punta de Cotoche / està en menos de veynte grados, y / por la boca de Puerto Real en mas de / veyntitres: tiene de vn cabo destos / al otro casi ciento y treynta leguas de / largo, y camino derecho.

(Década IV, libro 3, capítulo 4)

---

810 Wobei die Analyse von *las casas* als *topic* nur dann stichhaltig ist, wenn man davon ausgeht, dass diese nach der Vorerwähnung von *ciudad* bei den Kommunikationspartnern bereits kognitiv aktiviert sind. Vgl. zu diesem Ansatz Lambrecht 1994. Konkrete Beispiele zur Rolle der Inferenz im Zusammenhang mit informationsstrukturellen Gestaltungen gibt auch Silva-Corvalán 1984.

Die Kategorien der Analyse von Informationsstrukturen werden auch in der aktuellen Debatte noch unterschiedlich operationalisiert. Besonders einflussreich in der Hispanistik ist nach wie vor die Darstellung Zubizarreta 1999, die der allgemein vorherrschenden Tendenz folgt, die Konzepte Thema und *topic* synonym zu behandeln. Für einen aktuellen Überblick vgl. Casielles Suárez 2004 und Féry 2007. In Gabriel 2007 werden überdies sinnvolle Vorschläge zur systematischen Differenzierung von Thema und *topic* besprochen.

Historische Manifestationen informationsstruktureller Gliederung sind in der Sprachwissenschaft bisher kaum systematisch bearbeitet worden. Die von Andreas Dufter geleitete Sektion auf dem Deutschen Hispanistentag 2011 ist insofern von höchster forschungssystematischer Relevanz. Vgl. auch den Band Dufter / Jacob 2011.

Die zunächst unscheinbare Konjunktion *que* ist hier klar diskurstraditionell bedingt, insofern sie ursprünglich der mündlich-dialogischen Kommunikationssituation geschuldet ist, in der *relaciones* entstehen, und wird bei Herrera dementsprechend unterdrückt.[811]

In den folgenden drei Beispielen ist jeweils eine Steigerung des Grades der syntaktischen Integration zu beobachten, die jedoch nicht mit dem Auftreten etwaiger Redundanzen in den 'Quellen' begründet werden kann. Dementsprechend kommt es hier auch nicht zur ersatzlosen Streichung von Syntagmen, sondern es findet eine Ersetzung von relativ komplexeren (und gegebenenfalls längeren) Syntagmen durch einfachere und kürzere statt, womit jedoch nicht primär die Optimierung der semantischen Progression, sondern die Optimierung der syntaktischen Oberfläche durch den Abbau *formaler* Redundanzen einhergeht; ein gleichzeitiger (wenngleich aus Verfassersicht sekundärer) Abbau auch von semantischer Redundanz ist dabei nicht prinzipiell ausgeschlossen.[812]

(12) Díaz del Castillo
> …enbio dos moços de espuelas de quien se fiaua / con mandamientos y prouisiones para el alcalde mayor. de la trinidad que se dezia fran(cis)co / verdugo, el qual hera cuñado *del mismo govenador…*
> (Capítulo 21)

Herrera
> …que harian diligen-/cia con mandamiento y prouisiones, / para Francisco Berdugo *su* cuñado, / que era Alcalde de la villa de la Tri-/nidad,…
> (Década II, libro 3, capítulo 13)

---

811 Wie die Analysen in Wesch 1994 und 1996 zeigen, können die repräsentativen Sprechakte sowohl mit als auch ohne illokutionäres Verb und sowohl mit als auch ohne nebensatzeinleitende Konjunktion formuliert werden.

812 Und zwar schon deshalb nicht, weil die Möglichkeit einer strikten Trennung von Form und Inhalt bisher nur im Amerikanischen Strukturalismus und in der (frühen) Generativen Grammatik behauptet worden ist, zwischenzeitlich jedoch nicht nur von funktionalistisch orientierten, sondern ebenso von avancierten strukturalistischen und kognitiven Grammatiktheorien mit guten Gründen in Zweifel gezogen worden ist. Insbesondere Letztere haben überzeugend darzulegen vermocht, dass mit jeder Änderung der Form auch eine Änderung des Inhalts verbunden ist. Wenn hier also von der formalen Optimierung des Satzes die Rede ist, so ist dabei in keiner Weise die strikte Trennung von Form und Inhalt impliziert.

Vgl. zur Problematisierung dieser Zusammenhänge Báez 1988; Croft / Cruse 2004; Langacker 1988.

(13) Andagoya

Esta era gente *de mas po/liçia* que la de santa marta y de aquella costa / porque las mugeres andaban muy bien bestidas de / los pechos abaxo con mantas la-bradas de algo/don,…
(Folio 68ᵛ)

Herrera

Era esta gente *mas política* que la / de santa Marta, y la de toda aquella / costa. Andauan las mugeres bien ves-/tidas de los pechos abaxo, con man-/tas la-bradas de algodon,…
(Década II, libro 3, capítulo 5)

(14) Landa

Que su costa es baxa, *y por esto* los nauios grandes van al/go apartados de tierra.
(Folio 1ʳ)

Herrera

Van los na-/uios grandes algo apartados de tie-/rra, *porque* la costa es baxa,…
(Década IV, libro 3, capítulo 4)

(15) Xerez

…i informaronle q(ue) / dos jornadas de alli auia vn pueblo gran-/de *que se dize Caxas:* en el qual auia guar/nicion de Atabalipa esperando a los Chri/stianos…
(Folio 6ʳ)

Herrera

…entendio, que a dos jor-/nadas estaua vn gran pueblo *llama-/do* Caxas, adonde auia gente de gue-/rra de Atahualpa esperando a los / Castellanos,…
(Década V, libro 1, capítulo 3)

(16) Fernández de Palencia

…auisandole, aquello q(ue) mas co(n)/uiniesse para q(ue) el negocio mejor se a-/certasse. Fuele respo(n)dido; *q(ue) todos e-/llos estaua(n) prestos, para seruir a su Ma/gestad.*
(Libro 2, capítulo 40)

Herrera

porque era / ordinario caer luego lo que presto se / leuantaua sin fundamento como aq(ue)l / caso. Respondieron *animosa, y leal-/mente;*[813]
(Década VIII, libro 9, capítulo 18)

---

813 Zu Adverbien als Mittel der Nominalisierung im Spanischen vgl. Azpiazu 2004, 261 ff.

In jedem der angeführten Textauszüge ist eine relative Zunahme des Grades der Nominalisierung einzelner Konstituenten[814] zu beobachten. Dieses Verfahren wird hier deshalb anhand von vier Beispielen belegt, weil aufzuzeigen ist, dass es prinzipiell auf unterschiedlichsten Ebenen der syntaktischen Konstituenz angewandt werden kann und weil es von Herrera überdies auch kontinuierlich angewendet wird und als besonders charakteristisch für die Kompilation der *Décadas* zu gelten hat.

Ein effektives Instrument zur Abbildung und Systematisierung dieses Verfahrens ist die am Seiler'schen Universalienprojekt orientierte Modellierung von Junktion nach Raible.[815] Im Vordergrund steht bei dieser Wahl das Interesse, die von Herrera genutzten Verfahren syntaktischer Integration qualitativ zu beschreiben, ohne sich an deterministische Implikationen klassischer Grammatikalisierungstheorie zu binden.[816] Das Modell unterscheidet grundsätzlich acht Ebenen der Junktion, die von maximaler syntaktischer Selbständigkeit bis zu maximaler Nominalisierung einer unselbständigen Konstituente reichen und ein Kontinuum bilden, das zwischen den Polen 'Aggregation' und 'Integration' aufgespannt wird; diesen acht Ebenen werden ihre je charakteristischen einzelsprachlichen Manifestationen zugeordnet. Dabei ist zu beachten, dass nicht notwendig jede postulierte Ebene von jeder Einzelsprache ausgefüllt werden muss. Der typologische Erkenntnisgewinn besteht vielmehr in der Feststellung einer je spezifischen Auslastung des Kontinuums durch verschiedene Einzelsprachen. Für die hier anvisierte Analyse, die keine typologische Charakterisierung zum Ziel hat, kann das Modell genutzt werden, um die relative Veränderung des Grades syntaktischer Selbständigkeit beziehungsweise Integration abzubilden, dis sich aus den Verfahren der Kompilation bei Herrera ergibt. Die Anpassung an dieses – vergleichsweise bescheidene – Erkenntnisinteresse erlaubt die Vereinfachung des Modells in einer ent-

---

814 Das Konzept der Konstituenz wird in dieser Analyse aus rein praktischen Gründen herangezogen, da es geeignet ist, die betroffenen Elemente der zu analysierenden Strukturen zu erfassen. Eine Anknüpfung an weiter gehende theoretische Implikationen des Amerikanischen Strukturalismus oder der Generativen Grammatik, von denen die Konstituentenanalyse entwickelt worden ist, ist damit nicht verbunden.

815 Vgl. Raible 1992, 277 ff.

816 Die Überwindung der empirisch unhaltbaren Bifurkation von Hypo- und Parataxe ist allerdings eine unbestreitbare Errungenschaft dieses Forschungsparadigmas, die lediglich mit der nötigen Umsicht operationalisiert werden muss. Vgl. etwa Lehmann 1988 sowie aus dem romanistischen Umfeld Koch 1995 und neuerdings Girón Alconchel 2008. Die wesentlichen Einwände gegen eine strikte Trennung beider Kategorien sind bündig zusammengefasst in Narbona Jiménez 2002, 138 f.

scheidenden Hinsicht: Während dort formale Techniken der Junktion, die auf der Vertikalen abgebildet sind, mit einem hoch differenzierten Raster semantischer Kategorien, die auf der Horizontalen abgebildet sind, kombiniert werden, um auf dieser Grundlage jeder junktionalen Oberflächenstruktur ihren jeweiligen Wert im System einer Einzelsprache zuweisen zu können, beschränkt sich unser Interesse auf die formalen Techniken; ihre Semantik ist insofern vernachlässigbar, als es hier nicht darum geht, die Position der genutzten junktionalen Oberflächenstrukturen im System des Kastilischen anzugeben, sondern lediglich darum, die relativen Abstände zwischen den Junktionstechniken der 'Quellen' und den Junktionstechniken der *Décadas* herauszuarbeiten.

Besonders interessant ist es festzustellen, welche Erscheinungen dem Bereich der Verbalsyntax angehören, welche dem Bereich der Nominalsyntax, und welche im Akt der Transformation die Grenze zwischen beiden überspringen. Zunächst ist zu diesem Zweck zu klären, wie diese Grenze bestimmt ist. Raible unterscheidet in formaler Perspektive die folgenden acht Ebenen:

I: Schlichte Juxtaposition von Sätzen ohne Junktion
II: Junktion durch Wiederaufnahme (eines Teils) des vorhergehenden Satzes
III: Explizit verknüpfte Hauptsätze
IV: Verknüpfung durch subordinierende Konjunktionen
V: Gerundial- und Partizipialkonstruktionen
                          ↑

VI: Präpositionale Gruppen regieren eine Infinitivkonstruktion
oder
      Präpositionale Gruppen regieren eine Nominal-Konstruktion
                          ↓

VII: 'Einfache' Präpositionen und/oder Kasusmorpheme
VIII: Aktanten-Rollen[817]

Wie zu erkennen, liegt die entscheidende Schnittstelle auf Ebene VI. Die oben angeführten Beispiele (12) – (16) sind angesichts ihrer geringen Zahl selbstverständlich nicht statistisch signifikant; sie verweisen jedoch zumindest auf bestimmte Verteilungen bezogen auf das Schema, von denen angenommen werden darf, dass sie nicht zufällig zustande kommen,

---

817 Nach Raible 1992, Anhang.

wenngleich sie durch weiterführende Untersuchungen statistisch zu validieren wären. Vor allem zwei Umstände sind auffällig und wären auf ihren Regelcharakter hin zu überprüfen:

- In den Fällen, in denen sowohl die 'Quelle' als auch Herrera klar im Nominal- oder im Verbalbereich liegen, d. h. also, die Grenze zwischen beiden auf Ebene VI nicht berührt wird, findet jeweils nur eine Erhöhung des Grades der Integration um eine Stufe statt.
- In den Fällen, die im Mittelbereich des Kontinuums liegen und die Schnittstelle auf Ebene VI berühren, ist die Lage weniger eindeutig und es ist gegebenenfalls auch mit einer stärkeren Erhöhung des Grades der Integration zu rechnen, die dann einem Sprung um zwei Ebenen des Modells entspricht. Gleichwohl wird dabei die Grenze zwischen Verbal- und Nominalbereich nie überschritten, sondern lediglich der Spielraum innerhalb des Verbalbereichs maximal ausgenutzt.[818]

Der Verfahrenstyp 'Nominalisierung' findet auch innerhalb einzelner Syntagmen Anwendung, wie im folgenden, wo die Eliminierung einer polysyndetischen Fügung von zwei Synonymen, die typisch ist für den *estilo latinizante* des 15. Jahrhunderts,[819] zu einer offenkundigen syntaktischen Vereinfachung und Kürzung der Textoberfläche führt. In besonderen Fällen kann mit der Eliminierung einer nominalen Konstituente auch ein semantischer Effekt verbunden sein, der analog zu den oben bereits für komplexere Konstituenten beschriebenen interpretiert werden muss als das Zusammenwirken von Informationsselektion und Oberflächenkürzung zu dem Zweck, pejorative Konnotationen zu vermeiden, wobei hier jedoch die weiteren Konstituenten keine Manipulation erfahren:

(17) Las Casas
…y que era cosa probable y avn çier/ta que cortes se le avia de alçar y que/brar la fe y obediença q(ue) le devia, segunsus *astucias y mañas:*
(Libro 3, capítulo 114)

Herrera
y que/era cosa cierta que Hernando Cortes/se le auia de alçar segun sus *astucias:*
(Década II, libro 3, capítulo 12)

---

818 Bezogen auf die angesprochenen Beispiele (12) – (16) beruhen die Erläuterungen auf folgenden Resultaten: Bsp. (12) 7–8, (13) 7–8, (14) 2–3, (15) 4–6, (16) 4–6; die Zahlen in Klammern bezeichnen die Beispiele, die Zahlen außerhalb der Klammern die jeweils maßgeblichen Ebenen des Modells nach Raible.

819 Vgl. Cano Aguilar 1991; Girón Alconchel 2004, 85 ff.

Die Bedeutung der beiden beteiligten Nomen ist, soweit sie sich einschlägigen Lexika entnehmen lässt, annährend synonym;[820] beide können
sowohl positiv ('Schlauheit'), als auch negativ ('Hinterlist') gewendet
werden. Gleichwohl ist die Pragmatik beider Lexeme nicht identisch:
Während das Nomen *astucias* eindeutig negative Konnotationen mitführt
und den Referenten des Subjekts *Hernán Cortés* tendenziell als trickreichen
Intriganten charakterisiert, tritt im Fall von *maña* eher der Aspekt des
Einfallsreichtums hervor. Die Entfernung dieses tendenziell positiv konnotierten Synonyms deutet zunächst darauf hin, dass Herrera daran gelegen ist, das Verhalten von Cortés bei dieser Gelegenheit eindeutig als
Ungehorsam zu charakterisieren. Eine eingehendere Prüfung von Okkurrenzen des Lexems *astucia* in Texten des 16. Jahrhunderts ergibt jedoch,
dass dieses im Zusammenhang mit der Darstellung von militärisch relevanten Sachverhalten die negativen Konnotationen, die es in anderen
Kontexten besitzt, verliert und stattdessen positiv konnotiert ist.[821]

Wie die folgenden Beispiele zeigen, kann das geschilderte Verfahren
prinzipiell alle Wortarten betreffen. Prototypischerweise sind allerdings
Nomina Gegenstand einer solchen Reduktion, und das gehäufte Auftreten
anderer Wortarten im Rahmen dieses Verfahrens muss als ein texttypen-
bezogenes Spezifikum betrachtet werden. Derartige Fälle finden sich im
hier bearbeiteten Korpus ausschließlich in den *Instrucciones para Hernán
Cortés*, die ihrer Pragmatik entsprechend in großer Zahl direktive Sprechakte enthalten, deren Perlokution idealiter in der normierenden Einwir-
kung auf zukünftige Handlungen der Rezipienten besteht; um diese zu
verwirklichen, werden mithilfe unterschiedlicher syntaktischer Verfahren
Redundanzen erzeugt, die intensivierend wirken und den kommunikativen
Erfolg über große Distanz hinweg sicherstellen sollen. Es folgen Beispiele
zu Adjektiven und Verbalkonstruktionen:

---

820 Wobei der Begriff 'Synonymie' selbstverständlich mit Vorsicht zu gebrauchen ist
und hier in einem weiten Sinne verstanden wird (vgl. auch Fernández Ordóñez
2006).

821 Besonders aufschlussreich ist dabei ein Blick in den *Corpus del Español*, der zeigt,
dass solche positiv konnotierten Okkurrenzen besonders häufig in Texten der
historiografía indiana zu finden sind und dort wiederum in all jenen Fällen, in
denen militärische Sachverhalte kodiert werden.

Für dieses wie für alle weiteren Einzelbeispiele, die aufgrund von Statistiken aus
dem *Corpus del Español* interpretiert werden, gilt, dass die zugrunde gelegten Daten
aufgrund der im Beispiel jeweils kursiv gesetzten Elemente gewonnen worden sind
und auf diesem Wege umstandslos nachzuvollziehen sind.

(18) Instrucciones para Hernán Cortés (1523)

...y mando quanto puedo q(ue) tengais *especial y principal* cuidado / de la combersion y dotrina de los tecles e yndios de essas p(ar)tes / y prouincias. (Párrafo 1)

Herrera

...le encargaua qua(n)to podia, q(ue) tuuies / se *especial* cuydado co(n) la co(n) uersion, y / dotrina dellos,... (Década III, libro 5, capítulo 1)

(19) Instrucciones para Hernán Cortés (1523)

que en ellos se an / visto y conosçido e por estas caussas ay en ellos mas aparejo / para conocer a n(uest)ro S(eñor) e *ser ynstruidos e biuir* en su santa / fee catolica como Xpianos... (Párrafo 1)

Herrera

q(ue) aquellos Indios eran mas abi-/les y capazes q(ue) los de Castilla del Oro, / y de las islas y tierras q(ue) hasta ento(n)ces / estauan descubiertas, para ser *instruy-/dos* en la santa Fè, como Christianos,... (Década III, libro 5, capítulo 1)

Erwartungsgemäß am stärksten ausgeprägt ist diese Tendenz im Falle prototypischer Direktiva:

(20) Instrucciones para Hernán Cortés (1523)

aueis de / *ordenar y mandar.* de n(uest)ra p(ar)te e nos por la presente / *mandamos e ordenamos* que entre los dichos yndios / e espanoles aya contratacion e comercion voluntario... (Párrafo 6)

Herrera

...se auia d(e) *procurar,* q(ue) entre ellos y los In / dios huuiesse todo comercio, y con-/tratacion voluntaria,... (Década III, libro 5, capítulo 1)

(21) Instrucciones para Hernán Cortés (1523)

Otro si aueis de *prohibir e escusar* y *no consentir / ni permitir* que se les haga guerra en mal ni dano alg(un)o / ni se les tome cossa alguna de lo suyo... (Párrafo 8)

Herrera

...y q(ue) *no se co(n)sintiesse* q(ue) se les hizies / se guerra, ni daño, ni se les tomasse na/da, sin pagar,... (Década III, libro 5, capítulo 1)

Die normativ auf die Zukunft gerichtete Pragmatik der *Instrucciones* bedingt eine deutlich komplexere Gestalt der direktiven Sprechakte als die bloße Wiedergabe solcher Sprechakte in rückblickender Perspektive, die typisch ist für *historias/crónicas* und bei der sich eine normativ wirkende Perlokution schlechterdings nicht mehr entfalten kann.[822]

Im Unterschied zu den bisher besprochenen Transformationstypen, bei denen durch Abwahl einer oder mehrerer der gegebenen Konstituenten und Beibehaltung einer Konstituente der Referenzbereich des jeweiligen Ausdrucks systematisch eingeschränkt wird, ist dies bei der Ersetzung aller gegebenen Konstituenten durch eine neu einzuführende nicht der Fall. In diesem Fall wird vielmehr eine Relation der Komplementarität zwischen den Bedeutungen der Konstituenten, die gemeinsam im Verhältnis der Kohyponymie zur Bedeutung der neu einzuführenden Konstituente stehen, unterstellt:

(22) Andagoya
...,y este se metia alli de noche y/hazia que hablaba con el diablo y mudaba muchas/*maneras y tonos* de hablar y dezia al señor lo que/a el le plaçía diziendo quel diablo le rrespon/dia aquello,...
(Folio 70ᵛ)

Herrera
Este/Maestro se metia dentro denoche, /hazia que hablaua con el demonio, /mudando muchas *formas* de hablar/y despues dezia al señor lo que el dia-/blo le auia descubierto y respondido.
(Década II, libro 3, capítulo 5)

Die bewusste diskursive Gestaltung kann jedoch bisweilen auch umgekehrt gerichtete Auswirkungen auf die Textoberfläche haben, und zwar auf der Ebene der Sachverhaltsdarstellung wie auch auf der Ebene der Textdeixis; Letzteres ist etwa im folgenden Beispiel der Fall:

(23) Fernández de Palencia
YA está contado, como la/noche q(ue) Fra(n)cisco Herna(n)dez se al/çò en el Cuzco, huyero(n) algunos de los/vezinos, y soldados: q(ue) en la ciudad a-/uia.
(Libro 2, capítulo 40)

Herrera
LA variedad de ta(n)tas co-/sas ha sido causa, que/se aya passado tan ade/lante, sin hazer men-/cion del Mariscal Alo(n)/so de Aluarado; y es de/saber, que por los vezinos que se huye/ron del Cuzco la noche q(ue) se alçô en/aquella ciudad

---

822 Vgl. zur pragmatischen Relevanz der Unterscheidung instruktiver von narrativen Diskursen im *gobierno de Indias* sowie insbesondere zur Bedeutung rhetorischer Strategien der Persuasion und ihrer sprachlichen Konkretisierung in diesem Kontext den Beitrag Carrera de la Red 2006b.

Fra(n)cisco Hernandez,…
(Década VIII, libro 9, capítulo 18)

In Beispiel (5) ist bereits gezeigt worden, wie Redundanzen auf der Ebene der Textdeixis bei Herrera konsequent vermieden werden; daher ist bezüglich des obigen Textauszuges, der sich dadurch auszeichnet, dass die textdeiktischen Informationen von Herrera nicht nur beibehalten werden, sondern sogar eine umfängliche Erweiterung erfahren, eine gesonderte Klärung erforderlich: Ein erstes wichtiges Indiz ist aus der Beobachtung zu gewinnen, dass der bei Fernández auftauchende Verweis auf bereits gegebene Information – *ya está contado* – eine andere deiktische Orientierung bietet als Herreras Verweis auf noch ausstehende Information – *sin hacer mención*; dem erwähnten Fall bei Bernal Díaz del Castillo ist er zwar augenscheinlich funktional äquivalent, gleichwohl unterscheiden sich beide ganz erheblich in ihrer sprachlichen Gestaltung, und dieser Unterschied ist diskurstraditionell qualifizierbar: So bemüht Herrera zwei grundlegende Topoi vormoderner *historia*, wenn er auf die *variedad de las cosas* – das identifizierende Charakteristikum vormodernen Geschichtsdenkens schlechthin – verweist, um diese unmittelbar als *causa* zu funktionalisieren; die Suche nach den Ursachen ist neben Belehrung und Legitimierung einer der fundamentalen Zwecke vormoderner Historiographie. Der Einschub textdeiktischer Information wird hier also – anders als bei Díaz del Castillo – unter Rekurs auf die Fundamente der Disziplin gerechtfertigt. Überdies handelt es sich, bezogen auf das Textganze, um einen Ausnahmefall, der nicht systematisch auftritt.[823]

Ein Beispiel für die Einfügung zusätzlicher syntaktischer Konstituenten zur Neuperspektivierung der Sachverhaltsdarstellung stellt hingegen der folgende Textauszug dar:

(24) Xerez
Luego q(ue) vuo proueydo en todo lo q(ue) con/uenia se partio con la gente:…
(Folio 6ʳ)

---

823 Ein Ausnahmefall überdies, der ein charakteristisches Licht auf Fernández de Palencia und seine – womöglich nur bedingt vorhandene – Schreibkompetenz als *Cronista Oficial* wirft; eine Wendung wie *ya está contado como*, die ganz offenkundig Redundanz produziert, spricht jedenfalls gegen ausgeprägte stilistische Versiertheit im Sinne humanistischer Vorgaben.

Herrera
AVIENDO don / Francisco Piza-/rro proueydo en / todo lo que con-/uenia con buen / animo, dio princi-/pio a su viage, *muy contento por / el brío que via en su gente,...*
(Década V, libro 1, capítulo 3)

Im Unterschied zu den Fällen der Beseitigung von Redundanzen, die jeweils als konzeptionelle Annäherung des Textes an den *estilo llano* aufzufassen sind, handelt es sich bei der Ausdehnung der Textoberfläche durch Einfügung zusätzlicher syntaktischer Konstituenten – unabhängig davon, ob darin textbezogene oder sachbezogene Information kodiert wird – um ein nicht mehr konzeptionell-stilistisch, sondern diskurstraditionell-semantisch zu deutendes Phänomen, das aus dem Bemühen resultiert, den expliziten und impliziten semantischen Normen der *Crónica Mayor*, welche aus den Domänen des Rechts, der Politik und der Historiographie bezogen werden, zu entsprechen. Im vorliegenden Fall findet eine Anpassung an den historiographischen Diskurs statt, der über die bloße Feststellung einer Gegebenheit hinaus verlangt, die historische Wahrheit durch die angemessene sprachliche Kodierung von Intentionen, Stimmungen und moralischen Qualitäten, die im Zusammenhang mit dem Sachverhalt stehen, zutage zu fördern (vgl. Kap.2.1.). Genau dies geschieht bei der Übertragung des nüchternen Berichts aus der *relación de cosas* von Xerez in die *Décadas*.

Offenbar im Widerspruch zu der Hypothese von der Neutralisierung typisch juridischer Diskurselemente – gestützt unter anderem auf das Beispiel *primeramente* – steht der folgende Fall:

(25) Instrucciones para Hernán Cortés (1523)
Primeramente saued q(ue) por lo que principalmente aue/mos holgado y dado ynfinitas Gracias a nuestro s(eño)r de nos / auer descubierto essa tierra e prouincia della.
(Párrafo 1)

Herrera
...*primerame(n)te* el Rey dezia, que sobre todas las cosas auia holgado del / descubrimiento de la Nueua España,...
(Década III, libro 5, capítulo 1)

Die hier anzutreffende Konstellation markiert einen absoluten Sonderfall im Korpus. Wie bereits erläutert (vgl. Kap. 5.2.), sind die *Instrucciones para Hernán Cortés* das einzige juridische Dokument, dessen Verwertung im Zuge der Kompilation durch einen Textvergleich nachgewiesen werden kann. Seinem Ausnahmestatus entsprechend ist auch seine Behandlung durch Herrera anders zu beurteilen als die aller übrigen Texte. Die Textanalyse führt zu dem Ergebnis, dass die Hemmnisse gegenüber jeder Form von *transformación discursiva* in diesem Fall systematisch stärker ins Gewicht fallen als bei anderen Texten. Dies geht so weit, dass Herrera die Makrostruktur der *Instrucción* bei der Gestaltung des korrespondierenden Kapitels seiner *Décadas* beibehält. Im gesamten Korpus ist dieser jedoch der einzige Fall dieses Typs. Zur Begründung des Befundes ist, ebenso wie bezüglich der Frage, weshalb Herrera diese Ausnahmekonstellation überhaupt zulässt, der besonders ausgeprägte Rechtfertigungsbedarf angesichts der zweifelhaften Rolle, die Cortés bei der *conquista de la Nueva España* gespielt hat, heranzuziehen. Es handelt sich also um eine außerordentliche Konzession an den politisch-juristischen Diskurs der Zeit.

Der empirische Normalfall besteht im verschränkten Auftreten mehrerer oder aller bisher genannten Typen von Transformationen. Den Prozess der Textkonstitution als Abfolge konkreter Schritte objektiv nachzuvollziehen, ist notorisch schwierig; was jedoch erreichbar ist, ist die Identifizierung einer Typik von wiederkehrenden Entscheidungen, die Herrera hinsichtlich der Textgestalt getroffen hat und die sich im Text stilbildend niederschlagen. Dabei ist mit einer faktischen Einschränkung des prinzipiell denkbaren Spektrums der Kombinationsmöglichkeiten insoweit zu rechnen, als konzeptionell motivierte Kürzungen und diskurstraditionell motivierte Expansion der Textoberfläche nicht gemeinsam auftreten, sondern innerhalb eines (komplexen) Satzes je eine der beiden 'Transformationsrichtungen' eingeschlagen wird. Zwei typische Fälle:

(26) Las Casas
Persuadido / pues / diego velazquez por amador de lares, o / por si mismo q(ue) no (m)brase a cortes por / capitan general *y no(m)brado como es* / dicho: entendiase por diego velazquez / con mucha priesa *el despacho de cortes* / y el cortes tampoco se durmia. *yva cada dia diego velazquez al puerto / a caballo aun/que estava / junto, y /cortes/ toda la çiudad con el a ver los/ navios: y dar priesa en todo lo que se / devia hazer...*
(Libro 3, capítulo 114)

Herrera
NOmbrado Hernando / Cortes por Capitan / general, (de que vnos / se holgaua (n), y otros no) / *y dando priessa en su / despacho, Diego Velazquez yua ca-/da dia al puerto q(ue) estaua junto, y con / el Cortes, y toda la ciudad a ver / los nauios, y proueerlos.*
(Década II, libro 3, capítulo 12)

Hier liegt ein Beispiel vor, in dem die unterschiedlichen Verfahren zur Verknappung der syntaktischen Oberfläche parallel genutzt werden. Die Eliminierung von Redundanzen durch Entfernung von Syntagmen manifestiert sich in zwei Fällen: Zum einen werden zwei Partizipien, die auf bereits im voraufgegangenen Text angeführte Sachverhalte verweisen und insofern Redundanzen auf der textdeiktischen Ebene erzeugen, mitsamt der ihnen unmittelbar untergeordneten Konstituenten entfernt. Damit entfallen die Teilsätze *persuadido…por Amador de Lares o por sí mismo* und *y nombrado, como es dicho*. Ähnlich wird zum anderen mit dem Eigennamen *Diego Velázquez* verfahren, der bei Las Casas dreimal explizit angeführt wird, bei Herrera hingegen nur einmal. Neben dem stilistischen Vorzug und der konzeptionellen Aufwertung, die sich aus der Vermeidung überflüssiger Wiederholungen ergeben, ist dabei ein interessanter semantischer Effekt zu beobachten.[824] In der 'Quelle' erscheint der kastilische *Gobernador* zweimal in der Rolle des Patiens und in dem einen Fall, in dem er als Agens kodiert ist, wird er gleichzeitig mittels der hochgradig markierten Satzgliedstellung V-S aus derjenigen Phrasenrandstellung verdrängt, die prototypischerweise dem Satz-*Topic* zukommen würde; bei Herrera hingegen tritt der Name des *Gobernador* klar als Agens und als Satz-*Topic* auf.[825] Ein Beispiel für die Optimierung der Satzoberfläche, das überdies klar auf das Mündlichkeits-Schriftlichkeits-Kontinuum zu beziehen ist, ist die Ersetzung der Präpositionalphrase in *el despacho de Cortes* durch ein Possessivum: *su despacho*.

Zugleich findet bei Herrera ein Verfahren syntaktischer Integration Anwendung, das sich hinsichtlich seiner Typik präzise in den Rahmen der oben diskutierten Einzelbeispiele fügt und von Cano Aguilar als charakteristisches Merkmal des frühen *estilo llano* benannt worden ist; die sogenannte „construcción concertada"[826] – schematisch zu fassen als '*participio del pasado* + fakultative nominale Konstituenten, *gerundio* + fakultative nominale Konstituenten + Matrixsatz' – die am selben Ort als prototypisch mit gelehrten Diskursen verknüpft vorgestellt wird,[827] dient

---

824 Vgl. dazu auch Bsp. (5), insbesondere den Abschnitt aus den *Décadas*.

825 Vgl. zur Prototypikalität im Verhältnis von Informationsstruktur und semantischen Rollen z. B. Oesterreicher 1991; Givón 1984, Bd. 1.

826 Cano Aguilar 1991, 56.

827 Vgl. Cano Aguilar 1991, 55. Ein weiteres Indiz für die Deutung dieser Konstruktion als typisches Element des *estilo llano* in gelehrt-humanistischen Diskursen des frühen 16. Jahrhunderts ist der Befund, dass sie in ihrer prototypischen Ausprägung insbesondere bei solchen Autoren der *historiografía indiana* auftritt, denen in der Forschung allgemein eine humanistische Prägung attestiert wird (etwa Fernández de Oviedo) und dass sie dort, wo sie in prototypischer Form auftritt, von Herrera ohne Änderungen übernommen wird.
Vgl. auch Narbona Jiménez 2002, 136, wo klar zugunsten der distanzsprachlichen Prägung dieser Konstruktion Stellung bezogen wird.

erkennbar dem Zweck einer ökonomischeren Gestaltung der syntaktischen Oberflächenstruktur, insofern sie mit der Ersetzung von finiten Verbalkernen durch infinite den Grad der syntaktischen Integration zu erhöhen (und gleichzeitig die Anzahl selbständiger Sätze zu verringern) erlaubt. Man beachte, dass bei der Gestaltung des Teilsatzes *Nombrado... Capitan general* zwar eine Struktur genutzt wird, die auch in der 'Quelle' auftaucht und aus den bereits genannten Gründen ohnehin keinen Anspruch auf Originalität erheben kann; im konkreten Fall ist jedoch immerhin zu konstatieren, dass bei Las Casas mit *persuadido, pues, Diego Velázquez...* ein Hyperbaton auftritt, das bei Herrera entfällt. Aktuellen Beiträgen zufolge korreliert dieses Stilmittel mit einem frühhumanistischen *estilo latinizante*, der unverträglich ist mit dem später aufkommenden und von Herrera anvisierten *estilo llano*.[828] Ebenfalls in diesem Sinne ist die Entfernung des vergleichenden Einschubs *como es dicho* zu interpretieren.[829]

Anhand dieses komplexen Beispiels wird erstmals hinreichend deutlich, dass Herrera in seinem Bemühen um formal-stilistische und semantisch-diskursive Anpassung seiner Kompilation an implizite und explizite Vorgaben der *Crónica Mayor de Indias* nicht spontan verfährt, sondern eine Reihe von konventionalisierten Mustern befolgt, die im Einzelfall jeweils bis zu einem gewissen Grad variabel sind, jedoch standardisierte Vorgehensweisen beim Entwurf der elementaren und entsprechend hochfrequenten Satzstrukturen ermöglichen.

Anders hingegen liegt der folgende Fall, der zeigt, dass in Konstellationen, in denen eine 'Quelle' komplexeren Typs zugrunde liegt, durchaus mit einem höheren Planungsgrad bei Herrera zu rechnen ist. Er reagiert in seinem Schreibverhalten also auf den Quellentyp.

(27) Fernández de Palencia
Le parecía proveer dos personas suficientes para que el uno fuese a la villa de Plata a recoger la gente, armas y caballos que en la villa y comarca hubiese, y otro para la provincia de Cochabamba (que estaba cincuenta leguas del asiento), para el mismo efecto. Y que para esto, le había parecido enviar a la villa al licenciado Polo, y a Cochabamba a Juan de Arreinaga.
(Libro 2, capítulo 40)

---

828 Vgl. Girón Alconchel 2004, 86.
829 Vgl. Cano Aguilar 1992, 187. In diesem Zusammenhang ist jedoch anzumerken, dass der Umgang mit syntaktischen *calcos* des Lateinischen keineswegs einheitlich gewesen ist und – in Abhängigkeit von der betrachteten Ebene – auch Entwicklungen zu beobachten sind, die diese Tendenz sogar forcieren (vgl. Girón Alconchel 2004, 86 f.). Für das vorliegende Beispiel dürfte die Charakterisierung als Fall von Verdrängung latinisierender Strukturen jedoch zutreffen.

Herrera
...con lo cual envió a la Villa de La Plata al Licenciado Polo, y a la provincia de
Cochabamba a Juan de Reynaga a recoger gente, armas y caballos...
(Década VIII, libro 9, capítulo 18)

Neben den bisher registrierten Phänomenen treten in den *Décadas* systematisch Fälle von Kürzungen an der Textoberfläche auf, bei denen weder
die Erklärung einer inhaltsbezogenen Entfernung ganzer Syntagmen greift
noch das Konzept der syntaktischen Integration. Die folgenden Beispiele
illustrieren dieses Problem:

(28) Francisco de Xerez
Como este capita(n) vuo apaziguado este / pueblo de Caxas, fue al de Guaca(m)
ba, *que / es vna jornada de alli: y es mayor que* el de / Caxas y de mejores edificios:
(Folio 6^v)

Herrera
...dexando en / paz â Caxas, boluiô a Guacaba(m)ba *vna / jornada de alli,
pueblo mayor* q(ue) Caxas, / ...
(Década V, libro 1, capítulo 3)

Die simple Entfernung des Relativpronomens *que* beseitigt die Unterordnung des koordinierten Relativsatzes und hebt diesen in den Status
einer Apposition des Präpositionalobjektes im Hauptsatz. Dabei kommt
keine stilistisch, semantisch oder diskurstraditionell beschreibbare Transformation zustande, es handelt sich auch nicht um syntaktische Integration, sondern im Gegenteil – um Desintegration. Die Deutung dieses
zunächst schwer einzuordnenden Phänomens, die hier vertreten werden
soll, ist die als Schnellschreibphänomen, als (nicht unbedingt bewusste
oder absichtliche) Konzession an die Maßgabe platzsparenden und
schnellen Schreibens. Abstrakt gesagt: Herrera verzichtet als Konzession an
das Erfordernis hoher Schreibgeschwindigkeit häufig darauf, die Linearität
der Form eines Satzes mit ihrer komplexen, nicht-linearen Semantik re-
flexiv zu vermitteln und beschränkt sich stattdessen auf standardisierte,
mechanisch ablaufende Prozeduren der Oberflächenkürzung, die ausschließlich aufgrund formaler Merkmale einzelner Syntagmen ausgelöst
werden. Sie bekommen insofern einen gänzlich anderen Status zugewiesen
als die bisher besprochenen Phänomene.

Das folgende Beispiel lässt erkennen, dass das Spektrum der Schnell-
schreibphänomene bis zu Kohäsionsmängeln reicht:

(29) Las Casas
todo esto passo: todos (*riendose*>) burlandose y riendose.
Andando en este despacho diego velazquez / apriessa: *o porq(ue) le escarvo el alma
la / locura*, o porque por [sic!] dezir la sentençia / discreta y profecia del loco

franciquillo: o porq(ue) sus amigos y deudos (-->) /que alli avia/ / [--] le hablaro
(n) de veras porq(ue) hasta / entonces no avian mirado asi en ello / y dixero(n) que
como no advertia el yerro / gra(n)de q(ue) hazian / en / fiar de cortes...
(Libro 3, capítulo 114)

Herrera

y todos / burlandose y riendose del dicho del / loco, *cuya profecia escaruando* en
el / alma de Diego Velazquez, y de sus / deudos y amigos, que hasta entonces /
no auian mucho mirado en ello: le habla/ron de veras, y dixeron que como / no
aduertia en el yerro grande que // hazia en fiar en Cortes...
(Década II, libro 3, capítulo 12)

Herrera entgeht hier eine ganz offenkundige Kohäsionsschwäche,[830] die
sich aus dem exzessiven Gebrauch infiniter Verbalformen als Mittel der
syntaktischen Integration ergibt, der hier – wohl unbeabsichtigt – über das
Maß des formal Möglichen hinaus gesteigert wird. Da das Possessivpro-
nomen *cuya* unzweifelhaft einen Relativsatz einleitet, wäre der Gebrauch
einer finiten Verbalform anstelle des tatsächlich auftretenden Partizips
escarbando in diesem Relativsatz zur Aufrechterhaltung der Kohäsion
unumgänglich. Wenn dies hier nicht geschieht, so kann der Grund dafür
kaum in der Kompetenz des Verfassers liegen. Dies zeigen ja auch die
obigen Beispiele, in denen die Grammatikalität der Äußerungen nie zum
Problem wird. Plausibel hingegen ist die Annahme, dass hier ein Standardverfahren der syntaktischen Integration mechanisch angewandt worden ist, das aufgrund seiner extrem hohen Frequenz auch bei der Korrektur
nicht als Fehlerquelle aufgefallen ist.[831]

Noch deutlicher wird das Problem im folgenden Fall, wo Herrera
offenbar ein schlichter Kopierfehler unterlaufen ist:

(30) Fernández de Palencia
...fue vno (llama-/do Benito Iua(n) de Cepeda) q(ue) vino à Chi/cuyto en
cinco días: do estaua por al/guazil mayor: *Iulia(n)* de la Rua, por Sa(n)-/cho
Dugarte (Corregidor de la Paz.)...
(Libro 2, capítulo 40)

Herrera
...le / admitiero(n) en el Cuzco por Procurador / general; y ma(n)dô â *Iua(n)*
de la Rua, q(ue) le sa/liesse al encue(n)tro:...
(Década VIII, libro 9, capítulo 18)

---

830 Vgl. zur Diskussion um die Konzepte 'Kohärenz' und 'Kohäsion' z. B. Stark 2001.
Oben wird die traditionelle, auf de Beaugrande / Dressler 1984 zurückgehende
Unterscheidung beider Ebenen zugrunde gelegt.
831 Vgl. auch die einschlägigen Beobachtungen in Wesch 2006.

Die Interpretation als Schreibfehler ist auch deshalb nahe liegend, weil es sich bei *Juan* um denjenigen der beiden Vornamen handelt, der zeitgenössisch allgemein mit der bei weitem größeren Häufigkeit auftritt.[832]

6.3. Morphosyntax

Die Unterbrechung der Narration für die Wiedergabe von Dialogen oder von Reden herausragender Figuren ist ein konstitutives Merkmal vormoderner Historiographie. Damit ist keineswegs der Anspruch verbunden, einen Wortlaut wiederzugeben, der unmittelbar auf die historische Gestalt zurückgeführt werden kann, die jeweils als Sprecher fungiert, sondern es soll der pragmatischen Wahrheit der *causae* eines historischen Sachverhalts die jeweils angemessene sprachliche Form verliehen werden.

> Es patente que los tipos discursivos fundamentales no se producen sólo aisladamente. Así ocurre, efectivamente, en determinadas ocasiones; por ejemplo, es privativo del diálogo conversacional y predominante en determinados tipos de discurso, como el dramático. Sin embargo, cuando el diálogo va asociado a la escritura, lo normal es que se imbriquen mutuamente argumentación y diálogo, narración y diálogo e, incluso, poesía lírica y diálogo. Si de lo que se trata es de indagar en el funcionamiento de las estructuras dialógicas en el plano diacrónico, es obvio que [...] el diálogo va asociado a las restantes formas de elocución, principalmente, a las formas narrativas.[833]

Ganz offenkundig stellt nun der Dialog in der Historiographie einen solchen Fall von in die Narration eingebetteter Dialogizität[834] dar. Kaum überraschend auch, dass Bustos Tovar in seinem Beitrag explizit auf die Relevanz der *historiografía semiculta* für die historische Dialoganalyse eingeht, insoweit diese systematisch der konzeptionellen Mündlichkeit nahesteht.[835] Ebenso wenig überrascht jedoch andererseits, dass die in den *Décadas* vorfindlichen Konstellationen von eingebetteten Dialogen keine extremen konzeptionellen Divergenzen aufweisen, sondern diese durch die Vorauswahl Herreras bereits weitgehend begrenzt sind. Gleichwohl treten systematisch spezifische Ver-

---

832 Die Daten des *Corpus del Español* belegen für das 16. Jahrhundert ein Verhältnis annähernd 1:14.

833 Bustos Tovar 2000, 1516.

834 Dialogizität liegt – im Unterschied zum Dialog – auf der universellen Ebene der Sprechtätigkeit und bezeichnet den elementarsten Modus von sprachlicher Interaktion, unabhängig von den historischen Manifestationen des Dialogs als Texttyp.

835 Vgl. 2000, 1524.

fahren der Diskursorganisation auf, sodass es gerechtfertigt ist, sie gesondert zu betrachten.[836] In begrenztem Umfang sind auch für die Dialogpassagen regelhaft verlaufende Transformationen zu konstatieren.

Diese betreffen zunächst einmal die Wahl zwischen direkter und indirekter Rede: 1) Liegt in der 'Quelle' die indirekte Wiedergabe einer Rede vor, so wird diese indirekte Wiedergabe in den *Décadas* beibehalten. Ein Fall, in dem eine Ansprache oder ein Dialog von Herrera selbständig entworfen worden wäre, findet sich in den analysierten Textauszügen nicht. 2) Wenn eine wörtliche Rede ohne solche Transformationen, die die Grenzen eines einzelnen Syntagmas überschreiten, übernommen wird, dann erfolgt auch keine Umstellung auf indirekte Rede. 3) Werden umfangreichere Änderungen am Textbestand vorgenommen, dann kann es auch zu einer Umstellung von direkter auf indirekte Rede kommen. Folgendes Beispiel:

(31) Las Casas

fue entre las otras vna vez y un truhan q(ue) diego velaz/quez tenia llamado francisquillo. iva delante diziendo graçias porq(ue) las solia / dezir. y entre otras bolvio la cara / a diego velazquez y dixole: a diego: / responde diego velazques. q (ue) quieres, lo/co [--] añide: mira lo que hazeys / no hayamos de yr a montear a / cortes. Diego velazq(ue)s da luego gri/tos de risa y dize a cortes que yva / a su mano derecha por ser alcalde / de la çiudad y ya capitan elegido: com // -padre /que asi lo llamava/ mirad q(ue) dize aq(ue)l vellaco de fra(n)/cisquillo. respo (n)dio cortes (avnq(ue) lo avia / oydo) [--] sino que dissimulo (*que yva hab-lando>*) /yr hablando/ con otro q(ue) yva cabe el: que señor. / dize diego velazquez: que si os emos de / yr a montear. Respondio cortes: dexelo / v. m. q (ue)s vn vellaco loco. yo te digo [--] / loco q(ue) si te tomo que te haga y ac-ontezca / dixo cortes a francisquillo.
(Libro 3, capítulo 114)

Herrera

y una vez yua de/lante vn Truan, llamado Francisqui-/llo, que tenia Diego Velazquez, y bol/uie(n)dose a el, dixo a Diego Velazquez: / mira lo que hazes no hayamos de yr a / montear a Cortes: dio Diego Velaz-/quez grandes gritos de risa, y dixo a / Cortes, que como Alcalde yua a su la-/do: compadre, que assi le llamaua siem/pre, mirad que dize aquel vellaco de / Francisquillo: respondio Cortes, aun-/que lo auia oydo, fingiendo que yua / hablando con otro, Que señor, di-/xo Diego Velazquez, que si os hemos / de yr a montear: respon-dio / Cortes, de/xele vuestra merced, que es vn vellaco / loco: yo te digo loco, que si te tomo, / que te haga y te acontezca,...
(Década II, libro 3, capítulo 12)

Anders liegt hingegen der folgende Fall:

---

836 Vgl. Bustos Tovar 2000, 1517.

(32) Cervantes de Salazar

...el señor reprehendio asperamente / a los questo aconsejauan, y aguilar se leuanto con grande animo: y dixo / señores no temais, que yo espero en mi dios pues teneis justiçia que yo / saldre con la victoria. y sera desta manera que al tiempo que las hazes / se junten, yo me tendere en el suelo entre las yeruas con algunos de los / mas valientes de vosotros y luego n(uest)ro exerçito hara que huye: y nuestros / enemigos con el alegria de la victoria y alcance se derramaran: e yran / descuidados: e ya que los tengais apartados de mi con gran animo, / boluereis sobre ellos: que estonçes yo los acometere por las espaldas / e asi quando se vean de la vna parte y de la otra çercados: por muchos / que sean desmayaran: porque los enemigos quando estan turbados / mientras mas son: mas se estoruan.

(Libro 2, capítulo 28)

Herrera

El señor re-/prehendio a los que esto aconsejauan; / y Aguilar con grande animo, dixo, q(ue) / no temiessen, que esperaua en su Dios / pues tenian justicia, que saldria con la / vitoria, y que para esto el se quería em/boscar con algunos en la yerua, y que / en comença(n)dose la batalla, huyessen / y reboluiessen despues, y el daria en / las espaldas.

(Década II, libro 4, capítulo 8)

Der erste der beiden Textauszüge beinhaltet überdies signifikante Indizien hinsichtlich der *consecutio temporum*. Las Casas übt dort einen 'kreativen' Umgang mit der Zeitenfolge, dessen Grundzüge für einen anderen zeitgenössischen Text aus dem Umfeld der *historiografía indiana* bereits linguistisch beschrieben worden sind, nämlich für die *Historia verdadera* von Bernal Díaz del Castillo (vgl. Lapesa 1968); im Kern bestehen sie in zweierlei Phänomenen: zunächst dem flexiblen Wechsel der Verbaltempora, wobei eine Opposition zwischen dem Präsens einerseits und sämtlichen Vergangenheitstempora andererseits besteht. Während ein solches Vorgehen durchaus als stilistisch motiviert gelten kann und Fragen der Kohäsion nicht unmittelbar berührt, ändert sich dies, sobald ein Wechsel der Verbaltempora und gegebenenfalls der Wechsel von direkter zu indirekter Rede innerhalb ein- und derselben Periode stattfindet. Der Beitrag Lapesa 1968 hat gezeigt, dass genau dies bei Bernal Díaz del Castillo in unterschiedlichsten Varianten geschieht; der oben wiedergegebene Textabschnitt aus Las Casas weist dieses Merkmal ebenso auf: So ist der ständige Wechsel zwischen *presente* und *pretérito indefinido* bei der Flexion der konstativen Verben zu beobachten, wobei Präsensformen interessanterweise nur in den Fällen auftreten, in denen *Diego Velázquez* als Subjekt erscheint. Die Redebeiträge aller übrigen Figuren werden mit Formen des *pretérito indefinido* eingeleitet. Darüber hinaus findet sich aber auch der Bruch der grammatisch korrekten Zeitenfolge innerhalb eines Satzes:

„Diego Velázquez *da* luego gritos de risa, y *dice* a Cortés, que *iba* a su mano derecha…" (vgl. oben). Zwar hält sich Las Casas – anders als Díaz del Castillo – konsequent an die direkte Rede, der Bruch der grammatischen Regeln zur Zeitenfolge findet jedoch auch hier statt und ist als ein weiteres Indiz für die nähesprachliche Prägung der *Historia* von Las Casas zu werten.[837]

Systematisch konsistent ist sodann die unmittelbare Übereinstimmung der hier knapp vorgestellten nähesprachlichen Prägung der Dialoge mit einer ganzen Reihe jener sprachlichen Eigenschaften, die in einer einschlägigen Studie unlängst als charakteristisch für die Verschriftung von Dialogen im kastilischen Mittelalter beschrieben worden sind (vgl. Leal Abad 2008). Salient in dieser Perspektive sind insbesondere die Verwendungsweisen der *verba dicendi*, die Gestaltung der Sozialdeixis sowie die Polyfunktionalität von Konjunktionen. Insgesamt deuten die Befunde auf das Bemühen, ein hohes Maß an Unmittelbarkeit unter Einsatz vergleichsweise simpler, tendenziell universeller sprachlicher Verfahren zu erzeugen. Diese Verbindung von expressiven kommunikativen Zwecken mit einfachen sprachlichen Mitteln wiederum ist typisch für Kommunikationsformen des Mittelalters und führt uns insofern zurück auf den bereits angedeuteten mittelalterlichen Charakter des Kastilischen in den nähesprachlich geprägten 'Quellen' von Díaz del Castillo und Las Casas; konkret betrifft diese Deutung bezogen auf die obigen Beispiele die repetitive Setzung des *verbum dicendi* '*dice/dijo*', die auffällige Qualifizierung der Gesprächspartner durch Anredeformen wie *bellaco loco* einerseits, *Señor* und *Vuestra Merced* andererseits, sowie schließlich die repetitive Setzung der Konjunktion *que*.[838] Bemerkenswert ist, dass Herrera in diesem Fall keine umfänglichen Transformationen durchführt, obwohl er doch an anderer Stelle die starke Neigung zeigt, mittelalterlichen, als archaisch

---

837 Vgl. auch Rojas Mayer 1999, 15 f., wo exakt dieses Phänomen anhand der nähesprachlich geprägten Mitschrift einer Zeugenbefragung (*declaración*) aufgezeigt wird.
    Umgekehrt ist die beinahe idealistisch anmutende These bei Lapesa, der zufolge die überwältigende Suggestion der eigenen Biographie Bernal Díaz del Castillo dazu treibt, der Grammatikalität nur ungenügende Beachtung zuteil werden zu lassen (vgl. 1969, 74), m. E. überholt. Gegenwärtig würde man eher dazu neigen, das eine wie das andere als Ausprägung nähesprachlich geprägter Schreibkompetenz zu betrachten. Vgl. dazu auch Bustos Tovar 2008 sowie insbesondere Delgado Gómez 2004, der sich ausdrücklich auf die klassische Studie von Lapesa beruft.

838 Zu den Problemen der grammatischen Beschreibung ihrer vielfältigen Funktionen vgl. Leal Abad 2008, 194 ff.

markierten Sprachgebrauch zu vermeiden. Hier zeigt sich einmal mehr der spezifische Status direkter Rede im Kontext historiographischer Diskurse: Als das Mittel der Wahl zur Herausarbeitung der *causae* und der pragmatischen Wahrheit der Geschichte unterliegt sie dem Primat der *imitatio* in besonderer Weise; für Herrera bedeutet dies, dass er sich – ähnlich wie im Fall der königlichen *instrucciones* – nicht zu den sonst üblichen Eingriffen in den Text entschließen kann.

Die indirekte Rede kann gegebenenfalls auch vollständig aufgehoben werden; dies geschieht – in Übereinstimmung mit den oben angeführten Regeln – allerdings nur dann, wenn es sich nicht um die indirekte Wiedergabe einer Rede (im Sinne von 'Ansprache'), sondern von Sachinformationen handelt:

(33) Fernández de Oviedo
pero via(n) muchas aues / de diuersas maneras, *y dezia este / clerigo don Juan q (ue)* lleuauan vn ga/llo y una gallina…
(Parte II, libro 20, capítulo 11)

Herrera
pero vian muchas aues de diuersas / maneras. Lleuauan en el patage vn / gallo, y vna gallina,…
(Década III, libro 9, capítulo 5)

In diesem Fall kann die Vermeidung der indirekten Rede mit der Neigung zur Optimierung der syntaktischen Oberfläche erklärt werden, die hier ungehindert zum Zuge kommt, da die individuelle Zuschreibung der Verantwortung für die mitgeteilte Information aus Herreras Perspektive schlicht bedeutungslos geworden ist und die Nennung des Sprechers mithin entbehrlich. Ein komplementäres Phänomen ist zu beobachten, wenn die mitgeteilte Information keiner Relativierung mehr bedarf, da sie durch die institutionellen Gegebenheiten ihrer Weiterverwertung im Rahmen der *Crónica Mayor de Indias* bereits hinreichend autorisiert ist:

(34) Cieza de León
Y / como estos Ingas fuero(n) tan ricos / y poderosos, algunos destos edifi/cios eran dorados, y otros estaua(n) / adornados con planchas de oro. / Sus antecessores tuuiero(n) por cosa / sagrada vn cerro gra(n)de q(ue) llamaro(n) / Guanacaure, que esta cerca desta / ciudad: y assi *dize(n) sacrificaua(n) /* en el sangre humana y de muchos / corderos, y ouejas.
(Crónica – Capítulo 93)

Herrera

Auia muchos edificios / dorados, otros chapados de oro, el ce-/rro de Guanacaure fue muy celebra-/do, adonde *se hazian* grandes sacrifi-/cios de sangre
humana y de animales.

(Década V, libro 6, capítulo 4)

Die bei Cieza auftretende Wendung *dicen sacrificaban* kann als Ellipse einer
Nebensatzeinleitung *que* interpretiert werden, die typisch ist für den *discurso
referido* in jeglichen zeitgenössischen Protokollen von Zeugenbefragungen,
einschließlich der *relaciones geográficas*.[839] Es ist plausibel, davon auszugehen,
dass auch Cieza in Anbetracht seiner begrenzten distanzsprachlichen Kompetenz dem Reflex gefolgt ist, die Sachverhaltsdarstellung durch Anleihen
beim juridischen Diskurs zu validieren. Herrera hingegen kann auf die formalen Elemente des juridischen Diskurses ohne Weiteres verzichten.[840] Für
diese Interpretation spricht auch der folgende Textauszug:

(35) Cieza de León

Algunos destos estrangeros ente-/rrauan a sus difuntos en cerros al-/tos, otros
en sus casas, y algunos / e(n) las heredades con sus mugeres bi/uas, y cosas de las
preciadas que / ellos tenian por estimadas, como / *de suso es dicho*, y cantidad de
ma(n)/tenimie(n)to.

(Crónica – Capítulo 93)

Herrera

Los estrangeros que viuian en la ciu-/dad, lleuados por los Ingas, tenian
sus / quarteles aparte, y por las ataduras de / las cabeças eran conocidos. Estos en-/
terrauan sus difuntos, vnos en sus ca-/sas, otros en los cerros mas altos, y o-/tros en
las heredades con las mugeres / y hombres viuos, y riquezas que *se ha / dicho*.

(Década V, libro 6, capítulo 4)

In einem solchen Fall, in dem das juridische Diskurselement ausschließlich
formalen Charakter hat und keine inhaltlichen oder pragmatischen Bestimmungen gestattet, gilt das sogar für die *Instrucciones*, die sich ansonsten
extrem resistent gegen Eingriffe in den Textbestand zeigen:

(36) Instrucciones para Hernán Cortés (1523)

...queriendo prouer e remediar *lo / susodicho* e en todo cumplir principalm(en)
te con lo que deue/mos al seruicio de dios n(uestro) s(eñor),...

(Párrafo 4)

---

839 Vgl. die Analysen in Wesch 1994 und 1996 sowie Kap. 3.5.2.

840 Gleichwohl ist darauf hinzuweisen, dass die angesprochene Konstruktion neueren
    Forschungen zufolge ein zeitgenössisch durchaus geläufiges Phänomen gewesen
    sein könnte, das bisher lediglich nicht hinreichend beachtet worden ist (vgl. Girón
    Alconchel 2004, 81 und ²2005, 879). Diese Problematik ist hier nicht ent-
    scheidbar.

Herrera

...por remediar *esto*, y cu(m)plir prin/cipalme(n)te co(n) lo q(ue) su Magestad deuia / al seruicio de Dios,...
(Década III, libro 5, capítulo 1)

Der nun folgende Fall jedoch zeigt, dass auch der umgekehrte Weg beschritten werden kann: Die morphologische Transformation eines unmarkierten Elementes des Kernwortschatzes in ein diaphasisch klar markiertes Element; eine klare Zuordnung zum juridischen Diskurs ist aufgrund der Resultate, die mit dem *Corpus del Español* erzielt werden konnten, nicht möglich. Eindeutig zu belegen ist aufgrund der erheblich niedrigeren Frequenz des von Herrera gewählten Ausdrucks allerdings dessen Markiertheit, wobei überdies auffällig ist, dass dieser markierte Ausdruck seinerseits besonders häufig in (unterschiedlichen) Texten der *historiografía indiana* auftritt.[841]

(37) López de Gómara

Año de mil y quatrocientos y ochenta y cinco: sie(n)do reyes de Castilla: y A-/ragon los catholicos don Ferna(n)do y doña Isabel *nascio* Ferna(n)do Cor/tes en Medellin...
(Folio 2ʳ)

Herrera

An-/tes de passar mas adelante, sera bien / dezir en este lugar, pues en este año / sucedió que Hernando Cortes, que / tanta parte tendrá en esta historia, pa/só a la Española. Y para comença̧r des-/de luego el hilo de sus cosas, *fue natu-/ral* de Medellin Villa principal de Es-/tremadura, fué hijo de Martín Cortes / de Monroy, y de doña Catalina Pizar/ro, ambos de gente noble,...
(Década I, libro 6, capítulo 13)

Einen extremen Ausnahmefall im Hinblick auf Personal- und Temporaldeixis stellt die *Relación de las provincias que hay en la conquista del Chuquimayo* dar, in der ein Augenzeugenbericht aus der Sicht der Hauptfigur gegeben wird:

---

841 Ohne dies hier nachweisen zu können, scheint die Hypothese plausibel, dass es sich bei der von Herrera favorisierten Wendung um einen juristischen Terminus handelt, der aus dem *Corpus del Español* als solcher nicht hervorgeht, weil die entsprechende Textgrundlage – bestehend aus *documentos jurídicos* im strengen Sinn – dort nicht vorhanden ist.

(38) Relación de las provincias que hay en la conquista del Chuquimayo

A *diez y siete dias del mes de abril. de 1549* juebes santo / *llegue* al rrio del chuquimayo a vn asiento y paso que se llama / chenchipe donde esta poblado vn caçique q(ue) se llama chiura.
(Folio 1ʳ)

Herrera

Llegò el Capi-/tán Diego Pa/lomino con / ciento y cin-/quenta solda-/dos *à diez de / Abril deste a-/ño* al rio del / Chuquima-/yo, al paso de Chenchipe, adonde *esta-/ua* poblado vn Cazique con su gente,...
(Década VIII, libro 5, capítulo 12)

Die zunächst kurios wirkende Zeitangabe *este año* bei Herrera erklärt sich unter Berücksichtigung der Makrostruktur der *Décadas*, die eine Angabe des jeweils laufenden Jahres im Titel jedes einzelnen Kapitels vorsieht. Da es sich bei dem zitierten Textausschnitt um den Kapitelanfang handelt, kann an dieser Stelle unproblematisch auf den Titel des Kapitels Bezug genommen werden.

Nicht verwunderlich ist auch, dass sich eine Transformation der Lokaldeixis wiederum bei einer *relación geográfica* findet:

(39) Andagoya

en estas dos probinçias abia dos / señores hermanos y queriendo ser el vno señor / de todo / tubieron grandes gerras de manera que / *benieron a darse* batalla donde despues pedra/rias poblo vn pueblo de tristianos [sic!] que se dize / a-cla...
(Folio 68ʳ)

Herrera

En estas prouincias / reynauan dos hermanos, y con el des/seo de mandar, tuuieron grandes guer/ras por quitarse el estado el vno al / otro. *Llegaro(n) a darse* batalla en el mis/mo lugar donde se poblò Acla,...
(Década II, libro 3, capítulo 5)

Ganz unabhängig davon, ob man der angeführten Verbalperiphrase die resultative Bedeutung, die sie im Gegenwartsspanischen besitzt, im 16. Jahrhundert bereits zuschreiben kann oder nicht, ist die semantische Relation der Konversion, die zwischen den beiden jeweils gewählten Bewegungsverben besteht, pragmatisch signifikant.

Im vorliegenden Textausschnitt stellt die Ortschaft *Acla* für Andagoya die lokale Komponente der Sprecher-Origo dar, eine Entscheidung, die durch die Sachverhaltsdarstellung nicht gerechtfertigt werden kann und als m. E. unsachgemäße Kodierung von Lokaldeixis aufzufassen ist. Bei umfassender Kontrolle über den Prozess der Textredaktion wäre dies so nicht denkbar, in einem Fall nähesprachlich geprägter Schreibkompetenz wie diesem sind derartige Sprünge in der deiktischen Orientierung jedoch häufig. Andagoya hat die im Text benannte Ortschaft *Acla* persönlich bereist, wodurch das beschriebene Phänomen im konkreten Fall womöglich begünstigt wird. Als weitere Hypothese ist überdies eine bewusste semantische Transformation durch Herrera in Betracht zu ziehen, der im Hinblick auf die diskursiven Anforderungen der *historia general* Grund hat, die Schlacht als Ergebnis einer vorgängigen Entwicklung darzustellen, mithin also einen Kausalzusammenhang zu etablieren; demgegenüber liegt der pragmatische Schwerpunkt einer *relación* auf der Orientierung im Raum, welcher die bei Andagoya gewählte Formulierung ihrerseits entgegenkommt.[842]

Einen im Hinblick auf die Kodierung der Deixis ebenso signifikanten Ausnahmefall stellen erneut die *Instrucciones para Hernán Cortés* dar; ihre spezifische Pragmatik, die auf die normative Beeinflussung des zukünftigen Verhaltens des Rezipienten gerichtet ist und bei Herrera nicht aufrecht erhalten wird (vgl. Kap. 6.2.), führt zu regelmäßigen Anpassungen im Bereich der Personal- und der Temporaldeixis, wobei insbesondere Letztere von Interesse sind, insofern sie neben den erwartbaren Standardfällen ein Phänomen herbeiführen, das in anderen Kontexten so nicht auftritt:

(40) Instrucciones para Hernán Cortés (1523)
...e en todo cumplir principalm(en)te con lo que deue/mos al seruicio de dios n(uestro) s(eñor) de quien tantos bienes / e m(e)r(ce)d(e)s *avemos resçiuido e resciuimos* cada dia...
(Párrafo 4)

Herrera
...y cu(m)plir prin/cipalme(n)te co(n) lo q(ue) su Magestad deuia / al seruicio de Dios, de quie(n) ta(n)tos bie-/nes cada dia *recibia*,...
(Década III, libro 5, capítulo 1)

(41) Instrucciones para Hernán Cortés (1523)
...e que asi mismo quando / entre ellos ay guerras los que captiuan y matan. los / toman e comen. de que n(uest)ro senor *a seydo y es* muy desser/uido...
(Párrafo 3)

---

842 Solche direkt kontextbezogenen Erklärungsansätze leiden zwar unweigerlich unter einem gewissen Grad von Spekulativität – insbesondere, wenn keine hinreichend breite empirische Basis zur Verfügung steht, um eine Hypothese zu verifizieren – sind jedoch im Bereich der historischen Syntax, wo Sprecherurteile nicht systematisch zur Verfügung stehen, zugleich ein unverzichtbares heuristisches Instrument (vgl. Narbona Jiménez 2002, 141).

Herrera
…y que tenia(n) guerras / ntre si, y comian los que cautiuaua(n), / y matauan,
de q(ue) Dios *era* muy deser-/uido,…
(Década III, libro 5, capítulo 1)

Der semantische Effekt der Intensivierung, der sich aus der Doppelung des
Prädikatskerns ergibt, kann bei Herrera ohne Verluste für die Pragmatik
seines Textes aufgegeben werden.[843]

6.4. Morphologie

Die auf der Ebene der Verbal- und Nominalmorphologie zu beobachtenden
Transformationen lassen sich wiederum auf die zwei bekannten Motive zu-
rückführen: die Vermeidung nähesprachlicher Merkmale und die Vermeidung
diskurstraditionell markierter Merkmale. Diejenigen Quellen, die davon betroffen sind, weisen oft zugleich ein nähesprachlich geprägtes Profil und eine
Affinität zu juridischen Diskursen auf; die einschlägigen morphologischen
Merkmale sind ihrerseits zeitgenössisch bereits als Archaismen bewertet; damit
schließt sich der Kreis, insofern als antiquiert bewertete Merkmale in juridischen Diskursen für gewöhnlich länger fortgesetzt werden als in anderen
Diskursdomänen, und gerade Anleihen bei dieser Domäne häufig eingesetzt
werden, um eine nähesprachlich geprägte Schreibkompetenz zu überspielen.
Die Herkunft der einschlägigen Beispiele aus den Texten von Las Casas und
Xerez ist in diesem Sinne hoch signifikant.[844]

(42) Xerez
Luego q(ue) *vuo proueydo* en todo lo q(ue) con/uenia se partio con la gente:…
(Folio 6ʳ)

Herrera
AVIENDO don / Francisco Piza-/rro *proueydo* en / todo lo que con-/uenia con
buen / animo, dio princi-/pio a su viage, muy contento por / el brío que via en
su gente,…
(Década V, libro 1, capítulo 3)

---

843 Vgl. analog die Bsp. (18)–(21).
844 Handelt es sich bei der *Relación* von Xerez eindeutig um einen juridisch funktionalisierten Texttyp, so bedient die *Historia* von Las Casas ebenso einen juridischen Diskurs, was sich jedoch nicht im Horizont der Texttypik, sondern ausschließlich im Zuge einer Lektüre erkennen lässt, die den Text im Zusammenhang
des politischen Programms seines Verfassers interpretiert. Las Casas pflegt jedoch
auch diskursunabhängig einen konservativen, nähesprachlich geprägten Stil. Vgl.
Kap. 4.3.

Die gemeinhin als *antepretérito* bezeichnete Verbalform, die im obigen Beispiel auftritt, wird semantisch unter anderem interpretiert als Ausdrucksmittel für „anterioridad inmediata a un pasado absoluto".[845] Wie sämtliche analytischen Flexionsformen des Perfektstamms weist auch der *antepretérito* bis in das 16. Jahrhundert hinein eine sehr weit gehende Stellungsfreiheit bezüglich seiner finiten und seiner infiniten Komponente auf.[846] Die Festlegung auf den Typ *perífrasis verbal*[847] zu seiner Bildung (mit allen Konsequenzen für die Stellung der Aktanten) erfolgt erst im Verlauf der *Siglos de Oro* und steht im Kontext jener weit reichenden Selektionsvorgänge, die das *español clásico* kennzeichnen.[848] Bereits für das Mittelalter jedoch ist eine klar distanzsprachliche Markiertheit des *antepretérito* anzunehmen, die im Zeitablauf stetig zunimmt, ebenso wie die diskursbezogenen Selektionsbeschränkungen, die dem *antepretérito* dementsprechend auferlegt werden, „empleándose esencialmente en cartas reales, ordenanzas, epístolas, etc".[849] Was im vorliegenden Fall zu beobachten ist, ist die Eliminierung einer zu Beginn des 17. Jahrhunderts bereits stark distanzsprachlich markierten Verbalform, die in prototypisch juridischen Kontexten noch akzeptiert worden ist, in der Historiographie (und im gemäßigt distanzsprachlichen *estilo llano*) jedoch bereits nicht mehr.

Ein analog gelagerter Fall ist das folgende *perfecto compuesto:*

(43) Fernández de Palencia
Fuele respondido que todos ellos estaban prestos para servir a su magestad; (Libro 2, capítulo 40)

---

845 Andrés-Suárez 1994, 200. Vgl. zur Semantik des *antepretérito* sowie zu seinem Status auch Cartagena 1999, 2951 f. sowie García Martín 2001, 82, wo darauf aufmerksam gemacht wird, dass die von Andrés-Suárez 1994 attribuierte Semantik erst im späteren Mittelalter auftritt, während ursprünglich keine klare semantische Differenzierung zwischen *indefinido* und *perfecto compuesto* bestand. Für den hier relevanten Zeitraum sind diese Zusammenhänge allerdings nicht mehr maßgeblich.

846 Eine Liste einschlägiger Beispiele findet sich in Andrés-Suárez 1994, 202.

847 Vgl. zur Problematik der Bestimmung des Konzeptes *perífrasis verbal* u. a. Fernández de Castro 1990, Yllera 1999. Für unsere Zwecke ist es unbedenklich, von einem weiten Konzept der *perífrasis verbal* auszugehen und sämtliche analytischen Formen der Verbalflexion darunter zu fassen, die formal dadurch charakterisiert sind, dass sie weitere syntaktische Konstituenten an ihre Ränder verweisen. Vgl. dazu auch Company Company 1983.

Vgl. im Unterschied dazu die Diskussion des Konzeptes *auxiliar* in García Martín 2001, 10 ff.

848 vgl. Girón Alconchel ²2005, 859 f./873.

849 Andrés-Suárez 1994, 204.

Herrera
porque era / ordinario caer luego lo que presto se / leuantaua sin fundamento
como aq(ue)l / caso. *Respondieron* animosa, y leal-/mente;
(Década VIII, libro 9, capítulo 18)

Die „pérdida de *ser* auxiliar de tiempos compuestos"[850] ist einer jener
morphologischen Prozesse, die sich über die gesamte klassische Periode des
Spanischen erstrecken, ohne zu einem Abschluss zu kommen; eindeutig ist
dabei jedoch die Tendenz zur Verdrängung solcher Periphrasen zugunsten
der aufkommenden *se*-Konstruktionen.[851] Fernández de Palencia wählt
hier also eine tendenziell konservative Lösung die – unabhängig von der
schwer zu beantwortenden Frage, ob sie am Beginn des 17. Jahrhunderts
bereits als antiquiert gilt – in jedem Fall klar distanzsprachlich markiert ist
und deshalb von Herrera gemieden wird.

Weniger eindeutig ist die Frage der Markiertheit im folgenden Fall zu
klären:

(44) Acosta
Para q(ue) todo esto se perciba mejor, / *ha se de* co(n)siderar, q(ue) el Piru esta
diuido en tres como tiras / largas y angostas, q(ue) son llanos, sierras, y Andes:...
(Libro 3, capítulo 22)

Herrera
...y *es de* aduertir (para entender mejor lo que / se ha dicho) que estâ diuidido
todo el / Pirû en tres partes largas, y angostas / que parecen grandes tiras,...
(Década V, libro 1, capítulo 5)

Hinter dieser Transformation verbirgt sich ein komplexeres Problem. Zu
seiner Beschreibung ist zunächst festzuhalten, dass die bei Acosta vorfindliche
Reihenfolge der Konstituenten, die gemeinsam die relevante Verbalperiphrase
bilden, im Lauf des 17. Jahrhundert vollständig schwindet. So betrachtet
haben wir es also mit einem Archaismus zu tun. Daneben ist jedoch festzustellen, dass andere, nicht reflexive Flexionsformen dieser Periphrase bis heute
(wenngleich mittlerweile selten) auftreten und ihre Frequenz wesentlich
langsamer abnimmt als die des bewussten 'ha se de + Infinitiv'. Für die gleiche
Flexionsform mit veränderter, an die neuzeitliche Norm angepasster Reihenfolge der Konstituenten – also 'se ha de + Infinitiv' – gilt dies ebenfalls. Das
für ihre Unterdrückung ausschlaggebende Merkmal ist also allein die enkli-
tische Position des Reflexivpronomens. Angesichts dessen, dass die Flexi-

---

850 Girón Alconchel [2]2005, 875.
851 Vgl. dazu auch Santiago Lacuesta 1975 sowie Schmidt-Riese 1998, 65 ff. und die
    dortigen Literaturhinweise.

onsform der dritten Person die einzige ist, bei deren Bildung überhaupt ein Pronomen auftritt und die Periphrase grundsätzlich keine Pronominalisierung des Objekts gestattet,[852] sondern dieses regelmäßig in Form einer *completiva* kodiert wird, ist ihre Unterdrückung im vorliegenden Fall als Vermeidung eines morphosyntaktischen Archaismus zu verstehen, eines Archaismus allerdings, der explizit auf diese eine Form des Flexionsparadigmas beschränkt ist.

Ebenso wie klar distanzsprachlich markierte Strukturen gemieden werden, so auch klar nähesprachlich markierte wie die folgende:

(45) Acosta
Passada la ciudad / del Cuzco (que era antiguamente la Corte de los Seño-/res de aquellos Reynos) las dos Cordilleras que he dicho / *se apartan mas* vna de otra, y dexan en medio vna campa/ña grande, o llanadas, que llaman la prouincia del Co-/llao.
(Libro 3, capítulo 22)

Herrera
...*se van apartando* las dos / cordilleras, y hazen en medio gran-/des llanuras, que es la prouincia del / Collao,...
(Década V, libro 1, capítulo 5)

Die nähesprachliche Prägung des bei Acosta anzutreffenden Ausdrucks zeigt sich auch an dem Umstand, dass der Gebrauch eines Komparativs zugleich eine Redundanz produziert, die bei Herrera konsequent vermieden wird.

Diaphasisch markierte Archaismen, die keine ausgeprägte konzeptionelle Markierung aufweisen, liegen hingegen in folgenden Fällen vor:

(46) Instrucciones para Hernán Cortés (1523)
...*por*que de miedo no se alboroten ni se le/uanten antes aveis mucho de castigar los que les / hizieren enojo,...
(Párrafo 8)

Herrera
...era cosa cierta q(ue) los Christianos des/seauan, para q(ue) los Indios se les encomen/dassen, hallarlos antes de guerra q(ue) de / paz, co(n)uenia estar sobre auiso *para* q(ue) / los dichos Christianos no diessen por // su parte ocasio(n) para ello,...
(Década III, libro 5, capítulo 1)

---

852 Die Pronominalisierung von Objekten, etwa im Rahmen des *futuro analítico*, schafft nämlich gänzlich andere, informationsstrukturell zu interpretierende Bedingungen (vgl. Girón Alconchel 2002, 106 ff.).

Zwar besteht die Verwendung der Konjunktion *porque* in finaler Bedeutung bis weit ins 17. Jahrhundert fort und komplementär betrachtet handelt es sich bei der Konjunktion *para que* in finaler Bedeutung um keine Innovation der *Siglos de Oro*, sondern um ein bereits im Mittelalter geläufiges Phänomen; gleichwohl besteht eine Tendenz zu einer Verschiebung der Frequenzen zugunsten Letzterer. Diese Tendenz der zeitgenössischen Norm wird von Herrera aufgegriffen.

Ebenso zu beurteilen ist die bei der Verarbeitung fast aller 'Quellen' systematisch auftretende Transformation des *adverbio relativo de lugar 'donde'*:

(47) Instrucciones para Hernán Cortés (1523) [und zahlreiche weitere]
...e *donde* / se puedan ap(r)ouechar de la mar para cargo e descargo sin / que aya trauajo...
(Párrafo 11)

Herrera
...y *ado(n)de* se pudiesse(n) / aprouechar de la mar para descargar / y cargar sin q(ue) huuiesse trabajo y cos-/ta d(e) lleuar por tierra las mercaderias:...
(Década III, libro 5, capítulo 1)

Herrera entscheidet sich in diesem Fall für eine weit verbreitete Standardvariante seiner Zeit, die zu dem auch im Gegenwartsspanischen geläufigen *donde* während des 16. Jahrhunderts im Verhältnis einer Quasi-Synonymie steht:

En cualquier caso, lo cierto es que en época de Nebrija, fines del XV y comienzos del XVI, e incluso posterior, *donde* y *adonde* se utilizarán indistintamente – al margen de preferencias por el empleo de uno u otro según distintos autores – para los valores estáticos y de dirección. [...] En el siglo XVI, de hecho el uso más frecuente de *adonde* parece ser con el valor de 'en donde'.[853]

Dieser Zustand ist Ergebnis einer komplexen phonetischen Entwicklung, deren Details hier nicht rekapituliert werden müssen,[854] deren spätmittelalterliches Zwischenergebnis aber darin besteht, dass die Form *donde* das semantische Merkmal '+ [procedencia]' verliert und stattdessen *onde* in der Bedeutung '+ [estático]' ersetzt. Ausgehend von der komplexen Fügung *de donde* entsteht parallel ein neues produktives Muster der Bildung semantisch eindeutiger Relativpronomina zur Bezeichnung unterschiedlicher räumlicher Beziehungen.

---

853 Herrero Ruiz de Loyzaga 2002, 670.
854 Vgl. dazu den zitierten Beitrag Herrero Ruiz de Loyzaga 2002.

Der Prozess des Bedeutungswandels von *donde* erstreckt sich über einen ausgedehnten Zeitraum, während dessen es grundsätzlich beide Bedeutungen annehmen kann. Die Bedeutungserweiterung von *adonde*, ursprünglich beschränkt auf '+ [dirección]', um '+ [estático]', wird deshalb bisweilen in Analogie zu dieser Situation der Polysemie von *donde* interpretiert.[855]

Bemerkenswert ist die absolute Konsequenz, mit der Herrera sich zugunsten der relativ jüngeren Form *adonde* entscheidet, wenn man bedenkt, dass diese dem gegenwärtigen Forschungsstand zufolge synonym zu der älteren sein soll und überdies in der weit überwiegenden Mehrzahl von Herreras 'Quellen' ebenso konsequent diese ältere Form *donde* auftritt. Möglicherweise liegt erneut ein Fall vor, in dem Herrera sich um die Berücksichtigung des zu seiner Zeit aktuellen Sprachgebrauchs bemüht und versucht, dem frühneuzeitlichen Wandel der Norm gerecht zu werden. Trifft dies zu, so bezieht die vorliegende Konstellation ihren außergewöhnlichen Charakter letztlich allein aus der Tatsache, dass sich diese Innovation im Gegenwartsspanischen nicht erhalten hat. Es fällt jedoch schwer, diese oder eine andere Hypothese endgültig zu verifizieren.

Im Bereich der Nominalflexion sind ebenso diachron zu perspektivierende Konstellationen zu finden, wobei der Status der an den dort stattfindenden Transformationen beteiligten Formen allerdings eindeutiger geklärt werden kann:

(48) Las Casas
...va cortes a /a despertar con suma diligencia/ a *los mas sus* amigos dizien/doles q(ue) luego convenia embarcarse.
(Libro 3, capítulo 114)

Herrera
...y en el mas pro-/fundo silencio, fue a despertar a *sus/ mayores* amigos, diziendoles, que lue/go conuenia embarcarse,...
(Década II, libro 3, capítulo 12)

Hay que mencionar la subsistencia del sintagma enfático *artículo + posesivo*, cuya práctica desaparición se había dado en la lengua literaria a mediados del XV. En efecto, la construcción se encuentra todavía en documentos jurídicos de entre 1600 y 1700.[856]

---

855 Vgl. Herrero Ruiz de Loyzaga 2002, 669.
856 Girón Alconchel 2004, 74. Einschlägige Belege finden sich in Bravo García 1987, 98 ff.

Die im Mittelalter weit verbreitete Fügung 'Artikel + Possessivum + Nomen' tritt im 16. Jahrhundert nur noch in extrem restringierten diskursiven Kontexten auf. Zum vorliegenden Fall ist überdies anzumerken, dass die von Las Casas gewählte Reihenfolge der Konstituenten aus dem Rahmen fällt; Belege aus mittelalterlichen Texten zeigen, dass die Kodierung des Superlativs regelmäßig in der Form *los sus más amigos* erfolgt, d. h., Quantifizierer oder andere Determinierer stehen gegebenenfalls zwischen Artikel und Nomen.[857] Auch die einschlägigen Belege in Bravo García 1987 umfassen keinen Fall wie den oben zitierten. Der Textauszug aus Las Casas legt die Hypothese nahe, dass dort ein missglückter Versuch der Annäherung an den zeitgenössischen juridischen Diskurs vorliegt.[858] Diese Deutung wird gestützt durch den Beleg *el dicho nuestro gobernador*,[859] der zweifelsohne aus einem solchen Kontext stammt: Interpretiert man nämlich die in Beispiel (48) vorzufindende Konstituentenstruktur als Kodierung einer anaphorischen Wiederaufnahme bei gleichzeitiger Fokussierung des Superlativs, im Sinne von 'die besten und nur die besten aus der Gruppe der bereits vorerwähnten Freunde', dann ergibt sich zum einen eine strukturelle Analogie zu obigem Beleg, zum anderen ein interessantes Indiz für ein syntaktisches Verfahren der Fokus-Markierung, das im Gegenwartsspanischen nicht mehr denkbar ist.

Wiederum etwas anders gestaltet sich die Sachlage im folgenden Fall, in dem eine Synalöphe und damit ein morphonologisches Phänomen zugrunde liegt:[860]

(49) Las Casas
...y q(ue) se acordase de lo q(ue) / en barocoa le vrdia y otras cosas quantas / pudiero(n) hallar pa(ra) *persuadille.*
(Libro 3, capítulo 114)

---

857 Vgl. Company Company 2008b, 471.
858 Zweifelsohne erfüllt sind hingegen auch bei Las Casas die semantisch-diskursiven Bedingungen für das Auftreten der genannten Fügung. Company Company 2008b, 475 führt in diesem Zusammenhang insbesondere Expressivität sowie die Absicht der Suspendierung von Narration zugunsten einer Charakterisierung der handelnden Figuren ins Feld. Indirekt ergibt sich hier eine Bestätigung unserer Interpretation des Sachverhalts in Bsp. (9). Vgl. auch Company Company 2008c.
859 Vgl. Frago Gracia 2002, 44.
860 Vgl. zu diesem Fall auch analog die *Relación de las provincias que hay en la conquista del Chuquimayo...*

Herrera
acordandole lo que en Baracòa le vr-/dia y otras cosas quantas pudieron ha/llar
para *persuadirle.*
(Década II, libro 3, capítulo 12)

Eine eindeutige Markierung besteht Girón Alconchel zufolge hier bei
beiden beteiligten Formen; es ist zeitgenössisch also von einer klaren
Funktionstrennung auszugehen:

> La asimilación de la /-r/ final de infinitivo [...] era un hecho normal en la
> lengua medieval, pero desde el primer tercio del siglo XVI, según Juan de
> Valdés, va a quedar como recurso del verso, mientras que la solución no
> asimilada [...] se identificará con la prosa y la lengua hablada.[861]

Herrera entscheidet sich aus offensichtlichen Gründen für die tendenziell
neutralere, der gesprochenen Sprache nahe stehende Form.

6.5. Lexikon

Die zu beobachtenden lexikalischen Transformationen sind allesamt diskursbezogen zu beurteilen, insofern mit einer systematischen Ersetzung
solcher Termini zu rechnen ist, die explizit einem nicht historiographischen
Spezialdiskurs zugerechnet werden müssen, wohingegen das Auftreten von
Lexemen, die als allgemein nähesprachlich markiert zu gelten hätten, ohne
einem solchen Spezialdiskurs anzugehören, nicht zu erwarten ist; selbst
Verfasser mit nähesprachlich geprägter Schreibkompetenz bemühen sich
um eine Annäherung an autoritative, vor allem juridische Diskurse und
sind dabei auf der Ebene des Lexikons tendenziell erfolgreicher als auf den
übrigen Ebenen.[862]

Im folgenden Beispiel ist die Neutralisierung eines der *jerga militar*
zuzurechnenden Ausdrucks zu beobachten:

(50) Xerez
> El capitan Hernando pi-/çarro passo: y los indios de vn pueblo que/estan a la
> otra parte *vinieron a el de paz:*...
> (Folio 7ᵛ)

---

861 Girón Alconchel ²2005, 867.
862 Vgl. zur historischen lexikalischen Semantik allgemein Blank 1997; Fritz 2005. Zu
    semantischen Relationen im Lexikon vgl. Blank 2001 und Pöll 2002. Zur dis-
    kursbezogenen Relevanz dieser Zusammenhänge vgl. z. B. Oesterreicher 2008; zu
    methodologischen Fragen vgl. neuerdings Allan/Robinson 2012.

Herrera
Siguiendo los Castellanos su via-/ge dos dias por valles muy poblados,/aloj-
auan en las casas mas fuertes, y/la gente los *recibia pacificamente*,...
(Década V, libro 1, capítulo 3)

Ebenso:

(51) Cieza de León
La/gente, al penol ya dicho reeceuio mucho/enojo y determino de los yr a
cercar/y asi mando a sus capitanes que con/la *jente de guerra* caminasen
contra/ellos.
(Señorío – Folio 82^r)

Herrera
...y aunque sintio, que muchos/se auian recogido, y fortificado en vn/Peñol,
cerca del rio de Bilcas, mandô,/que sus capitanes fuessen a sitiarle, y/otros
embio a la Prouincia de Con-/desuyo, q(ue) tuuieron grandes vitorias, y/al
Collao embio al señor Hastaguara-/ca con otro *exercito.*
(Década V, libro 3, capítulo 12)

In dem folgenden Fall ist sodann die Eliminierung eines *marinerismo* zu
sehen:[863] Für eine systematische Relevanz der Unterdrückung von *mari-
nerismos* spricht das wiederholte Auftreten dieses Verfahrens in unterschiedlichsten Konstellationen. Zu lexikalischen Transformationen kommt
es jedoch nur in solchen Fällen, in denen ein *marinerismo* auch eindeutig
diaphasisch niedrig markiert ist:[864]

(52) López de Gómara
...y de tan poca edad se/atreuio a yr por sí mismo tan lexos. Hizo su *frete: y
matalotage:* en vna nao de Alo(n)/so Quintero:...
(Folio 2^r)

Herrera
Llegò a Sevilla al tiempo que/passauan cinco nauios a la Española, y/entre
ellos el de Alonso Quintero, a-/donde *se embarcò*,...
(Década I, libro 6, capítulo 13)

Das Verb *embarcarse* gehört – ebenso wie der Phraseologismus *hacerse a la
vela* – zu einem maritimen Jargon, ohne jedoch deshalb diaphasisch niedrig
markiert zu sein; es handelt sich um Ausdrücke, die einem Sachbereich

---

863 Zur herausragenden Bedeutung maritimen Fachjargons im Spanischen des 16. Jahrhunderts vgl. Enguita Utrilla 2004, 131 ff. und die dort gegebenen Literaturhinweise.

864 Geht man von einer engen Bestimmung des Begriffs *marinerismo* aus, die eine
diaphasisch niedrige Markierung des betreffenden Lexems bereits impliziert, wäre
dementsprechend zu sagen, dass etwa das häufige *hacerse a la vela* nach diesem
Verständnis gar keinen *marinerismo* darstellt. Vgl. auch Bsp. (68).

nach Art einer Kollokation zugeordnet sind, jedoch keine eindeutige diasystematische Markierung aufweisen; sie sind von den bei Herrera durchgeführten Transformationen nicht systematisch betroffen.

Ein textdeiktisches Phänomen zeigt sich im folgenden Fall:

(53) Acosta

...y nada desto es Piru, sino solame(n)te aquella parte que cae / a la vanda del Sur, y comiença del Reyno de Quito, que / está debaxo de la *Linea*, y corre en largo hasta el Reyno / de Chile,...
(Libro 3, capítulo 22)

Herrera

...porque los Reynos de Chile, el / nueuo de Granada y el Brasil no es / Pirû, sino aquella sola parte que cae / al Sur, començando del Reyno del / Quito, q (ue) está debaxo de la *linea Equi-/nocceal*,...
(Década V, libro 1, capítulo 5)

Die Determination durch Hinzusetzung des Adjektivs, die den geographischen Terminus konstituiert, unterbleibt bei Acosta schlicht deshalb, weil sich die Referenz im Rahmen seiner *Historia natural* anaphorisch von selbst erschließt. Dies ist in Herreras thematisch breit angelegter *Historia general* nicht der Fall. Die zu beobachtende Transformation dient also im Kern zur Vermeidung von Ambiguität.

Diejenigen Termini hingegen, die bei Herrera ausdrücklich eingeführt werden, spiegeln ihrerseits allesamt die Sphäre des zeitgenössischen Rechtsdenkens. Man kann sagen, juridische Diskurse gelten der *Crónica Mayor de Indias* als die tendenziell unmarkierten unter den Fachdiskursen. Der Grund dafür liegt selbstverständlich in der konvergierenden Pragmatik von beiden: Der Standpunkt des Rechts ist es, von dem aus die Krone die *sucesos de las Indias* aufgefasst und interpretiert sehen möchte. Rechtsdiskurse legitimieren Herrschaft und sind insofern integraler Bestandteil der Hofhistoriographie.

Die folgenden drei Fälle repräsentieren alle gleichermaßen diese Konstellation, allerdings kommen unterschiedliche Verfahren der Transformation zum Tragen:

(54) Díaz del Castillo

...y quien metia la mano en ello. / para conbocar al diego velazquez. que le rrebocasen luego el poder heran sus *parientes los velaz/quez* y vn viejo.
(Capítulo 21)

Herrera

...pero sus *deudos* / uan Velázquez, que dezian el Bor-/rego, Bernardino Velazquez, y otros, / afeando el caso le indignauan:...
(Década II, libro 3, capítulo 13)

Ist das Lexem *parientes* unmarkiert, so bezeichnet der Terminus *deudos*
Personen, die in einer Klientenbeziehung zu ihrem Patron stehen. Spiegelt
sich in dem Konzept *deudo* eine frühneuzeitlich absolut geläufige und
keineswegs als problematisch wahrgenommene Sozialstruktur, die sich an
jedem Machtzentrum unweigerlich ergibt, so ist demgegenüber das
Konzept *pariente* in einem politischen Kontext durchaus einer negativen
Deutung unterworfen, die auf eine Übervorteilung der eigenen Verwandtschaft abhebt.

Ebenfalls mit weit reichenden juristischen Implikationen ausgestattet
ist die folgende Transformation:

(55) Acosta und weitere
En la sierra q(ue) / cae en medio destos extremos, llueue a los mismos tiem/pos
que en *España*, que es desde Setiembre a Abril.
(Libro 3, capítulo 22)

Herrera
...en las sierras que / estan en medio de los Andes, y de los / llanos, llueue a sus
tiempos como en / *Castilla*,...
(Década V, libro 1, capítulo 5)

Diese wird mit äußerster Konsequenz bei jedem Auftreten des für die
imperialen Ambitionen Kastiliens unbrauchbaren Konzeptes 'Spanien'
durchgeführt. Unsere Ausführungen zur Rekontextualisierung der *Décadas*
zeigen deutlich, weshalb dies aus zeitgenössischer Sicht so sein muss. Es ist
symptomatisch für das pragmatische Scheitern der *Crónica Mayor de Indias*, dass Herrera gerade in diesem Fall eine ausgesprochene Verweige-
rungshaltung gegenüber einer zeitgenössischen diskursiven Innovation
einnimmt, obgleich er in so vielen anderen Fällen ein ausgeprägtes Gespür
für die kommunikative Relevanz sprachlicher Innovationen zeigt.

Ein ähnliches Problem besteht bei der folgenden lexikalischen Transformation, die als Versuch der Vermeidung eines Konzeptes gesehen
werden muss, das zeitgenössisch bereits mit massiv negativen Konnotationen belastet ist:[865]

---

865 Am Beginn des 17. Jahrhunderts existiert ein hoch lebendiges Genre, das sich in
Form von Traktaten mit den Ursachen der chronischen wirtschaftlichen Schwie-
rigkeiten Kastiliens befasst. Einer der dort auftretenden Topoi ist die unproduktive
Haltung der *hidalgos* im Horizont des Gemeinwohls. In ironischer Brechung findet
sich dieses drängende zeitgenössische Problem auch im *Don Quixote* verarbeitet.
Vgl. auch Vincent 2004, 289 f.

(56) López de Gómara
Su padre se llamo Martin Cortes de Monroy. y / su madre doña Catalina
Piçarro Altamirano. Entrambos eran *hidal/gos.*
(Folio 2ʳ)

Herrera
…,fué hijo de Martín Cortes / de Monroy, y de doña Catalina Pizar/ro, ambos
de *gente noble,*…
(Década I, libro 6, capítulo 13)

Ein ebenso diskursiv zu interpretierender, jedoch subtilerer Fall ist im
Folgenden zu beobachten:

(57) Díaz del Castillo
…y / le auian rrebocado *el poder.* y dado a basco porcallo.
(Capítulo 21)

Herrera
…porque ya Herna(n)-/do Cortes no era Capitan, y se le hauia(n) / reuocado
los poderes.
(Década II, libro 3, capítulo 13)

Umfasst die Extension der Bedeutung des Singulars *poder* Manifestationen
faktischer Macht in etwa in der Form, in der dies auch im Gegenwartsspanischen der Fall ist, so ist der Plural – *poderes* – weitgehend anders
funktionalisiert. Seine Bedeutung entspräche in etwa dem deutschen
'Vollmacht, Befugnisse' und bezeichnet Kompetenzen und Rechte, die
einer Person verliehen werden, um eine administrative Funktion erfüllen zu
können. Mit der Ausübung solcher Kompetenzen geht selbstverständlich
auch Macht einher, diese ist jedoch streng institutionell legitimiert.
Dementsprechend erscheint der Sachverhalt bei Bernal Díaz del Castillo
tendenziell als Folge der kapriziösen Laune einer machtversessenen Clique,
die ihre Gunst nach Belieben verteilt, bei Herrera hingegen als ein für alle
Beteiligten bindender Rechtsakt, dessen Geltung institutionell verbürgt ist.

Im folgenden Fall ist erneut die Ersetzung eines unmarkierten Ausdrucks durch einen Rechtsterminus zu beobachten, allerdings handelt es
sich bei dem substituierten Ausdruck nicht um ein Lexem, sondern eine
komplexe Verbalphrase:

(58) Las Casas
yva cada día diego velazquez al puerto / a caballo aun/que estava / junto, y /
cortes y / toda la çiudad con el a ver los / navios: *y dar priesa en todo lo que
se / devia hazer.*
(Libro 3, capítulo 114)

Herrera
Diego Velazquez yua ca-/da dia al puerto q(ue) estaua junto, y con / el Cortes, y toda la ciudad a ver / los nauios, y *proueerlos:*
(Década II, libro 3, capítulo 12)

Das Verb *proveer* 'ausrüsten, ausstatten' führt in zeitgenössischen Texten stets die Konnotation mit, dass es sich bei der geschilderten Ausstattung um einen legitimen, offiziell autorisierten Vorgang handelt. Nicht zufällig bezeichnet das stammgleiche Nomen *provisión* einen Typ von königlichen Erlassen.

Noch klarer gestalten sich die Verhältnisse beim Gebrauch von Eigennamen. Sie werden von Herrera immer dann explizit genannt (und zu diesem Zweck bei Bedarf sogar eigens recherchiert und eingeführt), wenn es erforderlich ist, juristische Verantwortung für bestimmte Vorgänge eindeutig zuzuweisen. Ist dies nicht der Fall, so unterbleibt die Nennung eines Namens.

(59) Díaz del Castillo
...y / le auian rrebocado el poder. y dado a *basco porcallo.*
(Capítulo 21)

Herrera
...porque ya Herna(n)-/do Cortes no era Capitan, y se le hauia(n) / reuocado los poderes.
(Década II, libro 3, capítulo 13)

(60) Xerez
Luego aquel dia / se partio el capitan. Otro dia se partio el / *gouernador:*[866]
(Folio 6^v)

Herrera
despachò luego / vn Capitan con algunos compañe-/ros, para que reconociesse el cami-/no, y el lugar, y procurasse de sosse-/gar aquella gente, y hazer amistad / con ella, y *don Francisco Pizarro* le / siguio el otro dia,...
(Década V, libro 1, capítulo 3)

Während bei Xerez zum Zwecke der Referenz auf die Person des Expeditionsleiters üblicherweise die Rangbezeichnung eingesetzt wird, steht bei

---

866 Einschlägige Hinweise zur diachronen Semantik des Lexems *gobernación*, das zu *gobernador* in einer evident engen semantischen (beruhend auf Kontiguität) und morphologischen Beziehung steht, sind dem Beitrag Marra Güida 1999 zu entnehmen. Darin wird insbesondere deutlich, dass es sich um einen juridischen Terminus handelt, dessen Referenzbereich sich ursprünglich auf die Tätigkeit des *gobernar* beschränkt und erst ab dem späten Mittelalter den je betroffenen geographischen Raum mit einbegreift.

Herrera in der weit überwiegenden Zahl der Fälle der Eigenname. Dieser Befund stützt die These, dass bei Herrera juristische Verantwortlichkeit jeweils der ausschlaggebende Faktor ist; deren eindeutige Zuweisung an konkrete Personen ist im Zusammenhang mit den Ereignissen von Cajamarca – gerade aus Herreras resümierender Perspektive – von zentraler Bedeutung; bei Xerez hingegen die Autorisierung seines Patrons.

Im Hinblick auf diese Art der juristischen Funktionalisierung sind auch die Konstellationen zu deuten, in denen Namen subalterner Personen, die nicht im Mittelpunkt bedeutsamer Rechtsakte stehen, selektiv unterdrückt werden:

(61) Fernández de Palencia

Visto esto, come(n)nço à despachar / los presos: y condenò à Gomez de / Solis, en quinientos pesos, para las / guardas, que auian tenido. Martin de / Almendras, fue condenado en otro / tanto: y lo mismo Martin de Robles. / Otros fueron co(n)denados à dozie(n)tos, / y otros à cie(n)to, otros à cincuenta, y à / veynte: segu(n) se juzgaua la possibilidad / de cada vno: y no segu(n) la pena q(ue) mere/cia(n): q(ue) fueron, *Fra(n)cisco de Añasco, Pe/dro de Areualo Brizeño, Diego Ga-/llegos, Hernan Lopez, Alo(n)so de Mar/chena, Gabriel de Pernia, Go(n)çalo de // Mata, Iuan de Sancta Cruz, Alonso / Lagunez, don Francisco Lobato, Fra(n)/cisco de Gaona, Francisco de Trejo, / Alonso Gomez, Iuan Ramirez Cigar/ra, Gaspar Collaço, Iuan de Balmase-/da, Iuan de Espinosa, Iuan Sanchez, / Francisco de Angulo, Hernando de / la Concha, Iuan Pauon, Fabia(n) de sant / Roman, Iuan de Montoya, Iua(n) de O-/rihuela, Benito de Torres Mallero, / Christoual Gallego, Anto(n) Gato, Mar/tin Carrillo, Bartholome de Sa (n)cta An/na, Diego Velazquez de Acuña (por / otro no(m)bre y proprio, Diego de Due/ñas)* à estos sentencio, según dicho es: / y a Francisco Ramirez ahorcò: porq(ue) / al tiempo que el Mariscal fue auisado / (en la ciudad de la Paz) por Iuan Ra-/mon; le dio caualgadura, y dineros: y / huyò del, para don Sebastian. Y à Pe-/ro Gomez de la Vid, por se le auer de/sacatado (estando en la carcel), le sen-/tenciò, en seys años de galeras: y de-/stierro perpetuo.
(Libro 2, capítulo 40)

Herrera

…sentenciô a los que fal-/tauan en penas pecuaniarias: porque / el tiempo presente no daua lugar â o-/tra cosa: porque no el ver de cerca, / sino el juzgar de lexos las cosas veni-/deras, es verdadera prudencia: y a-/horcô solamente â Francisco Ra-/mirez, y echô a galeras a Gomez de / la Vid:…
(Década VIII, libro 9, capítulo 18)

Zum Kreis dieser subalternen Personen zählen oft auch indigene Führungspersönlichkeiten:

(62) Relación de las provincias que hay en la conquista del Chuquimayo

…vn asiento y paso que se llama / chenchipe donde esta poblado *vn caçique q (ue) se llama chiura.*
(Folio 1ʳ)

Herrera
...al paso de Chenchipe, adonde esta-/ua poblado *vn Cazique con su gente*,...
(Década VIII, libro 5, capítulo 12)

Im vorliegenden Fall mag die Unterdrückung des indigenen Namens ein primär deiktisches Phänomen sein, insofern seine Kenntnis für den Verfasser der *Relación* von großer Bedeutung gewesen sein dürfte, während er für Herrera eben nur eine subalterne Figur neben anderen bezeichnet.

Auch im Hinblick auf die *indigenismos léxicos* im engen Sinne, also solche Lexeme, die etymologisch indigenen Ursprungs sind,[867] ist jedoch eine signifikante Neigung zu ihrer Unterdrückung zu registrieren:

(63) Andagoya
...abia aqui algunos particulares que se ha/çian mahestros que les[-] les llamaban *tequina* / que les deçian que hablaban con el diablo al qual / llamaban en su lengua tuira,...
(Folio 70^v)

Herrera
Ciertos hombres que en su len-/guaje era(n) llamados *Maestros*, tenia ca/da vno vna muy pequeña choça, sin / puerta y descubierta por arriba.
(Década II, libro 3, capítulo 5)

Es ist evident, weshalb die Namen indigener Gottheiten bei Herrera nicht erscheinen.

(64) Andagoya
...que abia en el çielo *vn señor* que / ellos le llamaban *chipiripa* y que haçia llober y las / otras cosas qu[e] del çielo baxaban
(Folio 71^r)

Herrera
...y que en el cielo auia *vn / señor* que hazia llouer, y era causa / de los demas mouimientos celestia-/les.
(Década II, libro 3, capítulo 5)

Offizielle Titel von Funktionsträgern der indigenen Gesellschaften jedoch werden bei Herrera sehr wohl explizit angeführt, da in diesem Fall die Zuweisung von Autorität innerhalb der indigenen Gesellschaft zum Thema wird, ein Zusammenhang, der auch für das kastilische Rechtsverständnis von Belang ist.

---

867 Vgl. zum Problem der Konzeptualisierung von *indigenismos léxicos* z. B. Lara 1990 und Werner 1994.

(65) Andagoya

...a las mugeres prençipales / de los señores de quien los hijos heredan los
señorios / llaman *hespobe* por titulo demas del nonbre / propio como quien dize
condesa o marquesa...
(Folio 71ʳ)

Herrera

A las muge-/res legitimas de los señores llamauan *Espobe*, // que es tanto como
Conde-/sa, o Marquesa.
(Década II, libro 3, capítulo 5)

Treten die indigenen Titel jedoch im Rahmen von Syntagmen auf, die von
Herrera – dem *estilo llano* entsprechend – gekürzt werden, dann entfällt
regelmäßig der *indigenismo:*[868]

(66) Instrucciones para Hernán Cortés (1523)

como saueis de causa de ser los dichos yndios tan subjetos / a sus *tecles e senores* e
tan amigos de seguirlos en todo,...
(Párrafo 5)

Herrera

como / bie(n) sabia, a causa de ser ta(n) sugetos a sus / *señores*, y ta(n) amigos de
seguirlos en to/do,...
(Década III, libro 5, capítulo 1)

Ein bereits hinlänglich bekanntes Phänomen konzeptueller Aneignung des
Fremden im Zuge der *conquista* ist die Bezeichnung der indigenen Tempel
als Moscheen.[869] Interessant an folgendem Beleg ist, dass diese inhaltlich
inadäquate Bezeichnung bei Herrera nicht auftritt, während sie in der Zeit
der *conquista* in Ermangelung adäquater Alternativen noch allgemein geläufig ist. Wir haben es hier also mit einem Phänomen zu tun, das den
Prozess fortschreitender Aneignung der *Indias*, dessen Bedeutung für die
Konstitution des Korpus bereits betont worden ist, auf der Mikroebene
widerspiegelt.

(67) Instrucciones para Hernán Cortés (1523)

e assimismo les / amonestad. que no tengan ydolos ni *mesquitas* ni cassas / dellos
en ninguna manera.
(Párrafo 3)

---

868 Während das Lexem *hespobe / espobe* in Alvar Ezquerra 1997 nicht verzeichnet ist,
　　findet sich *tecles* mit einem Beleg aus Díaz del Castillo. Auch dieser Text zeichnet
　　sich durch die charakteristische Verflechtung von Geschichts- und Rechtsdiskurs
　　aus (vgl. Kap. 4.8.1.).
869 Vgl. dazu Wehrheim 2009, 239.

Herrera
…y en quitarles los ído/los, y *te(m)plos publicos y secretos,*…
(Década III, libro 5, capítulo 1)

Im folgenden Fall ist die morphonologische Anpassung eines lateinischen Etymons zu beobachten. Dabei ist zu unterstellen, dass die lateinische Flexionsmorphologie als *latinizante* markiert ist und nicht den Normen des *estilo llano* entspricht:

(68) Fernández de Oviedo
se desaparecio la nao capitana / y tambien perdieron de vista la nao / no(m) brada sancta Maria del parral, // y estos que yuan en el *patax* vieron / la nao sancto Lesmes…
(Parte II, libro 20, capítulo 11)

Herrera
se desapareciò la nao Capitana, / y perdieron de vista la nao santa Ma-/ria del Parral, y los que yuan en el *Pa-/tage* vieron la naue de San Lesmes:…
(Década III, libro 9, capítulo 5)

Diese Bezeichnung für einen Schiffstyp, der im Rahmen der Transatlantik-Konvois die Rolle eines Hilfs- und Versorgungsschiffes ausgefüllt hat, ist eine spezifisch frühneuzeitliche Erscheinung.[870] Okkurrenzen finden sich nur vom 16. bis einschließlich 19. Jahrhundert, wobei die bei weitem meisten auf das 16. Jahrhundert entfallen. Die latinisierte Form *patax* ist dabei eine vergleichsweise kurzlebige Erscheinung, die später auftritt und früher wieder entfällt (beides im Lauf des 16. Jahrhunderts) als die der kastilischen Silbenphonologie angepasste Form.[871] Ausschlaggebend für Herreras Wahl dürfte die Tendenz des zeitgenössischen *estilo llano* zur Unterdrückung latinisierender Tendenzen sein.

Es wäre allerdings unzutreffend, die Tendenz der Delatinisierung als allein leitende Maxime der Transformation zu deuten; stattdessen ist es die avancierte zeitgenössische Norm, die eine solche leitende Maxime darstellt, und im Rahmen dieser avancierten Norm werden bisweilen bekanntlich auch solche Lösungen favorisiert, die einer Tendenz zur Latinisierung entsprechen, etwa:

---

870 Vgl. in diesem Sinne auch die Daten in García-Macho 2010.
871 In García-Macho 2010, 125 findet sich der Hinweis, es handle sich bei der Form *pataje* um eine „forma afrancesada del castellano anticuado *pataxe*, de origen incierto". Unabhängig von diesem etymologischen Befund kann es sich bei der oben angeführten Form *patax*, die bei García-Macho nicht dokumentiert ist, jedoch um eine latinisierende Fehlrezeption handeln.

(69) Fernández de Oviedo

...lleuaua su pan en la *nao* capitana y / como auian mucho frio corrian to-/do lo que podian hazia la equinocial...
(Parte II, libro 20, capítulo 11)

Herrera

...lleua-/uan su pan en la *naue* Capitana,...[872]
(Década III, libro 9, capítulo 5)

Herreras Sensibilität für eine avancierte Norm kommt allerdings auch dann zum Tragen, wenn er sich stilsicher für dasjenige von zwei zeitgenössisch nahezu gleichberechtigten Synonymen entscheidet, das sich auch im Gegenwartsspanischen fortsetzt:

(70) Fernández de Palencia

Finalme(n)te q(ue) el Iulia(n) de la Rua le apre/to: à q(ue) el frayle sacasse los despachos. / Pero antes q(ue) se los diesse, comio à bo/cados, vna carta: sin q(ue) Iulia(n) de la Rua / fuesse parte pa se lo *estoruar*.
(Libro 2, capítulo 40)

Herrera

...y passadas algunas / platicas le quitô los despachos, comie(n)/dose el Frayle vna carta, sin que se lo / pudiesse *impedir*...
(Década VIII, libro 9, capítulo 18)

Insgesamt ist auf der Ebene des Lexikons wiederum ein konsequentes Bemühen um die Vermeidung von Archaismen zu konstatieren. Die betroffenen Lexeme werden in den *Décadas* durch unmarkierte Synonyme ersetzt. Dieses Vorgehen ist analog zu unseren einschlägigen Beobachtungen auf der Ebene der Morphologie zu beurteilen.

(71) Francisco de Xerez

Y que aquel assiento de real que alli / estaua fue de Atabalipa que pocos dias an/ tes se auia ydo de alli co(n) cierta parte de su / *hueste*...
(Folio 6ᵛ)

---

872 Zu beachten ist allerdings auch, dass die erbwörtliche Form *nao* eine klar diastratisch-diaphasische Markierung aufweist, die sie tendenziell in die Nähe einer *jerga naval* rückt, während dies auf die jüngere Form *nave* nicht zutrifft (vgl. García-Macho 2010, 116). Die Tatsache, dass weder der *estilo latinizante* noch eine *jerga* der Auffassung von sprachlicher Adäquatheit entspricht, die Herrera vertritt, ist womöglich auch der Grund dafür, dass er sich nicht eindeutig festlegt, sondern abwechselnd sowohl die erbwörtliche als auch die latinisierende Form gebraucht. Vgl. Bsp. (68).

Herrera
auia sali-/do el *exercito* del Inga para Caxamal-/ca,...
(Década 5, libro 1, capítulo 3)

In den Fällen, in denen es sich bei dem unterdrückten Lexem nicht um einen Archaismus, sondern um ein lateinisches Lehnwort handelt, tritt der Aspekt der Vermeidung latinisierender Strukturen wiederum ausdrücklich in den Vordergrund:[873]

(72) Fernández de Oviedo
...eran cincue(n)/ta personas, y *arbitraua(n)* que estaua(n) / de la primera tierra donde pudiesse(n) / hallar de comer dos mill leguas,...
(Parte II, libro 20, capítulo 11)

Herrera
...eran cincuenta perso-/nas, y *juzgauan* que estauan dos mil / leguas de la primera tierra, adonde / pudiessen hallar que comer:...
(Década III, libro 9, capítulo 5)

---

873 Ein Blick in den *Corpus del Español* zeigt, dass die Interpretation von *arbitraba* als humanistisches Lehnwort korrekt ist. Dort findet sich für den Zeitraum vom 13. bis einschließlich 14. Jahrhundert keine einzige Okkurrenz, für das 15. Jahrhundert lediglich eine.
Die Kurzlebigkeit einer Entlehnung aus dem Lateinischen ist eine durchaus häufig anzutreffender Erscheinung (vgl. Stefenelli 1992, 200). Im *REW* (Meyer-Lübke ³1935) ist das hier interessierende Etymon *arbitrare* für das Kastilische lediglich mit der Entlehnung *albidarse* 'der Meinung sein' verzeichnet, die jedoch im Gegenwartsspanischen ebenfalls nicht mehr fortgeführt wird.

7. Zu den sprachlichen Regularitäten der Kompilation in den *Décadas*

Ziel dieser vergleichenden Textanalyse ist es gewesen, Verfahren der *transformación discursiva*, die aus der vorgestellten Textkonstellation resultieren, zu identifizieren, zu typisieren und historisch-systematisch zu erklären. Es sind zwei Kategorien veranschlagt worden, die als Bezugspunkte zur historisch-systematischen Erklärung der konkreten Phänomene dienen: 1.) formal-stilistisch (*estilo llano*) und 2.) semantisch-diskursiv (*discurso historiográfico*).

Die Benennung der Kategorien enthält jeweils zwei Bestimmungen. Die erste der beiden Bestimmungen deckt jeweils die systematische Perspektive ab, ist auf deduktivem Wege gewonnen und insofern unproblematisch, als damit lediglich die sprachlichen Universalien der Exteriorität und der Semantizität aufgegriffen werden, die ihrerseits zum weitestgehend konsensfähigen Grundbestand zeichen- beziehungsweise sprachtheoretischer Einsichten der Sprachwissenschaft gehören. Diesem Schritt liegt die simple Annahme zugrunde, dass jedes Kommunikat eine beobachtbare äußere Form besitzt und dieser äußeren Form jeweils eine wie auch immer zu konzipierende Bedeutung entspricht, sodass transformierende Eingriffe prinzipiell entweder eine Veränderung der Form oder der Bedeutung oder aber beider zum Ziel haben können.

Die zweite Bestimmung deckt die historische Perspektive ab und ist induktiv gewonnen, d. h. auch, sie ist hinsichtlich ihrer Plausibilität grundsätzlich zu problematisieren, insofern sie das Ergebnis einer hermeneutisch basierten Rekonstruktion darstellt (vgl. Kap. 2 und Kap. 3). Eine solche Plausibilität besteht im Prinzip dann, wenn die hermeneutisch begründeten historischen Bestimmungen zu einem schlüssigen Ergebnis der Analyse führen. Die beiden zur Benennung der Kategorien herangezogenen Bestimmungen stehen zueinander in einem Verhältnis von 'Ebene der Manifestation' (formal/semantisch) zu 'Ebene der Motivation' (stilistisch/diskursiv).

Im Regelfall führen die Transformationsverfahren beider Kategorien zu einer Kürzung der Textoberfläche; Transformationsverfahren, die zur Ausdehnung der Textoberfläche führen oder gar keine Änderung der

Konstituentenstruktur bewirken, sind weitaus weniger frequent und nicht systematisch beschreibbar. Die Unterscheidung in formal-stilistisch und semantisch-diskursiv zu kategorisierende Transformationen ist gleichwohl insofern angebracht, als sich erstere prototypischerweise als Umgestaltung einzelner Syntagmen manifestieren, letztere als Setzung oder Entfernung ganzer Syntagmen. Formal-stilistische Transformationen wirken sich damit im Normalfall je auf ein zu transformierendes Syntagma und das hierarchisch nächst höher stehende aus, semantisch-diskursive Transformationen hingegen wirken sich auf den Satz als ganzen aus.

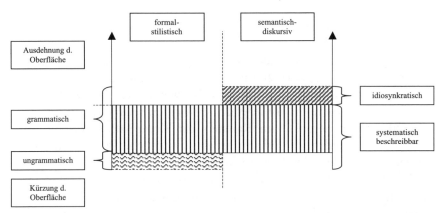

Darüber hinaus ist deutlich geworden, dass die untersuchten 'Quellen' in Bezug auf das Spektrum der Transformationsverfahren sowie die Frequenz der je durchgeführten Transformationen erhebliche Unterschiede aufweisen. Hinsichtlich der Frequenz stechen die nähesprachlich geprägten *historias* von Bartolomé de Las Casas und Bernal Díaz del Castillo deutlich aus dem Korpus hervor; hinsichtlich des Spektrums der vorzufindenden Transformationsverfahren erweisen sich die juridischen Texte als spezifisch: Sie warten zwar nicht mit einer besonders großen Dichte an Transformationen auf, jedoch mit einer Reihe von Transformationsverfahren, die sich nur dort finden und motiviert sind durch die diskurstraditionellen Restriktionen, die speziell bei juridischen Texten an die Varietätenwahl angelegt werden. Die *relaciones* bilden in dieser Hinsicht einen Übergangstypus zwischen juridischem und historiographischem Diskursuniversum. Am unbedeutendsten fallen die Transformationen erwartungsgemäß bei den 'Quellen' aus, die den *Décadas* hinsichtlich der Texttypik besonders ähnlich sind und deren Verfasser zugleich über eine humanistisch geprägte Schreibkompetenz verfügen. Dieser Idealfall ist trotz Herreras Bemühungen um eine vorgängige Auswahl geeigneter Texte nur für die *Crónica* von Francisco Cervantes de Salazar ohne Einschränkungen zu konstatieren.[874] Alle übrigen, auch die historiographischen Texte der *Cronistas Oficiales*, weisen konzeptionelle Differenzqualitäten auf, die sie nähesprachlicher erscheinen lassen. Insofern ist – bei aller Vorsicht – die Schlussfolgerung erlaubt, dass die *Décadas* einen distanzsprachlichen Ausbaugrad repräsentieren, der in dieser Form von älteren historiographischen Referenztexten nicht erreicht wird.

Dieses Resultat ist in der Hinsicht selbstverständlich, dass das Kastilische in den *Siglos de Oro* jenen Ausbauprozess durchläuft, an dessen Ende es als die Ausbausprache zur Verfügung steht, die wir heute kennen (wenngleich der Prozess der Überdachung bekanntlich bereits im Mittelalter beginnt). In der jüngeren sprachgeschichtlichen Forschung ist dieser Prozess in einer ganzen Reihe von diskursbezogenen Fallstudien aufgewiesen worden.[875] Spezifisch für den historiographischen Diskurs der Vormoderne jedoch ist die systematische Notwendigkeit, mit der die relativ älteren Texte, welche im vorliegenden Fall einen relativ geringeren Ausbaugrad repräsentieren,[876] im Rahmen der Kompilation rezipiert und transformiert werden. Sie erlaubt es, die sprachliche Praxis hinter dem Ausbau anhand eines konkreten Falles direkt zu beobachten.

Die folgenden Schemata sollen einen abschließenden Überblick über die textgenetischen Zusammenhänge ermöglichen, die dabei zugrunde liegen und analytisch erschlossen worden sind. Die hermeneutisch begründete Differenzierung in die drei Phasen *descubrimiento*, *conquista* und *pacificación* wird wieder aufgenommen, um einer der Kernthesen, mit der die Tendenz zur Einebnung konzeptioneller Divergenzen der 'Quellen' parallel zum Fortschreiten der Implementierung von Institutionen behauptet wird, gerecht zu werden. Die dabei zugleich veranschaulichte

---

874 Bedenkt man die weit auseinander liegenden stilistischen Charakterisierungen, die den Texten von Cervantes de Salazar einerseits und Herrera andererseits zuteil geworden sind, und den Widerspruch, in dem diese zu den Ergebnissen der Textanalyse stehen, so liegt darin vielleicht der deutlichste empirische Hinweis auf die Notwendigkeit eines reflektierteren Umgangs mit den ästhetischen Eigenschaften historiographischer Texte. Vgl. auch Kap. 4.10.

875 Für einen konzisen Überblick vgl. Oesterreicher ²2005b. Zu den Begriffen 'Dach'- und 'Ausbausprache' vgl. Kloss ²1978.

876 Wobei nochmals zu betonen ist, dass kein funktionaler Zusammenhang zwischen dem Ausbaugrad der Texte und dem Zeitpunkt ihrer Entstehung besteht. Der Umstand, dass die *Décadas* in der Tat den relativ höchsten Ausbaugrad repräsentieren, ist institutionell begründet. Eine unumkehrbare Linearität des Ausbauprozesses historischer Einzelsprachen besteht bekanntlich nicht.

Tendenz zur Selektion markiert einen Extremfall im Spannungsfeld von Pluralisierung und Autorität in der Frühen Neuzeit. Der zeitgenössischen Pluralisierung auch des historiographischen Diskurses – insbesondere im amerikanischen Kontext – wird ein komplexer institutioneller Mechanismus entgegengesetzt, der die Rückführung des pluralen und mithin von der Lüge bedrohten Diskurses auf einen autoritativen, die Wahrheit verbürgenden Text ermöglichen soll. Die Analogie zum ausschließlichen Geltungsanspruch der biblischen Texte ist im Horizont des kastilischen Selbstverständnisses kein Zufall. Die Rekontextualisierung der *Décadas* hat gezeigt, wie dieser Text zeitgenössisch funktionieren sollte und an welchen Widersprüchen seine Funktionalisierung scheitert.

Zum *descubrimiento*:

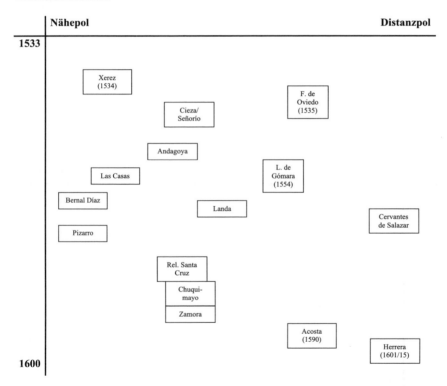

Zur *conquista*:

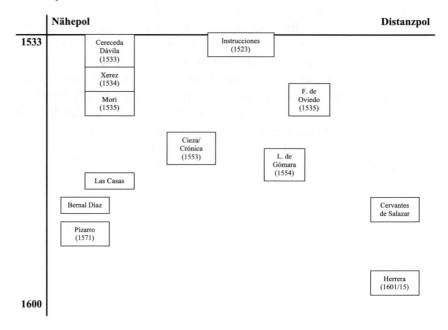

Zur *pacificación*:

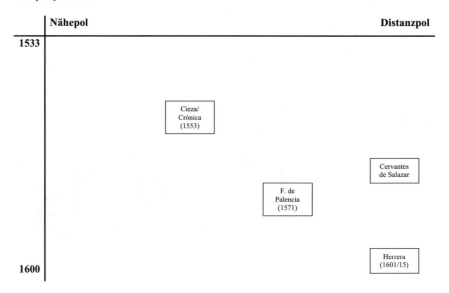

Die aufgeführten Schemata spiegeln die im Rahmen der Analyse gewonnenen Befunde hinsichtlich der von Herrera vorgenommenen Textauswahl wider und zeigen dabei die zunehmende Tendenz zu Selektion und Konzentration auf wenige, vergleichsweise prestigeträchtige 'Quellen'.

Zur Vermeidung von Missverständnissen sind abschließend einige Präzisierungen angebracht:

Die Platzierung Herreras am rechten Rand des Kontinuums soll nicht andeuten, dass die *Décadas* einen maximalen Ausbaugrad im absoluten Sinne repräsentieren.[877] Das Schema versteht sich streng korpusbezogen, sodass die Texte von Herrera und Cervantes de Salazar dementsprechend als die relativ distanzsprachlichsten im Korpus aufzufassen sind. Diese Beobachtung impliziert zwar, dass *llaneza* (wie hinlänglich bekannt) nicht mit konzeptioneller Mündlichkeit zu identifizieren ist, impliziert jedoch ebenso, dass keineswegs das Gegenteil zutreffen muss. Darüber hinaus ist stets zu bedenken, dass diejenigen Texte, die in obigen Schemata im Zentralbereich des Kontinuums auftreten, zum Zeitpunkt ihrer eigenen Entstehung durchaus einen relativ höheren Grad an Distanzsprachlichkeit repräsentiert haben können, als sie dies aus der Sicht späterer Generationen noch getan haben.

Aus den Schemata geht hervor, dass sich die juridisch und administrativ funktionalisierten Texte tendenziell in der Mitte des Kontinuums konzentrieren, während die Ränder des Kontinuums von Vertretern prototypisch historiographischer Texte besetzt sind. Dieser Umstand ist systematisch zu erklären mit der spezifischen Funktionalisierung der juridischen Texttypen, die den Einfluss individueller Schreibkompetenz auf den Elaboriertheitsgrad des resultierenden Textes beschränkt, insofern die sprachliche Gestaltung zu weit größeren Teilen vorgegeben ist als bei prototypisch historiographischen Texten; dass gerade die *Instrucciones para Hernán Cortés*, also ein Vertreter eines maximal juridisch funktionalisierten Texttyps, die Mitte des Kontinuums besetzen, ist insofern symptomatisch.

Die Ergebnisse der Textanalyse bieten nicht zuletzt Anschlussmöglichkeiten für eine ganze Reihe von aktuellen oder zumindest noch nicht abgeschlossenen Debatten. Dies gilt – wie auch die einschlägigen Hinweise am jeweiligen Ort zeigen sollten – für unterschiedlichste Fragen der Grammatikalisierung im Kastilischen, der (pragmatischen) Geschichte des kastilischen Wortschatzes sowie damit einhergehend des Normwandels im

---

877 Vgl. etwa das universell zu interpretierende Ausbau-Schema in Kloss [2]1978, wo eine Positionierung am rechten Rand in der Tat einen maximalen Ausbaugrad in einem absoluten Sinne bedeuten würde.

Kastilischen der *Siglos de Oro* unter besonderer Berücksichtigung der Rolle, die dem Konzept *estilo llano* in der *Crónica Mayor de Indias* zukommt.[878] Die sprachlichen Entsprechungen der *llaneza* im Kastilischen erweisen sich dabei als auch über längere Zeiträume weitgehend konstant, sodass auch hier eine Tendenz zur Beharrung sichtbar wird; gleichwohl entzieht sich die *llaneza* – wie jedes genuin normative Konzept – per se einer vollkommenen Realisierung.[879] Sie ist abstrakter Bezugspunkt idiosynkratischer kommunikativer Akte, es muss jedoch unentschieden bleiben, welcher von diesen die absolut stärkste Annäherung an das Ideal der *llaneza* darstellt; eine Norm, deren wesentliches *Definiens* die *naturalidad* sein soll, trägt das Moment des Idiosynkratischen in sich und lässt sich am ehesten verstehen als Aufforderung an die Diskursproduzenten, jede Varietät, die in Diskursen Anwendung findet, welche den *estilo llano* für sich in Anspruch nehmen, sprachlich so zu gestalten, dass sie einem mittleren konzeptionellen Profil entspricht; eine varietätenbezogene Zuordnung oder Einschränkung besteht also gerade nicht. Die Rolle des *estilo llano* im Horizont des Ausbaus der kastilischen Sprache in der Frühen Neuzeit ist deshalb für jeden Diskurs, der sich auf diesen beruft, eigens zu beschreiben. Die hier gebotene Analyse wirft ein Schlaglicht auf die historische Kontingenz des *estilo llano* im Kontext der *historiografía indiana*. Antonio de Herrera etabliert ihn dort zu einem überraschend späten Zeitpunkt noch einmal als Norm. Es gelingt ihm jedoch nicht, eine stabile Tradition zu begründen, stattdessen bleibt es bei einer punktuellen Relevanz des *estilo llano* für den historiographischen Diskurs in Kastillien.

---

878 Insbesondere der Vergleich mit Cieza de León macht dies deutlich. Grundsätzlich ist jedoch festzuhalten, dass die *llaneza* ein humanistisches Ideal darstellt, das im Umfeld der *Crónica Oficial* keineswegs durchgängig verbreitet ist. Antonio de Herrera ist in diesem Sinne eine von nur wenigen Ausnahmen.
879 Vgl. in diesem Sinne auch die Ausführungen zur *llaneza* und dem Begriff der Norm bei Coseriu in Frago Gracia 2002, 64 ff.

Bibliographie

Quellen

Acosta, José de (1590): *HISTORIA/NATVRAL/Y/MORAL DE LAS/INDI-AS,/EN QVE SE TRATAN LAS COSAS/notables del cielo, y elementos, metales, plantas, y ani-/males dellas: y los ritos, y cremonias, leyes, y/gouierno, y guerras de los Indios./Compuesta por el Padre Ioseph de Acosta Religioso/de la Compañia de Iesus.* Sevilla: Juan de Leon.

Acosta, José de (1591): *Historia natural y moral de las Indias...* Barcelona: Cendrat.

Acosta, José de (1987): *Historia natural y moral de las Indias.* Hrsg. von Alcina Franch. Madrid: Historia 16 (= Crónicas de América, 34).

Acosta, José de (2008): *Historia natural y moral de las Indias.* Hrsg. von Fermín del Pino. Madrid: CSIC.

Andagoya, Pascual de (ca. 1541): *Relaçion que da el adelantado de andaboya de las tierras y pro/binçias que abaxo se ara mençion.* [Archivo de Indias: PATRO-NATO,26,R.5, folios 66^r–108^v].

Andagoya, Pascual de (1986): *Relación y documentos.* Hrsg. von Adrián Blázquez. Madrid: Historia 16 (= Crónicas de América, 27).

Cervantes de Salazar, Francisco (ca. 1563): *Chronica de la Nueva/España, su de-scrip-/cion, la calidad y tem-/ple de ella, la Pro-/piedad, y Natu-/raleza de los Yn/dios.* [Biblioteca Nacional de España].

Cervantes de Salazar, Francisco (1971): *Crónica de la Nueva España.* 2 Bde. Hrsg. von Manuel Magallón. Madrid: Atlas (= Biblioteca de autores españoles, 244).

Cieza de León, Pedro (1553): *Parte primera/Dela chronica del Peru. Que traera la demarca/cion de sus prouincias: la descripcion dellas. Las/fundaciones de las nueuas ciudades. Los ritos y/costumbres de los indios. Y otras cosas estrañas dignas de ser sabidas. Fecha por Pedro d Cieça/de Leon vezino de Seuilla./1553./Con priuilegio Real.* Sevilla: Martin de Montesdoca.

Cieza de León, Pedro (16. Jhdt.): *Relaçion de la suçesion y gouierno de los/yngas señores naturales que fueron/de las prouinças del peru y otras/cosas tocantes a aquel reyno para/el ill(ustrissi)mo señor don Juan Sarmiento/Presidente del consejo real de yndias.* [Real Biblioteca del Monasterio: L–I–5].

Cieza de León, Pedro (1984): *La crónica del Perú.* Hrsg. von Manuel Ballesteros. Madrid: Historia 16 (= Crónicas de América, 4).

Cieza de León, Pedro (1985): *El señorío de los Incas.* Hrsg. von Manuel Ballesteros. Madrid: Historia 16 (= Crónicas de América, 5).

Díaz del Castillo, Bernal (16./17. Jhdt.): *Historia verdadera de la conquista de la Nueva España.* [Biblioteca Nacional de España: Ms. Alegría].

Díaz del Castillo, Bernal (1982): *Historia verdadera de la conquista de la Nueva España.* 2 Bde. Hrsg. von Carmelo Sáenz de Santa María. Madrid: Instituto Gonzalo Fernández de Oviedo (= Monumenta hispano-indiana, 1).

358 Bibliographie

Díaz del Castillo, Bernal (1984): *Historia verdadera de la conquista de la Nueva España*. 2 Bde. Hrsg. von Miguel León-Portilla. Madrid: Historia 16 (= Crónicas de América, 2).

Díaz del Castillo, Bernal (2005): *Historia verdadera de la conquista de la Nueva España: (manuscrito 'Guatemala')*. Hrsg. von José Antonio Barbón Rodríguez. México D.F.: El Colegio de México.

Fernández de Oviedo, Gonzalo (1535): *La historia general/de las Indias*. Seuilla: Cromberger.

Fernández de Oviedo, Gonzalo (1557): *Libro XX. Dela segunda parte dela general/historia de las Indias. Scripta por el Capitan/Gonçalo fernandez de Oviedo, y Valdes. Al-/cayde dela fortaleza y puerto de Sa(n)cto Domin/go, d(e)la isla Española. Cronista d(e) su Magestad./Que trata del estrecho de Magallans*. Valladolid: Francisco Fernandez de Cordoua.

Fernández de Oviedo, Gonzalo (1851): *Historia general y natural de las Indias, Islas y Tierra-firme del mar Océano*. Hrsg. von José Amador de los Ríos. Madrid: Real Academia de la Historia.

Fernández de Palencia, Diego (1571): *Primera, y segvn/da parte, de la historia del Perv, qve se mando escre-/uir, à Diego Fernandez, vezino de la ciudad de Palencia. Co(n)tiene la pri-/mera, lo sucedido en la Nueua España y en el Perù, sobre la execu/cion de las nueuas leyes: y el allanamiento, y castigo, que hizo el/Presidente Gasca, de Gonçalo Piçarro y sus sequaces./La segvnda contine, la tirania y al-/çamiento de los Castellanos, y don Sebastia(n) de Castilla, y de Francisco Herna(n) dez Giron:/con otros muchos acaesçimientos y sucessos. Dirigido a la C.R.M. del Rey/don Philippe nuestro Señor*. Seuilla: Hernando Diaz.

Fernández de Palencia, Diego (1963): *Historia del Perú*. 2 Bde. Hrsg. von Juan Pérez de Tudela Bueso. Madrid: Atlas (= Biblioteca de autores españoles, 164/ 165).

Herrera y Tordesillas, Antonio de (1601/1615): *Historia gene/ral de los hechos/delos castellanos/enlas islas i tierra fi/rme del mar oceano esc/rita por Antonio de/Herrera coronista/mayor de sv m(agesta)d d(e) las/Indias y sv coronis/ta de castilla*. Madrid: Imprenta Real.

Herrera y Tordesillas, Antonio de (17. Jhdt.): *Primera parte/De las varias epistolas, discursos/y tractados de Antonio de Herre/ra a diversos Claros Varones las/quales contienen muchas ma/terias Vtiles para el gouier/no Politico y militar./Con un elogio de la Vida y hechos de/el licenciado christoual vaca de/Castro del Consejo Supremo/y gouernador de los Rey/nos del Peru./Item Resumen de lo que passó en el Descubrim(to) delas Reliquias del Monte de Granada. /Dirigida/Al Rey nuestro Senor Don Phelipe 4*. [Biblioteca Nacional de España].

Herrera y Tordesillas, Antonio de (1726–1730): *Historia General de los Hechos de los Castellanos en las Islas y Tierra Firme del Mar Océano*. 8 Bde. Madrid: Nicolás Rodríguez Franco.

Herrera y Tordesillas, Antonio de (1804): *Discursos morales, politicos é históricos inéditos*. Hrsg. von Juan Antonio de Zamácola. Madrid: Imprenta de Ruiz.

Herrera y Tordesillas, Antonio de (1934–1957): *Historia General de los Hechos de los Castellanos en las Islas y Tierra Firme del Mar Océano*. 17 Bde. Hrsg. von Antonio Ballesteros-Beretta. Madrid: Real Academia de la Historia.

Herrera y Tordesillas, Antonio de (1991): *Historia General de los Hechos de los Castellanos en las Islas y Tierra Firme del Mar Océano*. 4 Bde. Hrsg. von Mariano Cuesta Domingo. Madrid: Universidad Complutense.

Instrucciones para Hernán Cortés [Archivo de Indias: INDIFERENTE,415,L.2, folios 321ʳ–326ʳ].

Landa, Diego de (ca. 1566): *Relacion de las cosas de Yucatan, sa/cada de lo que escrivio el padre fray/Diego de Landa de la orden de St. Fran/cisco*. [Real Academia de la Historia: B.68].

Landa, Diego de ([8]1959): *Relación de las cosas de Yucatán*. Hrsg. von Ángel María Garibay. México: Porrúa (= Biblioteca Porrúa, 13).

Landa, Diego de (1985): *Relación de las cosas de Yucatán*. Hrsg. von Miguel Rivera. Madrid: Historia 16 (= Crónicas de América, 7).

Las Casas, Bartolomé de (1527–66): *Historia de las Indias*. [Biblioteca Nacional de España].

López de Gómara, Francisco (1554): *Cronica de la nueua españa/con la conquista de Mexico, y otras cosas notables: hechas/por el valeroso Hernando Cortes, Marques del Valle, Capitan/de su Magestad en aquellas partes./Con mucha diligencia corregida y añadida por el mismo autor*. Zaragoza: Agustín Millán.

López de Gómara, Francisco (1987): *La conquista de México*. Hrsg. von José Luis de Rojas. Madrid: Historia 16 (= Crónicas de América, 36).

Pizarro, Pedro (1978): *Relación del descubrimiento y conquista del Perú*. Hrsg. von Guillermo Lohmann Villena. Lima: Pontificia Universidad Católica del Perú.

Relaçion de la çiudad de Santa cruz de la sierra y su gouernaçion, calidad de tierra, y otras cossas. [Real Academia de la Historia (verfasst von Juan Pérez de Zurita)].

Relaçion de las p(ro)binçias que ay en la Conquista del chuquimayo. [Real Academia de la Historia (verfasst von Diego Palomino)].

Solís y Rivadeneira, Antonio de (1684): *Historia de la conquista de Mexico, poblacion y progressos de la América septentrional, conocida por el nombre de Nveva España*. Madrid: De Villa-Diego.

Xerez, Francisco de (1534): *Verdadera relacion de la conquista del Peru/y prouincia del Cuzco llamada la nueua Castilla: Conquistada por el magnifico/y esforçado cauallero francisco piçarro hijo del capitan Gonçalo piçarro caua/llero de la ciudad de Trugillo: como capitan general de la cesarea y catholica/magestad del emperador y rey n(uest)ro señor: Embiada a su magestad por francisco/de Xerez natural de la muy noble y muy leal ciudad de Seuilla secretario del/sobredicho señor: en todas las prouincias y conquista de la nueua Castilla y vno de los primeros conquistadores della. Fue vista y examinada esta obra por mandado de los señores inquisidores/del arçobispado de Seuilla*. Sevilla: Bartholomé Pérez.

Xerez, Francisco de (1547): *Conquista del Peru./Verdadera relacion/de la conquista del Peru i prouincia del Cuzco lla/mada la nueua Castilla. Conquistada por fran-/cisco piçarro: capitan de la. S.C.C.M. del/Empe-/rador nuestro señor. Embiada a su magestad por/francisco de Xerez natural de la muy noble y leal/ciudad de Seuilla: secretario del sobredicho capi/tan en todas las prouincias i/conquista de la nue/ua Castilla: y vno de los primeros conquistado/res della. Fue vista y examinada esta obra por mandado de los señores Inquisidores*. Salamanca: Juan de Junta.

Xerez, Francisco de (1983): *La conquista del Peru*. Hrsg. von Marcelo Grota. Madrid: El Crotalón.

Xerez, Francisco de (1985): *Verdadera relación de la conquista del Perú*. Hrsg. von Concepción Bravo. Madrid: Historia 16 (= Crónicas de América, 14).
Corpus del Español = URL: www.corpusdelespanol.org.

Forschungsliteratur

Abad Pérez, Antolín (1992): *Los franciscanos en América*. Madrid: MAPFRE.

Acham, Karl (1992): „Struktur, Funktion und Genese von Institutionen aus sozialwissenschaftlicher Sicht", in: Melville, Gert (Hrsg.): *Institutionen und Geschichte. Theoretische Aspekte und mittelalterliche Befunde.* Köln / Weimar / Wien: Böhlau (= Norm und Struktur, 1), 25–72.

Achard, Pierre / Gruenais, Max-Peter / Jaulin, Dolores (Hrsg.) (1984): *Histoire et linguistique*. Paris: Editions de la Maison des Sciences de l'Homme.

Adamzik, Kirsten (2004): *Textlinguistik. Eine einführende Darstellung.* Tübingen: Niemeyer (= Germanistische Arbeitshefte, 40).

Adorno, Rolena (1988a): „Nuevas perspectivas en los estudios literarios coloniales latinoamericanos", in: *Revista de crítica literaria latinoamericana* 14/28, 11–27.

Adorno, Rolena (1988b): „El sujeto colonial y la construcción cultural de la alteridad", in: *Revista de crítica literaria latinoamericana* 14/28, 55–68.

Adorno, Rolena (1988c): „Discourses on Colonialism: Bernal Díaz, Las Casas and the Twentieth Century Reader", in: *Modern Language Notes* 103/2, 239–258.

Adorno, Rolena (1995): „Discurso jurídico, discurso literario. El reto de leer en el siglo XX los escritos del XVI", in: Centro de Información para el Desarrollo (Hrsg.): *Memorias. Jornadas Andinas de Literatura Latinoamericana JALLA.* La Paz: Plural Editores, 15–25.

Adorno, Rolena (1997): „History, Law and the Eyewitness. Protocols of Authority in Bernal Díaz del Castillo's *Historia verdadera de la conquista de la Nueva España*", in: Fowler, Elizabeth / Greene, Roland (Hrsg.): *The Project of Prose in Early Modern Europe.* Cambridge: Cambridge University Press, 154–175.

Adorno, Rolena (2000): *Guaman Poma. Writing and Resistance in Colonial Peru.* Austin / Texas: University of Texas Press.

Allan, Kathryn / Robinson, Justyna A. (Hrsg.) (2012): *Current Methods in Historical Semantics.* Berlin / New York: De Gruyter.

Altamira y Crevea, Rafael (1948): „Antonio de Herrera, su concepto de la historia y su metodología", in: *Armas y letras: Boletín mensual de la Universidad de Nuevo León* 5/8, 1/6–8.

Althoff, Gerd (1997): „Verwandtschaft, Freundschaft, Klientel. Der schwierige Weg zum Ohr des Herrschers", in: Althoff, Gerd (Hrsg.): *Spielregeln der Politik im Mittelalter. Kommunikation in Frieden und Fehde.* Darmstadt: Wissenschaftliche Buchgesellschaft, 185–198.

Alvar Ezquerra, Alfredo (2000): „La historia, los historiadores y el rey en la España del humanismo", in: Alvar Ezquerra, Alfredo (Hrsg.): *Imágenes históricas de Felipe II.* Madrid: Centro de Estudios Cervantinos, 216–254.

Alvar Ezquerra, Manuel (1997): *Vocabulario de indigenismos en las crónicas de Indias.* Madrid: CSIC.

Andrés-Gallego, José u.a. (Hrsg.) (1999): *Historia de la historiografía española*. Madrid: Ediciones Encuentro (= Ensayos, 133).

Andrés-Gallego, José (2001): „El nacimiento de la historiografía religiosa en el mundo hispano", in: Andrés-Gallego, José (Hrsg.): *La historia de la Iglesia en España y el mundo hispano*. Murcia: Universidad Católica de Murcia, 9–21.

Andrés-Suárez, Irene (1994): *El verbo español. Sistemas medievales y sistema clásico*. Madrid: Gredos (= Biblioteca Románica Hispánica II. Estudios y Ensayos, 383).

Antolín, Guillermo (1926): „Inventario de los papeles del cronista Esteban de Garibay", in: *Boletín de la Real Academia de la Historia* 89, 15–26.

Arellano, Ignacio (1999): „Problemas en la edición y anotación de las crónicas de Indias", in: Arellano, Ignacio / Rodríguez Garrido, José Antonio (Hrsg.): *Edición y anotación de textos coloniales hispanoamericanos*. Frankfurt a.M. / Madrid: Vervuert / Iberoamericana, 45–74.

Arias, Santa (2001): *Retórica, historia y polémica: Bartolomé de las Casas y la tradición intelectual renacentista*. Lanham: University of America Press.

Arocena, Luis A. (1963): *Antonio de Solís – cronista indiano: estudios sobre las formas historiográficas del barroco*. Buenos Aires: Ediciones Universitarias.

Asch, Ronald G. / Birke, Adolf M. (Hrsg.) (1991): *Princes, Patronage and the Nobility. The Court at the Beginning of the Modern Age, c. 1450–1650*. London: Oxford University Press.

Aschenberg, Heidi (2002): „Historische Textsortenlinguistik – Beobachtungen und Gedanken", in: Drescher, Martina (Hrsg.): *Textsorten im romanischen Sprachvergleich*. Tübingen: Stauffenburg (= Textsorten, 4), 153–170.

Azpiazu, Susana (2004): *Las estrategias de nominalización: estudio contrastivo del estilo nominal*. Frankfurt a.M.: Peter Lang (= Studien zur romanischen Sprachwissenschaft und interkulturellen Kommunikation, 15).

Bader, Eugen (1994): *Rede-Rhetorik, Schreib-Rhetorik, Konversationsrhetorik. Eine historisch-systematische Analyse*. Tübingen: Narr (= ScriptOralia, 69).

Báez, Valerio (1988): *Fundamentos críticos de la gramática de dependencias*. Madrid: Síntesis (= Colección lingüística, 8).

Báez, Valerio (2002): *Desde el hablar a la lengua: prolegómenos a una teoría de la sintaxis y la semántica textual y oracional*. Málaga: Ágora (= Cuadernos de lingüística, 16).

Bakewell, Peter John (1995): „Conquest after the Conquest: the Rise of Spanish Domination in America", in: Kagan, Richard L. / Parker, Geoffrey (Hrsg.): *Spain, Europe and the Atlantic World. Essays in Honour of John H. Elliott*. Cambridge: Cambridge University Press, 296–315.

Bakewell, Peter John (2004): *A History of Latin America, c. 1450 to the Present*. Malden: Blackwell.

Ballesteros, Manuel (1984): „Introducción", in: Ballesteros, Manuel (Hrsg.): *Pedro de Cieza de León. La crónica del Perú*. Madrid: Historia 16 (= Crónicas de América, 4), 7–54.

Ballesteros, Manuel (1985): „Introducción", in: Ballesteros, Manuel (Hrsg.): *Pedro de Cieza de León. El señorío de los Incas*. Madrid: Historia 16 (= Crónicas de América, 5), 7–30.

Ballesteros-Beretta, Antonio (1934): „Proemio", in: Ballesteros-Beretta, Antonio (Hrsg.): *Antonio de Herrera y Tordesillas. Historia General de los Hechos de los Castellanos en las Islas y Tierra Firme del Mar Océano.* Bd. 1. Madrid: Academia de la Historia, IX–LXXXVIII.

Ballesteros Gaibrois, Manuel (1969): „Valor informativo de la Historia de Antonio de Hererra para la historia primitiva mesoamericana", in: *Revista de Indias* 29, 79–106.

Barbón Rodríguez, José Antonio (1985): „Una edición crítica de la *Historia verdadera de la conquista de la Nueva España* de Bernal Díaz del Castillo", in: *Jahrbuch für Geschichte von Staat, Wirtschaft und Gesellschaft Lateinamerikas* 22, 1–22.

Barnes, Barry (1994): „How Not to Do the Sociology of Knowledge", in: Megill, Allan (Hrsg.): *Rethinking Objectivity.* Durham / London: Duke University Press, 21–35.

Barra Jover, Mario (2001): „Corpus diacrónico, constatación e inducción", in: Jacob, Daniel / Kabatek, Johannes (Hrsg.): *Lengua medieval y tradiciones discursivas en la Península Ibérica. Descripción gramatical, pragmática histórica, metodología.* Frankfurt a.M. / Madrid: Vervuert / Iberoamericana (= Lingüística Iberoamericana, 12), 177–197.

Barra Jover, Mario (2002): *Propiedades léxicas y evolución sintáctica: el desarollo de los mecanismos de subordinación en español.* Noia: Toxosoutos.

Barrios, Feliciano (2004): „Consolidación de la polisinodia hispánica y administración indiana", in: Barrios, Feliciano (Hrsg.): *El gobierno de un mundo. Virreinatos y Audiencias en la América Hispánica.* Cuenca: Universidad de Castilla-La Mancha, 119–134.

Bartlett, Robert (1993): *The Making of Europe. Conquest, Colonization and Cultural Change (950–1350).* Princeton: Princeton University Press.

Beaugrande, Robert de / Dressler, Wolfgang (1984): *Text Production. Toward a Science of Composition.* Norwood: Ablex.

Becker, Alexander (2002): „Kann man Wissen konstruieren?", in: Zittel, Claus (Hrsg.): *Wissen und soziale Konstruktion.* Berlin: Akademie-Verlag (= Wissenskultur und gesellschaftlicher Wandel, 3), 13–26.

Bejarano Díaz, Horacio (1974): „Los cronistas de Indias", in: *Boletín de la Academia Colombiana* 25/105, 455–467.

Belda Plans, Juan (1999): „Hacia una noción crítica de la Escuela de Salamanca", in: *Scripta theologica* 31/2, 367–411.

Bénat-Tachot, Louise (1999): „La Historia General de las Indias de Francisco López de Gómara: identificación de las fuentes y elaboración textual", in: Arellano, Ignacio/Rodríguez Garrido, José Antonio (Hrsg.): *Edición y anotación de textos coloniales hispanoamericanos.* Frankfurt a.M. / Madrid: Vervuert / Iberoamericana, 75–96.

Benton, Lauren (2001): *Law and Colonial Cultures. Legal Regimes in World History (1400–1900).* Cambridge: Cambridge University Press.

Bermejo Cabrero, José Luis (1980): „Orígenes del oficio de cronista real", in: *Hispania* 40, 395–409.

Bermúdez, Agustín (2004): „La implantación del régimen virreinal en Indias", in: Barrios, Feliciano (Hrsg.): *El gobierno de un mundo. Virreinatos y Audiencias en la América Hispánica.* Cuenca: Universidad de Castilla-La Mancha, 253–298.

Berthele, Raphael (2006): *Ort und Weg. Die sprachliche Raumreferenz in Varietäten des Deutschen, Rätoromanischen und Französischen.* Berlin / New York: De Gruyter (= Linguistik – Impulse und Tendenzen, 16).

Bettini, Maurizio (2005): „Auf unsichtbaren Grundlagen. Eine linguistische Beschreibung der auctoritas", in: Melville, Gert (Hrsg.): *Das Sichtbare und das Unsichtbare der Macht. Institutionelle Prozesse in Antike, Mittelalter und Neuzeit.* Köln / Weimar / Wien: Böhlau, 237–258.

Biber, Douglas / Connor, Ulla / Upton, Thomas A. (2007): *Discourse on the Move: Using Corpus Analysis to Describe Discourse Structure.* Amsterdam / Philadelphia: John Benjamins (= Studies in Corpus Linguistics, 28).

Boer, Willem den (1991): „Graeco-Roman Historiography in its Relation to Biblical and Modern Thinking", in: Alonso-Núñez, José Miguel (Hrsg.): *Geschichtsbild und Geschichtsdenken im Altertum.* Darmstadt: Wissenschaftliche Buchgesellschaft (= Wege der Forschung, 631), 406–425.

Borges, Pedro (1992): *Religiosos en Hispanoamérica.* Madrid: MAPFRE.

Blank, Andreas (2001): *Einführung in die lexikalische Semantik für Romanisten.* Tübingen: Niemeyer (= Romanistische Arbeitshefte, 45).

Blänkner, Reinhard (1994): „Überlegungen zum Verhältnis von Geschichtswissenschaft und Theorie politischer Institutionen", in: Göhler, Gerhard (Hrsg.): *Die Eigenart der Institutionen. Zum Profil politischer Institutionentheorie.* Baden-Baden: Nomos, 85–122.

Bloch, Marc (2002): *Apologie der Geschichtswissenschaft oder: der Beruf des Historikers.* Stuttgart: Klett-Cotta.

Böttcher, Nikolaus (2007): „Die *limpieza de sangre* im spanischen Kolonialreich. Entwurf eines Forschungsprojekts", in: Frank, Thomas / Kocher, Ursula / Tarnow, Ulrike (Hrsg.): *Topik und Tradition. Prozesse der Neuordnung von Wissensüberlieferungen des 13. bis 17. Jahrhunderts.* Göttingen: Vandenhoeck & Ruprecht (= Berliner Mittelalter- und Frühneuzeitforschung, 1), 127–143.

Bono, Dianne M. (1991): *Cultural Diffusion of Spanish Humanism in New Spain. Francisco Cervantes de Salazar's Diálogo de la dignidad del hombre.* Frankfurt a.M.: Peter Lang (= American University Studies. Series II. Romance Languages and Literatures, 174).

Bosbach, Franz (1988): Monarchia universalis. *Ein politischer Leitbegriff der frühen Neuzeit.* Göttingen: Vandenhoeck & Ruprecht.

Bosch García, Carlos (1945): „La conquista de la Nueva España en las Décadas de Antonio de Herrera y Tordesillas", in: Díaz Thomé, Hugo u. a. (Hrsg.): *Estudios de historiografía de la Nueva España.* México D.F.: El Colegio de México, 145–202.

Bouza Álvarez, Fernando Jesús (1999): „Escritura, propaganda y despacho de gobierno", in: Castillo Gómez, Antonio / Petrucci, Armando / Amelang, James Stephen (Hrsg.): *Escribir y leer en el siglo de Cervantes.* Barcelona: Gedisa Ediciones, 85–110.

364 Bibliographie

Brading, David (1994): „La monarquía católica", in: Annino, Antonio / Castro Leira, Luis / Guerra, François-Xavier (Hrsg.): *De los imperios a las naciones: Iberoamérica*. Zaragoza: IberCaja, 19–43.

Bravo, Concepción (1985): „Introducción", in: Bravo, Concepción (Hrsg.): *Francisco de Xerez. Verdadera relación de la conquista del Perú*. Madrid: Historia 16 (= Crónicas de América, 14), 7–54.

Bravo García, Eva María (1987): *El español del siglo XVII en documentos americanistas*. Sevilla: Ediciones ALFAR.

Bravo Guerreira, Concepción (2004): „Los criterios editoriales en España, de las crónicas tempranas del área andina, desde el s. XIX hasta la colección Historia 16", in: Arellano, Ignacio / Pino, Fermín del (Hrsg.): *Lecturas y ediciones de crónicas de Indias. Una propuesta interdisciplinaria*. Frankfurt a.M. / Madrid: Vervuert / Iberoamericana, 357–374.

Breisach, Ernst ([3]2007): *Historiography. Ancient, Medieval and Modern*. Chicago / London: University of Chicago Press.

Brendecke, Arndt (2009): *Imperium und Empirie: Funktionen des Wissens in der spanischen Kolonialherrschaft*. Köln / Weimar / Wien: Böhlau.

Brendecke, Arndt (2011): „Der 'oberste Kosmograph und Chronist Amerikas'. Über einen Versuch der Monopolisierung von historischer Information", in: Bezner, Frank / Mahlke, Kirsten (Hrsg.): *Zwischen Wissen und Politik. Archäologie und Genealogie frühneuzeitlicher Vergangenheitskonstruktionen*. Heidelberg: Winter (= Akademie-Konferenzen, 6), 353–373.

Brendecke, Arndt: „Die Fragebögen des spanischen Indienrates. Ein Beschreibungsstandard in der kolonialen Praxis", in: Melville, Gert / Rehberg, Karl-Siegbert (Hrsg.): *Dimensionen institutioneller Macht. Fallstudien von der Antike bis zur Gegenwart*. Köln / Weimar / Wien: Böhlau. [im Druck].

Brendecke, Arndt / Friedrich, Markus / Friedrich, Susanne (2008): „Information als Kategorie historischer Forschung. Heuristik, Etymologie und Abgrenzung vom Wissensbegriff", in: Brendecke, Arndt / Friedrich, Markus / Friedrich, Susanne (Hrsg.): *Information in der Frühen Neuzeit. Status, Bestände, Strategien*. Münster: LIT (= P & A, 16), 11–43.

Brieskorn, Norbert (Hrsg.) (2011): *Francisco de Vitorias De Indis in interdisziplinärer Perspektive*. Stuttgart: Frommann-Holzboog (= Politische Philosophie und Rechtstheorie des Mittelalters und der Neuzeit, II,3).

Brinker, Klaus ([7]2010): *Linguistische Textanalyse. Eine Einführung in Grundbegriffe und Methoden*. Berlin: Erich Schmidt Verlag (= Grundlagen der Germanistik, 29).

Briz Gómez, Antonio (1994): *Categories and Functions*. Minneapolis: University of Minnesota.

Budde, Gunilla / Freist, Dagmar / Günther-Arndt, Hilke (Hrsg.) (2008): *Geschichte – Studium, Wissenschaft, Beruf*. Berlin: Akademie-Verlag.

Bunes Ibarra, Miguel Ángel de (2001): „La Iglesia en la España de los Austrias: una aproximación a las tendencias historiográficas", in: Andrés-Gallego, José (Hrsg.): *La historia de la Iglesia en España y el mundo hispano*. Murcia: Universidad Católica de Murcia, 191–208.

Bunge, Kirstin (Hrsg.) (2011): *Die Normativität des Rechts bei Francisco de Vitoria*. Stuttgart: Frommann-Holzboog (= Politische Philosophie und Rechtstheorie des Mittelalters und der Neuzeit, II,2).

Burgaleta S.J., Claudio M. (1999): *José de Acosta (1540–1600). His Life and Thought*. Chicago: Loyola Press.

Busse, Dietrich (2008): „Diskurslinguistik als Epistemologie – das verstehensrelevante Wissen als Gegenstand linguistischer Forschung", in: Warnke, Ingo/Spitzmüller, Jürgen (Hrsg.): *Methoden der Diskurslinguistik. Sprachwissenschaftliche Zugänge zur transtextuellen Ebene*. Berlin/New York: De Gruyter (= Linguistik – Impulse und Tendenzen, 31), 57–88.

Bustamante de la Fuente, Manuel J. (1955): *Mis ascendientes*. Edición privada.

Bustos Tovar, José Jesús de (2000): „Algunos tipos de diálogos en el español del siglo XVI", in: Bustos Tovar, José Jesús de u. a. (Hrsg.): *Lengua, discurso, texto. I Simposio Internacional de Análisis del Discurso*. Bd. 2. Madrid: Visor, 1515–1530.

Bustos Tovar, José Jesús de (2008): „La individualización del discurso dialógico en la transición al Renacimiento", in: Stark, Elisabeth/Schmidt-Riese, Roland/Stoll, Eva (Hrsg.): *Romanische Syntax im Wandel*. Tübingen: Narr, 567–584.

Cagiao Vila, Pilar/Rey Tristán, Eduardo (Hrsg.) (2006): *Aproximaciones al americanismo entre 1492 y 2004*. Santiago de Compostela: Universidade de Santiago de Compostela.

Calvo, Thomas (2000): „El Rey y sus Indias: Ausencia, distancia y presencia", in: Mazín Gómez, Óscar (Hrsg.): *México en el mundo hispánico*. Bd. 2. Zamora/Michigan: El Colegio de Michoacán, 428–475.

Calvo, Thomas (2005): „Connaître son roi, incarner le pouvoir: la diffusion de la figure royale dans l'Amérique hispanique", in: Castelnau-L'Estoile, Charlotte de/Regourd, François (Hrsg.): *Connaissances et pouvoirs. Les espaces impériaux (XVIᵉ–XVIIIᵉ siècles) France, Espagne, Portugal*. Bordeaux: Presses Universitaires de Bordeaux, 353–382.

Cano Aguilar, Rafael (1991): „Sintaxis oracional y construcción del texto en la prosa española del Siglo de Oro", in: *Philologia Hispalensis* 6, 45–67.

Cano Aguilar, Rafael (1992): „La sintaxis española en la época del Descubrimiento", in: Bartol Hernández, José Antonio/García Santos, Juan Felipe/Santiago Guervás, Javier de (Hrsg.): *Estudios filológicos en Homenaje a Eugenio de Bustos Tovar*. Bd. 1. Salamanca: Universidad de Salamanca, 183–197.

Cano Aguilar, Rafael (2000): *Introducción al análisis filológico*. Madrid: Castalia.

Cantú, Francesca (1979): „Introduzione", in: Cantú, Francesca (Hrsg.): *Pedro de Cieza de León e il Descubrimiento y conquista del Perú*. Rom: Istituto Storico Italiano Per L'Età Moderna e Contemporanea (= Studi di storia moderna e contemporanea, 8), 9–119.

Cantú, Francesca (2007): *La Conquista spirituale. Studi sull'evangelizzazione del Nuovo Mondo*. Rom: Viella (= Frontiere della modernità, 5).

Caravedo, Rocío (1999): *Lingüística del Corpus: Cuestiones teórico-metodológicas aplicadas al español*. Salamanca: Universidad de Salamanca (= Gramática española: enseñanza e investigación, I,6).

Carbia, Rómulo D. (1934): *La crónica oficial de las Indias Occidentales: estudio histórico y crítico acerca de la historiografía mayor de Hispano-América en los siglos XVI a XVIII.* La Plata: Facultad de Humanidades y Ciencias de la Educación de la Universidad de La Plata (= Biblioteca Humanidades, 14).

Carbia, Rómulo D. [1944] (2004): *Historia de la leyenda negra hispano-americana.* Madrid: Marcial Pons.

Carlos Morales, Carlos Javier de (1998): „La participación en el gobierno a través de la conciencia regia. Fray Diego de Chaves, O.P., confesor de Felipe II", in: Rurale, Flavio (Hrsg.): *I religiosi a corte. Teologia, politica e diplomazia in Antico Regime.* Roma: Bulzoni, 131–157.

Carrera de la Red, Micaela (2006a): „Análisis de situaciones comunicativas en el documento indiano por excelencia: la carta", in: Sedano, Mercedes / Bolívar, Adriana / Shiro, Martha (Hrsg.): *Haciendo Lingüística. Homenaje a Paola Bentivoglio.* Caracas: Universidad Central de Venezuela, 627–643.

Carrera de la Red, Micaela (2006b): „La persuasión en el 'discurso diplomático' indiano", in: Bustos Tovar, José Jesús de / Girón Alconchel, José Luis (Hrsg.): *Actas del VI Congreso Internacional de Historia de la Lengua Española, Madrid, 29 de septiembre–3 de octubre de 2003.* Bd. 3. Madrid: Arco / Libros, 2681–2696.

Carrillo Castillo, Jesús María (2004): *Naturaleza e Imperio: la representación del mundo natural en la* Historia general y natural de las Indias *de Gonzalo Fernández de Oviedo.* Madrid: Doce Calles.

Carrillo Espejo, Francisco (1987): *Cartas y cronistas del descubrimiento y la conquista.* Lima: Edición Horizonte (= Enciclopedia histórica de la literatura peruana, 2).

Carrillo Espejo, Francisco (1989): *Cronistas del Perú antiguo.* Lima: Edición Horizonte (= Enciclopedia histórica de la literatura peruana, 4).

Carrillo Espejo, Francisco (1999): *Cronistas de convento y cronistas misioneros.* Lima: Edición Horizonte (= Enciclopedia histórica de la literatura peruana, 9).

Cartagena, Nelson (1999): „Los tiempos compuestos", in: Bosque, Ignacio / Demonte, Violeta (Hrsg.): *Gramática descriptiva de la lengua española.* Bd. 2. Madrid: Espasa-Calpe, 2935–2977.

Casielles Suárez, Eugenia (2004): *The Syntax-Information Structure Interface. Evidence from Spanish and English.* London: Routledge.

Castañeda Salamanca, Felipe (2002): *El indio: entre el bárbaro y el cristiano. Ensayos sobre filosofía de la conquista en Las Casas, Sepúlveda y Acosta.* Bogotá: Alfaomega.

Castro, Daniel (2007): *Another Face of Empire. Bartolomé de Las Casas, Indigenous Rights, and Ecclesiastical Imperialism.* Durham / London: Duke University Press.

Cepeda Adán, José (1950): „El providencialismo en los cronistas de los reyes católicos", in: *Arbor* 59, 177–190.

Certeau, Michel (1988): „Praktiken im Raum", in: Michel Certeau: *Kunst des Handelns.* Berlin: Merve, 179–238.

Cervera Pery, José (1997): *La Casa de Contratación y el Consejo de Indias. Las razones de un superministerio.* Madrid: Ministerio de Defensa.

Chapman, Siobhan (2010): „Paul Grice and the Philosophy of Ordinary Language", in: Petrus, Klaus (Hrsg.): *Meaning and Analysis. New Essays on Grice*. Basingstoke: Palgrave McMillan (= Palgrave Studies in Pragmatics, Language and Cognition), 31–46.

Chartier, Roger (2005): *El presente del pasado. Escritura de la historia, historia de lo escrito*. México D.F.: Universidad Iberoamericana.

Clendinnen, Inga (22003): *Ambivalent Conquests. Maya and Spaniard in Yucatán (1517–1570)*. Cambridge: Cambridge University Press.

Cline, Howard F. (1972): „The *Relaciones Geográficas* of the Spanish Indies (1577–1648)", in: Cline, Howard F. (Hrsg.): *Guide to Ethnohistorical Sources*. Bd. 1. Austin: University of Texas Press (= Handbook of Middle American Indians, 12), 183–242.

Company Company, Concepción (1983): „Sintaxis y valores de los tiempos compuestos en el español medieval", in: *Nueva Revista de Filología Hispánica* 32/2, 235–256.

Company Company, Concepción (2008a): „Gramaticalización, género discursivo y otras variables en la difusión del cambio sintáctico", in: Kabatek, Johannes (Hrsg.): *Sintaxis histórica del español y cambio lingüístico: nuevas perspectivas desde las Tradiciones Discursivas*. Frankfurt a.M. / Madrid: Vervuert / Iberoamericana (= Lingüística Iberoamericana, 31), 17–52.

Company Company, Concepción (2008b): „La forma de los sintagmas con artículo + posesivo en el español medieval", in: Company Company, Concepción / Moreno de Alba, José (Hrsg.): *Actas del VII Congreso Internacional de Historia de la Lengua Española. Mérida (Yucatán), 4–8 de septiembre de 2006*. Bd. 1. Madrid: Arco / Libros, 469–478.

Company Company, Concepción (2008c): „Gramaticalización de secuencias sintagmáticas en construcciones. Fórmulas nominales con artículo + posesivo en el español medieval", in: Montoro del Arco, Esteban Tomás / López Vallejo, María Ángeles / Sánchez García, Francisco José (Hrsg.): *Nuevas perspectivas en torno a la diacronía lingüística. Actas del VI Congreso Nacional de la Asociación de Jóvenes Investigadores de Historiografía e Historia de la Lengua Española (Granada, 29–31 de marzo 2006)*. Granada: Universidad de Granada, 13–29.

Contreras, Jaime (1991): „Los Austrias mayores", in: García Cárcel, Ricardo (Hrsg.): *La España moderna (Siglos XVI–XVII)*. Madrid: Historia 16 (= Manual de Historia de España, 3), 467–644.

Contreras Figueroa, Lidia (1983): *La ciencia de la escritura*. Santiago de Chile: Universidad de Chile.

Cortijo Ocaña, Antonio (2000): *Teoría de la historia y teoría política en Sebastián Fox Morcillo. De historiae institutione dialogus. Diálogo de la enseñanza de la historia*. Alcalá de Henares: Universidad de Alcalá.

Cortínez, Verónica (2000): *Memoria original de Bernal Díaz del Castillo*. Huixquilucan: Oak Edition (= Estudios de cultura iberoamericana colonial, 3).

Coseriu, Eugenio (21973): *Sincronía, diacronía e historia. El problema del cambio lingüístico*. Madrid: Gredos (= Biblioteca Románica Hispánica II. Estudios y Ensayos, 193).

Coseriu, Eugenio (1980): *Textlinguistik. Eine Einführung*. Tübingen: Narr.

Croft, William (1991): *Syntactic Categories and Grammatical Relations: The Cognitive Organization of Information*. Chicago: University of Chicago Press.

Croft, William / Cruse, David A. (2004): *Cognitive Linguistics*. Cambridge: Cambridge University Press.

Cuart Moñer, Baltasar (1994): „La historiografía áulica en la primera mitad del siglo XVI: los cronistas del emperador", in: Cordoñer Merino, Carmen / González Iglesias, Juan Antonio (Hrsg.): *Antonio de Nebrija. Edad Media y Renacimiento*. Salamanca: Universidad de Salamanca, 39–58.

Cuesta Domingo, Mariano (1991): „Introducción", in: Cuesta Domingo, Mariano (Hrsg.): *Antonio de Herrera y Tordesillas. Historia general de los hechos de los castellanos en las islas y tierrafirme del mar océano o 'Décadas'*. Bd. 1. Madrid: Universidad Complutense, 11–104.

Danto, Arthur (1965): *Analytical Philosophy of History*. Cambridge: Cambridge University Press.

Danto, Arthur (2007): *Narration and Knowledge*. New York: Columbia University Press.

Davies, Mark (2005): „Advanced Research on Syntactic and Semantic Change with the Corpus del Español", in: Pusch, Klaus / Kabatek, Johannes / Raible, Wolfgang (Hrsg.): *Romanische Korpuslinguistik II. Korpora und diachrone Sprachwissenschaft*. Tübingen: Narr (= ScriptOralia, 130), 203–214.

Day, Mark (2008): *The Philosophy of History. An Introduction*. London / New York: Continuum.

Delgado Gómez, Ángel (2004): „Escritura y oralidad en Bernal Díaz", in: Arellano Ignacio/Pino, Fermín del (Hrsg.): *Lecturas y ediciones de crónicas de Indias. Una propuesta interdisciplinaria*. Frankfurt a.M. / Madrid: Vervuert / Iberoamericana, 137–158.

Detel, Wolfgang (2003): „Wissenskulturen und epistemische Praktiken", in: Fried, Johannes / Kailer, Thomas (Hrsg.): *Wissenskulturen. Beiträge zu einem forschungsstrategischen Konzept*. Berlin: Akademie-Verlag (= Wissenskultur und gesellschaftlicher Wandel, 1), 119–130.

Detel, Wolfgang (2005): „Kultur und Wissen", in: Hempfer, Klaus W. / Traninger, Anita (Hrsg.): *Macht, Wissen, Wahrheit*. Rombach: Freiburg i. Breisgau (= Litterae, 133), 19–40.

Detel, Wolfgang / Zittel, Claus (Hrsg.) (2002): *Wissensideale und Wissenskulturen in der Frühen Neuzeit*. Berlin: Akademie-Verlag (= Wissenskultur und gesellschaftlicher Wandel, 2).

Díaz Thomé, Hugo (1945): „Francisco Cervantes de Salazar y su *Crónica de la conquista de la Nueva España*", in: Díaz Thomé, Hugo u. a. (Hrsg.): *Estudios de historiografía de la Nueva España*. México D.F.: El Colegio de México, 17–47.

Díaz-Trechuelo López-Spínola, Lourdes (1992): „La conciencia cristiana y los problemas de la conquista", in: Escudero Imbert, José (Hrsg.): *Historia de la Evangelización de América. História da Evangelização da América*. Ciudad del Vaticano: Libreria Editrice Vaticana, 639–660.

Diego Fernández, Rafael (2000): „Una mirada comparativa sobre las Reales Audiencias Indianas", in: Mazín Gómez, Óscar (Hrsg.): *México en el mundo hispánico*. Bd. 2. Zamora / Michigan: El Colegio de Michoacán, 517–553.

Diez del Corral, Luis (1983): *El pensamiento político europeo y la Monarquía de España de Maquiavelo a Humboldt*. Madrid: Alianza Editorial.

Dolle, Verena/Helfrich, Uta (2009): „Zum *spatial turn* in der Romanistik", in: Dolle, Verena/Helfrich, Uta (Hrsg.): *Zum* spatial turn *in der Romanistik. Akten der Sektion 25 des XXX. Romanistentages (Wien, 23.–27. September 2007)*. München: Meidenbauer, IX–XIX.

Domínguez Ortiz, Antonio (1991): „La censura de obras históricas en el siglo XVII español", in: *Chronica nova* 19, 113–121.

Dotter, Franz (1990): *Nichtarbitrarität und Ikonizität in der Syntax*. Hamburg: Buske.

Dougnac Rodríguez, Antonio (1994): *Manual de historia del derecho indiano*. México D.F.: UNAM.

Dougnac Rodríguez, Antonio (2004): „Las Audiencias Indianas y su transplante desde la metrópoli", in: Barrios, Feliciano (Hrsg.): *El gobierno de un mundo. Virreinatos y Audiencias en la América Hispánica*. Cuenca: Universidad de Castilla-La Mancha, 539–586.

Dufter, Andreas/Jacob, Daniel (Hrsg.) (2011): *Syntaxe, structure informationelle et organisation du discours dans les langues romanes*. Frankfurt a.M.: Peter Lang (= Studia romanica et linguistica, 33).

Dünne, Jörg/Günzel, Stephan (2006): „Vorwort", in: Dünne, Jörg/Günzel, Stephan (Hrsg.): *Raumtheorie. Grundlagentexte aus Philosophie und Kulturwissenschaften*. Frankfurt a.M.: Suhrkamp, 9–15.

Duve, Thomas (2005): „La pragmatización de la memoria y el trasfondo consuetudinario del Derecho Indiano", in: Folger, Robert/Oesterreicher, Wulf (Hrsg.): *Talleres de la memoria – Reivindicaciones y autoridad en la historiografía indiana de los siglos XVI y XVII*. Münster: LIT (= P & A, 5), 77–97.

Duve, Thomas (2008): „Las Casas in Mexiko: Ein Fall zu Kirche und Staat, zu Recht und Macht und der Rechtsfindung in der Frühen Neuzeit", in: Falk, Ulrich/Luminati, Michele/Schmoeckel, Matthias (Hrsg.): *Fälle aus der Rechtsgeschichte*. München: C.H. Beck, 178–196.

Eckkrammer, Eva-Martha/Hödl, Nicola/Pöckl, Wolfgang (1999): *Kontrastive Textologie*. Wien: Praesens.

Eichhorn, Wolfgang/Küttler, Wolfgang (Hrsg.) (2008): *Was ist Geschichte? Aktuelle Entwicklungstendenzen von Geschichtsphilosophie und Geschichtswissenschaft*. Berlin: Trafo-Wissenschaftsverlag.

Eigler, Günther u.a. (1990): *Wissen und Textproduzieren*. Tübingen: Narr (= ScriptOralia, 29).

Elliott, John H. (1984a): „The Spanish Conquest and Settlement of America", in: Bethell, Leslie (Hrsg.): *The Cambridge History of Latin America*. Bd. 1. Cambridge: Cambridge University Press, 149–206.

Elliott, John H. (1984b): „Spain and America in the Sixteenth and Seventeenth Centuries", in: Bethell, Leslie (Hrsg.): *The Cambridge History of Latin America*. Bd. 1. Cambridge: Cambridge University Press, 287–339.

Elliott, John H. (2006): *Empires of the Atlantic World. Britain and Spain in America (1492–1830)*. New Haven/London: Yale University Press.

370 Bibliographie

Enguita Utrilla, José María (2004): *Para la historia de los americanismos léxicos*. Frankfurt a.M.: Peter Lang (= Sprachen, Gesellschaften und Kulturen in Lateinamerika, 6).

Enrique-Arias, Andrés (Hrsg.) (2009): *Diacronía de las lenguas románicas: nuevas aportaciones desde la lingüística del corpus*. Frankfurt a.M./Madrid: Vervuert/Iberoamericana (= Lingüística Iberoamericana, 37).

Ernst, Gerhard (2002): *Das Problem des Wissens*. Paderborn: Mentis.

Eroms, Hans-Werner (2008*): Stil und Stilistik. Eine Einführung*. Berlin: Erich Schmidt Verlag (= Grundlagen der Germanistik, 45).

Escudero, José Antonio (2004): „El Gobierno Central de las Indias. El Consejo y la Secretaría del Despacho", in: Barrios, Feliciano (Hrsg.): *El gobierno de un mundo. Virreinatos y Audiencias en la América Hispánica*. Cuenca: Universidad de Castilla-La Mancha, 95–118.

Espejo Cala, Carmen (2002): „El origen epistolar de las Relaciones de Sucesos en la Edad Moderna", in: Sáez, Carlos/Castillo Gómez, Antonio (Hrsg.): *La correspondencia en la historia. Modelos y prácticas de la escritura epistolar. Actas del VI Congreso Internacional de Historia de la Cultura Escrita*. Bd. 1. Madrid: Calambur (= Biblioteca Litterae, 3), 157–168.

Espinoza, Waldemar (1964): *Pedro de Cieza de León*. Lima: Editorial Universitaria (= Biblioteca Hombres del Perú, 12).

Esteve Barba, Francisco (^{2}1992): *Historiografía indiana*. Madrid: Gredos.

Fazio Fernández, Mariano (1992): „Interpretaciones de la evangelización: del providencialismo a la utopía", in: Escudero Imbert, José (Hrsg.): *Historia de la Evangelización de América. História da Evangelização da América*. Ciudad del Vaticano: Libreria Editrice Vaticana, 609–622.

Felder, Ekkehard (2009): „Sprachliche Formationen des Wissens. Sachverhalts-konstitution zwischen Fachwelten, Textwelten und Varietäten", in: Felder, Ekkehard/Müller, Markus (Hrsg.): *Wissen durch Sprache. Theorie, Praxis und Erkenntnisinteresse des Forschungsnetzwerks 'Sprache und Wissen'*. Berlin/New York: De Gruyter (= Sprache und Wissen, 3), 21–78.

Fernández, Diego (2006): „Reflexiones en torno al gobierno indiano en tiempos de los Habsburgo", in: Oliver Sánchez, Lilia Victoria (Hrsg.): *Convergencias y divergencias: México y Perú, siglos XVI–XIX*. Guadalajara: Universidad de Guadalajara, 73–83.

Fernández Albaladejo, Pablo (1986): „Iglesia y configuración del poder en la monarquía católica (siglos XV–XVII). Algunas consideraciones", in: Genet, Jean-Philippe/Vincent, Bernard (Hrsg.): *État et église dans la genèse de l'état moderne*. Madrid: Casa de Velázquez (= Bibliothèque de la Casa de Velázquez, 1), 209–225.

Fernández Alcaide, Marta (2009): *Cartas de particulares en Indias del siglo XVI: edición y estudio discursivo*. Madrid: Iberoamericana (= Textos y documentos españoles y americanos, 6).

Fernández de Castro, Félix (1990): *Las perífrasis verbales en español: comportamiento sintáctico e historia de su caracterización*. Oviedo: Universidad de Oviedo.

Fernández-Ordóñez, Inés (1999): „El taller historiográfico alfonsí. La *Estoria de España* y la *General estoria* en el marco de las obras promovidas por Alfonso el Sabio", in: Montoya, Jesús/Rodríguez, Ana (Hrsg.): *El Scriptorium alfonsí: de los Libros de Astrología a las 'Cantigas de Santa María'*. Madrid: Fundación Universidad Complutense, 105–126.

Fernández-Ordóñez, Inés (2006): „Transmisión manuscrita y transformación 'discursiva' de los textos", URL: http://www.uam.es/personal_pdi/filoyletras/ifo/publicaciones/14_a.pdf [19.09.2011].

Fernández-Ordóñez, Inés (2010): „'Ordinatio' y 'compilatio' en la prosa de Alfonso X el Sabio", in: Castillo Lluch, Mónica/López Izquierdo, Marta (Hrsg.): *Modelos latinos en la Castilla medieval*. Frankfurt a.M. /Madrid: Vervuert/Iberoamericana (= Medievalia hispanica, 14), 239–269.

Feros, Antonio (1995): „Twin Souls: Monarchs and Favourites in Early Seventeenth-Century Spain", in: Kagan, Richard L./Parker, Geoffrey (Hrsg.): *Spain, Europe and the Atlantic World. Essays in Honour of John H. Elliott*. Cambridge: Cambridge University Press, 27–47.

Feros, Antonio (³2000): *Kingship and Favoritism in the Spain of Philip III (1598–1621)*. Cambridge/New York: Cambridge University Press.

Féry, Caroline (2007): *The Notions of Information Structure*. Potsdam: Universitätsverlag.

Finley, Moses I. (1991): „Myth, Memory and History", in: Alonso-Núñez, José Miguel (Hrsg.): *Geschichtsbild und Geschichtsdenken im Altertum*. Darmstadt: Wissenschaftliche Buchgesellschaft (= Wege der Forschung, 631), 9–38.

Figueroa, Dimas (2005): „'Acatamos pero no cumplimos'. Una técnica jurídica y su relación con las Leyes de Burgos y las Leyes de Valladolid", in: Folger, Robert/Oesterreicher, Wulf (Hrsg.): *Talleres de la memoria – Reivindicaciones y autoridad en la historiografía indiana de los siglos XVI y XVII*. Münster: LIT (= P & A, 5), 23–44.

Fix, Ulla (1990): *Beiträge zur Stiltheorie*. Leipzig: Verlag Enzyklopädie.

Fix, Ulla (2007): *Stil – ein sprachliches und soziales Phänomen. Beiträge zur Stilistik*. Berlin: Frank & Timme.

Flach, Dieter (²1992): *Einführung in die römische Geschichtsschreibung*. Darmstadt: Wissenschaftliche Buchgesellschaft.

Flach, Dieter (³1998): *Römische Geschichtsschreibung*. Darmstadt: Wissenschaftliche Buchgesellschaft.

Florescano, Enrique (2002): „Las visiones imperiales de la época colonial, 1500–1811. La historia como conquista, como misión providencial y como inventario de la patria criolla", in: *Historia Mexicana* 106, 195–230.

Folger, Robert (2003): „Die Institutionalisierung einer Institution – oder wie die Autorität in die Geschichten Amerikas kam", in: Oesterreicher, Wulf/Regn, Gerhard/Schulze, Winfried (Hrsg.): *Autorität der Form – Autorisierung – institutionelle Autorität*. Münster: LIT (= P & A, 1), 277–291.

Fornara, Charles William (1983): *The Nature of History in Ancient Greece and Rome*. Berkeley/Los Angeles/London: University of California Press.

Foucault, Michel (1977): *Histoire de la sexualité*. Paris: Gallimard.

Frago Gracia, Juan Antonio (1999): „Criterio filológico y edición de textos indianos: sobre documentos de la Nueva España", in: *Romance Philology* 53, 119–136.

Frago Gracia, Juan Antonio (2002): *Textos y normas. Comentarios lingüísticos.* Madrid: Gredos (= Biblioteca Románica Hispánica II. Estudios y Ensayos, 427).

Fraker, Charles (1996): „Introduction", in: Fraker, Charles (Hrsg.): *The Scope of History. Studies in the Historiography of Alfonso el Sabio.* Ann Arbour: University of Michigan Press, 1–43.

Franch, Alcina (1987): „Introducción", in: Franch, Alcina (Hrsg.): *José de Acosta. Historia natural y moral de las Indias.* Madrid: Historia 16 (= Crónicas de América, 34), 7–44.

Frank, Annette / Meidl, Martina (²2006): „Sprache als Text", in: Metzeltin, Michael (Hrsg.): *Diskurs, Text, Sprache. Eine methodenorientierte Einführung in die Sprachwissenschaft für Romanistinnen und Romanisten.* Wien: Praesens (= Praesens Studien-Bücher, 1), 151–191.

Franke, Wilhelm (1991): „Linguistische Texttypologie", in: *Germanistische Linguistik* 106/107, 157–182.

Freist, Dagmar (2005): „Einleitung: Staatsbildung, lokale Herrschaftsprozesse und kultureller Wandel in der Frühen Neuzeit", in: Asch, Ronald G. / Freist, Dagmar (Hrsg.): *Staatsbildung als kultureller Prozess. Strukturwandel und Legitimation von Herrschaft in der Frühen Neuzeit.* Köln / Weimar / Wien: Böhlau, 1–47.

Fried, Johannes / Kailer, Thomas (2003): „Einleitung: Wissenskulturen und gesellschaftlicher Wandel. Beiträge zu einem forschungsstrategischen Konzept", in: Fried, Johannes / Kailer, Thomas (Hrsg.): *Wissenskulturen. Beiträge zu einem forschungsstrategischen Konzept.* Berlin: Akademie-Verlag (= Wissenskultur und gesellschaftlicher Wandel, 1), 7–20.

Friede, Juan (1959): „La censura española del siglo XVI y los libros de historia de América", in: *Revista de historia de América* 47, 45–94.

Fritz, Gerd (2005): *Einführung in die historische Semantik.* Tübingen: Niemeyer (= Germanistische Arbeitshefte, 42).

Fritz, Thomas A. / Koch, Günter / Trost, Igor (Hrsg.) (2008): *Literaturstil – sprachwissenschaftlich. Festschrift für Hans-Werner Eroms zum 70. Geburtstag.* Heidelberg: Winter.

Fueter, Eduard (²1936): *Geschichte der neueren Historiographie.* München: Oldenbourg.

Funes, Leonardo (1997): *El modelo historiográfico alfonsí: una caracterización.* London: Queen Mary and Westfield College.

Gabriel, Christoph (2007): *Fokus im Spannungsfeld von Phonologie und Syntax.* Frankfurt a.M. / Madrid: Vervuert/Iberoamericana.

Gallegos Shibya, Alfonso (2005): „La historia de la lengua como historia de las tradiciones discursivas: un ejemplo a partir de la nominalización en el registro técnico en español", in: Pusch, Klaus / Kabatek, Johannes / Raible, Wolfgang (Hrsg.): *Romanische Korpuslinguistik II. Korpora und diachrone Sprachwissenschaft.* Tübingen: Narr (= ScriptOralia, 130), 507–518.

Gaos, Vicente (1959): „Cervantes de Salazar como humanista", in: Gaos, Vicente (Hrsg.): *Temas y problemas de literatura española.* Madrid: Ediciones Guadarrama (= Colección Guadarrama de crítica y ensayo, 20), 37–91.

Garcés Gómez, María Pilar (2008): *La organización del discurso: marcadores de ordenación y de reformulación*. Frankfurt a.M. / Madrid: Vervuert / Iberoamericana (= Lingüística Iberoamericana, 35).

García Añoveros, Jesús María (1990): *La Monarquía y la Iglesia en América*. Valencia: Asociación Francisco López de Gómara.

García Añoveros, Jesús María (2001): „Historiografía e historia de la Iglesia en la América española", in: Andrés-Gallego, José (Hrsg.): *La historia de la Iglesia en España y el mundo hispano*. Murcia: Universidad Católica de Murcia, 209–223.

García Gallo, Alfonso (1987): „El consejo y los secretarios en el gobierno de las Indias en los siglos XVI y XVII", in: García Gallo, Alfonso (Hrsg.): *Los orígenes españoles de las instituciones americanas. Estudios de derecho indiano*. Madrid: Real Academia Jurisprudencia y Legislación, 777–809.

García-Macho, María Lourdes (2010): „El neologismo en el léxico de la navegación del Siglo de Oro", in: Verdonk, Robert / Mancho Duque, María Jesús (Hrsg.): *Aspectos de la neología en el Siglo de Oro. Lengua general y lenguajes especializados*. Amsterdam / New York: Rodopi (= Foro hispánico, 41), 111–130.

García Martín, José María (2001): *La formación de los tiempos compuestos del verbo en español medieval y clásico. Aspectos fonológicos, morfológicos y sintácticos*. Valencia: Universitat de València.

García Villada, Zacarías (1974): *Paleografía española*. Barcelona: El Albir.

Garibay, Ángel María ([8]1959): „Introducción", in: Garibay, Ángel María (Hrsg.): *Fray Diego de Landa. Relación de las cosas de Yucatán*. México: Porrúa (= Biblioteca Porrúa, 13), IX–XIX.

Gauger, Hans-Martin (1995): *Über Sprache und Stil*. München: C.H. Beck.

Gauger, Hans-Martin (1996): „'Escrivo como hablo'. Oralidad en lo escrito", in: Kotschi, Thomas / Oesterreicher, Wulf / Zimmermann, Klaus (Hrsg.): *El español hablado y la cultura oral en España e Hispanoamérica*. Frankfurt a.M. / Madrid: Vervuert/Iberoamericana (= Bibliotheca Ibero-Americana, 59), 341–358.

Gauger, Hans-Martin (2003): „Linearität", in: Kablitz, Andreas / Oesterreicher, Wulf / Warning, Rainer (Hrsg.): *Zeit und Text. Philosophische, kulturanthropologische, literarhistorische und linguistische Beiträge*. München: Fink, 89–100.

Gauger, Hans-Martin (2010): „Los concilios limenses desde un punto de vista lingüístico", in: Schmidt-Riese, Roland (Hrsg.): *Catequesis y derecho en la América colonial: fronteras borrosas*. Frankfurt a.M. / Madrid: Vervuert / Iberoamericana, 119–129.

Gelderen, Martin van (2005): „Wie die Universalmonarchie der Volkssouveränität weichen mußte", in: Jussen, Bernhard (Hrsg.): *Die Macht des Königs. Herrschaft in Europa vom Frühmittelalter bis in die Neuzeit*. München: C.H. Beck, 299–318.

Giesecke, Michael ([2]1998): *Der Buchdruck in der frühen Neuzeit*. Frankfurt a.M.: Suhrkamp.

Gil, Alberto / Schmitt, Christian (Hrsg.) (2003): *Aufgaben und Perspektiven der romanischen Sprachgeschichte im dritten Jahrtausend. Akten der gleichnamigen*

Sektion des XXVII. Deutschen Romanistentages, München (7.–10. Oktober 2001). Bonn: Romanistischer Verlag.

Gimeno Blay, Francisco M. (1999): „...misivas, mensageras, familiares... Instrumentos de comunicación y de gobierno en la España del 500", in: Castillo Gómez, Antonio / Petrucci, Armando / Amelang, James Stephen (Hrsg.): *Escribir y leer en el siglo de Cervantes*. Barcelona: Gedisa Ediciones, 193–210.

Girón Alconchel, José Luis (1997): „Cohesión y oralidad: épica y crónicas", in: *Revista de poética medieval* 1, 145–170.

Girón Alconchel, José Luis (2002): „Procesos de gramaticalización del español clásico al moderno", in: Echenique Elizondo, María Teresa / Sánchez Méndez, Juan (Hrsg.): *Actas del V Congreso Internacional de Historia de la Lengua Española. Valencia, 31 de enero– 4 de febrero de 2000*. Bd. 1. Madrid: Gredos, 103–121.

Girón Alconchel, José Luis (2004): „Cambios sintácticos en el español de la Edad de Oro", in: *Edad de Oro* 23, 71–93.

Girón Alconchel, José Luis (^{2}2005): „Cambios gramaticales en los Siglos de Oro", in: Cano, Rafael (Hrsg.): *Historia de la lengua española*. Barcelona: Ariel, 859–893.

Girón Alconchel, José Luis (2008): „Tradiciones discursivas y gramaticalización del discurso referido en el *Rimado de Palacio* y las *Crónicas* del Canciller Ayala", in: Kabatek, Johannes (Hrsg.): *Sintaxis histórica del español y cambio lingüístico: nuevas perspectivas desde las Tradiciones Discursivas*. Frankfurt a.M. / Madrid: Vervuert / Iberoamericana (= Lingüística Iberoamericana, 31), 173–196.

Giroud, Nicole (2002): *Une mosaïque de Fr. Bartolomé de las Casas (1484–1566): Histoire de la réception dans l'histoire, la théologie, la société, l'art et la littérature*. Fribourg: Éditions Universitaires.

Givón, Talmy (1984/1990): *Syntax. A Functional-Typological Introduction*. 2 Bde. Amsterdam / Philadelphia: John Benjamins.

Goetz, Hans-Werner (1985): „Geschichte im Wissenschaftssystem des Mittelalters", in: Schmale, Franz-Josef (Hrsg.): *Funktion und Formen mittelalterlicher Geschichtsschreibung*. Darmstadt: Wissenschaftliche Buchgesellschaft, 165–213.

Goetz, Hans-Werner (22001): „Theologischer Sinn und politisches Gegenwartsinteresse. Tendenzen, Formen und Funktionen der mittelalterlichen Geschichtsschreibung", in: Goertz, Hans-Jürgen (Hrsg.): *Geschichte. Ein Grundkurs*. Reinbek bei Hamburg: Rowohlt, 233–244.

Goertz, Hans-Jürgen (1995): *Umgang mit Geschichte. Eine Einführung in die Geschichtstheorie*. Reinbek bei Hamburg: Rowohlt.

Göttert, Karl-Heinz / Jungen, Oliver (2004): *Einführung in die Stilistik*. München: Fink.

Gómez Gómez, Margarita (1993): *Forma y expedición del documento en la Secretaría del Despacho de Indias*. Sevilla: Universidad de Sevilla.

Gómez Gómez, Margarita (2008): *El sello y registro de Indias. Imagen y representación*. Köln / Weimar / Wien: Böhlau.

González Calvo, José Manuel (1979): „El género, ¿una categoría morfológica?", in: *Anuario de estudios filológicos* 2, 51–73.

González Cobas, Jacinto (2008): „Construcciones anacolúticas en la *Estoria de España* de Alfonso X", in: Elvira, Javier u. a. (Hrsg.): *Lenguas, reinos y dialectos en la Edad Media ibérica. Homenaje a Juan Ramón Lodares.* Frankfurt a.M. / Madrid: Vervuert / Iberoamericana, 321–340.

González Múñoz, María del Carmen (1971): „Estudio preliminar", in: Jiménez de la Espada, Marcos (Hrsg.): *Juan López de Velasco. Geografía y descripción universal de las Indias.* Madrid: Atlas (= Biblioteca de autores españoles, 248), V–XLVIII.

González Sánchez, Carlos Alberto (2003): „Cerco a la imaginación: lectura y censura ideológica en la España del siglo XVI", in: Castillo Gómez, Antonio (Hrsg.): *Libro y lectura en la Península Ibérica y América (siglos XIII a XVIII).* Salamanca: Junta de Castilla y León, 79–106.

Gramatzki, Susanne (2008): „Kontroverse Konstrukte. Die Erforschung des Mittelalters und die Erfindung der Romanischen Philologie", in: *Zeitschrift für Literaturwissenschaft und Linguistik* 151, 148–169.

Greenblatt, Stephen (1991): *Marvelous Possessions. The Wonder of the New World.* Chicago: University of Chicago Press.

Greußlich, Sebastian (2009): „Los fundamentos teóricos de la investigación sobre los lenguajes de especialidad y sus efectos sobre nuestra visión de la historia de la lengua: el ejemplo de Alfonso el Sabio", in: Eckkrammer, Eva-Martha (Hrsg.): *La comparación en los lenguajes iberorrománicos de especialidad.* Berlin: Frank & Timme (= Forum für Fachsprachenforschung, 86), 221–230.

Grice, Paul H. (1991): *The Conception of Value.* Oxford: Oxford University Press.

Grota, Marcelo (1983): „Parasceve bibliográfica", in: Grota, Marcelo (Hrsg.): *Francisco de Jerez. La conquista del Peru.* Madrid: El Crotalón, 1–16.

Grundmann, Herbert (1984a): „Die Grundzüge der mittelalterlichen Geschichtsanschauungen", in: Lammers, Walther (Hrsg.): *Geschichtsdenken und Geschichtsbild im Mittelalter.* Darmstadt: Wissenschaftliche Buchgesellschaft (= Wege der Forschung, 21), 418–428.

Grundmann, Herbert (1984b): „Die Eigenart mittelalterlicher Geschichtsschreibung", in: Lammers, Walther (Hrsg.): *Geschichtsdenken und Geschichtsbild im Mittelalter.* Darmstadt: Wissenschaftliche Buchgesellschaft (= Wege der Forschung, 21), 430–433.

Guérin, Miguel Alberto (1991): „Geschichtsschreibung und Politik im Peru des 16. Jahrhunderts: die *Relación* von Pedro Pizarro, Arequipa 1571", in: Kohut, Karl (Hrsg.): *Der eroberte Kontinent. Historische Realität, Rechtfertigung und literarische Darstellung der Kolonisation Amerikas.* Frankfurt a.M. / Madrid: Vervuert / Iberoamericana (= Americana Eystettensia, Serie A: Kongreßakten, 7), 201–216.

Günther, Udo (1993): *Texte planen – Texte produzieren. Kognitive Prozesse der schriftlichen Textproduktion.* Opladen: Westdeutscher Verlag.

Günzel, Stephan (2007): „Raum – Topographie – Topologie", in: Günzel, Stephan (Hrsg.): *Topologie. Zur Raumbeschreibung in den Kultur- und Medienwissenschaften.* Bielefeld: Transcript-Verlag, 13–29.

Guibovich Pérez, Pedro M. (2003): *Censura, libros e inquisición en el Perú colonial (1570–1754).* Sevilla: CSIC.

Gumbrecht, Hans-Ulrich (1987a): „Die kaum artikulierte Prämisse: volks-sprachliche Universalgeschichte unter heilsgeschichtlicher Perspektive", in: Gumbrecht, Hans-Ulrich / Link-Heer, Ursula / Spangenberg, Peter Michael (Hrsg.): *La litterature historiographique des origines à 1500.* Heidelberg: Winter (= GRLMA, 11/1,3), 799–817.

Gumbrecht, Hans-Ulrich (1987b): „Menschliches Handeln und göttliche Kos-mologie: Geschichte als Exempel", in: Gumbrecht, Hans-Ulrich / Link-Heer, Ursula / Spangenberg, Peter Michael (Hrsg.): *La litterature historiographique des origines à 1500.* Heidelberg: Winter (= GRLMA, 11/1,3), 869–951.

Gumbrecht, Hans-Ulrich (1987c): „Wenig Neues in der Neuen Welt. Über Typen der Erfahrungsbildung in spanischen Kolonialchroniken des 16. Jahrhun-derts", in: Stempel, Wolf-Dieter / Stierle, Karl-Heinz (Hrsg.): *Pluralität der Welten. Aspekte der Renaissance in der Romania.* München: Fink, 227–249.

Gumbrecht, Hans-Ulrich (2006): „Pyramiden des Geistes. Über den schnellen Aufstieg, die unsichtbaren Dimensionen und das plötzliche Abebben der begriffsgeschichtlichen Bewegung", in: Gumbrecht, Hans-Ulrich (Hrsg.): *Dimensionen der Begriffsgeschichte.* München: Fink, 7–36.

Gumbrecht, Hans-Ulrich / Pfeiffer, Karl-Ludwig (Hrsg.) (1986): *Stil. Geschichten und Funktionen eines kulturwissenschaftlichen Diskurselements.* Frankfurt a.M.: Suhrkamp.

Gutiérrez Ordóñez, Salvador (1997): *La oración y sus funciones.* Madrid: Arco / Libros.

Hacking, Ian (1999): *The Social Construction of What?.* Harvard: Harvard Uni-versity Press.

Hafner, Jochen / Oesterreicher, Wulf (Hrsg.) (2007): *Mit Clio im Gespräch. Ro-manische Sprachgeschichten und Sprachgeschichtsschreibung.* Tübingen: Narr.

Haiman, John (Hrsg.) (1985): *Iconicity in Syntax.* Amsterdam / Philadelphia: John Benjamins.

Hanisch, Ernst (1996): „Die linguistische Wende. Geschichtswissenschaft und Literatur", in: Hardtwig, Wolfgang / Wehler, Hans-Ulrich (Hrsg.): *Kulturge-schichte heute.* Göttingen: Vandenhoeck & Ruprecht (= Geschichte und Gesellschaft: Sonderheft, 16), 212–230.

Harris-Northall, Ray (1996): „Printed Books and Linguistic Standardization in Spain: The 1503 *Gran Conquista de Ultramar*", in: *Romance Philology* 50, 123–146.

Hartmann, Peter (1968): „Zum Begriff des sprachlichen Zeichens", in: *Zeitschrift für Phonetik, Sprachwissenschaft und Kommunikationsforschung* 21, 205–222.

Harweg, Roland (1968): *Pronomina und Textkonstitution.* München: Fink.

Harweg, Roland (2001): *Studien zur Textlinguistik. Aufsätze.* Aachen: Shaker.

Harweg, Roland (2009): *Zeit in Mythos und Geschichte. Weltweite Untersuchungen zu mythographischer und historiographischer Chronographie vom Altertum bis zur Gegenwart.* 4 Bde. Münster: LIT (= Sprache – Kommunikation – Wirk-lichkeit, 4).

Haßler, Gerda (2009): „Modalidad, evidencialidad y deixis como componentes de la narratividad", in: Haßler, Gerda / Volkmann, Gesina (Hrsg.): *Deixis y modalidad en textos narrativos.* Münster: Nodus (= Studium Sprachwissen-schaft / Beiheft, 339), 165–182.

Haßler, Gerda (Hrsg.) (im Druck): *History of Linguistics 2008: Selected Papers from the Eleventh International Conference on the History of the Language Sciences, 30 August–2 September 2008, Potsdam*. Amsterdam / Philadelphia: John Benjamins.

Heinemann, Wolfgang / Viehweger, Dieter (1991): *Textlinguistik. Eine Einführung*. Tübingen: Niemeyer (= Germanistische Linguistik, 115).

Hempfer, Klaus W. (1993): „Probleme traditioneller Bestimmungen des Renaissancebegriffs und die 'epistemologische Wende'", in: Hempfer, Klaus W. (Hrsg.): *Renaissance. Diskursstrukturen und epistemologische Voraussetzungen; Literatur, Philosophie, bildende Kunst*. Stuttgart: Steiner, 9–45.

Hempfer, Klaus W./Traninger, Anita (2005): „Vorwort", in: Hempfer, Klaus W. / Traninger, Anita (Hrsg.): *Macht, Wissen, Wahrheit*. Rombach: Freiburg i. Breisgau (= Litterae, 133), 9–16.

Hera, Alberto de la (1992): *Iglesia y Corona en la América española*. Madrid: MAPFRE (= Colección Iglesia Católica en el Nuevo Mundo).

Heredia Herrera, Antonia (1985): „Los cedularios de oficio y de partes del Consejo de Indias: sus tipos documentales (s. XVII)", in: Heredia Herrera, Antonia (Hrsg.): *Recopilación de estudios de diplomática indiana*. Sevilla: Diputación Provincial de Sevilla, 20–76.

Hernández Sánchez-Barba, Mario (1992): „Historiografía sobre la evangelización de América", in: Escudero Imbert, José (Hrsg.): *Historia de la Evangelización de América. História da Evangelização da América*. Ciudad del Vaticano: Libreria Editrice Vaticana, 623–639.

Herrero Ruiz de Loyzaga, Francisco Javier (2002): „Sobre la evolución histórica del sistema de adverbios relativos e interrogativos de lugar", in: Echenique Elizondo, María Teresa / Sánchez Méndez, Juan (Hrsg.): *Actas del V Congreso Internacional de Historia de la Lengua Española*. Valencia, 31 de enero–4 de febrero de 2000. Bd. 1. Madrid: Gredos, 657–674.

Hoegen, Saskia von (2000): *Entwicklung der spanischen Historiographie im ausgehenden Mittelalter am Beispiel der Crónicas de los Reyes de Castilla Don Pedro I, Don Enrique II, Don Juan I y Don Enrique III von Fernán de Guzmán und der Crónica de los Reyes Católicos von Fernando del Pulgar*. Frankfurt a.M.: Peter Lang (= Hispanistische Studien, 31).

Huerga O.P., Álvaro (1992): „Los Dominicos en el 'Novus Orbis': predicación y teología", in: Escudero Imbert, José (Hrsg.): *Historia de la Evangelización de América. História da Evangelização da América*. Ciudad del Vaticano: Libreria Editrice Vaticana, 175–194.

Iglesia, Ramón (1986): *El hombre Colón y otros ensayos*. México D.F.: Fondo de Cultura Económica.

Iglesias Ortega, Luis (2007): *Bartolomé de Las Casas: cuarenta y cuatro años infinitos*. Sevilla: Fundación José Manuel Lara.

Imbusch, Peter (1998): „Macht und Herrschaft in der Diskussion", in: Imbusch, Peter (Hrsg.): *Macht und Herrschaft. Sozialwissenschaftliche Konzeptionen und Theorien*. Opladen: Leske & Budrich, 9–27.

Jacob, Daniel (2001): „Representatividad lingüística o autonomía pragmática del texto antiguo? El ejemplo del pasado compuesto", in: Jacob, Daniel / Kabatek, Johannes (Hrsg.): *Lengua medieval y tradiciones discursivas en la Península*

Ibérica. Descripción gramatical, pragmática histórica, metodología. Frankfurt
a.M. / Madrid: Vervuert / Iberoamericana (= Lingüística Iberoamericana, 12),
153–176.
Janich, Nina (Hrsg.) (2008): *Textlinguistik. 15 Einführungen.* Tübingen: Narr.
Jannidis, Fotis u.a. (Hrsg.) (1999): *Rückkehr des Autors. Zur Erneuerung eines
umstrittenen Begriffs.* Tübingen: Niemeyer.
Jannidis, Fotis u.a. (Hrsg.) (2000): *Texte zur Theorie der Autorschaft.* Stuttgart:
Reclam.
Jauss, Hans Robert (1982): „Der Gebrauch der Fiktion in Formen der Anschauung
und Darstellung der Geschichte", in: Koselleck, Reinhart / Lutz, Hein-
rich / Rüsen, Jörn (Hrsg.): *Formen der Geschichtsschreibung.* München: dtv (=
Beiträge zur Historik, 4), 415–451.
Jechle, Thomas (1992): *Kommunikatives Schreiben. Prozeß und Entwicklung aus der
Sicht kognitiver Schreibforschung.* Tübingen: Narr (= ScriptOralia, 41).
Jiménez, Nora Edith (2001): *Francisco López de Gómara: escribir historias en tiempos
de Carlos V.* Zamora / Michigan: El Colegio de Michoacan.
Jiménez Placer, Antonio (1911): *Vida de Francisco López de Xerez.* Madrid: For-
tanet.
Jordan, Stefan (Hrsg.) (2002): *Wissenschaftsgeschichte und Geschichtswissenschaft –
Aspekte einer problematischen Beziehung.* Wolfgang Küttler zum 65. Ge-
burtstag. Waltrop: Spenner.
Jorzick, Regine (1998): *Herrschaftssymbolik und Staat. Die Vermittlung königlicher
Herrschaft im Spanien der Frühen Neuzeit (1556–1598).* München: Olden-
bourg (= Studien zur Geschichte der Iberischen und Iberoamerikanischen
Länder, 4).
Jucker, Andreas / Schreier, Daniel / Hundt, Marianne (2009): „Corpus Linguistics,
Pragmatics and Discourse", in: Jucker, Andreas / Schreier, Daniel / Hundt,
Marianne (Hrsg.): *Corpora: Pragmatics and Discourse.* Amsterdam: Rodopi,
3–9.
Kabatek, Johannes (2001): „Cómo investigar las tradiciones discursivas medievales? El ejemplo de los textos jurídicos castellanos", in: Jacob, Daniel / Kabatek, Johannes (Hrsg.): *Lengua medieval y tradiciones discursivas en la Pen-
ínsula Ibérica. Descripción gramatical, pragmática histórica, metodología.*
Frankfurt a.M. / Madrid: Vervuert / Iberoamericana (= Lingüística Iberoamericana, 12), 97–132.
Kabatek, Johannes (2004): „Tradiciones discursivas jurídicas y elaboración lingüística en la España medieval", in: *Cahiérs de linguistique et culture hispanique
médiévale* 27, 249–261.
Kabatek, Johannes (2008a): „Das Kastilische und der alfonsinische Hof: über
Texttraditionen, Sprache und Geschichte", in: Grebner, Gundula (Hrsg.):
*Kulturtransfer und Hofgesellschaft im Mittelalter: Wissenskultur am siziliani-
schen und kastilischen Hof im 13. Jahrhundert.* Berlin: Akademie-Verlag (=
Wissenskultur und gesellschaftlicher Wandel, 15), 351–366.
Kabatek, Johannes (Hrsg.) (2008b): *Sintaxis histórica del español y cambio lin-
güístico: nuevas perspectivas desde las Tradiciones Discursivas.* Frankfurt
a.M. / Madrid: Vervuert / Iberoamericana (= Lingüística Iberoamericana, 31).

Kagan, Richard L. (1995): „Clio and the Crown. Writing History in Habsburg Spain", in: Kagan, Richard L. / Parker, Geoffrey (Hrsg.): *Spain, Europe and the Atlantic World. Essays in Honour of John H. Elliott.* Cambridge: Cambridge University Press, 73–99.

Kagan, Richard L. (2004): „La historia y la Crónica de las Indias durante el siglo XVII. Antonio de Herrera y Tordesillas", in: Mínguez, Víctor / Chust, Manuel (Hrsg.): *El imperio sublevado. Monarquía y naciones en España e Hispanoamérica.* Madrid: CSIC, 37–56.

Kagan, Richard L. (2005): „'Official History' at the Court of Philipp II of Spain", in: Gosman, Martin / McDonald, Alasdair / Vanderjagt, Arjo (Hrsg.): *Princes and Princely Culture (1450–1650).* Bd. 2. Leiden / Boston: Brill, 249–275.

Kagan, Richard L. (2006): „Antonio de Herrera y Tordesillas and the Political Turn in the Official History of Seventeenth-Century Spain", in: Grell, Chantal (Hrsg.): *Les historiographes en Europe. De la fin du Moyen Âge à la Révolution.* Paris: Presses de l'Université Paris-Sorbonne, 277–299.

Kagan, Richard L. (2009): *Clio and the Crown: The Politics of History in Medieval and Early Modern Spain.* Baltimore: John Hopkins University Press.

Kalkhoff, Alexander M. (2007): „Begriff und Umfang der Neuphilologie im 19. Jahrhundert – Ein Plädoyer für ein historisches Bewusstsein", in: Schmelzer, Dagmar u. a. (Hrsg.): *Handeln und Verhandeln. Beiträge zum 22. Forum Junge Romanistik (Regensburg, 7.–10.6.2006).* Bonn: Romanistischer Verlag, 433–451.

Kalkhoff, Alexander M. (2010): *Romanische Philologie im 19. und frühen 20. Jahrhundert. Institutionengeschichtliche Perspektiven.* Tübingen: Narr (= Romanica Monacensia, 78).

Keßler, Eckhard (1971): *Theoretiker humanistischer Geschichtsschreibung.* München: Fink (= Humanistische Bibliothek, Reihe II: Texte, 4).

Kittsteiner, Heinz-Dieter (2005): „Dichtet Klio wirklich?", in: Trabant, Jürgen (Hrsg.): *Sprache der Geschichte. München: Oldenbourg* (= Schriften des Historischen Kollegs. Kolloquien, 62), 77–82.

Kloss, Heinz (21978): *Die Entwicklung neuer germanischer Kultursprachen seit 1800.* Düsseldorf: Pädagogischer Verlag Schwann (= Sprache der Gegenwart, 37).

Kneer, Georg (1998): „Die Analytik der Macht bei Michel Foucault", in: Imbusch, Peter (Hrsg.): *Macht und Herrschaft. Sozialwissenschaftliche Konzeptionen und Theorien.* Opladen: Leske & Budrich, 239–254.

Knoblauch, Hubert (²2010): *Wissenssoziologie.* Konstanz: UVK.

Knoblauch, Hubert / Raab, Jürgen / Schnettler, Bernd (2002): „Wissen und Gesellschaft. Grundzüge der sozialkonstruktivistischen Wissenssoziologie Thomas Luckmanns", in: Luckmann, Thomas (Hrsg.): *Wissen und Gesellschaft. Ausgewählte Aufsätze 1981–2002.* Konstanz: UVK (= Erfahrung – Wissen – Imagination, 1), 9–39.

Koch, Peter (1995): „Subordination, intégration syntaxique et 'oralité'", in: Colloque International (Hrsg.): *La subordination dans les langues romanes.* Kopenhagen: Munksgaard (= Études Romanes, 34), 15–42.

380   Bibliographie

Koch, Peter / Oesterreicher, Wulf (^{2}2011): *Gesprochene Sprache in der Romania: Französisch, Italienisch, Spanisch.* Tübingen: Niemeyer (= Romanistische Arbeitshefte, 31).

Kohut, Karl (1991): „Die Conquista als Gegenstand der Literaturwissenschaft", in: Kohut, Karl (Hrsg.): *Der eroberte Kontinent. Historische Realität, Rechtfertigung und literarische Darstellung der Kolonisation Amerikas.* Frankfurt a.M. / Madrid: Vervuert / Iberoamericana (= Americana Eystettensia, Serie A: Kongreßakten, 7), 31–51.

Kohut, Karl (1997): „La implantación del humanismo español en la Nueva España. El caso de Francisco Cervantes de Salazar", in: Kohut, Karl / Rose, Sonia V. (Hrsg.): *Pensamiento europeo y cultura colonial.* Frankfurt a.M. / Madrid: Vervuert / Iberoamericana (= Textos y estudios coloniales y de la independencia, 4), 11–51.

Kohut, Karl (2005): „Crónicas y teoría historiográfica. Desde los comienzos hasta mediados del siglo XVI", in: Folger, Robert / Oesterreicher, Wulf (Hrsg.): *Talleres de la memoria – Reivindicaciones y autoridad en la historiografía indiana de los siglos XVI y XVII.* Münster: LIT (= P & A, 5), 125–160.

Kohut, Karl (2009): „Raum und Zeit in der spanisch-amerikanischen Chronistik", in: Dolle, Verena / Helfrich, Uta (Hrsg.): *Zum* spatial turn *in der Romanistik. Akten der Sektion 25 des XXX. Romanistentages (Wien, 23.–27. September 2007).* München: Meidenbauer, 1–21.

Koselleck, Reinhart / Gadamer, Hans-Georg (2000): *Zeitschichten. Studien zur Historik.* Frankfurt a.M.: Suhrkamp.

Laca, Brenda (1996): „Methodische Probleme bei der Erforschung von Grammatikalisierungsphänomenen", in: Michaelis, Susanne / Thiele, Petra (Hrsg.): *Grammatikalisierung in der Romania.* Bochum: Universitätsverlag Dr. N. Brockmeyer, 17–47.

Lacomba, Marta (2004): „Un discours historique marqué par la causalité: l'utilisation de la conjonction *ca* dans l'*Estoria de España* d'Alphonse X", in: *Cahiérs de linguistique et culture hispanique médiévale* 27, 71–82.

Lafaye, Jacques (1999): *Los conquistadores. Figuras y escrituras.* México D.F.: Fondo de Cultura Económica.

Lambrecht, Knud (1994): *Information Structure and Sentence Form: Topic, Focus, and the Mental Representations of Discourse Referents.* Cambridge: Cambridge University Press.

Landfester, Rüdiger (1972): *Historia Magistra Vitae. Untersuchungen zur humanistischen Geschichtstheorie des 14.–16. Jahrhunderts.* Genf: Librairie Droz.

Landsberg, Marge E. (Hrsg.) (1995): *Syntactic Iconicity and Linguistic Freezes. The Human Dimension.* Berlin / New York: De Gruyter (= Studies in Anthropological Linguistics, 9).

Landwehr, Achim (2002): „Das Sichtbare sichtbar machen. Annäherungen an 'Wissen' als Kategorie historischer Forschung", in: Landwehr, Achim (Hrsg.): *Geschichte(n) der Wirklichkeit. Beiträge zur Sozial- und Kulturgeschichte des Wissens.* Augsburg: Wißner-Verlag (= Documenta Augustana, 11), 61–91.

Landwehr, Achim (2008): *Historische Diskursanalyse.* Frankfurt a.M. / New York: Campus.

Langacker, Ronald (1988): „An Overview of Cognitive Grammar", in: Rudzka-Ostyn, Brygida (Hrsg.): *Topics in Cognitive Linguistics*. Amsterdam / Philadelphia: John Benjamins, 3–48.

Lapesa, Rafael (1968): „La ruptura de la *consecutio temporum* en Bernal Díaz del Castillo", in: *Anuario de Letras* 7, 73–83.

Lara, Luis Fernando (1990): *Dimensiones de la lexicografía. A propósito del Diccionario del español de México*. México D.F.: Colegio de México (= Jornadas, 116).

Leal Abad, Elena (2008): *Configuraciones sintácticas y tradiciones textuales. Los diálogos medievales*. Sevilla: Universidad de Sevilla.

Lehmann, Christian (1988): „Towards a Typology of Clause Linkage", in: Haiman, John / Thompson, Sandra A. (Hrsg.): *Clause Combining in Grammar and Discourse*. Amsterdam / Philadelphia: John Benjamins, 181–226.

León-Portilla, Miguel (1984): „Introducción", in: León-Portilla, Miguel (Hrsg.): *Bernal Díaz del Castillo. Historia verdadera de la conquista de la Nueva España*. Madrid: Historia 16 (= Crónicas de América, 2), 7–58.

Lewis, Robert Earl (1983): *The Humanistic Historiography of Francisco López de Gómara (1511–1559)*. Austin: University of Texas.

Lincoln, Bruce (1994): *Authority. Construction and Corrosion*. Chicago: University of Chicago Press.

Lindorfer, Bettina (2009): „Das Konzept des gelebten Raumes: zum *spatial turn* in der Linguistik", in: Dolle, Verena / Helfrich, Uta (Hrsg.): *Zum spatial turn in der Romanistik. Akten der Sektion 25 des XXX. Romanistentages (Wien, 23.–27. September 2007)*. München: Meidenbauer, 57–77.

Liss, Peggy (1975): *Mexico under Spain (1521–1556)*. Chicago / London: University of Chicago Press.

Lockhart, James (1968): *Spanish Peru (1532–1560)*. Madison: University of Wisconsin Press.

Lockhart, James (1984): „Social Organization and Social Change in Colonial Spanish America", in: Bethell, Leslie (Hrsg.): *The Cambridge History of Latin America*. Bd. 2. Cambridge: Cambridge University Press, 265–319.

Lockhart, James [1969] (1999): „*Encomienda* and *Hacienda*", in: Lockhart, James (Hrsg.): *Of Things of the Indies. Essays Old and New in Early Latin American History*. Stanford: Stanford University Press, 1–26.

Lockhart, James [1972/1989] (1999): „The Social History of Early Latin America", in: Lockhart, James (Hrsg.): *Of Things of the Indies. Essays Old and New in Early Latin American History*. Stanford: Stanford University Press, 27–80.

Lockhart, James [1976] (1999): „Letters and People to Spain", in: Lockhart, James (Hrsg.): *Of Things of the Indies. Essays Old and New in Early Latin American History*. Stanford: Stanford University Press, 81–97.

Lohmann Villena, Guillermo (1978): „Consideraciones preliminares", in: Lohmann Villena, Guillermo (Hrsg.): *Pedro Pizarro. Relación del descubrimiento y conquista del Peru*. Lima: Pontificia Universidad Católica del Perú, I–XCIII.

Lope Blanch, Juan Manuel (1996): „Nexos temporales en las cartas de Hernán Cortés", in: *Lexis* 20, 405–420.

Lope Blanch, Juan Manuel (2002): „Construcciones 'intensivas' con infinitivo en las cartas de Hernán Cortés", in: Echenique Elizondo, María Teresa / Sánchez

Méndez, Juan (Hrsg.): *Actas del V Congreso Internacional de Historia de la Lengua Española. Valencia, 31 de enero–4 de febrero de 2000.* Bd. 1. Madrid: Gredos, 737–744.

López Amabilis, Manuel (1961): „De la vida azarosa y venturosa de fray Diego de Landa", in: *Revista de la Universidad de Yucatán* 3/13, 61–73.

Lorenzo Cadarso, Pedro Luis (2001): *El documento real en la época de los Austrias (1516–1700).* Cáceres: Universidad de Extremadura.

Lorenzo Cadarso, Pedro Luis (2002): „La correspondencia administrativa en el estado absoluto castellano (ss. XVI–XVII)", in: Sáez, Carlos / Castillo Gómez, Antonio (Hrsg.): *La correspondencia en la historia. Modelos y prácticas de la escritura epistolar. Actas del VI Congreso Internacional de Historia de la Cultura Escrita.* Bd. 1. Madrid: Calambur (= Biblioteca Litterae, 3), 121–144.

Loureda Lamas, Óscar / Acín Villa, Esperanza (Hrsg.) (2010): *Los estudios sobre marcadores del discurso en español, hoy.* Madrid: Arco / Libros.

Luckmann, Thomas (1997): „Allgemeine Überlegungen zu kommunikativen Gattungen", in: Frank, Barbara (Hrsg.): *Gattungen mittelalterlicher Schriftlichkeit.* Tübingen: Narr (= ScriptOralia, 76), 11–17.

Lüsebrink, Hans-Jürgen (1993): „Tropologie, Narrativik, Diskurssemantik. Hayden White aus literaturwissenschaftlicher Sicht", in: Küttler, Wolfgang / Rüsen, Jörn / Schulin, Ernst (Hrsg.): *Geschichtsdiskurs. Bd. 1: Grundlagen und Methoden der Historiographiegeschichte.* Frankfurt a.M.: Fischer, 355–361.

Maaß, Christiane / Volmer, Annette (Hrsg.) (2005): *Mehrsprachigkeit in der Renaissance.* Heidelberg: Winter (= Germanisch-Romanische Monatsschrift / Beiheft, 21).

Magallón, Manuel (1914): „Prólogo", in: Magallón, Manuel (Hrsg.): *Crónica de la Nueva España que escribió el Dr. D. Francisco Cervantes de Salazar, Cronista de la Imperial Ciudad de México.* New York: Hispanic Society of America, V–XXIV.

Maldonado González, Concepción (1991): *Discurso directo y discurso indirecto.* Madrid: Taurus.

Maldonado González, Concepción (1999): „Discurso directo y discurso indirecto", in: Bosque, Ignacio / Demonte, Violeta (Hrsg.): *Gramática descriptiva de la lengua española.* Bd. 3. Madrid: Espasa-Calpe, 3549–3596.

Manzano Manzano, Juan (1948): *La incorporación de las Indias a la Corona de Castilla.* Madrid: Cultura Hispánica.

Maravall, José Antonio (1997): *Teoría del estado en España en el siglo XVII.* Madrid: Centro de Estudios Constitucionales.

Maravall, José Antonio (²1999): *Carlos V y el pensamiento político del Renacimiento.* Madrid: Boletín Oficial del Estado / Centro de Estudios Políticos y Constitucionales.

Maresch, Rudolf / Werber, Nils (2003): „Permanenzen des Raums", in: Maresch, Rudolf / Werber, Nils (Hrsg.): *Raum – Wissen – Macht.* Fankfurt a.M.: Suhrkamp, 7–30.

Marín Martínez, Tomás / Ruiz Asencio, José Manuel (Hrsg.) (1991): *Paleografía y diplomática.* Bd. 2. Madrid: Universidad Nacional de Educacion a Distancia.

Marra Güida, Eva (1999): „Acerca de la historia de la palabra *gobernación* en español", in: Rojas Mayer, Elena (Hrsg.): *Estudios sobre la historia del español de América*. Bd. 2. Tucumán: Universidad de Tucumán, 44–62.

Martin, Georges (2000): „El modelo historiográfico alfonsí y sus antecedentes", in: Fernández-Ordóñez, Inés (Hrsg.): *Alfonso X el Sabio y las Crónicas de España*. Valladolid: Universidad de Valladolid / Centro para la Edición de los Clásicos Españoles, 37–59.

Martinell Gifre, Emma (1998): „Voluntad informativa y grado de competencia lingüística en las crónicas", in: Oesterreicher, Wulf / Stoll Eva / Wesch, Andreas (Hrsg.): *Competencia escrita, tradiciones discursivas y variedades lingüísticas*. Tübingen: Narr (= ScriptOralia, 112), 111–124.

Martínez, José Luis (1991): „Die Chroniken der Eroberung Mexikos. Eine Zusammenfassung", in: Kohut, Karl (Hrsg.): *Der eroberte Kontinent. Historische Realität, Rechtfertigung und literarische Darstellung der Kolonisation Amerikas*. Frankfurt a.M. / Madrid: Vervuert / Iberoamericana (= Americana Eystettensia, Serie A: Kongreßakten, 7), 183–200.

Martínez, José Luis (1994): „La *Crónica de la Nueva España* de Francisco Cervantes de Salazar", in: Ortega, Julio / Amor y Vázquez, José (Hrsg.): *Conquista y contraconquista. La escritura del Nuevo Mundo. Actas del XXVIII Congreso del Instituto Internacional de Literatura Latinoamericana*. México D.F.: Colegio de México, 149–158.

Martinez, Matias / Scheffel, Michael (⁸2009): *Einführung in die Erzähltheorie*. München: C.H. Beck.

Martínez Martínez, Julio Gerardo (1999): *Historia del derecho indiano: las fuentes y las instituciones político-administrativas*. Cáceres: Zigurat.

Martínez Millán, José (1992): *Instituciones y élites de poder en la monarquía hispana durante el siglo XVI*. Madrid: Universidad Autónoma de Madrid.

Martiré, Eduardo (2003): „Algo más sobre derecho indiano: entre el 'ius commune' y la modernidad", in: *Anuario de historia del derecho español* 73, 231–263.

Martiré, Eduardo (2005): *Las Audiencias y la administración de justicia en las Indias*. Madrid: Universidad Autónoma de Madrid.

Maticorena Estrada, Miguel (1955): „Cieza de León en Sevilla y su muerte en 1554", in: *Anuario de estudios americanos* 12, 615–674.

Maticorena Estrada, Miguel (1967): „Sobre las 'Décadas' de Antonio de Herrera: la Florida", in: *Anuario de estudios americanos* 24, 29–62.

McAlister, Lyle N. (1984): *Spain and Portugal in the New World (1492–1700)*. Minneapolis: University of Minnesota Press (= Europe and the World in the Age of Expansion, 3).

McEnery, Tony / Wilson, Andrew (²2001): *Corpus Linguistics*. Edinburgh: Edinburgh University Press.

Medina, Miguel Ángel (1992): *Los dominicos en América*. Madrid: MAPFRE.

Mehl, Andreas (2001): *Römische Geschichtsschreibung. Grundlagen und Entwicklung. Eine Einführung*. Stuttgart: Kohlhammer.

Meister, Klaus (1990): *Die griechische Geschichtsschreibung. Von den Anfängen bis zum Hellenismus*. Stuttgart: Kohlhammer.

Melville, Gert (1982): „Wozu Geschichte schreiben? Stellung und Funktion der Historie im Mittelalter", in: Koselleck, Reinhart / Lutz, Heinrich / Rüsen, Jörn (Hrsg.): *Formen der Geschichtsschreibung*. München: dtv (= Beiträge zur Historik, 4), 86 – 144.

Melville, Gert (1992): „Institutionen als geschichtswissenschaftliches Thema. Eine Einleitung", in: Melville, Gert (Hrsg.): *Institutionen und Geschichte. Theoretische Aspekte und mittelalterliche Befunde*. Köln / Wien: Böhlau, 1 – 24.

Melville, Gert (2009): „Durch Fiktionen zur Wahrheit. Zum mittelalterlichen Umgang mit Widersprüchen zwischen Empirie und kultureller Axiomatik", in: Peters, Ursula / Warning, Rainer (Hrsg.): *Fiktion und Fiktionalität in den Literaturen des Mittelalters*. Paderborn: Fink, 105 – 119.

Melville, Gert / Vorländer, Hans (2002): „Geltungsgeschichten und Institutionengeltung. Einleitende Aspekte", in: Melville, Gert / Vorländer, Hans (Hrsg.): *Geltungsgeschichten. Über die Stabilisierung und Legitimierung institutioneller Ordnungen*. Köln / Weimar / Wien: Böhlau, IX–XV.

Mergel, Thomas (2002): „Überlegungen zu einer Kulturgeschichte der Politik", in: *Geschichte und Gesellschaft* 28, 574 – 606.

Metzeltin, Michael / Jacksche, Harald (1983): *Textsemantik. Ein Modell zur Analyse von Texten*. Tübingen: Narr (= Tübinger Beiträge zur Linguistik, 224).

Meyer-Lübke, Wilhelm (^{3}1935): *Romanisches Etymologisches Wörterbuch*. Heidelberg: Winter.

Milhou, Alain (1999): *Pouvoir royal et absolutisme dans l'Espagne du XVIe siècle*. Toulouse: Presses Universitaires du Mirail.

Millares Carlo, Agustín (1983): *Tratado de paleografía española*. 3 Bde. Madrid: Espasa-Calpe.

Millares Carlo, Agustín (1986): „Apuntes para un estudio bio-bibliográfico del humanista Francisco Cervantes de Salazar", in: Millares Carlo, Agustín (Hrsg.): *Cuatro estudios bio-bibliográficos mexicanos*. México D.F.: Fondo de Cultura Económica, 19 – 159.

Millones Figueroa, Luis (2001): *Pedro de Cieza de León y su Crónica de Indias. La entrada de los Incas en la Historia Universal*. Lima: Fondo Editorial de la Pontificia Universidad Católica del Perú.

Moll, Jaime (1994): *De la imprenta al lector. Estudios sobre el libro español de los siglos XVI al XVIII*. Madrid: Arco / Libros.

Montemayor, Julián (2000): „Ciudades hispánicas. Signos de identidad", in: Mazín Gómez, Óscar (Hrsg.): *México en el mundo hispánico*. Bd. 1. Zamora / Michigan: El Colegio de Michoacán, 289 – 299.

Moos, Peter von (1988): *Geschichte als Topik. Das rhetorische Exemplum von der Antike zur Neuzeit und die historiae im 'Policaratius' Johanns von Salisbury*. Hildesheim: Olms (= ORDO. Studien zur Literatur und Gesellschaft des Mittelalters und der Frühen Neuzeit, 2).

Mora Mérida, José Luis (1994): „Kirche und Mission", in: Bernecker, Walther L. u. a. (Hrsg.): *Handbuch der Geschichte Lateinamerikas*. Bd. 1 (Mittel-, Südamerika und die Karibik bis 1760). Stuttgart: Klett-Cotta, 376 – 399.

Morse, Richard M. (1984): „The Urban Development of Colonial Spanish America", in: Bethell, Leslie (Hrsg.): *The Cambridge History of Latin America*. Bd. 2. Cambridge: Cambridge University Press, 3 – 104.

Münkler, Herfried (2005): *Imperien. Die Logik der Weltherrschaft.* Berlin: Rowohlt.

Muhlack, Ulrich (1991): *Geschichtswissenschaft im Humanismus und in der Aufklärung. Die Vorgeschichte des Historismus.* München: C.H. Beck.

Muñoz de San Pedro, Miguel (^{3}1964): *Tres testigos de la conquista del Perú: Hernando Pizarro, Juan Ruiz de Arce, Pedro Pizarro.* Madrid: Espasa-Calpe.

Myers, Kathleen Ann (2007): *Fernández de Oviedo's Chronicle of America. A New History for a New World.* Austin: University of Texas Press.

Narbona Jiménez, Antonio (1994): „Hacia una sintaxis del español coloquial", in: *Actas del I Congreso de la Lengua Española.* Madrid: Instituto Cervantes, 721–740.

Narbona Jiménez, Antonio (2002): „Sobre evolución sintáctica y escritura-oralidad", in: Echenique Elizondo, María Teresa / Sánchez Méndez, Juan (Hrsg.): *Actas del V Congreso Internacional de Historia de la Lengua Española. Valencia, 31 de enero–4 de febrero de 2000. Bd. 1.* Madrid: Gredos, 133–158.

Nuttall, Zelia (1921): „Francisco Cervantes de Salazar. Biographical Notes", in: *Journal de la Société des Américanistes 13,* 59–90.

Oesterreicher, Wulf (1991): „Verbvalenz und Informationsstruktur", in: Koch, Peter / Krefeld, Thomas (Hrsg.): *Connexiones Romanicae: Dependenz und Valenz in romanischen Sprachen.* Tübingen: Niemeyer, 349–384.

Oesterreicher, Wulf (1994): „El español en textos escritos por semicultos. Competencia escrita de impronta oral en la historiografía indiana", in: Lüdtke, Jens (Hrsg.): *El español de América en el siglo XVI.* Frankfurt a.M. / Madrid: Vervuert / Iberoamericana (= Bibliotheca Ibero-Americana, 48), 155–190.

Oesterreicher, Wulf (1995): „Ein Ereignis – unterschiedliche Sichtweisen: Das Massaker von Cholula, Mexiko, 1519", in: Raible, Wolfgang (Hrsg.): *Kulturelle Perspektiven auf Schrift und Schreibprozesse. Elf Aufsätze zum Thema 'Mündlichkeit und Schriftlichkeit'.* Tübingen: Narr (= ScriptOralia, 72), 98–120.

Oesterreicher, Wulf (1996): „Zwei Spanier als Indios: Deutungsmuster von Kulturkontakt und Kulturkonflikt in Augenzeugenberichten und frühen Chroniken Hispanoamerikas", in: Röcke, Werner / Schaefer, Ursula (Hrsg.): *Mündlichkeit – Schriftlichkeit – Weltbildwandel. Literarische Kommunikation und Deutungsschemata von Wirklichkeit in der Literatur des Mittelalters und der frühen Neuzeit.* Tübingen: Narr (= ScriptOralia, 71), 147–183.

Oesterreicher, Wulf (1997): „Cajamarca 1532 – Diálogo y violencia. Los cronistas y la elaboración de una historia andina", in: *Lexis* XXI/2, 211–271.

Oesterreicher, Wulf (2000a): „L'étude des langues romanes", in: Auroux, Sylvain (Hrsg.): *L'histoire des idées linguistiques. Bd. 3.* Liège u. a.: Mardaga, 183–192.

Oesterreicher, Wulf (2000b): „Aspectos teóricos y metodológicos del análisis del discurso desde una perspectiva histórica: el coloquio de Cajamarca 1532", in: Bustos Tovar, José Jesús de u. a. (Hrsg.): *Lengua, discurso, texto. I Simposio Internacional de Análisis del Discurso. Bd. 1.* Madrid: Visor, 159–212.

Oesterreicher, Wulf (2001a): „Historizität – Sprachvariation, Sprachverschiedenheit, Sprachwandel", in: Haspelmath, Martin u. a. (Hrsg.): *Sprachtypologie und sprachliche Universalien. Ein internationales Handbuch. Bd. 2.* Berlin / New York: De Gruyter (= Handbücher zur Sprach- und Kommunikationswissenschaft, 20.2), 1554–1595.

386 Bibliographie

Oesterreicher, Wulf (2001b): „La recontextualización de los géneros medievales como tarea hermenéutica", in: Jacob, Daniel / Kabatek, Johannes (Hrsg.): *Lengua medieval y tradiciones discursivas en la Península Ibérica. Descripción gramatical, pragmática histórica, metodología.* Frankfurt a.M. / Madrid: Vervuert / Iberoamericana (= Lingüística Iberoamericana, 12), 199–231.

Oesterreicher, Wulf (2003a): „Textlektüren. Historische Spielräume der Interpretation", in: *Beiträge zur Geschichte der deutschen Sprache und Literatur* 125/ 2, 242–266.

Oesterreicher, Wulf (2003b): „Autorität der Form", in: Oesterreicher, Wulf / Regn, Gerhard / Schulze, Winfried (Hrsg.): *Autorität der Form – Autorisierung – institutionelle Autorität.* Münster: LIT (= P & A, 1), 13–16.

Oesterreicher, Wulf (2004): „'vuestro hijo que mas ver que escreviros dessea'. Aspectos históricos y discursivo-lingüísticos de una carta privada escrita por un soldado español desde Cajamarca (Perú, 1533)", in: *Función* 21–24, 419–444.

Oesterreicher, Wulf (2005a): „Talleres de la memoria – textos, espacios discursivos y realidad colonial", in: Folger, Robert / Oesterreicher, Wulf (Hrsg.): *Talleres de la memoria – Reivindicaciones y autoridad en la historiografía indiana de los siglos XVI y XVII.* Münster: LIT (= P & A, 5), IX–XL.

Oesterreicher, Wulf (²2005b): „Textos entre inmediatez y distancia comunicativas. El problema de lo hablado escrito en el Siglo de Oro", in: Cano, Rafael (Hrsg.): *Historia de la lengua española.* Barcelona: Ariel, 729–769.

Oesterreicher, Wulf (2005c): „Die Entstehung des Neuen – Differenzerfahrung und Wissenstransformation: Projektions- und Retrospektionshorizonte frühneuzeitlicher Sprachreflexion", in: *Mitteilungen des SFB 573 'Pluralisierung und Autorität in der Frühen Neuzeit (15.–17. Jahrhundert)'* 1/2005, 26–37.

Oesterreicher, Wulf (2006): „Korpuslinguistik und diachronische Lexikologie. Fallbeispiele aus dem amerikanischen Spanisch des 16. Jahrhunderts", in: Dietrich, Wolf u. a. (Hrsg.): *Lexikalische Semantik und Korpuslinguistik.* Tübingen: Narr, 479–498.

Oesterreicher, Wulf (2007): „Raumkonzepte in der Sprachwissenschaft: Abstraktionen – Metonymien – Metaphern", in: *Romanistisches Jahrbuch* 58, 51–91.

Oesterreicher, Wulf (2008): „Configuraciones actanciales – variedades lingüísticas – tradiciones discursivas (siglos XVI–XVII)", in: Company Company, Concepción / Moreno de Alba, José (Hrsg.): *Actas del VII Congreso Internacional de Historia de la Lengua Española. Mérida (Yucatán), 4–8 de septiembre de 2006.* Bd. 2. Madrid: Arco / Libros, 2043–2063.

Oesterreicher, Wulf (2009a): „Der Weinberg des Textes: Die Philologien und das Projekt 'Textwissenschaft' im Horizont einer sozialen Semiotik", in: *Germanisch-Romanische Monatsschrift* 59/1, 81–118.

Oesterreicher, Wulf (2009b): „*Aliquid stat pro aliquo.* Diskurstraditionen und soziale Semiotik", in: Peters, Ursula / Warning, Rainer (Hrsg.): *Fiktion und Fiktionalität in den Literaturen des Mittelalters.* Paderborn: Fink, 57–81.

Oesterreicher, Wulf (2009c): „*Los otros piratas de América* – Information und Autorschaft in amerikanischen Texten der Frühen Neuzeit", in: *Mitteilungen des SFB 573 'Pluralisierung und Autorität in der Frühen Neuzeit (15– 17. Jahrhundert)'* 1/2009, 32–50.

Otero D'Costa, Enrique (1954): „El Adelantado Pascual de Andagoya", in: *Boletín de historia y antigüedades* 41, 634–673.

Ots y Capdequí, José María (1959): *Instituciones*. Barcelona: Salvat (= Historia de América y de los pueblos americanos, 14).

Ott, Sascha (2004): *Information. Zur Genese und Anwendung eines Begriffs*. Konstanz: UVK.

Owens, John B. (2005): *'By my absolute royal authority'. Justice and Castilian Commonwealth at the Beginning of the First Global Age*. Rochester / New York: University of Rochester Press.

Padrós Wolff, Elisenda (1998): „Grados de elaboración textual en Crónicas de América", in: Oesterreicher, Wulf / Stoll Eva / Wesch, Andreas (Hrsg.): *Competencia escrita, tradiciones discursivas y variedades lingüísticas*. Tübingen: Narr (= ScriptOralia, 112), 169–183.

Pagden, Anthony (1987): „Dispossessing the Barbarian: the Language of Spanish Thomism and the Debate over the Property Rights of the American Indians", in: Pagden, Anthony (Hrsg.): *The Languages of Political Theory in Early Modern Europe*. Cambridge: Cambridge University Press, 79–98.

Pagden, Anthony (1990): *Spanish Imperialism and the Political Imagination. Studies in European and Spanish-American Social and Political Theory (1513–1830)*. New Haven: Yale University Press.

Pagden, Anthony (1995): *Lords of all the World. Ideologies of Empire in Spain, Britain and France (1500–1800)*. New Haven: Yale University Press.

Parker, Geoffrey (1995): „David or Goliath? Philip II and His World in the 1580s", in: Kagan, Richard L. / Parker, Geoffrey (Hrsg.): *Spain, Europe and the Atlantic World. Essays in Honour of John H. Elliott*. Cambridge: Cambridge University Press, 245–66.

Parodi, Giovanni (Hrsg.) (2007): *Working with Spanish Corpora*. London / New York: Continuum (= Research in Corpus and Discourse).

Paxton, Merideth (1994): „La *relación de las cosas de Yucatán*, por Diego de Landa: el desarollo de un documento etnohistórico", in: Vega Sosa, Constanza (Hrsg.): *Códices y documentos sobre México. Primer Simposio*. México: Instituto Nacional de Antropología e Historia, 69–88.

Paz, Julián (1930): „Prólogo", in: Paz, Julián (Hrsg.): *Catálogo de la colección de documentos inéditos para la historia de España*. Bd. 1. Madrid: Instituto de Valencia de Don Juan, IX–XVII.

Pereña, Luciano (1986): *La escuela de Salamanca. Proceso a la conquista de América*. Salamanca: Caja de Ahorros y Monte de Piedad.

Pérez-Amador Adam, Alberto (2011): De legitimatione imperii Indiae Occidentalis. *La vindicación de la Empresa Americana en el discurso jurídico y teológico de las letras de los Siglos de Oro en España y los virreinatos americanos*. Frankfurt a.M. / Madrid: Vervuert / Iberoamericana (= Parecos y australes, 5).

Pérez-Bustamante, Ciriaco (1933): „El cronista Antonio de Herrera y la historia de Alejandro Farnesio", in: *Boletín de la Real Academia de la Historia* 103, 737–790.

Pérez Fernández, Isacio (2001): *El derecho hispano-indiano: dinámica social de su proceso histórico constituyente.* Salamanca: Ediciones San Esteban (= Monumenta histórica iberoamericana de la Orden de Predicadores, 19).

Pérez de Tudela Bueso, Juan (1963): „El Cronista Diego Fernández", in: Pérez de Tudela Bueso, Juan (Hrsg.): *Crónicas del Perú I. Primera y segunda parte de la Historia del Perú que se mandó escribir a Diego Fernández, vecino de Palencia.* Madrid: Atlas (= Biblioteca de autores españoles, 164), LXXVII–LXXXV.

Pérez de Tudela Bueso, Juan (1965): *Crónicas del Perú V. Pedro Pizarro. Relación del descubrimiento y conquista de los reinos del Perú.* Madrid: Atlas (= Biblioteca de autores españoles, 168), 161–165.

Petrus, Klaus (2010): „Introduction: Paul Grice, Philosopher of Language, But More Than That", in: Petrus, Klaus (Hrsg.): *Meaning and Analysis. New Essays on Grice.* Basingstoke: Palgrave McMillan (= Palgrave Studies in Pragmatics, Language and Cognition), 1–30.

Pietschmann, Horst (1980): *Die staatliche Organisation des kolonialen Iberoamerika.* Stuttgart: Klett-Cotta.

Pietschmann, Horst (1994a): „Die politisch-administrative Organisation", in: Bernecker, Walther L. u. a. (Hrsg.): *Handbuch der Geschichte Lateinamerikas.* Bd. 1 (Mittel-, Südamerika und die Karibik bis 1760). Stuttgart: Klett-Cotta, 328–364.

Pietschmann, Horst (1994b): „Los principios rectores de la organización estatal en las Indias", in: Annino, Antonio / Castro Leira, Luis / Guerra, François-Xavier (Hrsg.) (1994): *De los imperios a las naciones: Iberoamérica.* Zaragoza: IberCaja, 75–103.

Pietschmann, Horst (1994c): „Die iberische Expansion im Atlantik und die kastilisch-spanische Entdeckung und Eroberung Amerikas", in: Bernecker, Walther L. u. a. (Hrsg.): *Handbuch der Geschichte Lateinamerikas.* Bd. 1 (Mittel-, Südamerika und die Karibik bis 1760). Stuttgart: Klett-Cotta, 207–273.

Pietschmann, Horst (2005): „El desarollo de la práctica del gobierno indiano durante el siglo XVI: novedades, relaciones personales, narrativa, simbolismo, normas y burocracia", in: Folger, Robert / Oesterreicher, Wulf (Hrsg.): *Talleres de la memoria – Reivindicaciones y autoridad en la historiografía indiana de los siglos XVI y XVII.* Münster: LIT (= P & A, 5), 5–21.

Pino, Fermín del (1999): „Hermenéutica y edición crítica de la *Historia natural y moral de las Indias* del P. Acosta", in: Arellano, Ignacio / Rodríguez Garrido, José Antonio (Hrsg.): *Edición y anotación de textos coloniales hispanoamericanos.* Frankfurt a.M. / Madrid: Vervuert / Iberoamericana, 305–349.

Pino, Fermín del (2000): „*La Historia natural y moral de las Indias* como género: orden y génesis literaria de la obra de Acosta", in: *Historica* (Lima) 24/2, 295–326.

Pino, Fermín del (2004): „La historia indiana del P. Acosta y su ponderación científica del Perú", in: Pino, Fermín del (Hrsg.): *Dos mundos, dos culturas o de la historia (natural y moral) entre España y el Perú.* Frankfurt a.M. / Madrid: Vervuert/Iberoamericana (= teci, 11), 23–38.

Pino, Fermín del (2008): „Estudio introductorio", in: Pino, Fermín del (Hrsg.): *José de Acosta. Historia natural y moral de las Indias.* Madrid: CSIC, XVII–LVI.

Pinto, Virgilio (1989): „Pensamiento, vida intelectual y censura en la España de los siglos XVI y XVII", in: *Edad de Oro* 8, 181–192.

Pöll, Bernhard (2002): *Spanische Lexikologie. Eine Einführung.* Tübingen: Narr (= Narr Studienbücher).

Pogo, Alexander (1936): „Early Editions and Translations of Xerez: *Verdadera relación de la conquista del Perú*", in: *The Papers of the Bibliographical Society of America* 30/1, 57–90.

Pomino, Natascha / Stark, Elisabeth (2008): „Sobre los demostrativos 'neutros' del español: esto, eso y aquello", in: Company Company, Concepción / Moreno de Alba, José (Hrsg.): *Actas del VII Congreso Internacional de Historia de la Lengua Española. Mérida (Yucatán), 4–8 de septiembre de 2006.* Bd. 1. Madrid: Arco / Libros, 944–965.

Ponz DeLeon, Maurizio (2009): *Un uomo di coscienza. Vita e pensiero di Bartolomé de Las Casas.* Rimini: Il Cerchio.

Poole, Stafford (2004): *Juan de Ovando. Governing the Spanish Empire in the Reign of Philipp II.* Norman: University of Oklahoma Press.

Porras Barrenechea, Raúl (1986a): „Nueva luz peruana sobre Pedro de Cieza de León", in: Porras Barrenechea, Raúl (Hrsg.): *Los cronistas del Perú (1528–1650) y otros ensayos.* Lima: Ediciones del Centenario (= Biblioteca Clásicos del Perú, 2), 769–774.

Portolés, José (²2001): *Marcadores del discurso.* Barcelona: Ariel.

Prieto Bernabé, José Manuel (2004): *Lectura y lectores. La cultura del impreso en el Madrid del Siglo de Oro (1550–1650).* Bd. 1. Mérida: Editora Regional de Extremadura.

Puente Brunke, José de la (2006): „Los virreinatos peruano y mexicano durante la época de los Austrias: notas sobre una historia común", in: Oliver Sánchez, Lilia Victoria (Hrsg.): *Convergencias y divergencias: México y Perú, siglos XVI–XIX.* Guadalajara: Universidad de Guadalajara, 85–100.

Quintal Martín, Fidelio (1981): „Fray Diego de Landa, cuatrocientos años después de su fallecimiento", in: *Revista de la Universidad de Yucatán* 23/133, 121–129.

Radtke, Edgar (2006): „Historische Pragmalinguistik: Aufgabenbereiche. Linguistique pragmatique historique: champs de recherche", in: Ernst, Gerhard u. a. (Hrsg.) : *Romanische Sprachgeschichte. Ein internationales Handbuch zur Geschichte der romanischen Sprachen. Histoire linguistique de la Romania. Manuel international d'histoire linguistique de la Romania.* Bd. 2. Berlin / New York: De Gruyter (= Handbücher zur Sprach- und Kommunikationswissenschaft, 23.2), 2292–2302.

Raible, Wolfgang (1980): „Was sind Gattungen? Eine Antwort aus semiotischer und textlinguistischer Sicht", in: *Poetica* 12, 320–349.

Raible, Wolfgang (1992): *Junktion. Eine Dimension der Sprache und ihre Realisierungsformen zwischen Aggregation und Integration.* Heidelberg: Winter.

Raible, Wolfgang (1996): „Wie soll man Texte typisieren?", in: Michaelis, Susanne / Tophinke, Doris (Hrsg.): *Texte – Konstitution, Verarbeitung, Typik.* München / Newcastle: Lincom (= Edition Linguistik, 13), 59–72.

Raible, Wolfgang (2000): „Die Grundlagenkrise der Sozialwissenschaften zum Beginn des Jahrhunderts und die Sprachwissenschaft", in: Eßbach, Wolfgang

(Hrsg.): *Wir / ihr / sie. Identität und Alterität in Theorie und Methode.* Würzburg: Ergon, 69–88.

Raible, Wolfgang (2005): *Medien-Kulturgeschichte. Mediatisierung als Grundlage unserer kulturellen Entwicklung.* Heidelberg: Winter (= Schriften der philosophisch-historischen Klasse der Heidelberger Akademie der Wissenschaften, 36).

Ramos, Demetrio (1965): „The Chronicles of the Early 17th Century. How They Were Written", in: *The Americas* 22, 41–53.

Ramos, Demetrio (1986): „La crisis indiana y la Junta Magna de 1568", in: *Jahrbuch für Geschichte von Staat, Wirtschaft und Gesellschaft Lateinamerikas* 23, 1–61.

Ramos, Demetrio u. a. (Hrsg.) (1970): *El Consejo de las Indias en el siglo XVI.* Valladolid: Universidad de Valladolid.

Real Díaz, José (1970): *Estudio diplomático del documento indiano.* Sevilla: Escuela de Estudios Hispanoamericanos.

Regn, Gerhard (2003): „Autorisierung", in: Oesterreicher, Wulf / Regn, Gerhard / Schulze, Winfried (Hrsg.): *Autorität der Form – Autorisierung – institutionelle Autorität.* Münster: LIT (= P & A, 1), 119–122.

Ricard, Robert (1966): *The Spiritual Conquest of Mexico. An Essay on the Apostolate and the Evangelizing Methods of the Mendicant Orders in New Spain (1523–1572).* Berkeley: University of California Press.

Rico, Francisco / Andrés, Pablo / Garza, Sonia (Hrsg.) (2000): *Imprenta y crítica textual en el Siglo de Oro.* Valladolid: Universidad de Valladolid.

Ridruejo, Emilio (2002): „Para un programa de pragmática histórica del español", in: Echenique Elizondo, María Teresa / Sánchez Méndez, Juan (Hrsg.): *Actas del V Congreso Internacional de Historia de la Lengua Española. Valencia, 31 de enero–4 de febrero de 2000.* Bd. 1. Madrid: Gredos, 159–177.

Rivarola, José Luis (Hrsg.) (2000): *Español andino. Textos de bilingües de los siglos XVI y XVII.* Frankfurt a.M. / Madrid: Vervuert / Iberoamericana (= Textos y documentos españoles y americanos, 1).

Rivarola, José Luis (2001): „Ortografía, imprenta y dialectalismo en el siglo XVI. El caso de Pedro Cieza de León, cronista de Indias", in: Rivarola, José Luis (Hrsg.): *El español de América en su historia.* Valladolid: Universidad de Valladolid, 107–122.

Rivera, Miguel (1985): „Introducción", in: Rivera, Miguel (Hrsg.): *Diego de Landa. Relación de las cosas de Yucatán.* Madrid: Historia 16 (= Crónicas de América, 7), 7–36.

Roa-de la Carrera, Cristián (2005): *Histories of Infamy: Francisco López de Gómara and the Ethics of Spanish Imperialism.* Boulder: University of Colorado Press.

Robin, Régine (1973): *Histoire et linguistique.* Paris: Colin.

Rodríguez de Diego, José Luis (2000): „Significado del proyecto archivístico de Felipe II", in: Alvar Ezquerra, Alfredo (Hrsg.): *Imágenes históricas de Felipe II.* Madrid: Centro de Estudios Cervantinos, 181–196.

Rodríguez Sánchez, Ángel (1991): „El reinado de los Reyes Católicos", in: García Cárcel, Ricardo (Hrsg.): *La España moderna (Siglos XVI–XVII).* Madrid: Historia 16 (= Manual de Historia de España, 3), 399–466.

Rodríguez Toro, José Javier (2004): „Las *estorias* alfonsíes y dos de sus fuentes latinas cara a cara (datos para el estudio de la ilación)", in: *Cahiérs de linguistique et culture hispanique médiévale* 26, 241–257.

Rojas, José Luis (1987): „Introducción", in: Rojas, José Luis (Hrsg.): *Francisco López de Gómara. La conquista de México.* Madrid: Historia 16 (= Crónicas de América, 36), 5–30.

Rojas Mayer, Elena (1999): „La perspectiva pragmática en la comprensión histórica del discurso colonial", in: Rojas Mayer, Elena (Hrsg.): *Estudios sobre la historia del español de América.* Bd. 2. Tucumán: Universidad de Tucumán, 3–20.

Rojas Mayer, Elena (2002): „Relevancia y estructuración del discurso en los documentos coloniales de América", in: Echenique Elizondo, María Teresa / Sánchez Méndez, Juan (Hrsg.): *Actas del V Congreso Internacional de Historia de la Lengua Española. Valencia, 31 de enero–4 de febrero de 2000.* Bd. 1. Madrid: Gredos, 179–206.

Rose, Sonia V. (1999): „Problemas de edición de la *Historia verdadera de la conquista de la Nueva España* de Bernal Díaz del Castillo", in: Arellano, Ignacio / Rodríguez Garrido, José Antonio (Hrsg.): *Edición y anotación de textos coloniales hispanoamericanos.* Frankfurt a.M. / Madrid: Vervuert / Iberoamericana, 377–394.

Rüsen, Jörn (1982): „Geschichtsschreibung als Theorieproblem der Geschichtswissenschaft. Skizze zum historischen Hintergrund der gegenwärtigen Diskussion", in: Koselleck, Reinhart / Lutz, Heinrich / Rüsen, Jörn (Hrsg.): *Formen der Geschichtsschreibung.* München: dtv (= Beiträge zur Historik, 4), 14–35.

Rüsen, Jörn (2002): „Kann gestern besser werden? Über die Verwandlung der Vergangenheit in Geschichte", in: *Geschichte und Gesellschaft* 28, 305–321.

Sáenz de Santa María, Carmelo (1976): „Los manuscritos de Pedro Cieza de León", in: *Revista de Indias* 36, 181–201.

Sáenz de Santa María, Carmelo (1984): *Historia de una historia. Bernal Díaz del Castillo.* Madrid: CSIC.

Sáenz de Santa María, Carmelo (1985): *Pedro de Cieza de León. Obras completas.* 3 Bde. Madrid: CSIC (= Monumenta Hispano-Indiana, 2).

Sáenz de Santa María, Carmelo (1986): „Introducción", in: Sáenz de Santa María, Carmelo (Hrsg.): *Pedro de Cieza de León. Descubrimiento y conquista del Perú.* Madrid: Historia 16 (= Crónicas de América, 17), 7–35.

Salas, Alberto M. (1986): *Tres cronistas de Indias. Pedro Martir de Anglería, Gonzalo Fernández de Oviedo, Fray Bartolomé de Las Casas.* México D.F.: Fondo de Cultura Económica.

Sánchez Alonso, Benito (1941–50): *Historia de la historiografía española. Ensayo de un examen de conjunto.* 3 Bde. Madrid: CSIC.

Sandoval Rodríguez, Isaac (1999): *Historia e historiografía en América Latina.* Santa Cruz: Imprenta Gráfica Sirena.

Santiago, Ramón (^{2}2005): „La historia textual: Textos literarios y no literarios", in: Cano, Rafael (Hrsg.): *Historia de la lengua española.* Barcelona: Ariel, 533–554.

Santiago Lacuesta, Ramón (1975): „Impersonal *se le(s), se lo(s), se la(s)*", in: *Boletín de la Real Academia Española* 55, 83–107.

Santisteban Ochoa, Julián (1946): *Los cronistas del Perú*. Cusco: Librería e Imprenta D. Miranda.

Sbisà, Marina (2011): „Analytical Philosophy – Ordinary Language Philosophy", in: Sbisà, Marina / Östman, Jan-Ola / Verschueren, Jef (Hrsg.): *Philosophical Perspectives for Pragmatics*. Amsterdam/Philadelphia: John Benjamins (= Handbook of Pragmatics Highlights, 10), 11–25.

Schäfer, Ernst (^{2}2003): *El Consejo Real y Supremo de las Indias*. 2 Bde. Madrid: Marcial Pons.

Schlieben-Lange, Brigitte (1983): *Traditionen des Sprechens. Elemente einer pragmatischen Sprachgeschichtsschreibung*. Stuttgart: Kohlhammer.

Schmale, Franz-Josef (1985): *Funktion und Formen mittelalterlicher Geschichtsschreibung*. Darmstadt: Wissenschaftliche Buchgesellschaft.

Schmidt-Biggemann, Wilhelm (1993): „Über die Leistungsfähigkeit topischer Kategorien – unter ständiger Rücksichtnahme auf Renaissance-Philosophie", in: Plett, Heinrich F. (Hrsg.): *Renaissance-Rhetorik. Renaissance Rhetoric*. Berlin / New York: De Gruyter, 179–195.

Schmidt-Riese, Roland (1994): „Acerca de la variación lingüística en tres relaciones del siglo XVI", in: Lüdtke, Jens / Perl, Matthias (Hrsg.): *Lengua y cultura en el caribe hispánico*. Tübingen: Niemeyer (= Beihefte zur Iberoromania, 11), 91–98.

Schmidt-Riese, Roland (1997): „Schreibkompetenz, Diskurstradition und Varietätenwahl in der frühen Kolonialhistoriographie Hispanoamerikas", in: *Zeitschrift für Literaturwissenschaft und Linguistik* 108, 45–86.

Schmidt-Riese, Roland (1998): *Reflexive Oberflächen im Spanischen: se in standardfernen Texten des 16. Jahrhunderts*. Tübingen: Narr (= Romanica Monacensia, 55).

Schmidt-Riese, Roland (Hrsg.) (2003): *Relatando México. Cinco textos del período fundacional de la colonia en Tierra Firme*. Frankfurt a.M. / Madrid: Vervuert / Iberoamericana (= Textos y documentos españoles y americanos, 3).

Schmidt-Riese, Roland / Wimböck, Gabriele (2007): „Katechismen in Bildern. Texte ohne Worte", in: *Mitteilungen des SFB 573 'Pluralisierung und Autorität in der Frühen Neuzeit (15.–17. Jahrhundert)'* 2/2007, 1–8.

Schneider, Ute (2005): „Das Buch als Wissensvermittler in der Frühen Neuzeit", in: Burkhardt, Johannes / Werkstetter, Christine (Hrsg.): *Kommunikation und Medien in der Frühen Neuzeit*. München: Oldenbourg (= Historische Zeitschrift / Beihefte, 41), 63–78.

Schönrich, Gerhard (2002): „Institutionalisierung des Regelfolgens – der Ausgang aus dem semiotischen Naturzustand", in: Schönrich, Gerhard / Baltzer, Ulrich (Hrsg.): *Institutionen und Regelfolgen*. Paderborn: Mentis, 101–118.

Schönrich, Gerhard (2005): „Machtausübung und die Sicht der Akteure. Ein Beitrag zur Theorie der Macht", in: Melville, Gert (Hrsg.): *Das Sichtbare und das Unsichtbare der Macht. Institutionelle Prozesse in Antike, Mittelalter und Neuzeit*. Köln / Weimar / Wien: Böhlau, 383–410.

Schönrich, Gerhard / Baltzer, Ulrich (2002): „Die Geltung von Geltungsgeschichten", in: Melville, Gert / Vorländer, Hans (Hrsg.): *Geltungsgeschichten. Über die Stabilisierung und Legitimierung institutioneller Ordnungen*. Köln / Weimar / Wien: Böhlau, 1–26.

Schrader-Kniffki, Martina (2009): „Raumkonstruktion und Textkonstitution. Die koloniale Konstruktion des brasilianischen Amazonas als Raum in Texten des 17. und 18. Jahrhunderts", in: Dolle, Verena / Helfrich, Uta (Hrsg.): *Zum spatial turn in der Romanistik. Akten der Sektion 25 des XXX. Romanistentages (Wien, 23.–27. September 2007)*. München: Meidenbauer, 177–194.

Schroer, Markus (2006): *Räume, Orte, Grenzen. Auf dem Weg zu einer Soziologie des Raumes*. Frankfurt a.M.: Suhrkamp.

Schrott, Angela / Völker, Harald (Hrsg.) (2005): *Historische Pragmatik und historische Varietätenlinguistik in den romanischen Sprachen*. Göttingen: Universitätsverlag.

Schulze, Winfried (2003): „Institutionelle Autorität", in: Oesterreicher, Wulf / Regn, Gerhard / Schulze, Winfried (Hrsg.): *Autorität der Form – Autorisierung – institutionelle Autorität*. Münster: LIT (= P & A, 1), 235–238.

Selig, Maria (1992): *Die Entwicklung der Nominaldeterminanten im Spätlatein: romanischer Sprachwandel und lateinische Schriftlichkeit*. Tübingen: Narr (= ScriptOralia, 26).

Selig, Maria (2008a): „Zur Einheit der Romanischen Philologie im 19. Jahrhundert", in: Schaefer, Ursula (Hrsg.): *Der geteilte Gegenstand. Beiträge zu Geschichte, Gegenwart und Zukunft der Philologie(n)*. Frankfurt a.M.: Peter Lang, 19–36.

Selig, Maria (2008b): „Geschichte, Variation, Wandel: Sprachwandel und historische Korpora", in: Stark, Elisabeth / Schmidt-Riese, Roland / Stoll, Eva (Hrsg.): *Romanische Syntax im Wandel*. Tübingen: Narr, 67–86.

Serés, Guillermo (1991): „Los textos de la *Historia verdadera* de Bernal Díaz", in: Boletín de la Real Academia Española 71, 523–547.

Serés, Guillermo (1994): „Los géneros de la *Historia verdadera* de Bernal Díaz", in: *Actas del XXIX Congreso del Instituto Internacional de Literatura Iberoamericana*. Bd. 1. Barcelona: PPU, 643–654.

Serés, Guillermo (2004): „La crónica de un testigo de vista: Bernal Díaz del Castillo", in: Arellano, Ignacio / Pino, Fermín del (Hrsg.): *Lecturas y ediciones de crónicas de Indias. Una propuesta interdisciplinaria*. Frankfurt a.M. / Madrid: Vervuert / Iberoamericana, 95–136.

Shirley, Paul (1956): „En el cuarto centenario de la misión de Fray Diego de Landa en América", in: *Revista de Archivos, Bibliotecas y Museos* 62/2, 379–386.

Sievernich, Michael u. a. (Hrsg.) (1992): *Conquista und Evagelisation. Fünfhundert Jahre Orden in Lateinamerika*. Mainz: Matthias-Grünewald-Verlag.

Silva-Corvalán, Carmen (1984): „Topicalización y pragmática en español", in: *Revista española de lingüística* 14/1, 1–20.

Simon, Christian (1996): *Historiographie. Eine Einführung*. Stuttgart: Ulmer.

Simón Díaz, José (1983): *El libro español antiguo. Análisis de su estructura*. Kassel: Reichenberger (= Teatro del Siglo de Oro. Bibliografías y Catálogos, 1).

Solano, Francisco / Ponce Leiva, Pilar (Hrsg.) (1988): *Cuestionarios para la formación de las relaciones geográficas de Indias. Siglos XVI/XIX*. Madrid: CSIC (= Tierra nueva y cielo nuevo, 25).

Spiegel, Gabrielle M. (1997): *The Past as Text. The Theory and Practice of Medieval Memory*. Baltimore / London: John Hopkins University Press.

Spoerhase, Carlos (2007): *Autorschaft und Interpretation. Methodische Grundlagen einer philologischen Hermeneutik*. Berlin / New York: De Gruyter.

Stark, Elisabeth (2001): „Textkohäsion und Textkohärenz", in: Haspelmath, Martin u. a. (Hrsg.): *Sprachtypologie und sprachliche Universalien. Ein internationales Handbuch*. Bd. 1. Berlin / New York: De Gruyter (= Handbücher zur Sprach- und Kommunikationswissenschaft, 20.1), 634–656.

Stefenelli, Arnulf (1992): *Das Schicksal des lateinischen Wortschatzes in den romanischen Sprachen*. Passau: Rothe.

Stempel, Wolf-Dieter (1973a): „Erzählung, Beschreibung und der historische Diskurs", in: Koselleck, Reinhart / Stempel, Wolf-Dieter (Hrsg.): *Geschichte – Ereignis und Erzählung*. München: Fink (= Poetik und Hermeneutik, 5), 325–346.

Stempel, Wolf-Dieter (1973b): „Linguistik und Narrativität", in: Koselleck, Reinhart / Stempel, Wolf-Dieter (Hrsg.): *Geschichte – Ereignis und Erzählung*. München: Fink (= Poetik und Hermeneutik, 5), 523–525.

Stempel, Wolf-Dieter (2005): „'Natürliches' Schreiben. Randbemerkungen zu einer stilkritischen Konjunktur im 16. Jahrhundert", in: Jacob, Daniel / Krefeld, Thomas / Oesterreicher, Wulf (Hrsg.): *Sprache, Bewußtsein, Stil. Theoretische und historische Perspektiven*. Tübingen: Narr, 135–154.

Stierle, Karl-Heinz (1979): „Erfahrung und narrative Form. Bemerkungen zu ihrem Zusammenhang in Fiktion und Historiographie", in: Kocka, Jürgen / Nipperdey, Thomas (Hrsg.): *Theorie und Erzählung in der Geschichte*. München: dtv (= Beiträge zur Historik, 3), 85–118.

Stoll, Eva (1994): „Observaciones sobre las tradiciones discursivas en la historiografía indiana: los 'Naufragios' de Alvar Núñez Cabeza de Vaca", in: Lüdtke, Jens / Perl, Matthias (Hrsg.): *Lengua y cultura en el caribe hispánico*. Tübingen: Niemeyer (= Beihefte zur Iberoromania, 11), 77–89.

Stoll, Eva (1996): „Competencia escrita de impronta oral en la crónica soldadesca de Pedro Pizarro", in: Kotschi, Thomas / Oesterreicher, Wulf / Zimmermann, Klaus (Hrsg.): *El español hablado y la cultura oral en España e Hispanoamérica*. Frankfurt a.M. / Madrid: Vervuert / Iberoamericana (= Bibliotheca Ibero-Americana, 59), 427–446.

Stoll, Eva (1997): *Konquistadoren als Historiographen. Diskurstraditionelle und textpragmatische Aspekte in Texten von Francisco de Jerez, Diego de Trujillo, Pedro Pizarro und Alonso Borregán*. Tübingen: Narr (= ScriptOralia, 91).

Stoll, Eva (1998): „Géneros en la historiografía indiana: modelos y transformaciones", in: Oesterreicher, Wulf / Stoll Eva / Wesch, Andreas (Hrsg.): *Competencia escrita, tradiciones discursivas y variedades lingüísticas*. Tübingen: Narr (= ScriptOralia, 112), 143–168.

Stoll, Eva (Hrsg.) (2002*): La 'Memoria' de Juan Ruiz de Arce. Conquista del Perú, saberes secretos de caballería y defensa del mayorazgo*. Frankfurt a.M. / Madrid: Vervuert / Iberoamericana (= Textos y documentos españoles y americanos, 2).

Stoll, Eva (2005): „Jurisconsultos, secretarios y suplicantes: el sello jurídico del discurso historiográfico colonial", in: Folger, Robert / Oesterreicher, Wulf (Hrsg.): *Talleres de la memoria – Reivindicaciones y autoridad en la historiografía indiana de los siglos XVI y XVII*. Münster: LIT (= P & A, 5), 225–248.

Stoll, Eva (2009): *„Relación geográfica* – von der Informationsbeschaffung zur Wissensvermittlung", in: Eggert, Elmar / Mayer, Christoph Oliver / Gramatzki, Susanne (Hrsg.): Scientia valescit. *Zur Institutionalisierung von kulturellem Wissen in romanischem Mittelalter und Früher Neuzeit.* München: Meidenbauer (= Mittelalter und Renaissance in der Romania, 2), 335–352.

Stoll, Eva: „La influencia del libro de caballerías en las crónicas de América", in: *Actas del VIII Congreso de la Historia de la Lengua Española, Santiago de Compostela, 14–18 de septiembre de 2009.* 427–438. [im Druck].

Tabakowska, Elżbieta (2009): „Iconicity", in: Brisard, Frank / Östman, Jan-Ola / Verschueren, Jef (Hrsg.): *Grammar, Meaning and Pragmatics.* Amsterdam / Philadelphia: John Benjamins (= Handbook of Pragmatics Highlights, 5), 129–145.

Tau Anzoátegui, Víctor (1992): *La ley en la América hispana. Del descubrimiento a la emancipación.* Buenos Aires: Academia Nacional de la Historia.

Tate, Robert Brian (1970): „La historiografía en la España del siglo XV", in: Tate, Robert Brian (Hrsg.): *Ensayos sobre la historiografía peninsular del siglo XV.* Madrid: Gredos (= Biblioteca Románica Hispánica II. Estudios y Ensayos, 145), 280–296.

Tate, Robert Brian (1994): „La historiografía del reinado de los Reyes Católicos", in: Cordoñer Merino, Carmen / González Iglesias, Juan Antonio (Hrsg.): *Antonio de Nebrija. Edad Media y Renacimiento.* Salamanca: Universidad de Salamanca, 19–28.

Tovar, Antonio (1970): *Lo medieval en la conquista y otros ensayos americanos.* Madrid: Seminarios y Ediciones.

Tophinke, Doris (1999): *Handelstexte. Zu Textualität und Typik kaufmännischer Rechnungsbücher im Hanseraum des 14. und 15. Jahrhunderts.* Tübingen: Narr (= ScriptOralia, 114).

Torre Revello, José Miguel (1941): „La expedición de D. Pedro de Mendoza y las fuentes informativas del Cronista Mayor de las Indias, Antonio de Herrera y Tordesillas", in: Belgrano, Manuel u. a. (Hrsg.): *Contribuciones para el estudio de la Historia de América. Homenaje al Dr. Emilio Ravignani.* Buenos Aires: Peuser, 605–629.

Tozzer, Alfred M. (1941): „Introduction", in: Tozzer, Alfred M. (Hrsg.): *Landa's* Relación de las cosas de Yucatán. *A Translation.* Cambridge / Massachusets: Published by the Museum, VII–X.

Trabant, Jürgen (1990): *Traditionen Humboldts.* Frankfurt a.M.: Suhrkamp.

Trabant, Jürgen (2005): „Zur Einführung. Vom *linguistic turn* der Geschichte zum *historical turn* der Linguistik", in: Trabant, Jürgen (Hrsg.): *Sprache der Geschichte.* München: Oldenbourg (= Schriften des Historischen Kollegs. Kolloquien, 62), I–XXII.

Trimborn, Hermann (1949): „Pascual de Andagoya und die Entdeckung von Peru", in: *El México antiguo* 7, 262–286.

Trimborn, Hermann (1954): *Pascual de Andagoya: Ein Mensch erlebt die Conquista.* Hamburg: Cram, De Gruyter & Co (= Abhandlungen aus dem Gebiet der Auslandskunde, 59).

Urquijo, José María Mariluz (1992): „La búsqueda de la justicia: el derecho indiano", in: Escudero Imbert, José (Hrsg.): *Historia de la Evangelización de*

América. História da Evangelização da América. Ciudad del Vaticano: Libreria Editrice Vaticana, 453–458.

Urteaga, Horacio H. (1938): *Los cronistas de la conquista*. Paris: Desclée, de Brouwer (= Biblioteca de cultura peruana, I,2).

Valcárcel, Simón (1989): „El Padre José de Acosta", in: *Thesaurus* (Bogotá) 44, 389–428.

Vázquez Janeiro O.F.M., Isaac (1992): „Estructura y acción evangelizadora de la Orden Franciscana en Hispanoamérica", in: Escudero Imbert, José (Hrsg.): *Historia de la Evangelización de America. História da Evangelização da América*. Ciudad del Vaticano: Libreria Editrice Vaticana, 155–174.

Vélez, Palmira (2007): *La historiografía americanista en España (1755–1936)*. Frankfurt a.M. / Madrid: Vervuert / Iberoamericana (= Tiempo Emulado).

Vickery, Paul (2007): *Bartolomé de Las Casas. Great Prophet of the Americas*. New York: Paulist Press.

Vidal Castelló, Abril (1998): „Los derechos humanos en el tránsito del medievo a la modernidad", in: Soto Rábano, José María (Hrsg.): *Pensamiento medieval hispano*. Bd. 1. Madrid: CSIC, 513–561.

Vincent, Bernard (2004): „La sociedad española en la época del Quijote", in: Feros, Antonio / Gelabert, Jan (Hrsg.): *España en tiempos del Quijote*. Madrid: Taurus, 279–307.

Vincis, Valentina (2008): „Técnicas de junción y tradiciones discursivas medievales: el testimonio de los textos", in: Company Company, Concepción / Moreno de Alba, José (Hrsg.): *Actas del VII Congreso Internacional de Historia de la Lengua Española. Mérida (Yucatán), 4–8 de septiembre de 2006*. Bd. 2. Madrid: Arco / Libros, 2201–2222.

Vollhardt, Friedrich (1986): „Nachwort", in: Vollhardt, Friedrich (Hrsg.): *Heinrich Rickert. Naturwissenschaft und Kulturwissenschaft*. Stuttgart: Reclam, 185–207.

Vorländer, Hans (2002): „Gründung und Geltung. Die Konstitution der Ordnung und die Legitimität der Konstitution", in: Melville, Gert / Vorländer, Hans (Hrsg.): *Geltungsgeschichten. Über die Stabilisierung und Legitimierung institutioneller Ordnungen*. Köln / Weimar / Wien: Böhlau, 243–264.

Völkel, Markus (2006): *Geschichtsschreibung. Eine Einführung in globaler Perspektive*. Köln / Weimar / Wien: Böhlau.

Völkel, Markus (2009): „Modell und Differenz. Volkssprachliche Historiographie der Frühen Neuzeit und ihre lateinischen Übersetzungen", in: Helmrath, Johannes / Schirrmeister, Albert / Schlelein, Stefan (Hrsg.): *Medien und Sprachen humanistischer Geschichtsschreibung*. Berlin / New York: De Gruyter (= Transformationen der Antike, 11), 217–249.

Wagner, Henry (1924): *Francisco López de Gómara. La* Historia de las Indias y conquista de México. Berkeley.

Wanner, Dieter (2005): „The Corpus as a Key to Diachronic Explanation", in: Pusch, Klaus / Kabatek, Johannes / Raible, Wolfgang (Hrsg.): *Romanische Korpuslinguistik II. Korpora und diachrone Sprachwissenschaft*. Tübingen: Narr (= ScriptOralia, 130), 31–44.

Warnke, Ingo (2002a): „Texte in Texten – Poststrukturalistischer Diskursbegriff und Textlinguistik", in: Admazik, Kirsten (Hrsg.): *Texte – Diskurse – Inter-*

aktionsrollen. Analysen zur Kommunikation im öffentlichen Raum. Tübingen: Stauffenburg (= Textsorten, 6), 3–17.

Warnke, Ingo (2002b): „Text adieu – Diskurs bienvenue? Über Sinn und Zweck einer poststrukturalistischen Entgrenzung des Textbegriffs", in: Fix, Ulla u. a. (Hrsg.): *Brauchen wir einen neuen Textbegriff? Antworten auf eine Preisfrage.* Frankfurt a.M.: Peter Lang, 125–141.

Warnke, Ingo (2007): „Diskurslinguistik nach Foucault – Dimensionen einer Sprachwissenschaft jenseits textueller Grenzen", in: Warnke, Ingo (Hrsg.): *Diskurslinguistik nach Foucault. Theorie und Gegenstände.* Berlin / New York: De Gruyter (= Linguistik – Impulse & Tendenzen, 25), 3–24.

Wartenberg, Thomas E. (1990): *The Forms of Power. From Domination to Transformation.* Philadelphia: Temple University Press.

Weber, Friedrich (1911): *Beiträge zur Charakteristik der älteren Geschichtsschreiber über Spanisch-Amerika.* Leipzig: Vogtländer (= Beiträge zur Kultur- und Universalgeschichte, 14).

Wehrheim, Monika (2009): „Von der indianischen Stadt zur Archäologie des Indianischen: Mexiko in Texten der Kolonialzeit", in: Dolle, Verena / Helfrich, Uta (Hrsg.): *Zum* spatial turn *in der Romanistik. Akten der Sektion 25 des XXX. Romanistentages (Wien, 23.–27. September 2007).* München: Meidenbauer, 237–254.

Weinrich, Harald (1973): „Narrative Strukturen in der Geschichtsschreibung", in: Koselleck, Reinhart / Stempel, Wolf-Dieter (Hrsg.): *Geschichte – Ereignis und Erzählung.* München: Fink (= Poetik und Hermeneutik, 5), 519–523.

Weinrich, Harald (2007): *Textgrammatik der deutschen Sprache.* Darmstadt: Wissenschaftliche Buchgesellschaft.

Werner, Reinhold (1994): „¿Qué es un diccionario de americanismos?", in: Wotjak, Gerd / Zimmermann, Klaus (Hrsg.): *Unidad y variación léxicas del español de América.* Frankfurt a.M. / Madrid: Vervuert / Iberoamericana (= Bibliotheca Ibero-Americana, 50), 9–38.

Wesch, Andreas (1994): „Tradiciones textuales y conciencia textual en documentos jurídicos de los siglos XV y XVI: la clase textual 'información'", in: Lüdtke, Jens (Hrsg.): *El español de América en el siglo XVI.* Frankfurt a.M. / Madrid: Vervuert / Iberoamericana (= Bibliotheca Ibero-Americana, 48), 57–71.

Wesch, Andreas (1996): „Tradiciones discursivas en documentos indianos del siglo XVI. Sobre la estructuración del mandato en ordenanzas e instrucciones", in: Alonso González, Alegría u. a. (Hrsg.): *Actas del III Congreso Internacional de Historia de la Lengua Española, Salamanca, 22–27 de noviembre de 1993.* Bd. 1. Madrid: Arco / Libros, 955–967.

Wesch, Andreas (1998): „Hacia una tipología de los textos jurídicos y administrativos españoles (siglos XV–XVII)", in: Oesterreicher, Wulf / Stoll Eva / Wesch, Andreas (Hrsg.): *Competencia escrita, tradiciones discursivas y variedades lingüísticas.* Tübingen: Narr (= ScriptOralia, 112), 187–217.

Wesch, Andreas (2006): „Cambio medial y huellas de lo oral en pareceres protocolizados de los siglos XV y XVI", in: Bustos Tovar, José Jesús de / Girón Alconchel, José Luis (Hrsg.): *Actas del VI Congreso Internacional de Historia de la Lengua Española, Madrid, 29 de septiembre–3 de octubre de 2003.* Bd. 3. Madrid: Arco / Libros, 2949–2958.

White, Hayden (1973): *Metahistory. The Historical Imagination in Nineteenth-Century Europe*. Baltimore: John Hopkins University Press.

White, Hayden (Hrsg.) (1990): *Auch Klio dichtet*. Frankfurt a.M.: Suhrkamp.

White, Hayden (1996): „Literaturtheorie und Geschichtsschreibung", in: Nagl-Docekal, Herta (Hrsg.): *Der Sinn des Historischen. Geschichtsphilosophische Debatten*. Frankfurt a.M.: Fischer, 67–106.

White, Morton (1965): *Foundations of Historical Knowledge*. New York / London: Harper & Row.

Wiersing, Erhard (2007): *Geschichte des historischen Denkens. Zugleich eine Einführung in die Theorie der Geschichte*. Paderborn: Schöningh.

Wilgus, Alva Curtis (1975): The *Historiography of Latin America. A Guide to Historical Writing (1500–1800)*. Metuchen / N.J.: Scarecrow Press.

Wilhelm, Raymund (1996): *Italienische Flugschriften des Cinquecento (1500–1550). Gattungsgeschichte und Sprachgeschichte*. Tübingen: Niemeyer (= Zeitschrift für Romanische Philologie / Beihefte, 279).

Wilhelm, Raymund (2003): „Von der Geschichte der Sprachen zur Geschichte der Diskurstraditionen. Für eine linguistisch fundierte Kommunikationsgeschichte", in: Aschenberg, Heidi / Wilhelm, Raymund (Hrsg.): *Romanische Sprachgeschichte und Diskurstraditionen*. Tübingen: Narr (= Tübinger Beiträge zur Linguistik, 464), 221–236.

Wolf, Johanna (2008): „Un style de construction ou de déconstruction? Quelques phénomènes d'interdiscursivité entre les differentes conceptions de la philologie des langues modernes et de la linguistique en Allemagne au cours du XIXe siècle", in: Reutner, Ursula / Schwarze, Sabine (Hrsg.): *Le style, c'est l'homme. Unité et pluralité du discours scientifique dans les langues romanes*. Frankfurt a.M.: Peter Lang (= Sprache – Identität – Kultur, 4), 95–113.

Wolf, Johanna (2012): *Kontinuität und Wandel der Philologien: Textarchäologische Studien zur Entstehung der Romanischen Philologie im 19. Jahrhundert*. Tübingen: Narr (= Romanica Monacensia, 80).

Wrobel, Arne (1995): *Schreiben als Handlung. Überlegungen und Untersuchungen zur Theorie der Textproduktion*. Tübingen: Niemeyer.

Yllera, Alicia (1999): „Las perífrasis verbales de gerundio y participio", in: Bosque, Ignacio / Demonte, Violeta (Hrsg.): *Gramática descriptiva de la lengua española*. Bd. 2. Madrid: Espasa-Calpe, 3391–3442.

Zavala, Silvio (²1972): *La filosofía política en la conquista de América*. México D.F.: Fondo de Cultura Económica.

Zavarella, Salvatore (1991): *I Francescani nel Nuovo Mondo: storia della missionarietà francescana in America Latina*. Cerbara: Cerboni.

Zedelmaier, Helmut (2003): „Das katholische Projekt einer Reinigung der Bücher", in: Oesterreicher, Wulf / Regn, Gerhard / Schulze, Winfried (Hrsg.): *Autorität der Form – Autorisierung – institutionelle Autorität*. Münster: LIT (= P & A, 1), 187–201.

Zittel, Claus (2002): „Konstruktionsprobleme des Sozialkonstruktivismus", in: Zittel, Claus (Hrsg.): *Wissen und soziale Konstruktion*. Berlin: Akademie-Verlag (= Wissenskultur und gesellschaftlicher Wandel, 3), 87–108.

Zubizarreta, María Luisa (1999): „Las funciones informativas: tema y foco", in: Bosque, Ignacio / Demonte, Violeta (Hrsg.): *Gramática descriptiva de la lengua española*. Bd. 3. Madrid: Espasa-Calpe, 4215–4244.

Zwierlein, Cornel (2011): „Machiavellismus / Antimachiavellismus", in: Jaumann, Herbert (Hrsg.): *Diskurse der Gelehrtenkultur in der Frühen Neuzeit. Ein Handbuch*. Berlin / New York: De Gruyter, 903–951.